哈佛家训

斗南 主编

中国华侨出版社

图书在版编目(CIP)数据

哈佛家训/斗南主编.—北京:中国华侨出版社,2014.8(2014.11 重印)
ISBN 978-7-5113-4853-1

Ⅰ.①哈⋯　Ⅱ.①斗⋯　Ⅲ.①家庭教育　Ⅳ.①G78

中国版本图书馆 CIP 数据核字(2014)第 194948 号

哈佛家训

主　　编:斗　南
责任编辑:子　墨
封面设计:王明贵
文字编辑:贾　娟
图文制作:北京东方视点数据技术有限公司
经　　销:新华书店
开　　本:720mm×1020mm　1/16　印张:28　字数:715 千字
印　　刷:北京中创彩色印刷有限公司
版　　次:2014 年 10 月第 1 版　2017 年 4 月第 3 次印刷
书　　号:ISBN 978-7-5113-4853-1
定　　价:58.00 元

中国华侨出版社　北京市朝阳区静安里 26 号通成达大厦 3 层　邮编:100028
法律顾问:陈鹰律师事务所
发 行 部:(010)65772781　　传真:(010)65756570
网　　址:www.oveaschin.com
E-mail:oveaschin@sina.com

如果发现印装质量问题,影响阅读,请与印刷厂联系调换。

前言

　　创建于 1636 年的美国哈佛大学，被誉为高等学府王冠上的宝石，无论是学校的名气、设备、教授阵容，还是学生的综合素质，都堪称世界一流。300 多年间，哈佛大学先后培养出 8 位美国总统、40 位诺贝尔奖获得者、32 位普利策奖获得者，以及数以百计的世界级财富精英，为商界、政界、学术界及科学界贡献了无数成功人士和时代巨子。正如哈佛大学第 23 任校长科南特所言："大学的荣誉，不在它的校舍和人数，而在于它一代又一代人的质量。"

　　哈佛靠什么打造了这些巨人？他们的教育中有什么深藏未露的秘密？从这些成功者身上我们不难看到，在哈佛收获的东西是他们获得如此成就的决定性因素，是哈佛精神始终鞭策他们向成功的顶峰攀登，是哈佛大学成功的教育理念缔造了他们辉煌的人生。

　　哈佛大学的巨大成就，关键不是因为它的规模宏大、学科众多，而在于它先进的办学理念、追求真理的可贵精神和 300 多年沉淀下来的闪光智慧。在人生的旅途中，大学只是一个短暂的历程，但哈佛让学生在这个短暂的历程中汲取着智慧的营养，教会了学生怎样做人、怎样做一个成功的人，并引领他们思考和感悟人生，为实现人生目标，取得成功做好积极而充分的准备。

　　当然，哈佛取得巨大的成就，并不完全是学校教育的成果，这其中也有学生家长的功劳。他们成功的教育方法和理念、他们培养孩子成才的坚定信心和严谨态度，以及他们将教育孩子作为人生重要目标的信念，都是哈佛精英教育的重要组成部分。

　　每个家长都渴望自己的孩子拥有成功的人生，要想成功，就离不开教育的作用。父母是孩子的第一任老师，家庭是孩子的第一个课堂，家庭教育在很大程度上决定着孩子的未来。但是，如何更好地教育孩子是家长们公认的一大难题。随着社会竞争的激烈发展，家长的教育职责也越来越具有挑战性，其教育理念和教育方法直接决定着孩子将会取得的成就。哈佛家训的成功案例告诉我们，正确的学习习惯和生活习惯是父母给予孩子的最大财富。

　　本书汇集了哈佛大学最顶级的教育理念和哈佛家训的精华，从人生哲理、优秀品质、杰出本领、人性弱点，以及哈佛家训等多个角度，充分诠释了哈佛大学教育理念中的精髓和哈佛家训的要旨，触及了人生中最朴素的感情和人性中最本质的东西，并挖掘出成长路上最丰富的成功内涵，为成长中的孩子提供适合其心理需求的精神养分，铸就一个哈佛学子应有的优秀品质，并树立起明确的精英意识，学会在学习和生活中自我选择，自我塑造，为成长为社会精英打下坚实的基础。

通过本书，每个家长都可以与自己的孩子一同品味哈佛教育精华，帮助他们在成功的道路上迈出坚实的一步。对于孩子来说，这里没有冗长的说教，只有无穷无尽榜样的力量。对于成人来说，这里没有累赘的语言，只有深刻的人生哲理感言。所有阅读这本书的读者——无论是涉世未深的青少年，还是经历过世事风雨的成年人，都可以与哈佛学子一起感悟人生，追求成功的真谛；听从梦想的召唤，为成功的人生树立航标；聆听成功的声音，奋勇攀登并征服生命的高峰。希望这本书中的某一个故事或者某一句话能改变你的人生，从而使你由平庸变得非凡，从失败走向成功。

目录

第一篇　百年哈佛教给学生的人生哲学

1

第二篇　百年哈佛教给学生的优秀品质

🛡 第三篇　百年哈佛教给学生的杰出本领 🛡

🛡 第四篇　　百年哈佛教学生克服的人性弱点 🛡

☙ 第五篇 哈佛家训金典 ❧

第一篇

百年哈佛教给学生的人生哲学

　　哈佛大学的巨大成就，不仅在于它高超的学术水平，更重要的是它积累的一系列深刻而珍贵的人生哲学。人生的要义、做人的根本、生存的智慧……这些人生哲学不仅教会每位哈佛学生立身处世的准则，锻炼自我、成就卓越的进取精神，同时也指引广大成长中的学生思考感悟人生，合理处理生活、学习、事业之间的关系，不断超越自我、适应社会，从而获得成功，走向辉煌。

⊕ 第一章 ⊕

人生是什么
——思考生命的意义

哈佛告诉你

　　人生是旅途，也许终点和起点会重合，但我们如果一开始就站在起点等待人生的完结，那人生就会是一片苍白，其中没有美丽的风景和令人难忘的过往。当我们告别人生的时候，也不知道生命的色彩和意义。

活的是过程

　　人生如一出戏：重要的不是长度，而是表演得是否出色。

　　　　　　　　　　　　　　　　　　——塞涅卡

　　一位澳大利亚商人到东南亚去旅游，他住在海边的一个小渔村里。他注意到那里有一位渔民，每天在大海中打捞几条鱼便回来了。

　　商人很奇怪，问："你为什么不多花些时间多捕一些鱼呢？"

　　渔民说："这些鱼已经够我吃的了，何必多操那份心呢？"

　　商人问："那你每天还有那么多时间都干些什么？"

　　渔民说："回来和孩子们玩一会儿，和老婆聊聊天，到黄昏的时候，和老哥们一起喝喝酒。"

　　商人很不以为然，他告诉渔民："如果你能按照我说的去做，也许你会生活得更好。"

　　渔民笑着点了点头。

　　商人又说："你在大海中多停留一会儿，抓到更多的鱼，可以卖到更多的钱。有了钱之后，你可以拥有一只大船，甚至一支船队。这样你每天有几十吨的鱼，可以自己开办加工厂，进行直销。你就会拥有大量金钱，有了钱之后你可以去洛杉矶甚至纽约。"

　　渔夫问："到那儿做什么呢？"

　　商人说："到了那里，你可以做更大的生意，变成一个大富翁，你的钱财一辈子也花不完。"

　　渔夫问："那么，再然后呢？"

　　商人哈哈大笑："然后你就可以退休啦！到时你可以搬到你家乡的小渔村去住。每天睡到自然醒，出海随便抓几条鱼，和孩子玩玩儿，与老婆说说话，到了黄昏再和老哥们喝喝酒，快快乐乐享受下半生。"

　　同样的人生结局，因为有了不同的过程，而显得意义不同。如果省略了那些曲折动人的奋斗历程，那么也就失去了辉煌而精彩的人生。我们每个人的人生始点和终点在表面看来并无差别，但有的人在即将告别人世时面对的是一张白纸，而有的人面对的是一张色彩斑斓的图画。当走到人生尽头，回首人生过往的时候，只要你能够无悔于自己的一生，你就可以欣慰地和自己的生命告别了。

懂得人生意义的人往往不喜欢平稳凡庸的生活，而是有胆量去尝试一些困难的、冒险的但却有内容、有意义的生活。当困难被克服了，险境过去了，才会尝到一些人生的真味，才会真正懂得人生的苦乐。

人生没有输赢

生如弈棋，一步失误，全盘皆输，这是令人悲哀之事；而人生还不如弈棋，不可能再来一局，也不能悔棋。

——弗洛伊德

人生就如一盘棋，需要你朝着一个目标，踏踏实实地走好每一步。人生没有输赢之分，只要你走好每一步，就成就了无遗憾的一生。

一只屎壳郎，推着一个粪球，在并不平坦的山路上奔走着，路上有许许多多的沙砾和土块，然而，它推的速度并不慢。在路正前方的不远处，一根植物的刺，尖尖的，斜长在路面上。植物根部粗大，顶端尖锐，格外显眼。也许是冥冥之中的安排，屎壳郎偏偏奔这个方向来了，它推的那个粪球，一下子扎在了这根"巨刺"上。

然而，屎壳郎似乎并没有发现自己已经陷入困境。它正着推了一会儿，不见动静。它又倒着往前顶，还是不见效。它还推走了周边的土块，试图从侧面使劲……能试的办法它都试到了。但粪球依旧深深地扎在那根刺上，没有任何移动的迹象。

观众不禁为它的行为感到好笑，因为对于这样一只卑小而智力低微的动物来说，怎么能解决好这么大的一个"难题"呢？就在这时，它突然绕到了粪球的另一面，只轻轻一顶，咕噜……顽固的粪球便从那根刺里"脱身"出来。

它赢了。没有胜利之后的欢呼，也没有冲出困境后的长吁短叹。赢了之后的屎壳郎，就像刚才什么也没有发生过一样，几乎没有做任何停留，就推着粪球急匆匆地向前去了。

推得过去，是生活；推不过去，也是生活。这正如下棋，要的就是一种享受和学习的过程，而不是最后赢的结果。我们每个人在人生舞台上都担当着不同的角色，只要演绎好你的角色就可以了。

人生不是用来享乐的

一旦你知道你对别人还有些用处，这时候你才感到自己生活的意义和使命。

——茨威格

人活着不只为了享乐，人存在的最大价值在于被他人需要。当你感到这个世界都需要你的时候，你就会产生旺盛的精力。这股力量促使你不惧怕面前的困难和挫折，勇往直前。

在某一城市一家医院的同一间病房里，住着两位相同的绝症患者。不同的是，一个来自乡下农村，一个就生活在医院所在的城市。

生活在医院所在城市的病人，每天都有亲朋好友和同事前来探望。家人前来时宽慰说：家里你就放心吧，还有我们呢，你就安心养病吧。朋友探望时劝慰说：现在你什么也别想，就一门心思养病就行。公司来人时开导说：你放心，公司上的事，我们都替你安排好了，你现在的工作就是养病……

来自乡下农村的患者，只有一位十四五岁的小女孩守护着。他的妻子半个月才能来一次。或送钱，或送些衣物。妻子每次来，总是不停地说这说那，要丈夫为家里的事情拿主意：快要春种了，今年是种"西瓜"还是"茄子"？再过两天，他大叔就要嫁女了，你说送多少贺礼啊？女儿说要跟她表姐去大城市打工，我还没答应，这事要你拿主意……

几个月后，情况发生了戏剧性的变化。

生活在医院所在城市的那位病人，在亲人、朋友、同事一声声"你放心吧"、"你就安心养病吧"的宽慰里，意识中感觉他们已不需要自己，自己已失去了活着的价值意义，渐渐地失去了战胜病魔的信心和勇气，于是在孤独寂寞与病魔的吞噬中一点点地死去。

来自乡下农村的患者，在妻子大事小事都要自己定夺、拿主意中，意识中感觉家人对自己的不可缺少，自己对家人的重要，意识到自己必须活着，哪怕仅仅是给家人拿些主意，于是一种强烈的求生欲望使他奇迹般地活了下来。

英国思想家霍布斯说过：和其他所有的东西一样，一个人是否举足轻重，在于他自身的价值，也就是说，在于他能发挥多大的作用。如果只是为了自己享受生活，人就不会有太大的拼搏激情。很多父母为了孩子而奔波劳碌，甚至乐此不疲。如果有一天，他们的子女告诉父母，已经不需要他们了，他们的生活必定会失去方向，而变得无所适从。

被别人需要，是人的一种天性，也能体现出一个人的价值。在某些特定情况下，一个人如果不被别人需要，也就失去了生存的意义。

过属于你自己的生活

不要追随别人的生活，有价值的人生，并不是复制别人的生活，而是利用自己的能力和有用的环境过上"属于自己的生活"。

——安德鲁·卡内基

人生的价值不是体现在财产的多少和地位的高低。生活本质的价值并不因外形上的事物而受到影响。判断人生价值的准则是个性。如果按照个性来生活的话，不管你是做一个总统，还是做一个商贩，价值都是相同的。

所有的人生，都是宝贵而具有价值的。每一个人的人生都具有他人不可模仿的独特价值。那些过上有意义的生活的人们，他们共同的特征就是不按照别人的路子来走，而是按照自己的个性认认真真地过日子。他们创造了符合自己个性的价值，受到他人的尊敬，也受到他人的羡慕。

从前，有一国王闲来无事，便微服走出宫门，走到一个卖烧饼的老头面前，一时兴起，问老头："一国之中谁是最幸福的人？"

老头答："当然是国王最幸福了。"

国王问："为什么？"

老头说："你想，有百官差遣，平民供奉，想要什么就有什么，这还不幸福吗？"

国王答："希望如你所说吧。"于是与老头共饮葡萄美酒，直到老头醉得不省人事，国王便命人把他抬回宫中，对王妃说："这个老头说，国王是最幸福的，我现在戏弄一下他，给他穿上国王的衣服，让他理理国政，你们大家不要害怕。"

王妃答："遵命。"

等到那老头醒了，宫女便假装说："大王你喝醉了，现在积下很多事情要等你处理。"于是老头被拥上临朝，众人都催促他快些处理事情，他却懵懵懂懂，什么也不知道。这时，旁边有史官记其所言所行，大臣公卿们与之商讨议论，一直坐了一整天，弄得这老头腰酸背痛，疲惫不堪。这样过了几天，老头吃不好睡不香，竟瘦了下来。

宫女又假装说："大王你这样憔悴，是为什么啊？"

老头回答说："我梦见自己是一个卖烧饼的老头，辛苦求食，生活很是艰难，因此就瘦成这样了。"

众人都私下里偷着笑。这老头到了晚上，翻来覆去睡不着，道："我是卖烧饼的呢，还是国王呢？若真是国王，皮肤为什么又这样粗糙呢？若是卖烧饼的，又为什么会在王宫里呢？唉，我的心很慌，眼睛也花了啊。"他竟真分不清自己到底是谁了。

王妃假装问："大王这样不高兴，让歌妓们来取乐你吧。"于是老头喝起葡萄美酒，又醉得不省人事了。后来，宫女们又让老头穿上旧衣服，把他送回到简陋的床上。老头酒醒后，看见自己的破房，粗布衣服一切都是原来的样子，但却浑身酸痛，好像被棍子打过了一样。

过了几天，国王又来到他这里。老头对国王说："上次喝酒，是我糊涂无知，现在我才明白过来啊，我梦见自己当了国王，要审核百官，又有国史记对记错。大臣要来商量讨论国事，心里便总是忧心不安。弄得浑身都痛，好像被打了鞭子一样。在梦里尚且如此，若是真的当了国王，还不更痛苦啊？前几天跟你说的话，实在是不对啊。"

别把别人的生活当作你生活的蓝本，不要为达到别人的水平而努力。有意义、有价值的生活，并没有什么准则。世上并没有任何准则认为，某一种生活是有用且有价值的，从而必须要过上那样的生活。生活的准则就是你自己，对自己的生活全力以赴，就是有意义、有价值的人生。

用平和心态对待死亡

我们的生命过程就似渡过一片海洋，我们都相聚在这个狭小的舟中。死时，我们便到了岸，各往各的世界去了。

——泰戈尔

生老病死是生命进程中的必然规律，谁都无法抗拒。生命对任何一个人来讲都是宝贵的。

1970 年，乔森来到美国西部当兵。一次在－40℃的低温下进行一场拉练实地演习。乔森是位军医，药包、干粮、手枪、弹药，30 多千克的背包重重地压在身上。当眼前出现了一座巍峨的雪山时，很多人都有些害怕，领导派人传话："今天不过山，你们都得活活冻死！"

当时，乔森的感受就是痛苦，背包仿佛深深嵌入锁骨，连把它拽下来的力量都没有。他甚至想到了死，但双手却怎么也不听使唤，反而拽得更紧，那是来自生命本能的力量。

在危难时刻，人首先感到的是生命的宝贵，他紧紧抓住背包的手，充分表明了他对生存的渴望，哪怕有一线希望，也要翻过这座雪山，以求得生命的安全。

这是人们在危难时的一种抗争，在困境中的一种挣扎。

我们希望能够对死亡有重新的解释，死亡在我们的概念中不应再是肮脏的、悲惨的，它并不可怕，只是有时我们不能接受它而已。

死亡是生命最后一个过程，有它的存在，生命才得以完整。我们不是要挑战死亡，而是要接纳死亡，这种认识不是凭空而来的，也不是宗教上的认识，而是对生命的重新体悟。

所以，具体到我们每一个人，如果遭遇到病痛的折磨，甚至是受到死亡的威胁时，要以冷静的态度来对待它，这样，你就会减轻许多自身的痛苦。

死亡不是对生命的剥夺，而是生命的告别。人们对死亡的恐惧往往是因为对生命的留恋，但如果你把人生看作一次旅途的话，你就会以平静的心态对待生命的离别。

死亡是必然的。我们只有以积极的心态面对人生，才能懂得生命的可贵。从容面对死亡，这样的人生才不会有遗憾。

懂得热爱生命

没有比生命更宝贵的东西，生命想象不到的短暂。

——杜伽尔

要珍惜并热爱自己的生命，因为生命只有一次。不要太在意生命中的缺憾，要珍惜自己所拥有的一切。生命是上帝对我们的眷顾，它成就了你的色彩缤纷的生活。

有一天，佛祖把弟子们叫到法堂前，问道："你们说说，你们天天托钵乞食，究竟是为了什么？"

"世尊，这是为了滋养身体，保全生命啊。"弟子们几乎不假思索。

"那么，肉体生命到底能维持多久？"佛祖接着问。

"有情众生的生命平均起来大约有几十年吧。"一个弟子毫不犹豫地回答。

"你并没有明白生命的真相到底是什么。"佛祖听后摇了摇头。

另外一个弟子想了想说："人的生命在春夏秋冬之间，春夏萌发，秋冬凋零。"

佛祖还是笑着摇了摇头："你觉察到了生命的短暂，但只是看到生命的表象而已。"

"世尊，我想起来了，人的生命在于饮食间，所以才要托钵乞食呀！"又一个弟子一脸欣喜地答道。

"不对，不对。人活着不只是为了乞食呀！"佛祖又加以否定。

弟子们面面相觑，一脸茫然，又都在思索另外的答案。这时一个烧火的小弟子怯生生地说道："依我看，人的生命恐怕是在一呼一吸之间吧！"佛祖听后连连点头微笑。

"对了！对了！人的生命在于呼吸间。你体会到了人的生命的真谛。这一呼一吸就是人的生命。所以你们大家要只争朝夕地修道，不可放松啊！"

生命是虚无而又短暂的，它在于一呼一吸之间，在于一分一秒之中，它如流水般消逝，永远不复回。应该珍惜你的时间，珍爱你的生命。

爱因斯坦曾说过："我们一来到世间，社会就在我们面前树起了一个巨大的问号，你怎样度过自己的一生？我从来不把安逸和享乐看作是生活的目的本身。"

生命短暂得就如一道流星，你稍不留神就会与它擦肩而过，浪费生命无疑是人生的最大悲剧。

⚕ 第二章 ⚕

合理规划自己的时间
——人生由时间组成

哈佛告诉你

在所有资源中，时间不同于其他资源，它没有弹性，找不到替代品，而且时间永远是短缺的。时间既不能停止，也不能保存。如何合理规划自己的时间，将是每一个人的必修课。

时间的意义

时间是无声的脚步，是不会因为我们有许多事情要处理而稍停留片刻的。

——莎士比亚

有一个故事说，所罗门王有一天晚上做了一个梦。一位先贤在梦里告诉他涵盖了人类所有智慧的一句话，让他高兴的时候不会忘乎所以，忧伤的时候能够自拔，始终保持勤勉，兢兢业业。但是，他醒来后却怎么也想不起那句话来，于是召来了最有智慧的几位老臣，拿出一颗大钻戒，向他们说了那个梦，要他们把那句话想出来，并说："如果想出那句话来，就把它镌刻在戒面上。我要把这颗戒指天天戴在手上。"

一个星期过后，几位老臣兴奋地送来钻戒，钻戒上已经刻了一句勉励人胜不骄，败不馁的至理名言："这也会过去！"

这个故事说的主题就是时间。时间就是这样在我们眼前不经意地流走，而且永不回头。在时间面前，所有的荣辱得失变得黯然失色。生活中我们无数次看到：腰缠万贯的富翁垂暮之时，宁愿撒尽所有财富，欲换得多活几分钟却已不能够。时间，对于每个人而言，是唯一最公平的东西。

莎士比亚说："时间是无声的脚步，是不会因为我们有许多事情要处理而稍停留片刻的。"

时间，给懒惰者留下空虚和懊悔，给勤奋者带来智慧和力量。

克雷默说："留心你的时间是怎样花掉的，因为你的整个未来都要生活在时间里面。"

时间对于每一个人来说，都是异常公平的，不论富人或穷人，男人或女人，聪明的或不聪明的，摆在你面前的时间，每天都是 24 小时，总统和乞丐的生命都是同一单位。

但是时间也有不公平的一面，那就是有人懂得珍惜，有人暴殄天物。对时间的挥霍和浪费是一种最大的浪费，人生没有回头路可走，我们无法回过头去找回我们曾经无意之中浪费掉的哪怕是一分钟的光阴。

浪费掉的时间就永远失去了，我们永远无法追回。但是，如果学会科学地把握时间、追求效率，就能在适当的时间内做完应该做的事情，而不是杂乱无章，只做你刚好遇到的事情。计划中的事情做得越多，效率就越高，也就能够掌握时间。

合理利用零碎时间

哪里有什么天才，我只是把别人喝咖啡的时间都用在工作上了。

——鲁迅

时间是由分秒积成的，用"分"计算时间的人，比用"时"来计算时间的人，时间要多59倍。

鲁迅说："哪里有什么天才，我只是把别人喝咖啡的时间都用在工作上了。"亨利·福特说："大部分人都是在别人荒废的时间里崭露头角的。"时间对于每一个人来说都是公平的，能不能在一样多的时间里取得比别人更多的成就，关键看你能不能有效地利用你的时间。

爱因斯坦在组织享有盛名的奥林比亚科学院时，每晚例会，他总是愿意和与会者手捧茶杯，开怀畅饮，边饮茶，边谈话。爱因斯坦就是利用这种闲暇时间，来与大家交流思想，把这些看似平常的时间利用起来。他后来的某些思想和很多科学创举，在很大程度上都源于这种饮茶之余的交流。如今，茶杯和茶壶早已成为英国剑桥大学的一项"独特设备"，以纪念爱因斯坦利用闲暇时间的创举。

美国近代诗人、小说家和出色的钢琴家艾里斯顿善于利用零散时间的方法和体会也颇值得借鉴。他写道：

当时我大约只有14岁，年幼疏忽，对于爱德华先生那天告诉我的一个真理，未加注意，但后来回想起来那真是至理名言，从那以后我就得到了不可限量的益处。

爱德华是我的钢琴教师。有一天，他给我教课的时候，忽然问我：你每天要花多少时间练习钢琴？我说大约每天三四个小时。

"你每次练习，时间都很长吗？是不是有个把钟头的时间？"

"我想这样才好。"

"不，不要这样！"他说，"你将来长大以后，每天不会有长时间的空闲的。你可以养成习惯，一有空闲就几分钟几分钟地练习。比如在你上学以前，或在午饭以后，或在工作的休息余暇，5分钟、5分钟地去练习。把小的练习时间分散在一天里面，如此，弹钢琴就成了你日常生活中的一部分了。"

当我在哥伦比亚大学教书的时候，我想课余时间从事创作。可是上课、看卷子、开会等事情，把我白天、晚上的时间完全占满了。差不多有两个年头我不曾动笔写下一个字，我的借口是没有时间。后来才想起了爱德华先生告诉我的话。到了下一个星期，我就实验起他的话来。只要有5分钟左右的空闲时间，我就坐下来写作100字或短短的几行。

出乎意料，在那个星期的周末，我竟积累了相当厚的稿子。

后来，我用同样积少成多的方法，创作长篇小说。我的教授工作虽一天比一天繁重，但是每天仍有许多可资利用的短短闲暇。我同时还练习钢琴。我发现每天小小的间歇时间，足够我从事创作与弹琴两项工作。

利用短时间，有一个诀窍：你要把工作进行得迅速，如果只有5分钟的时间给你写作，你切不可把 4 分钟消磨在咬你的铅笔尾巴上。思想上事前要有所准备，到工作时间来临的时候，立刻把心思集中在工作上。实际上，迅速集中脑力，并不像一般人想象的那样困难。

艾里斯顿的经历告诉我们，生活中有很多零散的时间是大可利用的，如果你能化零为整，那你的工作和生活将会更加轻松。

所谓零碎时间，是指不构成连续的时间或一个事务与另一事务衔接时的空余时间。这样的时间往往被人们毫不在乎地忽略过去。零碎时间虽短，但倘若 1 日、1 月、1 年地不断积累起来，其总和将是相当可观的。凡是在事业上有所成就的人，几乎都是能有效地利用零碎时间的人。

富兰克林在有效利用零碎时间方面堪称楷模："我把整段时间称为'整匹布'，把点滴时间称为'零星布'，做衣服有整料固然好，整料不够就尽量把零星的用起来，天天二三十分钟，加起来，就能由短变长，派上大用场。"这是成功者的秘诀，也是我们学习借鉴的好方法。

伟大的生物学家达尔文也曾说："我从来不认为半小时是微不足道的一段时间。"诺贝尔奖金获得者雷曼的体会更加具体，他说："每天不浪费、不虚度或不空抛剩余的那一点时间。即使只有五六分钟，如果利用起来，也一样可以有很大的成就。"把时间积零为整，精心使用，这正是古今中外很多科学家取得辉煌成就的奥妙之一，也是我们应该从他们身上学到的优点之一。

恪守时间，珍惜时间

> 我从来不认为半小时是微不足道的一段时间。
>
> ——达尔文

要想赢得时间，就必须做到恪守时间。

贺拉斯·格里利说："一个人如果根本不在乎别人的时间，这和偷别人的钱有什么两样呢？浪费别人的 1 小时和偷走别人 5 美元有什么不同呢？况且，很多人工作 1 小时的价值比 5 美元要多得多。"

美国国父华盛顿经常这样说："我的表从来不问客人有没有到，它只问时间有没有到。"

他每天 4 点钟吃饭，如果有时候应邀到白宫吃饭的国会新成员迟到了，华盛顿就会自顾自地吃饭而不理睬他们，这使他们感到很尴尬。

一次，他的秘书找借口说，自己迟到的原因是表慢了。华盛顿回答说："那么，或者你换块新表，或者我换个新秘书。"

另一位美国开国元勋富兰克林对经常迟到却总是有借口搪塞的佣人说："我发现，擅长找借口的人通常除此之外什么都不擅长。"

美国第六任总统约翰·昆西·亚当斯从不误时。议院开会时，看到亚当斯先生入座，主持人就知道该向大家宣布各就各位，开始会议了。一次发生了这样一件事，主持人宣布就座时，有人说："时间还没到，因为亚当斯先生还没来呢。"结果发现是议会的钟快了 3 分钟，3 分钟后，亚当斯先生准时到达了会场。

恪守时间是使人信任的前提，会给人带来好名声。它清楚地表明，我们的生活和工作是按部就班、有条不紊的，使别人可以相信我们能出色地完成手中的事情。恪守时间的人一般都不会失言或违约，都是可靠和值得信赖的。办事准时、恪守时间，往往是积累成功资本的第一步。

李悦是一家装修公司的业务员，经过他的努力，一家科技公司的高级主管终于答应面谈公司装修的项目。他们约定见面的时间是第二天上午10点半，李悦在第二天上午却迟到了半个小时。而此时这位主管恰恰不在。等到李悦打电话再次预约面谈的时间时，那位主管说："没有这个必要了，你已经失去了那笔业务。因为在你迟到的半个小时里，我们已经把项目交给了别人，你不守时，我们不敢相信你能够兑现你许下的诺言。"一个连别人的时间都不能遵守的人，又怎么能为自己赢取时间呢？

生活中，守时的重要性随处可见。比如，火车司机的表慢一点就可能发生严重的撞车事件。又比如，西安《华商报》在2002年7月12日报道了以往在古装剧中"刀下留人"一幕的真实上演。说的是陕西延安一名死囚，在执行枪决前4分钟，接到最高人民法院下达的"暂缓执行命令"，原因是此案涉嫌自卫，且对方也有错，判处死刑不当。这短短4分钟是多么地重要！

为了珍惜和利用自己或别人的时间，为了能够成为一个可靠的、值得信任的人，恪守时间是非常重要的。

一个成功者懂得珍惜自己的时间，他总是设法回避那些消耗自己时间的人，希望自己宝贵的光阴不要因为他们而多浪费一刻。一个成功的时间管理者不仅懂得如何珍惜自己的时间，而且特别珍惜别人的时间。因为他们深知这才是真正的赢取时间之道。

做时间的主人

> 如果想成功，就必须重视时间的价值。
>
> ——富兰克林

时间抓起来就像金子，抓不住就像流水。

有许多人，整日"两眼一睁，忙到熄灯"，可还是深感时间紧迫，不够用。他们精疲力竭，来去匆匆，却总是不能从容自如。

要想赢得比别人高的评价，要想获得比别人多的成就，必须学会有效利用时间，做时间的主人。

德国伟大的文学家、诗人歌德说：我们都拥有足够的时间，只是要善加利用。一个人如果不能有效利用有限的时间，就会被时间俘虏，成为时间的奴隶。一旦在时间面前成为弱者，他将永远是一个弱者。因为放弃时间的人，同样也会被时间放弃。

时间可以毫无顾忌地被浪费，也可以被有效地利用。有人算过这样一笔账：一个人如果每天临睡前挤出15分钟看书，他的看书速度为中等水平，即每分钟能读300字，那么，15分钟他就能读4500字，一个月读12.6万字，一年的阅读量就可以达到151.2万字。如果每本书平均约7.5万字，一年他就可以读20本书。这个数目是可观的，远远超过了世界上人均年阅读量。

许多伟人之所以能流芳百世，一个重要的原因就在于他们十分珍惜时间。他们在一生有限的时间里，不但充分利用上天赐予他们的每一分每一秒，还善于把隐藏的时间找出来，一刻不停地工作、积累、进步。

在美国近代企业界里，与人接洽生意时能以最少时间产生最大效率的人，非金融大王摩根莫属。为了珍惜时间，他招致了许多怨恨。

摩根每天上午 9 点 30 分准时进入办公室，下午 5 点回家。有人对摩根的资本进行了计算后，说他每分钟的收入是 20 美元。除了与生意上有特别关系的人商谈外，他与人谈话的时间绝不超过 5 分钟。

通常，摩根总是在一间很大的办公室里，与许多员工一起工作，而不是一个人待在房间里工作。摩根会随时指挥他手下的员工，按照他的计划去行事。如果你走进他那间大办公室，是很容易见到他的，但如果你没有重要的事情，他是绝对不会欢迎你的。

摩根能够轻易地判断出一个人来接洽的到底是什么事。当你对他说话时，一切转弯抹角的方法都会失去效力，他能够立刻判断出你的真实意图。这种卓越的判断力使摩根节省了许多宝贵的时间。有些人本来并没有什么重要事情需要接洽，只是想找个人来聊天，却耗费了工作繁忙的人许多重要的时间。摩根对这种人简直是恨之入骨。

富兰克林说过，如果想成功，就必须重视时间的价值。

人生是由时间组成的，不珍惜时间就是不珍惜自己的生命。每一个成功者都非常珍惜自己的时间，他们能够真正主宰自己的时间，能够在有限的时间里做更多的事。

零碎时间可以成就大业

世界上真不知有多少可以建功立业的人，只因为把难得的时间轻轻放过而默默无闻。

——本杰明·富兰克林

如果你生活在大都市里，一定对每天上下班的交通问题颇有感触。通常你每天早上去上班要花一两个小时在公共汽车上，而下班回家时又要花上一两个小时。这样一天就有可能花掉四五个小时甚至更多的时间来挤车、上车、下车、换车。很明显，有两方面值得你考虑：你是否能缩短交通时间？你是否能有效地利用这些时间？

在美国造币厂处理金粉车间的地板上，有一个木制的格子，每次清扫地板时，这个格子就被拿了起来，里面细小的金粉随之被积攒起来。日积月累，每年可以因此为厂里节约上万美元。

事实上，每一个成功人士都有这样一个"格子"，用于积攒那些被分割得支离破碎的时间。等着咖啡煮好的半个小时，不期而至的假日，两项工作安排之间的间隙，等候某位不守时人士的闲暇，等等，都被他们如获至宝般地加以利用，并足以取得令那些不懂得这一秘密的人瞠目结舌的业绩。

埃利胡·布里特说："所有我已经完成的、准备完成的或者是想要完成的工作，都跟蚁丘的形成一样，要经过或即将经过沉重缓慢、单调乏味、持之以恒的积累过程—材料的日积月累、思想火花的不断撞击和对真理的不断辨析。如果说我是受到了某种雄心的激励的话，那么，我最崇高也是最热切的愿望就是能够为美国的年轻人树立这样一个榜样—把那些被称之为瞬间的点点滴滴而又无比珍贵的时间充分利用起来。"

我们常常这样说："噢，只有 5 到 10 分钟就要开饭了，什么事都干不了。"但实际上，有一些身处逆境、命运多舛的人，充分利用了这些被许多人轻易浪费的时间，从而为自己建立了人生和事业的丰碑。那些被你虚度的时光，如果能够得到有效利用的话，完全有可能使你成为杰出人物。

有人这样算过一笔账：如果每天花 15 分钟看书，一个中等水平的读者读一本一般性的书，每分钟能读 300 字，15 分钟就能读 4500 字。一个月是 135000 字，1 年的阅读量可以达到 1620000 字。而书籍的篇幅从 60000 字到 100000 字不等，平均起来大约 80000 字。每天读 15 分钟，一年就可以读 20 本书，这个数目是相当可观的，远远超过了世界上人均年阅读量，而且这并不难实现。

马莉恩·哈伦德的成功主要源于她能够精打细算地利用每一分每一秒。作为一个勤劳的母亲，她既需要照顾孩子，又需要操持家务。终其一生她都受到各种各样的干扰，这种干扰完全可能使得绝大多数妇女在处理琐碎的家庭事务之外不可能有别的作为，然而哈伦德，由于有超常的毅力和做事分秒必争，终于化平凡为伟大。

无独有偶，同样有繁重家务负担的家庭主妇哈丽特·斯托夫人，完成了那部家喻户晓的名著——《汤姆叔叔的小屋》。

朗费罗每天利用等待咖啡煮熟的 10 分钟时间翻译《地狱》，他的这个习惯一直坚持了若干年，直到这部巨著的翻译工作完成为止。比彻在每天等待开饭的短暂时间里读完了历史学家弗劳德长达 12 卷的《英国史》。

德·格里斯夫人后来成了法兰西王后的密友，她在给公主上课之前，把时间用于创作，日积月累，她竟然写出了好几部充满吸引力的著作。休·密勒是一个石匠，赚钱养家糊口是他的天职。但在做好本职工作的同时，他把一些零零碎碎的时间积累起来阅读科学书籍，最终他根据自己与石头打交道的亲身经历，写出了一本充满智慧和才气的大部头著作。苏格兰著名诗人彭斯的许多最优美的诗歌，是他在一个农场劳动时完成的。约翰·斯图亚特·密尔曾经在东印度公司当小职员，他的许多传世之作都是在这一时期完成的。《失乐园》的作者弥尔顿是一位教师，还是联邦秘书和摄政官秘书。在繁忙的工作之余，他注意利用一些零碎的时间，坚持苦读。伽利略是一个外科医生，他以专心致志的态度和常人少有的勤勉，挤出时间从事科学研究，从而为后人留下了丰硕的成果。

所有这些事例都告诉我们一个道理：善于利用零碎时间可以成就大事业。

❄ 第三章 ❄
幸福在你心中
——把握自己的幸福

哈佛告诉你

做一个能给别人带来光明和幸福的人，才是人生最大的幸福。因为我们的幸福都是十分紧密地与他人，与自己的亲人、朋友、民族的幸福交织在一起的。

幸与不幸全在于自己

幸福不在万物之中，它存在于看待万物的自身态度之中。如果你接受幸福的态度不正确，即使置身于幸福的环境中，你也会离幸福越来越遥远。

——本杰明·富兰克林

幸福和不幸在于自己的心态，也就是怎样看待现在的自己。把痛苦和不幸的标准放在别人的身上，并不能使我们幸福。

如果只看到别人外在的幸福，就轻率地判断那超越了自己的幸福，那么你拥有的幸福也会毫不犹豫地离你而去。很多人感觉不到幸福的原因正是在于盲目地悲叹自己的处境。我们觉得不幸，不是因为自己住的单间房，而是不满意、看不惯租房过日子的自己。

从前，有一个人生前善良且热心助人，所以在他死后，升上天堂，做了天使。他当了天使后，仍时常到凡间帮助人，希望感受到幸福的味道。

一日，天使遇见一个农夫。

农夫的表情非常苦恼，向天使诉说："我家的水牛刚死了，没它帮忙犁田，我怎能下田作业呢？"

于是天使赐他一只健壮的水牛。农夫很高兴。天使在农夫身上感受到了幸福的味道。

又一日，天使遇见一个男人。

男人非常沮丧，向天使诉说："我的钱被骗光了，没盘缠回乡。"

于是天使给男人银两做路费。男人很高兴。天使在男人身上感受到了幸福的味道。

又一日，天使遇见一个诗人。

诗人年轻、英俊、有才华且富有，妻子貌美而温柔，但却过得不快活。

天使问诗人："你不快乐吗？我能帮你吗？"

诗人对天使说："我什么都有，只欠一样东西，你能够给我吗？"

天使回答说："可以。你要什么我都可以给你。"

诗人直直地望着天使："我要的是幸福。"

这下子把天使难倒了，天使想了想，说："我明白了。"

然后天使把诗人所拥有的都拿走了。

天使拿走诗人的才华，毁去他的容貌，夺去他的财产和他妻子的性命。

天使做完这些事后，便离去了。

1个月后，天使再次回到诗人的身边，

他那时饿得半死，衣衫褴褛地在躺在地上挣扎。

于是，天使把他的一切又还给了他。

然后，又离去了。

半个月后，天使再去看诗人。

这次，诗人搂着妻子，不住地向天使道谢。

因为，他得到幸福了。

幸福没有一个固定的标准，幸福与否，只在于你怎么看待。幸福不在别处，而是存在于你的心中。

真正的幸福不是周围的环境所给予的，而是靠自己的努力创造的。即使自己的处境不顺心，也要试着心存感激地接受；即使比别人拿得少，也要想想还有人比自己拿得还少，自己安慰自己，不断地给自己打气，只有这时幸福才会眷顾你。

什么是最大的幸福

我们在分给他人幸福的同时，也能正比例地增加自己的幸福。

——边沁

一位成功的企业家在远离城市的地方建起了一所学校，他还为这所学校购置了一辆汽车，每天接送孩子上下学。

当一位记者采访他的时候，这位企业家说，他小的时候家境贫寒，买不起自行车，每天上学、放学都要走十几里路。他的脚经常长满血泡。有时候，山洪暴发之后，路被冲毁，坑坑洼洼的更加难走，他要在上学的路上走几个小时。

有一位赶马车的老人很同情他，经常在路口等着他，每天都捎他一段路，正是因为这位老人的帮助，他才能够顺利地读完中学，考入大学。

当他的事业如日中天的时候，他经常想起当年赶着马车送他上学的老人，他很想再见一见那位老人，可是他却连老人的名字也不知道。

于是他买了一辆汽车，在当年他走过的山道上，接送像他当年一样走几十里路上学的孩子。企业家说，他所做的一切都是对那位不知姓名的老人的报答。

把有形的东西送给别人之后，自己的手中就会变少，而把幸福送给别人，我们的心中会复制出两份幸福。

人类已经变成了一个大家庭，如果不能保证别人繁荣，我们也不可能保证自己的繁荣；如果我们希望自己幸福，同样我们也要希望别人幸福。

别让欲望抢走幸福

幸福的最大障碍就是期待过多的幸福。

——丰特奈尔

知足是福。在欲望的无止境追求中，幸福已被冲得无影无踪了。

老虎和猎豹一同狩猎。天快黑了，猎豹说："虎弟，我们的猎物已够多的了，现在就回家吧。"

"再等一会儿，我还想猎一只羚羊什么的，才猎几只野兔，你这就觉得满足了，真是没出息。"

突然，一只羚羊从它们身旁一闪而过。老虎立即撒开四腿，猛追过去。却不曾想，天黑路滑，脚下一松劲，滚下了山坡。

等猎豹赶到山坡下时，老虎只剩下最后一口气了。

"猎豹兄，请告诉我儿子一句话：即使拥有整个世界，一天也只能吃三餐，睡一张床。"说完这句话后，老虎便断了气。

欲望越大，人越贪婪，人生就越容易致祸！

如果你能做到"身外物，不奢恋"，你就能活得轻松，过得自在。遇事想得开，放得下，就不会像伊索寓言里所讲的那样："有些人贪婪，想得到更多的东西，却把现在所拥有的也失掉了。"

总认为自己拥有的不够多，还想要更多，你就会无视自己手中的幸福，而一心望着那些不可能属于你的东西。如果在欲望的追求中度过一生，那么人生就不会有什么幸福可言。

拥有一个健康的身体

健康的躯体是灵魂的客厅，而病体则是监狱。有的人年轻时拼命用健康去换取金钱，年老时却又期望用金钱买回健康，这是做不到的。

——阿尔伯特·哈伯德

健康是人生第一幸福。健全的思想来自健全的身体，不论有多么出众的才能和力量，一旦失去了健康的身体，人生也就将化为乌有。

有一个年轻人，总是抱怨自己贫穷，命运不济。他常常自怨自艾地说："我要是能有一大笔钱该有多好！那时候我可以舒舒服服地生活。"

这时候，有一位老石匠从旁边走过。听了他的话，老人问道："你为什么要抱怨呢？要知道你已经很富有了！"

"我有什么财富？"年轻人困惑不解。"我的财富在哪里？"

"比如你的眼睛，你愿意拿出一只眼睛来换些什么东西吗？"老石匠问。

年轻人慌忙说："你说的什么话？我的眼睛是给什么也不换的。"

老石匠又说："那么让我来砍掉你的一双手吧！我可以给你许多黄金。"

"不，我也决不用自己的手去换黄金。"

这时候老石匠说："现在你该看到了吧，你已经十分富有了。为什么你还总抱怨命运不佳呢？记住我的话：健康——这是无价之宝，是金钱难以买得到的。"说完老石匠就走了。

注意身体健康，在用丰富而有益的食物来滋养你的智慧的时候，千万别忘记在这个世界上，身体是智慧的永恒伴侣，整个机器的状况好坏都取决于它。健康的身体是幸福之本，也是成功之本。

可是，在现实生活中，有很多人不重视自身的健康，以牺牲健康为代价去赚钱敛财，这实在是一种缺乏见识的行为。许多人年轻时不顾惜身体，拼命工作去换取金钱，年老时却又用大量金钱去买健康，其实这是做不到的。获得健康并不一定要花太多的时间和金钱，只要选择适合自己的方式坚持运动并持之以恒就行了。

从感恩中获得幸福

幸福生长在我们自己的火炉边，而不能从别人的花园中采得。

——杰罗尔德

感恩是幸福和成功的来源，人应该持之以恒地怀有这种感情。无论你获得了怎样的生活，你都要心存感激。

很多人生活不幸福，很大程度上是因为他缺少感激之情。当他获得生活的馈赠之后，他没有感激，而是认为一切都理所当然，这样他就渐渐失去了对别人的亲近和支持，失去了接近美好事物的机会。没有感激之心，人心就会充满各种怨恨和不满，这样他就会牢牢记住那些不如意的事情。久而久之，他就失去了对生活的美好展望，继而开始变得悲观失落。这样的人，怎么会与成功结缘？

允许你心藏自卑之事，你就会变得更加自卑，自卑情绪也就会更加放肆地包围着你。

一个原本英俊的雕塑家，突然发现自己的面貌、行动举止以及神情都变得丑陋可怕。他为此苦恼万分，遍访名医均无良方。一个偶然的机会，他来到一座庙宇，向寺内一大师寻求帮助。大师了解情况之后说："我可以恢复你的相貌，但你必须先为我的庙宇做一年工，为我们雕塑几尊神态各异的观音偶像。"

这位雕塑家细心琢磨观世音的面貌、表情和形态举止，那种慈祥、善良、圣洁和正义的形象深深刻印在他的心中，使他渐渐达到了忘我的境界。

当他工作完成的时候，大师带他来到镜子跟前。他惊喜地发现，自己的外貌已经变得神清气朗、端正英武。他感谢大师治好了他的相貌，大师告诉他："是你自己治好了自己，你的病根是过去一直在雕塑地狱魔鬼。"

对人生、对大自然的一切美好事物，我们都要心存感激，将它们的美深藏在我们心中，让我们自己能时时受到美好事物的熏染，如此，我们的生活也会变得美好。

第四章

学习到底是为了什么
——弄清楚学习的真正目的

哈佛告诉你

不要把你的学历作为"通行证"。学历并不能代表能力，它只是你曾经学习过的证明。学习的真正目的并不在于记忆、存储，或是学会运用某种特定技巧，而是在于学到终身学习的能力。

学历不是"通行证"

所谓教育，是忘却了在校学的全部内容之后剩下的本领。

——爱因斯坦

在最初涉世的时候，我们怀着美好的理想走入社会，却碰上了一个又一个的难题。首先就是学历问题，没有本科学历或学历太低，是通向成功路途的羁绊。播下种子，却没有开花，不必灰心失望，我们注重的不是妖艳的花朵，而是沉甸甸的果实。

努力学习了，即使最后没有如愿拿到学历，没有得到那个"证明"，你也要相信自己的能力，只要还拥有学到的知识和拼搏的精神，你就有成功的机会。

一天午后，一位老妇人走进费城一家百货公司，大多数的柜台人员都不理她，只有一位年轻人问是否能为她做些什么。当她回答说只是在避雨时，这位年轻人并没有推销给她不需要的东西，也没有转身离去，反而拿给她一把椅子。

雨停之后，老妇人向年轻人说了声谢谢，并向他要了一张名片。几个月之后这家店主收到一封信，信中要求派这位年轻人去苏格兰收取装潢一整座城堡的订单！这封信就是那位老妇人写的，她正是美国钢铁大王卡内基的母亲。

许多农村的孩子学习条件并不好，可他们通过努力考上了大学。这正是运用了补偿的方法——"勤于学业"，力争取得"好成绩"，他们成功了。

顺利拿到大学文凭的学子们，即使踏入社会也不一定能够顺利成就事业，学历只代表过去的成绩，而真正的成功还须日后努力奋斗得来。

学历只是你学习成绩的见证，并无法准确反映你的综合水平。踏入社会后，一个人的品德、修养、性格对其发挥的作用远远大于学习成绩所发挥的作用。

大学毕业不等于学习终结

人永远是要学习的。死的时候，才是毕业的时候。

——萧楚女

只有不断地学习，才能不断地适应外部环境的变化。一旦学习停滞了，适应就停滞了。适应新时代的生存方式，就是不断学习、终身学习。只有做到终身学习的人，才能不断获得新信息、新机遇，才能不断获得高能力、高素质，才能够不断地走向成功。

在人的一生中，要持续不断地学习。学习始于生命之初，终于生命之末，即从摇篮到坟墓，一辈子持续不断。它宣告了"学历社会"的终结，宣告了把人生分为两半——学习和工作（"充电"和"放电"）的传统观念的错误。终身学习，成为迎接新世纪挑战的高能武器，越来越受到全世界的高度重视。

这是美国东部一所大学期终考试的最后一天。在教学楼的台阶上，一群工程学高年级的学生挤做一团，正在讨论几分钟后就要开始的考试，他们的脸上充满了自信。这是他们参加毕业典礼和工作之前的最后一次测验了。

一些人在谈论他们现在已经找到的工作，另一些人则谈论他们将会得到的工作。带着经过4年的大学学习所获得的自信，他们感觉自己已经准备好了，并且能够在社会中游刃有余。

他们知道，这场即将到来的测验将会很快结束，因为教授说过，他们可以带想带的任何书或笔记，要求只有一个，就是不能在测验的时候交头接耳。

他们兴高采烈地冲进教室。教授把试卷分发下去。当学生们注意到只有5道评论类型的问题时，脸上的笑容更加扩大了。

3个小时过去了，教授开始收试卷。学生看起来不再自信了，他们的脸上是一种恐惧的表情。没有一个人说话，教授手里拿着试卷，面对着整个班级。

他俯视着眼前那一张张焦急的面孔，然后问道："完成5道题目的有多少人？"

没有一只手举起来。

"完成4道题的有多少？"

仍然没有人举手。"3道题？2道题？"

学生们开始有些不安，在座位上扭来扭去。

"那1道题呢？当然有人会完成1道题的。"

但是整个教室仍然很沉默。教授放下试卷，"这正是我期望得到的结果。"他说。

"我只想要给你们留下一个深刻的印象，即使你们已经完成了4年的工程学习，但关于这项科目你们仍然有很多的东西还不知道。这些你们不能回答的问题是与每天的普通生活实践相联系的。"然后他微笑着补充道："你们都会通过这个课程，但是记住——即使你们现在已是大学毕业生了，你们的教育仍然还只是刚刚开始。"随着时间的流逝，教授的名字已经被大家遗忘了，但他教的这堂课却从来不曾被遗忘。

1994年11月，在意大利罗马举行了"首届世界终身学习会议"，提出"终身学习是21世纪的生存概念"，强调如果没有终身学习的意识和能力，就难以在21世纪生存。

终身学习，理所当然地成为新世纪的生存方式。

比终身学习更进一步，应当是终身学习化。所谓"化"者，正所谓彻头彻尾、彻里彻外。终身学习化与终身学习有所不同。

终身学习，只是强调走出校门，走上工作岗位，需要学什么就要及时充电，接受培训，直到老了也要学习，活到老，学到老。

终身学习化，不仅要终身学习，而且要使学习完完全全地融入生活，融入工作，做到生活学习化、工作学习化。生活学习化，就是使生活成为锻造性格的课堂、锻造素质的熔炉。工作学习化，不是工作之余的学习，而是工作本身就成为一种学习。终身学习化就是把学习融入人生的每时每地，成为"全时空学习"。终身学习化是终身学习的深化、升华和飞跃。如果说终身学习是新世纪的生存手段，那么终身学习化就是新世纪的生存目的。

终身学习化，就是人生学习化。要使我们的人生成为"学习化的人生"，就要不断地在实际生活中学习，在实际工作中学习，终生都做到"无一事而不学，无一时而不学，无一处而不学"。

假使你真有向上的志愿，假使你真想补救你没有知识的损失，你应当记住，你每天所遇见的每个人，都能增益你的知识。假使你遇见的是一个印刷匠，他也能灌输你许多印刷的技术；一个泥水匠，能告诉你建筑方面的技巧；一个普通的农夫，有他做人、做事的经验，你能从他身上得到许多人情世故。

大学毕业不等于学习终结。即使你已经大学毕业，但你的教育仍然还只是刚刚开始。这是一个终身教育的时代，谁不知道学习，谁不知道更新自己的知识结构，谁就会被社会淘汰。

真正要学习的是学习方法

真正的学者知道怎样从已知引出未知，并且逐步接近于大师。

——歌德

要具备终身学习的能力，关键就在于必须"学习如何学习"。

珍尼特·沃斯和戈登·德莱顿在《学习的革命》一书中认为："真正的革命不只在学校教育之中，它在学习如何学习，在学习你能用于解决任何问题和挑战的新方法中。"

急剧的全球性转变，资讯光速流转，机会转瞬即逝，环境的迅速变化向任何人都提出了新的挑战——因循守旧，还是创新超越。

在巨变的洪流中，无论企业或个人，凡是依赖于旧有的知识和依循以往的方式解决新问题，终将无法逃脱被淘汰的命运。

别无选择，只有"变"才能应变。佛经教义说，变，才是唯一的不变。

"变"是新的挑战下唯一不变的生存之道。

那么，如何应变甚至导变呢？那就是学习如何学习。只有具备"如何学习"的能力，才能在骤增的资讯中有所取舍，在"全时间"、"全环境"中因时、因地、因事、因变地进行学习创新，从而更高效地实现自己的目标。也只有如此，你的时间才是用在最有生产力的地方，而效率就是竞争力。

台湾企业战略专家石滋宜博士认为：

懂得如何学习的人，自然能掌握变化、掌握趋势。

懂得如何学习的人，自然有事业心、有应变力。

懂得如何学习的人，自然能够有创造力、有前瞻性。

过去我们说，不愿学习是愚蠢，而加拿大媒体怪杰麦克鲁汉更直言："不会学习，是一种罪恶。"

所谓"会学习"、"如何学习"，实质就是倡导一种创造性学习、高效学习。如何能更有效、更高效地学习，这本身就是知识和学问。

学习很重要，学习如何学习更重要。

不学习的人，不如好学习的人，好学习的人，不如会学习的人。

成绩不等于成就

教育的第一目的是做人，而不是学识。

——欧尼斯特·乔普生·萨顿

哈佛教授亨利·B. 雷林曾讲过："为了发现与学生未来成功相关的因素，哈佛商学院做了大量的调查研究。调查结果显示：一个学生在学校里的成绩与他将来的成就之间并无关系。短期内还有点关系，而长期内根本没有什么关系。"

作为一名学生，必须能够正确认识短期学业上的成败。生活之路是很漫长的，即使是哈佛大学最顶尖和最失败的学生也必须走完剩下 2/3 的人生旅程。在学业上跑在前面的人，在长跑中往往会黯然失色，起初落后的人却往往会后来居上。

一项研究表明，在智力水平相当的天才儿童中，成就最高者和成就最低者之间的差距相当大，那些最成功的人士都有两个区别于他人的特征：高度的自信和恒心，或者说充满豪情壮志。

有句古谚说实践出真知，而真正聪明的人懂得从他人的经验中学习。

影响成功的因素有很多。

首先是处理失意的能力。非常成功的人士都能够饱受学习的失意而始终坚持不懈。在你的职业生涯中你将会遭遇一些极为扫兴甚至痛苦的事情。你可能在一个很好的公司里工作，突然公司不需要你了，而你不得不走人。

成功的人总是在生活中勇往直前，富有弹性地面对失意和挫折。有时候许多人由于早年经历了太多成功——进入了自己所选择的大学，或毕业于名牌大学，他们不知道该如何摆脱失意或失败的情绪而勇往直前。他们更像一个可爱的瓷茶杯：高雅、精致、美观——但是逆境袭来时则脆弱不堪。

第二是运气。这里的运气并不是指生于达官显贵之家，或者是中了大奖。如果你遗传了好的基因，接受了良好的教育，拥有关心你并给你提供好建议的人或导师，如果你生于这个世纪而不是中世纪，那么你的好运便已多于你应该获得的了。幸运并不意味着安逸的生活，而是你的机遇。一个人，即使再有才能，但如果没有机遇，也很难让自己的才能得以发挥。

第三是公正感。你应该对他人公正。要获得成功，你必须有最优秀的人为你工作。如果你不公正或阴险地对待他人，他们会选择离开。你不得不让二流的人接管他们的工作，而同一群二流员工一起工作是很难取得成功的。

这几种能力的高低在学业上很难体现，而这几种能力是成功的必备因素。不要被成绩左右，成绩并不等于成就。

第五章

美德验证人生价值

——做好人生的品德功课

哈佛告诉你

如何做人应是人生的第一课。一个人首先应该是一个堂堂正正的人，并且一生都为之不懈地努力奋斗。

做人是根本

品格是一种内在的力量，它的存在能直接发挥作用，而无须借助任何手段。

——爱默生

对于一个人来说，无论他取得的成就有多大，最令他骄傲和欣慰的事就是他从来没有不良记录。

罗斯福年轻的时候就下定决心绝对不做有损自己声誉的事情。在他工作的时候，在他结交朋友的时候，在他的日常生活中，他从来不允许自己做出有损自己名声的事情，即使那样会让自己失去部分财富，失去一些朋友，他也在所不惜。在他成为美国历史上政绩显赫的总统前他就是这样要求自己的。

在他的政治生涯当中，他有很多发大财的机会，只要他不那么正直，不那么秉公执法，只要他稍微利用一下自己的政治地位和权力……但是罗斯福没有这么做，他从来不会做违背良心和有损声誉的事情。他不想让自己的政治生涯有任何的污点。如果在某一个职位就必须放弃自己做人原则的话，他宁可放弃那个职位。他不允许自己去拿一分来路不明或者不干净的钱。尽管这样他会得罪很多人，也会给自己制造很多麻烦，但是他依然恪守自己做人的原则。事实上，很多人虽然记恨他"不给情面"，但却又非常敬佩他的正直和诚实。

在日常生活中，一个人的人品常常被很多人忽略。他们看一个人往往看他是否精明能干，是否声名显赫，但是他们却很少强调这个人是否诚实，是否正直。显然他们并没有把一个人的人品放在重要的位置上。很多人非常敬佩那些诚实、正直、勇敢的人，可是他们却很少要求自己这样做。就好像很多商人其实知道做生意应该讲信誉和实力一样，可是他们却往往靠欺瞒、夸大事实和其他伎俩来赚钱。一个人的人品是非常重要的，是其他东西无法代替的。金钱财富、地位权力都无法弥补一个人人格上的缺陷。一个人不论他多富有，也不论他有多大的权力，如果在他的人品中找不到诚实与正直，那么他就永远不可能成为一个真正的成功者。当人们提到他的名字时，即使有羡慕之心，也不会有敬佩之情。

有些商人成了大富翁，可是他们却难以得到员工的爱戴和崇敬，因为这些富翁在金钱和物质财富上虽然占有优势，但是他们在人格上却处于劣势。他们唯利是图，很少真正设身处地为自己的员工考虑，而且有时候他们甚至不惜借用卑劣的手段剥削员工为自己谋取财富。人们向来尊重那些人格高尚的人。诚实正直的人即使没钱财，没权位，也同样会受到人们的爱戴。

无论你遭遇什么情况，你都应该坚持自己做人的原则。你挣的每一分钱都应该是正大光明的，而不是违背良心的。大胆告诉你的老板，你不会接受任何有问题的工作，因为你不愿违背自己的良心，不想出卖自己的真诚和正直。

当你开始踏入社会后，不论你从事什么工作，你都应该先做好一个人，你不能仅仅因自己是一个律师、医生、商人或者农民就放纵自己。你必须记住：一个人首先应该是一个堂堂正正的人，并且一生都要为之不懈地努力奋斗！

用真诚赢得信任

真诚是一种心灵的开放。
　　　　——拉罗什富科

真正的人格魅力是真诚的自我表露。当你把自己真实的一面真诚地展示给别人时，你就赢得了信任。

哈佛刚毕业的女大学生乔瑟琳到一家公司应聘财务会计工作，面试时即遭到拒绝，因为她太年轻，公司需要的是有丰富工作经验的资深会计人员。乔瑟琳却没有气馁，一再坚持。她对主考官说："请再给我一次机会，让我参加完笔试。"主考官拗不过她，答应了她的请求。

结果，她通过了笔试，由人事经理亲自复试。

人事经理对乔瑟琳颇有好感，因她的笔试成绩最好。不过，乔瑟琳的话让经理有些失望，她说自己没工作过，唯一的经验是在学校掌管过学生会财务。他们不愿找一个没有工作经验的人做财务会计。人事经理只好敷衍道："今天就到这里，如有消息我会打电话通知你。"

乔瑟琳从座位上站起来，向人事经理点点头，从口袋里掏出1美元双手递给人事经理："不管是否录取，请都给我打个电话。"

人事经理从未见过这种情况，竟一下子呆住了。不过他很快回过神来，问："你怎么知道我不给没有录用的人打电话？"

"您刚才说有消息就打，那言下之意就是没录取就不打了。"

人事经理对年轻的乔瑟琳产生了浓厚的兴趣，问："如果你没被录用，我打电话，你想知道些什么呢？"

"请告诉我，在什么地方没能达到你们的要求，我在哪方面不够好，我好改进。"

"那1美元……"

没等人事经理说完，乔瑟琳微笑着解释道："给没有被录用的人打电话不属于公司的正常开支，所以由我付电话费，请你一定打。"

人事经理马上微笑着说："请你把1美元收回。我不会打电话了，我现在就正式通知你，你被录用了。"

就这样，乔瑟琳用1美元敲开了机遇大门。

面对拒绝首先要有坚毅的品格，没有足够的耐心和毅力是不行的。要表现出自己的真诚，更要有直面不足和敢于承担责任的勇气；要具有灵活的思维，巧妙地展示自己的良好品德，这是从事任何工作都不可或缺的。

信用是人生的一笔财富

信用既是无形的力量，也是无形的财富。

——松下幸之助

人的一生有许多财富，其中信用就是一笔不小的财富。

麦克是一家私营公司的老板，那年他向友人借了一笔钱，没有财产担保，也没有存单抵押，有的只是一句话："相信我，年底无论如何都还你。"

到了年底，麦克的公司资金周转非常困难，外债催不回来，欠款又催得紧，为了还朋友这30万元，他绞尽脑汁才筹足20万元，余下的10万元怎么也筹不到。怎么办？妻子劝他给朋友求求情，宽限两个月，麦克摇摇头，公司里的"高参"给他出主意说：反正你朋友也不急用钱，不如先还朋友20万元现金，其余的开一张空头支票，等账户上有了钱再支付。麦克勃然大怒，他认为这位高参是个没有信用的人，就毫不犹豫地辞退了他。

麦克最终横下一条心，与妻子郑重商量后，把房子10万元低价卖出去，终于筹齐了30万元。

一家人在市郊租了间房屋住。

朋友如期收回了借款，星期天准备约一群人到麦克家去玩玩，却被他委婉地拒绝了，朋友不明白平日豪爽的麦克为何变得如此"无情"，便一个人驱车前去问个究竟。当朋友费尽了周折在一间农舍里找到麦克的"家"时，只觉得热血沸腾，眼睛湿润。他紧紧地拥抱着麦克，一个劲地点头，临别时掷地有声地留下一句话："你是最讲信用的人，今后有困难尽管找我！"

不久，麦克的公司陆续收回了欠款，生意做得红红火火，他又买了新房、添了小车。然而天有不测风云，正当他在商场上大展拳脚时，却被一家跨国公司盯上了，那家公司千方百计挤占他的市场，并勾结其他公司骗取他的贷款。麦克的公司遭受了沉重的打击。公司垮了，车子卖了，房子押了，他破产了，不仅一无所有，而且负债累累。

麦克想重整旗鼓，但是巧妇难为无米之炊，他想贷款，却没有担保人和抵押物。他向亲友借，然而很少有与他在钱上打交道的亲戚，怎会轻易将大把的钱借给他呢？在他走投无路的时候，他又想起那位曾经借钱给他的朋友。他带着试一试的心理，找到了朋友。朋友没有嫌弃失意的他，不顾家人的反对，毅然借给了他40万元。他有些颤抖地捧着支票，咬咬牙，坚定地说："最多两年我一定还给你！"两双关节粗大的手紧紧地握在一起，朋友点头说："我信！"

曾经溺过水的麦克再到商海里搏击，自然会小心谨慎，而又遇乱不惊。他又成功了，两年后他不仅还清了债务，而且还赚了一大笔。重新跨入大款行列。每每有人问他怎样起死回生时，他便会郑重地告诉你："是信用！"

确实，信用本身就是一笔财富，生活中的任何人都不应该有意无意地丢弃它。一个不讲信用的人是很难在社会上立足的。信用是帮助你走向成功的阶梯，它是你生命中最有价值的财富之一，可以为你赢得朋友和机会。

奉献会让生命没有遗憾

我们一再坚持我们的贡献，那是因为，只有这种看法才能有权利在世界上赢得人类的同情。

——罗丹

只要我们将自己奉献给他人，爱对我们而言便是随手可得的。我们的爱给予他人，我们会因此得到更多的爱。

菲娜是一名老师，只要有时间，她便从事一些艺术创作。在她28岁的时候，医生发现她长了一个很大的脑瘤，他们告诉她，做手术存活概率只有2%。因此他们决定暂时不做手术，先等半年看看。

她知道自己有天分，所以在6个月的时间里，她疯狂地画画及写诗。她所写的诗除了1首之外，其余的都被刊登在杂志上。她所有的画，除了1张之外，都在一些知名的画廊展出，并且以高价卖出。

6个月之后她动了手术。在手术前的那个晚上，她决定要将自己奉献出来——完全地、整个身体地奉献。她写了一份遗嘱，遗嘱中表示如果她死了，她愿意捐出她身上所有的器官。

不幸的是，菲娜的手术失败了。手术后，她的眼角膜很快地就被送去马里兰一家眼睛银行，之后被送去给在南加州的一名患者，使一名年仅28岁的年轻男性患者得以重见光明。他在感恩之余，写了一封信给眼睛银行，感谢他们的存在。进一步地，他说他要谢谢捐赠人的父母，能养育出愿意捐赠自己眼角膜的孩子，他们一定是一对难得的好父母。他得知他们的名字与地址之后，便在没有告知的情况下飞去拜访他们。菲娜的母亲了解了他的来意之后，将他抱在怀中。她说："孩子，如果你今晚没有别的地方要去，爸爸和我很乐意与你共度这个周末。"

他留下来了。他浏览着菲娜的房间，发现她曾经读过柏拉图，而他以前也读过柏拉图的点字书；他发现她读过黑格尔，而他以前也读过黑格尔的点字书。

第二天早上，菲娜的母亲看着他说："你知道吗，我觉得我好像在哪儿见过你，可是就是想不起来。"突然她想到一件事，她上楼抽出菲娜死前所画的最后一幅画，那是她心目中理想男人的画像。画上的男人和这个年轻人几乎一模一样。

然后她母亲将菲娜死前在床上写的最后一首诗读给他听：

两颗心在黑夜里穿梭，

坠入爱河，

但却永远无法抓到对方的眼神。

最彻底的、最善良的爱让菲娜无私奉献她的生命，这种奉献超越了物质实体，在精神世界中，奉献为爱赢得了永生。奉献不是减法，而是加法。你奉献了，但你并没有失去，相反，你会得到意外的收获。也许你的奉献只是举手之劳，但却会给他人带来满世界的光明。播撒奉献的种子吧，它们会让世界变得更温暖。

自私是"坟墓"

不为私利是世界上最好的一种品德。

——大仲马

自私是"坟墓"，它只能使你更自闭。只有心胸宽广的无私之人才能和他人一起获得双赢。

从前，有两位很虔诚、很要好的教徒，他们决定一起到遥远的圣山朝圣。两人背上行囊，风尘仆仆地上路，发誓不到圣山绝不返家。

两位教徒走了两个多星期之后，遇见一位白发年长的圣者，圣者看到这两位教徒如此虔诚地千里迢迢要前往圣山朝圣十分感动，他告诉他们："这里距离圣山还有 10 天的路程，但是很遗憾，我在这十字路口就要和你们分手了，在分手前，我要送给你们一个礼物。这个礼物就是你们当中一个人先许愿，他的愿望一定会马上实现，而第二个人，就可以得到那愿望的两倍！"

此时，其中一教徒心里想：这太棒了，我已经知道我想要许什么愿，但我不要先讲，因为如果我先许愿，我就吃亏了，他就可以有双倍的礼物。不行！而另外一教徒也自忖，我怎么可以先讲，让我的朋友获得加倍的礼物呢？于是，两位教徒就开始客气起来，"你先讲嘛！""你比较年长，你先许愿吧！""不，应该你先许愿！"两位教徒彼此推来推去，"客套地"推辞一番后，两人就开始不耐烦了，气氛也变了，"你干吗？你先讲啊！""为什么我先讲？我才不要呢！"

两人推到最后，其中一人生气了，大声说道："喂，你真是个不识相、不知好歹的人，你再不许愿的话，我就把你的狗腿打断、把你掐死！"另外一人一听，没有想到他的朋友竟然恐吓自己，于是想：你这么无情无意，我也不必对你太有情有义！我没办法得到的东西，你也休想得到！于是，这个教徒干脆把心一横，狠心地说道："好，我先许。"很快地，这位教徒的一个眼睛瞎掉了，而他的好朋友，也立刻瞎掉了两个眼睛。

原本这是一件好事情，但是狭隘、贪念与嫉妒，左右了人的情绪，所以使得"祝福"变成"诅咒"、"好友"变成"仇敌"，更是让原来可以"双赢"的事，变成两人瞎眼的"双输"的结局！

自私，只会让我们步入生命的死胡同，永远得不到阳光与雨露的滋润。

人生多一点分享的心态，我们就会看到更精彩的风景。许多人的人生之路越来越狭隘，和自己自私的心态有很大的关系。

声誉永不贬值

尊重与声誉，这是全人类所珍惜和重视的一项权利，人们都高兴自由自在地运用这项权利。

——马克·吐温

声誉是世间最宝贵的珍宝，它是无形的财产，永远都不会贬值。失去了声誉，就等于失去了信任和尊重。

一天，史密森和儿子一起在农场里工作。

儿子刚刚大学毕业，前途未卜。

史密森环视着他那有溪流、树林和大片青草的几十万平方米的土地。"这地方真美。"他说。想到儿子未来的前程，以及他将要为赢得一个美好的未来所要付出的努力，史密森感慨万千。他决定把这片土地的来历告诉儿子。

他的第一个女儿出生不久，他和妻子在他长大的那个镇上当老师。他们很想有一块土地，在上面建造一座房子。

他注意到，在镇南面牛羊成群的那片很宽阔的土地，是90多岁的阿瑟斯先生的。阿瑟斯是个退休商业家，有许多的土地，但是却早就声明自己一块也不卖。尽管如此，他还是到家里拜访了阿瑟斯。

"对不起，我不能卖，"阿瑟斯说，"我已经将这块土地许诺给一个农民放牧了。"

"我知道，"他感到有点紧张，"我们是这里的老师，也许你会卖给打算在这里定居的人。"

"你说你叫什么名字？"阿瑟斯问。

"史密森。"

"那么，知道格列弗·史密森吗？"

"当然知道，先生，他是我的爷爷。"

阿瑟斯先生有些惊讶，然后他指着两把椅子，让他们坐下来。

"格列弗·史密森是我曾经雇用过的最好的农场工人，"阿瑟斯先生说，"他总是早来晚走，用不着我吩咐，就主动把所有要干的事都干了……如果有活没当天干完，他会觉得不好受。"

老人眯缝着眼，沉浸在遥远的回忆当中。

良久，他和蔼地问道：

"再说一下看，你要什么，史密森？"

史密森又将想买地建房的意思重复了一遍。

"好吧，让我考虑考虑，过两天你们再来。"

一周后，阿瑟斯先生对史密森说，他已经考虑好了。史密森紧张地看着老人。

"3500美元怎么样？"老人开口了。

4000平方米3500美元，80000多平方米要付出将近7万美元，这岂不是变相拒绝吗？

"3500美元？"他艰难地问道。

"是的，80000多平方米卖3500美元。"老人微笑着点了点头。

就这样，史密森无限感激地以象征性的3500美元买下了那80000多平方米土地。

事情过去将近30年了，史密森这片土地越来越美丽。"孩子，"他说，"这全都因为一个你从未见到过的人的美好的声誉。"

史密森说，在他爷爷的葬礼中，人们纷纷告诉他说，爷爷博爱、诚实、宽容和正直。这使他想起了一句名言："我们要选择的，不是财富，而是美好的声誉；不是闪亮的金子，而是爱的恩泽。"

美好的声誉就是爷爷留给他们的遗产，他希望儿子将来在脚下这片土地散步时，也把这个故事告诉他的下一代。

声誉的得来并不容易，它是靠一个人的优秀品质换来的。

任何刻意追求声誉的做法都是徒劳的。你只能通过提高自身修养和塑造自己的品质来获取声誉。

宽容是金

豁达的心胸能够修补专事诽谤的恶舌。

——荷马

不是做了错事得到报应才算公平。我们应该彼此宽容，每个人都有弱点与缺陷，都可能犯下这样那样的错误。我们要竭力避免伤害他人，要以博大胸怀宽容对方。

从前有一个富翁，他有3个儿子，在他年事已高的时候，富翁决定把自己的财产全部留给3个儿子中的1个。可是，到底要把财产留给哪一个儿子呢？富翁于是想出了一个办法：他要3个儿子都花一年时间去游历世界，回来之后看谁做到了最高尚的事情，谁就是财产的继承者。

1年时间很快就过去了，3个儿子陆续回到家中，富翁要3个人都讲一讲自己的经历。

大儿子得意地说："我在游历世界的时候，遇到了一个陌生人。他十分信任我，把一袋金币交给我保管，可是那个人却意外去世了，我就把那袋金币又原封不动地还给了他的家人。"二儿子自信地说："当我旅行到一个贫穷落后的村落时，看到一个可怜的小乞丐不幸掉到湖里了，我立即跳下马，从河里把他救了起来，并留给他一笔钱。"三儿子犹豫地说："我，我没有遇到两个哥哥碰到的那种事，在我旅行的时候遇到了一个人，他很想得到我的钱袋，一路上千方百计地害我。我差点死在他手上。可是有一天我经过悬崖边，看到那个人正在悬崖边的一棵树下睡觉，当时我只要抬一抬脚就可以轻松地把他踢到悬崖下，我想了想，觉得不能这么做，正打算走，又担心他一翻身下悬崖，就叫醒了他，然后继续赶路。这实在算不了什么有意义的经历。"富翁听完3个儿子的话，点了点头说道："诚实、见义勇为都是一个人应有的品质，称不上是高尚。有机会报仇却放弃，反而帮助自己的仇人脱离危险的宽容之心才是最高尚的。我的全部财产都是老三的了。"

恩将仇报的事情是屡见不鲜的；有机会报仇却放弃，反而帮助自己的仇人脱离危险的人和事并不多见。但只有这么宽容和豁达的人，才能享受人生的最高境界。

宽容是一种美德，怀有这种美德的人将会避免很多不必要的精神困扰，始终怀有愉悦的心情去生活；宽容是一种境界，能够达到这种境界的人是智力发达之人，他将看到广阔多彩的前景，会感觉到世界上所有的人都冲他微笑。

正直是快速成功的有效方法

能保有着高贵与正直，即使在财富地位上没有大收获，内心也是快乐和满足的。

——罗兰

"正直"是一个人应必备的品质，离开了正直和信任，就会失去很多，如亲情、爱情、友情……更重要的是，失去了正直也会与成功失之交臂。

一位推销员每天按照经理的吩咐向顾客介绍产品的优点，久而久之，他厌倦了这种工作方式。一天，当又有顾客光临的时候，他在介绍产品优点的同时也介绍了产品的缺点。

顾客听完后没说什么就走了，经理非常生气，决定解雇他。正当这位推销员带着行李要走时，刚才那位顾客又回来了，还带了一些人，这些人都准备买他的东西，就因为推销员是个诚实的人。

一个人能在所有时间里欺骗一个人，也能在同一时间里欺骗所有的人，但他不能在所有的时间里欺骗所有的人。这就是人们常说的：小胜靠谋，大胜靠德。

大学时，乔治曾经在一家孔清饮料公司工作，他是一名经销商，经过努力，他的业绩达到全公司最高点，并拥有一个销售站。但是由于公司部分领导人员缺乏正直及踏实的精神，最终导致整个公司瓦解。即使如此，他仍然学习到许到许多宝贵的东西，如销售商品的技巧以及如何和他人共事，更重要的是他了解到：如果一个人既无能力又缺乏正直，他便非常容易失去他已经达成的事情。

很多人工作的目的是为了赚钱，这并没有什么不对，相反的，那些不这么打算的人反而使人感到不安，因为没有任何一件事情不需要人们花钱。

在商言商，只要你进入商业圈，不管是职员、顾问、老板、合伙人或消费者，都与金钱脱离不了关系。当然，家人、友情及人际关系则是建立在那些比金钱更重要的事情上。

你一旦从商，能力与正直就会变得更加重要，因为没有一个人希望购买劣质产品，或者受到无礼的服务。当然，也没有一个人想和那些无知、没有技能以及不诚实的人交往。一个正直的人会在适当的时机做该做的事，即使没有人看到或知道。亚伯拉罕·林肯说得好："正直并不是为了做该做的事而有的态度，而是使人快速成功的有效方法。"

富有责任感是人生必备的品质

尽管责任有时使人厌烦，但不履行责任……只能是懦夫，不折不扣的废物。

——刘易斯

当你降临到这个世界上的那一刻，你就要负起责任。责任并不是一种强加的义务，而是对一个人的基本要求。无论在什么时候，都要勇敢地负担责任，对自己如此，他人更是如此。

一位名医，在当地享有盛誉。有一天，一位青年妇女来找他看病，检查后发现，她的子宫里有一个瘤，需要手术切除。

手术很快就安排好了。手术室里都是最先进的医疗器材，对这位有过上千次手术经验的名医来说，这只是个小手术。他切开病人的腹部，向子宫深处观察，准备下刀。但是，他突然全身一震，手术刀停在空中，豆大的汗珠冒出额头。他看到了一件令他难以置信的事：子宫里长的不是肿瘤，是个胎儿！

他的手颤抖了，内心陷入矛盾的挣扎中，如果硬把胎儿拿掉，然后告诉病人，摘除的是肿瘤，病人一定会感激得恩同再造；相反，如果他承认自己看走眼了，那么，他将会声名扫地。

经过几秒钟的犹豫，他终于下了决心，小心缝合刀口之后，静待病人苏醒。然后，对病人和病人家属说："对不起！我看错了，你只是怀孕，没有长瘤。所幸及时发现，孩子安好！"

病人和家属全呆住了。孩子果然安好，而且发育正常，但医生被告得差点破产。有朋友笑他，为什么不将错就错？就算说那是个畸形的死胎，又有谁能知道？"老天知道！"名医只是淡淡一笑。

心中有责任，做事就不会为得失所迷，心情就不会为得失所累。采用欺骗手段遮盖错误，逃脱责罚，虽然可能获得短暂的成功，但事情真相水落石出的时候，你就会成为人人唾弃的对象。而且，在此期间，你还要小心翼翼地掩盖，承受着心理的压力和折磨。因此，做了错事要勇于承认，敢于纠正，哪怕为此付出代价，但却能获得心灵的永久安宁。

责任心承载着一个人的人格，只有负起责任的时候，才能找回做人的根本。特别是你犯了错误之后，更应该担当起责任。马克·吐温曾说过："我们生到这个世界上来是为了一个聪明和高尚的目的，必须好好地尽我们的责任。"一个没有责任感的人，对自己都不能负责，更不要说对他人负责了。

忠诚是无价之宝

做一个有信义的人胜似做一个有名气的人。

——富兰克林·罗斯福

一个人若拥有忠诚的品质，自然便能赢得人们的敬重和信任。相反，一个人如果缺乏忠诚之心，往往掩蔽不了，一不在意就会表露出来，从而遭人鄙视和唾弃。

有一次，一位姑娘到机场送一个日本教师回国。在行李检查处，有人衣服的口袋里滚落出一枚1角的硬币，可能是不在乎这区区1角钱，那人没有捡起来，这位姑娘弯腰将1角硬币捡了起来，并用手轻轻地拂去上面的尘埃，快步向前，把这枚硬币交给那人。对方起初觉得尴尬，不肯接收，甚至面有愠色，她便对那人说道："先生，你可以不在乎这1角钱，但在这上面有我们的国徽，不能任人践踏！"看到这一幕，在场的人都对这位姑娘对国家的忠诚深表敬重。她让他们相信：生活和工作上她一定也是一个忠于职守的人。

忠诚的品质能赢得人们的敬重和信任，这是多少金钱都无法换取到的，忠诚无价。

相反，缺乏忠诚之心不仅会失信于人，最终还会导致人生的失败。可以说，人们对忠诚的重视是不分国界、不分肤色的。

国外某著名航空公司在开辟该国首都至芝加哥的国际航线时，由于业务需要，在美国招聘空姐。有个小姐各方面的条件都较优异，被航空公司的人事考官看好，拟作为领班。在面试就要结束时，该主考官问了一个小问题："公司准备在本国用3个月的时间对所有受聘人进行一次培训，这样的话，你远离自己的国家和亲人，在生活和感情上能适应吗？"这位小姐回答说："我离家在外已经有几年了，自己一个人生活已习惯了，至于出国，也没关系，说实在的，在这儿我早已待腻了！出去不是可以更长见识吗？"主考官听到这话，脸上的笑容马上消失了；待她走出门后，就在她的表格上写上了"NO"，并对其他人解释道："一个对自己的国家都不忠诚的人，又怎会忠诚于公司呢！"

不论人心与世风如何变化，忠诚这一优良的品质，永远焕发着她的光芒，人们也越加视之为珍宝。在我们的一生里，要永久地以这一可贵的品质去待人接物，且以此拓展自己的基业。那么，我们的生活、事业和爱情，都将因忠诚这一品质的滋养和支持而获得幸福、成功和美满。

⚜ 第六章 ⚜
原则是不可逾越的底线
——做一个坚守原则的人

哈佛告诉你

要捍卫自己的原则，不为权贵、势力和金钱弯腰。"捍卫原则"是一种对自我的坚持，需要极大的勇气和魄力。对于每一个人来说，原则是必须坚守的，是不能被贿赂，不能被收买的，而且在必要的时候你还要用生命去捍卫它。

哈佛之所以是哈佛

所有的真理都是一种成就，如果想得到不折不扣的真理，那就去争取吧。

——蒙格

哈佛知名，是因它的精神。300多年以来，哈佛已经成为一种象征，一种精神的象征。

2000年，美国哈佛大学遴选校长，有人提名新卸任总统克林顿和副总统戈尔。

但哈佛很快就把这两个人排除在外，理由很简单：克林顿和戈尔可以领导一个大国，但不一定能领导好一所大学。领导一流大学必须要有丰富的学术背景，而克林顿与戈尔都不具备。后来，原任美国财政部长、世界银行首席经济学家、副行长萨默斯被挑选为新校长，因为他在经济学研究方面做到了一流，是国际知名学者。

哈佛大学在世界上的名气与地位是毋庸置疑的，而其最重要的是向来捍卫学术自由，注重教育的独立地位和尊严。在美国历史上，有6位总统是哈佛大学的毕业生，并且，哈佛还曾为华盛顿总统、杰弗逊总统、艾森豪威尔总统、肯尼迪总统等好几位美国总统授予荣誉学位。哈佛学位的授予，对美国总统来说，是一种难得的荣耀，因此每届美国总统无不期望。1986年哈佛350周年大庆，里根总统即让人放话：自己很乐意到哈佛进行现场讲演，但条件是授予他荣誉博士学位……鲍克校长立即做出了回答："我无意奉承总统的虚荣心！"一时间舆论哗然，但大多数人支持鲍克校长：因为他坚持了大学的独立性，拒绝将神圣的学术世俗化、庸俗化。在捍卫学术自由上，哈佛更是举世闻名。

第一次世界大战期间，哈佛大学心理学教授穆斯特伯格被怀疑是德国间谍，校内外很多人向哈佛大学施加压力，要求将其解聘。昔日的一位校友甚至提出：只要解聘穆斯特伯格，他愿意为学校捐资1000万美元。为了平息当时的舆论和压力，穆斯特伯格教授也主动表态：只要那位校友把500万美元汇入学校账户，他立即辞职。但是，时任校长的洛厄尔明确表示：哈佛虽然乐于接受捐助，但不会为了钱去损害学术自由，更不会为此辞退教授或接收教授的辞呈！

哈佛大学之所以为全球瞩目，前任校长科南特道出了秘密："大学的荣誉不在于它的校舍和人数，而在于一代代教师的质量。一所真正伟大的学校，应该犹如一个核心，能聚集来自各地的自由思想者。"

哈佛大学校长鲍克说得好："只有有安全和自由保证的学者才能去探求科学真理。"这就是哈佛精神。

哈佛之所以能够成为世界知名大学，并且成为翘楚，正是因为它对真理的不懈追求。但如果追问哈佛之所以令人崇敬和向往的原因，则是因为它对自己的办学理念的恪守。这就是一种坚守原则的哈佛精神。

迁就别人也要有底线

一个人，即使驾着的是一只脆弱的小舟，但只要舵掌握在他的手中，他就不会任凭波涛的摆布，而有选择方向的主见。

——歌德

一味地迁就和顺从别人也是没有原则的表现。迁就别人表面看来是和善之举，但实际上是不坚定的表现。

一个人总要有自己的原则、自己的立场，不能一味迁就别人，一点主见也没有。这里的原则既包括办事的方法，也包括日常生活中为人、处事的立场、原则，少了哪个都会给你带来困难，并将影响你的生活。

工作办事没有自己的方法，只听命于他人，别人怎么说自己就怎么做，这样的人活着只是别人的影子，没有自我，走弯路、浪费时间不说，有时难免要犯错误。

罗宾斯没别的毛病，就是天生的耳根子软，别人说什么他听什么，妻子一生气就骂他是"应声虫"。中午订餐，同事问吃什么，他犹犹豫豫地想了一会儿说"吃汉堡吧!"同事一听："汉堡有什么好吃的，就要比萨吧。"罗宾斯赶紧点头："行，行，行!"不但生活中这样，工作中也是这样，他从来也提不出什么像样的意见，什么事都听人家的，所以单位里开会时，他永远是坐在角落时发呆的一个。前不久，妻子回娘家了，说是要跟他离婚，起因就是一卷墙壁纸。妻子嫌卧室里的壁纸太旧了，想换上新的，正巧身体不舒服，就让罗宾斯一个人去买。走之前一再嘱咐他按照家具的颜色搭配着买，可他却禁不住售货小姐的怂恿，买了一种深蓝色直条纹的壁纸，贴上以后，妻子总觉得自己是睡在监狱里，她觉得丈夫这人太没用了，很多同事都利用他的好说话、占便宜，领导把他当软柿子捏来捏去……售货小姐居然也把他当"冤大头"，日子再也没法过了，妻子愤怒地收拾东西离开了这个家，罗宾斯则坐在沙发上唉声叹气。

社会太复杂了，过于迁就别人的人很容易吃亏，多少人排队等着算计这种老实人呢!办事没有原则，有时就会表现为一味地迁就、顺从别人。由于自己没有立场，所以很容易被他们所诱惑或利用。迁就别人，表面看来是和善之举，但实际上是软弱的表现。软弱到一定程度，就会逐渐失去自信力，而没有自信力的人是很难成就什么大事业的。有时，性格上的自卑和懦弱，也表现为没有自己的立场和观点。自卑，就会觉得处处不如别人，怯懦则往往会导致卑微。时时看着别人的脸色行事，怎么能走自己的路呢?

做什么事情都要有个度，不能过度，否则就是没有原则：什么事情没有原则，只会带来不良后果，而不会有什么好的结局。

干什么事情都要动脑筋，不要轻易听从他人的，要有自己的一套规则。这样做，你才可能收到意想不到的效果。如果只是一味地迁就别人，那你就再也不能成为你自己了。

尊重他人的立场和原则

尊重别人所尊重的人，就是尊重他本人，因为这说明我们赞成他的判断，反之，尊重他的仇敌，则是轻视他。

——霍布斯

在人际交往中，千万不要以自我为中心而完全不顾他人的颜面、立场，如果将自己的价值标准强加在别人的头上，轻则得到的是不和谐的人际关系，重者可能使自己头破血流，一无所获。

有一个心理学家找来两个7岁的孩子进行一项心理测验。

其中的一个孩子汤姆来自一个贫穷的家庭，家里有6个兄弟姐妹；而另一个孩子安迪则是一个家境富裕的医生的独生儿子。

心理学家让两个孩子一起看一幅画，画上画的是1只小兔子坐在餐桌旁边哭，而兔妈妈则板着面孔，站在一旁。孩子们看完画后，心理学家让他们将画中的意思表达出来。汤姆立即说："小兔子在哭，是因为它还没有吃饱，还想要东西吃，但是家里已经没有可吃的东西了。兔妈妈也觉得很难过，但它又没有办法弄到东西吃，所以只好板着脸告诉小兔子不许哭。"

"才不是这样的，"安迪立刻反驳他，"小兔子为什么要哭？还不是因为它已经不想再吃东西了，但它妈妈却板着脸非要强迫它继续吃下去不可。"

有兄弟二人，出门做生意，他们来到一个偏远荒蛮的地方，这个地方的人都不穿衣服，称作裸人国。

哥哥见了这副样子，皱着眉头说："这儿的人如此不讲廉耻，岂非和畜生一个样，我们怎能跟这种人交往？"

弟弟则对哥哥的话不以为然："一个地方有一个地方的习俗，我们只管和他们做生意，何必在意他们的生活习惯呢？你觉得人家不穿衣服是不讲廉耻，说不定人家见你还觉得奇怪呢？"

于是弟弟仍旧和他们做生意，和他们一起吃饭，一起唱歌跳舞，结果裸人国的人上至国王，下至普通老百姓，都十分喜欢他，他的货物也被以高的价钱抢购一空。

而他哥哥以自己的立场，指责裸人国这也不好、那也不对，引起当地人的愤怒，大家把他抓住打了一顿，还把他所有的货物都抢跑了。全亏了他弟弟说情，裸人国的人才没有进一步为难他。

对同一件事，从不同的角度看往往能得出不同的结论。因此，当他人的观点跟自己的不一样时，千万不要急于指责别人，而要多从他人的角度想，许多争执和问题自然会迎刃而解。

只以自己的一贯立场去衡量或要求别人，是对他人的不尊重，这对于一个领导者尤其重要。不尊重他人立场的领导，只会将自己封闭起来，并不会得到众人的尊重。

做人要有底线

我的最高原则：不论遇到什么困难，都决不屈服。

——居里夫人

所谓底线，就是做人应遵循的基本原则，包括思想、道德、法律等方面。思想的底线，是积极向上；道德的底线，是诚实善良；法律的底线，是公正守法。

守住底线，就是确保自己的言行在道德与法律的约束范围之内，即不越矩。超出底线，就是道德的沦丧，甚至触犯法律。

底线是做人的根本，是行走社会的行为准则，同时也是人们安身立命、维护个人尊严的法宝。

"勿以恶小而为之，勿以善小而不为。"现实生活当中，每一个人应该坚守自己心里的那道底线。如果连你自己都抵挡不住诱惑，忽视这道底线，那你心灵的防线就一定会不攻自破，使你失去自我。

只有坚持自己的底线，才能坚持自我。

麦克斯在印尼巴厘岛的时候，有一次逛摊子，看上了一个木雕。

"多少钱？"他问。

"20000 卢比。"

"8000！"麦克斯说。

"天呐！"小贩用手拍着前额，作出一副要晕倒的样子，然后看着麦克斯，"15000。"

"8000。"麦克斯没有表情。

"天哪！"商贩在原地打了一个转，转向旁边的摊子，对着那摊子举起手里的木雕喊，"他出 8000！天呐！"又对着麦克斯，"最低了，我卖你 13000，结个缘，明天你带朋友来，好不好？"

麦克斯笑着耸耸肩，转身走了，因为他口袋里只有 9000，就算他出到 9000，距离 13000，还是差太远。

他才走出去四五步，小贩就在后面大声喊：

"12000，12000 啦！"

麦克斯继续走，走到别的摊子上看东西，小贩还在招手："你来！你来！我们是朋友，对不对？我算你 10000，半卖半送！"

麦克斯继续走，走出了那个摊贩聚集的地方。

突然一个小孩从后面跑来，并声称要带麦克斯去一个地方。麦克斯好奇地跟着小男孩，打算一探究竟。原来，小男孩是那摊贩派来的，目的是把他重新拉回自己的摊位。

"好啦！好啦！我要休息了，就 8000 啦！"摊贩最后以麦克斯出的价格卖掉了那个木雕。

现在，每当麦克斯看到桌子上摆的这个木雕，就会想起那个小贩。他常想："我为什么能出 8000 就买到？"

因为他坚持了自己的底线。

麦克斯也想，小贩为什么会卖？

因为小贩觉得他心中有个最低的底线，并且很难冲破。

做人也是如此。很多时候，在原则面前根本没有回旋的余地。

双向的沟通，有时候就像讨价还价。你不可能让他全部得逞，他也不可能对你完全让步。两方面一定要先在心里有个最低的底线，再在这个底线上沟通。也只有经过反复磋商，双方都有"让步"，也都有"收获"的情况才能叫作"双赢的沟通"。

既要坚守原则又要懂得变通

在纯粹光明中就像在纯粹黑暗中一样，看不清什么东西。

——黑格尔

只知道坚守而不知道变通的人就走向了另一个极端——固执。根本的原则和正确的原则要坚守，但不合理的就要懂得变通。

一个固执的人在烈日下急匆匆地赶路。

他热得大汗淋漓，然而却不肯扇扇子。一只鸟儿飞过来，对他说：

"你为什么不肯扇扇子呢？"

"哼，我靠我自己活在这个世界上，不需要任何外力的帮助！"

"我用翅膀为你扇风吧？"

"走开！我宁可热死，也不要任何外力帮助！"固执的人继续走他的路。

他来到一条很宽很深的河边，他过不去了，站在岸边。

"去找渔家借条船吧，你会很快渡过河去的。"那只鸟儿又追来了。

"哼！借？我长这么大，从来没向别人借过东西！我要靠我自己过河去。"固执的人说。

固执的人说完，径直朝河里跳去，一会儿，他就沉了底。

"唉！这个人真是太固执了。"鸟儿叹了一声，飞走了。

蒲公英借助风力把它的种子撒向四方，鸟儿借助树木把它的家安置妥当。世界上哪里有不借助外物而孤立存在的人呢？这个固执的人坚持了自己的错误的原则，不知因时因事而变，最终受害的只能是自己。过于固守原则，就会到处碰壁。

第七章

缺陷是一种恩惠

——人生不能为追求完美所累

哈佛告诉你

执着地对待生活，紧紧地把握生活，但又不能抓得过死，松不开手。人生这枚硬币，其反面正是那悖论的另一要旨：我们必须接受"失去"，学会放弃。世界并不完美，人生当有不足。没有遗憾的过去无法链接人生。对于每个人来讲，不完美是客观存在的，无须怨天尤人。

失去是一种获得

人生哪有只得不失的道理，要正确对待你的失去。失去才能得到，有时失去也就是一种获得。

——爱伦堡

对善于享受简单和快乐生活的人来说，人生的心态只在于进退适时、取舍得当。因为生活本身即是一种悖论：一方面，它让我们依恋生活的馈赠；另一方面，又注定了我们对这些礼物最终的舍弃。正如先师们所说：人生在世，紧握拳头而来，平摊两手而去。

有一位住在深山里的农民，经常感到环境艰险，难以生活，于是便四处寻找致富的好方法。

一天，一位从外地来的商贩给他带来了一样好东西，尽管在阳光下看去那只是一粒粒不起眼的种子。但据商贩讲，这不是一般的种子，而是一种叫作"苹果"的水果的种子，只要将其种在土壤里，两年以后，就能长成一棵棵苹果树，结出数不清的果实，拿到集市上，可以卖好多钱呢！

欣喜之余，农民急忙将苹果种子小心收好，但脑海里随即涌现出一个问题。

既然苹果这么值钱、这么好，会不会被别人偷走呢？于是，他特意选择了一块荒僻的山野来种植这种颇为珍贵的果树。

经过近两年的辛苦耕作，浇水施肥，小小的种子终于长成了一棵棵苗壮的果树，并且结出了累累的硕果。这位农民看在眼里，喜在心中。嗯！因为缺乏种子的缘故，果树的数量还比较少，但结出的果实也肯定可以让自己过上好一点儿的生活。

他特意选了一个吉祥的日子，准备在这一天摘下成熟的苹果挑到集市上卖个好价钱。

当这一天到来时，他非常高兴，一大早，便上路了。

但当他气喘吁吁爬上山顶时，心里猛然一惊，那一片红灿灿的果实，竟然被外来的飞鸟和野兽们吃个精光，只剩下满地的果核。

想到这几年的辛苦劳作和热切期望，他不禁伤心欲绝，大哭起来。他的财富梦就这样破灭了。在随后的岁月里，他的生活仍然艰苦，只能苦苦支撑下去，一天一天地熬日子。

不知不觉之间，几年的光阴如流水一般逝去。

一天，他偶尔又来到了这片山野。当他爬上山顶后，突然愣住了，因为在他面前出现了一大片茂盛的苹果林，树上结满了累累的果实。

这会是谁种的呢？在疑惑不解中，他思索了好一会儿才找到了这个出乎意料的答案。

这一大片苹果林都是他自己种的。

几年前，当那些飞鸟和野兽吃完苹果后，就将果核吐在了旁边，经过几年，果核里的种子慢慢发芽生长，终于长成了一片更加茂盛的苹果林。

现在，这位农民再也不用为生活发愁了，这一大片林子中的苹果足可以让他过上温饱的生活。

如果当年不是那些飞鸟和野兽们吃掉了这小片苹果树上的苹果，今天肯定没有这样一大片果林了。

请记住，一扇门如果关上了，必定有另一扇门打开。失去了这种东西，必然会在其他地方有所获。关键是，你要有乐观的心态，相信有失必有得。要舍得放弃，要正确对待你的失去，失去才能得到，有时失去也就是另一种获得。

没有人是全才

不要因为不完美而恨自己，世界上根本就不存在任何完美的事物，美都是有缺憾的。

——黑格尔

智者再优秀也有缺点，愚者再愚蠢也有优点。对人多做正面评估，不以放大镜去看缺点，生活中要严于律己，宽以待人。避免以完美主义的眼光去观察每一个人，要以宽容之心包容其缺点。刁难之心少有，宽容之心多存。

完美主义的人表面上很自负，内心深处却很自卑。因为他很少看到优点，而总是关注缺点。如果总是不知足，很少肯定自己，自己就很少有机会获得信心，当然会自卑了。不知足就不快乐，痛苦就会常常跟随着你，周围的人也会不快乐。认识到没有人是全才，接受自身和他人的不完美，会使你的人生轻松很多。

年轻的朋友们，请记住这样一个忠告：世界上根本就不存在任何一个完美的事物。

不要再幻想做一个完美主义者，不要把光阴蹉跎在那毫无意义的幻想中。

缺陷和不足是人人都有的，但是作为独立的个体，你要相信，你有许多与众不同的甚至优于别人的地方，你要用自己特有的形象装点这个丰富多彩的世界。

很多人因为自己的缺陷和不足而自怨自艾，从而丧失了自信，变得自卑。人无完人，金无足赤，没有一个人是完美无瑕的。难道有缺点和不足就注定要悲哀，要默默无闻，无法成就大事吗？其实，只要你把"缺陷、不足"这块堵在心口上的石头放下来，别过分地去关注它，它也就不会成为你的障碍。假如善于利用你那已无法改变的缺陷、不足，那么，你仍然是一个有价值的人。

学会接受"真实的自我"，也接受它所有的瑕疵，因为它是我们唯一的表达工具。学会忍受你本身的不完美，要用智慧认清你的缺点。不要忘记，为了缺点而恨透自己，只会招致不幸。将你"自己"与你的行为割裂开来，"你"并不会因为犯错或走偏了路而败坏、丧失价值，就像打字机不会因为出了毛病或小提琴不会因为发出噪音而丧失价值一样。

不要因为不完美而恨自己，你有很多的朋友，他们没有一个是十全十美的。那些伪装完美、追求完美的人，其实是在拿自己一生的幸福开玩笑。

人生需要运算

人活一辈子都要建设人生，失掉建设的人生，没有不垮台的。

——池田大作

人生是一种自我经营的过程。要经营就要讲选择和放弃，形象地说，人生是离不开加减乘除的。

人生需要用加法。人生在世总是要追求一些东西，追求什么是人的自由，所谓人各有志，只要不违法，手段正当，不损害别人，符合道德伦理，追求任何东西都是合理的。比如，有的人勤奋工作，奋力拼搏为的是升职；有的人风里来雨里去，吃尽苦头，为的是增加手中的财富；有的人废寝忘食、发奋读书是为了增加知识；有的人刻苦研究艺术，为的是增加自己的文化品位；有的人全身心投入到社会实践中，为的是增加才能；有的人……

人生的加法，使人生更富有、更丰富多彩；一个进步的社会应该鼓励个人用自己的双手增加人生的价值和内涵，使人生物质世界和精神世界都更加富有和充实。加法人生的原则是提倡公平竞争，不论在物质财富上还是在精神财富上胜出，都应给予鼓励。加法人生是一种积极的人生。

人生需要用减法。人生是对立统一体。哲人说人生如车，其载重量有限，超负荷运行促使人生走向其反面。人的生命有限，而欲望无限。我们要学会辨证看待人生，看待得失，用减法减去人生过重的负担。否则，负担太重，人生不堪重负，往往事与愿违。人生应有所为有所不为。

华盛顿是美国的开国之父，他在第二届总统任期满时，全国"劝进之声"四起，但他以无比坚强的意志坚持卸任，完成了人生的一次具有重大意义的减法，至今美国人民仍自豪于华盛顿为美国建立的制度。他的人生哲学值得我们去玩味和思考。

人生需要用乘法。人生的成功与否，与个人努力有关，更与机遇有关。哲人说，人生的道路尽管很漫长，但要紧处就那么几步。对于人生而言，奋斗固然重要，但能否抓住机遇也是十分关键的。在人生的关键时刻，一次努力能抵得上平时几次、几十次的努力，一年的奋争能抵得上几年甚至十几年的、几十年的奋争。从这一意义上讲，在关键时刻把握住机遇就实现了人生的乘法。

比尔·盖茨在人生关键时刻选择了微软，这一选择为他日后的辉煌奠定了基础，假如他当初不选择这一行，他完全可能是一个普通的人。

人生是一种自我经营的过程。要经营就要讲运算，人生是离不开加减乘除的。

人在关键时刻，常要有勇气、认真和耐心，道路选准了，奋斗才会有应有的回报，人生的荣誉也会随之而来。

放弃是为了更好的选择

愚蠢的人就是永远不会改变的人。

——奥古斯特·巴泰勒米

放弃是为了更好地选择得到，在扬弃中进行新一轮进取，你所得到的比失去的更可贵。

成立于1881年的日本钟表企业精工舍，是一家世界闻名的大企业。它生产的石英表、"精工·拉萨尔"金表远销世界各地，其手表的销售量长期位于世界第一的位置。它能取得这样的成功，完全取决于其第三任总经理服部正次的放弃战略。

1945年，服部正次就任精工舍第三任总经理。当时的日本还处在战争破坏后的满目疮痍中。精工舍步于疲惫，征程未洗。而这时，有"钟表王国"之称的瑞士，由于没有受到"二战"的破坏影响，其手表一下于占据了钟表行业的主要市场。精工舍面临着巨大的生存危机！

服部正次并不为困难所吓倒，他沉着冷静，制定了"不着急，不停步"的战略，着重从质量上下手，开始了赶超钟表王国的步伐。10多年过去了，服部正次带领的精工舍取得了长足的进展，但仍然无法与瑞士表分庭抗礼。20世纪60年代，瑞士年产各类钟表1亿只左右，行销世界150多个国家和地区，世界市场的占有额也达到了50%～80%之间。有"表中之王"美誉的劳力士和浪琴、欧米茄，天俊等瑞士名贵手表，依然是各国达官贵人、富商巨贾等人财富地位的象征。无论精工舍在质量上怎样下工夫，都无法赶上瑞士表的质量标准！

怎么办？是继续寻求质量上的突破，还是另寻它法？服部正次思量着。他看到，要想在质量上超过有深厚制表传统的瑞士，那简直是不可能的。服部正次认为精工舍该换个活法了，他要带领精工舍另走新路。经过慎重的思考，服部正次决定放弃和瑞士表在机械表制造上的较劲，转而在新产品的开发上做文章。

经过几年的努力，服部正次带领他的科研人员成功地研制出了一种新产品——石英电子表！与机械表相比，石英表的最大优势就是走时准确。表中之王的劳力士月误差在100秒左右，而石英表的误差却不超过15秒。1970年，石英电子表开始投放市场，立即引起了钟表界和整个世界的轰动。到70年代后期，精工舍的手表销售量跃居到了世界首位。

在电子表市场牢牢站稳了脚跟后，1980年，精工舍收购了瑞士以制作高级钟表著称的"珍妮·拉萨尔"公司，转而向机械表王国发起了进攻。不久，以钻石、黄金为主要材料的高级"精工·拉萨尔"表开始投放市场，马上得到了消费者的认可，成为人们心中高质量高品质的象征！

现代社会似乎给我们描绘了一幅幅风和日丽、欣欣向荣的财富画卷，而一个个诗情画意、神乎其神的成功故事，则更令我们激情冲动、意乱情迷。于是，在众多的致命诱惑面前，太多的人忘却了理性的分析和选择，忘却了放弃，而任凭拥有和欲望的野马在陷阱密布的商界里纵横驰骋。殊不知，"放弃"是一种战略智慧。学会了放弃，你也就学会了争取。

第八章

人生没有终点

——要学会不断超越

哈佛告诉你

　　成功的动力源于拥有一个不断超越的进取目标。人生就是一个不断超越的过程。每个人都是自己人生的设计师，没有人可以保证我们的将来，更没有人能保证我们的生命，所以，我们要跳出别人的"定论"，勇敢地活出自己的精彩人生。

享受不断超越的过程

　　人生就是行动、斗争和发展，因而人不可能有什么固定不变的目标，人生的欲望和追求决不会停止不动。

——弗兰克·梯利

　　一个人在现代社会中生存，知识面越广，得到的信息就越多，人生的视野就越加开阔。一个鼠目寸光的人，很难在今天有所作为。超越不了自己，就谈不上超越别人。这不但不利于自己事业的发展，也很难在竞争激烈的社会上立足，最终只能为时代大潮所抛弃。

　　克里斯特镇上有一位年近60的老医生，曾经远近闻名。但自从他从医科学校退休之后，诊病下药还一贯奉行传统的老法子，多年毫无进取创新，于是渐渐步入没落了。他明明应该把门面重新漆一漆了，明明应该去买些新发明的医疗器械及最近出现的特效药品了，但他舍不得花钱。他从不肯稍微划出些时间来看些新出版的刊物，更不肯稍费些心机去研究实验种种最新的临床疗法。他所施用的诊疗法，都是些显效迟缓，陈腐不堪的老套；他所开出来的药方，都是不易见效的、人家用得不愿再用了的老药品。他一点也没留意到，在他诊疗所附近早已来了一位青年医生，有最新最完善的设备，所用的器械无不是最新的一种；开出来的药方，都写着最新发明的药品；所读的都是些最新出版的医学书报。同时他的诊所的陈设也是新颖完美，病人走进去看了都很满意。于是老医生的生意，渐渐都跑到这位青年医生那里去了。等到他发觉了这个情形，已经悔之不及了。"不进步"使他失败，他的诊所从此再也无人过问了。

　　追求超越自我的人，每一分每一秒都活得很充实，他们尽其所能享受、关怀、做事并付出。除了工作和赚钱以外，他们的人生还有其他意义。若非如此，即使居高位，生活富裕，也会感到空虚、乏味，不知生活的乐趣究竟在哪里。

　　人生战场上的真正赢家目标远大而明确，他们追寻生命的真谛和超越自我。他们能够把生活的各个层面融合为一体。为了享受生活的乐趣，他们不仅剖析自我，而且从大处着眼，展望生命的全貌。

进取心始于一份渴望。当你渴望实现梦想时，进取心便油然而生了。当你坚信能改善自己的生活状况时，进取心便能茁壮滋长。渴望是原动力，当你想要一样东西、想要做成一件事时，你心中便有一份力量，推动你去获得、去进取、去追求。

进取心是内心的驱动力量，是经由想象而产生的意念。我们可以利用进取心推动我们向目标迈进。有进取心的人会勇往直前，屡仆屡起，为实现梦想而努力。这是百年哈佛对我们的人生忠告。

不要给你的未来穿上"鞋子"

别人藉我们的过去所做的事判断我们，然而，我们判断自己，却是凭我们将能做些什么事。

——朗费罗

爱因斯坦 4 岁才会说话，7 岁才会认字。老师给他的评语是："反应迟钝，不合群，满脑袋不切实际的幻想。"他曾遭到退学的命运。

牛顿在小学的成绩一团糟，曾被老师和同学称为"呆子"。

罗丹的父亲曾怨叹自己有个白痴儿子，在众人眼中，他曾是个前途无"亮"的学生，艺术学院考了 3 次还考不进去。他的叔叔曾绝望地说：孺子不可教也。

《战争与和平》的作者托尔斯泰读大学时因成绩太差而被劝退学。老师认为他"既没读书的头脑，又缺乏学习的兴趣"。

如果这些人不是"走自己的路"，而是被别人的评论所左右，怎么能取得举世瞩目的成绩？

哪怕你现在还不是最优秀的人，但不管在什么情况下，都不要轻言放弃理想。因为，生命是神奇的，任何人都没有资格保证我们的人生。

有一位成功人士，小学 6 年级的时候，考试得了第一名，老师送他一本世界地图，他好高兴，跑回家就开始看这本世界地图。很不幸，那天轮到他为家人烧洗澡水。他就一边烧水，一边在灶边看地图。他看到一张埃及地图，想到埃及很好，有金字塔，有埃及艳后，有尼罗河，有法老王，有很多神秘的东西，心想长大以后如果有机会一定要去埃及。

看得入神的时候，突然有一个大人从浴室冲出来，胖胖的围一条浴巾，用很大的声音对他说："你在干什么？"他抬头一看，原来是父亲，他说："我在看地图！"父亲跑过来，"啪、啪！"给他两个耳光，然后说："赶快生火！看什么埃及地图？"打完后，踢他屁股一脚，把他踢到火炉旁边去，用很严肃的表情讲："我给你保证！你这辈子绝不可能到那么遥远的地方！赶快生火！"

他当时看着父亲，呆住了，心想：父亲怎么给我这么奇怪的保证，真的吗？这一生真的不可能去埃及吗？

20 年后，他第一次出国就去埃及，他的朋友都问他："到埃及干什么？"那时候还没开放观光，出国是很难的。他说："因为我的生命不要被保证。"所以自己就跑到埃及旅行。

有一天，他坐在金字塔前面的台阶上，买了张明信片给他爸爸。他写道：亲爱的爸爸：我现在在埃及的金字塔前面给你写信，记得小时候，你打我两记耳光，踢我一脚，保证我不能到这么远的地方来。

你的生命要靠自己去雕琢。你要选择自己的生活道路，确定人生的目标，也就是为自己"人生道路怎么走"、"朝着什么方向走"、"最终要达到什么目的"进行设计。被别人"保证"，并且照着别人的"保证"去做的人，他的生命注定只能平淡无奇，碌碌无为。只有对自己的生命充满激情和幻想的人，才会不断地超越自己，达到一个又一个高峰，人生也因此而绚丽多彩，跌宕多姿。

拥有享受每一天的智慧

生活得最有意义的人，并不就是年岁活得最长的人，而是对生活最有感受的人。

——卢梭

每一天都是生命必不可少的组成部分，生命就是由很多日子串起来的。如果每一天都是阳光灿烂的，那你的一生就是愉快的。

有这样一则古老的寓言：在一个春光明媚的早晨，有一只漂亮的鸟儿，站在摆动的树枝上放声歌唱，树林里到处回荡着它甜美的歌声。一只田鼠正在树底下的草皮里掘洞，它把鼻子从草皮底下伸出来，大声喊道："鸟儿，闭上你的嘴，为什么要发出这种可怕的声音！"

这只歌唱的鸟儿回答说："哦，先生，我总是忍不住要歌唱。你看，空气是多么新鲜，春天是多么美好，树叶绿得多么可爱，阳光是多么灿烂，世界是多么可爱，我的心中充满了甜蜜的歌儿，我无法不歌唱。"

"是吗？"田鼠睁大眼睛不解地问道，"这个世界美丽可爱吗？这根本不可能，你完全是胡扯！世界上的任何事情都是毫无意义的。我已经在这儿生活了这么多年，我了解得很清楚。我曾经从各个方向挖掘，我不停地挖啊挖啊，但是，我可以告诉你，我只发现了两样东西，也就是草根和蚯蚓。除此之外，再没有发现过其他东西，真的，没有任何可爱的东西。"

快活的鸟儿反驳说："田鼠先生，你自己上来看看吧。从草皮底下爬上来，到阳光中来吧。你上来看看太阳，看看森林，看看这美丽可爱的世界，呼吸一下新鲜空气，要是这样，你也会忍不住流泪。上来吧，让我们一起放声歌唱！"

显然，快活的鸟儿和迷惑的田鼠代表了两种不同的生活态度——乐观主义和悲观主义。

就像鸟儿对田鼠说的一样，我们也可以对那些悲观主义者说："出来看看吧，先生。看看这明媚的阳光，看看这可爱的世界，你会感觉到一切都是美好的。"

如果你总认为此时此刻你还没有享受生活的权利，那你就大错特错了。享受生活是一种心态，并不需要什么客观条件做基础。拥有享受每一天的智慧，你的人生也会多姿多彩。

最美的是过程

没有人生活在过去，也没有人生活在未来，现在是生命确实占有的唯一形态。

——叔本华

生命只是一个过程，在这个过程中，有鲜花和掌声，也有荆棘和泪水。

事情的结果尽管重要，但是做事情的过程更加重要，结果好了我们会更加快乐，但过程使我们的生命充实。

不要刻意地去追求人生的辉煌，因为人生的辉煌是由生命的过程附带的。

要去寻找人生中的精彩，人生中的精彩是在你生命的过程中固有的。

品味过程之美，才会懂得珍爱生命中的每一天，拒绝和抛弃那些不必要的精神压力和束缚。

一个很穷的小伙子，每天都要上班做工。

一天，他在路上捡到一把神奇的钥匙。

神奇的钥匙告诉小伙子，它能满足他的一切心愿。

小伙子想：如果我现在能有好多好多的钱该多好啊，我就不用每天辛苦地做工了。

小伙子刚这么一想，他就有了很多的钱。

这时小伙子又想起了自己喜欢的姑娘，如果她马上成为我的妻子该有多好！

于是，他喜欢的姑娘立即成了他的妻子。

小伙子又想：我有这么多钱，又有了妻子，我不想再等了，我现在希望自己有很多孩子，以便继承我的家产。这样，小伙子又有了许多孩子。

所有的过程都被简化了，小伙子一下子拥有了想要的一切。不过他发觉自己也已经变成一个老头子。

小伙子懊丧地说："噢，不，请求你，神奇的钥匙，将我变回原来的样子吧！我想每天出去做工赚钱，晚上瞒着姑娘的父母偷偷约她出去，牵着她的手在树林中散步，让这一切都慢慢来吧。"

可是，神奇的钥匙却不再理他了。

生活中大多数人都急于奔向目标而忽略了过程中的美丽风景。

其实抛弃对过去和未来的忧虑，能帮助你享受现在每一天的快乐，让你能够在它们最新鲜的时候品尝和欣赏。

准备一个丢弃错误的垃圾桶

错误本身都有其可以借鉴的价值，而只有那些善于从失败中总结经验教训，不怨天尤人的人才能避免重复犯错。

——罗素

在漫长的人生道路上，期望自己事业成功，仅有学校的智慧是远远不够的，你还必须具备社会生活的智慧，这就是不断减少你的错误的智慧。

生活是最严厉的老师，与学校书本教育的方式完全不同。

生活的教育方式是你得首先犯错，然后从中吸取教训。

大多数人不知道从错误中感悟道理，而只知一味地逃避错误。他们不知道，这种行为本身已铸成大错。还有一些人犯了错误却没能从中吸取教训。

这些都是为什么有如此多的人总是循环往复地犯着自己以前曾经犯过的错误。他们之所以一而再、再面三地犯错，就是因为他们不知道如何从错误中吸取教训。

错误本身并不可怕，可怕的是错得没有价值。一个人虽然犯了点小错误，但如果他能总结失败的教训，知道自己为什么失败，并不再犯更大的甚至是致命的错误，则错误对他来说比成功的经验还重要。

爱因斯坦被带到普林斯顿高级研究所办公室的那天，管理人员问他需要什么用具。爱因斯坦回答说："我看，1张桌子或台子，1把椅子和一些纸张、钢笔就行了。啊，对了，还要1个大废纸篓。"

"为什么要大的？"

"好让我把所有的错误都扔进去。"

追求卓越的过程，其实就是不断丢弃错误的过程。丢弃错误，我们才会看到一条向上的路。

哈佛教授指出：人在成功的时候总是认为自己是高明的，而很少归结为运气；而出错时，却总是以运气不佳为借口，害怕承认错误、分析错误，以致故态复萌，再犯同样的错误。殊不知，错误本身有其可以借鉴的价值，而只有那些善于从失败中总结经验教训，不怨天尤人的人才能避免重复犯错。

"一个人受骗两次就该毁灭。"一个真正明智的人绝不应该再犯同类的错误。的确，犯错不可怕，只要不犯相同的错误就是一种进步。狗或猫被伤害了一次，下一次遇到同样情况，就知道躲得远远的。狗或猫尚能如此，人难道还不能做到吗？

每个人都不希望出错，并害怕出错，自小师长便教导人们犯错是不好的事，会使自己失去亲朋的疼爱。这种教育常常使人们不能正确对待错误，不能接受对错误的批评。这很不利于纠正错误，从错误中学习。

当我们受到批评时，不必感到失望、不平或愤怒，而应把精力用来制定一项明确的计划，以平息批评，重新起步。与有关的人共同研究你的计划，不要浪费时间和精力彼此抱怨，应该共同努力，解决存在的问题。

有时候我们又太勇于自责了。我们会说："这都是我的错。""我什么事都做不好。"如果真是我们的错，自责倒也无妨，但明明不是我们的错却强要自责，就有些过了。喜欢自责的人内心常有"我是笨蛋，我是失败者"的想法。这么一来，下次你又会犯同样的错误，或是你误以为自己的确是笨蛋，而根本不再尝试了。奇怪的是，我们的确能安于失败。不动脑筋的自怜要比绞尽脑汁分析自己，筹思下次如何成功来得容易多了。

人生不怕犯错误，就怕一错再错。

挫折可以为你增值

能使愚蠢的人学会一点东西的并不是言辞，而是厄运。

——德谟克利特

每个人都必须学会在挫折中成长。挫折没有你想象的那样可恶，恰恰是它，让你不断成长。

威廉·卡瑞尔年轻的时候，在纽约州布法罗城的布法罗铸造公司工作。他必须到密苏里州水晶城的匹兹堡玻璃公司——一座花费好几百万美元建造的工厂去安装一架瓦斯清洁机，以清除瓦斯燃烧的杂质，使瓦斯燃烧时不会伤到引擎。这种瓦斯清洁方法是一个创新，以前只试过一次——而且当时的情况很不相同。他到密苏里州水晶城工作的时候，很多事先没有想到的困难发生了。经过一番调试，机器可以使用了，可是效果并不像他们所保证的那样。

威廉·卡瑞尔对自己的失败非常吃惊，觉得好像是有人在他头上重重地打了一拳。他的胃和整个肚子都开始疼痛起来。有好一阵子，威廉·卡瑞尔担忧得简直无法入睡。

威廉·卡瑞尔也意识到了忧虑并不能解决问题，于是，想出了一个解决问题的办法，即接受可能发生的最坏情况。这一方法共有3个步骤。

第一步，毫不害怕而是诚恳地分析整个情况，然后找出万一失败后可能发生的最坏情况是什么：没有人会把我关起来，或者把我枪毙，这一点说得很准。不错，很可能我会丢掉工作，也可能我的老板会把整个机器拆掉，使投进去的两万美元泡汤。

第二步，找出可能发生的最坏情况之后，让自己在必要的时候能够接受它。我对自己说，这次失败在我的记录上会是一个很大的污点，我可能会因此而丢掉工作。即使真是如此，我还是可以另外找到一份差事。事情可能比这更糟。至于我的那些老板——他们也知道我们现在是在试验一种清除瓦斯的新方法，如果这种实验要花他们两万美元，他们还付得起。他们可以把这个账算在研究费上，因为这只是一种试验。

第三步，从这以后，我就平静地把我的时间和精力拿来试着改善我在心理上已经接受的那种最坏情况。

威廉·卡瑞尔通过努力发现，如果他们再花几千美元加装一些设备，问题就能得到解决。他们照着这个办法做了，最后公司不但没有损失2万美元，还赚了2万美元。

如果当时威廉·卡瑞尔一直担心下去的话，恐怕再也不可能做到这一点。因为忧虑的最大坏处就是摧毁一个人集中精神的能力。一旦忧虑产生，我们的思想就会到处乱转，从而丧失做出决定的能力。然而，当我们强迫自己面对最坏的情况，并且在精神上先接受它之后，我们就能够衡量所有可能的情形，使我们处在一个可以集中精力解决问题的状态。

已故美国心理学之父威廉·詹姆斯教授曾告诉他的学生：

"要愿意承担这种情况……接受可能的最坏结果，这是克服随之而来的任何不幸的第一步骤。"

这一说法的确不错，在心理上能让你发挥出新的能力。在人们接受了最坏的情况之后，就不会再损失什么，这也就是说，一切都可以寻找回来。"在面对最坏的情况之后，"威廉·卡瑞尔告诉我们，"我马上就轻松下来，感到一种好几天来没有经历过的平静。然后，我就能思想了。"

他的说法很有道理，不是吗？可是现实中还有成千上万的人因为愤怒而毁掉自己的生活。因为他们拒绝接受最坏的情况，不肯做出改进，不愿意在灾难之中尽可能救出点东西。他们不但不重新积累自己的财富，还"与经验进行了一次冷酷而激烈的斗争"——最终变得郁郁寡欢。

🛡 第九章 🛡

快乐根植于心

——快乐地生活

哈佛告诉你

积极向上的生活态度，对幸福生活的主动追求，需要你总是选择乐观，乐观的人总能以阳光的心态迎接生活。

阳光人生需要阳光心态

充满着欢乐与战斗精神的人们，永远带着欢乐，欢迎雷霆与阳光。

——赫胥黎

琳达是个不同寻常的女孩。她的心情总是非常好，因为她对事物的看法总是正面的。

当有人问她近况如何时，她就会答："我当然快乐无比。"她是个销售经理，也是个很独特的经理。因为她换过几家公司，而每次离职的时候都会有几个下属跟着她跳槽。她天生就是个鼓舞者。如里哪个下属心情不好，琳达会告诉他怎么去看事物的正面。

这种生活态度的确让人称奇。

一天一个朋友追问琳达说："一个人不可能总是看事情的光明面。这很难办到！你是怎么做到的？"

琳达回答道："每天早上我一醒来就对自己说，琳达你今天有两种选择，你可以选择心情愉快，也可以选择心情不好。我选择心情愉快。然后我命令自己要快快乐乐地活着，于是，我真的做到了。每次有坏事发生时，我可以选择成为一个受害者，也可以选择从中学些东西。我选择从中学习。我选择了，我做到了。每次有人跑到我面前诉苦或抱怨，我可以选择接受他们的抱怨，也可以选择指出事情的正面。我选择后者。"

"是！没错！可是并没有那么容易做到吧。"朋友立刻回应。

"就有那么容易。"琳达答道，"人生就是选择。每一种处境面临一种选择。你选择如何面对各种处境，你选择别人的态度如何影响你的情绪，你选择心情舒畅还是糟糕透顶。归根结底，你自己选择如何面对人生。"

她曾被确诊患上了中期乳腺癌，需要尽快做手术。手术前期，她依然过着正常而有规律的生活。所不同的就是，每天下午三点半的时候要接受医院规定的检查。对于来检查的医生，她总是微笑接待，让他们感到轻松无比。

直到手术麻醉之前，她仍然对主治医师说："医生，你答应过我，明天傍晚前用你拿手的汉堡换我的插花！别忘了！上次的自制汉堡，味道真好，让人难以忘怀！"医生哭笑不得。手术果然进行得很顺利。两个月后的一天，朋友来探望她，她竟然马上忘记疼痛，要送朋友一件自己刚刚被医院允许做好的插花。等到她出院时，竟然与医科室一半的人都交上了朋友，包括那些病友。因为人们都被她的轻松与坚强感染和征服。

对生活抱一种达观的态度，就不会稍有不如意，就自怨自艾。大部分终日苦恼的人，实际上并不是遭受了多大的不幸，而是自己的内心素质存在着某种缺陷，对生活的认识偏差。事实上，生活中有很多坚强的人，即使遭受不幸，精神上也会岿然不动。生活是喜怒哀乐之事的总和。我们必须清楚，不顺心、不如意，是人生不可避免的一部分，这些都不是我们个人的力量所能左右的。明白了这一点，我们就会对生活抱一种乐观的态度，而当这种态度占据我们的心灵后，我们就拥有了阳光的心态。

别让贫穷压弯了腰

贫穷不会磨灭一个人高贵的品质，反而是富贵叫人丧失了志气。

——薄伽丘

生活环境的贫寒，不应该成为一个自卑或消沉的原因。我们不要让贫穷压弯了腰，没有烦恼的贫穷胜于苦恼重重的富有。

约翰的父亲去世了，当时他只有10岁。别的孩子还在尽情玩耍的时候，小约翰却承担起了家庭的重担，他要和妈妈一起支撑家庭。他知道这不是一件简单的事，但他必须这样做，因为他是家里唯一的男子汉。他从来不张口向母亲要任何东西，但是这一次，他非常需要1本字典，因为只有这样才能把这门课上好。

但怎么向妈妈要这些钱呢？看到母亲整天省吃俭用为了这个家而操劳，约翰心里实在不是滋味，躺在床上，他彻夜未眠，天快亮的时候才昏昏沉沉地睡去了。第二天醒来的时候，大雪盖住了所有的路，刺骨的寒风吹得每个人都不想去扫雪。

但约翰可不这样想，他知道自己赚钱的机会到了。于是他就跑到邻居家，提出替他们清扫屋前的积雪，这个建议被邻居接受了。当完成这项工作后，他得到了自己应得的报酬。

看来还有其他的人也愿意让人替他们扫雪，就这样，小约翰换了一家又一家，整整一天他都在为别人家扫雪，最后他赚的钱足够买一本字典了，而且还有剩余。他拿着辛辛苦苦赚来的钱，兴高采烈地向回家的路上走去。

"太累了，应该好好休息一下了！不，不能休息，自己家门前的雪还没有扫呢！"于是他加快了回家的步伐。

当他回到家的时候，发现自己家门口的雪早已经被扫干净了。母亲做好了热乎乎的饭，正在家里等着他呢。母亲知道他干什么去了，她用鼓励的眼神看着自己的孩子，她相信约翰是最懂事的孩子，他将来一定会取得很大的成就。

穷人的孩子早当家，道理一点没错。人穷志不穷，永远相信只要有志气就不会有无法克服的困难。其实只要我们灵机一动，就不难发现，生活的方式有很多，外在的困难根本难不倒我们。在金钱充斥的社会中，很多人尤其是青少年把贫穷当作罪恶或是羞耻，他们因为出身贫寒而自卑。哈佛告诉我们，贫穷虽不光荣，但是它不能成为阻碍进步的绊脚石。只要你以乐观的心态去看待生活，并有决心改变不良的现状，你就不会永远贫穷。

不要让心智老去

如果皱纹要刻在眉上，那就不要让皱纹刻在心上。精神不应该变老。

——詹姆士·A. 加菲尔德

年轻不在于美丽的容颜，而在于心态。心态一旦老去，便再也找不回青春的痕迹。

一天夜里，一场雷电乱发的山火烧毁了美丽的"万木庄园"，这座庄园的主人迈克陷入了一筹莫展的境地。面对如此大的打击，他痛苦万分，闭门不出，茶饭不思，夜不能寐。

转眼间，一个多月过去了，年已古稀的外祖母见他还陷入悲痛之中不能自拔，就意味深长地对他说："孩子，庄园成了废墟并不可怕，可怕的是，你的眼睛失去了光泽，一天一天地老去。一双老去的眼睛，怎么能看得见希望……"汤姆在外祖母的说服下，决定出去转转。他一个人走出庄园，漫无目地闲逛。在十条街道的拐弯处，他看到一家店铺门前人头攒动。

原来是一些家庭主妇正在排队购买木炭。那一块块躺在纸箱里的木炭让汤姆的眼睛一亮，他看到了一线希望，急忙兴冲冲地向家中走去。

在接下来的两个星期里，汤姆雇了几名烧炭工，将庄园里烧焦的树木加工成优质的木炭，然后送到集市上的木炭经销店里。

很快，木炭就被抢购一空，他因此得到了一笔不菲的收入。他用这笔收入购买了一大批新树苗，一个新的庄园初见规模了。

几年以后，"万木庄园"再度绿意盎然。

没有什么可以挡得住你前进的脚步，擦亮你的眼睛，你将会看到生活的希望，一切还皆有可能。拿破仑曾说过："最困难的时候，也是我们离成功不远的时候。"没有什么东西能让你的心产生皱纹。

平常心成就美丽人生

一切真正和伟大的人，都是淳朴而谦逊的。

——别林斯基

宝贵的平常心会让你宠辱不惊。一个人，无论成败，只要能拥有一颗宁静的心，他就是幸福的。

一对老夫妇谈恋爱的时间是 1967 年元月，当时全国政局一片混乱，百姓苦不堪言。那时候，粮店里的米，副食店里的肉、豆腐，百货店里的肥皂、布匹，以及煤铺里的煤等生活物资均要凭票供应，普通人家的生活清苦至极。男方的家在城郊的小菜园里，用现在的话说，那里是当地的蔬菜基地。

女孩第一次"访地方"（当地将女方到男方家里去了解情况称为"访地方"）时，男方留她和介绍人吃中饭。菜很简单，只有两道：几个荷包蛋外加一碗萝卜丝。其中，鸡蛋是向邻居借的，萝卜则是自己种的。

在回家的路上，介绍人说男方人穷又小气，劝漂亮的女孩别嫁过来。女孩却说男方煮的萝卜丝很好吃，这说明他很能干。

过了一段时间，当女孩一个人再次来找男孩时．男孩刚好捉了一些鲫鱼。招待女孩的菜仍然是两道，除了油煎鲫鱼外，还有一碗红烧萝卜。吃饭时，女孩称赞男孩的萝卜做得很有特色，并说自己很喜欢吃萝卜。男孩说："是吗？你下次来我请你吃另一种口味的萝卜。"

在后来的来往中，女孩尝尽了男孩所制的不同口味的萝卜：清炒萝卜、清炖萝卜、白焖萝卜、糖醋萝卜、麻辣萝卜、萝卜干和酸萝卜，等等。

再后来，女孩就成了这些萝卜的俘虏，嫁给了男孩。

当有人质问老太太当时为何不嫁给那些有条件煮肉炖鸽杀鸡烧鱼的男人，却嫁给只会烹饪萝卜的人时，老太太说："当时我认为，一个男人在那样清贫的日子里竟能够把一种普通的萝卜烹饪出甜酸苦辣咸等几种不同的口味，味美而令我大饱口福、弥久难忘，我想他同样能够将清贫的日子调理得色彩斑斓。谈婚论嫁，既要注重眼前，更要注重将来。如今我和他结婚已30多年了，你看我们吵了几次架？更不像某些同龄人那样动不动就闹离婚。日子虽然过得平淡了一点，但平淡中更能见真情！"

老太太说得不错，在我们的日常生活中，愈是具有平常心的人，生活愈能幸福，而那些整日斤斤计较，患得患失的人反而苦恼无穷。

做人应有一颗平常心。平常心贵在平常，波澜不惊，生死无畏，于无声处听惊雷。平常心是一种超脱眼前得失的清静心、光明心。贫贱不能移，富贵不能淫，威武不能屈。安贫乐富，富亦有道。无论处于何种环境下，都能拥有平常心，那一定是个了不起的人。就如前面故事中老太太所赞美的，不是个圣人，也是个贤人。只要我们努力，就能够以平常心去对待纷杂的世事和漫长的人生，至少能够做到以平常心跨越人生的障碍。

所以平常心，看似平常，实不平常。

活在今天

过去的事已经过去了，所以作为往事就让它去吧。

——荷马

你没必要为过去而懊悔，也没必要为未来而不安，最明智的做法就是做好今天该做的事情。

1871年春天，一个蒙特瑞综合医院的医学学生偶然拿起一本书。他看到了书上的一句话，就是这话，改变了这个年轻人的一生。它使这个原来只知道担心自己的期末考试成绩、自己将来的生活何去何从的年轻的医学院的学生，最后成为他那一代最有名的医学家。他创建了举世闻名的约翰·霍普金斯学院，被聘为牛津大学医学院的钦定讲座教授，还被英国国王册封为爵士。他死后，用厚达1466页的两大卷书才记述完他的一生。

他就是威廉·奥斯勒爵士，而下面就是他在1871年看到的由汤冯士·卡莱里所写的那句话："人的一生最重要的不是期望模糊的未来，而是重视手边清楚的现在。"

威廉·奥斯勒爵士曾在耶鲁大学做了一场演讲。

他告诉那些大学生，在别人眼里，曾经当过4年大学教授，写过一本畅销书的他，拥有的应该是"一个特殊的头脑"，可是，他的好朋友们都知道，他其实也是个普通人。

他的一生得益于那句话："人的一生最重要的不是期望模糊的未来，而是重视手边清楚的现在。"

很久以前，曾经有两位哲人游说于穷乡僻壤之中，对前来听教的人说了一句流传千古的话："不要为明天的事烦恼。明天自有明天的事。只要全力以赴地过好今天就行了。"许多人都觉得耶稣说的这句话难以实行，他们认为为了明天的生活有保障，为了家人，为了将来出人头地，必须做好准备。

我们当然应该为明天制订计划，可是却完全没有必要去担心。原美军一位海军指挥官曾经说过："在战斗中，我所能做的就是提供最好的武器装备，选择我认为最优秀的作战计划，仅此而已。"他还说："如果一艘军舰被击沉，就再也无法挽回了。我的时间是用来做还有希望的事情的。而不是用来悔恨的。"这就是积极和消极的区别。积极的思考和态度带你走向明天；而消极的观念，则让你一直留在沮丧的昨天。

现代生活中，存在着一种惊人的事实，证明了现代生活的错误。在美国，医院里半数以上的病床都被精神病人占据着，而这些人大多是因为不堪忍受生活的重负而精神崩溃的。

可是，如果他们谨奉耶稣的箴言："不要为明天的事忧虑"，谨记威廉·奥斯勒的话："人只能生存在今天的房间里"，就能成为一个快乐的人，满意地度过一生。

要快乐就要简单生活

简单生活不是自甘贫贱。你可以开一部昂贵的车，但仍然可以使生活简化。一个基本的概念在于你想要改进你的生活品质。关键是诚实地面对自己，想想生命中对自己真正重要的是什么。

——卡尔逊

简单的生活，就是快乐的生活。如果你对生活有太多的要求，就会被生活所累。人生的最大悲剧就是被生活赶着走。

有一个老人，非常喜欢留大胡子，花白的胡子足有30多厘米长。

有一天，老人在门口溜达，邻居家5岁的小孩儿问他："老爷爷，你这么长的胡子，晚上睡觉的时候，是把它放在被子里面呢还是放在被子外面呢？"

老人竟一时答不上来。

晚上睡觉的时候，老人突然想起小孩子问他的话。他先把胡子放在被子外面，感觉很不舒服；他又把胡子拿到被子里面，仍然觉得很难受。

就这样，老人一会儿把胡子拿出来，一会儿又把胡子放进去，整整一个晚上，他始终想不出来，过去睡觉的时候，胡子是怎么放的。

第二天天刚亮，老人敲邻家的门。

正好是小孩子来开门，老人生气地说："都怪你这小孩，害我一晚上没有睡成觉！"

胡子放在被子里还是被子外？平时很不注意的问题，考虑多了便成了烦恼。人们往往就是这样，喜欢把一些简单的问题复杂化。因为烦琐，所以烦恼，因为简单，所以快乐。人生短暂，不要太多地计较那些琐屑的事情，车到山前必有路，让生活简单点，你会快乐许多。

第十章
热忱让人生更生动
—— 热忱地迎接人生

哈佛告诉你

现代人大都背负着沉重的生活压力，时常担心这个，担心那个，忧虑总是永无止境。你应该学会适应压力。无法挽回的东西就忘掉它；有机会补救的要抓住最后的机会。后悔、埋怨、消沉不但于事无补，反而会阻碍前进的脚步。

学会适应压力

生活的情况越艰难，我越感到自己更坚强，也更聪明。

——高尔基

面对这么多的压力，你该试一试所谓的"沙漏哲学"，既然你所忧虑的事不是一时半刻就能改变，你就要用另一种心情去面对。

第二次世界大战时期，米诺肩负着沉重的任务，每天花很长的时间在收发室里，努力整理在战争中死伤和失踪者的最新纪录。

源源不绝的情报接踵而来，收发室的人员必须分秒必争地处理，一丁点的小错误都可能会造成难以弥补的后果。米诺的心始终悬在半空中，小心翼翼地避免出任何差错。

在压力和疲劳的袭击之下，米诺患了结肠痉挛症。身体上的病痛使他忧心忡忡，他担心自己从此一蹶不振，又担心是否能撑到战争结束，活着回去见他的家人。

在身体和心理的双重煎熬下，米诺整个人瘦了 15 千克。他想自己就要垮了，几乎已经不奢望会有痊愈的一天。

身心交相煎熬，米诺终于不支倒地，住进医院。

军医了解他的状况后，语重心长的对他说："米诺，你身体上的疾病没什么大不了，真正的问题是出在你的心里。我希望你把自己的生命想象成一个沙漏，在沙漏的上半部，有成千上万的沙子。它们在流过中间那条细缝时，都是平均而且缓慢的，除了弄坏它，你跟我都没办法让很多沙粒同时通过那条窄缝。人也是一样，每一个人都像是一个沙漏，每天都是一大堆的工作等着去做，但是我们必须一次一件慢慢来，否则我们的精神绝对承受不了。"

医生的忠告给米诺很大的启发，从那天起，他就一直奉行着这种"沙漏哲学"，即使问题如成千上万的沙子般涌到面前，米诺也能沉着应对，不再杞人忧天。他反复告诫自己说："一次只流过一粒沙子，一次只做一件工作。"

没过多久，米诺的身体便恢复正常了，而且，他还学会如何从容不迫地面对自己的工作。

人只有 1 双手，不能把所有的事情一次解决，那么又何必一次为那么多事情而烦恼呢？

不能即时改变的事，你再怎么担心忧虑也只是空想而已，事情并不能马上解决。你应该试着一件一件慢慢来，全心全意把眼前的事做好。

人生在世，本来就会面临各种各样的压力，当你学会调整自己，让压力一点一滴而来时，你会发现，压力其实是一种动力，只要你按部就班，它就会不断推动着你努力前进。

不为打翻的牛奶哭泣

有些人因为贪婪，想得到更多的东西，却把现在所有的都失去了。

——伊索

十几岁的卡维琪经常为很多事情发愁。他常常为自己犯过的错误自怨自艾：交完考试卷以后，常常会半夜里睡不着，害怕没有考及格。他总是想那些做过的事，希望当初没有这样做；总是回想那些说过的话，后悔当初没有将话说得更好。

一天早上，全班到了科学实验室。老师温斯顿博士把一瓶牛奶放在水槽边上。大家都坐了下来，望着那瓶牛奶，不知道它和这堂生理卫生课有什么关系。

过了一会儿温斯顿博士突然站了起来，一巴掌把那牛奶瓶打碎在水槽里，同时大声叫道："不要为打翻的牛奶而哭泣。"

然后他叫所有的人都到水槽旁边，好好地看看那瓶打翻的牛奶。

"好好地看一看，"他对大家说，"我希望大家能一辈子记住这一课，这瓶牛奶已经没有了，你们可以看到，它都漏光了，无论你怎么着急，怎么抱怨，都没有办法再救回一滴。只要先用一点思想，先加以预防，那瓶牛奶就可以保住。可是现在已经太迟了，我们现在所能做到的，只是把它忘掉、丢开这件事情，而去注意下一件事。"

卡维琪对这堂课感触颇深，他终于明白了自己的苦恼都来自何处了。

做错了事，只后悔和自责是没有用的，重要的是尽量避免错误，并且在做错事情后好好地自我反省。不要太在意他人的批评，任何人都有批评你的权利。你要把握的是：哪些是不需要听取的批评，哪些是真正对你有益的。

如果你的每一天都在对所做错的事悔恨不已，那你只能终日生活在错误和苦恼之中。

相信脚比路长

伟大的热情能战胜一切，因此，我们可以说，一个人只要强烈地坚持不懈地追求，他就能达到目的。

——司汤达

热忱能够促使及激励一个人在做事时采取积极的行动。要想获得这个世界上的最大奖赏，你必须拥有过去最伟大的开拓者的激情。

古老的阿拉比国坐落在大漠深处。多年的风尘肆虐，使城堡变得满目疮痍，国王对 4 个王子说，他打算将国都迁往传说中美丽而富饶的卡伦。

卡伦离这里很远很远，要翻过许多崇山峻岭，要穿过草地、沼泽，还要涉过很多的大河，但究竟有多远，没有人知道。

于是，国王决定让4个儿子分头前往探路。

大王子乘车走了7天，翻过3座大山，来到一望无际的草地边，一问当地人，得知过了草地，还要过沼泽，还要过大河、雪山……便马上往回走。

二王子策马穿过一片沼泽后，被那条宽阔的大河挡了回去。

三王子过了那条大河，却被那一片辽远的大漠吓退了。

1个月后，3个王子陆陆续续回到国王那里，将各自沿途所见报告给国王，并都再三特别强调，他们在路上问过很多人，都告诉他们去卡伦的路很远很远。又过了5天，小王子风尘仆仆地回来了，兴奋地报告父亲到卡伦只需18天的路程。

国王满意地笑了："孩子，你说得很对，其实我早就去过卡伦。"

几个王子不解地望着国王，那为什么还要派他们去探路？

国王一脸郑重道："我只想告诉你们4个，脚比路长。"

当你坚信"脚比路长"时，你的热情会促使你把理想付诸行动。

尽管促成一个人成功的因素很多，而居于这些因素之首的是热情。

没有它，不论你有多大能力，都发挥不出最大效率。热情是帮助你集中全身力量去投身于某个愿望的强大能源。

要永远相信"脚比路长"。

热情创造奇迹

热情是灵魂之门。
——格拉西安

热忱的力量无比强大，在它的支配下，很多奇迹都会诞生。热情的奇效在于激发你追求自己的强项和活力。

在巴黎的一家美术馆里，陈列着一座美丽的雕像，它的作者是一个身无分文的艺术家。每天，他都到一间小阁楼上工作。就在作品模型快要完工的时候，城里的气温骤然下降，降到了零度以下。如果黏土模型缝隙中的水分凝固结冰的话，那么，整个雕像的线条都会扭曲变形。于是，艺术家就把自己身上的睡衣脱了下来，盖在雕像身上。

第二天清晨，人们发现艺术家已经离开了人世，但他的艺术构思却保留下来，在别人的帮助下，一件伟大的大理石作品成形了。

美国政治家亨利·克莱曾经说："遇到重要的事情，我不知道别人会有什么反应，但我每次都会全身心地投入其中，根本不去注意身外的世界。那一时刻，时间、环境、周围的人，我都感觉不到他们的存在。"

一位著名的金融家也有一句名言："一个银行要想赢得巨大的成功，唯一的可能就是，它雇一个做梦都想把银行经营好的人作总裁。"原来是枯燥无味、毫无乐趣的职业，一旦投入了热情，立刻会呈现出新的面貌。

爱默生说："人类历史上每一个伟大而不同凡响的时刻，都可以说是热忱造就的奇迹。"

一旦缺乏热忱，军队无法克敌制胜，艺术品无法流传后世。

一旦缺乏热忱，人类不会创造出震撼人心的音乐，不会建造出令人难忘的宫殿。

一旦缺乏热忱，人类就不能驯服自然界各种强悍的力量，不能用诗歌去打动心灵。

一旦缺乏热忱，人类就不能用无私崇高的奉献去感动这个世界。

…… ……

正是因为热忱，伽利略才举起了他的望远镜，最终让整个世界都拜倒在他的脚下。

正是因为热忱，哥伦布才克服了艰难险阻，感受到了巴哈马群岛清新的晨风。

凭借着热忱，自由才获得了胜利；凭借着热忱，林中的原始民族举起手中的利斧，砍开了通往文明的道路。

也是凭借着热忱，弥尔顿、莎士比亚才在纸上写下了他们不朽的诗篇。

美国著名社会活动家贺拉斯·格里利曾经说过，只有那些具有极高心智并对自己的工作有真正热忱的工作者，才有可能创造出人类最优秀的成果。

萨尔维尼也曾经说："热忱是最有效的工作方式。如果你能够让人们相信，你所说的确实是你自己真实感觉到的，那么即便你有很多缺点别人也会原谅。最重要的是，要学习、学习、再学习。你一定要努力，否则，再有才华也会一事无成。我自己就是这样，有时为了彻底把握一个细小的环节不得不花上数年的时间。"

热忱，就是一个人保持高度的自觉，就是把全身的每一个细胞都调动起来，完成他内心渴望去完成的工作。

正是出于这种热忱，我们才能够全神贯注地投入工作。

把热情带入工作

如同心情不快时进餐就会食欲不振一样，没有热情地从事科学研究就会使记忆力混乱，使记忆力不能消化所吸收的东西。

——达·芬奇

工作需要热情，如果带着倦意和被迫去工作，不仅难以在工作中取得成功，也会使你的生活变得痛苦不堪。

热情是一种精神特质，代表一种积极的精神力量，这种力量不是凝固不变的，而是不稳定的。不同的人，热情程度与表达方式不一样；同一个人，在不同情况下，热情程度与表达方式也不一样。但总的来说，热情是人人具有的，善加利用，可以使之转化为巨大的能量。

你内心里充满要帮助别人的热情，你就会兴奋，你的精神振奋，也会鼓舞别人工作，这就是热情的感染力量。在职业生涯中，要想与别人竞争，必须保持一股工作的热情。

你如果已经工作了，就会知道，当你最初接触一项工作的时候，由于陌生而产生新奇，于是你千方百计地了解、熟悉工作，干好工作，这是你主动探索事物秘密的心理在职业生涯中的反应。而你一旦熟悉了工作性质和程序，日常习惯代替了新奇感，就会产生懈怠的心理和情绪，容易故步自封而不求进取。你这种主观的心理变化表现出来，就是情绪的变化。

同样一份职业，同样由你来干，有热情和没有热情，效果是截然不同的。前者使你变得有活力，工作干得有声有色，创造出许多辉煌的业绩；而后者，使你变得懒散，对工作冷漠处之，当然就不会有什么发明创造，潜在能力也无从发挥。你不关心别人，别人也不会关心你；你自己垂头丧气，别人自然对你丧失信心；你成为这个职业群体里可有可无的人，也就等于你取消了自己继续从事这份职业的资格。可见，培养职业热情，是竞争至关重要的事情。

怎样才能使你在工作中满怀热情呢？

首先你要保证，你正在做的事情正是你最喜欢的，然后高高兴兴地去做，使自己感到对现在的职业已很满足。其次，是要表现出热情，告诉别人你的工作状况，让他们知道你为什么对这项职业感兴趣。

事实上，每个人都有理由对工作充满热情，不论是作家、教师、工程师、工人、服务员，只要自己认为理想的职业就应该是热爱的，热爱也就自然珍惜。但有些职业在经过深入了解以后，可能会感到无非如此，用不着付出多大努力，以例行公事的态度从事就可以了。你虽然热爱自己的职业，却不知道怎样把职业掌握在自己手里，那你注定不会在自己的职业上取得大的成就。

热忱让人生更生动

> 热情是这个世界上最伟大的财富，它远胜过金钱、权力和影响力。
>
> ——亨利·切斯特

一个人，如果对任何事情和任何人都冷漠，那么他的人生也会相当乏味。热忱是让人生更加生动的催化剂。

热情所以有非凡的力量，是因为它能给人激励、给人鼓舞。一个在工作中投入热情的人，常常不会感到一丝一毫的疲倦、劳累，而且常常觉得自己有使不完的力气，能够完成平时根本不可能完成的事情。

伯莱德在一家服装厂工作，依照他的学识，本来应该可以有更好的工作，但因为身体缺陷，他只能做一个不需要站立和行走的工作，因此，他成为一名缝纫工。但他并没有为此而苦恼，而是很热忱地投入到这份工作中。每天，他都在休息时间给同事们讲笑话，在一天的工作结束后，他又"痴迷"于服装的设计，每天晚上，他都会躺在床上看服装设计类的书籍。在工厂里，他是个备受欢迎的人，就因为他为人热情，性格乐观。不久，他被厂长提升为服装设计师。

热情是生活中最缤纷多彩的部分，它可以驱走我们心底的阴郁、烦恼和不快。大家都喜欢和热情的人交往，因为他会带给人一种向上的精神并创造一种"明亮"的氛围。因为热情，你就可以获得别人的欢迎，赢得很多朋友，人生也就会变得丰富多彩起来。

第十一章

真实是人生的最高境界

——"真"的才是美的

哈佛告诉你

不论做什么事情，都不能想当然，而是要深入实际进行调查了解。在没有弄清楚事情的真相之前，不应对其随意下判断。要始终以真理为友，无论是在权贵的重压之下还是在众人的非议之中。真理是火把，可以照亮整个世界，是真理的力量推动了人类的进步。

多追问事情的原委

在泥土下面黑暗的地方，才能发现金刚石。在深入缜密的思想中，才能发现真理。

——雨果

一家著名的国际贸易公司高薪招聘业务人员，应征者络绎不绝。在众多的应聘者中，有一位年轻人条件最好，毕业于名牌大学，又有在市外贸公司工作的经验，所以他坐在主考官面前时，非常自信。

"你在外贸公司具体做什么？"主考官开始发问。

"做蔬菜。"

"哦，蔬菜。那你说说，对业务人员来说，是产地重要，还是客户重要？"

年轻人想了想，说："客户重要。"

主考官看了看他，又问："你做新鲜蔬菜应该知道，新鲜蔬菜中，蕨菜出口主要是对日本，以前销路非常好，有多少收多少，可是最近几年，国外客商却不要了，你说说为什么。"

"因为菜不好。""那你说说，为什么不好？"

"嗯，"年轻人停顿了一下，"就是质量不好。"

主考官看了看他，说："我敢断定，你没有去过产地。"

年轻人看着主考官，沉默了30秒钟，没有说是，也没有说不是，却反问："你说说怎么能看出我去没去过？"

"如果你去过，就应该知道为什么菜不好。采集蔬菜的最佳时间只有10天左右，这期间的蕨菜鲜嫩好吃，早了不成，晚了就老了。采好后，要摊开放在地里晾晒一天，第二天翻个过，再晾晒一天，把水分蒸发干，然后再成把捆好，装箱。等食用时放在凉水里浸泡一下就可以了。可是当地农民为了多采多卖，把蔬菜采到家，来不及放在地上晾晒，而是放在热炕上暖，这样只用两个小时就烘干了。这样加工处理的蕨菜，从外表上看都一样，可是食用时，不管放在水里怎么泡，都像老树根一样，又老又硬，根本咬不动。国外客商发现后，对此提出警告，一次，两次，还是如此。结果，人家干脆封杀，再不从我国进口了！"

年轻人听了，不好意思地低下头说："我是没有去过产地，所以不知道你说的这些事。"

年轻人带着遗憾走出公司的大楼。这位最有希望入选的年轻人，最终没有被录取。

这样的结局，从他离开主考官的那一刻，就已经知道了。

他非常清楚：像这样著名的公司，是不会录取他这样一个在外贸工作 3 年、整天陪客户吃饭却没有去过一次产地的业务人员的！

真实在任何时候都不会贬值，脱离真实，如同生活在真空中，一切生机都不会盎然。

做最真实的自己，并从基层做起，只有这样才能在激烈的竞争中脱颖而出。

遇到事情，要多追问事情的原委，不要妄下结论。

"真理就像上帝一样。我们看不见它的本来面目；我们必须通过它的许多表现而猜测它的存在。"时时记得要展现自身和一切事物真实的一面。

敢于说出事情的真相

不论将来人们怎样说我，我在每一件事情上都一丝不苟地固守真理，不违背事实。

——贝多芬

真理高于一切。你必须有足够的勇气战胜真理面前的障碍。这些障碍包括权威、私利、虚荣等很多因素。

每个人一生中都见证过无数真相，但因为这些事与己无关，或者与己有关同时也关系到他人，为了明哲保身免担风险，就选择了沉默。就因这些沉默，人类的良知也渐渐沦丧。

神父很苦恼，事情的起因是由于一个男人在他面前做过一次忏悔。

"实话相告，我是个杀人犯。"

那男人坦白说，他是一起杀人案中真正的凶手，而该案的嫌疑犯已被逮捕并判处死刑。神父本应该向警察局报告这件事的真相，可是他的教规严禁将忏悔者的秘密泄漏他人。

他不知如何是好。如果就这样保持沉默，一个无辜的人即将冤死，这会使他良心不安。但是要打破教规，这对于发誓将一生献给上帝的他来说，无论如何也做不到。他陷入了进退两难之中。

最后，他决定保持沉默。于是，他来到另一个神父的面前忏悔。

"我将眼看着一个无辜的人被处死……"

他陈述了事情的来龙去脉。

这位神父朋友也为难了。想来想去，他也决定保持沉默。为了逃避良心的谴责，他又向另外一个神父忏悔……

在刑场上，神父问死囚："你还有什么要说的吗？"

"我没有罪，我冤枉！"死囚叫道。

"这我知道。"神父回答，"你是无辜的，全国的神父都知道。但是，我们有什么办法呢？"

神父为了不受教规的处罚而放弃了对真理的遵从，而代价就是一个无辜的人走向刑场。真理是一个崇高的字眼，需要崇高的心灵去维护。每个人都希望自己站在真理这一边，但却不是每个人都有足够的勇气与真理为友。在私利面前，我们往往就失去了说出事情真相的勇气。

爱因斯坦曾说："我要做的只是以我微薄的绵力来为真理和正义服务，即使不为人喜欢也在所不惜。"

以真理为友

以真理为灯火，以真理为支柱，不要以别的东西为支柱。

——释迦牟尼

苏格拉底是古希腊最伟大的哲学家和思想家，很多人都慕名投到他的门下，学习做人的哲学。有一次，他的学生向他请教怎样才能获得真理。

苏格拉底没说什么，只是用手指捏起了一个苹果。他拿着这个苹果，缓慢地从每个同学的座位旁边走过。

他一边走一边说："请大家集中精力，注意品味空气中的味道。"

然后，他走回到讲台上。把苹果举起来，左右晃了晃，问："哪位同学闻到了苹果的味道？"

有一位学生举手回答说："我闻到了，是香味儿！"

苏格拉底再次走下讲台，举着苹果，从每个学生的座位旁边走过，一边走一边叮嘱："你们务必集中精力，仔细嗅一下空气中的气味。"

稍停，苏格拉底第三次走到学生中间，让每位学生都嗅一下苹果。这一次，除了一位学生外，其他学生都举起了手，那位没举手的学生，突然左右看了看，也慌忙举起了手。苏格拉底脸上的笑容不见了，他举起苹果，缓缓地说："非常遗憾，这是1个假苹果，什么味道也没有。"

一个人发现真理很难，在发现真理之后坚持真理更难，尤其在他人不能够认同的情况下。而一个人要否决谬误则最难，特别在他人都相信那谬误是真理的时候。哈佛长年来形成了一种学术标准，对真理的认真探索无疑是这一标准的核心。

哈佛大学用校训警醒我们：以柏拉图为友，以亚里士多德为友，更要与真理为友。百年哈佛300多年来一直就视"真理"为"上帝"。

演绎好自我角色

真理是生活，你不应当到你的头脑里去寻找。

——罗曼·罗兰

我们在这个世界上可以扮演不同的角色，但不能隐藏真实的自己。若将真实的自己层层包裹，那你将走向孤独和自闭。但若你将真实的自我完全展示在人前，你也会承受很多外界压力。

实际上，你可以在工作和生活之间放一个屏风：一个可以相互渗透的分界线，两个角色既可以保持连通又相互独立。这让你人生的两个领域保持独立，同时又不是排他的或者二元的——让你在生活和工作中轻松转换角色。相反，在你需要或者情况允许时，这个屏风的渗透性又能让真实的自我渗透到工作之中。

伊斯曼在1900年所提出的1美元廉价柯达相机的概念，让摄影从神秘高雅的"阳春白雪"变为大众化的消遣。在他得出"我们从事的工作决定了我们拥有什么，我们的休闲活动决定我们是什么"这一如此坚定的结论时，他显然对于身份这个问题有所思索。在生意场上，伊斯曼强势而苛刻，他切断其他竞争对手的供货商，有时候让雇员过度工作直到极限。生活中的他沉默寡言，非常孝敬他年迈的母亲。他对待工作与生活的方式截然不同，但是这两个自我是统一的——二者之间没有冲突。他潜在的价值观——如他的慷慨大方，在二者中都有体现。当柯达公司赢利后，他主动把大部分利润分给他的工人们；在私人生活中（不像许多早期成功的企业家们），他积极地倾囊资助非营利组织，其中包括罗彻斯特大学、麻省理工学院，以及伊斯曼音乐学院等。尽管在职业自我与私人自我之间有所区分，但伊斯曼保持了二者的一致性与连通性。

在工作角色和生活角色间划分界线的斗争不仅存在于个人事业的早期，而且贯穿人的一生——不管你享有多少金钱、荣誉或权力。不管是在你刚刚开始工作的头几年，还是在接近退休的时候，把生活中的你与工作中的你区分开来，是一件很难平衡的事情，但却值得我们去努力。

建立一个"类似自我"的公众角色有助于抵抗那些在职业生涯中必然会遇到的冷枪暗箭，使其对真正的"我"伤害最小化。工作是艰难的而且往往超出你所能控制的范围。

如果你将真正的你完全展示在人前，那就是将自己完全暴露于该环境中的袭击之下。但是若将自己的工作与生活区分开，你就能保护好自己那块领地，在那里你可以很安全地抵御工作施加于你的外部压力。

相反，工作之外的那个你可以给你支撑，给你持续工作的力量。在家里，你比单位中拥有更大的自主权，你可以成为自己想做的那个"我"，对于大多数影响你的事情都有决定权。家庭能带给你一种工作中所没有的互惠关系：不管你怎样热爱工作，工作不能爱上你，然而家人却可以。因此你的私人生活可以成为工作之外的一个安乐窝，给你控制权，给你回报。它能平衡你职业上的起起落落——但前提是它得到保护并不受干扰。

自然是美的最高境界

当你把自己独有的一面展示给别人时，魅力就会随之而来。

——索菲娅·罗兰

自然美才是最美。真正的魅力不是刻意修饰出来的，只有自然美才能真正打动人心。

作家卡尔遇到了一位著名的化妆师。她真正懂得化妆，以化妆而闻名。

对于这个生活在与自己完全不同领域的人，卡尔增添了几分好奇，因为在他的印象里，化妆再有学问，也只是在皮相上用功，实在不是有抱负的人所应追求的。

因此，他忍不住问化妆师："你研究化妆这么多年，到底什么样的人才算会化妆？化妆的最高境界到底是什么？"

对于这样的问题，这位年华已逐渐逝去的化妆师露出一个深深的微笑。

她说："化妆的最高境界可以用两个字形容，就是'自然'，最高明的化妆术，是经过非常考究的化妆，让人家看起来好像没有化过妆一样，并且化出来的妆与主人的身份匹配，能自然表现那个人的个性与气质；次级的化妆是把人突显出来，让她醒目，引起众人的注意；拙劣的化妆是一站出来别人就发现她化了很浓的妆，而这层妆是为了掩盖自己的缺点或年龄的；最坏的一种化妆，是化过妆以后扭曲了自己的个性，又失去了五官的协调，例如小眼睛的人竟化了浓眉，大脸蛋的人竟化了白脸，阔嘴的人竟化了红唇……"

化妆师见卡尔听得入神，继续说："这不就像你们写文章一样？拙劣的文章常常是词句的堆砌，扭曲了作者的个性；好一点的文章是光芒四射，吸引了人的视线，但别人知道你是在写文章；最好的文章，是作家自然的流露，他不堆砌，读的时候不觉得是在读文章，而是在读一个生命。"

"这是非常高明的见解！可是，说到底做化妆的人只是在表皮上做工夫！"卡尔感叹地说。

"不对，"化妆师说，"化妆只是最末的一个枝节，它能改变的事实很少，深一层的化妆是改变体质，让一个人改变生活方式、睡眠充足、注意运动与营养，这样她的皮肤改善，精神充足，比化妆有效得多；再深一层的化妆是改变气质，多读书、多欣赏艺术、多思考、对生活乐观、对生命有信心、心地善良、关怀别人、自爱自尊，这样的人即使不化妆也丑不到哪里去，脸上的化妆只是整个化妆活动最后的一件小事。我用3句简单的话来说明：三流的化妆是脸上的化妆；二流的化妆是精神的化妆；一流的化妆是生命的化妆。"

卡尔不住地点头。

化妆师接着做了这样的结论："你们写文章的人不也是化妆师吗？三流的文章是文字的化妆；二流的文章是精神的化妆；一流的文章是生命的化妆。这样，你懂化妆了吗？"卡尔深为自己最初对化妆所持的观点而感到惭愧。

真正的魅力不是故意修饰出来的，只有让内心的修养和外在形象融为一体，才能在自然的流露中打动人心。

为什么很多人会为大自然的美景所震撼，而不会被一座假山而征服。原始的美，是美的源头。

大多数美的东西，都是朴素而真切的。"质朴和真实是一切艺术品的美的伟大原则"。

向未知的事物"进军"

打开一切科学的钥匙都毫无异议是问号，我们大部分的伟大发现都应归功于"如何"，而生活的智慧大概就在于逢事都问个为什么。

——巴尔扎克

要追求真理就要永远向你未知的事物进军，真理往往就躲在未知事物的背后。

我们每个人都曾经历过童年，回忆自己的童年，你不难发现：快乐其实常伴儿童的生活左右。儿童为什么是快乐的至少是经常快乐的呢？

心理学家通过研究发现，原因主要有两个：其一，儿童的认知范围有限，许多使成年人不快活甚至愁绪满怀的事情，他们还不懂，自然也就不会有不快与痛苦的感受。其二，儿童的好奇心强烈，许多在成年人看来兴味索然的事情，儿童却乐此不疲。你追我跑、躲躲藏藏，在他们看来新奇多变，有着无穷的乐趣，足够玩上半天。

简单的情节、重复的故事，在他们听来却异常生动有趣，可以不厌其烦地一听再听。

一条新买来的热带鱼、一只刚出生的小猫或是一尾小蝌蚪，都会使他们的生活增添许多的乐趣，使他们流连忘返。

一切未知事物在儿童好奇心的调色盘下，都充满了神奇瑰丽的色彩，绽放朵朵鲜艳的快乐之花。

寻找并热爱未知事物，这是使人通往快乐的一条捷径。从儿童身上，我们可以受到这样的启迪。

世界上一切事物都是已知的，世界上又有许多事物是我们未知的。正是这种未知与已知的结合，造就了人生智慧的泉源。

如果未知不能转向可知，求知就不会与智慧结缘；如果已知不是来自未知，已知的事物也很难通向真理。

比尔·盖茨于1973年考进了哈佛大学。在哈佛的时候，盖茨为第一台微型计算机开发了BASIC编程语言的一个版本。在大学3年级时，盖茨离开了哈佛并把全部精力投入到微软公司中，后来成为微软公司的创始人。

比尔·盖茨出生于一个书香气息十分浓郁的家庭，他从小就喜欢读书。比尔·盖茨对计算机好奇是始于中学的时候。

有一天，数学教师兴高采烈地走进教室，对同学们说："从今天起，我们学习计算机!"盖茨高兴极了。以往他只在书上看过计算机3个字，还有关于计算机的草图，现在就要学习操作计算机了，他太兴奋了。

老师向同学们解释说："你们别看这台机器外表看起来很蠢笨，他可比我们人脑聪明多了。"计算机真的有这么厉害吗？比尔·盖茨对此非常好奇。当他在老师的指导下对计算机输入了一个极其复杂的数学式以后，计算机马上显示了正确的运算结果。"太神奇了!"比尔·盖茨惊叫。

正是对计算机的好奇心，引领着比尔·盖茨最后在计算机领域取得了杰出成绩。

对于学生来说，你每天的学习便是生活的主轴。但你踏入社会后，如果你是个工人，每天的劳动（包括脑力的、体力的）便是你生活的重心；如果你是个艺术工作者，每天的创作则是你生活的主旋律。很多未知的事物引领你不断获得新发现。作为一名科学工作者，你也就在不断地接近真理。

复杂的事物通常隐藏着无穷的未知成分，一般不会让人感到枯燥乏味。简单的事物比较容易把握其规律，相对地也较容易从中获得满足。

工作的最高境界是不断创造、时时创新。创造是艰苦的同时又是伟大的。创造就是对未知的认识和对已知的改造。

🦁 第十二章 🦁
爱是终生受用的财富
——千万别放弃爱的权利

哈佛告诉你

　　爱心能使人生更有意义。爱的反面不是恨，而是漠然。一个人如果失去了爱的能力，他的人生也会异常黯淡。

爱心可以丰富人生

人生是花，而爱就是花的蜜。

——雨果

　　一座城市来了一个杂技团。4个12岁以下的孩子穿着干净的衣裳，手牵着手排队在父母的身后，等候买票。他们不停地谈论着上演的节目，好像他们就要骑上大象在舞台上表演似的。

　　终于轮到他们了，售票员问要多少张票，父亲神气地回答："请给我4张小孩的2张大人的。"售票员报了价格。母亲的心颤了一下，别过头把脸垂了下来。父亲咬了咬唇，又问："你刚才说的是多少钱？"售票员又报了一次价。父亲眼里透着痛楚的目光。他实在不忍心告诉身旁兴致勃勃的孩子们："我们的钱不够！"一位排队买票的男士目睹了这一切。他悄悄地把手伸进口袋，把一张20元的钞票拿出来，让它掉到地上。然后，他蹲下去，捡起钞票，拍拍那个父亲的肩膀说："喂！先生，你掉了钱。"父亲回过头，他明白了原因。他眼眶一热，紧紧地握住男士的手："谢谢，先生。这对我和我的家庭意义重大。"

　　充满爱心的人往往能比别人享受更大的幸福，因为他们有3个幸福来源：自己的幸福，别人的快乐，还有自己对别人的付出。

父母的爱是伟大的

没有无私的自我牺牲的母爱的帮助，孩子的心灵将是一片荒漠。

——狄更斯

　　父母的爱是世间最伟大的爱，因为它从来不要求回报。要珍惜父母给予我们的爱，并时刻准备着用孝心去回报。

　　有一对夫妇是登山运动员，为庆祝他们的儿子1周岁的生日，他们决定背着儿子登上

7000 米的雪山。夫妇俩很快轻松地登上了 5000 米的高度。然而，就在他们稍事休息准备向新的高度进发之时，风云突起，一时间狂风大作，雪花飞卷。气温陡降至零下 34℃。由于风势太大，能见度不足 1 米，或上或下都意味着危险或死亡。两人无奈，情急之中找到一个山洞，只好进洞暂时躲避风雪。

气温继续下降，妻子怀中的孩子被冻得嘴唇发紫，最主要的是他要吃奶。要知道在如此低温的环境下，任何一点裸露的肌肤都会导致体温迅速降低，时间一长就会有生命危险。怎么办？孩子的哭声越来越弱，他很快就会因为缺少食物而被冻饿而死。丈夫制止了妻子几次要喂奶的要求。他不能眼睁睁地看着妻子被冻死。然而，如果不给孩子喂奶，孩子就会很快死去。妻子哀求丈夫："就喂一次。"丈夫把妻子和儿子揽在怀中。喂过一次奶的妻子体温下降了两度。她的体能受到了严重的损耗。时间在一分一秒地流逝，孩子需要一次又一次地喂奶，妻子的体温在一次又一次地下降。

3 天后，当救援人员赶到时，丈夫已冻昏在妻子的身旁。而他的妻子，即那位伟大的母亲已被冻成一尊雕塑，她依然保持着喂奶的姿势屹立不倒。她的儿子，她用生命哺育的孩子正在丈夫的怀里安然地睡眠，他脸色红润，神态安详。

为了纪念这位伟大的母亲，丈夫决定将妻子最后的姿势铸成铜像，让她的爱永远流传。

父母为了自己的孩子可以不顾及自己的生命，这种爱中不掺杂一丝利害打算。我们应该向父母的伟大而无私的爱顶礼膜拜。在我们的心头，应该永远牢记他们的恩情，用一颗赤诚的孝心去回报他们。

爱可以创造奇迹

爱之花盛开的地方，生命之花便能欣欣向荣。

——凡·高

爱可以激发隐藏的潜能，爱的力量是伟大的，我们身边的父母之爱尤其伟大。不要忽视了你身边爱的存在，要让爱之花盛开。

有一少妇在回家的路上，马上要到家时，习惯地看一下 4 楼自家的阳台。可爱的儿子正在阳台上期待着妈妈回来。

当看到妈妈时，儿子开始招手，这时少妇也有意地招手，突然少妇意识到这样可能会有危险，但已经晚了。儿子由于要迎妈妈，身体前倾，突然失去平衡，从阳台上掉了下来。

这时房间里的人惊呆了，纷纷跑到阳台上呼叫。

再看这位妈妈，当发现儿子掉下来时，就奋不顾身地去救儿子，也许是感动了上帝，儿子被妈妈接住了，并且安然无恙。

人们都觉得很奇怪，一个少妇怎么跑得那样快，并能接住自己的儿子？因为按少妇当时跑的速度，应该已打破了百米世界记录。

后来人们找百米世界冠军做了一个试验：同样的距离，从阳台上掉下同样重量的物体，看能否接得住。结果是，无论如何也接不住。再让这位少妇试，结果也再没有看到打破百米世界记录的速度。

最后人们总结为：爱的力量是伟大的。

我们每个人的身上都有着超乎寻常的潜能，这种潜能在平时深深地隐藏在体内。但当危急情况出现时，我们的潜能被触发了，从而爆发出巨大的力量，而爱就是这种潜能中的一种。爱的力量非常巨大，它绝对可以创造奇迹。

富有同情心

"讽刺"和"怜悯"是一对善良的忠告者。前者含着微笑使人生可爱，而后者噙着泪水使人生神圣。

——法朗士

帮助他人就是帮助自己，要时刻保持一颗同情心。我们不能对身处困境的人熟视无睹，那种丧失了同情心的人会把自己推进冷漠的世界。

从前，有一位百万富翁整天向别人吹嘘自己是如何如何具有同情心。这天一位十分贫穷的农夫来到富翁家中，向他讲述自己的贫穷以及人生遭遇的凄惨，他讲得是那么真切生动，这位百万富翁感到从来没有这么被感动过。他眼泪汪汪地对自己的佣人说："哦！汤姆，赶快把这个家伙赶出去，他讲的故事实在太凄惨了，我的心都快碎了！"

富翁整天向别人吹嘘自己的同情心，然而当他真正面对凄惨的农夫时，虚伪的本质就暴露无遗了。因为，他的行动与他的言辞恰恰相反，正体现出了他为富不仁的一面。

人生不可能一帆风顺，有时遭受的甚至是毁灭性的打击，在这种时候没有人会拒绝别人善意的帮助。"君子不乘人之危"是说正义的人不要在这个时候再给他人伤口上撒一把盐，把别人置于死地。我们主张"君子好乘人之危"是指在别人处于危难之时，君子能够挺身而出，伸出援助之手。电影或小说中经常有一些这样的片段：两个本是对手的人，其中一方落难后得到另一方的救助，而后两人成了亲密的朋友。敌人之间尚且如此，更何况大多数人是我们的朋友，因此，保持一颗同情心至关重要。

俗话说"投之以桃，报之以李"，今天你帮助他人，给予他人方便，他可能不会马上报答，但他会记住你的好处，也许会在你不如意时给你以回报。退一步来说，你帮助别人，他即使不会报答你的厚爱，但可以肯定的是，他至少日后不会做出对你不利的事情。如果大家都不做不利于你的事情，这不也是一种极大的帮助吗？

用爱温暖人心

爱可以化敌为友，爱可以使恨消融。爱让你充满快乐，爱让你激情满怀。

——安娜·霍恩

奉献一点爱心，去爱身边的人，是每个人都容易做到的事。一句话、一个微笑、一束鲜花就足够了，这时你并没有损失什么，但却给别人带来温暖，同时也会美丽自己的人生。

1936 年的柏林，希特勒对 12 万观众宣布奥运会开始。他要借世人瞩目的奥运会，证明雅利安人种的优越。

当时田径赛的最佳选手是美国的杰西·欧文斯，德国有一位跳远项目的王牌选手鲁兹·

朗，希特勒要他击败杰西·欧文斯——黑人杰西·欧文斯，以证明他的种族优越论。

在纳粹的报纸一致叫嚣把黑人逐出奥运会的声浪下，杰西·欧文斯参加了 4 个项目的角逐：100 米、200 米、4×100 米接力和跳远。跳远是他的第 1 项比赛。

希特勒亲临观战。鲁兹·朗顺利进入决赛。轮到杰西·欧文斯上场，他只要跳得不比他最好成绩少过半米就可进入决赛。第一次，他逾越跳板犯规，第二次他为了保险起见从跳板后起跳，结果跳出了从未有过的坏成绩。

他一再试跑，迟疑，不敢开始最后的一跃。希特勒起身离场。

在希特勒退场的同时，一位瘦削，有着湛蓝眼睛的雅利安德国运动员走近欧文斯，他用生硬的英语介绍自己。其实鲁兹·朗不用自我介绍，也没人不认识他。

鲁兹·朗结结巴巴的英文和露齿的笑容松弛了杰西·欧文斯全身紧绷的神经，鲁兹·朗告诉杰西·欧文斯，最重要的是取得决赛的资格，他说他去年也曾遭遇同样情形，用了一个小诀窍解决了困难。果然是个小诀窍，他取下杰西·欧文斯的毛巾放在起跳板后数厘米处，从那个地方起跳就不会偏失太多了。杰西·欧文斯照做，几乎破了奥运纪录。几天后决赛，鲁兹·朗破了世界纪录，但随后杰西·欧文斯以微小优势胜了他。

贵宾席上的希特勒脸色铁青，看台上情绪昂扬的观众倏忽沉静。场中，鲁兹·朗跑到杰西·欧文斯站的地方，把他拉到聚集了 12 万德国人的看台前，举起他的手高声喊道："杰西·欧文斯！杰西·欧文斯！杰西·欧文斯！"看台上经过一阵难挨的沉默后，忽然齐声爆发："杰西·欧文斯！杰西·欧文斯！杰西·欧文斯！"杰西·欧文斯举起一只手来答谢。

等观众安静下来后，他举起鲁兹·朗的手朝向天空，声嘶力竭地道："鲁兹·朗！鲁兹·朗！鲁兹·朗！"全场观众也同声响应："鲁兹·朗！鲁兹·朗！鲁兹·朗！"没有诡谲的政治，没有人种的优劣，没有金牌的得失，选手和观众都沉浸在君子之争的感动里。

杰西·欧文斯创造的 8.06 米的纪录保持了 24 年。他在那次奥运会上荣获 4 枚金牌，被誉为世界上最伟大的运动员之一。

多年后杰西·欧文斯回忆说，是鲁兹·朗帮助他赢得 4 枚金牌，而且使他了解，单纯而充满关怀的人类之爱，是真正永不磨灭的运动员精神，世界纪录终有一天会被打破，而这种运动员精神却永不磨灭。

生活中，缺少的就是对爱的注意与感动。许多人总渴望着别人理解自己、关心自己，却忽视了对别人的理解与关心。生活需要好好对待，与人相处更应多一份真诚与体贴，珍惜别人给予的关心，接受每一次感动，同时捧出自己的热情与爱心。正如一杯手中的茶，今天温暖了我们，明天，我们要学着捧出几杯茶，去温暖别人……

🏛 第十三章 🏛
放低姿态是一种智慧
——不要把自己看得太高

哈佛告诉你

与其"好为人师"招惹麻烦，不如去"拜人为师"使自己成长；这并不是自私，而是智慧，只有擅长淘别人的金才能不断充实自己。多向他人学习，不要随便指点、纠正别人。

不要好为人师

当你企图去纠正别人时，应首先想想是不是自己更应该纠正。

——威尔逊

孔子说："三人行，必有吾师。"这句话非常实在，因为人各有所长，智慧也各有高低，因此人应在人群中寻找可以启发自己智慧的人。对自身成长而言，孔子的这句话是相当有价值的。在人际交往里，孔子的这句话一样适用，也就是说，在人群中，你以别人为师，除了可促使自己成长之外，也可以满足对方的优越感及虚荣心。很多老师一教就是一辈子，多多少少也与这种被满足的心理有关。

不过，在社会中，"好为人师"却不是件好事。在这里的"好为人师"指的不是"喜欢当老师"，而是喜欢指点、纠正别人。有一种人，喜欢在工作上指正别人的错误，并"贡献"自己的意见。这种人自以为是，他认为别人观念一定有问题，只有他的才是对的。

两只从出生就生活在笼子里的鹦鹉，每天隔着铁栅栏，用可怜的眼光打量那些从眼前飞来飞去的麻雀，它们以为眼前的栅栏，是围那些飞来飞去的麻雀而不是围自己的。

有一天，两只鹦鹉再也忍不住了，其中1只说："我说，伙计，那些被栅栏隔离的麻雀们是多么可怜。"

"是呀，它们生活在与世隔离的世界里，被栅栏围着，这简直是对生命的摧残。"另一只鹦鹉附和道。

"我说，伙计，我们得帮帮麻雀们。"

"是呀，得帮帮它们。"

"可怎么帮呢？隔着栅栏，我们无法靠近它们。"

"是呀，怎么帮呢？"

两只鹦鹉争来议去，想不出任何拯救麻雀的办法。争论声引来了一只麻雀。麻雀用好奇的目光打量笼子里这两只鹦鹉，问："可怜的鸟呀，你们有什么要求吗？"

"咦，这话该我问你们麻雀呢！你们长期关在铁栅栏内，一点不觉得闷吗？你们麻雀为什么不想办法打碎栅栏，像我们一样生活呢？"鹦鹉百思不得其解，还加着一点愤愤不平。

"不知你们是真不懂还是在装神弄鬼。"麻雀说完，自由自在飞去了。

每个人都有自我，掌握着对自己心灵的自主权，并经由外在的行为来检验自我坚固的程度。你若不了解此点而去揭露他的错误，他会明显地感受到他的自我受到你的侵犯，有可能不但不接受你的好意，反而还采取不友善的态度。尤其是工作，你的热心根本就是在否定他的智慧，甚至他还会认为你是在和他抢功，总之，他是不会领情的。

人都有排他性，也有"虽然知道不对也要做下去"的自我毁灭意识，这是他个人的选择。因此与其"好为人师"招惹麻烦，不如去"拜人为师"求自己成长。

自负的人很难进步

我认为，蠢材的特征是高傲，庸才的特征是卑鄙，真正品学兼优的人的特征是情操高尚而态度谦虚。

——苏沃洛夫

生活中一个无法回避的事实是，每一个人的能耐总是十分有限，没有一个人样样精通，所以，人人都可在某些方面成为我们的老师。当自以为拥有一些才艺时，你要记住，你还十分欠缺，而且会永远欠缺。不然，失败就离你不远了。

自大往往不是空穴来风，自大的人总有一些突出的特点。这些突出的特长，使他们较之别人有一种优越感。这种优越感达到一定程度，便使人目空一切，飘飘然不知天高地厚。

曾国藩和左宗棠都是清朝的大臣，朝野一般多以"曾左"并称他们两人。曾国藩年长于左宗棠，并且对左宗棠予以提拔，但左宗棠为人颇为自大，从不把曾国藩放在眼里。

有一次，他很不满地问其身旁的侍从："为何人们都称'曾左'，而不称'左曾'？"

一位侍从问答："曾公眼中常有左公，而左公眼中则无曾公。"这句话让左宗棠沉思良久。

左宗棠喜欢下棋，而且棋艺高超，少有敌手。有一次，他微服出巡，在街上看到一个老人摆棋阵，并且在招牌上写着"天下第一棋手"。左宗棠觉得老人太过狂妄，立刻前去挑战。没有想到老人不堪一击，连连败北。左宗棠洋洋得意，命他把那块招牌拆了，不要再丢人了。

当左宗棠新疆平乱回来，见老人居然还把牌子悬在那里，他很不高兴，又跑去和老人下棋，但是这次竟然三战三败，被打得落花流水。第二天再去，仍然惨遭败北，他很惊讶老人为何在这么短的时间内，棋艺能进步如此地快？

老人笑着回答："你虽然微服出巡，但我一看就知道你是左公，而且即将出征，所以让你赢，好使你有信心立大功。如今你已凯旋归来，我就不再客气了。"

左宗棠听了心服口服。

聪明的人知道自己愚笨，而愚笨的人总以为自己聪明，可以说，愚蠢和傲慢是一棵树上的两个果。聪明人能自己从树上摘掉这两枚恶果。

左宗棠曾有自大的缺点，但他知错能改，成为谦谦君子。一个人不知道并不可怕，因为人不可能什么都知道，但可怕的是不知道却假装知道。这样的人永远不会进步，就像老爱欣赏自己脚印的人，只会在原地绕圈子。培根为我们留下这样的名言："一个人吹捧自己得越少，我们就越认为他伟大。"作为一个人，永远要昂着头做人，低着头做事，这是人生的大智慧。

不要看低任何人

谦逊基于力量，高傲基于无能。

——尼采

不要轻视你身边的任何一个人，每个人都可能会成为你的幸运之星。很多人就是因为轻视别人，而错失了不少机会。

一个人满头大汗地在田地里工作，太阳烤得他头晕眼花，他对着天空大声喊："谁来帮帮我啊？我不该永远过这种苦日子，这不公平！"过了一会儿他看到了一个衣着破旧的老妇人朝他走来："小伙子，有什么可以帮忙的吗？"这个人打量了老妇人一会儿，轻蔑地说："走开吧！别打扰我！你能帮我什么忙？"老妇人黯然走开了。一只小鸟飞了过来，对这个人骂道："傻瓜，你赶走了幸运女神，跟她在一起你没准会刨到金子什么的，可你竟然赶走了她！"

很多人都捶胸顿足地痛悔自己错失了良机，其实是他们自己把机遇从身边推走的，出现这种错误的原因通常很简单，比如轻视了某个人。

哈佛大学的校长会客室里来了一对夫妇，他们坚持要见校长，校长只好百忙之中抽出点时间来接待他们。这对夫妇告诉校长，他们的儿子曾在哈佛上学，而且他非常喜欢这所学校。现在他们的儿子突然去世了，他们希望能在哈佛里为儿子建一座纪念性建筑。听完了他们的话，校长用怀疑的目光打量着他们，这对夫妇衣着干净整洁，但却很简朴，看起来不像是有钱人，于是校长就用一种调侃的语气说："建纪念性建筑？哈佛大学是什么地方，寸土寸金呀！看到窗外的草坪了吗？那是从德国进口的，一片就要几万美金，再看看那些大楼，一栋就要几百万甚至上千万呀！你们拿什么来做这些呢？"这对夫妇惊讶地看着校长，然后妻子对丈夫说："听到了吗？亲爱的，建一座楼只要几百万美金，那我们为什么不给儿子建一座纪念大学呢？"一年后，一所新的大学建立起来了。那就是著名的斯坦福大学，这所大学是用那对夫妇儿子的名字命名的。

哈佛大学的校长一定没想到，他拒绝的是怎样一个提议，他错失的是怎样一个机会，如果不是他先入为主的偏见，这对夫妇本来可以成为哈佛的有力捐助人，但他的一念之差，却使哈佛多了一个有力的竞争对手。生活中，很多人也常犯类似的错误，由于轻视别人，而错过了很多机会。

人生路上，我们会碰到各种各样的人，每个人都有自己的独特之处，你并不知道什么人会对你有所帮助，什么人能影响你的命运。所以我们只有选择一视同仁，这样我们才不致错过任何机会，才能更快地走向成功。古希腊哲学家亚里士多德说："对上级谦恭是本分，对平辈谦逊是和善，对下级谦逊是高贵，对所有的人谦逊是安全。"谦恭地做人，对你有百益无一害。

第十四章

梦想是成功的翅膀
——为人生确定方向

哈佛告诉你

你给自己什么样的定位，决定了你一生成就的大小。志在顶峰的人不会落在平地，甘心做奴隶的人永远也不会成为主人。

分大目标为小步骤

向着某一天终于要达到的那个终极目标迈步还不够，还要把每一步都看作目标，使它作为步骤而起作用。

——歌德

大目标都是通过无数小目标的成功而铺垫、积累的，每一个杰出的人，都是通过取得许多小的成功，才逐步达到他们的最终目标的。

化大目标为小步骤，是实现目标最具效能的方法。我们先设立一个长远目标，然后在前进的路上再设立几个中期目标，每一个中期目标还可以划分为若干个小步骤。

居里夫人年轻的时候，家里非常贫困，根本没有钱读书，况且，失去国家主权的波兰当局也不允许女子读书。但是，她和她的姐姐却都向往着上大学，在国内不能上，就立志要到国外留学。

这个目标看起来是根本没有办法实现的。当时她家里的经济状况，连维持温饱都成了一个严峻的问题，怎么能有钱供姐妹俩出国留学呢？

然而，她们并没有就此放弃，而是将大目标分解为小步骤来实现。首先，她们一起努力打工，攒够姐姐一个人到国外的旅行费和第一个月的学费；然后，姐姐出国学习，妹妹继续打工，并给姐姐邮寄学费；等姐姐毕业了，姐姐打工，供妹妹上学。

就这样，居里夫人姐妹俩都完成了各自的学业。

目标的长短，对我们所起作用的大小也不一样。目标长远则动力作用大，目标短小，产生动力则小，像人走路一样，预定走 5000 米，走到三四千米时就会感到累，预定走 5000 米，走了三四十千米才会觉得累。

我们不可能一下子达到很高的生存目标，可以让大目标以小目标的形式分步骤地完成，这样，当完成了几个小目标后，我们就会发现，我们已实现了一个中期目标。同样，当几个中期目标完成，我们会惊异地发现，自己已是一个成功者。然后，你再逐步培养、树立远大的目标，向远大的目标奋进。

假如你确立了一个把语文成绩提高到 90 分的目标，那么你就可以分步骤来实现这一目标。比如，你可以画一张成绩进展步骤图，在该图的最上面，写上 90 分，然后写上 80 分，并在最下面写上 70 分。在第一个步骤旁边，可以标上"按时上课，认真听讲"；在第二个步骤旁边，可以标上"课前认真预习，课后及时完成作业"；在第三个步骤旁边，可以标上"全力投入复习，力争实现所定目标"。

如果你第一步没有做好，也并不意味着需要废弃原定目标。只要把第一步所需做的学习任务补上来，依然可按照原定计划逐步前进。

还有重要的一点需要引起注意，那就是所确立的目标，应当是我们本人的长远目标，这个目标对自己来说，经过努力是可以实现的。

在实现目标的方法上，没有什么捷径可走。这是一个需要不断地勤奋努力和持之以恒的漫长过程。为此而付出的心血将得到巨大的回报，它不仅可以让自己成为一位成功者，重要的是它可以让自己自由地生存在这个美好的世界上。

贫穷只因无梦想

贫穷本身并不可怕，可怕的是自己以为命中注定贫穷或一定老死于贫穷的思想。

——富兰克林

如果你出身贫寒，而且没有脱离贫困的强烈愿望，那你的一生就注定了与富足无缘。"多数人并不是因为贫穷而被奴役，而是因被奴役而贫穷。"

卡尔有 7 个兄弟姐妹，他父亲是路易斯安纳州黑人佃户。卡尔从 5 岁就开始工作，9 岁时会赶骡子。这些一点也不稀奇，因为佃农的孩子大多在年幼时必须工作，他们对于贫穷十分认命。幸运的是，卡尔有一位了不起的母亲，她始终相信一家人应该过着快乐且衣食无忧的生活。她经常和儿子谈到自己的梦想。

"我们不应该这么穷，"她时常这么说，"不要说贫穷是上帝的旨意，那是因为爸爸从来不想追求富裕的生活。家中每一个人都胸无大志。"

母亲的话深深地植根在卡尔的心中。以致最终改变了他的一生。

卡尔一心向往跻身富人之列，于是开始追求财富。终于凭借辛苦的推销工作有了一些积蓄。12 年后，他得知供货的公司即将被拍卖，底价是 15 万美元，就去同供货的公司商谈收购接手事宜。谈判的结果，他用积蓄的 25000 美元作为定金，并答应在 10 天内筹足余款 125000 美元。合约中还规定，若逾期未补齐余款，将没收定金。

卡尔努力地向朋友筹钱，但到了第 10 个晚上，他还差 1 万美元。

卡尔觉得自己已经想尽所有的办法。时间不早了，房里一片漆黑，卡尔跪下来祈祷，请求上帝指引。

让谁能在时限内借我 1 万美元？卡尔反复问自己。最后他决定开车沿着第 61 街走下去，看看有没有机会。

当时是深夜 11 点，卡尔沿着第 61 街往下走。过了几个路口，终于看到一家承包商的办公室里还有灯光。约翰走了进去，那位承包商正埋头办公，由于熬夜加班，已经疲惫不堪。

卡尔和他略有交情，他鼓起勇气："你想不想赚 1000 美元？"卡尔直截了当地问。

那位承包商回答："想，当然想。"

"借我 1 万美元，我会外加 1000 美元红利还给你。"卡尔告诉那位承包商，还有哪些人借钱给他，并且详细说明整个投资计划。凭着卡尔平日的信誉以及他周密而切实可行的发展计划，他顺利地借到了 1 万美元。

其后，他不但从接手的公司获得可观的利润。并且还陆续收购了 7 家公司，其中包括 4 家化妆品公司、1 家食品公司、1 家服装公司及 1 家报社。他因为有梦想而实现了由贫到富的质变。

"人不能坐等好运的降临；唯有目标现实可行并且身体力行，梦想才能变成现实。"很多人贫穷并不是因为别的，而是因为他们没有告别贫穷，走向富有的梦想。连想都不敢想的事情，更不要说去做了。

不要只顾一面埋怨自己的贫穷，一面安于现状，而是要告诉自己：我想富有！这样才能真正地告别贫穷。

确信目标终究会实现

全神贯注于你所期望的事物上，必有收获。

——爱默生

我们应当坚信，只要朝着自己的目标不断向前，肯定会有好的结果。一个人除非对自己的目标有足够的信心，否则目标很难实现。

爱得卡在创业之初，全部家当只有 1 台拖拉机，价值 50 美元。第二次世界大战结束后，爱得卡做生意赚了点钱，便决定从事地皮生意。如果说这是爱得卡的成功目标，那么，这一目标的确定，就是基于他对自己的市场需求预测充满信心。

当时，在美国从事地皮生意的人并不多，因为战后人们一般都比较穷，买地皮修房子、建商店、盖厂房的人很少，地皮的价格也很低，当亲朋好友听说爱得卡要做地皮生意时，异口同声地反对。

而爱得卡却坚持己见，他认为反对他的人目光短浅。他认为虽然连年的战争使美国的经济很不景气，但美国是战胜国，它的经济会很快进入大发展时期，到那时买地皮的人一定会增多，地皮的价格会暴涨。

于是，爱得卡用手头的全部资金再加一部分贷款在市郊买下很大的一片荒地。这片土地由于地势沉洼，不适宜耕种，所以很少有人问津。可是爱得卡亲自观察了以后，还是决定买下了这片荒地。他的预测是，美国经济会很快繁荣，城市人口会日益增多，市区将会不断扩大，必然向郊区延伸，在不远的将来，这片土地一定会变成黄金地段。

后来的事实正如爱得卡所料。不出 3 年，城市人口剧增，市区迅速发展，大马路一直修到爱得卡买的土地的边上。

这时，人们才发现，这片土地周围风景宜人，是人们夏日避暑的好地方，于是，这片土地价格倍增，许多商人竞相出高价购买，但爱得卡不为眼前的利益所惑，他还有更长远的打算。

后来，爱得卡在自己这片土地上盖起了一座汽车旅馆，命名为"假日旅馆"。由于它的地理位置好，舒适方便，开业后，顾客盈门，生意非常兴隆。从此以后，爱得卡的生意越做越大，他的假日旅馆逐步遍及世界各地。

因为眼前的利益或众人的否定就轻易放弃自己的目标，那么，你的目标将永远无法实现。

美国教育家卡耐基说："朝着一定目标走去是'志'，一鼓作气中途决不停止是'气'，两者合起来就是'志气'，一切事业的成败都取决于此。"

确定自己的职业目标

确定目标，即意味着为了达到目的必然要把自己逼进艰难困苦的境地中去；不能确定目标，则意味着他是没有这种勇气的人。

——德田虎雄

如果你认为你是在为别人工作，那你就永远只能为别人工作。如果你认为你是在为自己工作，那你终将会有自己的一番事业。

菲尔·强生的父亲开有一家洗衣店，并且让菲尔在店里工作，希望他将来能接管家族事务。

但菲尔厌恶洗衣店的工作，懒懒散散，无精打采，在父亲的强迫下勉强做一些工作，心思完全不放在店里。

菲尔的状态使父亲非常苦恼和伤心，他觉得自己养育了一个不求上进的儿子，而在员工面前深感丢脸。

有一天，菲尔告诉父亲自己想到一家机械厂工作，做一名普通工人。

抛弃现有蓬勃兴旺的家族事业，出去打工，一切从头开始。父亲对他的想法完全无法理解，并且横加阻拦。

菲尔坚持自己的想法，穿上油腻的粗布工作服，开始了劳动强度大、时间长的工作。

在常人看来，这是十分辛苦的工作。但是，菲尔·强生不但不觉得苦，反而觉得十分快活，边工作边吹口哨。

工作之余，他还选修工程学课程，研究引擎，装配机械。经过多年的坚持不懈的努力，到 1944 年他逝世时，菲尔已经荣升为波音飞机公司的总裁——制造出了"空中飞行堡垒"轰炸机，为盟军赢得第二次世界大战的胜利立下汗马功劳。

而所有的成功，都来源于他广博的兴趣。

可见，兴趣对职业选择的重要性可能是你始料不及的。

一开始影响你选择的往往是薪水高低等因素，但你慢慢会发现，如果长期干自己所不喜欢的工作，就会备感厌倦，你就会变成一个简单的赚钱机器。

很多人都忽视了这样一个事实：工作本身也是生活的一部分，工作质量的高低决定了生活质量的高低，工作并不是毫无感情的，它对于人生的意义，绝不在于满足衣食住行的需要。

实际上，它更是你实现理想的途径，是使你生活得快乐幸福的隐形伴侣。

你的爱好是你选择职业的第一步，也是最后一步、决定性的一步。

你不仅要问："我能为自己的工作做点什么？"而且要问："工作能给我带来什么？"

做一份既胜任又喜欢的工作，才是人生真正的乐事。

我们要坚守这样一个信念：最后抉择必须由自己做出，因为未来的工作和生活是快乐还是苦闷，全部由你自己来承担。

因此，不要贸然决定从事某一行业，除非它能给你带来快乐。当然，这并不意味着你可以完全不考虑他人的意见，一意孤行；也不意味着你应该立刻辞掉现有工作，放弃家庭。

第十五章

每个人都是金子
——认清自己的优势所在

哈佛告诉你

　　成功的关键不是克服缺点、弥补缺点，而是施展天赋、发扬长处。要想取得成就，就要擅长经营自己的强项。"认识你自己"，其中最重要的意义之一，就是要认清自己的能力，知道自己适合做什么，不适合做什么；长处是什么，短处是什么。从而做到有自知之明，最后在社会中找到自己恰当的位置。

经营你的强项

　　伟大高贵人物最明显的标志，就是能充分发挥自己的长处。不管环境变化到何种地步，他能使自己的强项得到巧妙发挥，因而始终能克服障碍，达到所期望的目的。

——爱迪生

　　一只小兔子被送进了动物学校，它最喜欢跑步课，并且总是第一；它最不喜欢的是游泳课，一上游泳课它就非常痛苦。但是兔爸爸和兔妈妈要求小兔子什么都学，不允许它有所放弃。

　　小兔子只好每天垂头丧气地到学校上学，老师问它是不是在为游泳太差而烦恼，小兔子点点头。老师说，其实这个问题很好解决，你跑步是强项，但是游泳是不足。这样好了，你以后不用上游泳课了，可以专心练习跑步。小兔子听了非常高兴，它专门训练跑步，结果成为跑步冠军。

　　小兔子根本不是学游泳的料，即使再刻苦，它也不会成为游泳能手；相反，它专门训练跑步，结果成为跑步冠军。

　　一个人的性格天生内向，不善于表达，你却要他去学习演讲，这不仅是勉为其难，而且还浪费了大量时间和精力。一个人天生有心脏病，你却要他去练习长跑，这不是要他的命吗？

　　自然界有一种补偿原则，当你在某方面很有优势时，肯定在另一个方面有不足。而当你在某个方面拥有缺点时，可能又在另一个方面拥有优点。如果你想要出类拔萃，就必须腾出时间和精力来把自己的强项磨砺得更加犀利。

　　世界上没有两片完全相同的树叶，每个人的天赋也是不同的。你也许在某个方面表现突出，而其他方面则可能有所欠缺。

　　所以，你最好集中自己的智慧潜能优势，寻找一个与之相符合的发展方向，这样成功的机会才可能多起来。

　　也许你此生进不了名牌大学，但是这并不意味着你就一定比名牌大学出来的学生差。只要你愿意，善于经营自己的强项，你也一样会很优秀，甚至更好。拥有正确的心态，不要因为羡慕别人的风景而把自己的风景给耽误了。

在漫漫的人生旅途中，找到自己的强项，也就找到了通往成功的大门。选准自己的坐标以后需要立即行动，没有走出去的冒险精神，你的选择永远不会变成现实。

如果你是鱼，就跳进大海，在茫茫的大海里尽情畅游；如果你是鹰，就飞向蓝天，在广阔的天空里自由翱翔。

每个人都是金子

一个人没有认清自己的真面目，不能深明自己的优势所在，就不能把命运掌握在自己手中，也就不可能取得成功。

——卡耐基

不要认为自己一无是处。每个人都是金子，能不能发光，关键在于你能否发掘自己的闪光之处。

有一天，一个流浪汉来到哈德教授的办公室，要求与他谈谈。他说，前天下午他本已经决定跳进密歇根湖，了此残生。但不知是谁，也许是命运之神，把一本哈德多年以前写的书放入他口袋，这本书给他带来了勇气和希望，并支持他渡过难关。他还说，只要他见到这本书的作者，他相信作者一定能帮助他再度站起来。哈德问他："我能替你做什么。"

他脸上沮丧的表情、眼中茫然的神情，他的身体姿势、脸上10天未刮的胡须，以及他那紧张的神态，完全向哈德显示出，他已经无可救药了。哈德不忍心对他这样说。因此，哈德请他坐下来，要他把他的故事完完整整地说出来。他说得很详细：他把他的全部财产投资在一种小型制造业上。1914年，世界大战爆发，使他无法取得他的工厂所需要的原料，因此他只好宣告破产。金钱的丧失，使他大为沮丧，于是，他离开了妻子和儿女，成为一名流浪汉。他对于这些损失一直无法忘怀，而且越来越难过。到最后，甚至想自杀。

他说完他的故事后，哈德对他说："我已经以极大的兴趣听完你的故事，我希望我能对你有所帮助，但事实上，我却没有能力帮助你。"

他的脸立刻变得苍白。他低下头，喃喃地说道："这下子完蛋了。"

哈德等了几秒钟，然后说道："虽然我没有办法帮助你，但我可以介绍你去见本大楼的一个人，他可以协助你东山再起！"哈德刚说完这几句话后，他立刻跳了起来，抓住哈德的手，说道"看在老天爷的分上，请带我去见这个人。"

他会为了"老天爷的分上"而做些要求，这显示他心中仍存在着一丝希望。所以，哈德引导他来到实验室里，和他一起站在一块看来像是挂在门口的窗帘布前。哈德把窗帘布拉开，露出一面高大的镜子，哈德用手指着镜子说：

"我答应介绍你跟他见面，就是这个人。在这世界上，只有这个人能够使你东山再起。"

他朝着镜子向前走了几步，用手抚摸他长满胡须的脸孔，对着镜子里的人从头到脚地打量了几分钟，然后后退几步，低下头，开始哭泣起来。哈德知道自己的忠告已经发挥功效了，便送他离去。

几天后，哈德在街上碰见了这个人，而且几乎都认不出他来了。他的步伐轻快有力，头抬得高高的。他从头到脚打扮一新，看来很成功的样子。

他解释说："我正要到你的办公室去。把好消息告诉你。那一天我离开你的办公室时，还只是一个流浪汉。但是，虽然我的外表落魄，我仍然替自己找到了一项年薪 3000 美元的工作。老天爷，一年 3000 美元。并且我的老板先预支了一些薪水给我，要我去买些新衣服，还让我先寄一部分钱回去给我的家人。我现在又走上成功之路了。"

在从来不曾发现"自立"价值的那些人的意识中，原来隐藏了伟大的力量和各种潜能。

我们首先要意识到，自己就是一个蕴含着无尽宝藏的世界，每个人都有自己的个性和长处，每个人都可以选择自己的目标，并通过不懈地努力去争取属于自己的成功。

每个人都具有特殊才能，每个人应该尽量灵活运用自己的这项特殊才能。有很多人以为自己所具有的这项才能，只是一些不登大雅之堂的"小玩意儿"，根本不曾想过利用这项"小玩意儿"来提高身价。而杰出人士们正是因为勤于思考，发掘利用自己的才能，才获得了很大的成功。

一味攀比会使你迷失方向。

不要开错窗

宝贝放错了地方便是废物。人生的诀窍就是找准人生定位，定位准确能发挥你的特长。经营自己的长处能给你的人生增值，而经营自己的短处会使你的人生贬值。

——本杰明·富兰克林

当帕瓦罗蒂还是个孩子时，他的父亲，一个面包师，就开始教他学习歌唱。父亲鼓励他刻苦练习，打下坚实的功底。后来，在他的家乡意大利的蒙得纳市，一位名叫阿利戈·波拉的专业歌手收帕瓦罗蒂为他的学生，那时，帕瓦罗蒂还在一所师范学院上学。在毕业时，他问父亲："我应该怎么办？是当教师还是成为一个歌唱家？"父亲这样回答他："如果你想同时坐两把椅子，你只会掉到两个椅子之间的地上。在生活中，你应该选定一把椅子。"他选择了。忍住失败的痛苦，经过 7 年的学习，他终于第一次正式登台演出。此后他又用了 7 年的时间，终于进入大都会剧院。

成功需要一个切实可行的定义。无论什么都要踏踏实实地做，好高骛远的想法一定要排除。如果我们要成功，必须要找准自己的人生定位，必须找到个人能力、兴趣和职业的最佳结合点。首先要问问你自己的兴趣所在。"我喜欢做什么？""我最擅长什么？"只要对自己所从事的工作有兴趣，其余的一切就很容易办了。

爱因斯坦在 50 年代曾收到一封信，信中邀请他去当以色列的总统。出乎人们意料的是，爱因斯坦竟然拒绝了。他说："我整个一生都在同客观物质打交道，因而既缺乏天生的才智，也缺乏经验来处理行政事务及公正地对待别人，所以，我觉得我不适合担当这一重任。"

人并无高下之分。一个人有抱负，也不是非成为驰名世界的大科学家或大文豪不可，炒菜、做衣服、设计花布、种菜、开车、售货，甚至于修车和收废品，只要是社会上的一项有益的工作，做好了都能有所成就。

一片树叶总有一滴露水养着，人人都会有完全属于自己的一片天地。我们在拥有自己长处的同时，总会在某些方面不如别人。每个人活在世上，受各种因素影响，都会带上或这或那的不足，如果因此而失去自己的人生定位及目标，无疑是可悲的。

第十六章

人生需要自我激励

——用自我激励法应对人生困境

哈佛告诉你

成功的字典里没有"我不能",经常告诉自己"我可以",就会在心里形成一种积极的暗示,很多看似超越自身能力所及的事情也变得容易解决了。自我激励是人生路上必不可少的生存技巧。学会了为自己加油,就没有再能打败你的敌人。因为,最可怕的事情就是自己打败自己。

告诉自己"我可以"

凡事总要有信心,老想着"行"。要是做一件事,先就担心着"怕不行吧",那你就没有勇气了。

——盖叫天

利娅是密歇根州一个小镇上的小学老师。

那天,她给学生们上了生动的一节课。她让学生们在纸上写出自己不能做到的事。所有的学生都全神贯注地埋头在纸上写着。一个10岁的男孩,他在纸上写道,"我无法把球踢过第二道底线","我不会做3位数以上的除法","我不知道如何让黛比喜欢我"等。他已经写完了半张纸,但却丝毫没有停下来的意思,仍旧很认真地继续写着。

每个学生都很认真地在纸上写下了一些句子,述说着他们做不到的事情。

利娅老师也正忙着在纸上写着她不能做到的事情,像"我不知道如何才能让约翰的母亲来参加家长会","除了体罚之外,我不能耐心劝说艾伦"等等。

大约过了10分钟,大部分学生已经写满了一整张纸,有的已经开始写第二页了。"同学们,写完一张纸就行了,不要再写了。"

等所有学生的纸都投入纸鞋盒以后,利娅老师把自己的纸也投了进去。然后,她把盒子盖上,夹在腋下,领着学生走出教室,沿着走廊向前走。

走着走着,队伍停了下来。利娅走进杂物室,找了一把铁锹。然后,她一只手拿着鞋盒,另一只手拿着铁锹,带着大家来到运动场最边远的角落里,开始挖起坑来。

学生们你一锹我一锹地轮流挖着,洞挖好后,他们把盒子放进去,然后又用泥土把盒子完全覆盖上。这样,每个人的所有"不能做到"的事情都被深深地埋在了这个"墓穴"里,埋在1米深的泥土下面。

这时,利娅老师注视着围绕在这块小小的"墓地"周围的31个10多岁的孩子们,神情严肃地说："孩子们，现在请你们手拉着手，低下头，我们准备默哀。"

"朋友们，今天我很荣幸能够邀请你们前来参加'我不能'先生的葬礼。"利娅老师庄重地念着悼词，"'我不能'先生在世的时候，曾经与我们的生命朝夕相处，您影响着、改变着我们每一个人的生活，有时甚至比任何人对我们的影响都要深刻得多。您的名字几乎每天都要出现在各种场合，比如学校、市政府、议会，甚至是白宫。当然，这对于我们来说是非常不幸的。

"现在，我们已经把安葬在这里，并且为您立下了墓碑，刻上了墓志铭。希望能够安息。

"愿'我不能'先生安息吧，也祝愿我们每一个人都能够振奋精神，勇往直前！阿门！"

接下来，利娅为"我不能"做了一个纸墓碑。

利娅老师把这个纸墓碑挂在教室里。

每当有学生无意说出："我不能……"这句话的时候，她只要指着这个象征死亡的标志，孩子们便会想起"我不能"先生已经死了，进而去想出积极的解决方法。

没有"我不能"的字典。

"只要头脑可想象的，只要自己相信的，就一定能实现。"这句话出自美国成功学的创始人拿破仑·希尔博士。

希尔从小就立志要做一名作家，但是由于家里非常贫穷，他只接受了很短的学校教育，很多字词他都要通过查字典来认识。

亲人和朋友们都劝希尔放弃当作家的梦想，建议他找一份稳定的工作，平淡地过一生才好。然而希尔并没有就此放弃自己的梦想。他用打零工挣来的钱买了一本最好字典，随后，他做了一件十分奇特的事——他找到字典里"不能"这个词，用剪刀把它剪下来。

经过多年的努力，希尔最终成为了美国商政两界的著名导师，并且成为罗斯福总统的首席顾问，被罗斯福总统誉为"百万富翁的铸造者"。他的许多著作都深受读者的喜爱，成为了举世闻名的畅销书。

"我不能"经常在我们的耳边响起，这是你对自己的宣判。听多了"我不能"，你很可能就会走进自卑的阴影，再也出不来了。沉静在"我不能"的困境中，很多事情就真的无法去做。

关于信心的威力，并没有什么神秘可言。信心在一个人成大事的过程中是这样起作用的：相信"我确实能做到"的态度，产生了能力、技巧与精力这些必备条件，即每当你相信"我能做到"时，自然就会想出"如何去做"的方法。

人生需要自我激励

一个人失败的最大原因，就是对自己的能力永远不敢充分信任，甚至自己认为必将失败无疑。

——本杰明·富兰克林

人们心中的希望，与理想梦幻相比，常常更有价值。希望常常是将来事实的预言，更是人们做事的指导，希望能衡量人们目标的高低和效能的多寡。

有许多人容许自己的希望慢慢地淡漠下去，这是因为他们不懂得，坚持自己的希望就能增加自己的力量，从而实现自己的梦想。

　　希望具有鼓舞人心的创造性力量，她鼓励人们去尽力完成自己所要从事的事业。希望是才能的增补剂，能增加人们的才干，使一切幻梦成为现实。

　　从一个人的希望可以看出他在增加还是减少自己的才能。知道一个人的理想，就能知道那个人的品格、那个人的全部生命，因为理想是足以支配一个人的全部生命的。

　　在树立希望以后，人的思想和情感便会变得坚定不移。因此，每个人都应有高尚的目标和积极的思想，更需下定决心，绝不允许卑鄙肮脏的东西留在自己的思想里，不论做什么事，都要向着高尚的方向。

　　进行自我激励，足以改进人的希望，使人尽量地发挥他的才干，达到最高的境界。积极的心态，可以战胜低下的才能，可以战胜阻碍成功的仇敌。即使看似不可能的事情，只要抱定希望，努力去做，持之以恒，终有成功的一天。

　　3 只青蛙掉进鲜奶桶中。

　　第一只青蛙说："这是命。"于是它盘起后腿，一动不动等待着死亡的降临。

　　第二只青蛙说："这桶看来太深了，凭我的跳跃能力，是不可能跳出去了。今天死定了。"于是，它沉入桶底淹死了。

　　第三只青蛙打量着四周说："真是不幸！但我的后腿还有劲，我要找到垫脚的东西，跳出这可怕的桶！"

　　于是，这第三只青蛙一边划一边跳，慢慢地，奶在它的搅拌下变成了奶油块，在奶油块的支撑下，这只青蛙奋力一跃，终于跳出奶桶。

　　正是希望救了第三只青蛙的命。

　　许多成功者都有着乐观期待的习惯。不论目前所遭遇的境地是怎样的惨淡黑暗，他们对于自己的信仰、对于"最后的胜利"都坚定不移。这种乐观的期待心理会生出一种神秘的力量，以使他们最终实现愿望。

　　期待会使人们的潜能充分地发挥出来，期待会唤醒我们隐伏的力量。而这种力量要是没有大的期待，没有迫切的唤醒，是会永远被埋没的。

　　每个人都应该坚信自己所期待的事情能够实现，千万不可有所怀疑。要把任何怀疑的思想都驱逐掉，而代之以必胜的信仰，努力发掘出属于自己的强项，必定会有美满的成功。

别吝啬对自己的犒劳

在这个世界上最坚强的人是孤独的、只靠自己站着的人。

——易卜生

　　别忘了自己为自己发奖。对自己犒劳是你实现下一步目标的动力。

　　做一件事情，你可以高高兴兴、快快乐乐地去做，也可以很痛苦地去做，假如你能够选择快乐，为什么要选择痛苦？

　　做每一件事情，我们都要选择快乐，选择享受。

　　所有的事情之所以会有思考的瓶颈，是因为做事的目标不明确，对自己所做事情的宗旨没有了解。

　　某些人"对自己要求很严"，他们在遇到失败或失意的时候，很难原谅自己。许多人都是这样，给自己设定的标准很高，结果没办法达到那样的标准。给自己定下了很高的标准，需要有适当的平衡，那就是让自己快活一下，适时奖励一下自己，享受一下人生。若是没有这种平衡，制定很高的标准，未必是件好事。

工作很辛苦，或者遇到困难时，给自己一点奖赏，一点礼物，这就是赏心乐事。有些事虽小，但是能让我们觉得很愉快，例如吃过午餐后，在公园里散散步；花 1 个小时阅读 1 本自己喜欢的书；经过一天辛苦工作之后，喝一杯清茶。

安娜小时候，父母经常因她获得的成绩鼓励她。帮母亲做了一点家务，母亲就会笑着奖给她一颗糖；读书时，每次考了高分，父亲也会不时拿出点奖品作为奖赏。那时候，安娜经常会为了得到糖果、玩具等而主动地做家务、努力学习。后来，她不再依赖父母的奖励，而是不断地自己奖励。大学毕业后，安娜所在的单位资不抵债，宣布破产了。有很长的一段时间，她因为胆小，怕面试时用人单位对自己说"NO"而待在家里，几个月过去了，安娜无所事事，父母用微薄的工资来养活她这个已成人的"小孩"。有一天，安娜对自己说，如果今天我去两家公司应聘，回家时就给自己买下那条心仪已久的长裙。她做到了，记得当时她是用向母亲借的钱来完成对自己的承诺的。一星期后，她居然同时收到那两家单位的用人通知。

想不出什么赏心乐事来吗？只要请教一下朋友或同事，就可以得到不少主意。你一旦克服不好意思的心理，就能了解其他人有关这方面的事情，而且会发现，其实每个人都会不时地让自己过得快活一点，只不过有些人比其他人更在行罢了！没关系，实行的次数多了以后，你也会很在行的。

在自我赏识中肯定自己

如果我们为人正直，工作勤奋，就会得到人们的称颂；然而得到自己的赞许却有百倍的意义。遗憾的是，得到自己赞许的途径至今尚未找到。

——马克·吐温

一个不会肯定自己的人将会跌入自卑和盲从的深渊。学着欣赏自己，你会发现自己有比别人更美的地方。

也许你想成为太阳，可你却只是一颗星辰；也许你想成为大树，可你却只是一株小草；也许你想成为大河，可你却只是一泓山溪……于是，你很自卑。很自卑的你总以为命运在捉弄自己。其实，你不必这样：欣赏别人的时候，一切都好；审视自己的时候，却总是很糟。和别人一样，你也是一道风景，也有阳光，也有空气，也有寒来暑往，甚至有别人未曾见过的一株春草，甚至有别人未曾听过的一阵虫鸣……做不了太阳，就做星辰，让自己的星座，发热发光；做不了大树，就做小草，以自己的绿色装点希望；做不了伟人，就做实在的小人物，平凡并不可卑，关键的是必须扮演好自己的角色。

有个小男孩头戴球帽，手拿球棒与棒球，全副武装地走到自家后院。

"我是世上最伟大的击球手。"他自信地说完后，便将球往空中一扔，然后用力挥棒，但却没打中。他毫不气馁，继续将球拾起，又往空中一扔，然后大喊一声："我是最厉害的击球手。"他再次挥棒，可惜仍是落空。他愣了半晌，然后仔仔细细地将球棒与棒球检查了一番之后，他又试一次，这次他仍告诉自己："我是最杰出的击球手。"然而他第三次的尝试还是挥棒落空。

"哇!"他突然跳了起来,"我真是一流的投手。"

男孩勇于尝试,能不断给自己打气、加油,充满信心,虽然仍是失败,但是,他并没有自暴自弃,没有任何抱怨,反而能从另一种角度"欣赏自己"。

生活中大多数人都习惯自怜自艾、自我批判,他们最常说的是"我身材难看","我能力太差","我总是做错事"……他们总是学不会像那个小男孩一样,换个角度欣赏自己,这都是由于自卑心理作祟。自卑心理所造成的最大问题是:你总是在斤斤计较你的平凡,你总是在想方设法证明你的失败,每一天你都在为自己的想法找证据,结果你越来越觉得自己平凡、渺小,处处不如人。

一个值得思考的问题是:为什么你知道这样做会使人生更灰暗、负面的感觉更多,会更不知道珍惜人生的天赋美好,但却还是执迷不悟。我们都是芸芸众生中的一员,都是平凡的小人物,但我们也有比别人美好的地方,所以千万不要自贬身价。

如果一个人对自己都不欣赏,连自己都看不起,那么,他怎么还有自强、自信、自爱、自省呢?你也许曾埋怨过自己不是名门出身,你也许曾苦恼过自己命运中的波折,你也许曾叹惋过自己行程中的坎坷,可是,你有没有正视过自己?对于一个生活的强者而言,出身只是一种符号,它和成功没有丝毫瓜葛,你又何必为此而斤斤计较?命运又不是池塘的水,又岂能无忧无虑、平静无波?生命的行程中如果没有顽石的阻挡,又怎能激起美丽的浪花朵朵?

命运是公正无私的,它给谁的都不会太多,多欣赏自己,你就会发现生活是如此美好,人生是如此幸福。

最难战胜的敌人是你自己

> 自我征服是最大的胜利。
> ——柏拉图

最大的敌人就是我们自己。我们往往不是被别人打败,而是被自己打败。

世界著名的游泳健将弗洛伦丝·查德威克,从卡得林那岛游向加利福尼亚海湾,在海水中泡了16小时,只剩下1800多米时,她看见前面大雾茫茫,潜意识发出了"何时才能游到彼岸"的信号,她顿时浑身困乏,失去了信心。于是她被拉上小艇休息,失去了一次创造纪录的机会。事后,弗洛伦丝·查德威克才知道,她已经快要登上了成功的彼岸,阻碍她成功的不是大雾,而是她内心的疑惑。是她自己在大雾挡住视线之后,对创造新的纪录失去了信心,然后才被大雾所俘虏。

过了两个多月,弗洛伦丝·查德威克又一次重游加利福尼亚海湾,游到最后,她不停地对自己说:"离彼岸越来越近了!"潜意识发出了"我这次一定能打破纪录!"的信号,她顿时浑身来劲,最后弗洛伦丝·查德威克终于实现了目标。

人生最大的挑战就是挑战自己,这是因为其他敌人都容易战胜,唯独自己是最难战胜的。有位作家说得好:"自己把自己说服了,是一种理智的胜利;自己被自己感动了,是一种心灵的升华;自己把自己征服了,是一种人生的成熟。大凡说服了,感动了,征服了自己的人,就有力量征服一切挫折、痛苦和不幸。"

🎓 第十七章 🎓

正视思考的巨大力量

——做思想的富有者

哈佛告诉你

人类最有力的武器就是思考。要正视思考的巨大力量，在学习和生活中思考。

正视思考的巨大力量

> 生命在于思考。
>
> ——柯勒律治

把你的思想当作一块土地，经过辛勤且有计划的耕耘，就可把这块土地开垦成肥沃的良田，否则它只能荒芜，任由杂草丛生。想要从你的思想中得到丰收，你必须付出努力和投入各项准备工作，这些工作的执行就是正确思考的结果。

所有计划、目标和成就，都是思考的产物。你的思考能力，是你唯一能完全控制的东西。你可以有智慧，或是以愚蠢的方式运用你的思想，但无论你如何运用它，它都会显现出一定的力量。运用思考，固然是人能否达到目标的关键性要素，但你应记住：运用思考，是你对全世界人民应付出的一项道德义务。

丽沙克的正确思考，使他发明了小儿麻痹疫苗。马歇尔的正确计划使他最终振兴经过希特勒蹂躏之后的欧洲经济。布什对"沙漠风暴联军"的系统组合，加上斯瓦兹科甫夫和鲍威尔将军的精确计划辅佐，遏止了萨达姆类似希特勒一样的侵略野心的膨胀。

没有正确的思考，是不会成就这些伟大的事情的，如果你不学习正确的思考，是绝对成就不了大业的。

提出一个问题比解决一个问题重要

> 要想得到确定的使人相信的结果，开始我们必须持怀疑态度。
>
> ——斯坦尼斯洛斯

提出问题远远比解决问题重要。只有不断地提出问题，才能使你不断地在思考中进步。

爱因斯坦的成功，首先应归功于他的正确的思考和创造力。

有一次大发明家爱迪生满腹怨气地对爱因斯坦说："每天上我这儿来的年轻人真不少，可没有一个我看得上的。"

"您断定应征者合格或不合格的标准是什么？"爱因斯坦问道。

爱迪生一面把一张写满各种问题的纸条递给爱因斯坦，一面说："谁能回答出这些问题，他才有资格当我的助手。"

"从纽约到芝加哥有多少千米？"爱因斯坦读了一个问题，并且回答说："这需要查一下铁路指南。""不锈钢是用什么做成的？"爱因斯坦读完第二个问题又回答说："这得翻一翻金相学手册。"

"您说什么，博士？"爱迪生打断了爱因斯坦的话问道。

"看来我不用等您拒绝，"爱因斯坦幽默地说，"就自我宣布落选啦！"

爱因斯坦从自己的切身体验出发，强调不能死记住一大堆东西，而是要能灵活地进行思考。

爱因斯坦认为，正确地进行思考，是追求机会至关重要的条件。

小时候的爱因斯坦一点也看不出来有什么天才，到 3 岁的时候，还不会讲话。6 岁上学，在学校里成绩非常差，一上课就是被批评的对象，老师还说他永远也不会有什么大的出息。大家一致认为他是一个天生的笨蛋。

但爱因斯坦在 12 岁的时候，就已经决定献身于解决"那广漠无垠的宇宙"之谜。15 岁那年，由于历史、地理和语言等都没有考及格，也因为他的无礼态度破坏了秩序和纪律，他被学校开除。

爱因斯坦非常重视思考和想象。他说："想象力比知识更重要。因为知识是有限的，而想象力包括世界上的一切，推动着进步，并且是知识进化的源泉。"在 16 岁时，他喜欢做白日梦，幻想着自己正骑在一束光上，在太空旅行，然后思考：如果这时在出发地有一座钟，从我坐的位置看，它的时间会怎样流逝呢？

从此，他开始了科学的远征。他设计了大量理想实验，提出了"光量子"等模型，为相对论和量子论的建立奠定了基础。

灵活地进行思考对一个人的成功是非常必要的。保持"提出一个问题往往比解决一个问题更重要"的思想，才能不断地提出问题，并在解决这些问题的同时逐渐迈向一个个人生的新高峰。打开一切科学和真理的钥匙都是问号。大多数伟大的发现都始于智者的发问。

挣脱你的"思维栅栏"

陌生阻止你认识陌生的事物；熟悉妨碍你理解熟悉的事物。

——霍夫曼斯塔尔

阻碍我们成功的，不是我们未知的东西，而是我们已知的东西。在生活中，杰出人士们总是站在异于常人的角度或者是超出常人的高度进行思考。因此，他们更了解这个世界。

这是几年前的一件事。比尔告诉他儿子，水的表面张力能使针浮在水面上，儿子那时才 10 岁。比尔接着提出一个问题，要求儿子将一根很大的针投放到水面上，但不得沉下去。比尔自己年轻时做过这个试验，所以比尔提示他要利用一些方法，譬如采用小钩子或者磁铁等等。儿子却不假思索地说："先把水冻成冰，把针放在冰面上，再把冰慢慢化开不就得了吗？"

这个答案真是令人拍案叫绝！它是否行得通倒无关紧要，关键一点是：比尔即使绞尽脑汁冥思上几天，也不会想到这上面来。经验把比尔限制住了，思维僵化了。

比尔设计的"轻灵信天翁"号飞机首次以人力驱动飞越英吉利海峡，并因此赢得了大奖。但在投针一事之前，他并没有真正明白他的小组何以能在这场历时18年的竞赛中获胜。要知道，其他小组无论从财力上还是从技术力量上来说，实力远比他们雄厚。但到头来，其他的进展甚微，比尔他们却独占鳌头。

投针的事情使比尔豁然醒悟：尽管每一个对手技术水平都很高，但他们的设计都是常规的。而比尔的秘密武器是：虽然缺乏机翼结构的设计经验，但比尔很熟悉悬挂式滑翔以及那些小巧玲珑的飞机模型。比尔的"轻灵信天翁"号只有约32千克重，却有27米多宽的巨大机翼，用优质绳做绳索。他们的对手们当然也知道悬挂式滑翔，对手的失败就在于懂得的标准技术太多了。

每个人都会有"自身携带的栅栏"，若能及时地从中走出来，是一种可贵的警悟。与生俱来的独创精神使人勇于进取，绝不自损自贬，在学习生活中勇于独立思考，在日常生活中善于注入创意，在职业生活中精于自主创新，从而使他们能够从自我囚禁的"栅栏"里走出来。

要从自囚的"栅栏"走出来，还创造力以自由，首先就要还思维状态以自由，突破常规思维。在此基础上，对日常生活保持开放的、积极的心态，对创新世界的人与事，持平视的、平等的姿态，对创造活动，持成败皆为收获、过程才最重要的精神状态，这样，你将有望形成十分有利于创新生涯的心理品质，并使得有可能产生的形形色色的内在消极因素及时得以克服。传统的想法只会冻结你的心灵，阻碍你的进步，干扰你的创造能力。

创新来自思考

假如别人和我一样深刻和持续地思考数学真理，他们会做出同样的发现的。

——高斯

创新来自思考。没有思考，你就永远在前人已踩出的路上行走，不会发现新的世界。

美国有一位年轻的画家，他除了理想，一无所有。但正是这种永不褪色的理想促使他由一个不出色的小画家，成为了卡通形象的一代宗师。当初为了理想，他毅然远行，到堪萨斯城的一家报社应聘，那里的良好氛围正是他所需要的。但主编看了他的作品后认为缺乏新意而不予录用，他初尝了失败的滋味。

后来，他替教堂作画。由于报酬很低，他无钱租用画室，只好借用一家废弃的车库作为他的办公室。

一天，疲倦的画家在昏黄的灯光下看见一对亮晶晶的小眼睛，那是一只小老鼠。他微笑地注视着它，而它却像影子一样溜了。

小老鼠又一次次出现，但是他从来没有伤害过它，甚至连吓唬都没有。小老鼠渐渐地不再怕他，反而与他更加亲近起来。它在地板上做多种运动，表演各种杂技，而他就奖励它一点儿面包屑。慢慢地，他们之间互相信任，彼此建立了友谊。

不久，年轻的画家被介绍到好莱坞去制作一部以动物为主的卡通片。这对他来讲可是个难得的机会，可是他又一次失败了。

他变得有些心灰意冷。在黑夜里，他苦苦思索自己的出路，甚至开始怀疑自己的天赋。就在他穷困潦倒、前途渺茫的时候，他突然想起车库里那对亮晶晶的小眼睛，灵感在暗夜里闪出一道光芒，他迅速画出了一只奇怪却无比可爱的老鼠的轮廓。

于是，有史以来最伟大的卡通形象——米老鼠就此诞生了，而沃尔特·迪士尼也因此名扬四海。

美国总统罗斯福曾经说过："幸福不在于拥有金钱，而在于获得成就时的喜悦以及产生创造力的激情。"

当别人都习惯于纵向地将苹果切开时，如果没有那个横切一刀的人，我们又怎会发现苹果里面原来还藏着那么美丽的图画呢？"一个人成大事的秘诀很简单，那就是永远做一个不向现实妥协也始终充满创造力的人。"

留点时间思考

不会思想的人是白痴，不肯思想的人是懒汉，不敢思想的人是奴才。

——尼采

不要让忙碌的生活侵占了思考的空间。思考需要静下来，终日忙碌而不思考，你的忙碌也是盲目的。

动物王国里。猩猩正在全神贯注地做实验。夜很深了，它还不回家休息。它的导师长臂猿走进实验室，问它："这么晚了，你还在做什么呢？"

"我在工作。"

"那白天你都做了什么呢？"

"我也在工作。"

"也就是说，你一整天都在工作，是吗？"导师长臂猿继续问道。

"是的，先生。"猩猩回答完后，期待着导师的赞许。

"可是，这样一来，我很好奇，你用什么时间来思考呢？"导师长臂猿想了想后说。

很多时候，因为生活的忙碌，我们忘记了去思考。其实，并不是因为没有思考的时间，而是因为没有思考的习惯。每天都给自己留下一定的时间去思考，你的生活和工作都会变得目的明确而又有条不紊。

未经思考的、盲目的行动，往往不会有好结果。正如没有目标的人生，是没有意义的人生一样，你再怎么努力，也终将一事无成。所以，时刻把握人生的大方向，用思考指挥行动，才不会让自己在盲目的忙碌中耗去宝贵的光阴。

别忘了思考自己失败的原因

促使成功的最大向导，就是从我们自己的错误中所得来的教训。

——约翰·斯顿

失败的原因有很多种，但归根结底只有一个，那就是不能善待失败，不会自我反思，不问失败的原因。

著名的成功学大师统计分析后认为：成大事的智慧之源在于找到了思考的力量；发挥外脑智囊团的作用；反思并善待失败。思考的力量是决定人生成败的力量，要想成大事，首先要有正确的思考方法和思维方式。

美国捷运公司的布斯奎特曾经是一家名不见经传的小公司的总经理。任职期间，他管辖的雇员中，有5名人员故意隐瞒了2400万美元的公司亏损。结果在年底查账时被人查了出来，布斯奎特也因此失去了他的工作。但这次失败并未给他造成毁灭性的打击，反而促使他进一步地进行了反思。他意识到那5名员工故意隐瞒亏损的原因在于自己在别人的眼里是一个凡事追求完美的人，这无疑给他们造成了一种危机感和压迫感，致使他们不敢上报坏消息。

经过这次失败和自我反思的洗礼后，布斯奎特变得更加成熟了，他在以后的事业生涯中，勇于面对挑战，一步一步地走向成功的巅峰。现在，布斯奎特是捷运公司的执行副总裁。

失败并不可怕，问题是我们能不能善待失败，能不能进行正确的反思。只要找到上次失败的原因，你就等于找到了下一次成功的钥匙。

世界并不是只围绕那些成功者运转，我们的存在，就意味着我们也有成功的机会。只要你把自己的智慧充分地发挥出来，离成大事还会远吗？

让我们善待失败，找出失败的原因，然后进行自我反思，为进一步的成功奠定基础吧。

善于发现问题

如果你从肯定开始，必将以问题告终；如果从问题开始，则将以肯定结束。

——培根

发现问题是契机，面对问题是挑战，解决问题是超越。

牛顿是英国伟大的科学家。有一天午后，牛顿在一棵苹果树下与朋友史特克莱一起谈着物理学中的各种问题。树上一个苹果也许是熟透了的缘故，突然落下来，正好砸在牛顿的头上。这时，牛顿脑海里突然冒出一个奇怪的念头：苹果为什么不往天上飞，而要往地下落呢？是什么力在吸引它呢？

吸引它的可能是地球。这个力朝向地球的中心，所以地球上所有物体都会往地上掉，牛顿这样推测。"地球吸引着苹果，苹果也一定吸引着地球。"牛顿头脑中进一步思考着。但是，为什么只看见苹果落地，不见地球向苹果飞去呢？对于这个问题，牛顿自己找到了答案。苹果吸引地球和地球吸引苹果，引力的大小是一样的。只是苹果很小，地球引力很容易使它运动，而地下地球的质量非常大，苹果对它的引力则显得微乎其微、小得可怜，对它几乎不起什么作用。因此，地球似乎没有受到苹果的引力，人们不会看到它因为苹果的吸引而发生位移。

那么，可不可以把天上的月亮看做是一个很大的苹果呢？地球对它也有一个引力，可它为什么不像苹果一样落向地球呢？月亮难道不受地球引力的作用吗？它肯定受地球引力的作用，但是月亮在天空中做着圆周运动。它做圆周运动，这样就会产生一个离心力。而月亮既受着地球的引力，又因为自身圆周运动而产生离心力。两个方向相反，大小相等，于是月亮既不飞走，也不掉向地球，而是悬挂在天空，绕地球运行于不息。

发现问题是契机，面对问题是挑战，解决问题是超越。苹果不一定再砸我们的头，但问题一定会找到我们，你抓住了吗？

🛡 第十八章 🛡

好习惯受益终生

—— 坚持你的好习惯

哈佛告诉你

一个好的习惯会让你终身受益，而一个坏习惯会如一个如影随形的魔鬼，坏了你的大事。在成功的道路上，你若没有足够的耐心去等待成功的到来，那么，你只有用一生的耐心去面对失败了。

习惯的力量

习惯真是一种顽强而巨大的力量，它可以主宰人生。因此，人自幼就应该通过完美的教育，去建立一种好习惯。

——培根

习惯是某种刺激反复出现，个体对之做出固定性反应，久而久之，形成了类似于条件反射的某种规律性活动。它包括心理和生理两方面，即能够直接观察及测量的外显活动和间接推知的内在心理历程——意识及潜意识历程。

我们完全可以在日常生活中养成良好的习惯来提升自己的价值。

美国有位贫困工人约翰，长期以来养成了抽烟习惯，最终他也为此受到了惩罚。

有段时期，约翰抽烟抽得很凶。

一次他在度假中开车经过法国，而那天正好下大雨，于是他只得在一个小城里的旅馆过夜。

当约翰清晨两点钟醒来时，想抽支烟，但他发现，烟盒是空的，于是他开始到处搜寻，结果毫无所获。

这时，他很想抽烟。然而，如果出去购买香烟要到火车站那边去，大约有6条街以外那么远。因为此时旅馆的酒吧和餐厅早已关门了。

他抽烟的欲望越来越大，不断地侵蚀着他。

被迫无奈，他决定出去买烟。

然而，当他经过路口时，一辆汽车疾驶而过，而此时他已被烟瘾折磨得神志不清，被汽车撞倒。还好没有受到很重的伤害。

事后，约翰承认，这一切都是烟造成的，如果不是长期养成抽烟的坏习惯，也许他不会得到这样的结果。

习惯的力量是强大的，习惯会影响你的一生。青年人一定要培养好习惯，抵制坏习惯的侵袭。

当你感到一个坏习惯的不利影响时，想抵制它就不容易了。

好习惯是一种无形的资产，会在你不经意间为你赢得意想不到的价值和惊喜。养成一个好习惯只需要你长期的坚持和自律，而换来的却是无价的珍宝。

耐心的习惯助你成功

人要是发脾气就等于在人类进步的阶梯上倒退了一步。

——达尔文

原子弹之父奥本·海默要在一座大型的体育馆作演说。

那天，会场座无虚席，人们在热切地、焦急地等待着奥本·海默做精彩的演讲。当大幕徐徐拉开，舞台的正中央吊着一个巨大的铁球。为了这个铁球，台上搭起了高大的铁架。

奥本·海默在人们热烈的掌声中，走了出来，站在铁架的一边。

人们惊奇地望着他，不知道他要做出什么举动。

这时两位工作人员，抬着一个大铁锤，放在奥本·海默的面前。主持人要请两位身体强壮的观众，到台上来。好多年轻人站起来，转眼间已有两名动作快的跑到台上。

奥本·海默请他们用这个大铁锤，去敲打那个吊着的铁球，直到把它荡起来。

一个年轻人抢着拿起铁锤，拉开架势，抡起大锤，全力向那吊着的铁球砸去，一声震耳的响声，那吊球动也没动。

他用大铁锤接二连三地砸向吊球，很快他就气喘吁吁。

另一个人也不示弱，接过大铁锤把吊球打得丁当响，可是铁球仍旧一动不动。

台下逐渐没了呐喊声，观众好像认定那是没用的，就等着奥本·海默做出什么解释。会场恢复了平静，奥本·海默从上衣口袋里掏出一个小锤，然后认真地，面对着那个巨大的铁球不停地，有节奏地敲击。

10分钟过去了，20分钟过去了，会场早已开始骚动，人们用各种声音和动作发泄着他们的不满。奥本·海默仍然一小锤一小锤地工作着，他好像根本没有听见人们在喊叫什么。人们开始愤然离去。

大概在奥本·海默进行到40分钟的时候，坐在前面的一个人突然尖叫一声："球动了！"霎时间会场立即鸦雀无声，人们聚精会神地看着那个铁球。那球以很小的摆度动了起来，不仔细看很难察觉。奥本·海默仍旧一小锤一小锤地敲着。吊球在他一锤一锤的敲打中越荡越高，它拉动着那个铁架子"咣、咣"作响，它的巨大威力强烈地震撼着在场的每一个人。终于场上爆发出一阵阵热烈的掌声，在掌声中，奥本·海默转过身来，慢慢地把那把小锤揣进兜里。

奥本·海默开口讲话了，他只说了一句话：在成功的道路上，你没有耐心去等待成功的到来，那么，你只好用一生的耐心去面对失败。

成功不是可以一蹴而就的事情，它就像一盘永远也下不完的棋，需要你有足够的耐心。只要你有决心，并持之以恒，从一点一滴做起，耐心等待成功的来临，它就会垂青于你。急切地希望成功，又没有耐心等待成功到来的人，终将以失败告终。耐心也是一种习惯，需要从点滴的小事中培养。养成有耐心的习惯，你就获得了一大笔人生财富。

自我反省的习惯引领你进步

反省是一面莹澈的镜子，它可以照见心灵上的污点。

——高尔基

能够时时审视自己的人，一般都很少犯错，因为他们会时时考虑：我到底有多少力量？我能干多少事？我该干什么？我的缺点在哪里、为什么失败了或成功了？这样做就能轻而易举地找出自己的优点和缺点，为以后的行动打下基础。

一般地说，自省心强的人都非常了解自己的优劣，因为他时时都在仔细检视自己。这种检视也叫作"自我观照"，其实质也就是跳出自己的身体之外，从外面重新观看审察自己的所作所为是否为最佳的选择。这样做就可以真切地了解自己了，但审视自己时必须是坦率无私的。

有一个青年，有一天在街角的小店借用电话。他用一条手帕，盖着电话筒，然后说："是贾公馆吗？我是打电话来应征做园丁工作的，我有很丰富的经验，相信一定可以胜任。"电话的接线生说："先生，恐怕你弄错了，我家主人对现在聘用的园丁非常满意，主人说园丁是一位尽责、热心和勤奋的人，所以我们这儿并没有园丁的空缺。"

青年听罢便有礼貌地说："对不起，可能是我弄错了。"跟着便挂了电话。小店的老板听了青年人的话，便说："青年人，你想找园丁工作吗？我的亲戚正要请人，你有兴趣吗？"

青年人说："多谢你的好意，其实我就是贾公馆的园丁。我刚才打的电话，是用以自我检查，确定自己的表现是否合乎主人的标准而已。"

在生活中，不断自我反省，才可以令自己立于不败之地。

我们每天早晨起床后，一直到晚上上床睡觉前，不知道要照多少次镜子。这个照镜子，就是一种自我检查，但只不过是一种对外表的自我检查。相比之下，对本身内在的思想做自我检查，要比对外表的自我检查重要得多。可是，我们不妨问问自己：你每天能做多少次这样的自我检查呢？我们不妨设想一下，如果某一天我们没有照镜子，那会是一种什么结果呢？也许，脸上的污点没有洗掉；也许，衣服的领子出了毛病……同样，我们如果不对内在的思想做自我检查，那么，我们就可能是出言不逊也不知道，举止不雅也不知道，心术不正也不知道……那是多么的可怕！我们应该养成这样一个习惯——就是每当夜里刚躺到床上的时候，都要想一想自己今天的所作所为，有什么不妥当的地方。每当出了问题的时候，首先从自己这个角度做一下检查，看看有什么不对，而且，还要经常地对自己做深层次、远距离的自我反省。

培养自我反省的习惯，就得有自知之明。最有可能设计好一个人的就是他自己，而不是别人，最有可能完全了解一个人的也是他自己，而不是别人。但是，正确地认识自己，实在是一件不容易的事情。不然，古人怎么会有"人贵有自知之明"、"好说己长便是短，自知己短便是长"之类的古训呢？

自知之明，不仅是一种高尚的品德，而且是一种高深的智慧。因此，你即便能做到严于责己，即便能养成自省的习惯，但并不等于说能把自己看得清楚。就以对自己的评价来说，如果把自己估计得过高了，就会自大，看不到自己的短处；把自己估计得过低了，就会自卑，自己对自己缺乏信心；只有估准了，才算是有自知之明。很多人经常是处于一种既自大又自卑的矛盾状态。一方面，自我感觉良好，看不到自己的缺点；另一方面，却又在应该展现自己的时候畏缩不前。对自己的评价都如此之难，如果要反省自己的某一个观念，某一种理论，就更难了。

珍惜时间的习惯会延长生命

我们的生命皆由时间造成，片刻时间的浪费，便是虚掷了一部分的生命。

——林肯

浪费时间是生命中最大的错误，也是最具毁灭性的力量。大量的机遇就蕴含在点点滴滴的时间当中。浪费时间往往是绝望的开始，也是幸福生活的扼杀……明天的幸福就寄寓在今天的时间中。

在美国近代企业界里，与人接洽生意能以最少时间产生最大效率的人，非金融大王摩根莫属。为了珍惜时间他招致了许多怨恨。

摩根每天上午9点30分准时进入办公室，下午5点回家。有人对摩根的资本进行了计算后说，他每分钟的收入是20美元，但摩根说好像不止这些。所以，除了与生意上有特别关系的人商谈外，他与人谈话绝不在5分钟以上。

通常，摩根总是在一间很大的办公室里，与许多员工一起工作，而不是一个人待在房间里工作。摩根会随时指挥他手下的员工，按照他的计划去行事。如果你走进他那间大办公室，是很容易见到他的，但如果你没有重要的事情，他是绝对不会欢迎你的。

摩根能够轻易地判断出一个人来接洽的到底是什么事。当你对他说话时，一切转弯抹角的方法都会失去效力，他能够立刻判断出你的真实意图。这种卓越的判断力使摩根节省了许多宝贵的时间。有些人本来就没有什么重要事情需要接洽，只是想找个人来聊天，因而耗费了工作繁忙的人许多重要的时间。摩根对这种人简直是恨之入骨。

每一个成功者都非常珍惜自己的时间。无论是老板还是打工族，一个做事有计划的人总是能准确判断自己面对的顾客在生意上的价值，如果有很多不必要的废话，他们都会想出一个收场的办法。同时，他们也绝对不会在别人的上班时间，去海阔天空地谈些与工作无关的话，因为这样做实际上是在妨碍别人的工作，浪费别人的生命。

年轻生命最伟大的发现就在于时间的价值。人人都须懂得时间的宝贵，"光阴一去不复返"。当你踏入社会开始工作的时候，一定是浑身充满干劲。你应该把这干劲全部用在事业上，无论你做什么职业，你都要努力从事、刻苦经营。如果能一直坚持这样做，那么这种习惯一定会给你带来丰硕的成果。

明智而节俭的人不会浪费时间，他们把点点滴滴的时间都看成是浪费不起的珍贵财富，把人的精力和体力看成是上苍赐予的珍贵礼物。礼物如此神圣，绝不能胡乱地浪费掉。

一个成功者一定懂得珍惜自己的时间，他总是没法回避那些消耗自己时间的人，希望自己宝贵的光阴不要因为他们而多浪费一刻。一个成功的时间管理者，不仅懂得如何珍惜自己的时间，而且特别珍惜别人的时间。因为他们深知这才是真正赢取时间之道。无论是谁，如果不趁年富力强的黄金时代去培养自己善于集中精力的好性格，那么他以后一定不会有什么大成就。世界上最大的浪费，就是把个人宝贵的精力无谓地分散到许多不同的事情上。一个人的时间有限、能力有限、资源有限，想要样样都精、门门都通，绝不可能办到。如果你想在某些方面取得一定成就，就一定要牢记这条法则。

注重细节的习惯助你成大事

要想获得成功，应当满足于从小处着手。

——诺贝尔

决定命运的有时不是小事，而是一个很小的细节。有时机会就在你的手里，就看你有没有为此做好准备。不要忽略细节，要养成注重细节的好习惯。

香港金利来公司曾经和一家报社联合举行一次活动。奖品是金利来领带。

活动结束后，负责发放礼品的一位姓罗的女记者把剩下的3条领带交还给了金利来公司。这件小事却让金利来公司的总裁曾宪梓感动不已。几年后，金利来公司全面进入大陆市场，组建一个分公司。在招聘经理时，曾先生想到了那位记者。这位记者后来成为了经理。

"机会不会垂青毫无准备的人"，而你注重细节的好习惯就是很好的准备。好运往往会降临在细心人的头上。

一个相貌平平的女孩，在一所极普通的中专学校读书，成绩也一般。她到一家合资公司去应聘，外方的经理简单地看了看她的材料，没有表情地拒绝了。

女孩收回自己的材料，站起来准备走。突然觉得自己的手被扎了一下，看了看手掌，上面沁出一颗血珠。原来是凳子上一个钉子露在外面了。

她见桌子上有一块镇纸石，便拿过来用劲把小钉子压了下去。然后，微微一笑，说声告辞转身离去。几分钟后，公司经理派人在楼下追上了她。她被公司破格录用了。

能否注重细节，直接决定你的成败。正所谓"成也细节，败也细节"。精细者常常可以旗开得胜，粗心者则常因忽略细节而功败垂成。人生之路是由很多细节组成的，养成了注重细节的好习惯，就等于叩响了成功的门扉。

现实生活中，许多人思想上存在着这样一个误区：成大事者不必拘于小节。殊不知，"大"字当头，必定眼高手低。有时候，一些看似平常的细节，如举手投足，待人接物，言语交谈等往往会给人留下深刻的印象。"千里之堤，溃于蚁穴"，一个人若平时不注意这些细节，就会因小失大，最终与成功失之交臂。

节俭是一种美德

正直的人厉行节约，注意细水长流，不会大手大脚、胡支滥花，他决不会沦落到打肿脸充胖子或借债度日的地步。

——塞缪尔·斯迈尔斯

如果你养成了节俭的习惯，那么就意味着你具有控制自己欲望的能力，意味着你已经具有了独立自主、自力更生的能力。节俭是人生的导师。一个节俭的人勤于思考，也善于制定计划。

小时候的阿瑞其实是一个自卑的小男孩，他一直觉得自己所有的东西都是旧的：旧的衣服、旧的画板……那时候他常常认为父母的节省是一种耻辱，但是长大之后，父母的节省似乎像一种"传染病"一样来到阿瑞的身上。慢慢地，他发现自己变成一个比父母还要节省的人，而且是无法控制的。他从开始的不愿意承认这是一种美德，到慢慢愿意承认，并最后开始享受它所带来的心灵丰裕的感觉。

以前阿瑞在一家出版社供职。他就职后，发现美编留下许多美丽的制作，阿瑞相信她一定是个非常优秀的人，因为一家小小的出版社，其实不需要美编花那么大力气去做。"不因事小而不为"的这种人，相信她到哪里都会有发展的。后来听说她考进一家大公司，薪资高、福利又好，她的能力在这家公司可以完全地发挥，大家都感到欣慰，而且相信她一定过得更充实美好。

一天，她来看自己的老同事。

看见她一身的朴素，和当年薪水微薄的她没有两样。

"最初我那些身穿名牌，非高级品不用的同事以为我是一个大怪物。其实节俭并没有什么不好，我不会因为她们的眼光，以及窃窃私语而改变自己，反而我建议公司做纸类回收，废物利用。后来公司还发给我一份奖金，鼓励我为公司减少资源浪费。其实节俭是一种聪明的想象力，帮助我们改造生活。"

她常常把一些节能的方法告诉大家，例如修改旧衣服、用洗澡水擦地等。每次看见她时，她都非常的快乐。因为她有一套自己的生活哲学，而且在这个"制成品"愈来愈多的时代，她用自己的见解活出自己的风格。

她给阿瑞的触动很深。现在，节俭习惯已经成为阿瑞不能"摆脱"的一种品质。

节俭不仅适用于金钱问题，也适用于生活中每一件事。从合理地使用自己的时间、精力，到养成勤俭的生活习惯。节俭意味着科学地管理自己的时间与金钱，意味着最明智地利用我们一生所拥有的资源。

节俭不仅是积累财富的一块基石，也是许多优秀品质的根本所在。节俭可以提升个人的品性，厉行节俭对人的其他能力也有很好的助益。节俭在许多方面都是卓越不凡的一个标志。节俭的习惯表明人的自我控制能力，同时也证明一个人不是其欲望和弱点的不可救药的牺牲品，他能够支配自己的金钱，主宰自己的命运。

我们知道一个节俭的人是不会懒散的，他有自己的一定之规。他精力充沛，勤奋刻苦，而且比起那些奢侈浪费的人更加诚实。

别让习惯牵着走

习惯正一天天地把我们的生命变成某种定型的化石，我们的心灵正在失去自由，成为平静而没有激情的时间之流的奴隶。

——列夫·托尔斯泰

每个人都有各种各样的习惯。好习惯、好经验当然是一笔财富，应该很好地珍惜。但不好的习惯却常常会变成前进中的障碍。时时讲卫生的习惯是很好的，但是，如果身陷崩塌的矿井，孤立无援又死守卫生习惯，宁可干渴而死，也不肯用唯一可用的脚下的皮鞋舀水喝，苟延性命以待救，那习惯就是致命的了。善于总结自己的心得，学习他人的经验，也是很好的。

但是，如果事事套用经验，也会弄巧成拙。

《空战在朝鲜》一书中，讲了这么一个故事：

某空军大队召开誓师大会，队长冲着队员大声问："有决心没有？"回答之声气如洪钟："有！"接着又问："有孬种没有？"回答之声更加洪亮："有！"好大一会，人们才醒悟过来，继而哄堂大笑。用不着多解释，这就是最形象的习惯性思维定式。

经验要因时因事因地制宜，不能生搬硬套。对于创造性思维而言，经验就更不能轻易派上用场了。当经验与习惯一旦形成，积淀在脑海里，便会左右你的思维，最终成为习惯定势，弄巧成拙。即使是好的习惯，如果不能因时因地而异，它也会成为阻碍你成功的绊脚石。假如你有每天刷牙的好习惯，但在没有牙刷的条件时，却因无法刷牙而不吃饭，那习惯就是致命的了。不要让习惯羁绊你成功的脚步。

好习惯需要用心培养

习惯仿佛像一根缆绳，我们每天给它缠上一股绳索，要不了多久，它就会变得牢不可破。

——曼恩

好习惯不是一朝一夕就能养成的，而是需要你有意地用心培养。你首先要知道自己需要什么样的习惯，该如何培养这种习惯。习惯的培养最忌讳半途而废，所以，你要培养一个好习惯就要坚持不懈。

习惯的培养中，不能只用纪律来规范，人格化要高于技能化。

有一个英国皇家教育访问团到某幼儿园参观。园长为了让外国人看小朋友是怎样守纪律的，给每个小朋友发一碗汤圆。小孩都特喜欢吃。客人来参观都要致欢迎词啊，啰啰唆唆了半天。对着汤圆，有个小男孩等不及了，低下头舔了一下。园长看见了，狠狠地盯了他一下，小男孩低下了头，知道犯错误了。参观完了之后，老师们就问英国的客人，你看我们幼儿园的小朋友教育怎么样？人家说话很幽默：我看你们训练孩子的方式和我们英国皇家训练马队一样，要先出哪个蹄子，后出哪个蹄子……

习惯是个庞大的体系，像大树一样有根、干、枝、叶。在培养的时候要统筹安排，分清主次，明确先后，有步骤地去培养。开始时要由浅入深、由近及远、由渐进到突变，要宁少勿多、宁易勿难。同时，要注意刚柔相济，在坚持的同时，有一定的灵活性。但千万不要一灵活，把原则也灵活掉了。

对旧习惯的克服，要放在有了毅力以后再进行，要先培养好习惯，在好习惯的培养中，人的毅力会慢慢增强，当强到一定程度的时候人就有了力量去对付那些坏习惯。如果一开始就去碰那些坏习惯的话，容易受到阻力，挫伤人们对习惯培养的信心。

我们常说万事开头难，一个新习惯的诞生，必然会冲击相应的旧习惯，而旧习惯不会轻易退出，它要顽抗，要垂死挣扎。另外，我们的肌体、心灵也需要时间从一种状态过渡到另一种状态。从记忆的角度讲，人也需要不断复习已经建立的好习惯，要求强化它。所以，头三天要准备吃点苦，要下工夫，要特别认真。过了这一关，坦途就在眼前。

著名教育家曼恩说："习惯仿佛一根缆绳，我们每天给它缠上一股绳索，要不了多久，它就会变得牢不可破。"这个比喻非常形象、智慧。它把习惯比喻为一根绳索，每次行为的重复，就相当于又为它缠上了一股绳索。很显然，每天缠，不断缠，缆绳会越来越粗，终于有一天，会粗到牢不可破。为了养成好习惯，我们每做一次，就对自己说："缠上一股，又缠上一股。"从这个意义上讲，坏习惯如果开了头，每做一次，缆绳就粗了一些，以后要去掉就困难了。

培养好的习惯是一个长期的过程，我们要下定决心，朝着自己的目标努力，就一定能够建立自己理想的习惯，去除那些影响我们事业和命运的坏习惯。只要我们坚持不懈，就一定能获得成功。

多和有好习惯的人交往

我们不曾具有的习气，可以由模仿得来。

——阿里斯托芬

习惯的养成一方面靠自己的约束，另一方面是环境的影响，作为群体性的人类来说，后者对习惯的影响更为重要。要培养好习惯，就要多与身上有好习惯的人接触。

环境创造命运，成功的环境可以创造成功的人生，而导致失败的人生，会给人不良的暗示。这种不良的暗示，时间久了，你就真以为自己不好。所以说不好的环境会产生失败的习惯、失败的心理暗示。

不好的环境对你思维的影响、对工作的影响都非常大。监狱的环境与皇宫里的环境会形成不同的性格与特征。从来没有听说过在垃圾场旁边会有富人居住。环境对人思想观念的影响特别大。你在垃圾场旁边居住，你的思维肯定朝"垃圾"靠拢；而在山清水秀的地方，你产生的思维就是比较安静、比较开阔的。

有一天，小老虎发现路旁有一堆泥土，从土中不断散发出一股沁人心脾的幽香。小老虎便把这堆泥土带回了洞中，不一会儿，它的洞里竟然到处溢满了香气。

小老虎好奇地问泥土："你是上帝赐给人间的宝物吗？"

"不是的，老虎先生，我只是一堆普通的泥土而已。"

"那么，请问你身上的香气是从哪里来的呢？"

"我只是曾在玫瑰园里和玫瑰相处了很长的一段时间而已。"

环境能让你产生特定思维习惯，甚至是行为习惯。环境的确能影响思维与行为习惯，左右你的人生。所以要慎重地把自己的环境调整好，当你调整好了，你的生活就会一帆风顺。

环境所给人的长期心理暗示，会使人形成一种习惯性的思维，但好多人却并未加以重视。有人说："注意力等于事实"，如果你长期注意这样的事情，它就会慢慢变成你生活的事实。如果固化了，就很难改了。

培养习惯也如此。和品德高尚的人相处，自己也会变得高尚；若和小人交友，自己也会变得卑琐。就像古人所言：蓬生麻中，不扶自直；白沙在涅，与之俱黑。和什么样的人相处，时间一长，就会有什么样的味道。所以，与人交往要慎重，要分清他们的习惯和品性后再决定是否深交。

第十九章

性格决定成败

——培养优良的素质

哈佛告诉你

无论是谁在社会上行走，"忍"字都很重要。一个人不可能在任何时间、任何场合都事事如意，有些事情怎么也无法解决，有些事情可能没法很快解决，所以你只能忍耐！

坚忍的性格让你成为不倒翁

事业常胜于坚忍，毁于急躁。

——萨迪

每个人遇到的情况都不一样，因此什么事该忍，什么事不该忍，并没有绝对的标准，但在一种情形下，你必须忍——当你的形势比人弱时！

形势比人弱，主要是指客观环境对你不利，如在公司里受到上司的羞辱、排挤；对目前工作环境不满意，可是又没有更好的工作机会；自己好不容易做个小生意，却受到客户的刁难；想创业，却没有资本；或者好好地走在街上，却无缘无故地被人欺……

因此，当你身处困境、碰到难题时，想想你的远大目标。为了大目标，一切都可以忍，千万别为了解一时之气而丢掉长远目标。

卡耐基认识一个断掉两条腿的人，他是一位从不幸中顽强崛起的好汉。他就是班·符特生。卡耐基是在佐治亚州大西洋城一家旅馆的电梯里碰到他的。在卡耐基踏入电梯的时候，注意到这个看上去非常开心的人，两条腿都断了，坐在一张放在电梯角落里的轮椅上。当电梯停在他要去的那一层楼时，他很开心地问卡耐基是否可以往旁边让一下，好让他转动他的轮椅。"真对不起，"他说，"这样麻烦你。"——他说这话的时候脸上露出一种非常温暖的微笑。

当卡耐基离开电梯回到房间之后，除了想起这个很开心的经历，什么事情他都不能思考。于是他去找他，请他说说他的故事。

"事情发生在1929年，"他微笑着告诉卡耐基，"我砍了大堆胡核木的枝干，准备做菜园里豆子的撑架。我把那些胡桃木枝子装在我的福特车上，开车回家。突然间，一根树枝滑到车上，卡在引擎里，恰好是在车子急转弯的时候。

车子冲出路外，我撞在树上。我的脊椎受了伤，两条腿都麻痹了。出事的那年我才24岁，从那以后就再也不能走路。"

一个人才24岁，就被判终身坐轮椅生活。卡耐基问他怎么能够这样勇敢地接受这个事实，他说："我以前并不能这样。"他当时充满了愤恨和难过，也抱怨命运。可是时间仍一年一年过去，他终于发现愤恨使他什么也做不成，"我终于了解，"他说，"大家都对我很好，很有礼貌，所以我至少应该做到，对别人也有礼貌。"

卡耐基问他，经过了这么多年，他是否还觉得那一次意外是种不幸？他很快地说："不会了，"他说，"我现在几乎很庆幸有过那一次事情。"他告诉卡耐基，当他克服了痛苦之后，就开始生活在一个完全不同的世界里。他开始看书，对好的文学作品产生了喜爱。他说，在14年里，至少读了1400多本书，这些书为他带来崭新的世界，使他的生活比他以前更为丰富。他开始聆听很多音乐，以前让他觉得烦闷的伟大的交响曲，现在令他非常感动。可是最大的改变是，他现在有时间去思考。"有生以来第一次，"他说，"我能让自己仔细地看看这个世界，有了真正的价值观念。我开始了解，以往我所追求的，大部分一点价值也没有。"

读书使他对政治有了兴趣。他研究公共问题，坐着他的轮椅去发表演说，由此认识了很多人，很多人也由此认识他。后来，班·符特生——仍然坐着轮椅——成了佐治亚州政府的秘书长。

人活于世，做人做事若能"率性而为"，那人生就没什么可遗憾的了。但人一生中，总会遇到许多的不如意，这些不如意需要你以智慧和耐心去解决，而不是凭靠一时的喜恶和脾气来对待。

坚忍的性格是人生路上必不可少的，因为人生路上肯定不会一帆风顺，在布满坎坷的一生中，拥有了坚忍的性格，你就能减轻伤害、渡过难关，就不会再被困难轻易地击倒。

善于合作才能发挥最大的价值

合作不是一种情感，而是一种经济上的必需。

——查尔士·斯坦美茨

成功的人大多数都有与人合作的精神，因为他们知道个人的力量是有限的，只有依靠大家的智慧和力量才可能办成大事。家庭幸福离不开合作，领导魅力有赖于合作，合作可加速成功，合作可以帮人渡过生命险滩。

一只狮子和一只老虎同时发现一只野猪，于是商量好共同追捕那只野猪。它们合作良好，当老虎把野猪扑倒后，狮子便上前一口把野猪咬死。但这时狮子起了贪心，不想和老虎平分这只野猪，于是想把老虎也咬死，可是老虎拼命抵抗，后来老虎虽然被狮子咬死，但狮子也身受重伤，无法享受美味了。

试想一下，如果狮子不如此贪心，而与老虎共吃那只野猪，不就皆大欢喜了吗？

这个故事讲述的道理就是人们常说的"你死我活"或"你活我死"的游戏规则！

大自然中弱肉强食的现象比较普遍，这是他们生存的需要。但人类社会与动物界不同，个人和个人之间、团体和个体之间的依存关系相当紧密，除了战争之外，任何"你死我活"或"你活我死"都是不利的。

当你在社会上行走时，应该采用"双赢"的竞争策略为善。这倒不是看轻你的实力，而是为了现实的需要，如前面所说，任何"单赢"的策略对你都是不利的，因为它必然会有两败俱伤的结果。

人生处处布满险滩。稍不留意，就会沉没到危险之中。许多人由于盲目自大，从而错误地估计自己，认为自己天下第一，不屑于与他人合作，做任何事都是我行我素。在家里，不跟自己的父母、妻子、儿女商量，在单位，不跟自己的同事、上司商量。这类人迟早有一天会懊悔地喊一声：我怎么会弃绝与他人合作呢？

友好、和谐的合作，可以激发生命中的潜能。在集体中的合作，可以增强你的自信心，提高你的处世能力，消除你的消极心态，使你能正确地面对人生。人是文明的人，有情感的人，一个人离开合作将一事无成。即使一个人跑到荒郊野外去隐居，远离各种人类文明，然而，他依然需要合作：依赖他本身以外的力量生存下去。

"一个人越是成为文明的一部分，越是需要依赖合作性的努力。"

一个人的能力毕竟是有限的，凭借自己的力量固然是正确的，但是一味地、保守地坚持自己的意见，则不可避免地要失败。每个人都有自己的优势和特长，适当地互相联合起来就会取得"1＋1＞2"的结果。

勇于冒险

冒险并不等于玩命。人生中的冒险是建立在科学预测、认真论证和斗智用谋的基础上的勇敢行为。

——哥伦布

为了使自己的人生向前迈进，哪怕只是一步两步，只要采取行动就是胜利。无论采取什么行动，不假思索就开始干，的确需要一种勇气。每个人都害怕失败，每个人都有一定的安全区，想要超越自己目前的成就，就不要人为地制造自我设限的人生。勇于接受挑战、不断地充实自我，才会发展得比想象中的更好。

没有冒险就没有机遇，没有机遇就很难成功。人生是一场博击，更是一连串的冒险。没有冒险，我们就不会长大。

勇士们都有一种征服的欲望、冒险的愿望，甚至是渴望。

在一个竞争日益激烈的社会里，要为自己多创造一个机会，是需要有冒险精神的。

不论是在军事上，在商业竞争上，还是在人生中，一个成功者的魄力往往就表现在他背水一战地开拓新市场的冒险精神上。

创业之初的联想集团，如果没有总裁柳传志的深刻预见和孤注一掷，也不可能发展到今天的规模。

创造人生奇迹的人，都是肯动脑筋敢冒风险的人，他们愿意迎接通过努力取得成功的挑战。他们以迎接挑战为乐趣，但绝不意味着赌博。他们对于风险不大的事情不屑一顾，认为它不是挑战，不必去冒太大的风险，因为他们认为那样会得不偿失。

随着社会的不断发展，遇到的问题和机会会越来越多，越来越复杂。

任何人生事业的成功，都需要敢于决策和敢担风险。

大多数人怕冒风险，因为他们畏惧失败。不过，人生哪能离开风险？敢冒风险是成功者必不可少的素质。你需要顶住压力和风险去创造，应当认识到失败是随时会出现的。

冒险离不开创造与革新，它是把理想变为现实的一个重要部分。

冒险与自信密不可分。你越相信自己的能力，就会对希望的前景更有信心，也更愿意去冒别人不敢冒的风险。

多一次冒险，就会使你的生命多一点亮丽。冒险的人生才会轰轰烈烈，色彩斑斓。

自信成就未来

只要有信心，你就能移动一座山。只要坚信自己会成功，你就能成功。

——拿破仑·希尔

信念使人充满前进的动力，它可以改变险恶的现状，达到令人满意的结果。充满信心的人永远不会被击倒，他们是真正的强者。

透过百万富豪成功的经历，我们可以感受到：信念的力量在成功者的足迹中起着决定性的作用，要想事业有成，无坚不摧的理想和信念是不可或缺的。军队的战斗力在很大程度上取决于士兵们对统帅的敬仰和信心。如果对统帅抱着怀疑、犹豫的态度，全军便要混乱。据说拿破仑亲率军队作战时，这支军队的战斗力会较别人指挥时增强一倍。拿破仑的自信，使他的军队所向披靡。

自卑自贱的观念，往往是不思进取、自甘平庸的主要原因。世上有很多像这个法国士兵一样的人，他们以为自己的地位太低微，别人所有的种种幸福是不属于他们的、他们是不配享有的；以为他们是不能与那些伟大人物相提并论的；以为世界上最好的东西，不是他们这一辈子所应享有的；以为生活上的一切快乐都是留给一些命运的宠儿来享受的，他们当然就不会出人头地了。许多人，本来可以做大事、立大业，但实际上却做着小事、过着平庸的生活，原因就在于他们没有抱负和信心。

自信比金钱、势力、出身更有力量，是人们从事任何事业的最可靠的资本。自信能排除各种障碍、克服种种困难，能使事业获得圆满的成功。有的人最初对自己做出了恰当的估计，拥有自信处处胜利，但是一经挫折，他们就半途而废，这是因为他们自信心不坚定的缘故。所以，树立了自信心，还要使自信心变得坚定，这样即使遇到挫折也能不屈不挠、向前进取，决不会因为一时的困难而放弃。那些成就伟大事业的卓越人物在开始做事之前，总是会具有充分信任自己能力的坚定的自信心，深信所从事主事业必能成功。这样，在做事时他们就能付出全部的精力，破除一切艰难险阻，直达成功的彼岸。

🏛 第二十章 🏛
不要迷失了自己
——张扬自我

哈佛告诉你

在这个世界上，每个人都是精彩的，世界也会因每个人的与众不同而精彩。我们应肯定自己的个性，并以此为自豪。不要让众人的意见淹没了你的才能和个性。一味听从别人的意见，你就会迷失自我，你只需听从自己内心的声音，做好自己就足够了。

世界会因你的与众不同而精彩

个性就是差别，差别就是创造。
——爱迪生

也许你想成为太阳，可你却只是一颗星辰；也许你想成为大树，可你却只是一棵小草；也许你想成为大河，可你却只是一泓山溪……于是，你很自卑。其实，和别人一样，你也是一道风景。也有空气，也有寒来暑往，也是这个精彩世界的一部分……平凡并不可悲，只要能在生活中扮演好自己的角色，就能找真正属于自己的位置，并在这个位置上发出光芒！

一个美丽的花园里长满了苹果树、橘子树、梨树、橡树和玫瑰花，这里真是一个幸福的天堂，每一个鲜活的生命都是那么生机盎然，它们相依相伴，每天都尽情地享受着大自然的清新、生活的无穷乐趣，满足地生活在这一方小小的天地之中。

可是，在这之前的一段时间里，花园里的情形却不是这样，有一棵小橡树愁容满面。可这小家伙一直被一个问题困扰着，它不知道自己是谁。

大家众说纷纭，更加让它困惑不已。

苹果树认为它不够专心："如果你真的尽力了，一定会结出美丽的苹果，你看多容易。你还是需要更加努力。"

小橡树听了它的话，心想，我已经很努力了，而且比你们想象的还要努力，可就是不行。想着想着，它就愈发伤心。

玫瑰说："别听它的，开出玫瑰花来才更容易，你看多漂亮。"

失望的小橡树看着娇嫩欲滴的玫瑰花，也想和它一样，但是它越想和别人一样，就越觉得自己失败。

一天，鸟中的智者雕来到了花园，看到花和树都开开心心的，唯独可爱的小橡树在一旁闷闷不乐，便上前打听。

听了小橡树的困惑后，它说："你的问题并不严重，地球上许多人都面临着同样的问题，我来告诉你怎么办。你不要把生命浪费在去变成别人希望你成为的样子，你就是你自己，你永远无法变成别人，更没有必要变成别人的样子，你要试着了解自己，做你自己，要想知道这一点，就要聆听自己内心的声音。"说完，雕就飞走了，留下小橡树独自去领悟。

橡树自言自语道："做我自己了解我自己？倾听自己的内在声音？"突然，小橡树芽塞顿开，它闭上眼睛，敞开心扉，终于听到了自己内心的声音："你永远都结不出苹果，因为你不是苹果树；你也不会每年春天都开花，因为你不是玫瑰。你是一棵橡树，你的命运就是要长得高大挺拔，给鸟儿们栖息，给游人们遮荫，创造美丽的环境。你有你的使命，去完成它吧！"

小橡树顿时觉得浑身上下充满了自信和力量，它开始为实现自己的目标而努力，很快它就长成了一棵大橡树，赢得了大家的尊重。这时，花园里才真正实现了每一个生命都快乐。

我们不用总是羡慕他人的才能，也不必埋怨自己的平庸。每个人都有自己与众不同的闪光之处。

要发挥自己的价值，最重要的就是认识到自己的个性，并加以发展。威廉·詹姆斯曾说过："一般人的心智能力使用率不超过10%，大部分人不太了解自己有些什么才能。我们只运用了自身资源的一小部分。人往往都活在自己所设的限制中。杰出人士们之所以缔造出杰出，正是因为不管曾经偏离过自己多远，最终也能实现个性的回归——只做他们自己。"

保持自我本色

一切都不曾重复，一切都独一无二。
——龚古尔

我们每一个人在这世上都是独一无二的。以前没有像我们一样的人，以后也不会有。

遗传学告诉我们，人是由父亲和母亲各自的23条染色体组合而成，这46条染色体决定了这个人的遗传，每一条染色体中有数百个基因，任何单一基因都足以改变一个人的一生。事实上，人类生命的形成真是一种令人敬畏的奥妙。

我们每一个人都是崭新的，独一无二的。如果我们要独立自主，想发展自己的特点，只有靠自己。但这并不表示我们一定要标新立异，并不是说我们要奇装异服或是举止怪诞。事实上，只要我们在遵守团体规则的前提下保持自我本色，不人云亦云，不亦步亦趋，就会成为我们自己。

保持自我本色这一问题，与人类历史一样久远了。詹姆士·戈登·基尔凯医生指出："这是全人类的问题。很多精神、神经及心理方面的问题，其潜藏病因往往是他们不能保持自我。"安吉罗·派屈写过13本书，还在报上发表了几千篇有关儿童训练的文章，他说："一个人最糟的是不能成为自己，并且在身体与心灵中保持自我。"

既然所有的艺术都是一种自我的体现，那么，我们就要唱自己、画自己、做自己。我们只有好好经营自己的小天地，才能在生命的管弦乐中演奏好自己的一曲歌。

爱默生在他的短文《自我信赖》中说过：

一个人总有一天会明白，嫉妒是无用的，而模仿他人无异于自杀。因为不论好坏，人只有自己才能帮助自己，只有耕种自己的田地，才能收获自家的玉米。上天赋予你的能力是独一无二的，只有当你自己努力尝试和运用时，才知道这份能力到底是什么。

有破茧而出的魄力

踩着别人脚步走路的人，永远不会留下自己的脚印。

——爱因斯坦

在众人面前坚持自己，突破常规，需要勇气和魄力。但唯有如此，才能破茧而出。

有一个农民，当地人都说他是个聪明人。因为他爱动脑筋，所以常常花费比别人更少的力气，获得更大的收益。秋天收获洋葱后，为了卖个好价钱，大家都先把洋葱按个头分成大、中、小3类，每人都起早摸黑地干，希望快点把洋葱运到城里赶早上市。而这个农民却与众不同，他根本不做分捡洋葱的工作，而是直接把洋葱装进麻袋里运走。他在向城里运洋葱时，没有走一般人都经过的平坦公路，而是载着装洋葱的麻袋，开车跑一条颠簸不平的山路。这样一路下来，因为车子的不断颠簸，小的洋葱就落到麻袋的最底部，而大的就留在了上面，卖的时候就能够大小分开了。这样，他的洋葱总是最早上市，因此，他每次赚的钱自然比别人家的多。

在创新的过程之中，知识的贫穷并不可怕，可怕的是想象力的贫乏。爱因斯坦说："想象力比知识更为重要。"可以这样说，人的一切发明与创造都源于想象力。充分展开你的想象，才能够产生与众不同的想法，才能有与众不同的收获。

格兰特将军在作战时，因不按照军事学书本上的战争先例而为其他人所耻笑，然而结束美国南北战争的却是他。

拿破仑在横扫全欧时，也是不拘泥于一切先前的战法。

有毅力、有创造精神的人，总是先例之破坏者。对于罗斯福总统，白宫的先例、政治的习惯，全都失其效力。无论在什么位置上，警监、州长、副总统、总统，他总坚持着"做他自己的人"，坚持自行其是。他的惊人的力量大半从这点上得来。

杰出人士们总是朝向光明而前进，他们的心胸是开放的。对于一件事，他们不管以前是否有人做过，不管别人是怎样的做法，都一如既往做着他们的事。现代社会的进步，就是从古到今不断地淘汰不适用的机器、陈腐的思想、愚笨的偏见与不适用的制度和方法的结果。

突破常规、跳出惯有的思维习惯，想别人所不敢想，为别人所不敢为，是创意人生的必需条件。这个世界上，你自己的创新就是成功之门。每个人在日常生活中都会很容易地跟随众人，因此，在这种情形下，你想成功就一定要有破茧而出的魄力。

社会希望人们从众，与团体保持一致。无论这个团体是我们的朋友、同事或是家庭，对着装、举止、说话和思想都有规定好的"准则"，当我们对这些准则有所偏离时，我们就不会被社会接纳，就会受到他人的嘲笑。你一定要能够坦然面对这种嘲笑。

个性创意让你与众不同

个性比智力更崇高。思想是一种功能，生活是那功能的执行者。

——爱默生

个性不是刻意追求就可以得来的，它是个性的思想和个性的创意的体现。

一家旅馆的经理，对旅馆内的物品经常被住宿的旅客顺手牵羊感到头痛，却一直拿不出有效的对策来。

他嘱咐属下在客人到柜台结账时，迅速派人去房内查看是否有什么东西不见了。结果客人都在柜台等待，直到房务部人员查清楚了之后才能结账。因为结账太慢，很多客人决定，下一次再也不住这个饭店了。

旅馆经理觉得这样下去不是办法，于是召集了各部门主管，想想有什么更好的法子，能制止旅客顺手牵羊。几个主管围坐在一起认真地讨论。

一位年轻主管忽然说："既然旅客喜欢，为什么不让他们带走呢？"

旅馆经理一听瞪大了眼睛，这是哪门子的馊主意？

年轻主管急忙挥挥手表示还有下文。他说："既然顾客喜欢，我们就在每件东西上标价。说不定啊！还可以有额外收入呢！"

大家的眼睛都亮了起来，兴奋地按计划来进行。

有些旅客喜欢顺手牵羊，并非蓄意偷窃，而是因为很喜欢房内的物品，下意识觉得既然付了这么贵的房租，为什么不能带回家做纪念品，而且又没明白规定哪些不能拿。于是，就故意装迷糊拿走一些小东西。

针对这一点，这家旅馆每样东西都标上了标价，说明客人如果喜欢，可以向柜台登记购买。在这家旅馆，忽然多出了好多东西，如：墙上的画、手工艺品、有当地特色的小摆饰、漂亮的桌布，甚至柔软的枕头、床单、椅子等用品都有标价。如此一来，旅馆里里外外都布置得美轮美奂，客人们对旅馆的布置和服务满意极了。

这家旅馆的生意竟然越来越好了！有许多客人旅行前向旅行社指定要住这家旅馆，因为在这里可以买到价格公道的物品，省了跑到街上买纪念品的麻烦。结果一年下来，年终盈余有一大部分是靠卖东西得来的。

创新无所不在，又处处隐藏。只要我们相信自己的能力，开发出创新的潜能，就会在不同的时空、对不同的事物进行创新。商界有句名言："谁聪明谁才能赚，谁独特谁才能赢。"思考的角度不同，才能收到意想不到的效果。

第二十一章

成为备受欢迎的人
——搞好你的人际关系

哈佛告诉你

　　沟通代表着友善、亲切和关怀，是社交中最一般的礼貌和最基本的修养。沟通不用花费什么力气，却能使他人感到舒服。在才能和智慧不相上下的人群中，你拥有更多的沟通技巧，成功便在更大的程度上属于你。

有效沟通缔造友谊

　　没有交流就没有进步，只有沟通才能赢得人心。

——提雷尼

　　在冬天的森林里，十几只刺猬被冻坏了。它们为了取暖就紧紧地挤在一起，但是各自长长的刺很快就让他们无法忍受了，于是就四散跑开了。

　　天寒地冻，寒冷很快又使它们聚集在一起，但是聚集在一起产生的刺痛使它们不得不分开。刺猬们如此这般三番五次地分了又聚，聚了又分，它们徘徊在寒冷和被刺痛两种痛苦之间。刺猬们终于找到了一个适合的距离，既可以互相取暖而又不会刺伤对方。

　　沟通的过程就是交往的过程。只有在沟通中掌握技巧，才能使其产生效果。如果带着自己的棱角或锋芒毕露地与人沟通，必然会使你因缺乏亲和力而让人"敬而远之"。同时，如果不讲究保持距离，则既会伤害了别人，也保护不了自己。

收起你的嫉妒心

　　像空气一样轻的小事，对于一个嫉妒的人，也会变成天书一样坚强的确证；也许这就可以引起一场是非。

——莎士比亚

　　嫉妒心是赶走友谊的罪魁祸首，也是将自己带入痛苦深渊的魔鬼。因为嫉妒心重的人常自寻烦恼，嫉妒心是幸运和幸福的敌人。

　　有一头白象，长得很特殊，全身白皙，毛柔细光滑。

　　后来，国王将这头象交给一位驯象师照顾。这位驯象师不只照顾它的生活起居，也很用心教它。

这头白象十分聪明、善解人意，过了一段时间之后，他们已建立了良好的默契。

有一年，这个国家举行一个大庆典。国王打算骑白象去观礼，于是驯象师将白象清洗、装扮了一番，在它的背上披上一条白毯子后，才交给国王。

国王就在一些官员的陪同下，骑着白象进城看庆典。由于这头白象实在太漂亮了，民众都围拢过来，一边赞叹、一边高喊着："象王！象王！"

这时，骑在象背上的国王，觉得所有的光彩都被这头白象抢走了，心里十分生气、嫉妒。他很快地绕了一圈后，就不悦地返回王宫。

一回王宫，他问驯象师："这头白象，有没有什么特殊的技艺？"

驯象师问国王："不知道国王您指的是哪方面？"

国王说："它能不能在悬崖边展现它的技艺呢？"

驯象师说："应该可以。"

国王就说："好。那明天就让它在波罗奈国和摩伽陀国相邻的悬崖上表演。"

隔天，驯象师依约把白象带到那处悬崖。国王就说："这头白象能以3只脚站立在悬崖边吗？"驯象师说："这简单。"他骑上象背，对白象说："来，用3只脚站立。"果然，白象立刻就缩起1只脚。

国王又说："它能两脚悬空，只用两脚站立吗？""可以。"驯象师就叫它缩起两脚，白象很听话地照做。国王接着又说："它能不能3只脚悬空，只用1只脚站立？"

驯象师一听，明白国王存心要置白象于死地，就对白象说："你这次要小心一点，缩起3只脚，用1只脚站立。"白象也很谨慎地照做。围观的民众看了，热烈地为白象鼓掌、喝彩！

国王愈想心里愈不平衡，就对驯象师说："它能把后脚也缩起，全身飞过悬崖吗？"

这时，驯象师悄悄地对白象说："国王存心要你的命，我们在这里会很危险，就腾空飞到对面的悬崖吧？"不可思议的是这头白象竟然真的把后脚悬空飞起，载着驯象师飞越悬崖，进入波罗奈国。波罗奈国的人民看到白象飞来，全城都欢呼了起来。国王很高兴地问驯象师："你从哪儿来？为何会骑着白象来到我的国家？"驯象师便将经过一一告诉国王。国王听完之后，叹道："人的心胸为什么连一头象都容纳不下呢？"

嫉妒是心胸狭小的表现。对于他人的成功或幸福我们应用宽广的心胸表示祝贺。你有你的成功之处，没有必要对别人拥有的耿耿于怀。

人生在世，一定要有一颗包容的心，切不可心怀嫉妒。对于别人的好，我们应该平静地看待，这是拥有幸福人生的秘诀。

不要吝啬你的赞美

人性深处，无不渴望被赞赏。

——威廉·詹姆士

赞美是人际交往中的最好的润滑剂。它不同于奉承，不必虚伪，只要你愿意承认别人的长处。赞美既激励了别人，又方便了自己。这样实惠而不费力的事，何乐而不为呢？从真诚的称赞开始，你会发现一个美丽的新世界。

约翰·洛克菲勒在人际交往中善于运用真诚来赞美他人，以此来维系良好的人际关系。

一次，洛克菲勒的一个合伙人爱德华·贝德福特，在南美的一次生意中，使公司损失了100万美元。然后，贝德福特丧气地回来见洛克菲勒，洛克菲勒本可以指责他的过失，但是他并没有这样做，他知道贝德福特已经尽力了，更何况事情已经发生了，并不能因此而把他的功劳全部抹杀，于是洛克菲勒另外寻找一些话题来称赞贝德福特，他把贝德福特叫到自己的办公室，对他说："这太好了，你不仅节省了60%的投资金融，而且也为我们敲了一个警钟。我们一直都在努力，并且取得了几乎所有的成功，还没有尝到失败的滋味。这样也好，我们可以更好地发现自己的错误和缺点，争取更大的胜利。更何况，我们也并不能总是处在事业的巅峰时期。"

几句话，让贝德福特心里暖乎乎的，并下决心东山再起。

不要总想着自己的成就，而恣意指责别人的错误，应尽量发现别人的优点，真诚地去赞美他，因为你在真诚地赞美他时，他也会在心里默默地感激你。

平心而论，很少有人喜欢听别人的指责，受到指责代表着没有得到认可，这既会伤害一个人的自尊心，又容易使人丧失自信。

对于一个家长或老师来说，经常指责孩子或学生，会对他们的心理造成很大伤害，他们会认为自己一无是处，从而也就会养成不自信或悲观的性格。

在人际交往中，爱指责人也会影响友谊的建立。

相反，渴望赞美和欣赏也是大多数人的心理要求，只有被肯定，人才会觉得自己生存得有价值。

赞美之词不是恭维之词，只要你真诚地赞美，就会带给他人自信和乐观。"予人玫瑰，手有余香"，为什么要吝啬你对别人的赞美呢？

与人方便自己方便

交际越是广泛，越是感到幸福，这就是人类社会的成因。

——福泽渝吉

没有人能够过绝对孤独的生活。

在社交关系网中，要用自身的魅力和人格去赢得众多的朋友。给别人行个方便，力所能及地帮助别人，你的生活会更加愉悦，成功也会离你更近。

有一个家属院，南北长约1000多米路，家属院的东边是一条公路，公路与家属院中间隔着一片沿街商业楼，对面有学校、医院、市场。人们从家属院到公路对面，必须绕一个大弯，每天都要多走不少冤枉路。

后来，家属院东边的沿街楼来了一家开海鲜酒店的，很多人都说这老板肯定得赔本，因为这个地方虽然靠公路，却并不留人，做买卖的在这个地段几乎都不挣钱。

但是，这个老板却坚持自己的想法，他不仅在这儿开酒店，还把这个店面也买了下来，并开始装饰房子。

令人奇怪的是，他把其中一间房子的墙给砸开了，改成一个家属院通往公路的过道。

住在家属院的人上班下班接孩子都开始走这条过道，老板很和气，慢慢地和大家都成了朋友。在他那儿放些东西、留个话儿，有时孩子放学家里没人便在那儿等着做作业，老板一概热情接待，并且规定凡是家属院里的人来吃饭一律9.5折。

谁也不曾想到这家酒店的生意会那么好，每天到吃饭的时候，门前的车停不下，就停到别的地方去；有时桌子没了，可还是在那儿等。

这样的店，这样的生意，在这个城市里也是少有的，有人说是菜好吃，有人说是服务好，反正大家都爱到那儿去，有时在别的地方办完事，大老远的还得到这儿来吃饭。

老板挣了一些钱的时候，就把这个店面卖了，去租了一家大型饭店。

买这个店面的老板依旧开着海鲜酒店，刚开业时，他也进行了装修，所不同的是，他把先前那个老板砸开的墙又给砌了起来，酒店便多了一个单间。

新来的老板人很精明，凡是有利于生意的事，他都努力去做，但不知怎么，生意并不好，渐渐地门前冷落车马稀，生意一天天衰败了。

眼看就要关门了，老板不甘心，就去问原来的老板。

他说："我和你是在一个位置开酒店，我的厨师不比你的厨师差，为什么你挣钱，我却赔钱？"

原来的老板笑了笑。拍了拍他的肩膀说："你应该牢牢记住钱是装在别人口袋里的。"

老板回去想了半夜，终于恍然大悟，第二天便叫人把那面墙给砸开了。

通向成功最近的路，就是铺向他人脚下的路。吃亏是福，良心不仅是一种美德，也是一种资本。

"要想取之，必先予之"，与人方便，也是为自己铺一条成功的路。在人生路上，要向众人开放自己的心灵，争取得到人们认同并来帮助你。

哈佛校长查尔斯·伊里特博士因为拥有许多朋友，而成为一位受人尊重的杰出校长。他在学生问他为何有那么多朋友的时候说："真心地付出，努力为对方付出你宝贵的时间，付出你的精力，诚心诚意地去帮助他人。"

🏛 第二十二章 🏛
成功有很多种
——不要为成功设定标准

哈佛告诉你

　　成功不是追求的终点，在获得一个个小成功后，大成功才会向你招手，之后大成功又成为小成功……如果我们将成功定位于满足吃喝玩乐的人生需求，那么，这种成功毫无意义。追求成功，是在追求自己的意愿。成功与否，需要你用心去聆听。

成功没有止境

　　最甘美的成功，只有从未成功的人最知道。

——狄更斯

　　一位武林高手跪在武学宗师的面前，这是接受得来不易的黑带的仪式。这个徒弟经过多年的严格训练，终于在武林中出人头地。

　　"在授予你黑带之前，你必须接受一个考验。"武学宗师说。

　　"我准备好了。"徒弟答道。他以为可能是最后一个回合的练拳。

　　宗师说："你必须回答一个最基本的问题：黑带的真正含义是什么？"

　　徒弟答道："是我习武的结束，是我辛苦练功应该得到的奖励。"

　　武学宗师等待着他再说些什么，显然他不满意徒弟的回答。最后他开口了："你还没有到拿黑带的时候，1年以后再来。"

　　1年以后，徒弟再度跪在宗师的面前。

　　师父问："黑带的真正含义是什么？"

　　"是本门武学中最杰出和最高荣誉的象征。"徒弟说。

　　武学宗师等他接着说，可过了好几分钟，徒弟还是不说话。宗师很不满意，最后说："你仍然没有到拿黑带的时候，1年以后再来。"

　　1年以后，徒弟又跪在宗师的面前。

　　师父又问："黑带的真正含义是什么？"

　　"黑带代表开始，代表无休止的磨炼、奋斗和追求更高标准的里程的起点。"

　　"好，你已经可以接受黑带了。"

　　很多人在取得一定的成功后，就会陷入到一种类似真空的失重状态中，找不到自己，也不知何去何从，这是因为他们没有看透成功的本质是"不断超越"。

　　对于我们每个人来说，成功没有止境，只有开始，这个开始就是奋斗。名誉只是成功表面上的东西，只是装饰品，没有实际意义。只有不断奋斗，才能不断超越自我，不断获取成功。正如帕瓦罗蒂所说："我应该比较而且应该超越的不是别人，而是我自己。"成功是起点，不是终点，成功永无止境。

什么是成功

生活好似演戏——成功与否不在情节有多长，而在演技有多好。

——塞内加

我们要常问自己两个问题：

别人认为我成功吗？

我认为自己成功吗？

成功最直接的表现为"完成"或"达到"。因为目标是自己的，同时对目标的评估也因人而异，不一而足。因此，所谓成功，其实主要是自己对自己的评估和看法；失败，则是别人对你的评估和看法。自己认为成功了，就成功了；自己认为不成功，就不成功。这不是阿Q精神。

我们应该都有这样的经验：有些时候别人总羡慕你的成功而你总认为还不够成功，而有时候别人总以为你很失败，而你却心安理得，充满快乐，自有一片宁静祥和的天空。

乔达摩生于公元前653年，父亲是释迦族国王。

他出生的时候，一个婆罗门相者预言他会离家修游，成为一个出家苦修的圣人，并告诫，不要让他看见任何不幸的事物，如落叶、死尸等。

国王为了让王位后继有人，就禁止他离开皇宫，并用宫廷无尽的奢华和享受围绕太子，极力把他同任何不幸的情境隔开。

就这样，乔达摩长大了，只知道有富贵和享乐。

后来，他又娶了同族的耶输陀罗公主为妻，并有了一个儿子名叫罗罗。

然而，有一天，他终于走出了皇宫。在他的皇家马车中，他被车外的景象惊呆了——一个非常衰老的女人。

他忙问驾车的人：

"这个女人怎么了？"

他被告知，每个人最终都会像这老女人一样变老变衰弱。

继续前行，又遇到1个奄奄一息的病人和1个没有双腿，在路边行乞的残疾人。太子吃惊地领悟到，每个人都会受到病痛的折磨。

后来，他们又遇到了1列抬着尸体的送葬队伍，当他知道每个有生命的存在物都将会死去时，他深深地震惊了。但就在他心绪不宁，被病、老、死率扰苦恼时，他遇到了一个老人。老人眼睛注视着他，并对他平静地微笑。

"在人世的苦海中，这个人为什么还会欣喜？"乔达摩惊叫。

"他是一位圣者"，赶车人答道，"他已经获得了真理并因此得了解脱。"

这些新的发现，唤起了太子内心对人类的深刻同情以及对现在受到庇护的特权的厌恶。

他想，当他周围的世界充满苦难的时候，他怎么能够置身于在这种人为的幸福之中呢？而他又怎能忽视这残酷的事实，那就是他心爱的妻子和儿子终将忍受老迈的痛苦和死亡的结局。

乔达摩太子立志离家修行，带着解脱生死的宏愿，为获正果，矢志不渝。

出家后，乔达摩先后向两位大师学习，接受苦行方式，努力通过苦修和无为来寻求人生的至理。

6年后，乔达摩成为佛陀（觉悟者），人们称他释迦牟尼——释迦族的圣人。他成功了。

我们用4句通俗易懂的话，为成功自由度做一个最通俗的注解：

当你想当的人，

做你想做的事，

去你想去的地方，

说你想说的话。

关于成功，英国思想家赛克斯有一段经典论述：

"成功没有秘诀。成功是做你应该做的事情，而不是做你不应该做的事情。

"成功并不限于你生活中的某一个范围。它包括你与旁人之间关系的所有方面：作为一个父亲或母亲，作为一个妻子或丈夫，作为一个公民、邻居、工人等。

"成功并非指你的人格的某一部分，而是同所有部分：身体、心理、感情、精神——的发展相连的。它是把整个的人做最善的利用。

"成功是发现你最佳的才能、技巧和能力，并且把它们应用在对旁人做最有效的贡献的地方。用郎费罗的话说，它是'做你做得到的事情，并且做好你所做的任何事情'。

"成功是把自己的心力运用在你所爱做的工作上面。它是指一个人热爱自己的工作。它需要你全神贯注于你生活中的主要目标。

"它是把你现在的全部力量集中于你所渴望完成的事情上。"

世界上没有两片相同的树叶，成功因人而异，因时、因事而异。成功是主观的，成功是多元的。

因此，目前国际公认的成功定义就是：

实现自己有意义的既定目标。

拥有名利不等于成功

荣誉就像玩具，只能玩玩而已，绝不能守着它，否则就将一事无成。

——玛丽·居里

成功是自我崇高目标的实现。拥有名利不等于就拥有了成功。不能将名利作为你的奋斗目标，那样的话，拥有名利之后，你也会郁郁寡欢。

名利是一个极具吸引力的字眼，同时也是许多人立足社会、搏击人生的动力之一。自古以来，功名利禄就是一些人的人生奋斗目标。有多少人为了光宗耀祖、福荫万世而削尖了脑袋去挤仕宦之途，又有多少人因为人生的不得意而郁郁寡欢。综观古今，春风得意、踌躇满志的人毕竟还是少数，历史上留下来的更多的还是众多为名和利所困扰、所击败的悲剧。生活的道路本来是很宽阔的，人生的价值也并不全是能够用名和利来衡量的，因此，若想活得轻松自如些，你就应该看淡名利，活出生活的本色来。

一对夫妻年轻时共同创业，到了中年终于小有成就，公司净资产 1000 多万，而且发展势头良好，提起这对夫妻档，商界的人都伸大拇指。然而就在他们的事业如日中天的时候，两人却隐退了，他们辞去了董事长、总经理的位置，将大部分股份卖给一个他们平时就很欣赏的企业家，将房子和车委托给好朋友照管，两个人就潇洒地环游世界去了。消息传出后，大家都觉得太可惜，一些亲戚朋友也不理解，讽刺他们说："年龄这么大了，办事却像小孩一样，那么大的家业说丢就丢，放着好好的老总不做，偏要去环游世界！"

在一些人眼里，这对夫妻确实傻的可以，竟然真的就这样抛下名利，从此以后，他们再也体验不到当老总的风光及大把大把赚钱的乐趣了。其实，这对夫妻才是真正的聪明人，他们抛弃了虚名浮利却得到了生活的真正乐趣。

名，是一种荣誉、一种地位。有了名，通常可以万事亨通，光宗耀祖。名这东西确实能给人带来诸多好处，因而不少人为了一时的虚名能带来的好处，而忘我地去追求名。然而沉溺于名会让你找不到充实感，让你备感生活的空虚与落寞。

钱，是一种财富，是让生活更加舒适的保证。有了钱，就可以住豪宅，开名车，吃大餐。在一些人眼里，金钱甚至是一种带有魔力的，可以让人为所欲为的东西。然而任何事情都有相反的一面，金钱也会给你带来很多麻烦。比如有了钱以后，你就得为自己的安全担忧，谁知道哪个家伙是不是正打着"劫富济贫"的算盘；有了钱，你就会失去很多朋友，你可能会担心对方是不是冲着你的钱来的……

一个人如若养成看淡名利的人生态度，那么面对生活，他就易于找到乐观的一面。他所看到的是人生值得讴歌的部分，而对可望而不可即的空中楼阁没有兴趣。现代人面对着花花绿绿的精彩世界，更应当有淡名寡欲的思想，如此方能在纷繁的世界里，在众多的不公平中，在自己的心中，构筑一片宁静的田园。

名利只是生命的修饰物而已，它并不是人生的最终目的。拥有了名利，往往也就失去了人生的宁静。人生成功与否，不能用名利来评判。

拥有成功的心态

拥有了成功的心态，成功就会向你走过来。

——卡耐基

世界上的所有事情，都会有无数种解决的方法。成功属于那些拥有成功心态的人。如果我们能够像成功者那样思考问题，结果可能就会完全不同。

一天，有一位旅行者来到一座村庄，询问一个坐在村口的老者："请问，这个村里的人怎么样？"老者反问道："你从前那个村庄的人怎么样？"

这个旅行者回答道："他们真是糟透了，很不友好。"于是老者对他说："我们这个村里的人也不好。"

第二天，又有一位旅行者来到村庄，向这位老者问了同一个问题："这个村里的人怎么样？"

老者同样反问："你以前那个村里的人怎样呢？"

第二位旅行者回答："他们好极了，真是十分友好。"

这位老者微笑道："你会发现，我们这个村里的人也很友好。"

有人不解，为什么同一个问题，会给出决然不同的答案？这正如两个人从牢中的铁窗望出去，1个看到杂草丛，1个却看到星星。一个人怎么样看世界，这个世界也就会怎么样。

这就是一念之差导致的天壤之别。一个人灰心失望，不战而败；而另一个人满怀信心，大获全胜。

我们常常说"言出必行"。语言的确有促使自己行动的力量。如果你常常说："我不行"，"我办不到"，"不可能"……久而久之，你就可能真的什么事情都办不到了。但是，如果你常常说："我相信自己"，"我喜欢自己"、"我最有力量"……久而久之，你就能够办到一些原本办不成的事情。因为你的语言在左右你的行动，正面的语言增加你行动的力量，否定的语言则会削弱甚至磨灭你行动的力量。

生活中的每个人都是一个特定的角色，这个角色一旦形成之后，就会反过来左右我们的行为和形象。如果我们在生活中的确是一个重要的角色，那么我们在做任何事情的时候就一定会信心百倍。如果因为职业的原因，我们成了生活中可有可无的角色，那么，我们会甘心永远这样吗？难道你会说："我本来就不重要，我有什么办法呢？"

青少年时，人们都会有一些偶像。我们常常见到一些孩子模仿他们的偶像，而且模仿得惟妙惟肖，可见这些偶像对孩子的潜移默化作用是多么巨大。其实，我们也可以运用这个方法，为自己进行角色假定。

有一位贫困的夫人，她有两个年龄不过四五岁的儿子。由于他们家里的光线很暗，所以当看见外面的阳光时，这两个孩子就十分羡慕。兄弟俩商量说："我们可以把外面的阳光扫一点进来。"于是，他们拿着扫帚和簸箕，到阳台上去收集阳光。

等到他们把簸箕搬到房间的时候，里面的阳光就没有了。这样一而再、再而三地扫了许多次，屋里还是一片昏暗。正在厨房忙碌的妈妈，看见他们奇怪的举动，问道："你们在做什么？"他们回答说："房间太暗了，我们要扫点阳光进来。"妈妈笑着说："只要把窗户打开，阳光自然就会进来了，何必去费力打扫呢？"

把封闭的心门敞开，成功的阳光就能驱散失败的阴暗。拥有了成功的心态，成功就会向你走过来。

第二十三章

等待是成功的天敌

——用行动获取行动

哈佛告诉你

如果你想获得成功，最可靠的方法就是自己去创造机会。其实，我们不必畏惧遥不可及的未来，只要想着此时此刻做什么就可以了。只有梦想而不去行动的人，梦想对于他来说，永远都只是一个梦想而已。只想获得成功而不去用行动争取成功的人也终将与成功无缘。

等待是成功的天敌

切记，成功乃是辛劳的报酬。

——索福克勒斯

"明日复明日，明日何其多？我生待明日，万事成蹉跎。"如果我们一生做事都要等待明天，那么势必虚度光阴，一切事情就会错过机会。只有一步一个脚印地把眼前的事情做好，成功的喜悦就会在不知不觉中浸润我们的生命。

法国白兰地酒历史悠久，酒味醇厚，但直到 20 世纪 50 年代，白兰地仍然没打入美国市场。

趁着 1957 年 10 月艾森豪威尔总统 67 岁寿辰之际，法国商人制订了一项完美的计划，他们致函给美国有关人士：法国人民为了表示对美国总统的友好感情，将选赠两桶已有 67 年历史的白兰地酒作为贺礼；这两桶酒将由专机运送到美国，白兰地公司为此支付巨额保险金；将举行隆重的赠送仪式……

美国新闻界将此消息如实报道出去，结果这两桶白兰地还未运到美国，美国人对它就已经是思之如渴了。

白兰地酒运抵华盛顿举行赠送仪式时，市民们趋之若鹜，盛况空前，而新闻界更是不甘寂寞，有关赠送白兰地酒仪式的专题报道、新闻照片无处不在，总统大人对白兰地的赞赏更是无人不知。

聪明的法国商人们如愿以偿：白兰地顺利地打入了美国市场。

只靠等待最终会两手空空。如果只知坐在家中等待机会，那是非常危险的。如果你想获得成功，最可靠的方法就是自己去创造机会。

行动起来，用行动去争取机会。等待是成功的天敌。

心动不如行动

凡事欲其成功，必要付出代价——奋斗。

——爱默生

一次，一家公司举办一个营销人员的培训会议。公司很多营销人员都来参加了。他们学习了很多东西，快要结束的时候，营销总监前来作总结。

他也没有多讲什么，最后让大家都动一下，站起来，看看有什么发现。全体人员很纳闷，但还是陆陆续续地站了起来，莫名其妙地东张西望。不一会，有人就大声地说在桌子下面找到 1 元钱。然后，就不断地有人说在椅子上、桌子里、地板上等地方找到了钱。最多的有100 元，最少的也有 1 元。正当大家诧异的时候，这位总监就问大家能否明白其中的意思。没人能够回答，但又都很想知道。

总监就说了，这其实很简单，就是想告诉大家，只要你动了起来，就一定会有所收获，如果你坐着不动的话，就会一无所获。

不要被困难吓倒，行动可以使你变得坚强，使你一步步提高。过去的失败不算什么，重要的是从失败中学习。找出你内心真正的渴望，找出你的目标，义无反顾地去完成它。不要逃避，不要放弃，要始终如一，坚守目标。要把一切艰难挫折当作使自己更强大、更坚定的机会。心动不如行动，希望什么，就主动去争取。只要你动了起来，就一定有所收获，否则，就会一无所获。

现在就去做

成功的秘诀，是在养成迅速去做的习惯，要趁着潮水涨得最高的刹那，此时不但没有阻力，而且能帮助你迅速成功。

——劳伦斯

不要不屑去做一件小事，要养成习惯，从小事上练习"现在就去做"，因为机缘一错过，就不得不付出百倍的努力。

父子俩一同穿越沙漠。在经历了漫长的跋涉之后，他们都疲惫不堪，干渴难忍，每迈出一步都异常艰难。这时父亲看到黄沙中有一枚马蹄铁在阳光的照耀下闪闪发光——那是沙漠先驱者的遗留品。

父亲对儿子说，捡起它吧，会有用的。儿子用失神的眼睛，看了看一望无际的沙漠——有什么用呢？儿子摇摇头。于是，父亲什么也没说，只是弯腰拾起了马蹄铁，继续前行。

终于他们到达了一座城堡，父亲用马蹄铁换了 200 颗酸葡萄。当他们再次跋涉在沙漠中遭遇干渴时，父亲拿出了酸葡萄，边走边吃，同时自己吃一颗还丢一颗在地上——儿子每吃一颗便要弯一次腰去捡。

拾一枚马蹄铁只需弯一次腰，而现在儿子却不得不弯 100 次腰。不要不屑去做一件小事，养成习惯，从小事上练习"现在就去做"，因为机缘一错过，就不得不付出百倍的努力。"现在就去做"可以影响你生活中的每一部分，它可以帮助你去做该做而不喜欢做的事。在遭遇令人厌烦的职责时，它可以教你不推脱不延误。但是这一刹那一旦错过，你很可能永远不会再碰到它。

成功属于坚持到最后的人

顽强的毅力可以征服世界上任何一座高峰。

——狄更斯

成功贵在坚持。只有强大的毅力才会使你成功。成大事不在于力量的大小，而在于你能坚持多久。

在事业的进行中，越是困难的时候，越是要坚持不懈。成功就在于比别人多坚持一会儿。在一切正常的情况下，大多数人都能够坚持下来，而在困境中，人们的表现就出现了差别。大多数人在困难中很容易放弃自己的目标和意愿，只有那些立志成功的人才能够坚持到最后。所以，几乎所有的成功都是在困境中取得的，困境是成功和失败的分水岭。

一些年轻人去拜访苏格拉底，询问怎样才能拥有博大精深的学问和智慧。苏格拉底没有正面回答，而是告诉大家：你们先回去，每天坚持做 100 个俯卧撑，1 个月后再来询问我。年轻人都笑了，他们说，这还不简单吗？然而 1 个月后，只有一半的人回到苏格拉底面前。苏格拉底说："好，再这样坚持 1 个月吧。结果，回来的人还不到 1/3。如此 1 年后，回来向苏格拉底请教问题的就只剩 1 个人了，他就是柏拉图。许多年后，他成了古希腊最著名的哲学家。

成功的秘密不会是一蹴而就，而是持之以恒。

曾有这样一个故事。

1987 年，她 14 岁，在湖南益阳的一个小镇卖茶，1 毛钱一杯。因为她的茶杯比别人大一号，所以卖得最快，那时，她总是快乐地忙碌着。

1990 年，她 17 岁，她把卖茶的摊点搬到了益阳市，并且改卖当地特有的"擂茶"。擂茶制作比较麻烦，但也卖得起价钱。那是，她的小生意总是忙忙碌碌。

1993 年，她 20 岁，仍在卖茶，不过卖的地点又变了，在省城长沙，摊点也变成了小店面。客人进门后，必能品尝到热乎乎的香茶，在尽情享用后，他们或多或少会掏钱再拎上一两袋茶叶。

1997 年，她 24 岁，长达 10 年的光阴，她始终在与茶叶与茶水打交道。这时，她已经拥有 37 家茶庄，遍布于长沙、西安、深圳、上海等地。

2003 年，她 30 岁，她的最大梦想实现了。"在本来习惯于喝咖啡的国度里，也有洋溢着茶叶清香的茶庄出现，那就是我开的……"说这句话时她已经把茶庄开到了香港和新加坡。

美国销售员协会曾经做过一个调查，结果表明：48％的推销员找过 1 个人之后，就不干了；25％的推销员找过 2 个人之后，就不干了；12％的推销员找过 3 个人之后，还坚持继续干下去——80％的生意就是由这 12％的推销员做成的。

坚持并不是一件容易的事。你的想法和做法常常得不到别人支持，许多人会对你冷嘲热讽，更多的人还会对你横加指责。事实上，无论你做什么事情，都会有反对派存在，不要试图去做一件人人都赞成的事情，更不要想改变他人的反对意见。你所能做的唯有一件事：选择。选择支持你想法的人，选择适合你发展的环境，选择最适合你的事情。

不要在意那些消极的东西，你可以把精力放在你要做的事情上，坚持做下去，直到成功。

第二篇

百年哈佛教给学生的优秀品质

　　品质是人的立身之本，是通向成功的第一阶梯。哈佛大学给学生上的第一课便是如何做人——只有具备了良好的人格品质，才有资格取得人生的成功。

　　自信、自立、乐观、坚韧、勇敢……这些凝聚着哈佛精神的人性品质，帮助广大青少年认识品质对整个人生的重要性，自觉锻炼自我，启迪智慧，激发个人潜能，从而实现自己的人生价值，创造出卓越和精彩的人生。

第一章

自信

——成功的人生始于自信

哈佛告诉你

　　自信是成功的第一秘诀，是一个人取得成功的内在驱动力。只有自信的人才能够在成功的路上步履如飞，而缺乏自信的人则一定是步履蹒跚。对于青少年来说，在内心树立起自信，用信念激发出自己内在的勇气和雄心，是迈向成功人生的第一步。

信念是所有奇迹的萌发点

　　要有自信，然后全力以赴——假如有这种信念，任何事情十有八九都能成功。

——威尔逊

　　美国纽约州第一位黑人州长罗尔斯从小并不怎么受老师欢迎，他跟那里很多孩子一样，有着诸多不良习惯：总是口出秽语，还喜欢逃课打架……刚上任的教师奥里森煞费苦心地劝说这些孩子，却像对牛弹琴一样，一点儿效果也没有。

　　奥里森实在不甘心看到这些孩子再这样发展下去，便想出了一个绝妙的方法。他知道这里的人们非常迷信，于是就在课堂上给孩子们看起了手相。起初，孩子们都不太愿意接受，后来看到奥里森对大家手相的推测，将来他们一个个不是地位显赫就是财大气粗，因此孩子们也都愉快地接受了。

　　罗尔斯看到同伴们的命运都如此之好，便也按捺不住，最终走上台去，让老师帮自己也看一看。奥里森煞有介事地把这只黑糊糊的小手看了又看，"研究"了好半天，然后认真地说道："你以后一定会是纽约州的州长。"

　　"这是真的吗？我会是一名州长？"罗尔斯有点不敢相信自己的耳朵。他疑惑地望着老师，但从此却在心里暗暗确立了当州长的信念。

　　从那以后，罗尔斯改掉了自己身上的种种恶习，在他看来一个真正的州长就应该是这样的。一直以来，他心中当州长的念头丝毫没有动摇，他始终朝着自己的目标奋斗着。51岁那年，罗尔斯登上了纽约州第53任州长的宝座。他是有史以来，纽约当选的第一位黑人州长。

　　在罗尔斯的就职演说中，有这么一句话。他说："信念值多少钱？信念是不值钱的，它有时甚至是一个善意的欺骗，然而你一旦坚持下去，它就会迅速升值。"

　　因此我们可以说：在这个世界上，信念这种东西任何人都可以免费获得。成功的人，最初都是从一个小小的信念开始的——信念就是所有奇迹的萌发点。

　　信念是一个人成功的动力，是造就人生奇迹的伟大力量。

一名小男孩的父母希望他们的儿子能成为一位体面的医生。可是，男孩读到高中便被计算机迷住了，整天鼓捣着一台十分落后的苹果机，他把计算机的主机拆下又装上。

男孩的父母很伤心，告诉他，应该用功念书，否则根本无法立足社会。男孩说："有朝一日我会开一家公司的。"父母根本不相信，还是千方百计按自己的意愿培养男孩，希望他能成为一位医生。

不久，男孩终于按照父母的意愿考入了一所医科大学，可是他只对电脑感兴趣。在第一学期，他从当地零售商处买来降价处理的 IBM 个人电脑，在宿舍里改装升级后卖给同学。他组装的电脑性能十分优良，而且价格便宜。不久他的电脑不但在学校里走俏，而且连附近的律师事务所和许多小企业也纷纷来购买。

第一个学期快要结束的时候，他告诉他的父母，他要退学，父母坚决不同意，只允许他利用假期推销电脑，并且承诺，如果一个夏季销售不好，那么，必须放弃电脑。可是，男孩电脑生意就在这个夏季突飞猛进，仅用了 1 个月的时间，他就完成了 18 万美元的销售额。

他的计划成功了，父母只好同意他退学。

他组建了自己的公司，打出了自己的品牌。在很短的时间内，他良好的商业成绩引起投资家的关注。第二年，公司顺利地发行了股票，他拥有了 1800 万美元的资金，那年他才 23 岁。10 年后，他创下了类似于比尔·盖茨般的神话，拥有资产 43 亿美元。他就是美国戴尔公司总裁迈克尔·戴尔。比尔·盖茨曾经亲自飞赴他的住所美国奥斯汀向他祝贺。比尔·盖茨对他说："我们都坚信自己的信念，并且对这一行业富有激情。"两位商业巨人的手紧紧地握在一起。

戴尔的成功告诉我们，每项奇迹都是始于一种伟大的想法。或许没有人知道今天的一个想法将会走多远，但是，我们不要怀疑，只要静下心来，努力去做，那么心中的梦想就会触手可及。

信念好比航标灯射出的明亮的光芒，在朦胧浩瀚的人生海洋中，牵引着人们走向辉煌。高高举起信念之旗的人，对一切艰难困苦都无所畏惧。相反，信念之旗倒下了，人的精神也就垮了下来。而从来就不曾拥有过信念的人对一切都会畏首畏尾，在漫长的人生旅途中抬不起头，挺不起胸，迈不开步，整天浑浑噩噩，看不到光明，因而也感觉不到人生的幸福和快乐。

一天晚上，一位名叫杰克的青年站在一条河边，一脸忧郁。

这天是他 30 岁生日，可他不知道自己是否还有活下去的必要。因为杰克从小在福利院里长大，身材矮小，长相也不漂亮，讲话还带着浓重的法国乡下口音。他一直很瞧不起自己，认为自己是一个既丑又笨的乡巴佬，连最普通的工作都不敢去应聘，所以他没有工作，也没有家。

就在杰克徘徊于生死之间的时候，与他一起在福利院长大的好朋友汤姆兴冲冲地跑过来对他说："杰克，告诉你一个好消息！"

"好消息从来就不属于我。"杰克一脸悲戚。

"不，我刚刚从收音机里听到一则消息。拿破仑曾经丢失了一个孙子。播音员描述的相貌特征，与你丝毫不差！"

"真的吗，我竟然是拿破仑的孙子？"杰克一下子精神大振，联想到爷爷曾经以矮小的身材指挥着千军万马，用带着泥土芳香的法语发出威严的命令，他顿感自己矮小的身材同样充满力量，讲话时的法国口音也带着几分高贵和威严。

第二天一大早，杰克满怀信心地来到一家大公司应聘。

20年后，已成为一家大公司总裁的杰克，查证出自己并非拿破仑的孙子，但这早已不重要了。

杰克的故事告诉我们，信念可以创造奇迹，信念能够唤起一个人的自信。无论是谁，只要把自己的信念牢牢地根植于心，就能够克服重重困难，实现自己的理想。

自信多一分，成功多十分

信心和能力通常是齐头并进的。

——约翰逊

自信是我们战胜困难，取得成功的重要动力。自信是成功的助燃剂，自信多一分，我们的成功就可以多十分。

拿破仑·希尔说："有方向感的自信心，令我们每一个意念都充满力量。当你有强大的自信心去推动你的致富巨轮时，你就可以平步青云。"

美国前总统里根在接受《SUCCESS》杂志采访时说："创业者若抱有无比的信心，就可以缔造一个美好的未来。"

自信是成功不可少的条件。而当机会来临的时候，我们是否能把握住，往往取决于我们是否有足够的自信，这儿有两个很好的例子：

麦克是《纽约时报》的一位著名记者。他总是津津乐道他是怎样找到第一份工作的。

当时，他紧张兮兮地等在办公室门外，申请材料已经送进去了。一会儿门开了，一个小职员出来："主任要看您的名片。"

麦克从来就没有准备过什么名片，他灵机一动，拿出一副扑克抽出一张黑桃A说："给他这个。"

半个小时后，麦克被录取了。黑桃A真是一张好牌。麦克若是没有足够的自信，怎敢用它当名片？

拳王阿里有一个绰号叫"牛皮诗大王"。他每次比赛前都喜欢做诗，以表达自己必胜的信心。他经常念这样的诗句：

最伟大的拳王，

20年前便已露锋芒。

我美丽得像一幅图画，

能把任何人打垮。

……

我预告哪个回合取胜，

就像这是必然的事情。

我把敌人玩弄于掌中，

迅如雷，疾如风。

也许正是因为心中充满了自信，才使得阿里一次次击败对手。

人生的成败得失和幸福与否，关键在于是否树立了坚强的自信心。一个人心中充满了自信，他的前程必然是一片坦途。这一点美国旅馆业大王、世界级巨富威尔逊的经历可给我们以启示。

威尔逊在创业之初，全部家当只有一台分期付款赊来的爆米花机，价值50美元。第二次世界大战结束后，威尔逊做生意赚了点钱，便决定从事地皮生意。如果说这是威尔逊的成功目标，那么，这一目标的确定，就是基于他对自己的市场需求预测充满信心。

当时，在美国从事地皮生意的人并不多，因为战后人们一般都比较穷，买地皮修房子、建商店、盖厂房的人很少，地皮的价格也很低。当亲朋好友听说威尔逊要做地皮生意时，异口同声地反对。

而威尔逊却坚持己见，他认为反对他的人目光短浅。他认为虽然连年的战争使美国的经济很不景气，但美国是战胜国，它的经济会很快进入大发展时期。到那时买地皮的人一定会增多，地皮的价格会暴涨。

于是，威尔逊用手头的全部资金再加上一部分贷款在市郊买下很大的一片荒地。这片土地由于地势低洼，不适宜耕种，所以很少有人问津。可是威尔逊亲自观察了以后，还是决定买下这片土地。他的预测是：美国经济会很快繁荣，城市人口会日益增多，市区将会不断扩大，必然向郊区延伸。在不远的将来，这片土地一定会变成黄金地段。

后来的事实正如威尔逊所料。不出3年，城市人口剧增，市区迅速发展，大马路一直修到威尔逊买的土地的边上。这时，人们才发现，这片土地周围风景宜人，是夏日避暑的好地方。于是，这片土地价格倍增，许多商人竞相出高价购买，但威尔逊不为眼前的利益所惑，他还有更长远的打算。后来，威尔逊在自己这片土地上盖起了一座汽车旅馆，命名为"假日旅馆"。由于它的地理位置好，舒适方便，开业后，顾客盈门，生意非常兴隆。从此以后，威尔逊的生意越做越大，他的假日旅馆逐步遍及世界各地。

威尔逊的经历告诉我们，一个人的成败和他的自信心息息相关。如果一个人时刻对自己充满自信，能够坚定不移地去做自己心中认定的事情，那么即使他才能平平，也可以取得卓越的成就。

勇于挑战自己的缺憾

对于凌驾命运之上的人来说，信心是命运的主宰。

——海伦·凯勒

汤姆·邓普生出生的时候，只有半只脚和一只畸形的右手。但是，小邓普生的父母却并不因此而沮丧，也从来不让他因为自己的残疾而感到不安。

结果是，在他们的鼓励和帮助下，邓普生竟然能够把同龄人能做的事情都做得非常好。比如说，如果别的孩子能走完16千米，那么小邓普生也同样能走完16千米。后来，他要踢橄榄球了。经过一段时间，当他和别的孩子在一起玩的时候，他十分吃惊地发现，自己能够和他们一样把球踢得很远。

于是，他不禁对自己更加充满信心。他让人为他专门设计一只鞋子，参加了踢球测验，最终他竟然获得了冲锋队的一个球员资格。

但是冲锋队的教练却尽量委婉地说他"不具有做职业橄榄球员的条件"，让他去试试其他的事情。

最后，他申请加入新奥尔良圣徒队，并且请求教练能给他一次机会。圣徒队的教练虽然心存疑虑，但是看到这孩子这么自信，便对他有了好感，因此就收下了他。

两个星期后，圣徒队的教练对他的印象更深了，因为他在一次友谊赛中一脚将球踢出了50米远并得分。

这是一个伟大而又激动人心的时刻，球场上坐满了66000名球迷。球是在约26米线上，比赛只剩下几秒钟，球队把球推进到41米线，但是到这个时候可以说已没有时间了。

"邓普生，进场踢球。"教练大声说。

邓普生进场的时候，他知道他的队距离分线有50米远，这一距离只有巴第摩尔雄马队的英雄毕特·瑞奇踢出来过。

球传接得很好，邓普生一脚全力踢在球身上，球笔直地前进。但是球踢得够远吗？全场的球迷屏住了自己的呼吸。

接着终端得分线上的裁判举起了双手，得了3分，球从球门横杆上几厘米的地方越过。

最终，邓普生所在的队取得了胜利。

球迷们狂呼乱叫，他们为踢得最远的一球而兴奋，要知道，这是只有半只脚和一只畸形的手的球员踢出来的！

"真是让人难以相信。"有人大声叫。

但是邓普生却只是笑了笑。他想起了自己的父母，他们告诉他的是他能做什么，而不是他不能做什么。

邓普生这一表现使他成为了圣徒队的正式球员。

在以后的赛季中，他为自己的球队赢得了99分。

他之所以创造了这么了不起的记录，正如他自己所说的："他们从来没有告诉我，我有什么不能做的。"

汤姆·邓普生的成功是一个勇于挑战自己缺憾的感人事例。

不要受他人评价的左右

一个人除非自己有信心，否则不能带给别人信心，已经信服自己的人，方可使人信服。

——阿诺德

社会心理学家指出，大多数人都很容易接受外来意见。人类天生对父母、爱人、家人、朋友、领袖的影响开放心胸，他们的评价对孩子的成长有很大的影响。对大部分孩子来说，他们的一生，往往早已被父母设计定型，如此一来，便可能隐匿了他们内心真正的驱动力。譬如，由于贺罗德天生残疾，他的父母希望他做文书方面的工作，但他抗拒他们的建议，而做了他所希望的木匠。另一位会计肯恩也有类似的经验，他说："我父母强调安全，他们希望我做会计工作。我赞同了他们的决定，便做了会计，但我的天性实在比较喜欢表现，比较浪漫化一点。"现在，他计划2年后等孩子开始工作后，便进艺术学校当个老学生。

大多数人都被证明，轻易接受建议是危险的，旁人的建议，无法使自己变成个人真正的样子，反而容易被操纵成别人理想的样子。

"做任何事情，开始时，最为重要的是不要让那些总爱唱反调的人破坏了你的理想。"芭芭拉·格罗根指出，"这世界上爱唱反调的人真是太多了，他们随时随地都可能会列举出若干个理由，说你的理想不可能实现，在这种情况下你一定要坚定自己的立场，相信自己的力量，不要因为他人的评价而放弃自己内心的想法。

哈代是一个发明家，但他周围的朋友和同事都认为他是一个满脑子怪念头的"傻瓜"。当他弄明白电影发明的原理之后，便从电影胶卷的转盘中产生了灵感：他让胶卷上的画面一次只向前移动一格，以便老师能够有充足的时间详细阐述画面里的内容。

这个想法让哈代受到不少嘲笑，但是他没有因此退缩，经过反复试验之后，哈代终于成功地实现了让画面与声音同步进行的目标，创造了"视听训练法"。

另外，作为一名游泳运动员，哈代曾经两度入选美国奥运会游泳代表队，也曾经连续 3 届获得"密西西比河 16 千米马拉松赛"的冠军。哈代在游泳的时候，觉得大家在比赛时使用的游泳姿势不好，决心加以改变。

但是，当他把想法告诉教练时，教练认为他的想法太过荒唐，立刻加以拒绝。一位游戏冠军也告诫他不要冒险尝试，以免不小心在水里淹死。

当然，哈代还是没有理会他们的告诫，仍然不断地挑战传统的游泳姿势，最后终于发明了自由式游泳。自由式游泳现在已经成为国际游泳比赛的标准姿势之一。

不要怕被称为傻瓜，有时候，真理只站在少数人这边。要相信自己内心的想法，努力去实现它，这样，你才能取得人生的胜利。巴尔扎克说过："发明家全靠一股了不起的信心支持，才有勇气在不可知的天地中前进。"同样，在人生成长的道路上你也要靠自己内心强大的自信支持自己的行动，而不是让别人的言行左右你的成长。

杰克是一位年轻的画家。有一次他在完成一幅杰作后，拿到展厅去展出。为了能听取更多的意见，他特意在他的画作旁放上一支笔。这样一来，每一位观赏者，如果认为此画有败笔之处，都可以直接用笔在上面圈点。

当天晚上，杰克兴冲冲地去取画，却发现整个画面都被涂满了记号，没有一笔一画不被指责的。他十分懊丧，对这次的尝试深感失望。

他把他的遭遇告诉了一位朋友，朋友告诉他不妨换一种方式试试，于是，他临摹了同样一张画拿去展出。但是这一次，他要求每位观赏者将其最为欣赏的妙笔之处标上记号。

等到他再取回画时，结果发现画面也被涂满了记号。一切曾被指责的地方，如今却都换上了赞美的标记。

"哦！"他不无感慨地说，"现在我终于发现了一个奥秘：无论做什么事情，不可能让所有的人都满意，因为，在一些人看来是丑恶的东西，在另一些人眼里或许是美好的。"

画展里的这种情况，我们常常会在现实生活里碰到。同样的事，同样的人，常常会得到不同的评价。仔细想想，这也并不奇怪，因为人世间每一个人的眼光各不相同，理解事物的角度也不一样。所以遇事要用正确的思维方式，不要完全相信你听到的看到的一切，也不要因为他人一时的批评而迷失自己。

我们无论做什么，一定要对自己有一个清楚的认识，要有自己的主见，不能因为别人一时的批评和议论而迷失自己，改变自己，失去了自己的主见。

心理学家认为，外部因素虽然可以影响一个人的决定，然而真正起决定性作用的还在于一个人的内心。也就是说，不经你的同意，没有人能够影响你。一个人的自信心越强，就越不容易受到外界的影响。心理学家讲过这样一个例子：如果你在船上走近一位看起来很可怜的人，对他说："你看起来好像很不舒服，你的脸色好苍白，我想你一定是晕船了。我扶你到你的船舱去。"你晕船的提示和他自己的恐惧感联结在一起，该乘客的脸色会变得更苍白了。他接受了你的扶助，到船舱里躺了下来。你的消极、不好的提示经他接受之后，就成真了。

对于同一提示，不同的人会有不同的反应。这是因为他们潜意识所接受的状况和思想不同的关系。如果你不是走近一名乘客，而是走到一名水手面前，同情地说："老弟，你看起来好像很不舒服。你感到难过吗？我看，你要晕船了。"

根据他特有的身份，他不是笑说你在"开玩笑"，就是会显得有点生气。在这种情形之下，你的提示他是听不进去的。因为你提出晕船的提示，在他的心中引不起恐惧或忧虑，反而会激起他的自信心。

一项提示或者评价是把某种事物状况，灌输到一个人心中的行为或步骤。也就是一个人的心智对所提示的想法和观念加以考虑、接受，或付诸实施的处理过程。你必须记住：一项提示如果和你的意念方向不一，就无法把某种事物状况灌输到潜意识中。换句话说，你的意识具有排斥提示的力量。譬如，对于水手来说，他根本不怕晕船。他早已使自己深信自己不会晕船，因此你消极、否定的提示，对他根本就不起作用。

我们每个人，内心都有着自己的信念和见解。我们心里的这些认定，会统治、支配我们的生活。别人的提示本身并没有力量，除非你在心理上已经接受了它。一旦你接受了它，就会促使你思想上的改变，对你的成长轨迹造成影响。

找到属于自己的音符

不要失去信心，只要坚持不懈，就会有成果。

——钱学森

富兰克林说过，宝物放错了地方便是废物。一个人找到自己的特长，学会经营自己的长处，就能够化自卑为自信。事实上，每个人都有自己的长处，教育家 R. H. 里夫斯博士写过一个常被人引用的寓言，题为"动物学校"，该寓言说明了尊重差异的重要性。故事是这样讲的：

很久很久以前，动物们决定必须干一番勇敢的事业，以应付"新世界"的问题。于是，它们建立了一所学校，选定了活动课程，其中包括跑步、爬树、游泳和飞翔。为了方便管理，所有动物要参加所有科目。

鸭子擅长游泳，实际上比教练游得都好，飞翔的成绩也很优异，但却很不擅长跑步，由于它跑步成绩很差，放学后只留在学校，还不得不中断游泳来练习跑步。它练呀，练呀，直到最后把双脚磨得不成样子，游泳也落了个一般水平。然而，在学校里，一般水平是可以接受的，所以，除了鸭子本身外，没有谁为此而担忧。

兔子开始在全班跑得最快，但由于需要一次次地补考游泳，搞得神经衰弱了。

松鼠爬树成绩优异，可后来被飞翔课搞得灰心丧气，因为老师让它从地面向上飞，而不是从树上向下飞。它由于练得太用劲，把肌肉扭伤了，结果爬树得了C，跑步得了D。

鹰最不听话，不得不被严加约束。在爬树课上，它击败所有对手，首先到达树顶，但却坚持使用自己的方式。

这年结束时，一条游泳技术超群，在跑步、爬树和飞翔方面也略具本领的畸形鳝鱼平均成绩最好，并成为致告别词的毕业生代表。

草原犬鼠没有入学并反对征税，因为行政当局不愿将挖洞列入课程。它们让孩子跟着地鼠学徒，后来与土拨鼠和地鼠合伙建立了一所成功的私立学校。

R. H. 里夫斯博士的这则寓言说明了每个人的才能都是有差异的，我们不必因为羡慕别人的长处而丧失自己的自信，而应当找到自己的长处，努力将自己的长处发掘出来，这样，有助于我们在内心树立起自信。

李扬是一位著名的配音演员，广受大家喜爱的卡通形象唐老鸭就是他配的音。李扬在初中毕业后参了军，在部队当一名工程兵，他的工作内容是挖土、打坑道、运灰浆、建房屋。可是李扬明白，自己身上潜在的宝藏还没有被开发出来：那就是自己一直喜爱的影视艺术和文学艺术。

在一般人看来，这两种工作简直是风马牛不相及的。但李扬却坚信自己在这方面有潜力，应该努力把它们发掘出来。于是他抓紧时间工作，认真读书看报，博览众多的名著剧本，并且尝试着自己搞些创作。退伍后李扬成了一名普通工人，但是他仍然坚持不懈地追求自己的理想。没过多久，大学恢复招生考试，李扬考上了北京工业大学机械系，变成了一名大学生。从此，他用来发掘自己身上宝藏的机会一下子多了起来。经几个朋友的介绍，李扬在短短的5年中参加了数部外国影片的译制录音工作。这个业余爱好者凭借着生动的、富有想象力的声音，参加了《西游记》中美猴王的配音工作。1986年初，李扬迎来了自己事业中的辉煌时刻，风靡世界的动画片《米老鼠和唐老鸭》招聘汉语配音演员，风格独特的李扬一下子被迪斯尼公司相中，为可爱滑稽的唐老鸭配音，从此一举成名。李扬说，自己之所以成功，是因为一直没有停止过挖掘自己的长处。

很多人之所以自卑就是因为没有找到自己的长处，没有挖掘出自身的潜力。每个人身上都有独特的特长和天分，只要能找出自己的特长，发挥自己的天分，你就能够为自己赢得自信。

每个人都有自己的特长，并适合于不同的工作岗位。不同的工作岗位对人才的素质与才能的要求也不同。比如，做一个杰出的临床医生，必须具有很好的记忆力；研究理论物理学，抽象思维能力不可少；一个数学家没有必要一定具备实际操作、设计和做实验的能力，虽然这种能力对于一个化学研究者来说是必不可少的；而天文学是一门观察科学，需要很好的观察能力、浓厚的兴趣和长久的毅力。

人的兴趣、才能、素质也是不同的。如果你不了解这一点，没能把自己的所长利用起来，你所从事的行业需要的素质和才能正是你所缺乏的，那么，你将在平凡的工作中失掉信心和热情，而你的才能也将会被埋没。反之，如果你有自知之明，善于自我设计，从事你最擅长的工作，你就会获得成功。

🏛 第二章 🏛

自立

—— 自立自主方可驾驭人生

哈佛告诉你

自立是生存的开始，是成功的保证。青少年应当学会在社会中自立，不能太依赖别人的帮助。依靠别人的帮助只能满足一时之需，要想在社会中生存下去，就得依靠自己的力量。青少年要想在未来的社会竞争中取胜，就应当及早培养自立自主的意识，做到自立自强。扔掉依赖的拐杖，发现自己的那一天，就是你人生成功的开始。

自立是生存的开始

> 人，谁都想依赖强者，但真正可以依赖的只有自己。
>
> ——德田虎雄

自立是生存的开始。如果一个人总是依靠别人的搀扶才能够行走，总是要靠别人的指点才能够行动，那么这个人一旦失去了别人的帮助，就没有独立生存下去的能力。

一群小狐狸稍稍长大后，狐狸妈妈便"逼"它们离开家。曾经很护崽的狐狸妈妈忽然像发了疯似的，就是不让小狐狸们进家，又咬又赶，非要把它们都从家里撵走。最后小狐狸们只好依依不舍地去开始自己的独立生活。多么冷酷的心理断奶！但这又是多么理智的生存教育啊！我们也应该像狐狸妈妈对待小狐狸那样来对待自己。

比尔·克林顿7岁的时候，家里在温泉城外买了一个小农场，并且还雇佣了一名女佣。比尔的家庭并不富裕，但是雇女佣是霍普人的传统。每当克林顿的母亲到医院去上班，女佣便负责照料克林顿和弟弟罗杰的起居和生活。但克林顿却几乎不用女佣照料，一切都试着自己去做。不仅如此，他还常常主动去照顾弟弟罗杰，陪他玩耍，哄他入睡。母亲回忆说，不是谁要克林顿那样去做，而是克林顿常常抢着去做女佣该做的事情，"完全负起了责任"。这有时令女佣感到非常为难。

女佣玛丽是一名笃信宗教的白人妇女，她对克林顿的优良品行和高度责任心十分赞叹，断定克林顿将来必成大器。她说自己很早就发现克林顿跟别的孩子不同。他对人友善、礼貌，而且有很强的责任心和领导力。学校中的一些小伙伴常常围着他转，他俨然是他们当中的"头"。回到家里，他不用别人督促，便会并井有条地把该干的事情干好。

克林顿之所以能够成为美国总统，有很大一部分原因得益于他在很小的时候就树立了独立自主的精神，凡事都试着自己去做。在西方世界中，青年人较强的自立意识十分值得我们学习。尊重个人价值、个人尊严是自立、自强观念的核心。美国人的自立意识是生活方式中的最根本观念，是信奉个人主义。其含义是相信每个人都具有价值，都应按其本人的意愿和表现来对待和衡量。这种个人主义同自私自利不同，它表现在社会实践中，对个人独立性、创造性、负责精神和个人尊严的尊重。在家庭中，孩子应受到作为个人所应受到的尊重。成年后，他们对自己的生活和前途有选择的权利和自由，从而对自己的遭遇，不论好坏都由自己负责。父母只能起"咨询作用"，不能为儿女代为安排个人的事宜。成年儿女一般都自立门户，独立生活。

在美国的一些大学生中，尽管父母有钱，也不愿仰仗他们。毕业后找不到合适的工作，用不上专业特长，宁可降格以求，大材小用。目的是要有工作，自己挣钱独立生活。

这些大学生中，自力更生、勤工俭学的占较大比例，"花花公子"式的是少数。学生在学校里"打工"，维护环境卫生等，收取一定报酬。他们并不以干各种杂工为耻，都能尽职做好。因而美国的大学生当临时工的不少，他们养成了劳动的习惯，增长了社会知识，还学会了某些技能，也解决了部分学习费用。

曾经有一本名为《20岁的年轻人必须尝试的50件事》的畅销书，书中阐述的一个观点是要求青年"在生活目标上做一个'不孝者'——你的一生不属于你的父母"。鼓吹的就是这种自立于世的意识。

"独立自主"已经成为美国等西方国家青少年教育的"传统"，在这种传统的教育下，这些国家的青年们都有较强的自立意识。美国有一位有名的富豪，为自己大学毕业的孩子举办了毕业酒会。他举着一杯100美金的酒，对众人说："我今天真高兴，因为从现在起，他应该落到地面，自己走路了。"

这个富豪之子，只身到了纽约，租了一间小公寓，自己闯荡江湖。23岁的他，再不要父母的呵护，不要父母的供给，而义无反顾地走自己的路，向着成功的阶梯攀登。

自立是青少年准备面向未来的重要素质，也是他们迈向成熟的第一步。在生存的道路上，自立是最开始的准备工作。

俗话说，"总在窝里的鹰永远也不会飞"，要做到自立自强，有时候就要对自己有一股"狠"劲儿，要逼着自己经历风吹雨打，哪怕冻得牙关紧咬；要扛起最重的担子，哪怕压得气喘吁吁。

王明是一位博士，他对"穷人的孩子早当家"这句话有着深刻的体会。王明幼时的家境不太好，因此，从小父母就教他洗衣、做饭，当时他很不开心。上初中时，母亲生病住院，父亲忙得不可开交，他就自己照顾自己，有时还能给父母做饭。从那以后，他知道了生活自理对一个青少年的重要。直到最终事业有成，他一直坚持自己的事自己做。

自立是生存的开始。如果我们要在生活中自立，就要养成自理的好习惯，自己能做好的事一定要靠自己的力量做好。因为我们迟早要独自面对这个社会。如果说长辈的呵护是一篓鲜嫩的鱼，那么自理就是一根鱼竿。鱼总有吃完的时候，你只有得到钓鱼的鱼竿，才能保证你未来的生活衣食无忧。

然而，在现在的青少年朋友中，具有自理能力的实在太少了。

根据中国青少年研究中心"中国城市独生子女人格发展状况调查"显示，20.4%的青少年明确表示"缺少生活自理能力"；18.3%的青少年"做事依赖别人"；28%的青少年"很少帮助家长干活"。

国内有一位著名的青少年教育专家曾忧心忡忡地说，青少年在父母如此"周到"的服务、如此"严密"的保护中，自理行为大大减少，对成年人依赖性越来越强。很多青少年都将父母的呵护当作"拐杖",可是却没有想过,一旦离开了"拐杖",自己就寸步难行。

青少年朋友将来面对的竞争,绝不仅仅是知识和智能的较量,而是综合能力的较量。没有自理能力,你在起跑线上就输了。因此,从小培养自理能力,是每个杰出青少年必须具备的素质要求。

青少年可以通过以下几种途径培养自己的自理能力。

首先,要养成生活自理的意识。

我们缺乏培养自理能力的意识主要有两方面的原因:一方面是娇惯自己,不愿意让自己"受苦",怕自己不小心磕着或碰着。另一方面是父母怕麻烦,有些父母说:有教孩子做事情的那些时间,自己也就替他做好了。其余的事情包括力所能及的事都不用做,从而剥夺了他们生活自理的机会。当今独生子女缺乏自理能力普遍是由于上述原因所造成的。

事实上,这种完全忽略自理能力培养的心态,既害了孩子,也害了父母。因此,强化培养自理能力的意识是很有必要的。

其次,要养成自己动手的习惯。

在训练自理能力的时候,除了训练自己管理自己的日常生活以外,还要特别强调训练自己学做家务。如自己做早点、洗袜子、拿牛奶、买东西等。同时,可以要求父母对你提出切合实际的要求并做出具体的技术性指导,即使是洗手帕、洗碗碟或收拾房屋也要注意这一点。

最后,要正确地对待自己的错误。

有时候,由于年龄小,认知水平不高,考虑问题不周全,力气小,在做事的过程中,难免会出现一些失误。不要指责自己,更不能惩罚自己,对于有失误的地方,要分析原因,找到问题所在,以提高操作的技能和水平。这样,既能保护自己自理生活的自觉性、积极性,培养良好的心理品质;又能逐步走向成熟,不断提高自己的认知水平和生活自理能力。

如果你总是做得不好,也切不可性急,更不能灰心沮丧,自我否定。要以激励为主,肯定自己做得好的方面,在此基础上找出不足之处,从而为下一次避免失误找到方法。这样做,不仅可以锻炼自理能力,而且极大地增强了自信心,将对促进身心发展产生积极作用。

自助者天助

智者一切求自己,愚者一切求他人。

——卡莱

从前,有一个农夫驾着一辆满载干草的车子走在乡间的路上,没想到却陷进了泥坑里。在乡下的田野上,会有谁来帮这个可怜人的忙呢?这完全是命运之神有意惹人发怒而安排的。

车子陷入泥坑让农夫大为恼火,他骂泥坑,骂马,又骂车子和自己。无奈之中,他只得向举世无双的大力神求救。

"尊敬的大力神,"车夫恳求道,"请你帮帮忙,你的背能扛起天,把我的车从泥坑中推出来对你来说应该是举手之劳。"

刚祈祷完,车夫就听到大力神在云端发话了:"神要人们自己先动脑筋、想办法,然后才会给予帮助。你先看看,你的车围在泥坑里究竟是什么原因?为什么会陷入泥坑?拿起锄头铲除车轮周围的泥浆和烂泥,把碍事的石子都砸碎,把车辙填平,你不自己尝试一下怎么行呢?"

过了一会儿,大力神问车夫:"你干完了吗?"

"是的，干完了。"车夫说。

"那很好，我来帮助你。"大力神说，"拿起你的鞭子。"

"我拿起来了……这是怎么回事？我的车走得很轻松！大力神赫拉克勒斯，你真行！"

这时神发话说："你瞧，你的马车很顺利就离开了泥坑，遇到困难，要先自己动脑筋想办法解决，老天才会帮你一把。"

自力更生和自己战胜自己能够教会一个人从自身力量中汲取动力。在这种动力的激发下，挫折不仅不会变成不幸和痛苦，相反，通过吃苦耐劳，坚忍不拔的自助实干，挫折和不幸会转化成为一种幸福，它能够唤起人们奋发向上的激情，并为之勇敢地战斗。

约翰·内斯出生于1932年。他在出生的时候发过一次高烧，结果导致他患上了大脑神经系统瘫痪，这种神经系统紊乱严重影响了他的说话、行走和对肢体的控制。他长大后，人们都认为他肯定在神智上还存在着严重的缺陷和障碍，州福利院将他定为"不适于被雇用的人"。专家们说他永远都不能工作。

约翰能取得日后的成就应当感谢他的母亲，她一直鼓励约翰做一些力所能及的事情。她一次又一次地对约翰说："你能行，你能够工作、能够独立。"

约翰受到母亲的鼓励后，开始从事推销员的工作。他从来没有将自己看作是"残疾人"。开始时，他向福勒刷子公司提交了一份工作申请，但该公司拒绝了他，并说，他根本无法完成该公司的业务。几家公司都做出了同样的判断。但约翰坚持了下来，他发誓一定要找到工作，最后怀特金斯公司很不情愿地接受了他，同时也提出了一个条件：约翰必须接受没有人愿意承担的波特兰、奥根地区的业务。虽然条件非常苛刻，但毕竟是个机会，约翰欣然接受了，约翰终于坚定地在自我的道路上迈开了第一步。

1959年，约翰第一次上门推销，反复犹豫了4次，才最终鼓起勇气按响了门铃，开门的人对约翰推销的产品并不感兴趣。接着是第二家，第三家。约翰的生活习惯让他始终把注意力放在寻求更强大的生存技巧上，所以即使顾客对产品不感兴趣，他也不会灰心丧气，而是一遍一遍地去敲开其他人的家门，直到找到对产品感兴趣的顾客。

38年来，他的生活几乎重复着同样的路线，他一直坚定地走着自己的道路。

每天早上，在他工作的路上，约翰会在一个擦鞋摊前停下来，让别人帮他系一下鞋带，因为他的手非常不灵巧，要花很长时间才能系好；然后在一家宾馆门前停下来，宾馆的接待员给他扣上衬衫的扣子，帮他整理好领带，使约翰看上去更好一些。不论刮风，还是下雨，约翰每天都要走16千米，背着沉重的样品包，四处奔波，那只没用的右胳膊蜷缩在身体后面。这样过了3个月，约翰敲遍了这个地区的所有人家的家门。当他做成交易时，顾客会帮助他填写好订单，因为约翰的手几乎拿不住笔。

出门14个小时后，约翰会筋疲力尽地回到家中，此时他关节疼痛，而且偏头痛还时常折磨着他。

一年年过去了，约翰负责的地区的家门越来越多地被他打开，他的销售额也渐渐地增加了。24年过去了，他上百万次地敲开了一扇又一扇的门，最终他成了怀特金斯公司在西部地区销售额最高的推销员，成为了销售技巧最好的推销员。

在顽强地自我奋斗的路上，约翰获得了巨大的成就。

1996年夏天，怀特金斯公司在全国建立了连锁机构，现在约翰没有必要上门进行推销，说服人们来购买他的产品了。此时，约翰成了怀特金斯公司的产品形象代表，他是公司历史上最出色的推销员，公司以约翰的形象和事迹向人们展示公司的实力。怀特金斯公司对约翰的勇气和杰出的业绩进行了表彰，他第一个得到了公司主席颁发的杰出贡献奖，后来这个奖项只颁发给那些拥有像约翰·内斯那样杰出成就的人。

在颁奖仪式上，约翰的同事们站起来为他欢呼鼓掌，欢呼和泪水持续了5分钟。怀特金斯公司的总经理告诉他的雇员们："约翰告诉我们，一个有目标的人，只要全身心地投入到追求目标的努力中，那么生活中就没有事情是不可能做到的。"那天晚上约翰·内斯的眼中没有痛苦，只有骄傲和自豪。

约翰·内斯的故事说明这样一个道理，一个人只要相信并充分依靠自己的力量，自立自强，便没有克服不了的困难。世界上真正能拯救自己和帮助自己的人只有自己。

有一次，美孚石油公司董事长洛奇到一家分公司去视察工作，在卫生间里，看到一位小伙子正跪在地上擦洗黑污的水渍，并且每擦一下，就虔诚地叩一下头。洛奇感到很奇怪，问他为何如此？这位小伙子答道："我在感谢一位圣人。"

洛奇问他为何要感谢那位圣人？小伙子说："是他帮助我找到了这份工作，让我终于有了饭吃。"

洛奇笑了，说："我曾经也遇到一位圣人，他使我成了美孚石油公司的董事长，你愿意见他一下吗？"小伙子说："我是个孤儿，从小靠别人养大，我一直都想报答养育过我的人。这位圣人若能使我吃饱之后，还有余钱，我很愿意去拜访他。"

洛奇说："你一定知道，南非有一座高山，叫胡克山。据我所知，那上面住着一位圣人，能为人指点迷津，凡是遇到他的人都会前程似锦。10年前，我到南非登上过那座山，正巧遇上他，并得到他的指点。假如你愿意去拜访，我可以向你的经理说情，准你一个月的假。"

这位年轻的小伙子是个虔诚的教徒，很相信神的帮助，他谢过洛奇后就真的上路了。他风餐露宿，日夜兼程，最后终于到达了自己心中的圣地。然而，他在山顶徘徊了一天，除了自己，什么都没有遇到。

小伙子很失望地回来了。他见到洛奇后说的第一句话是："董事长先生，一路我处处留意，但直至山顶，我发现，除我之外，根本没有什么圣人。"

洛奇说："你说得很对，除你之外，根本没有什么圣人。因为，你自己就是圣人。"

后来，这位小伙子成了美孚石油公司一家分公司的经理，有一次，在接受记者采访时，他向记者讲述了上面的故事，并补充了这么一句话："发现自己的那一天，就是人生成功的开始。任何人只要相信自己，就能够创造奇迹。"

一个人唯一可靠的是自己，除了你自己，没有另外一个人可以带给你成功。你发现自己的那一天，就是你人生成功的开始。

自食其力才能赢得尊严

手懒的要受贫穷，手勤的得到富足。

——《圣经》

从前，老虎并不像现在这样威风，相反他是所有动物中最弱小的一个。因为捕捉不到动物，常常是饥一顿，饱一顿。

于是，狮王把所有的小动物都召集起来说："老虎是我们中的一员，我们不能眼睁睁地看着他饿肚子而不管不问。我建议，大家都伸出友谊之手，拉他一把，帮他渡过难关。"

于是，动物们都给老虎送去了好吃的东西，唯有猫什么东西也没有送。

狮王不高兴地对猫说："大家都为老虎送了东西，你怎么什么都不送呢？"

猫说："你们送给他的东西虽然很多，但总有一天会吃完的，我要送给他一件永远吃不完的礼物。"

狮王不屑地说："算了吧，你除了能送几只老鼠外，还能送什么呢？"

猫回答说："以后你会看到的。"

几个月以后，狮王又来到老虎家。好家伙！老虎家里里外外到处都挂着好吃的东西。

狮王问："这些东西都是猫送的？"

"不，"老虎说，"他送的礼物要比这些东西贵重千万倍！"

狮王好奇地问："那究竟是什么东西？"

老虎说："他教我练壮了身体，又教我学会了捕食的本领。"

"噢！"狮王从头到尾把老虎打量了一番说，"难怪你那么崇拜他呢，连衣服也和他穿得一模一样！"

再多的好东西都比不上一身本领。要想在社会上立足，就要摆脱依赖他人的想法，不断提高自身的能力，练就一身谋生的好本领。这样才能为自己赢得尊严。

一年冬天，美国加州的一个小镇上来了一群逃难的流亡者。长途的奔波使他们一个个满脸风尘，疲惫不堪。善良好客的当地人家家生火做饭，款待这群逃难者。镇长约翰给一批又一批的流亡者送去粥食，这些流亡者，显然已好多天没吃到这么好的食物了，他们接到东西，个个狼吞虎咽，连一句感谢的话也来不及说。

只有一个年轻人例外，当约翰镇长把食物送到他面前时，这个骨瘦如柴、饥肠辘辘的年轻人问："先生，吃您这么多东西，你有什么活儿需要我干吗？"约翰镇长想，给一个流亡者一顿果腹的饭食，每一个善良的人都会这么做。于是，他说："不，我没有什么活儿需要您来做。"

这个年轻人听了约翰镇长的话之后显得很失望，他说："先生，那我便不能随便吃您的东西，我不能没有经过劳动，便平白得到这些东西。"约翰镇长想了想又说："我想起来了，我家确实有一些活儿需要你帮忙。不过，等你吃过饭后，我就给你派活儿。"

"不，我现在就做活儿，等做完您的活儿，我再吃这些东西。"那个青年站起来。约翰镇长十分赞赏地望着这个年轻人，但他知道这个年轻人已经两天没有吃东西了，又走了这么远的路，可是不给他做些活儿，他是不会吃下这些东西的。约翰镇长思忖片刻说："小伙子，你愿意为我捶背吗？"那个年轻人便十分认真地给他捶背。捶了几分钟后，约翰镇长便站起来说："好了，小伙子，你捶得棒极了。"说完就将食物递给年轻人，他这才狼吞虎咽地吃起来。约翰镇长微笑地注视着那个青年说："小伙子，我的庄园太需要人手了，如果你愿意留下来的话，那我就太高兴了。"

那个年轻人留了下来，并很快成为约翰镇长庄园的一把好手。两年后，约翰镇长把自己的女儿詹妮许配给了他，并且对女儿说："别看他现在一无所有，可他将来百分之百是个富翁，因为他有尊严！"

果然不出所料，20多年后，那个年轻人真的成为亿万富翁了，他就是赫赫有名的美国石油大王哈默。哈默穷困潦倒之际仍然有自尊、自立的精神，赢得了别人的尊敬和欣赏，也为自己带来了好运。

一个人只有自立才能为自己赢得尊严。一个在穷困中仍然能够保持自立精神，不依靠别人的施舍生活的人，最终必将获得人生的成功。

杰克7岁那年，他的父亲去世了，他还有一个2岁大的妹妹，母亲为了这个家整日操劳，但是赚的钱仍难以让这个家的每个人都填饱肚子。看着母亲日渐憔悴的样子，杰克决定帮着赚钱养家，因为他已经长大了，应该为这个家贡献一份自己的力量了。

一天，他帮助一位先生找到了丢失的笔记本，那位先生为了答谢他，给了他1美元。

杰克用这1美元买了3把鞋刷和1盒鞋油，还自己动手做了个木头箱子。带着这些工具，他来到了街上，每当他看见路人的皮鞋上全是灰尘的时候，就对他们说："先生，我想您的鞋需要擦油了，让我来为您效劳吧！"

他对所有的人都是那样有礼貌，语气是那么真诚，以至于每一个听他说话的人都愿意让这样一个懂礼貌的孩子为自己的鞋擦油。他们实在不愿意让一个可怜的孩子感到失望，他们知道这个孩子肯定是一个懂事的孩子，面对这么懂事的孩子，怎么忍心拒绝他呢！

第一天他就带回家50美分，他用这些钱买了一些食品。他知道，从此以后每个人都不需要再挨饿了，母亲也不用像以前那样操劳了，这是他能办到的。

当母亲看到他背着擦鞋箱，带回来食品的时候，流下了高兴的泪水，"你真的长大了，杰克。我不能赚足够的钱让你们过得更好，但是我现在相信我们将来可以过得更好。"母亲说。

就这样，杰克白天工作，晚上去学校上课。他赚的钱不仅为自己交了学费，还足够维持母亲和小妹妹的生活。他知道，工作不分贵贱，只要是靠自己的劳动赚来的钱就是光荣的。

靠别人的施舍或者资助而生活的人，无法赢得别人的尊重，而他本人也体会不到劳动的价值和快乐。一个人只有自食其力才能够为自己赢得尊严，因此，青少年要摆脱依赖他人的想法，尝试着用自己的双手来养活自己。

学会自己拿主意

我们的忠告是每个人都应该坚持他为自己开辟的道路，不被权威所吓倒，不受别人的观点所牵制，也不被时尚所迷惑。

——歌德

青少年要培养独立自主的人格，就要学会遇事自己拿主意，而不是处处依赖父母，让他们替自己出主意，做主张。

独立就意味着要青少年遇事能够学会自己拿主意，要敢于坚持自己的想法，而不是总让别人替自己出主意或者是受别人言论的影响。明朝人吕坤特别反对这种做事没主心骨，没主见，只是"依违观望，看人言为行止"的做人毛病。他说，如果做事先怕人议论，做到中间一有人提出反对意见，就不敢再做下去了，这不仅说明这个人没有"定力"，也说明其没有"定见"。没有定见和定力，就不是一个独立自主的人。吕坤说，做人做事，首先要能独立思考，辨明是非，选择正确的立场观点。吕坤进一步说，每个人的想法都不会完全一致，我们不能要求人人的看法都与自己相同。因此我们做事要看我们想达到的目标效果，而不要过于顾虑事前一些人的议论；等你事情做好了，那些议论自然也止息了。即使事情没做成，但只要是正确的，也就是应当做的，论不得成败。

意大利著名女影星索菲娅·罗兰就是一个能够坚持自己的想法的人。她16岁时来到罗马，要圆她的演员梦。但她从一开始就听到了许多不利的意见。用她自己的话说，就是她个子太高，臀部太宽，鼻子太长，嘴太大，下巴太小，根本不像一般的电影演员，更不像一个意大利式的演员。制片商卡洛看中了她，带她去试了许多次镜头，但摄影师们都抱怨无法把她拍得美艳动人，因为她的鼻子太长、臀部太"发达"。卡洛于是对索菲娅说，如果你真想干这一行，就得把鼻子和臀部"动一动"。索菲娅可不是个没主见的人，她断然拒绝了卡洛的要求。她说："我为什么非要长得和别人一样呢？我知道，鼻子是脸庞的中心，它赋予脸庞以性格，我就喜欢我的鼻子和脸保持它的原状。至于我的臀部，那是我的一部分，我只想保持我现在的样子。"她觉得不是靠外貌而是应该靠自己内在的气质和精湛的演技来取胜。她没有因为别人的议论而停下自己奋斗的脚步。最终，她成功了，那些有关她"鼻子长，嘴巴大，臀部宽"等议论都消失了，这些特征反倒成了美女的标准。索菲娅在20世纪即将结束时，被评为这个世纪的"最美丽的女性"之一。

索菲娅·罗兰在她的自传《爱情与生活》中这样写道："自我开始从影起，我就出于自然的本能，知道什么样的化妆、发型、衣服和保健最适合我。我谁也不模仿。我从不去奴隶似的跟着时尚走。我只要求看上去就像我自己，非我莫属……衣服的原理亦然，我不认为你选这个式样，只是因为伊夫·圣罗郎或第奥尔告诉你，该选这个式样。如果它合身，那很好。但如果还有疑问，那还是尊重你自己的鉴别力，拒绝它为好……衣服方面的高级趣味反映了一个人的健全的自我洞察力，以及从新式样选出最符合个人特点的式样的能力……你唯一能依靠的真正实在的东西……就是你和你周围环境之间的关系，你对自己的估计，以及你愿意成为哪一类人的估计。"

心理学家认为，一个具有健康人格的人是自由的人，而自由主要体现在这个人能够自主地、有选择地支配自己的行为上。这种自主感不是凭空产生的，其中很大一部分来自少年期对自由支配时间的体验。创造自己的自主空间，可以从下面几方面做起：

1. 遇事先自己拿主意。遇事先想该怎么办，自己做主，然后再听取父母的意见，从中学到解决问题的经验和技巧，这样才能使智力有所增长，培养自主的能力。

2. 尝试着培养独立思考的能力。允许自己独自在一定的限度内犯错误，甚至允许做错。但要学会从小独立思考和自我服务。

3. 当你充满信心去实践自己的主张时，不要太依赖外部的帮助。当你遇到困难时，不要轻易向父母求援或接受他们的帮助，随着你的长大和成熟，既要培养自己的责任心，又要有越来越多的独立性，你可以逐渐减少对父母的依赖和对他们的服从，有更多的自由去管理自己的事情。

🏵 第三章 🏵

乐观

——积极的心态改变你的世界

哈佛告诉你

积极的心态可让你获得成功的人生。决定一个人成功的因素不仅仅是能力，更重要的是能否始终乐观地看待自己周围的事物，身处逆境时能否依然积极乐观地寻找改变逆境的方法。每个人都是自己心灵的主宰，也是自己人生的主宰，面对人生的磨难和挫折，应当时刻保持积极进取的精神，在乐观中汲取继续走向成功的力量。

变更心境就能够变更生活

> 上天给人一分困难时，同时也给人一分智慧。
>
> ——雨果

心理学家认为，一个人具有什么样的心态，他就可以成为一个什么样的人，他就能够拥有一个什么样的人生。

事情往往是这样，你相信会有什么结果，就可能会有什么结果。这说明一个人可以通过变更自己的心境来变更自己的生活。

伟大的心理学家阿德勒究其一生都在研究人类及其潜能，他曾经宣称他发现人类最不可思议的一种特性——"人具有一种反败为胜的力量"。

戴尔·卡耐基讲述了一位叫汤姆森太太的经历，正好印证了这一点。

第二次世界大战时，汤姆森太太的丈夫到一个位于沙漠中心的陆军基地去驻防。

为了能经常与丈夫相聚，她搬到那附近去住，那实在是个可憎的地方，她简直没见过比那更糟糕的地方。她丈夫出外参加演习时，她就只好一个人待在那间小房子里。

热得要命——仙人掌树阴下的温度高达 125 华氏度（45 摄氏度），没有一个可以谈话的人。风沙很大，到处都有沙子。

汤姆森太太觉得自己倒霉到了极点，觉得自己好可怜，于是她写信给她父母，告诉他们她放弃了，准备回家，她一分钟也不能再忍受了，她宁愿去坐牢也不想待在这个鬼地方。她父亲的回信只有 3 行，这 3 句话常常萦绕在她的心中，并改变了汤姆森太太的一生：

有两个人从铁窗朝外望去，
一人看到的是满地的泥泞，
另一个人却看到满天的繁星。

　　她把父亲的这几句话反复念了多遍，忽然间觉得自己很笨，于是她决定找出自己目前处境的有利之处。她开始和当地的居民交朋友。他们都非常热心。当汤姆森太太对他们的编织和陶艺表现出极大的兴趣时，他们会把拒绝卖给游客的心爱之物送给她。她开始研究各式各样的仙人掌及当地植物，试着认识土拨鼠，观赏沙漠的黄昏，寻找300万年以前的贝壳化石。

　　是什么给汤姆森太太带来了如此惊人的变化呢？沙漠没有改变，改变的只是她自己。因为她的态度改变了，正是这种改变使她有了一段精彩的人生经历，她发现的新天地令她既兴奋又刺激。于是她开始着手写一本书，讲述她是怎样逃出了自筑的牢狱，找到了美丽的星辰。

　　汤姆森太太的故事说明了这样一个朴素的道理：人可以通过改变自己的心境来改变自己的人生。对于身处逆境中的人来说更是如此。

　　著名的思想家爱默生说过："真正的快乐不见得是愉悦的，它多半是一种胜利。"是的，快乐来自一种成就感，一种超越的胜利，一次用积极心态战胜消极情绪的经历。

　　身处逆境，积极乐观的人，看什么都是明媚的，而悲观的人看什么都是暗淡的。即使是悲观的人，如果肯动手去创造，也会发现太阳并不总是被乌云遮住的。

　　企业家卡尔森原是一个身无分文的穷光蛋，但是他从没对自己有一天能成为富翁产生过怀疑。即使在一种十分被动和不利的条件下，他依然能够顽强进取，积极寻找成功的机会。

　　有一次，卡尔森发现了一个商机。于是他借来钱办了一个制造玩具的小沙漏厂。沙漏是一种古董玩具，它在时钟未发明前用来测每日的时辰；时钟问世后，沙漏已完成它的历史使命，而卡尔森却把它作为一种古董来生产销售。

　　本来，沙漏作为玩具，趣味性不多，孩子们自然不大喜欢它，因此销量很小。但卡尔森一时找不到其他比较适合的工作，只能继续干他的老本行。

　　沙漏的需求越来越少，卡尔森最后只得停产。但他并不气馁，他完全相信自己能够战胜眼前的困难，于是他决定先好好休息，轻松一下，他便每天都玩些娱乐，看看棒球赛，读读书，听听音乐，或者领着妻子、孩子外出旅游。但他的头脑一刻也没有停止开拓的思考。

　　机会终于来了，一天，卡尔森翻看一本讲赛马的书，书上写道："马匹在现代社会里失去了它运输的功能，但是又以高娱乐价值的面目出现。"

　　在这不引人注目的两行字里，卡尔森好像听到了上帝的声音，高兴地跳了起来。他想："赛马骑师用的马匹比运货的马匹值钱。是啊！我应该找出沙漏的新用途！"

　　就这样，从书中偶得的灵感，使卡尔森精神重新振奋起来，把心思又全都放到他的沙漏上。

　　经过几天苦苦的思索，一个构思浮现在他的脑海：做个限时3分钟的沙漏，在3分钟内，沙漏里的沙子就会完全落到下面来，把它装在电话机旁，这样打长途电话时就不会超过3分钟，电话费就可以有效地控制了。

　　想好了后，他就开始动手制作。

　　这个东西设计上非常简单，把沙漏的两端嵌上一个精致的小木板，再接上一条铜链，然后用螺丝钉钉在电话机旁就行了。不打电话时还可以作为装饰品，看它点点滴滴落下来，虽是微不足道的小玩意，却能调剂一下现代人紧张的生活。

　　担心电话费支出的人很多，卡尔森的新沙漏可以有效地控制通话时间，售价又非常便宜。因此一上市，销路就很不错，平均每个月能售出3万个。

　　这项创新使原本没有前途的沙漏转瞬间成为对生活有益的用品，销量成倍地增加，面临倒闭的小作坊很快变成一个大企业。卡尔森也从一个即将破产的小业主摇身一变，成了腰缠亿贯的富豪。

卡尔森成功了,赚了大钱,而且是轻轻松松,没费多大力气。可是如果他不是一个心态积极的人,如果他在暂时的困难面前一蹶不振,那么他就不可能东山再起,成为富豪。

可见,决定一个人成功的因素不只是他的能力,还要看他是否能够始终乐观地看待自己周围的事物,看他在身处逆境时是否依然能够积极乐观地寻找改变逆境的办法。

一位成功学专家说过,你不可以改变一件已经变糟的事情,但你可以选择快乐地对待它,这样,无论你遭遇什么,你都能够在其中发现乐趣。

彼得拿着刚买的一支牛奶冰激凌,一边走一边吃,感到十分快乐。忽然一不小心,整支冰激凌掉在了地上,和泥沙混在了一起。

彼得愣愣地待在那里,一句话也说不出来,只是睁大了眼睛看着地上的冰激凌。

这时,有个老太太走过来,对彼得说:“好吧,既然你碰到这样坏的遭遇,脱下鞋子,我给你看一件有意思的事情!”

老太太说:“用脚踩冰激凌,重重地踩,看冰激凌从你脚趾缝隙中冒出来。”彼得照着她的话去做。

老太太高兴地笑:“我敢打赌,这里没有一个孩子尝过脚踩冰激凌的滋味!现在跑回家去,把这有趣的经验告诉你妈妈。”

接着,老太太说:“要记住!不管遭遇什么,你总可以在其中找到乐趣!”

这件事,使彼得很受启发,他很快学会了这种处世原则。

不久后的一天午后,一场大雨在地面上形成了大大小小的小水坑。彼得的母亲带着他,小心翼翼地避开人行道上的积水。不料,一辆计程车从身边疾驶而过,将两人的身上溅满了水。

彼得的母亲很生气,旁边的彼得却兴奋地对她说:“遇水则发,我们要发了。”

正在生气的母亲听到这样可爱的童言稚语,也不禁莞尔一笑,两人快快乐乐地踩着积水回家了。

这个小故事的意义十分深刻:如果你不满意自己的现状,想力求改变它,那么首先应该改变的是你自己,如果你有了积极的心态,能够积极乐观地改善自己的环境和命运,那么你周围所有的问题都会迎刃而解。

在心灵播下快乐的种子

当生活像一首歌那样轻快流畅时,笑逐颜开乃易事;而在一切事都不妙时,仍微笑的人,是真正的乐观。

——威尔科克斯

布雷丝说过,真正的快乐是内在的,它只有在人类的心灵里才能被发现。人是自己心灵的主宰,把负面的情绪从心中扫去,把快乐的阳光迎进来,这样的人生才会有美好的色彩。

有一天,天堂里的上帝和天使们召开了一个会议。上帝说:“我要人类在付出一番努力之后才能找到快乐,我们把人生快乐的秘密藏在什么地方比较好呢?”

有一位天使说:“把它藏在高山上,这样人类肯定很难发现,非得付出很多努力不可。”

上帝听了摇摇头。

另一位天使说："把它藏在大海深处，人们一定发现不了。"

上帝听了还是摇摇头。

又有一位天使说："我看哪，还是把快乐的秘密藏在人类的心中比较好，因为人们总是向外去寻找自己的快乐，而从来没有人会想到在自己身上去挖掘这快乐的秘密。"

上帝对这个答案非常满意。从此，这快乐的秘密就藏在了每个人的心中。

心理学家指出，每个人都具备使自己快乐的资源，像谦虚、合作精神、积极的态度，还有爱心，这些特质几乎都可以在每个人的身上找到，只是许多人没有把这些"快乐的资源"运用好而已。

快乐之根就在我们身上，快乐的秘密就在我们心中，每个人都可以通过改变自己的思想来改变自己的生活。

玛丽的生活一直非常忙乱，在亚利桑那大学学风琴，在城里开了一间语言学校，还在她所住的沙漠柳牧场上教音乐欣赏的课程。她参加了许多大宴小酌、舞会，还在星光下骑马。有一天早上她整个垮了，心脏病发作。"你得躺在床上静养一年。"医生对她说。医生居然没有鼓励她，让她相信她还能够健壮起来。

在床上躺一年，做一个废人，也许还会死掉。她简直吓坏了。不知道为什么她会碰到这样的事情。可是她还是遵照医生的话躺在床上。她的邻居鲁道夫先生是个艺术家。他对玛丽说："你现在觉得要在床上躺一年是一大悲剧，可是事实上不会的。你在思想上的成长，会比你这大半辈子以来多得多。"她平静了下来，开始想充实新的价值观念。她看过很多能启发人思想的书。有一天她听到一个无线电新闻评论员说："你只能谈你知道的事情。"这一类的话她以前不知道听过多少次，可是现在才真正深入到她的心里。她决心只想那些她能赖以生活的事情——快乐而健康的事情。每天早上一起来，她就强迫自己想一些美好的事情：她没有痛苦，有一个很可爱的小女儿。她的眼睛看得见，耳朵听得到收音机里播的优美音乐，有时间看书，吃得很好，有很好的朋友。她非常高兴，每天来看她的人多到医生不得不挂上一个牌子，规定每次只许有一个探病的客人，而且只许在半个小时里。

从那时候开始，到现在已经有9年了，玛丽过着丰富又很幸福的生活。她非常感激能在床上度过那一年，那是她在亚利桑那州所度过的最有价值、也是最快乐的一年。她现在还保持着当年养成的那种每天早上算算自己有多少得意事的习惯，这是她最珍贵的财产。她觉得很惭愧，因为一直到她担心自己会死去之前，才真正学会怎样生活。

玛丽所学到的这一课正是撒姆耳·约翰博士在200多年前所学到的。"养成快乐的习惯，比每年赚10万英镑更值钱。"

除了要养成乐观的习惯之外，我们还应当学会用积极的情绪来代替消极的情绪。心灵上的"杂草"要以"庄稼"来覆盖，那什么是这种庄稼呢？那就是快乐。著名音乐家鲁宾斯坦也曾经遭遇过失败的打击，甚至他还曾经自杀过，幸好没有成功。事后，他反问自己："为什么我要结束生命？"本来人出生时就是一无所有，没有金钱，没有朋友，也没有亲人，什么都没有，就是赤裸裸地来，而再次失去这些，那又有什么好可惜的，得失本无常，何不给自己一片快乐的天空呢？

要不要快乐是自己决定的：生病时可以快乐，穷的时候可以快乐，甚至死的时候也可以快乐，自己为什么要被外在环境所主导呢？从自我追问那一刻开始，要让自己活得快乐，就算没有钱或是永远被人瞧不起，还是要保持快乐。

快乐绝对不是有钱人、聪明人、权势人的权利，也许我们很穷、也不聪明、地位更不高，但这并不妨碍我们体验"自己能拥有的快乐"。生命是乐、生活是乐、生气是乐，贫穷也是乐，一切随缘而乐，但看自己能否体验、享受任何时刻所面对的乐趣。只要你愿意，快乐唾手可得；只要你愿意，生活中任何地方、任何时间都有快乐。

人生之路不会是一路平坦，一定会有坎坷。人生低潮、不如意、有变化的时候，你也可以把它看成另一种快乐的埋藏处，有变化生活才有美丽，只要你愿意，快乐就会永远伴随你。

把消极的情绪从心中消除出去，为心灵播下快乐的种子，这样你的人生才会充满快乐。

每天送给自己一个希望

假如生活欺骗了你，不要悲伤，也不要气愤，在愁苦的日子里要心平气和，相信吧，快乐的日子总会来临。

——普希金

成功学大师拿破仑·希尔说："没有任何东西能够换取希望对于人的价值。当我们面对失败的时候，当我们面对重大灾难的时候，我们都应该将人生寄托于希望，希望能够使我们淡忘自己的痛苦，为我们汲取继续走向成功的力量。"

在一个偏僻的村落里，有一位历尽沧桑的老人。由于命运的安排，她几乎经历了一个女人所能遭遇的一切不幸。然而她却用一颗满盛着希望的心灵演绎了一个幸福美丽的人生。18岁时，她嫁给了邻村的一个生意人，可刚结婚不久，丈夫外出做生意，便一去不返。有人说他死在了响马的枪下，有人说他是病死他乡了，还有传说他入赘到一家有钱人家。当时，她已经怀上了孩子。

丈夫不见踪影几年以后，村里人都劝她改嫁。没有了男人，孩子又小，这寡居生活到什么时候是个头？她没有走。她说丈夫生死不明，也许在很远的地方做了大生意，没准哪一天发了大财就回来了。她被这个念头支撑着，带着儿子顽强地生活着。她甚至把家里整理得更加井井有条。她想，假如丈夫发了大财回来，不能让他觉得家里这么窝囊寒酸。

这样过去了十几年，在她儿子17岁的那一年，一支部队从村里经过，她的儿子跟部队走了。儿子说，他到外面去寻找父亲。

不料儿子走后又是音信全无。有人告诉她说儿子在一次战役中战死了，她不信，一个大活人怎么能说死就死呢？她甚至想，儿子不仅没有死，而是做了军官，等打完仗，天下太平了，就会衣锦还乡。她还想，也许儿子已经娶了媳妇，给她生了孙子，回来的时候是一家子人了。

尽管儿子依然杳无音信，但这个想象给了她无穷的希望。她是一个小脚女人，不能下田种地，她就做绣花线的小生意，勤奋地奔走四乡，积累钱财。她告诉人们，她要挣些钱把房子翻盖了，等丈夫和儿子回来的时候住。

有一年她得了大病，医生已经判了她死刑，但她最后竟奇迹般地活了过来，她说，她不能死，她死了，儿子回来到哪里找家呢？

这位老人一直在村里健康地生活着，过了百岁的年龄，她依然还做着她的绣花线生意，她天天算着，她的儿子生了孙子，她的孙子也该生孩子了。这样想着的时候，她那布满皱纹与沧桑的脸上，即刻会变成绚烂多彩的花朵。

希望在任何时候都是一种支撑生命的力量。如果我们不放弃心中的希望，那么苦难都会被我们克服。第二次世界大战时期，在纳粹集中营里，一个叫安的犹太女孩写过这样一首诗：

> 这些天我一定要节省，虽然我没有钱可节省
> 我一定要节省健康和力量，足够支持我很长时间
> 我一定要节省我的神经我的思想我的心灵和我精神的火
> 我一定要节省流下的泪水
> 我需要它们安慰我
> 我一定要节省忍耐，在这些风暴肆虐的日子
> 在我的生命里我有那么多需要
> 情感的温暖和一颗善良的心
> 这些东西我都缺少
> 这些我一定要节省
> 这一切，上帝的礼物，我希望保存
> 我将多么悲伤
> 倘若我很快就失去了它们

即使在随时都可能死去的时候，安仍然热爱着生命。她节省泪水，节省精神之火，用稚嫩的文字给自己弱小的灵魂取暖，用坚韧的希望照亮黑暗的角落。

很多人在绝望中死去，而这个当时只有 12 岁的小女孩安，终于等到了第二次世界大战结束，看见了新生的曙光。

希望是什么？是引爆生命潜能的导火索，是激发生命激情的催化剂。每天给自己一个希望，我们将活得生机勃勃、激昂澎湃，哪里还有时间去叹息、悲哀，将生命浪费在一些无聊的小事上呢？

每天给自己一个希望，我们就能够充满士气地面对自己的生活，而不是将时间花费在无尽的悲哀和苦闷上，生命有限但希望无限，每天给自己一个希望，我们就能够拥有一个丰富多彩的人生。

有一位医生医术精湛，生活幸福美满，但不幸的是，在某一天，身体一向很健康的他却被诊断患有癌症。这对他可谓当头一棒。他一度情绪低落。最终他不但接受了这个事实，而且他的心态也为之一变，变得更宽容、更谦和、更懂得珍惜所拥有的一切。在勤奋工作之余，他从没有放弃与病魔搏斗。就这样，他平安度过了好几个年头。有人惊讶于他的事迹，就问他是什么神奇的力量在支撑着他。这位医生笑盈盈地答道："是希望，几乎每天早晨，我都给自己一个希望，希望我能多救治一个病人，希望我的笑容能温暖每个人。"这位医生不但医术高明，做人的境界也很崇高。

在美国有一所小学，据统计，该校毕业生在当地警察局的犯罪记录最低，这是为什么？一位研究者通过对该校毕业生的问卷调查，得到了一个奇怪的答案——因为该校的学生都知道铅笔有多种用途。

在这所学校，新生入学后接受的第一堂课就是：一支铅笔有多少种用途。在课堂上，孩子们明白了铅笔不仅有写字这种最普通的用途，必要时还能用来做尺子画线；作为礼品送人表示友爱；当作商品出售获得利润；笔芯磨成粉后可做润滑粉；演出时也可临时用于化妆；

削下的木屑可以做成装饰画；一支铅笔按相等的比例锯成若干份，可以做成一副象棋，可以当作玩具车的轮子；在野外探险时，铅笔抽掉芯还能被当成吸管喝石缝中的泉水；在遇到坏人时，削尖的铅笔还能当作自卫的武器……

通过这一课，学生们懂得了：拥有眼睛、鼻子、耳朵、大脑和手脚的人更是有无数种用途，并且任何一种用途都足以使一个人生存下去。这种教育的结果是，从这所学校毕业的学生，无论他们的处境如何，都生活得非常快乐，因为他们永远对未来充满希望。

一支小小的铅笔有无数种用途，它可以用来画线，做礼品，做润滑粉，甚至还可以用来自卫。同样，我们身体的每一个部分比如眼睛和耳朵也有许多用途，任何一种用途都可让我们生存下去。明白了这个道理，无论处境如何，我们都可以保持积极乐观的心态。

对自己说"不要紧"

失败是变相的胜利，最低潮就是高潮的开始。

——朗费罗

一天，一位老教授在王丽所在的班上说："我有句三字箴言要奉送各位，它对你们的学习和生活都会大有帮助，而且可使人心境平和，这3个字就是'不要紧'。"

王丽领会到了那句三字箴言所蕴含的智慧，于是便在笔记簿上端端正正地写下了"不要紧"3个大字。她决定不让挫折感和失望破坏自己平和的心境。

后来，她的心态遭到了考验。她爱上了英俊潇洒的李刚，他对她很重要，王丽确信他是自己的白马王子。

可是有一天晚上，李刚却温柔婉转地对王丽说，他只把她当作普通朋友。王丽以他为中心构想的世界当时就土崩瓦解了。那天夜里王丽在卧室里哭泣时，觉得记事簿上的"不要紧"那几个字看起来很荒唐。"要紧得很，"她喃喃地说，"我爱他，没有他我就不能活。"

但第二日早上王丽醒来再看到这3个字之后，就开始分析自己的情况：到底有多要紧？李刚很要紧，自己很要紧，我们的快乐也很要紧。但自己会希望和一个不爱自己的人结婚吗？

日子一天天过去了，王丽发现没有李刚，自己也可以生活。王丽觉得自己仍然能快乐，将来肯定会有另一个人进入自己的生活，即使没有，自己也仍然能快乐。

几年后，一个更适合王丽的人真的来了。在兴奋地筹备婚礼的时候，她把"不要紧"这3个字抛到九霄云外。她不再需要这3个字了，她觉得以后将永远快乐，她的生命中不会再有挫折和失望了。

然而，有一天，丈夫和王丽却得到了一个坏消息：他们曾经投资做生意的所有积蓄，全部赔掉了。

丈夫把信念给王丽听了之后，她看到他双手捧着额头。她感到一阵凄酸，胃像扭作一团似的难受。王丽又想起那句三字箴言："不要紧。"她心里想："真的，这一次可真的是要紧！"

可是就在这时候，小儿子用力敲打他的积木的声音转移了王丽的注意力。儿子看见妈妈看着他，就停止了敲击，对她笑着，那副笑容真是无价之宝。王丽把视线越过儿子的头往窗外望去，她看到了生机盎然的花园和晴朗的天空。她觉得自己的胃顿时舒展，心情也恢复了。于是她对丈夫说："一切都会好起来的，损失的只是金钱。实在'不要紧'。"

生活中有很多突发的变故，会给我们的心灵带来巨大的压力，很多人会因为这些压力而变得一蹶不振，甚至会因此而失去生活的勇气。事实上，很多问题并不像我们想象的那么严重，面对这些人生的狂风暴雨，如果我们能够尝试着对自己说"不要紧"，时刻保持积极的心态，那么这些人生困难最终都将过去。

有一天，唐娜接到国防部的电报，说她的侄儿——她最爱的一个人，在战场上失踪了。

唐娜的心一下子就悬了起来，原本开朗达观的她变得焦虑不安，茶饭不思。过了不久，她又接到了阵亡通知书。接到通知书的那一刻，她觉得自己的整个世界都蹋陷了。

在此之前，唐娜一直觉得命运对自己很好。她说："伟大的上帝赐给我一份喜欢的工作，又让我顺利地抚养大了相依为命的侄儿。在我看来，我侄儿代表着年轻人美好的一切。我觉得我以前的努力，现在都应该有很好的收获……"

然而，现在却来了这样一份电报，她的整个世界都被粉碎了，她觉得再也没有什么值得让自己活下去的了，她找不到继续生存下去的借口。她开始忽视她的工作，忽视她的朋友，她抛开了生活的一切，对这个世界既冷淡又怨恨。"为什么我最爱的侄儿会死？为什么这么个好孩子——还没有开始他的生活就离开了这个世界？为什么他会死在战场上？"她觉得自己没有办法接受这个事实。她悲伤过度，决定放弃工作，离开家乡，把自己藏在眼泪和悔恨之中。就在她清理桌子准备辞职的时候，突然看到一封她已经忘了的信——一封她的侄儿生前寄来的信，当时，他的母亲刚刚去世。侄儿在信上说："当然我们都会想念她的，尤其是你。不过我知道你会平静度过的，以你个人对人生的看法，就能让你坚强起来。我永远不会忘记那些你教给我的美丽的真理。不论我在哪里生活，不论我们分离得多么遥远，我永远都会记得你的教导。你教我要微笑面对生活，要像一个男子汉，要承受一切发生的事情。"

唐娜把那封信读了一遍又一遍，觉得侄儿就在自己的身边，正在对自己说话。他好像在对自己说："你为什么不照你教给我的办法去做呢？坚持下去，不论发生什么事情，把你个人的悲伤藏在微笑下面，继续生活下去。"

侄儿的信为唐娜带来了很大的安慰和鼓舞，她不再对周围的一切充满敌视，不再对别人的冷淡无礼，她又像以前那样充满希望地投入到工作中去了。她一再对自己说："事情到了这个地步，我没有能力改变它，不过我能够像他所希望的那样继续活下去。"

唐娜把所有的思想和精力都用在工作上，她写信给前方的士兵——给别人的儿子们；晚上，她参加成人教育班——要找出新的兴趣，结交新的朋友。她几乎不敢相信发生在自己身上的种种变化。她说："我不再为已经过去的那些事悲伤，现在我每天的生活都充满了快乐——就像我的侄儿要我做到的那样。"

问题的关键不在于发生了什么事情，而在于我们怎样看待发生在自己身上的事情。无论发生了什么事情，你都必须接受既定的事实，把个人的悲伤掩藏在微笑下面，平静地继续生活，因为无论发生多么难以承受的事情，随着时间的推移都会变得微不足道，无论多么深的痛苦和挫折，这一切都会成为过去。

第四章

坚韧

——在充满荆棘的道路上奋进

哈佛告诉你

挫败是成长的阶梯，困境是人生的另一所大学。一个生前没有经历过困难的人，其生命是不完整的。一个人的成长，就是经历一连串的磨难和考验的过程，迎接并克服磨难，才能拥有足够的力量和智慧。青少年要成为未来社会的强者，就应当在生活中磨炼自己坚韧的意志，把不幸和困难当成自己人生最好的教材。

在困难面前你需要重新站起来

如果我们被打败了，我们就只有从头干起。

——恩格斯

青少年在成长过程中难免会遇到挫折和困难，在困难面前跌倒是很正常的。关键是你能否重新从挫折中站起来，不被困难所击跨。能够承受一次次困难和挫折的人才能够坚持到底，取得胜利。

有一群登山爱好者准备征服一座海拔6000米的高山。于是，他们组成一个小分队扎营在海拔2000米的山脚等待天气好转。他们当中有些是专业性的登山运动员，体魄健壮，经验丰富。

天终于晴了，微风轻吹，队员们开始行动起来，由经验丰富的队员带领出发了。

在攀登者脚下，高山有种被驯服般的宁静，只有峰顶的冰川在阳光下闪着迷人的光辉。每个登山者都沉浸在攀登的乐趣中。他们用手提电台与基地保持着联系，不时地向遥远的家中通话，向亲人叙述他们在高山上所见的美景。

正当他们慢慢接近主峰的时候，灾难悄悄降临了。突然间，乌云翻滚，狂风肆虐，气温骤降。几个经验丰富的登山运动员知道情况不妙，要求大家全力返回。可是，由于在路上逗留时间过长，夜已慢慢逼近，按经验他们已无法下山，只能等营救人员前来。狂风怒吼而来，许多队员的衣服被风撕破，手套也脱落了……

祸不单行的是，有位队员的腿部被飞石击中，出了大量的血，伤员痛苦地呻吟着。

风越吹越大，严寒也随之降临。伤员极其痛苦地喊："我冷，我冷……"血流出后很快便结成冰。有一个登山者说："现在天色尚未全黑，让我来背他下山，或许他会有救。"

"你这是去找死，营救人员马上会来的。"众人劝他。可是，他还是背起伤员努力向山下走去。

　　夜幕降临了，山上起了暴风雪，营救人员根本无法上山。第二天，营救人员发现在原处等待救援的人们紧紧挤在一起，已经僵硬了。救援人员在海拔4000米的地方发现伤员和背着他的人，竟然还活着。

　　营救人员说在这种天气下能存活下来简直是奇迹。他们分析原因后断定，他们之所以能活着，是因为他们一个晚上都没有停止过高强度的运动。

　　在困难面前摔倒是难免的，最关键的是你能否重新站起来，并且承受一次又一次的摔倒。即使遭受挫折、失败或迷惘，只要坚持到底，就能取得胜利。

　　作为电影制片人，鲍勃可谓是一帆风顺。

　　鲍勃若是满足于做制片人，也许他真会一帆风顺。然而，他认为，做制片人还不能充分发挥他的才能和创造性。在好莱坞，真正的荣耀属于导演。

　　他执导了一部片子，评论界众说纷纭，票房很低。导演鲍勃可不像制片人鲍勃那样受人欢迎了。失败接二连三地向他袭来。

　　1年之内，电影砸锅，朋友抛弃他，婚姻破裂。他从加利福尼亚逃到纽约，过起了隐姓埋名的生活。他疯狂地寻找新的根基，倾家荡产买下了一个套房。"我完全垮了。"他说。

　　他坐在纽约的套房里，陷入了冥思苦想。面对生活与事业的双重打击，他决定偃旗息鼓，他获得了安宁。

　　对于鲍勃和那些有成就的人来说，关键是要控制局面。但是，失败使他完全失控了。也许他没有必要控制，也许他可以改变，也许改变了会更幸福。

　　最后，鲍勃重新回到了洛杉矶，回到他失败的地方。他怀揣着从未有过的谦卑感回去了。一切都得重新开始，一种完全不同的自我意识支持着他。

　　他放下面子，从低级的活开始干。"我得倒退3步，才能前进4步。倒退虽然痛苦，却必不可少。"

　　鲍勃最终还是重登好莱坞的顶峰，这一次，他既非制片人，亦非导演，而是电影公司的董事。

　　鲍勃知道自己是幸存者。

　　鲍勃现在是轻装上阵。他的价值观非常明确。也许，他会遇到更多的挫折，但他绝不低头。在他看来，成功并不在于重新当上电影公司的总裁，而在于审视自己生活的这一过程。他将这一精神旅程视为最大的成就。

　　看着鲍勃的精神之旅，你会明白"我完全垮了"对鲍勃来说是错误的，而对你来说，也是——错误的。

　　"失败了再爬起来"，看起来是一句鼓舞克服危机者最好的话，但是要真正实现起来，需要的是自我鼓励的品质和勇气。有无这种品质和勇气，直接决定了谁是一个危机者，谁是一个优势者。更为主要的是能在挫败之时看到站起来的希望！

　　梅西14岁的时候来到美国，因为他从7岁起就跟着裁缝师学缝纫，所以到了美国之后，很顺利地就在一家裁缝店中找到了工作。

　　到了18岁时，梅西决定要成立一家属于自己的店。

　　于是，他和弟弟及其他合伙人共同买下了一间礼服店，他信心十足地把所有的积蓄都投资在这里。但是，接下来发生的许多事情，却不断地考验着梅西开店的决心。

　　先是在即将开业的前一天晚上，小偷偷走了将近8万美元的存货；接下来他再度进的货，又在一场意外的大火中付之一炬。

后来，他才发现保险经纪人欺骗了他，根本没有把他支付的保险费支票交给保险公司，所以这场火灾等于没有保险。

更惨的是，可以证明公司存货内容和价值的一位重要证人，却正好在这个时候去世了。

接二连三的打击实在让梅西受够了，他决定到别的裁缝店工作。但是，过了没多久，他渴望拥有自己事业的欲望又开始蠢蠢欲动了起来。

于是，他再度鼓起勇气，开了一家裁缝兼礼服出租店。这一次，他决定多采纳别人的意见，但在大方向上他依然坚持自己作决定。因为，他始终相信：如果因此跌倒了，是自己的选择；如果站了起来，那也是靠自己站起来的。

因为梅西坚持着这个信念，所以不久之后，他的"法兰克礼服出租店"终于成为底特律的知名店铺。

梅西的经历告诉我们，当人生出现挫折和困难时，只要我们坚定成功的信念，不被失败击垮，那么最后等待我们的必将是成功。

昭和四年，日本经济遭遇前所未有的大恐慌。工厂接二连三裁员倒闭，劳资纠纷不断发生。

松下电器自然也受到经济衰退的波及。原本因为国际牌电灯的快速畅销，不断扩展事务导致员工人数激增，但在不景气的狂风吹袭下，销售量急速锐减，库存已到了满山满谷的地步。这时松下又因病住院，公司交由义弟井植看管。井植等决策阶层在董事会议中都认为，要想渡过这个难关，除了大量裁员之外别无他策，既然销售量减少到以往的1/2，那么只有裁去现有员工的1/2才可以维持公司生存。

但是松下对此提议大加反对，在不服输的精神的感召下，他毅然决定采取缩短工时数的策略。"如果每位员工的工作时数减半，则生产量自然只剩下以往生产额的1/2，但是每个人都还可以保有工作。希望每一位员工把剩下的半天时间用在推广产品销售的工作中，以解决存货的过度积压。"由于每个人都可以继续放心工作，并且收入还受到保证，因此全体员工都团结一致，奋发向上，开始为了公司的前景而努力。结果在极短的时间内，库存商品销售一空，大家又重回岗位上致力生产，终使松下企业转危为安。之后还向合成树脂业进军，并开发生产收音机，奠定了后来松下企业发展的基础。

所以，不管遭遇什么危险，切勿心生怯意，意图逃脱。鼓起勇气面对现实，就会扭转乾坤，转危为安。

用行动反击失败

生活好比橄榄球比赛，原则就是奋力冲向底线。

——富兰克林·罗斯福

在拿破仑的传记作品里，曾经记载过这样一个故事：

那是在马林果战役的前夕，拿破仑坐在营帐里，凝视着面前摊开的一张意大利地图。他把4枚钉子按在地图上，一边挪动钉子，一边思考着。

过了一会儿，他自言自语道："现在一切部署好了，我要在这里抓住他！"

"抓住谁？"身旁的一个军官问道。

"墨拉期，奥地利的老狐狸，他要从热那亚回来，路过都灵，进攻亚历山大里亚。我要渡过波河，在塞尔维亚平原迎着他，就在这儿打败他。"拿破仑的手指向马林果。

但是，马林果战役打响后，法军受到敌军强有力的抵抗，只剩招架之力，拿破仑精心筹措的胜利眼看就要成为泡影。

正在法军败退之际，拿破仑手下的将领德撒带着大队骑兵驰过田野，停在拿破仑站着的山坡附近。队伍中有一个小鼓手，他是德撒在巴黎街头收留的流浪儿，在同埃及和奥地利的战役中一直跟随法军作战。

当军队站住时，拿破仑朝小鼓手喊道："击退兵鼓。"

这个孩子却没有动。

"小流浪汉，击退兵鼓！"

"小流浪汉，击退兵鼓！"

孩子拿着鼓槌向前走了几步，朗声说道："啊，大人，我不知道怎么击退兵鼓，德撒从来没有教过我。但是我会击进军鼓，是的，我可以敲进军鼓，敲得让死人都排起队来。我在金字塔敲过它，在台伯河敲过它，在罗地桥又敲过它。啊，大人，在这里我也敲进军鼓么？"

拿破仑无可奈何地转向德撒："我们吃败仗了，现在可怎么办呢？"

"怎么办？打败他们！要赢得胜利还来得及。来，小鼓手，敲进军鼓，像在台伯河和罗地桥一样敲吧！"

不一会儿，队伍随着德撒的剑光，跟着小鼓手猛烈的鼓声，向奥地利军队横扫而去，他们不惜流血牺牲，把敌人打得一退再退。德撒在敌人的第一排子弹中就倒下了，但是队伍并没有动摇。当炮火消散时，人们看到那小流浪儿走在队伍最前面，笔直地前进，仍旧敲着激昂的进军鼓。他越过死人和伤员，越过营垒和战壕，他的脚步从容不迫，鼓声激昂有力，他以自己勇敢无畏的精神开辟了胜利的道路。

这个故事告诉我们，不管失败的打击有多大，都不应该畏缩不前，而是应该显出高傲的姿态，以一种胜利者的态度去迎战，然后，做棒球史上最伟大的投手弗兰克在他经受臂伤时所做的事——反击。

"我是1974年为洛杉矶道奇队打一场夜间比赛时受伤的，那个赛季我拥有一个棒球选手所能梦想的最佳状况——我是那年全国联赛的头号投手，即将赢得参赛以来的第20场胜利，球队也将打进世界系列赛。男孩子所有的梦想，都将在我身上实现。突然间，我站上投手板，砰的一声，什么都完了。

"我韧带断了，所有投手最怕肘部受伤，因为手术常常意味着投手生涯的终结。我需要进行的手术，是任何主要大联盟的投手都没有做过的，但我知道要想继续打球，就别无选择。

"1974年9月25日，布兰克·乔布医生给我做了手术，复原的过程极为缓慢。我问医生：'我有没有机会再投球？'他们回答说：'有1%的机会。'但他们对我太太玛丽更坦白，说：'你的工作就是要鼓励弗兰克，想想他将来要做什么，因为他的投球生涯恐怕已经结束了。'

"一个星期天，我手裹着石膏，带着在我手术后两天才出生的漂亮女儿，坐在教堂里听牧师布道。牧师讲道的内容是有关亚伯拉罕和他的妻子莎拉的，莎拉在七十几岁时才受上帝祝福，怀了第一胎。

"牧师读着圣经的故事，抬起头说：'你知道，与上帝同在，没有不可能的事。'他说话的时候就看着我，我抬头看他，他微笑着，我在圣经的这句话上做了记号，这正是我需要听的。

"16个星期之后，我拆掉石膏，手指萎缩得很厉害，我太太说看起来很像鸡爪。手臂瘦弱无力，好像是90岁的老人。要抓东西，还得把手指头扳过去。连切切肉、开开门都办不到。玛丽用婴儿油帮我擦肌肤时，我的皮肤会一块块剥落在她手上。

"在康复阶段，我把大量的时间花在体育场里。在球场上，教练为我实施一系列严格的训练，帮助我强健肌肉。

"复原进展极为缓慢。有一天，我记得从球场回家，把手放在背后，告诉玛丽，要给她一个惊喜。她以为我在开玩笑，想可能是死蜥蜴之类的东西，但当我慢慢把左手从背后伸出来弯着小指去碰拇指时，我们互相拥抱，跳来跳去，高声欢叫。这是我第一次能移动手指，感觉就好像得到10万元奖金似的，因为这表明那些肌肉终于康复了。

"当我不和教练一起练习的时候，就和球队一起出去，坐在本垒板后面比划投球动作，尽量为球队做我可以做的事。我告诉道奇队的老板彼得·欧麦里说：'我在康复，不能投球，但我愿帮忙做任何事情。'

"其他球队的球员、教练、领队都问我：'你真的以为你可以让那只手臂复原，让它再度看起来像是投球的手吗？'我回答他们：'我坚信。'

"复原是一段漫长、艰辛的过程，在一年半的时间里，除了周日，我每天都坚持练习。然而我真的恢复了，手术后主投的球赛，比以前还要多，并且代表扬基队在世界锦标赛中出场。

"许多人看到我，会摇头感叹我是那么坚定果敢，尽最大的努力。这或许是我家乡威尔斯的传统，或许是其他什么因素，但我喜欢证明别人的谬误。"

弗兰克的成功说明了这样一个道理：行动是扭转不利局面的唯一途径。人生就好比是一个大的赛场，你像弗兰克一样也会面临很多意想不到的挫折和困难，但是如果你能像弗兰克那样用坚忍的毅力和不懈的行动去反击失败，改善困境，那么就会和弗兰克一样，克服困难，获得最后的胜利。

用笑脸迎接挫折

让我不要祈求免遭危难，而是让我能大胆地面对它们。

——泰戈尔

困难和挫折是人生中不可避免的。有的人成功了，是因为他们能够坚强地面对，而有的人失败了，是因为他们面对困难一蹶不振，失去了继续拼搏的勇气。伟大的发明家爱迪生说过，厄运对乐观的人无可奈何，面对厄运和打击，乐观的人总会选择笑脸迎接挫折。

琼妮小姐是新西兰一位建筑商的女儿，移居美国后，曾在休斯敦一家电视台工作，1990年起任CNN摄影记者。1992年6月，她被派往萨拉热窝进行战地采访。在那里，曾有多名记者丧生。

琼妮在萨拉热窝逗留6个星期后，已经习惯周围的流弹。一天清早，一颗子弹击穿车玻璃，正好击中她的脸部，几乎掀掉了她的半边脸，她的颧骨被打得粉碎，牙齿没有了，舌头被打断。送到诊所时，大夫们直摇头，认为她不行了。但经过20多次手术后，她又奇迹般地回到了工作岗位。这时的她，下腭仍无感觉，脸部还留着弹片，体重减轻了8千克。令大家吃惊的是，她要求重返萨拉热窝。

她幽默地说："说不定我还能在那里找回我的牙齿。"她甚至想认识一下当初袭击她的枪手。

有人问她，见到那个枪手后怎么办。她说："我会请他喝一杯，问他几个问题，比方说当时距离有多远。"

琼妮面对厄运的乐观态度证明她是一个具有坚韧毅力的女孩，正是这种乐观的性格，使她能够迅速摆脱挫折的阴影，积极地投入到新的工作中去。

和琼妮一样，杰克也是一个具有超强乐观精神的人。他的心情总是特别好，而且对任何事情总是有正面的看法。当有人问他近况如何时，他总是回答："我快乐无比。"每当有不愉快的事情发生时，杰克都会对自己说："杰克，你可以选择成为一个受害者，也可以选择从中学些东西。"每一次他都会选择从中学习。

有一天，杰克出事了。他清晨出去锻炼时，忘记了关门。他回来时发现有3个人正在他家偷窃，其中一个歹徒因为紧张而对他开了枪。幸运的是，歹徒匆忙离开了，好心的邻居迅速把杰克送进了急救室。经过18个小时的抢救和几个星期的精心照料，杰克出院了。

事情发生后6个月，一个朋友去看杰克，问他近况如何，他答道："我快乐无比。想不想看看我的伤疤？"朋友弯下腰看了看他的伤疤，问道："当歹徒来时，你想些什么？"

"第一件在我脑海中浮现的事是，我应该关好门。"杰克答道，"当我躺在地上时，我对自己说：有两个选择，一是死，一是活。我选择了活。"

"你不害怕吗？你有没有失去知觉？"朋友又问道。

杰克回答说："医护人员都很好。他们不断告诉我，我会好的。但当他们把我推进急诊室后，我看到他们脸上的表情，从他们的眼中，我读到了'他是个死人'。我知道我需要采取一些行动了。"

"你采取了什么行动？"朋友紧追不舍地问。

"有个很可爱的护士大声问我问题，她问我有没有对什么东西过敏。我马上答：'有的。'这时，所有的医生、护士都停下来等着我说下去。我深深地吸了一口气，然后大声说道：'子弹！我对子弹过敏！'在一片大笑声中，我又说道：'我选择活下去，请把我当活人来医治，而不是死人。'"

杰克活了下来，一方面要感谢医术高明的医生，另一方面得感谢他那惊人的乐观态度。

我们也许不会遇到像杰克和琼妮那样的厄运，但是我们在成长和生活过程中也会遇到各种障碍、困难，遭遇很多失败、痛苦。在挫折面前，有的人会出现暴怒、恐慌、悲哀、沮丧、退缩等情绪，影响了学习和工作，损害了身心健康。而有的人却能够像杰克、琼妮那些乐观的人一样笑对挫折，对环境的变化作出灵敏的反应，善于把不利条件化为有利条件，摆脱失败，走向成功。

安德鲁是一个年过60岁的老人，他自认为他是一个遭受失败最多的人。他是一个热衷于石油的开采者，他说他一生中每打4口井，就有3口是枯井。可是他依然从逆境中走了出来，成了一个身价超过2亿美元的富翁。安德鲁自己回忆说："当年我被学校开除后，就跑到得克萨斯的油田找了一份工作。随着经验的逐渐丰富，我便想当一名独立的石油勘探者。那时候，每当我手里有钱了，我就自己租赁设备，进行石油勘探。在连续的两年里，我一共开采了将近30口井，但全部都是枯井。当时，我真的失望极了。"安德鲁的确陷入了困境，都要接近40岁了，他依然一无所获。但是，他不但没有被逆境难倒，反而更加勤奋努力。他开始研读各种与石油开采有关的书籍，吸取了丰富的理论知识。等理论知识掌握得非常充分的时候，他便卷土重来，租好设备，找好地皮，又一次进行石油开采。这一次他没有遇到枯井，而是汩汩直冒的石油。

安德鲁正是由于积极乐观地面对逆境，没有对现实失去信心，才取得了成功。由此可见，在逆境面前，充满希望才能有机会取得成功。

乐观的人在遭受挫折打击时，仍坚信情况将会好转，前途是光明的。其实，谁都有面临困难与逆境的时候，关键是看我们怎样处理。有些人在逆境中永远消极，成为一个永远的失败者；而有些人却能够积极地面对逆境，冲出重围，走向成功。

卡耐基认为，逆境在人生中是不可避免的。既然逆境是不能避免的，那就让我们从逆境中找到动力吧，让逆境成为推动我们走向成功的动力。我们应该将逆境视为成功的预兆。卡耐基说过："困难与挫折其实是上天故意安排来考验我们的，其实，它就是成功的化身。成功与失败把握在我们自己手中。"

因此，面对苦难和挫折，你要抬起头来，笑对它，相信"这一切都会过去，今后会好起来的"。希望是不幸者的第二灵魂。向往美好的未来，是困难时最好的自我安慰。在多难而漫长的人生路上，我们需要一颗健康的心，需要绚烂的笑容。苦难是一所没人愿意上的大学，但从那里毕业的，都是强者。

在挫折面前多坚持走一步路，多坚持一分钟，也许你就会发现自己已经站在了成功的大门前。

坚持到底，永不放弃

> 要从容地着手做一件事，但一旦开始，就要坚持到底。
>
> ——比阿斯

世界首富比尔·盖茨认为，巨大的成功靠的不是力量而是韧性。如今社会的竞争常常是持久力的竞争，有恒心、有毅力的人往往能够成为笑到最后、笑得最好的人，对于青少年来讲，恒心和毅力是成功的必要条件，半途而废，浅尝辄止，那么梦想永远只能是梦想。

1864年9月3日这天，寂静的斯德哥尔摩市郊，突然爆发出一声震耳欲聋的巨响，滚滚的浓烟霎时冲上天空，一股股火焰直往上蹿。仅仅几分钟时间，一场惨祸发生了。当惊恐的人们赶到现场时，只见原来屹立在这里的一座工厂只剩下残垣断壁，火场旁边，站着一位30多岁的年轻人，突如其来的惨祸和过分的刺激，已使他面无血色，浑身颤抖着……

这个大难不死的青年，就是后来闻名于世的弗莱德·诺贝尔。诺贝尔眼睁睁地看着自己所创建的硝化甘油炸药实验工厂化为了灰烬。人们从瓦砾中找出了5具尸体，4人是他的亲密助手，而另一个是他在大学读书的小弟弟。5具烧得焦烂的尸体，令人惨不忍睹。诺贝尔的母亲得知小儿子惨死的噩耗，悲痛欲绝；年迈的父亲因大受刺激而引起脑溢血，从此半身瘫痪。然而，诺贝尔在失败面前却没有动摇。

事情发生后，警察局立即封锁了爆炸现场，并严禁诺贝尔重建自己的工厂。人们像躲避瘟神一样地避开他，再也没有人愿意出租土地让他进行如此危险的实验。但是，困境并没有使诺贝尔退缩，几天以后，人们发现在远离市区的马拉仑湖上，出现了一只巨大的平底驳船，驳船上并没有装什么货物，而是装满了各种设备，一个年轻人正全神贯注地进行实验。毋庸置疑，他就是在爆炸中死里逃生、被当地居民赶走了的诺贝尔！

无畏的勇气往往令死神也望而却步。在令人心惊胆战的实验中，诺贝尔持之以恒地行动着，他从没放弃过自己的梦想。

皇天不负有心人，他终于发明了雷管。雷管的发明是爆炸学上的一项重大突破，随着当时许多欧洲国家工业化进程的加快，开矿山、修铁路、凿隧道、挖运河等都需要炸药。于是，人们又开始亲近诺贝尔了。他把实验室从船上搬迁到斯德哥尔摩附近的温尔维特，正式建立了第一座硝化甘油工厂。接着，他又在德国的汉堡等地建立了炸药公司。一时间，诺贝尔的炸药成了抢手货，诺贝尔的财富与日俱增。

然而，初试成功的诺贝尔，好像总是与灾难相伴。不幸的消息接连不断地传来，在旧金山，运载炸药的火车因震荡发生爆炸，火车被炸得七零八落；德国一家著名工厂因搬运硝化甘油时发生碰撞而爆炸，整个工厂和附近的民房变成了一片废墟；在巴拿马，一艘满载着硝化甘油的轮船，在大西洋的航行途中，因颠簸引起爆炸，轮船葬身大海……

一连串骇人听闻的消息，再次使人们对诺贝尔望而生畏，甚至把他当成瘟神和灾星。随着消息的广泛传播，他被全世界的人所诅咒。

诺贝尔又一次被人们抛弃了，不，应该说是全世界的人都把自己应该承担的那份灾难给了他一个人。面对接踵而至的灾难和困境，诺贝尔没有一蹶不振，他身上所具有的毅力和恒心，使他对已选定的目标义无反顾，永不退缩。在奋斗的路上，他已经习惯了与死神朝夕相伴。

大无畏的勇气和矢志不渝的恒心激发了他心中的潜能，他最终征服了炸药，吓退了死神。诺贝尔赢得了巨大的成功，他一生共获专利发明权 355 项。他用自己的巨额财富创立的诺贝尔奖，被国际学术界视为一种崇高的荣誉。

诺贝尔成功的经历告诉我们，恒心是实现目标过程中必不可少的条件，一个人的恒心和内心的梦想结合以后，就会产生百折不挠的巨大力量。很多人的失败并不是因为自己能力不济，而是败在自己意志力不强上。很多情况下，成功与失败只是一步之遥。

美国淘金热时，杰克的叔叔也在西部买到了一块矿地。辛苦几周后，他发现了闪闪发光的金矿，但他需要用机器把矿藏弄到地面上来。他很镇静地把矿坑掩埋起来，除掉自己的脚印，火速赶回老家，把找到金矿的消息告诉亲戚和邻居。大家凑了一笔钱，买来所需的机器，托人代送。然后，叔叔和杰克也动身回到矿区。

第一车金矿挖出来了，送到一处冶金工厂，结果证明他们已经挖到了科罗拉州最富的一个矿源。只要挖出几车金矿，就可以偿还所有债务，然后大赚特赚。

叔叔和杰克高高兴兴地下坑工作，带着无限的希望出坑来。

但在这时，发生了他们意想不到的事，金矿的矿脉竟然不见了。他们已走到彩虹的末端，黄金没有了。他们继续挖下去，焦急地想要挖出矿脉来，但毫无收获。最后他们放弃了。

然而根据一位工程师的计算，只要从杰克和他叔叔停止挖掘的地点再往前挖 90 厘米，就能找到金矿。

果然，后来有人在工程师所说的那个地方找到了金矿。

请工程师的人是一位售货员，他把从矿坑中挖出来的金矿出售，获得了几百万美元。他之所以能够发财，主要是因为他懂得寻找专家协助，而不轻易放弃。

这件事过了很久之后，杰克同样获得了成功，赚了超过他损失金钱的数倍。这是他在从事推销人寿保险以后取得的。

杰克没有忘记在距离金矿 1 米远的地方停下，而损失了一大笔财富的事，所以现在他吸取了这个教训。他说："我在距离金矿 1 米远的地方停下来，如今，在我向人们推销人寿保险的时候，绝不因为对方说'不'就停下来。"

杰克后来成为一位每年推销 100 万美元以上人寿保险的优秀推销员。他锲而不舍的精神，应归功于挖矿时轻易放弃的教训。

无论做什么，轻易放弃是不会取得成功的。有时候，多坚持一会儿就会有奇迹出现，多坚持一会儿就能够反败为胜。日本象棋界第 15 代名人大山康晴曾说过："当你认为已经必死无疑了，却经常有起死回生的情形出现。"因此一直到最后关头都不要轻言放弃，在黑暗之中力求寻觅一线曙光。他曾说出一段亲身体验：

"照相机闪光灯的闪烁和声响，使已经明白战败的我，重燃起一股奋战到底的勇气，究竟为什么我已不记得了。我咬紧嘴唇，心想或许还有一线生机。时间最后只剩下 1 个多小时，在专家看来此局胜负已成定势，休息室的观众大多也判定'大山败北'，只有我还在埋头苦干。我此时反以旁观者的身份来看自己是否能战胜自己……我可以感觉到旁观者都认为我输定了。

"观战者愈来愈多的窃窃私语都在谈论着：'大山这家伙怎么还不投降！'高岛八段一轮猛烈无比的进攻我都咬紧牙关硬撑了下来，时间一分一秒地流逝，高岛八段的一连串攻击似乎未见成效，而在强烈的攻击中他忽略了许多不起眼的要点。在疲劳的拖累下，他开始显得焦躁不安，并终于犯下大错。在剩余的时间内，我与他成了平分秋色的局面。最后，高岛终于弃子认输了。

"本来是一面倒的局势，却因为采取哀兵之姿，最后关头我终于反败为胜。当时与其说是因赢得胜利而高兴，倒不如说是因为战胜自己而雀跃不已。"

这是大山回想他在第 14 期名人赛中对抗挑战者的情形，那份惊人的耐力，正充分显示出大山坚忍不拔的个性。

当事情愈来愈困难时，当失败如同排山倒海般地压过来时，大多数人会放手离开，只有意志坚强的人才能够坚持到底，不轻易言败。而最后的胜利，也往往属于这些意志坚强的人。

🏛 第五章 🏛

勇敢

—— 战胜自己，才能战胜别人

哈佛告诉你

成功者与失败者之间的分水岭，有时并不存在天地之间的差距，而在于一点小小的勇气。如果你内心充满勇气，那么没有什么东西可以阻碍你走向成功。青少年在成长的过程中要勇于尝试，敢于挑战自己，勇敢地面对生活中的变化，只有积极勇敢地去拥抱和适应生活中的变化，才能够在变化中成长。

推开虚掩的成功之门

勇敢的人面前才有路。

——有岛武郎

犹太谚语说："要打开成功之门，必须勇敢地推或者拉。"成功就好比是一扇虚掩着的门，只要我们鼓起勇气，勇敢去尝试，就一定能够获得意外的收获。

在古代波斯（今伊朗）有位国王，打算挑选一名官员担当一个重要的职务。他把那些智勇双全的官员全都召集了来，试试他们之中究竟谁能胜任。这位国王挑选官员的方法十分特别，是这之前没人用过的。

官员们被国王领到一座大门前，面对这座国内最大、来人中谁也没有见过的大门，国王说："爱卿们，既然能来到这里，就说明你们都是既聪明又有力气的人。现在，你们已经看到了，这是我国最大最重的大门，可是一直没有被打开过。你们之中有谁能打开这座大门，帮我解决这个久久没能解决的难题吗？"

不少官员远远张望了一下大门，就连连摇头。这座大门实在是太大太重了。有几位官员走近大门看了看，又退了回去，没人敢去尝试着开一下门。其他大部分官员也都纷纷表示，都没有办法打开这道门。

这时，有一名官员却走到大门下，先仔细观察了一番，又用手四处探摸，用各种方法试探开门。几经试探之后，他抓起一根沉重的铁链，没怎么用力拉，大门竟然开了！

原来，这座看似非常坚牢的大门，并没有真正关上，任何一个人只要仔细察看一下，并有胆量试一试，比如拉一下看似沉重的铁链，甚至不必用多大力气推一下大门，都可以打得开。如果连摸也不摸，连看也不看，自然会对这座貌似坚固无比的庞然大物感到束手无策了。

国王对打开了大门的大臣说："朝廷最重要的职务，就请你担任吧！因为你没有限于你所见到的和听到的，在别人感到无能为力时你却会想到仔细观察，并有勇气冒险试一试。"他又对众官员说："其实，对于任何貌似难以解决的问题，都需要开动脑筋仔细观察，并大胆冒一下险，大胆地试一试。"

那些没有勇气试一试的官员们，一个个都低下了头。

也许，生活当中并不缺少成功的机会，只是我们像故事中的大臣们一样，陷进了固定思维的圈圈之中，不能自拔。

思维的框定让人容易产生怯懦的心理，无法焕发勇气，最终流于平庸。成功者与失败者之间的分水岭，有时并不在于他们之间有天地之间的差距，而在于一点小小的勇气。

当我们超越众人禁锢得有些麻木的思想，勇敢地迈出那一步时，我们会惊喜地发现，原来成功的门对我们从不上锁。

英国皇家学会要为大名鼎鼎的琼斯教授选拔科研助手，这个消息让年轻的装订工人法拉第激动不已，赶忙到规定地点去报了名。但临近选拔考试的前一天，法拉第却被意外地告知，取消了他的考试资格，因为他是一个普通工人。

法拉第愣了，他气愤地赶到选拔委员会去理论，但委员们傲慢地嘲笑说："没有办法，一个普通装订工人想到皇家学院来，除非你能得到琼斯教授的同意！"

法拉第犹豫了。如果不能见到琼斯教授，自己就没有机会参加选拔考试，如果不能参加选拔考试，他又怎么能够成为琼斯教授的科研助手呢？他决定亲自去见琼斯教授，但一个普通的书籍装订工人要想拜见大名鼎鼎的皇家学院教授，他会理睬吗？

法拉第顾虑重重，但为了自己的人生梦想，他还是鼓足了勇气站到了琼斯教授家的大门口。教授家的门紧闭着，法拉第在门前徘徊了很久。

终于，教授家的大门，被一颗胆怯的心叩响了。

院里没有声响，当法拉第准备第二次叩门的时候，门却"吱呀"一声开了。一位面色红润、须发皆白、精神矍铄的老者正注视着法拉第，"门没有锁，请你进来。"老者微笑着对法拉第说。

"教授家的大门整天都不锁吗？"法拉第疑惑地问。

"干吗要锁上呢？"老者笑着说，"当你把别人关在门外的时候，也就把自己关在了屋里。我才不当这样的傻瓜呢！"这位老者就是琼斯教授。他将法拉第带到屋里坐下，聆听了这个年轻人的叙说后，写了一张纸条递给法拉第："年轻人，你带着这张纸条去，告诉委员会的那帮人说我已经同意了。"

经过严格而激烈的选拔考试，书籍装订工法拉第出人意料地成了琼斯教授的科研助手，走进了英国皇家学院那高贵而华美的大门。

恐惧是每个人在自己的成长过程中都会遇到的，它常常会限制一个人的自主性，减少生活的欢乐，妨碍个人的成长。因此，一个心理健全的青年应当摆脱恐惧的枷锁，以年轻人应有的血气和胆量去面对任何艰难危险的事情，努力去做好自己想要做的事。

1968年，在墨西哥奥运会的百米赛场上，美国选手海恩斯撞线后，激动地看着运动场上的计时牌。当指示器打出9.9秒的字样时，他摊开双手，自言自语了一句话。

后来，有一位叫戴维的记者在回放当年的赛场实况时再次看到海恩斯撞线的镜头，这是人类历史上第一次在百米跑道上突破10秒大关。看到自己破记录的那一瞬，海恩斯一定说了一句不同凡响的话，但这一新闻点，竟被现场的400多名记者疏忽了。

因此，戴维决定采访海恩斯，问问他当时到底说了一句什么话。

戴维很快找到海恩斯，问起当年的情景，海恩斯竟然毫无印象，甚至否认当时说过什么话。

戴维说："你确实说了，有录像带为证。"

海恩斯看完戴维带去的录像带，笑了。他说："难道你没听见吗？我说：'上帝啊，那扇门原来是虚掩的。'"

谜底揭开后，戴维对海恩斯进行了深入采访。

自从欧文斯创造了10.3秒的成绩后，曾有一位医学家断言，人类的肌肉纤维所承载的运动极限，不会超过每秒10米。

海恩斯说："30年来，这一说法在田径场上非常流行，我也以为这是真理。但是，我想，自己至少应该跑出10.1秒的成绩。每天，我以最快的速度跑5千米，我知道百米冠军不是在百米赛道上练出来的。当我在墨西哥奥运会上看到自己9.9秒的记录后，惊呆了。原来，10秒这个门不是紧锁的，而是虚掩的，就像终点那根横着的绳子一样。"

后来，戴维撰写了一篇报道，填补了墨西哥奥运会留下的一个空白。不过，人们认为它的意义不限于此，海恩斯的那句话，为我们留下的启迪更为重要。

如果一个人内心充满勇气，那么没有什么东西可以阻碍他走向成功。像法拉第一样，像海恩斯一样，勇敢地打破内心的限制，积极地去尝试，你就能够战胜恐惧走向成功。

挑战生命中的"不可能"

只有在愚蠢人的字典里才有"不可能"这个词。

——拿破仑·波拿巴

亨利·福特是美国汽车行业历史中一位了不起的人物。他于1863年7月生于美国密歇根州。他的父亲是个农夫，觉得孩子上学根本就是一种浪费。老福特认为他的儿子应该留在农场帮忙，而不是去念书。

自幼在农场工作，使福特很早便对机器产生兴趣，于是用机器去代替人力和牲畜的想法经常在他的脑中出现。

福特12岁的时候，已经开始构想要制造一部"能够在公路上行走的机器"。这个想法，深深地扎在他的脑海里，日日夜夜萦绕着他。

旁边的人都"劝导"福特放弃他那"奇怪的念头"，认为他的构想是不切实际的。老福特希望儿子做农场助手，但少年福特却希望成为一位机械师。他用1年多的时间就完成人家需要3年的机械师训练，从此，老福特的农场少了一位助手，但美国却多了一位伟大的工业家。

福特认为这世界上没有"不可能"这回事。他花了2年多的时间用蒸汽去推动他构想的机器，但行不通。后来，他在杂志上看到可以用汽油氧化之后形成燃料以代替照明煤气灯，触发了他的"创造性想象力"，此后，他全心全意投入汽油机的研究工作。

福特每一天都在梦想成功地制造一部"汽车"。他的创意被大发明家爱迪生所赏识，爱迪生邀请他当底特律爱迪生公司的工程师，让他有机会实现他的梦想。

终于，在1892年，福特29岁时，他成功地制造了第一部汽车引擎。而在1896年，也就是福特33岁的时候，世界上第一部汽车问世了。

从1908年开始，福特致力于推广汽车，用最低廉的价格去吸引越来越多的消费者。而底特律则逐渐变成美国的大工业城，成为福特的财富之都。今日的美国，每个家庭都有 1 部以上的汽车。

有一位研究成功学的专家曾说过："也许在每 10 万人中有一个人懂得福特成功的真正原因，而这少数人通常又耻于谈到这点，因为这个成功秘诀太简单了。这个秘诀就是想象力。事实上，在一定程度上，只要能想到就一定能办到。"

世界上没有不可能，只要你敢想敢做，"不可能"也会变成"可能"。史蒂芬·柯维说："想象力是灵魂的工厂，每个人的成就都是在这里铸造的。"想象力通常被称为灵魂的创造力，是每个人最可贵的财富。拿破仑曾经说过，"想象力统治全世界"。一个人的想象力越丰富，成功的机会就越多。

思考致富的支持者股票大王贺希哈也认为成功的第一要素即想象力。

不怕做不到，只怕想不到，只要你敢想象，就能够取得成功，把"不可能"变成"能"。

在行动中忘掉恐惧

勇敢产生于斗争中，勇气是在每天对困难的顽强抵抗中养成的。

——奥斯特洛夫斯基

心理学家认为，行动本身会增强信心，不行动只会带来恐惧，克服恐惧最好的办法就是行动。

行动可以让你忘掉恐惧，等待、拖延只会增加你的恐惧感。

一个伞兵教练说："跳伞本身真的很好玩。难受的是等待跳伞的一刹那。在跳伞的人各就各位时，我让他们尽快度过这段时间。曾经不止一次，有人因为幻想太多'可能发生的事'而晕倒。如果不能鼓励他们跳第二次，他们就永远当不成伞兵了。跳伞的人愈拖就愈害怕，就愈没有信心。"

行动可以治疗恐惧。有一天晚上，一个 5 岁的小男孩已经上床半小时了，突然放声大哭。小男孩刚才看了一部科幻片，害怕片中的绿色妖怪闯进来抓他。他父亲的做法很特别，他并不是说："不要怕，孩子。没有什么好怕的，回去睡觉吧。"反而用一种积极的做法来消除他的恐惧。他走到每一扇窗户跟前看看关好没有，最后又将一把玩具手枪放在小男孩的枕边说："小男子汉，这把手枪给你以防万一。"小家伙听了很放心，几分钟后就睡着了。

这个故事说明这样一个道理，当你发觉自己对某件事情恐惧时，你可以尝试着让自己行动起来，在行动中你就可以增强自信，消除恐惧。很多人不了解这个道理，他们应付恐惧常用的方法就是不做。推销员们就经常这样，他们经常怯场，即使最老练的推销员也会如此。他们为了克服恐惧，往往在客户附近徘徊犹豫，要不然干脆找个地方一杯又一杯地喝咖啡，来培养自信与勇气，这样根本没有效果。克服任何一种恐惧最好的办法就是"立刻去做"。

球王贝利刚刚入选巴西最著名的球队——桑托斯足球队时，曾经因为过度紧张而一夜未眠。他翻来覆去地想着："那些著名球星们会笑话我吗？万一发生那样尴尬的情形，我有脸回来见家人和朋友吗？"

他甚至还无端猜测："即使那些大球星愿意与我踢球，也不过是想用他们绝妙的球技，来反衬我的笨拙和愚昧。如果他们在球场上把我当作戏弄的对象，然后把我当白痴似的打发回家，我该怎么办？"

一种前所未有的怀疑和恐惧使贝利寝食不安。虽然自己是同龄人中的佼佼者，但忧虑和自卑却使他情愿沉浸于希望，也不敢真正迈进渴求已久的现实。

最后，贝利终于惴惴不安地来到了桑托斯足球队，那种紧张和恐惧的心情，简直没法形容。"正式练球开始了，我已吓得几乎快要瘫痪。"他就是这样走进一支著名球队的。原以为刚进球队只不过练练盘球、传球什么的，然后便肯定会当板凳队员。哪知第一次，教练就让他上场，还让他踢主力中锋。紧张的贝利半天没回过神来，双腿像长在别人身上似的，每次球滚到他身边，他都好像是看见别人的拳头向他击来。在这样的情况下，他几乎是被硬逼着上场的。但当他迈开双腿，不顾一切地在场上奔跑起来时，他渐渐忘了是跟谁在踢球，甚至连自己的存在也忘了，只是习惯性地接球、盘球和传球。在快要结束训练时，他已经忘了桑托斯球队，而以为又是在故乡的球场上练球了。

那些使他深感畏惧的足球明星们，其实并没有一个人轻视他，而且对他相当友善。如果贝利能够相信自己，专心踢球，而不是无端地猜测和担心，就不会承受那么多的精神压力了。

行动可以让你忘却恐惧，缓解你的精神压力。忘掉自我，专心投入到你当前要做的事情上去，可以让你克服紧张情绪，保持一种泰然自若的心态。

行动可以激发出一个人的勇气和潜能，即使一个弱不禁风的孩子，在危急关头被恐惧所激起的勇气也可以杀死一条凶猛的鳄鱼。

在非洲的刚果河流域，经常会有鳄鱼出现。很多人由于不小心，常常会因鳄鱼的袭击而致残，有的甚至成为鳄鱼的"美餐"。一天下午，在刚果河上，有两个男孩划着小木舟回家。他们是两兄弟，哥哥叫美林迪，弟弟叫卢蒙巴。他们是划船出来游玩的。不料玩得忘了时刻，这时见太阳正西下，才想起要赶快把这艘木舟划回家去。

两兄弟合力摇着船桨。船是约1.3米长、1米宽的小木舟，是用一条圆木雕成的，只能在平静无波的小河划着玩，如果稍有震动，就会翻覆沉没。

当卢蒙巴一面划桨，一边远望着西天的夕阳时，一眼看到大约七八百米外的河面上正有一条鳄鱼向这边追来。

美林迪也同时发现鳄鱼追来，他喊道："鳄鱼！吃人的鳄鱼来了！"

远处水面浮出绿硬鳞甲的鳄鱼头、背，鳄鱼在水中划出大水波，很远就能听到"嘶嘶"水响。

这时，小木舟正在河中心，要划到河的岸边，至少还要半小时。船后的鳄鱼却不到几分钟就会追到，眼看他们就要变成鳄鱼的晚餐。

当他们来不及多想的顷刻之间，回头一望，只见那条大鳄鱼正张开血盆大口，游到离船尾不到10米的水面上。

"逃命啦！"美林迪惊慌失措，疯了似的跳到河里，潜水游向附近的河岸。

这时鳄鱼已游得更近，距离船头只有两三米远。弟弟卢蒙巴眼见美林迪跳水，他年纪小，力气更小，此刻，他只来得及想一件事："怎样才不会被鳄鱼吃掉？"

在夕阳西下之时，河两岸已杳无人迹。河边即使有人，也不一定能把这个小孩从鳄鱼嘴边救回来，现在，生死存亡全靠卢蒙巴自己了。

忽然，那条大鳄鱼纵起了它的头向船尾冲来。

说时迟，那时快，卢蒙巴也不知是从哪里来的勇气，在鳄鱼正抬头张口冲来的同时，他上前一步，站到船头上，弓着腰，纵身高高跳起，张开双臂，扑到鳄鱼的背上。

鳄鱼这时似乎有点惊慌，只知用头向船头撞去，它撞船的冲力，正好使卢蒙巴的身体在其背上一旋，旋到另一个方向。

卢蒙巴趁此用双臂紧紧扼住鳄鱼的颈部，用双腿全力夹住它的背部。

鳄鱼发狂般在水中挣扎，卢蒙巴却拼命扼紧它的咽喉不肯放松。最后，鳄鱼在河水中向前游去。他发觉鳄鱼已逐渐不再挣扎，他感觉到：自己等于是骑着鳄鱼顺水游了。

卢蒙巴的一双手臂依然紧扼鳄鱼的颈不敢放松，他知道，鳄鱼的力气太大了，他怕自己的手臂一旦被挣脱，那他就再也不能控制鳄鱼，那时一定会被鳄鱼一口吞下。

他就这样扼紧鳄鱼，在河面上向前游着。

在死亡的恐怖中，他不知这样游了多久，只见天色已暗，河水与河岸的距离究竟还有多远，也无心细看。

不久，卢蒙巴忽然发觉鳄鱼不动了，定睛一看，眼底竟是河边的沙滩。

是鳄鱼要到河滩来休息吗？他不明白，也不敢多想。

他心中突然欢喜了，即使鳄鱼这时再要咬人，他也可以在陆地上飞快逃走的。因此，他就纵身跳到鳄鱼的右侧，疯狂地向前跑了几十步才停下来。

他回过头，在月光下，看到自己一路"骑"来的那条大鳄鱼，依然伏在河滩那个老地方。

他壮着胆子走近鳄鱼蹲身细看，鳄鱼双眼紧闭着，他伸手试探鳄鱼的颈部，发现鳄鱼竟已完全停止了呼吸。

他高兴极了，跑到一棵树下找来几根树藤，绑住鳄鱼的颈项，向前拖去，拖得很吃力，拖一程，休息一次，最后终于绕着小路回到自己的家。

全家人听了事情的经过，不禁目瞪口呆。

原来，当这个小男孩危在旦夕时，他在求生本能的驱使下，已经来不及害怕了，他那紧扼鳄鱼颈部的手臂就在这顷刻之间，产生一种神奇的力量。鳄鱼虽然力大而凶残，但它颈部被卢蒙巴扼得太紧，也就敌不过"无法呼吸"的致命伤。

在死亡边缘独力战胜鳄鱼的16岁小男孩卢蒙巴，顿时成为非洲报纸上的热门传奇人物。

行动可以战胜恐惧，激发勇气。面对凶残的鳄鱼，如果恐惧就会被吃掉，而勇敢地面对凶险的情况，奋起反抗，即使一个弱小的孩子，也可以战胜一条凶猛的鳄鱼。小卢蒙巴扼杀鳄鱼的故事，能为你带来什么样的启示呢？

勇气的一半是智慧

勇气是与深思和决断为伍的。

——俞吾金

人们在形容一个人很能干的时候常常会用到一个词——智勇双全。这说明勇气和智慧是联系在一起的。只有勇气而没有智慧充其量只是鲁莽。

一座小茅屋里住着猫、公鸡和一个机智勇敢的孩子丹尼。

有一天，猫和公鸡出去寻找食物，丹尼留在家里准备午饭，收拾餐桌，分配汤勺。他一边干活，一边不停地说着：

"这是把普通的勺子，给猫咪；这也是把普通的勺子，给喔喔鸡；而这把不是普通的勺子，亮晶晶的，把手还是金色的，谁也不能给，只能给丹尼。"

当狐狸得知小茅屋里只剩下丹尼在搞家务时，它真想吃掉丹尼。

"笃笃笃"，狐狸敲响了丹尼家的门，并装出一副友善的腔调问道："小丹尼在家吗？"

听出是狐狸的声音小丹尼吓坏了，他从凳子上跳起来，金色的汤勺掉落在地上，他顾不上拾起来，就躲到了炉台底下。

狐狸进了茅屋东看看，西瞅瞅，就是找不到丹尼，心里打起了鬼算盘。

别忙，他一定是藏起来了。藏在哪里？我要他自己说出来！

狐狸走到了餐桌前，翻动汤勺，嘴里念着：

"这是把普通的勺子，给猫咪；这也是把普通的勺子，给喔喔鸡；而这把不是普通的勺子，亮晶晶的，把手还是金色的，就该我用！"

丹尼在炉台下大声喊起来："嗳，嗳，嗳，别动那把勺子，好狐狸，我谁都不给！"

"那么，你在哪儿呢，丹尼？"

狐狸走向炉台，一把抓住丹尼，往森林里拖去。

狐狸回到家里，把炉子烧旺，想把丹尼烧熟了吃。狐狸找来一把铲子，对丹尼说："请坐上去，勇敢的丹尼。"

丹尼年纪虽小，但很勇敢，他张开了两手和两脚一屁股坐下了。狐狸手持铲子，却伸不进炉口。它批评丹尼："不是这样坐的！"

丹尼立即翻了一个身，用后脑勺对着炉子，手脚仍张得大大的——铲子依然进不了炉子。

"唉，你怎么搞的？"狐狸说。

"那么，亲爱的狐狸，请您做个示范吧！"

"你真是个笨蛋！"狐狸说着把丹尼从铲子上拉了下来，自己跳了上去收拢屁股与尾巴，蜷成一团。丹尼立即把狐狸扔进了炉子，合上炉门，一转身逃出小屋回了家。

家里，猫和公鸡都在大声地哭喊着："亮晶晶的勺子不见了，我们勇敢的小丹尼也不见了……"猫不停地用爪子擦着泪，公鸡则用翅膀擦泪水。

突然，台阶上"扑、扑、扑"一阵响，丹尼回来了，他大声喊："我回来了，狐狸在炉子里被我烧死了！"

勇气的一半是智慧。真正的勇敢是要用冷静的头脑和智慧去解决眼前的问题，而不是一遇到危险就乱了阵脚，没有了办法。

❂ 第六章 ❂

进取

——做自己命运的开拓者

哈佛告诉你

　　进取心是一个人向上的动力，只有不断进取，生命的价值才能够不断地升华。进取心代表了一个人的发展方向和所能达到的人生高度。人一旦养成一种不断自我激励、始终向着更高目标前进的习惯，进取心就会成为一种强大的自我激励力量，使人生变得更加崇高。

害怕前进只能停留在原地

　　人生就是行动、斗争和发展，因而不可能有什么固定不变的目标，人生的欲望和追求不会停止不动。

——弗兰克·梯利

　　现实生活中，随处可以见到这样的人：他们一生都做着简单平常的事情，他们似乎也因此而满足，但实际上他们完全有能力干出一些更出色、更卓越的事情。他们并不缺少能力，只是缺乏一种追求的勇气和强烈的进取心。进取心是一个人积极向上的动力，人生在世就应当努力进取，这样，生命价值才能够不断地升华。害怕前进只能让一个人停滞不前。

　　在美国，有一个叫加纳的孩子，他出生在一个贫穷的黑人家庭，他的成功就是一个不断进取、创造命运的传奇。加纳自幼家庭十分贫困，因此他5岁时就不得不开始劳动，8岁开始赶骡子，帮助家庭维持生计。

　　加纳生来勤奋听话，他有一位不平常的具有进取精神的母亲。她目睹自己家庭的生活环境，即使每日艰苦劳动，收入仅能糊口，孩子也还是没有读书的机会。她知道自己的家庭与繁荣昌盛的社会生活形成鲜明的对比，她慢慢觉得这个现实必定有什么原因。她想啊想，时常同自己的儿子讨论这个问题。

　　有一天，她与儿子加纳讨论说："加纳，我们不应该贫穷。我不愿意听到你说：我们的贫穷是上帝的意愿。我们的贫穷不是由于上帝的缘故，而是因为你的父亲从来就没有产生过成功的愿望。我们家庭中的任何人都没有产生过出人头地的想法。"

　　母亲这番话给加纳的心灵刻下了深深的烙印：没有产生过成功的愿望，即没有进取精神，没有积极的心态，甘愿世世代代贫穷下去。加纳此时虽年纪不大，但他的心里已萌发了成功的决心，从此他时时刻刻注意怎么走上成功之路。他总是把他所需要的东西放心中，把他不需要的东西置之不理。这样，他成功愿望的种子慢慢开始发芽、生长。

　　加纳为了走上成功之路，选择了经商作为自己奋斗的途径。他先从当小伙计入手，在零售百货店里当推销员。3年后，他懂得了哪些商品最畅销，哪些用户习惯买哪种商品，并与众多的顾客相识了。在这样的基础上，他决定自己经营创业，并把肥皂作为经营产品。于是，他靠自己的点滴资本，从肥皂厂购进一两箱肥皂，然后自己挨家挨户地上门推销。

在积极进取心态的支撑下，加纳不畏各种劳累和困难，一块一块地推销肥皂，一分钱一分钱地积累资金，一年365天坚持不懈地奔跑。就这样，一晃12年过去了，他家里的生活一天天改善，但他并不因此而泯灭了继续进取的积极心态，相反，他伺机获取更大的成功。后来，他获悉供应肥皂给他的那家公司由于内部原因，拟拍卖出售，售价是15万美元。加纳通过种种努力买下这家公司，最后他终于成为一个成功的商人。

加纳的成功是一个靠努力改变命运的典型例子。那么，究竟是什么力量能够不断地激励加纳，朝着自己的目标前进呢？这个推动力就是：进取心。

进取心是神秘的宇宙力量在人身上的体现，为了获得和满足这种力量，我们甚至愿意放弃舒适的生活乃至牺牲自我。我们每个人都感到，我们需要这种激励，它是我们人生的支柱。

一旦我们有幸受这种伟大推动力的引导和驱使，我们就会成长、开花、结果。进取心带来的激励也存在于我们体内，它推动我们完善自我，追求完美的人生。但如果我们无视这种力量的存在，或者只是偶尔接受这种力量的引导，我们就只能使自己变得微不足道，不会取得任何成果。并且，这种向上的愿望，这种至高无上的力量，也有可能会消失。一旦染上了懒惰的习性，我们就会停滞不前。

总是有一种神秘的力量在推动我们追求更高的理想。人类的发展就像一条永无尽头的河流，我们的进取心也是永无止境的。进取心，这种内在的推动力从不允许我们停下来，它总是激励我们为了更加美好的明天而努力。我们今天所达到的境地也许足以令人羡慕，但是我们却发现，我们今日的位置和昨日的位置一样，无法让自己完全满足。一旦我们想原地踏步，耳边就会响起那个声音，听到向更高目标努力的召唤。

人生的精彩来自梦想的精彩。人的成长就好像是一个不断攀登高峰的过程，当你攀过一座又一座人生的高山时，在不断的征服和跨越中，你就会拥有一个精彩充实的人生。

进取心代表了一个人的发展方向以及他所能达到的人生高度。可以这么说，一个人的梦想有多远，他就能够走多远。

有一位出身贫寒的农家少年，每当闲暇时间，他总要拿出祖父在他8岁那年送他的生日礼物——一幅已被摩挲得卷边的世界地图。他年轻的目光一遍遍浏览着地图上标注的城市，飘逸的思绪亦随之纵横驰骋，渴望抵达的翅膀，在幻想的风景中自由翱翔……

15岁那年，这位少年写下了他气势不凡的计划书——《一生的志愿》。他在书中写道：

"要到尼罗河、亚马孙河和刚果河探险；要登上珠穆朗玛峰、乞力马扎罗山和麦金利峰；驾驭大象、骆驼、鸵鸟和野马；探访马可·波罗和亚历山大一世走过的道路；主演一部《人猿泰山》那样的电影；驾驶飞行器起飞降落；读完莎士比亚、柏拉图和亚里士多德的著作；谱一部乐曲；写一本书；拥有一项发明专利；给非洲的孩子筹集100万美元捐款……"

他洋洋洒洒地列举了127项人生的宏伟志愿，不要说实现它们，就是看一看，就足够让人望而生畏了。难怪许多人看过他设定的这些远大目标后，都一笑置之。所有人都认为：那不过是一个孩子天真的梦想而已，随着时光的流逝，很快就会烟消云散。

然而，少年的心却被他那庞大的《一生的志愿》鼓荡得风帆劲起，他的脑海里一次次地浮现出自己漂流在尼罗河上的情景，梦中一次次闪现出他登上乞力马扎罗山巅峰的豪迈，甚至在放牧归来的路上，他也会沉浸在与那些著名人物交流的遐想之中……没错，他的全部心思都已经被自己《一生的愿望》紧紧地牵引着，并从此开始了将梦想转变为现实的漫漫征程。

毫无疑问，那是一场壮丽的人生跋涉，也是一场异常艰难、简直无法想象的生命之旅。他一路豪情壮志，一路风霜雨雪，硬是把一个个近乎空想的夙愿变成了一个个活生生的现实，他也因此一次次地品味到了搏击与成功的喜悦。44 年后，他终于实现了《一生的志愿》中的 106 个愿望。

他就是 20 世纪著名的探险家——约翰·戈德。

有人惊讶地追问他，是凭借怎样的力量把那么多的艰辛都踩在脚下，把那么多的险境都变成了攀登的基石？

他微笑着回答道："我总是让心灵先到达那个地方，随后，周身就有了一股神奇的力量。接下来，就只需要沿着心灵的召唤前进。"

进取心是推动一个人不断前进的强大动力。约翰·戈德的成功就在于积极进取的人生态度。一旦养成一种不断自我激励、始终向着更高目标前进的习惯，很多不良习性就都会逐渐消失。进取心最终会成为一种伟大的自我激励力量，它会使我们的人生更加崇高。自此以后，那些不良的恶习就再也没有滋生的环境和土壤了。在一个人的个性品质中，只有那些经常受到鼓励和培育的品质才会不断发展。因此，根除恶习的最佳方式就是铲除它们赖以生存的土壤。

如果我们的身体和精神土壤得不到足够的照料和滋养，那么追求上进和完美的种子就无法生长，反而会使野草、荆棘和有毒的东西繁殖蔓延。只要我们心中具备哪怕只是一种最微弱的进取心，经过我们耐心的培育和扶植，它也会像天堂里的一颗种子，茁壮成长，直至开花、结果。

欲望是开拓命运的力量

一个人追求的目标越高，他的能力就发展得越快，对社会就越有益。

——高尔基

对成功的强烈渴望是一个人不断进取的精神动力。这种对成功的渴望可以时刻把我们的行动和心中的目标联系在一起。拿破仑·希尔认为，支撑人类生存和发展的一个重要因素就是欲望。只有那些拥有欲望的人，才会产生不断奋斗的勇气和决心。

松下幸之助曾经这样说："如果你想成功，那么不管做什么事，最重要的就是要有想去完成那件事的强烈欲望。如果心里一直想着不完成它绝不罢休，那么事情可以说是已成功了一半。有了这种积极的成功欲望，一定能想出完成这件事的手段或方法来。"

这段话道出了一个亘古不变的成功法则：对成功的渴望从来都是推动人们成就事业的巨大力量。

然而，仅仅拥有一般的欲望是不够的，要成功就必须拥有和保持强烈的成功欲望。

成功学大师安东尼·罗宾曾问过这样一个问题：

如果你是一个业务员，那么，对你来说是赚 1 万元容易，还是赚 100 万元容易呢？

他给出的答案是：赚 100 万元比赚 1 万元更容易。

为什么呢？因为倘若你的财富目标只是赚 1 万元，那么你的打算不过是仅仅能够糊口就成了。假使这就是你的财富目标与你工作的原因，那么请问：你自己工作的时候还会兴奋有劲吗？你还会热情洋溢吗？

历史和现实都可以证明，信心与欲望的力量可以将人从卑下的社会底层提升到上层社会，使穷汉变成富翁，使失败者重整雄风，使残疾人享有健康……欲望的力量就在于，使人在强烈的冲动下，把那些不可能的事变成可能，把"自己不行"的卑微感彻底抛开，昂首阔步地走向成功。尤其是在改变经济状况的活动中，欲望越强烈，成功的可能性就越大，离成功的目标也就越近。

1873年，当巴恩斯从新泽西州的奥伦芝的货运列车上爬下来时，他的外表也许像一名无业游民，但是他却具有国王一样的雄心。

他通过铁路走向爱迪生办公室的途中，他想象自己站在爱迪生的面前，听见自己要求爱迪生给他一个机会，以实现他一生着了迷似的炽烈欲望——要做这位伟大发明家的商业伙伴。

巴恩斯的欲望并不只是一个希望，不是一种祈求，而是一种强烈跳跃的欲望。它凌驾于一切之上，它是明确的。

数年之后，巴恩斯再度站在爱迪生的面前，站在与爱迪生初次会面时的同一间办公室里，这一次他的欲望已经转变为事实：他和爱迪生成为合作伙伴了，支持他一生的理想终于实现了。

巴恩斯的成功，是因为他具有强烈的成功欲望，选定了一个明确的目标，并以他的全部精力、全部的意志力以及他的一切，去奔向这个目标。

这是一个由明确欲望产生力量的证明：巴恩斯达到了目标，是因为他什么都不要，只要做爱迪生的合作伙伴，他构想出一套计划，借此达到了目的。他破釜沉舟地坚持着他的欲望，直到这欲望变成了事实为止。

前往奥伦芝时，他没有对自己说："我要劝说爱迪生随便给我一个工作。"他想的是："我要见爱迪生，并且告诉他，我来是要做他事业上的伙伴的。"他也没有想："我要睁大眼睛注视着另一个机会，以防在爱迪生的企业中得不到我所要的工作。"他只告诉自己："在这个世界中只有一样东西是我决心要得到的，那便是和爱迪生在事业上合作。我要把我的整个前途投注在我的能力上，去获得我所要的东西。"他不给自己留下一点点后路。他必须成功，否则便是毁灭。

这就是巴恩斯成功的全部方法。

不只是巴恩斯，那些成功人士的身上无一例外有一种渴望成功的强烈愿望，正是这种愿望使他们无论做什么事情都会和自己的目标联系在一起。因此，无论遇到什么变故或挫折，他们都能像巴恩斯一样坚强地向自己的目标挺进。

本哈根是世界上最伟大的高尔夫选手之一。他并没有其他选手那么好的体能，能力上也有一点缺陷，但他在坚毅、决心，特别是追求成功的强烈愿望方面却高人一筹。

在他玩高尔夫球的巅峰时期，不幸遭遇了一场致命的意外。在一个有雾的早晨，他跟太太薇尔在公路上开车，在一个拐弯处掉头时，突然看到一辆巴士的车灯，本哈根想这一下可惨了，他本能地把身体挡在太太前面来保护她。这个举动反而救了他，因为方向盘深深地嵌入了驾驶座。事后他昏迷不醒，过了好几天才脱离险境。医生们认为他的高尔夫生涯从此结束了，甚至断定他能站起来走路已经很幸运了。

但是他们并未将本哈根的意志与需要考虑进去。他刚能站起来走几步，就萌发了出人头地的梦想。他不停地练习，并增强臂力。起初他还站得摇摇摆摆，再次回到球场时，也只能在高尔夫球场的轻打区蹒跚而行。后来他能稍微工作、走路时，就走到高尔夫球场练习。开始只打几次球，但是他每次去都比上一次多打一次球。最后，当他重新参加比赛时，名次很快地上升。理由很简单，本哈根看到自己是胜利者，他有必赢的强烈愿望，他知道他会回到高手之列。是的，普通人跟成功者的差别就是这种强烈的成功愿望。

卡耐基说：欲望是开拓命运的力量，有了强烈的欲望，就容易成功。成功是努力的结果，而努力又大都产生于强烈的欲望。正因为这样，强烈的成功欲望，便成了取得成功最基本的条件。如果你不想拥有平庸和失败的人生，就要有进取心和向上的欲望，并让这种欲望时时刻刻鞭策你、激励你，向着目标坚持不懈地前进。许多成功者都有一个共同的体会，那就是对成功的渴望和持续不断的努力是取得成功的关键。

20世纪心理学上的一项重大发现就是认识到思想能够控制行动。你怎样思考，你就会怎样去行动。你要是强烈渴望成功，你就会调动自己的一切能量去追求成功，使自己的一切行动、情感、个性、才能与成功的欲望相吻合。对于一些与成功的欲望相冲突、相矛盾的东西，你会竭尽全力去克服、消除；对于有助于成功的东西，你会竭尽全力地去扶植、扩大。这样，经过长期的努力和调节，你便会成为一个你所渴望的成功者，使成功的欲望变成现实。相反，你要是创富的欲望不强烈，一遇到少许挫折，便会偃旗息鼓，失掉进取心，将成功的欲望淡化或压抑下去。

每天都是一个新起点

> 我们的一切追求和作为都是一个令人厌倦的过程，做一个不识厌倦为何物的人就好。
>
> ——歌德

有一天，池沼向从自己身边奔流而过的河流问道："你整天川流不息，一定累得要命吧！你一会儿背着沉重的大船，一会儿负着长长的水筏，从我眼前奔流而过。小船小划子更不用说了，它们多得没有个穷尽。你什么时候才能抛弃这种无聊的生活呢？像我这样安安逸逸地生活，你找得到吗？我是一个幸福的闲人，舒舒服服、悠悠闲闲地荡漾在柔和的泥岸之间，好比高贵的太太们窝在沙发的靠枕里一样。大船小船也罢，漂来的木头也罢，我这儿可没有这些无谓的纷扰；甚至小划子有多重我都不知道，至多偶尔有几片落叶漂浮在我的胸膛上，那是微风把它们送来和我一起休息的。一切风暴有树林挡住，一切烦恼我也沾染不上，我的命运是再好不过的了。周围的尘世不断地忙忙碌碌，我却躺在哲学的梦里养神休息。"

"哲学家，你既然懂得道理，可别忘了这条法则，"河流回答，"水只有流动才能保持新鲜。我之所以成就了伟大壮阔，就是因为我不躺在那儿做梦，而是川流不息。我的源源不绝的水，又多又清的水，年复一年地给人们带来了幸福，为我赢得了光荣的名誉，或许我还要世世代代地川流不息下去。那时候，你的名字就不会有人知道了。"

多年以后，河流的话果然应验了，壮丽的河仍旧川流不息，池沼却一年浅似一年。池沼的表面浮着一层黏液，芦苇生出来了，而且生长得很快，池沼终于干涸了。

这个故事告诉我们这样一个道理：水只有在流动中才能够保持新鲜，人只有在不断进取的状态下才能够永葆生命的活力。既然生命不息，那就应该不断进取，超越自我。

在日常生活中，我们都有这样的感觉：好像每天都在做同样的事情。今天是昨天的重复，明天又是今天的翻版，既单调又平凡。

但如果每天只是这样翻来覆去地延续，人生就毫无希望、毫无意义了。日本著名企业家

　　松下幸之助先生认为，倘若希望实现繁荣、和平与幸福，生活不应是单调的反复。今天应该比昨天进一步，明天则比今天进一步，也就是每天要有生成发展。那么生成发展到底是什么？对人生的意义又在何处？

　　按松下幸之助的理解，所谓生成发展，就是日新月异，每一刹那都是新的人生，每一刹那都有新的生命在跃动。这就是旧的东西灭亡，新的东西诞生的历程。世间的一切事物没有一刻是静止的，都不断在运动、不断在变化。这种运动和变化是随着自然法则进行的，是不可动摇的宇宙哲理。

　　假定生成发展是自然法则，那么每天的生活，就必须经常保持新的创意和发明。有句俗语"十年如一日"，这是说 10 年的努力就好像 1 天的努力那样充满活力，它强调的是勤劳、努力与毅力。这种十年如一日的努力，一定会产生非常新颖的创意和进步。假如大家的工作 10 年来没有任何变化，而是千篇一律，那么就是违反了生成发展的原理。松下幸之助曾举例说明这个道理：

　　在日本明治维新时，功臣之一坂本龙马常和西乡隆盛长谈，坂本龙马的谈话内容和观念每次都有一点改变，西乡隆盛每次的感受也都不一样。于是，西乡隆盛就对他说："前天，我遇到你的时候，你所讲内容和今天又不一样，所以你说的话，我有所存疑。你既然是天下驰名的志士，受到大家的尊敬，应该有不变的信念才行。"坂本龙马就说："不，绝对不是这样的。孔子说过'君子从时'，时间不停地流转，社会情势也天天在变化，昨天的'是'，成为今天的'非'，乃是理所当然。我们从'时'，便是行君子之道。"接着又说："西乡隆盛先生，你对一个事物一旦认为是这样，就从头到尾遵守到底，将来你一定会变成时代的落伍者。"

　　生命不息，前进不止。对于一个积极进取的人来说，每一天都是崭新的起点。如果你能时刻保持进取的心态，每天都要求自己比以前有所进步，时间长了，你就能够成为一个十分优秀杰出的人。

超越自我，和自己比赛

　　人类的使命在于自强不息地追求完善。

　　　　　　　　——列夫·托尔斯泰

　　中国有句古话叫作"胜人者有力，自胜者强"，这句话告诉我们：一个人只有战胜自己、超越自己，才能够成为一个真正的强者。一个人超越不了自己，就谈不上超越别人。这不但不利于自己人生的发展，也很难在竞争激烈的社会上立足，最终只能为时代大潮所抛弃。

　　现在的社会是一个崇尚竞争的社会，只有不断进取，不断挑战和超越自己的人才能够成为最后的成功者。

　　吴士宏从一个"毫无生气甚至满足不了温饱的护士职业"（吴士宏语），先后当上 IBM 华南区的总经理，微软中国总经理，TCL 集团常务董事、副总裁，靠的就是这种不断超越自己的进取精神。

　　外表温文、满脸带笑的吴士宏曾经是北京一家医院的普通护士。用吴士宏自己的话说，那时的她除了自卑地活着，一无所有。她自考英语专科，在她还差一年毕业时，她看到报纸上 IBM 公司在招聘，于是她通过外企服务公司准备应聘该公司，在此前外企服务公司向 IBM 推荐过好多人都没有被聘用，吴士宏虽然没有高学历，也没有外企工作的资历，但她有一个信念，那就是"绝不允许别人把我拦在任何门外"，结果她被聘用了。

据她回忆，1985 年，她为了离开原来毫无生气甚至满足不了温饱的护士职业，凭着一台收音机，花了一年半时间学完了许国璋英语 3 年的课程。正好此时 IBM 公司招聘员工，于是吴士宏来到了五星级标准的长城饭店，鼓足勇气，走进了世界最大的信息产业公司 IBM 公司的北京办事处。

IBM 公司的面试十分严格，但吴士宏都顺利通过了筛选。到了面试即将结束的时候，主考官问她会不会打字，她条件反射地说："会！"

"那么你一分钟能打多少？"

"您的要求是多少？"

主考官说了一个标准，吴士宏马上承诺说可以。因为她环视四周，发觉考场里没有一台打字机。果然，主考官说下次录取时再加试打字。

实际上吴士宏从未摸过打字机。面试结束，吴士宏飞也似的跑回去，向亲友借了 170 元买了一台打字机，没日没夜地敲打了一星期，双手疲乏得连吃饭都拿不住筷子，竟奇迹般地敲出了专业打字员的水平。以后好几个月她才还清了这笔对她来说不小的债务，而 IBM 公司却一直没有考她的打字功夫。

靠着这种不断超越自我的意识，吴士宏顺利地迈入了 IBM 公司的大门。进入 IBM 公司的吴士宏不甘心只做一名普通的员工，因此，她每天比别人多花 6 个小时用于工作和学习。于是，在同一批聘用者中，吴士宏第一个做了业务代表。接着，同样的付出又使她成为第一批本土的经理，然后又成为第一批去美国本部作战略研究的人。最后，吴士宏又第一个成为 IBM 华南区的总经理。这就是多付出的回报。

1998 年 2 月 18 日，吴士宏被任命为微软（中国）有限公司总经理，全权负责包括香港在内的微软中国区业务。据说为争取她加盟微软，国际"猎头公司"和微软公司做了长达半年之久的艰苦努力。吴士宏在微软仅仅用 7 个月的时间就超额完成了全年销售额的 30%。

在中国信息产业界，吴士宏创下了几项第一：她是第一个成为跨国信息产业公司中国区总经理的内地人；她是唯一一个登上如此高位上的女性；她是唯一一个只有初中文凭和成人高考英语大专文凭的总经理。在中国经理人中，吴士宏被尊为"打工皇后"。

正是这种不断超越自我的精神，成就了吴士宏事业上的辉煌。超越自我，积极进取，不断地自我发展。在眼界上，努力地汲取新知识，思考新问题，在个人能力上，不断地否定自己、超越自己，不断地给自己制定新的目标，这样你就能够在未来的社会上成为一个胜利者和成功者。

❁第七章❁

勤奋
—— 攀登成功的阶梯

哈佛告诉你

　　勤奋是对成功的最好注解，也是通往成功的必由之路。勤奋是成功的秘诀，懒惰是成功的大敌。青少年要有所成就，就必须克服懒惰。一勤天下无难事，在年轻时养成勤勉努力的习惯，那么这种习惯就会成为你终身受用的法宝，它会伴随着你克服困难，取得人生的成功。

成功属于有刻苦精神的人

　　天才出于勤奋，哪里有超乎常人的精力与工作能力，哪里就有天才。
——李卜克内西

　　成功属于有刻苦精神的人。在英国小说家特罗洛普刚刚从事写作的时候，一个作家的建议使他受益终生，后来，他又把这句话送给了罗伯特·布坎南。他说："如果你想成为名垂千古的作家，在坐下来写作之前，先放一点鞋匠的粘胶在椅子上，有这样的创作精神才有希望成功。"

　　索尔·德拉克鲁斯是17世纪墨西哥著名的女诗人。她之所以能够在文学创作上取得杰出的成就，就是因为她不懈努力、勤学苦练。据说，在她10几岁的时候，她就已经成为当地有名的美女了，她不但有轻盈灵巧的身段，美丽动人的容貌，而且还长着一头人人艳美的秀发。

　　当时，索尔的家人和朋友都希望她能成为一名出色的演员，因为以她的条件，做演员是再合适不过了。但是，她的志向并不是做一名演员，而是想成为一名诗人，能够经常用自己所写的美丽诗篇讴歌自己伟大的祖国和勤劳的人民。

　　虽然她一心想写好诗歌，但是她一开始所写的诗歌并不好，而且经常受到老师的批评。有一天，一群伙伴又跑到她家来找她出去一起玩。虽然她也很想出去，可最后还是婉言拒绝了："我这几天刚刚写了几首诗，正在请老师帮忙审阅呢！如果老师说我有进步，那我就和你们一起出去玩。如果说没有，那我就……"

　　因为大家都非常喜欢她，所以不想失去她这样一个很好的伙伴，于是大家就一起坐下来，耐心地等着。过了一会儿，老师拿着诗稿来了。索尔·德拉克鲁斯接过来一看，脸当时就红了，因为老师不但在上面修改了许多，而且还专门加了批语，说她进步很小，自己感到很失望，等等。索尔·德拉克鲁斯很认真地看着诗稿，一言不发，其他人也都默默地注视着她，忽然，她放下诗稿，随手抓起一把剪刀，"咔嚓"一下，就把自己那一头人人美慕的长发剪了下来。顿时，大伙惊得目瞪口呆。

索尔·德拉克鲁斯为什么要剪掉自己美丽的头发呢？原来，为了写好诗，她给自己立下了一条规矩：如果自己在规定的时间里没有学好自己规定的课程，或者在学业上没有什么大的进步，自己就要把那一头漂亮的头发剪掉，以示惩罚。

她对自己那些还在目瞪口呆的伙伴说："如果一个人没有任何的知识和才能，而只有一个空洞的脑袋，那她就不应该有漂亮的头发作装饰！"她又一次谢绝了伙伴们的邀请，在家里认真地做起诗来！

正因为索尔·德拉克鲁斯这样严格地要求自己，不断发奋努力，她的诗才能写得越来越好，最终成为墨西哥著名的诗人。

勤奋是对成功的最好注解，也是通往成功的必由之路。古罗马有两座圣殿：一座是勤奋的圣殿；另一座是荣誉的圣殿。人们必须经过前者，才能到达后者。勤奋是通往荣誉的必经之路，那些试图绕过勤奋、寻找荣誉的人，总是被荣誉拒之门外。

成功者都有一个共同的特点——勤奋。在这个世界上，投机取巧是永远都不会到达成功之路的，偷懒更是永远没有出头之日。

王永庆的发迹使他成为台湾传奇式的人物。成功的原因之一，正是王永庆本人常常提及的"一勤天下无难事"的道理。王永庆有一次在美国华盛顿企业学院演讲时，谈到了他一生的坎坷经历。他说："先天环境的好坏，并不足为奇，成功的关键完全在于自己之努力。"

李嘉诚是海内外知名的企业家，曾有人问李嘉诚成功的秘诀。李嘉诚讲了一则故事：日本"推销之神"原一平在69岁时的一次演讲会上，当有人问他推销的秘诀时，他当场脱掉鞋袜，将提问者请上讲台，说："请你摸摸我的脚板。"提问者摸了摸，十分惊讶地说："您脚底的老茧好厚呀！"原一平说："因为我走的路比别人多，跑得比别人勤。"提问者略一沉思，顿然醒悟。李嘉诚讲完故事后，微笑着说："我没有资格让你来摸我的脚板，但可以告诉你，我脚底的老茧也很厚。"

一位成功人士曾经说过："我不知道有谁能够不经过勤奋工作而获得成功。"寓言中的守株待兔的人，曾经不费吹灰之力就得到一只兔子，但此后他就再也没有得到半只兔子。所以，不要指望不劳而获的成功。

勤奋是克服"先天不足"的良药

> 勤能补拙是良训，一分辛劳一分才。
> ——华罗庚

勤奋是成功的点金石，是克服先天不足的灵丹妙药。一个勤奋的人，即使一开始没有表现出惊人的天赋和过人的才华，但是只要他能够踏踏实实、坚持不懈，最终将比那些浅尝辄止、反复无常的天才取得更大的成绩。如果你有着很高的才华，勤奋会让它绽放无限的光彩。如果你智力平庸、能力一般，勤奋可以弥补全部的不足。

爱因斯坦小的时候，有一次上制作课，老师要求每个人做一件小工艺品。课堂上，老师让学生们把自己的作品拿出来，一件一件地检查。当老师走到爱因斯坦面前时，他停住了，他拿起爱因斯坦制作的小板凳（那可不是一件成功的作品）问爱因斯坦："世上难道还有比这更坏的小板凳吗？"

爱因斯坦以响亮的回答告诉老师说："有！"

然后，他又从自己的小桌里拿出了一只板凳，对老师说："这是我做的第一只。"

自身的缺点并不可怕，可怕的是缺少勤奋的精神。自身之拙，可能会成为我们成功路上的障碍，但伟人、名人都是在克服障碍后得到桂冠的。如果我们始终不放弃理想的话，即使是太行、王屋二山那么大的障碍，也会被我们用愚公移山的精神，用勤奋一点点地挖掉。NBA的球星巴克利就是一个很好的例子。

1963年2月20日，巴克利出生在美国阿拉巴马州一个名叫里兹的偏僻小镇里。在这个只有6000人的贫穷小镇，巴克利一出生就遭遇了与当时很多贫穷黑人小孩一样的不幸。刚出生6个星期，小巴克利就由于患有贫血症而进行了一次全身换血的大手术。幸好手术非常成功，他终究逃离了死神的恶掌，幸运地生存下来。

小小年纪的巴克利早已有了自己的目标，他要用篮球来让自己逃离贫穷，他有信心，也有决心。但当时很少有人会相信巴克利可以做到，甚至讥笑他在白日做梦，因为他没有表现出足够的篮球天赋。在高一的时候，巴克利的身高只有178厘米，所以他连校队也没能入选，但近100千克的夸张体重使得教练建议他去打美式足球。虽然如此，巴克利还是毫不动摇自己的决心，他坚持每天练球，风雨无阻，也毫不理会别人的嘲笑眼光。为了锻炼弹跳力，巴克利每天都在顶端非常尖的栏栅上跳来跳去，吓得他的母亲和外婆心惊肉跳。他要告诉每一个人，他一定可以实现自己的梦想。母亲格莲姆总是最支持儿子的人，一直在鼓励着巴克利，让他坚持自己的理想。苍天不负有心人，经过一年的苦练，巴克利的球技有了很大的进步，他终于在高二的时候进入了校队。进入校队后，巴克利只能做替补，出场时间少得可怜，但他依旧没有怨言，一上场必倾尽全力，场下他也是训练最刻苦的一个。升高三的那个夏天，巴克利奇迹般地疯长了15厘米，体重也增加了10千克。这样，巴克利就有了一个很好的篮球运动员身材，再加上他刻苦练就的一身好球技，他终于成为了里兹高中篮球队的先发球员。凭着对篮球的热爱，经过不懈的努力，巴克利实现了他儿时的梦想。他终于实现了自己对母亲的承诺，用篮球给母亲带来美好的生活。

出生在一个一贫如洗的家庭，一个受尽白眼的胖小子坚持自己的理想，遭挫而不折，遇悲能不伤，最后经过自己的努力成功了。巴克利的成长经历就是一个靠勤奋克服自身局限的故事，值得我们每一个人深思。巴克利说："世上大多数人，并不知道该如何才能从芸芸众生中脱颖而出。但我在孩提时代便已经决定无论我做什么，我都一定要成功。记住！只要你下定决心要成功，那么将没有任何人能阻止你。"

天才出于勤奋。著名数学家华罗庚说：勤能补拙是良训，一分辛勤一分才。凡是在某一领域被称做天才的人，无一不是经过辛勤的汗水才换来这样的荣誉的。

东晋大书法家王羲之被后人誉为"书圣"。在教育儿子王献之习字方面，他也非常强调刻苦。王献之自小就很聪明，每天看到父亲写字时笔走龙蛇，感到很有意思。于是他就想，父亲从小就开始写字了，我为什么不能从现在起跟父亲学写字呢？

王羲之练习书法特别刻苦，有时候在吃饭时仍会沉醉在书法之中，而忘记了吃饭。有一次，因为不小心，他把酒杯给碰倒了，但是他并不去扶酒杯，而是伸出手指，蘸着泼在桌上的酒继续画着。献之看见，忍不住笑了："父亲真是个字疯子！"母亲听见了，严肃地对他说："这有什么好笑的，你父亲字写得出色，就是因为这样刻苦练出来的呀！"

"父亲的字一定会超过古代前辈的，真是太让人骄傲啦，我也要像父亲一样！"小献之很认真地说。

王羲之听了，突然抬起头，问道："孩子，你说的是真的吗？如果你真的想学，那你可得做好吃苦的准备呀！"

"当然是真的，父亲，你放心吧，我能吃苦，您从现在起教我练字吧。"一向都很贪玩的献之此时一本正经地说。从那以后，献之再也不出去玩了，而是待在家里，安心练字。连小伙伴叫他去游泳他都毫不动心。1 个月之后，献之拿了几张"得意之作"交给母亲看。

"母亲，你看这是我写的字，你觉得怎么样呀？"

母亲笑着说："有进步了！"

"那我再这样练 3 年，是不是就可以赶上父亲了呢？"

"那还远着呢！"

"5 年呢？"

"还远着呢！"

献之有些急了："那究竟要练多长时间才行呀？"

这时，王羲之从书房内走了出来，他用手指了指院子里的大水缸，说："你要能写完像这样的 18 缸墨水，那你就有可能追上我了！"献之听了，非常认真地点了点头。

从那天起，他就决定一切都从头开始，从最基本的点、横、撇、捺、钩开始练起。就这样，他足足写了 2 年。当他再把自己的字拿给父亲看时，父亲没作声；他又拿给母亲看，母亲也没作声。小献之知道，这是因为自己写得并不好，于是他回到自己的房间，继续努力。5年之后，献之又把他写的字拿给父亲看，没想到父亲还是不说话，只是笑着摇了摇头，拿起笔在一个"大"字下面给添了一个点，这样就成了一个"太"字。

献之又把字拿着让母亲看。母亲仔细翻看了一番，最后，指着一个"太"字说："你练了这么多年的字，总算有一点像你父亲了。"献之听了，心里羞愧极了，这正是父亲给加上去的那一点呀！献之不得不承认，自己的字和父亲的相比还差很远哩。

从此以后，王献之一头扎进书房苦习书法。功夫不负有心人，王献之的书法一天比一天有进步，终于成为继自己的父亲之后又一个伟大的书法家，和他的父亲一起被称为书法史上的"二王"。

英国画家雷诺兹曾对天才做过这样的阐释：天才除了全身心地专注于自己的目标，工作非常刻苦努力之外，与常人并无两样。如果你想在自己的生涯中取得令人骄傲的成绩，就应当像王献之那样，为自己定下一个目标，并为之锲而不舍地努力。

享受劳动的快乐

由工作产生的疲劳，能使人感到愉快；而由懒惰产生的疲劳，只能使人在休息时感到烦躁和悔恨。

——石川达三

劳动不仅是生存的必需，而且还是一种乐趣。劳动可以让人体会到生活的意义和乐趣。法国著名画家格勒兹指出，劳动——从事各种有益的职业乃是打开幸福大门的钥匙。

当垒·波尼法斯到达英国之后，他一只手拿着福音书，另一只手拿着木匠用的尺子。后来，他又从英国辗转到了德国，他还是靠自己的木工这门手艺吃饭。

路德更是这样。路德一生干过许多活计，他干过园艺、建筑、车工工艺和钟表制造，等等。无论干什么，他都极其勤勉，他总是凭自己的劳动去获取面包。

法国新教神学家、古典学者卡佐本有一次在他的一位朋友的一再劝说之下，被迫放下工作去完全、彻底地放松几天。但他享受不了这份清闲，旋即又回到了工作岗位上，他说："我宁可带病坚持工作，也不愿意无所事事，什么事情也不干才是最令人痛苦的事情。"

劳动是一种赐福，没有劳动的生活就好像是一潭死水，没有一点活力和希望。

事实上，真正的幸福绝不会光顾那些精神麻木、四体不勤的人们，幸福只在辛勤的劳动和晶莹的汗水中。懒惰会使人们精神沮丧、万念俱灰，只有劳动才能创造生活、给人们带来幸福和欢乐。

一位心理学家认为：劳动是治疗人们身心病症的最好药物。马歇尔·霍尔博士认为："没有什么比无所事事、空虚无聊更为有害的了。"一位大主教认为："一个人的身心就像磨盘一样，如果把麦子放进去，它会把麦子磨成面粉，如果不把麦子放进去，磨盘虽然也在照常运转，却不可能磨出面粉来。"

英国圣公会牧师、学者、著名作家伯顿给世人留下了一本内容深奥却十分有趣的书——《忧郁的剖析》，他在书中提出了许多独到而精辟的论断。

他指出：精神抑郁、沮丧总是与懒惰、无所事事联系在一起的。懒惰是一种毒药，它既毒害人们的肉体，也毒害人们的心灵。懒惰是万恶之源，是滋生邪恶的温床；懒惰是七大致命的罪孽之一，它是恶棍们的靠垫和枕头，懒惰是魔鬼们的灵魂……

一条懒惰的狗都遭人唾弃，一个懒惰的人当然无法逃脱世人对他的鄙弃和惩罚。再也没有什么事情比懒惰更加不可救药了，一个聪明然而却十分懒惰的人本身就是一种灾祸，这种人必然成为邪恶的走卒，是一切恶行的役使者，因为他的心中没有给勤劳留下位置，所有的心灵空间必然都让恶魔占据了，这正如臭水坑中的各种寄生虫、各种肮脏的爬虫都疯狂地增长一样，各种邪恶的、肮脏的想法也在那些生性懒惰的人们的心中疯狂地生长，这种人的心思灵魂都被各种邪恶的思想腐蚀、毒化了。

伯顿在该书的最后部分说："你千万要记住这一条——万万不可向懒惰和孤独、寂寞让步，你必须切实地遵循这一原则，无论何时何地也不要违背这一原则，只有遵循这一原则，你的身心才有寄托和依归，你才会得到幸福和快乐；违背了这一原则，你就会跌入万劫不复的深渊。这是必然的结果、绝对的律令。记住这一条：千万不可懒惰，万万不可精神抑郁。"

劳动是一种荣誉，是一种快乐，是幸福生活的源泉。年轻人要想拥有幸福快乐的生活，就应当善于体味劳动的快乐，养成勤劳的好习惯。

每天多做一点点

懒惰，像生锈一样，比操劳更消耗身体。经常用的钥匙总是亮闪闪的。

——富兰克林

富兰克林说过"做得好胜于说得好"。无论什么事，都要勤奋地做，脚踏实地地做，默默地在自己脚下多垫些"砖头"，这样，你才会更加接近成功。俗话说，一分耕耘，一分收获。生活是公平的，付出越多得到越多。每天多做一点点，积少成多，时间长了，你就会实现自己的理想，收获自己想要的成功。

　　神原裕司郎是一位诚实淳朴的日本青年。他没有什么学历，家庭也不富裕，但他从不自卑。因为他认为，在这个充满机会的社会，只要勤劳肯干，迟早有出头之日。从少年时代起，神原便出外打工，到 18 岁时，他已拥有一辆自动卸货车，每天驾驶这部车子四处去工地找活干。

　　一到工程现场，他就找负责人问："你们有没有工作给我做？我有一辆倒土车，工钱我是不计较的。"他有时会遭白眼，有时没人理他，但他毫不气馁，往来于横滨、名古屋、滋贺县的工程现场找零工做。后来，他回到故乡仓敷市。

　　当时，仓敷水岛地区正在移山填海、大兴土木，准备开发一个庞大的新工业区。

　　这充满活力的情景使这个 19 岁的年轻人很振奋，因为他知道自己的发展机会来了。

　　他想，使用倒土车工作效率太低，发展实在有限，应该买一辆最新式的推土机，才不会长期在蝇头小利中打滚。但一辆轻型的推土机要 100 万日元，至少也得先付 50 万日元。于是，他把唯一的倒土车卖掉，得款 25 万日元，再向银行借了 25 万日元，买了一部推土机。

　　推土机买来之后，他又抱着很大的期望，像以前一样在水岛地区到处找零活做。

　　由于这台机器工作效率佳，神原又不斤斤计较工钱，所以，没多久，他就不用辛辛苦苦四处找工作，反而工作来找他。对找上门来的工作，神原几乎是来者不拒，每天甩开膀子大干，忙得连睡觉的时间也没有。他的收入也很可观，每天能赚 6 万日元。

　　这样超负荷地苦干一年后，神原又买了一台挖土机和一台大功率推土机。此后他的发展像旋风一般，3 年后，他已拥有推土机等土木工程机械 10 台，成为一名土木工程包工头，并成立了神原重机兴业公司。到 28 岁时，神原已拥有土木工程机械 30 台，一年可做 2.6 亿日元的生意。

　　神原曾说："没有什么潜能和专长的人，只有靠努力苦干才能有光明的前途，要想出人头地，必须付出超人一倍的努力。我常这么想，就能激发更多的精力，废寝忘食地工作。"这是神原成功的秘诀，也是所有成功人士共同遵循的原则。

第八章

注重行动

——在行动中实现梦想

哈佛告诉你

成功在于计划，更在于行动。再美好的梦想，没有行动，就会变成空想；再完美的计划，如果缺乏行动，就会变成空谈。只有计划才能让心中的蓝图变成现实。青少年朋友要实现自己的理想，就应当注重行动，在行动中去实现自己的梦想。

只有行动才能让计划变成现实

> 一张地图无论多么详尽，也无法帮助它的主人前进一步。
>
> ——奥格·曼狄诺

只有行动才能让计划变成现实。一张地图，无论多么详实，比例多么精确，也永远不可能带着主人周游列国；严明的法规条文，无论多么神圣，永远不可能防止罪恶的滋生；凝结智慧的宝典，永远不可能缔造财富。只有行动才能使地图、法规、宝典、梦想、计划、目标具有现实意义。

安妮是一个可爱的小姑娘，可是她有一个坏习惯，那就是她每做一件事时，总是爱让计划停留在口头上，而不是马上行动。

和安妮住在同一个村子里的詹姆森先生有一家水果店，里面出售本地产的草莓。一天，詹姆森先生对安妮说："你想挣点钱吗？"

"当然想，"她回答，"我一直想有一双新鞋，可家里买不起。"

"好的，安妮。"詹姆森先生说，"隔壁卡尔森太太家的牧场里有很多长势很好的黑草莓，他们允许所有人去摘。你去摘了以后把它们都卖给我，1夸脱我给你13美分。如果你摘的足够多的话，就有钱买你想要的新鞋了。"

安妮听到可以挣钱，非常高兴。于是她迅速跑回家，换上衣服，拿上一个篮子，准备马上就去摘草莓。

这时，她不由自主地想到，要先算一下采5夸脱草莓可以挣多少钱比较好。于是她拿出一支笔和一块小木板，计算结果是65美分。

"要是能采12夸脱呢？"她计算着，"那我又能赚多少呢？""上帝呀！"她得出答案，"我能得到1美元56美分呢！"

安妮接着算下去，要是她采了50、100、200夸脱，詹姆森先生会给她多少钱。她将时间花费在这些计算上，一下子已经到了中午吃饭的时间，她只得下午再去采草莓了。

安妮吃过午饭后，急急忙忙地拿起篮子向牧场赶去。而许多男孩子在午饭前就到了那儿，他们快把好的草莓都摘光了。可怜的小安妮最终只采到了1夸脱草莓。

回家的途中，安妮想起了老师常说的话："办事得尽早着手，干完后再去想。因为1个实干者胜过100个空想家。"

只有行动才能让计划变成现实。成功在于计划，更在于行动。目标再伟大，如果不去落实，永远只能是空想。

在一次行动力研习会上，培训师做了一个活动。他说："现在我请各位一起来做一个游戏，大家必须用心投入，并且采取行动。"

他从钱包里掏出一张面值100元的人民币，说："现在有谁愿意拿50元来换这张100元人民币。"

他说了几次，都没有人行动，最后终于有一个人跑向讲台，但仍然用一种怀疑的眼光看着老师和那一张人民币，不敢行动。

那位培训师提醒说："要配合，要参与，要行动。"

那个人才采取行动，终于换回了那100元。那位勇敢参与者立刻赚了50元。

最后，培训师说："凡事马上行动，立刻行动，你的人生才会不一样。"

有这么一个笑话，也说明了行动力对于成功的重要性。

有一个郁郁不得志的年轻人每隔三两天就到教堂祈祷，而且他的祷告词几乎每次都相同。"上帝啊，请念在我多年来敬畏您的份上，让我中一次彩票吧！阿门。"

几天后，他又垂头丧气地回到教堂，同样跪着祈祷："上帝啊，为何不让我中彩票？我愿意更谦卑地来服侍您，求您让我中一次彩票吧！阿门。"

到了最后一次，他跪着重复他的祈祷："我的上帝，为何您不垂听我的祈求？让我中彩票吧！只要一次，让我解决所有困难，我愿奉献终身，专心侍奉您——"

就在这时，圣坛上空发出一阵宏伟庄严的声音："我一直垂听你的祷告。可是——最起码，你也该先去买一张彩票吧！"

再美好的梦想，离开了行动，就会变成空想；再完美的计划，离开了行动，也会失去意义。青少年朋友要实现自己的理想，就应当注重行动，在行动中实现自己的梦想。

不要只生活在梦想里

"梦想家"只让自己置身于虚无缥缈之中，而不去抓住眼前稍纵即逝的光阴。

——罗曼·罗兰

约翰是一名年轻的乞丐。有一次，他整整一天都没有讨到吃的东西，到了傍晚，饥困交加的他靠在街道旁的一阶石梯上迷迷糊糊地睡着了。

睡梦中，约翰得到了一大笔金钱，他用这笔金钱开办了几家大公司，购置了一所带花园的别墅，娶了一位身材修长、美丽善良的姑娘。这位姑娘为他生了3个健壮的儿子。3个儿子长大之后，一个成了杰出的科学家，一个当上了国会议员，最小的儿子则成了一位将军。不久，儿子们都娶妻了，给他添了几位活泼可爱的孙子。

他后来成了世界级富豪，日子过得舒坦极了，他常常带着妻子和孙子们登上市内最高的观光塔，心满意足地观赏着城市的美景。一天，当他抱着最小的孙子正在塔顶观看晚霞的时候，不知怎么的，一下子从塔顶上摔了下来……

他一下子醒了过来，睁开眼睛一看，自己仍然躺在冰冷的石板上，刚刚发生的一切都只是在梦中。只有怀中抱着的一件破棉袄仿佛在提醒他，现在最需要的是找点填肚子的东西。

这是一个关于梦想的故事。故事中的约翰做了一场根本不可能实现的、虚幻的、甜蜜的美梦，他梦里的东西太美妙了，可惜梦想不能当饭吃，他仍然面临着生存的危机。

这个故事告诉我们，梦想固然可以带给我们希望和动力，但只有矢志不移地为自己的梦想而奋斗，为自己的梦想洒下辛勤的汗水，我们的梦想才会成为现实。

西晋时期，统治者十分腐败，皇族内部为了争权夺利，互相勾心斗角，甚至不惜兵戎相见。长期的争战，给人民带来极大的灾难，边境的国防力量也大大削弱了，不少地方都被外族侵占了，国家眼看就要灭亡了。

当时祖逖和刘琨都在司州（今河南洛阳一带）做地方小官，两个人都心怀大志，性格豪爽，因此成为志同道合的好朋友。他们不愿像别人一样醉生梦死地虚度光阴，而是每天聚在一起互相学习。白天，他们在一起钻研文韬武略；晚间，他们谈论国家的发展形势。每天清晨，天刚蒙蒙亮，他们就起床了，两人一起舞刀弄剑，苦习武功。在多年的学习及生活中，两人建立了深情厚谊。

一天晚上，两人又聚在一起谈心，说到朝政的腐败，还说到不少地方的饥荒，更谈论到关西匈奴等族起兵犯境的事，两人都对国家所面临的危险局势十分担忧。这天夜里，他们一直谈到很晚才入睡。

半夜时分，祖逖就被荒野中雄鸡发出的啼鸣声惊醒了。根据当地流传的迷信说法，半夜鸡啼是一种不祥之兆。此时此刻，祖逖并没有想到自己，而是想到了国家的前途和民族的命运，想着想着，不由地心潮涌动，一时间思绪万千，再难入睡。

于是，他伸手把睡在身旁的刘琨叫醒："听到没有！有鸡在叫！这绝不是什么不祥的声音，而是提醒我们振作起来的号角啊！"刘琨听了，点了点头，觉得很有道理，于是二人摸黑来到了后院，各自寻到自己的兵器，一个使刀，一个挥剑，虎虎生威地操练了起来。

也就是在那时，祖逖在心中立下了雄心大志，一定要把失去的国土重新夺回来。从此以后，二人每天晚上只要听到鸡叫，就立刻起来习功练武，

从未间断过，这就是成语"闻鸡起舞"的由来。

中原最终被外族给侵占了，可是祖逖恢复中原的雄心壮志一刻也没有改变，他一直在努力着。终于，在公元313年，他成功地集结了一大批主要由民间力量组成的队伍，并上书朝廷，主动请命北伐。

由于他指挥有方，他率领的部队一路北上打了很多胜仗，恢复了江北的大片国土，立下了旷世奇功，得到了百姓的爱戴和拥护。

祖逖之所以能立下盖世奇功，是因为他心中有梦想、有壮志，并且有持之以恒地为梦想而奋斗的毅力。

梦想是一个人成功的动力。但是梦想必须加上切实的行动才会有意义。对于"梦想"，人们有各种不同的看法。有人认为健全的人应面对现实，不应耽于幻想。也有人觉得，爱做梦的人，根本不适合在现实社会中生存。

事实上，只要能够坚持不懈地为自己的梦想而奋斗，拥有梦想并不是一件坏事。

在现实社会中，没有梦想，美国人到现在恐怕还激荡在大西洋海岸的一角！没有梦想，人类恐怕到现在还只能跷着脚仰望天上的飞鸟……

记住，一旦有了梦想，就必须拥有实现梦想的坚强意志和决心。如果像前文中的乞丐一样有梦想而没有努力，有愿望而不能拿出力量来实行，愿望永远也不会实现。

梦里的东西最美，现实的东西最真，只有通过艰苦的工作、不断的努力，才能将梦想变成现实。

用目标激励行动

只要不丧失目标，走得最慢的人也比漫无目的地徘徊的人走得快。

——莱辛

目标是一个人成功路上的里程碑。目标能给你一个看得见的靶子，当你一步一个脚印去实现这些目标时，就会有成就感，就会更加信心百倍，向高峰挺进。

成功学专家拿破仑·希尔说过，不甘做平庸之辈的人，必须要有一个明确的追求目标，这样才能调动起自己的智慧和精力，全力以赴为自己的目标而行动。

目标是一种持久的热望，是一种深藏于心底的潜意识。它能长时间调动你的创造激情，调动你的心力。你一旦具有强烈的愿望，就会产生一种原子能般的动力，就会有一种钢铸般的精神支柱；一想到你的目标，你就会为之奋力拼搏，就会忘我地投入行动。

目标是一个人行动的动力，现实生活中，我们发现那些最终获得成功的人始终会将目光集中在他们的目标上，他们常常在向目标奋进的过程中运用想象提醒自己的目标所在。

奥林匹克运动会十项全能金牌获得者詹姆斯·卡特为了实现自己的目标，用运动器械装备了整个寓所，以便每天提醒他去实现自己的目标。他将十项全能每个项目的器械放在他不训练时也不得不看到的地方，跨高栏是他最差的一项，他就将一个栏放在起居室的正中央，每天必须跨越 30 次；他的门把手是个铅球；杠铃就放在室外廊檐下；撑竿跳高用的竿子和标枪在沙发后竖立着；壁橱里放着他的运动制服、棉织套服和跑鞋。詹姆斯说这种不寻常的陈设在他准备奥运会夺冠的过程中，帮助他改善了他的竞技状态。

已故网球名将阿瑟·艾虎早年也有类似的经验。

艾虎是打破网球界人种限制的唯一特例，在他之前，网球界一直是白人的天下。他的一生可说是一连串设定并达到目标的过程。

艾虎一生都坚持这样的信念："每次你订立一个目标，然后完成那个目标，这样你就可以在目标的激励下不断前进。"

他订立一个目标，一旦达到那个目标，他就再订立一个新的目标。为什么呢？他解释道："我相信，自信能改变一个人。自信也能扩散到生活中很多不同的层面，使你不但对自己的专长更有自信，而且还会对很多其他的事提高信心。相信自己也能做到，大可运用在其他工作或另外一组目标上。"

艾虎就是运用这种订立目标的方法，登上了网球王座的。他说："我早年的几位教练常订立清楚明确的目标，这正是我愿意遵循的。这些目标不见得一定要像赢得巡回赛这么重大，而是将一些有待克服的困难、需要努力与计划的事订立为目标。如果能达到这个目标，一定会有某种收获。不过我要再强调，不是只有赢得巡回赛才可以作为目标，往往一些小目标渐渐一个个地达到后，我自己都会意外地发现：'嘿！我距离得大奖已经越来越接近了。'"

艾虎一直以这种方式参加高难度的比赛。他说："参加巡回赛，总想能进入复赛。比赛时，总希望漏接的反手球不超过某个数字。或者是必须锻炼体力到一定的程度，天气太热时，才不至于很快就感到疲倦。这一类的小目标，可以帮助你将成为世界第一或赢得巡回赛这类的远大目标分解开来，变得更容易。"

因发现 DNA 结构而荣获诺贝尔奖的美国科学家莫里斯•威尔金斯说道："癌症的种类实在太多了。我正设法治愈某些癌症。当然我们希望能治愈的越多越好。但是，你一定要把治疗某类癌症这一目标分解成很多短期内可以完成的中程目标。明天就治愈结肠癌不能算是中程目标，我们目前的目标只是先认识这个病症。这个过程还牵涉很多不同的步骤。没有人愿意身陷挫折之中。每次实现一个小目标，将会是你快乐的源泉。"

用目标激励行动，你会发现自己在完成了一个又一个目标之后，正一步步地走向成功，而不是总耽于空想或者疏于行动。

做好行动前的准备

只有最充分的准备才能换来最好的结果。

——拿破仑•希尔

第二次世界大战期间，具有决定性意义的诺曼底登陆是非常成功的。为什么那么成功呢？原来美英联军在登陆之前做了充分的准备。他们演练了很多次，他们不断演练，演练登陆的方向、地点、时间以及一切登陆需要做的事情。最后真正登陆的时候，已经胜券在握，登陆的时间与计划的时间只相差几秒钟。这就是准备的力量。

古人说得好，有备无患。只有充分准备才能换来最好的结果。一个人准备工作做得越充分，成功的可能性就越大，我们常说：养兵千日，用兵一时。这也是一种准备哲学。

飞人迈克尔•乔丹是美国篮坛有史以来最顶尖的球员，被称为篮球之神。他具备所有成为篮球王的特质和条件，他打任何一场篮球比赛，胜算都是很大的。但是，他在参加任何一场重要的赛事之前，都会练习，练习投篮，练习基本动作。他是球队练习最刻苦的人，他是准备工作做得最充分的人。

在吸引了几乎全世界人眼球的拳坛世纪之战中，当时正如日中天的泰森根本没有把已年近 40 岁的霍利菲尔德放在眼里，自负地认为可以毫不费力地击败对手。同时，几乎所有的媒体也都认为泰森将是最后的胜利者。美国博彩公司开出的是 22 赔 1 泰森胜的悬殊赔率，人们也都将大把的赌注押在了泰森身上。

在这种情况下，认为已经稳操胜券的泰森对赛前的准备工作——观看对手的录像，预测可能出现的情况及应对措施，保证自己充足的睡眠和科学的饮食方面都敷衍了事。

但是，比赛开始后，泰森惊讶地发现，自己竟然找不到对手的破绽，而对方的攻击却往往能突破自己的漏洞。于是，气急败坏的泰森做出了一个令全世界都感到震惊的举动：一口咬掉了霍利菲尔德的半只耳朵！

世纪大战的最后结局当然是：泰森成了一位可耻的输家，还被内华达州体育委员会罚款600 万美元。

泰森输在准备不足。当霍利菲尔德认真研究比赛录像，分析他的技术特点和漏洞时，泰森却将教练准备的资料扔在了一边；当对手在比赛前拼命热身，提前进入搏击状态时，他却和朋友在一起狂欢。虽然泰森的实力确实比对手高出一筹，从年龄上也占尽了优势，但他最后却一败涂地。

霍利菲尔德的成功和泰森的失败重要的一点在于准备。是的，每一个差错往往因准备不足，每一项成功又往往因准备充分。

只有真正地重视准备，扎实地把准备工作都做到位，才能从根本上保证你不犯或少犯错误。前葡萄牙波尔图足球队的主教练、被称为"上帝第二"的穆里尼奥说过一句很著名的话："当准备的习惯成为你身体的一部分，它就会永远在那里，并帮助你取得令人惊讶的胜利。"

穆里尼奥率领球队征战欧洲冠军联赛时，几乎没有人相信他们能杀入决赛，更别提夺取冠军了。但结果却使所有人都大跌眼镜，这个从队员到主教练都无名的俱乐部，竟然得到了欧洲足球的最高荣誉。

确实，波尔图的队员们和皇马、米兰等大牌球队的球星相比，无论名气上还是实力上都相差悬殊；当时的穆里尼奥和卡佩罗、马加特、扎切罗尼等知名教练相比，也不可同日而语。但穆里尼奥却有一个胜利的武器：对准备工作超乎寻常地重视。他几乎观看了所有对手最近的每一场比赛，可以说，所有对手的技术特点、战术风格、最近的状态……他都了如指掌；甚至对比赛当天的天气、场地草皮的状况，他都进行了详细的了解并制定了相应的对策。结果在决赛当天，他使用的队员、阵形、战术打法都直指对方的软肋，就像他夺冠后所说的那样："如果大家知道我们为了取得胜利而研究了多少场比赛，准备了多少资料，筹划了多少方案，就会认为这个冠军我们当之无愧。"

功成名就的穆里尼奥在夺冠的第二年来到英超球队切尔西，这里汇集了很多世界级的大牌球员。当穆里尼奥和这些队员们第一次见面的时候，他所做的第一件事是打开随身携带的笔记本电脑，开始如数家珍地介绍这些球员：从技术风格、进球数、身高体重，甚至详细到哪些是左脚打进的、哪些是右脚打进的，都了如指掌。穆里尼奥的这一举动一下子就震住了这些球星。不过，这只是开始，他们更没有想到的是，主教练这种近乎完美的准备工作会使他们在后面的比赛中取得一个又一个胜利。

提起准备，也许有人会说："准备没有什么了不起。"但就是这不起眼的准备，却能造就神奇的成功；反之，也能造成痛苦的失败。

🛡 第九章 🛡

负责

——责任感伴你走向成熟

哈佛告诉你

责任心是一个人成长的动力，对家人、对朋友、对国家的责任都可以成为我们奋斗的动力。同时，承担责任也是一个人走向成熟的标志。当一个人的责任心在心底萌发时，就是走向成熟的开始。青少年作为未来社会的主人翁，应当学会主动地为祖国、为社会、为家人负起自己的责任，在承担责任的过程中不断地成长，走向成熟。

责任是一个人成长的动力

人一旦受到责任感的驱使，就能创造出奇迹来。

——门肯

责任是一个人成长的动力。美国总统林肯曾这样说过："我——对全美国人，对基督世界，对历史，而且，最后，对上帝负责。"林肯成就了自己的伟大人生，得到了世人的尊敬与敬仰，应该说这与他的责任感不无关系。人活在世上，难免要承担各种责任——家庭、亲戚、朋友、国家、社会等方面的责任。这些责任既是我们的义务，同时也是我们成长的重要动力。

1957 年诺贝尔文学奖的获得者阿贝尔·加谬出生在一个贫苦的家庭。在他还不懂事的时候，父亲就在战场上牺牲了，只剩下母亲与他相依为命。因为家里没有什么积蓄，小加谬和母亲的生活特别艰难。但是，为了不让儿子在同伴中感到自卑，在小加谬到了上学年龄以后，母亲还是毫不犹豫地把他送到了学校。可是，懂事的小加缪很快就发现，因为自己上学又增加了学费和其他一些花销，母亲肩上的担子更重了。母亲每天都努力地工作着，由于经常熬夜，才三十几岁的人，脸上就已经早早地爬满了皱纹。懂事的小加缪看在眼里，疼在心里。

一天晚上，加谬又伏在那盏小煤油灯下复习功课，写完作业之后，他看见母亲还在忙碌，自己又帮不上忙，就早早地上床睡觉了。半夜里，加谬忽然被一阵咳嗽声惊醒了，睁开眼睛一看，母亲还没有睡，她正借着微弱的灯光缝补衣服呢。小加谬再也忍不住了，他一骨碌从被子里爬起来："……妈妈，我以后再也不能让你这么辛苦了，你看，我已经长大了，是个小男子汉了，我想出去找点活儿干，减轻一下家里的负担。"

儿子善解人意的话，让母亲的眼睛湿润了。她把小加谬紧紧地搂在怀里，泪水顺着面颊流了下来。

看见母亲流下眼泪，小加谬有些不知所措："妈妈，难道我说错了吗？你为什么哭了？"

"好孩子，你没有说错。可是你现在还太小了，妈妈怎么舍得让你去干活儿呢？你现在需要的是好好学习，只有等你长大了，才能帮助妈妈减轻负担呀。"母亲抚摸着加谬的头轻轻说。

听了母亲的话，小加谬认真地点了点头，从那以后，他学习更认真了。但是，无论母亲怎么努力，他们家的生活还是越来越困难。读完小学以后，在小加谬的一再央求下，母亲终于同意了他的要求，让他去做些事情，帮助家里减轻负担，但前提是不能耽误自己的学习。从那以后，小加谬一边读书，一边劳动。一开始，他找到了一份扫大街的工作。对小加谬来说，这份工作无疑是份苦差事。因为他每天不仅需要很早起床，还要拿着几乎跟他一样高的扫帚去扫大街，人小，扫的地方又大，小加缪常常累得满头大汗。

为了给母亲减轻负担，小加缪努力着坚持过来了。后来，小加谬又到一个饭馆里去洗碗。这个工作和扫大街的工作比起来更辛苦，加谬和几个小伙计每天都拼命干活，还常常不能按时洗完那些小山一样高的碗碟。

艰难的生活让加谬经受了磨炼，也培养了他刻苦勤奋的优良品质。后来，他通过自己的不懈努力，考取了大学，并最终获得了诺贝尔文学奖，成为举世瞩目的大文学家。

成就加缪的是什么？答案可以找出很多，但毫无疑问，加缪对母亲的爱，对家庭的那份责任感，是帮助他走过那段灰暗日子的精神支柱，也是加缪最具光彩的人生财富。

小加谬的成长带给我们一个启示：责任是一个人成长的动力。对家人、对朋友、对国家的责任都可以成为我们奋斗的动力。成功的人不仅承担责任，他们还希望增加责任，以便激发更多的能力。

事实上，你承担的责任越多，你处理事情的能力就越强。一个人的能力是用不完的。你也许会用完时间，但是你不会用完能力，能力是越用越多的，如同智慧一样。不要躲避任何发挥自己能力的机会。承担责任、抓住机会，因为这会增加你的能力。

责任伴你走向成熟

我们到这个世界上来是为了一个聪明和高尚的目的，必须好好尽我们的责任。

——马克·吐温

有一次，我国有一位青少年教育专家到华盛顿参加完一个国会的听证会，出来在路边等车，看见一个母亲和一个3岁左右的小孩过马路。那个小孩不小心摔了一跤，母亲走了过去，对小孩说："汤米站起来！"小孩继续在地上要赖。母亲的声音越来越大，表情越来越严肃："站起来！"小孩立刻站起来了。母亲把小孩带到路边就开始训斥："汤米，你看看你刚才，像个男子汉吗？还说长大了要保护妈妈，你那个样子能保护我吗？做事情不能担负自己的责任，还妨碍交通。"3岁的小孩含着眼泪，被母亲带走了。

这位教育专家被这一场景深深感动了，后来他在自己的一篇文章中写道："多么负责任的母亲呀！我们有理由相信，她的孩子将来一定能够承担起对父母、家庭、国家的责任。"

责任可以让一个人更快地成熟起来。一个人要想跨进成功的大门，他必须持有一张门票——责任心。责任心是每个人都必须具备的品质，同时也是一个人走向成熟的重要标志。

本杰明·富兰克林小时候很喜欢钓鱼，他把大部分闲暇时间都花在了那个磨坊附近的池塘旁边。在那儿，他可以钓到从远方游来的鲽鱼、河鲈和鳗鲡。

一天，大家都站在泥塘里，本杰明对伙伴们说："站在这里太难受了。"

"就是嘛！"别的男孩子也说，"如果能换个地方多好啊！"

在泥塘附近的干地上，有许多用来建造新房地基的大石块。本杰明爬到石堆高处。"喂！"他说，"我有一个办法。站在那烂泥塘里太难受了，泥浆都快淹没到我的膝盖了，你们也差不多。我建议大家来建一个小小的码头。看到这些石块没有？它们都是工人们用来建房子的。我们把这些石块搬到水边，建一个码头。大家说怎么样？我们要不要这样做？"

"要！要！"大家齐声大喊，"就这样定了吧！"

他们决定当晚再聚到这里开始他们伟大的计划。在约定的时间里孩子们都到齐了，开始搬运石块。最后，他们终于把所有的石块都搬来了，建成了一个小小的码头。

"伙计们！现在，"本杰明喊道，"让我们大喊三声来庆祝一下再回去，我们明天就可以轻轻松松地钓鱼了。"

"好哇！好哇！好哇！"孩子们欢叫着跑回家去睡觉了，梦想着明天的欢乐。

第二天早晨，当工人们来做工时，惊奇地发现所有的石块都不翼而飞了。工头仔细地看了看地面，发现了许多小脚印，有光着脚的、有穿着鞋的。沿着这些脚印，他们很快就找到了失踪的石块。

"嘿，我明白是怎么回事了，"工头说，"那些小坏蛋，他们偷石头来建了一个小码头。不过，这些小鬼还真能干。"

他立即跑到地方法官那儿去报告。法官便下令把那些偷石头的家伙带进来。

幸好，石头的主人是一位绅士，他十分尊重本杰明的父亲，而且孩子们在这整个事件中体现出来的气魄也让他觉得非常有趣。因此，他不加追究地放了他们。

但是，这些孩子们却要受到来自他们父母的教训和惩罚。在那个悲伤的夜晚，许多荆条都被打断了。至于本杰明，他更害怕的是父亲的训斥而不是鞭打。事实上，他父亲的确是愤怒了。

"本杰明，过来！"富兰克林先生用他那一贯低沉严厉的声音命令道。本杰明走到父亲的面前。"本杰明，"父亲问，"你为什么要去动别人的东西？"

"唉，爸爸！"本杰明抬起了先前低垂的头，正视着父亲的眼睛，"要是我仅仅是为了自己，我绝不会那么做。但是，我们建码头是为了大家都方便。如果把那些石头用来建房子，只有房子的主人才能使用，而建成码头却能为许多人服务。"

"孩子，"富兰克林严肃地说，"你的做法对公众造成的损害比对石头主人的伤害更大。我的确相信，人类的所有苦难，无论是个人的还是公众的，都来源于人们忽视了一个真理，那就是罪恶只能产生罪恶。正当的目的只能通过正当的手段去达到。"

富兰克林一生都无法忘记他和父亲的那次谈话。在他以后的人生道路上，他始终实践着父亲教给他的道理。

责任可以让一个人变得更加成熟。当一个人的责任心在心底萌发时，就是他走向成熟的开始。美国总统肯尼迪在就职演说中说："不要问美国给了你们什么，要问你们为美国做了什么？"这句关于责任的经典话语激励了无数美国青年。同样，也能够为我们的成长带来很重要的启示。

作为新世纪主人的我们，应当主动去为祖国、为社会、为家人负起自己的责任，这样才能够在承担责任中不断地成长，走向成熟。

责任让你更加勇敢

责任心带给一个人的勇气是无法抵挡的。

——罗曼·罗兰

责任是我们每个人必须承担和无法逃避的，责任使我们的人生变得有意义和有价值，没有责任的人生是苍白乏味的。尽管在我们承担责任的过程中，不可避免地也要承担起压力和面对各种困难，但一个真正能够承担起责任的人，是会勇敢地面对这些困难和压力的。事实上，责任能够赋予我们走出逆境的勇气和决心。

曾经看到过这样一个感动心灵的故事：

森林里，一只母虎正给小虎仔喂奶，它没发现猎人正悄悄地走近它。当它终于感觉到危险的时候，猎人已经举起了长矛。母虎想逃跑，但它又舍不得自己的孩子，为了救孩子，它放弃了逃跑，而是冲着猎人怒吼而去。发狂的母虎极其凶猛，吓得猎人掉头就跑。

就这样，母虎凭着自己的勇敢，救了自己的孩子。

我们当然可以认为这是老虎的本能，但它也有逃生的本能，为什么在一刹那，它没有选择逃跑而选择了迎向危险？或许是责任让它变得勇敢。

一些人常常在最艰难的时候，才变得异常的勇敢。当他们走出困境的时候，他们甚至会对自己的勇敢表示难以置信。其实，就是责任让他们变得勇敢起来的。唯有责任，才会让一个人超越自身的懦弱，真正勇敢起来。

责任能够产生勇气和力量，它能够让人战胜懦弱和恐惧，战胜死亡的威胁，战胜一切困难。

有一个由业余登山爱好者组成的登山队，他们要对世界第一峰——珠穆朗玛峰发起挑战。虽然人类攀登珠穆朗玛峰已经不止一次了，但这是他们第一次攀登世界最高峰。队员们既激动又信心十足，他们有决心征服珠穆朗玛峰。

经过考察后，他们选择自己状态很好、天气也很好的一天出发了。攀登一直很顺利，队员们彼此互相照应，没有出现什么问题，高原低氧的情况也基本能够适应，在预定时间，他们到达了1号营地。大家都很高兴，因为有了一个良好的开始，就等于成功了一半。

第二天，天气突然发生了变化，风很大，还有雪。登山队长征求大家的意见，要不要回去，因为要确保大家的生命安全。生命只有一次，登山却还有机会。但是大家都建议继续攀登，登山本来就是对生命极限的一种挑战。

于是，登山队继续向上攀登。尽管环境很恶劣，但是队员征服自然、征服珠穆朗玛峰的信心却十足，大家小心翼翼地向上攀登。"队长，你看！"一个队员大喊，大家循声望去，在离他们很远的地方发生了雪崩。虽然很远，但雪崩的巨大冲击力波及到登山队，一名队员突然滑向另一边的山崖。还好，在快落下山崖的那一刻，他的冰锥紧紧地插进了雪层里，但他随时有可能被雪崩的冲击力推下去。

情况十分危险，因为雪崩的冲击力很有可能将营救的队员也一起冲下山崖。

队长说："还是我来吧，我有经验，你们帮我。大家把冰锥都死死地插进雪层里，然后用绳子绑住我。""这很危险，队长。"队员们说。

"已经没有犹豫的时间了，快！"队长下了死命令。大家迅速动起手来，队长系着绳子滑向悬崖边，他死命地拉住了抱住冰锥的队员，其他队员使劲把他俩往上拉。就在下一轮雪崩冲击到来之前，队长救出了这名队员。

全队沸腾了，经过了生死的考验，大家变得更坚强了。

最终，登山队征服了珠穆朗玛峰。他们把队旗插在顶峰的那一刻，也把自己的荣誉和责任留在了世界上最纯净的地方。

后来，队长说："当时我也非常恐惧，随时可能尸骨无还，但我知道，我有责任去救他，我必须这么做。责任的力量太大了，它战胜了死亡和恐惧。真的。"

责任可以让战人胜死亡和恐惧，可以让一个人变得勇敢和坚强。面对困难和危险，牢记心中的责任，你就能够从中汲取战胜困难的勇气和力量。

学会对自己的行为负责

一个人从他被投进这个世界的那一刻起，就要对自己的一切负责。

——萨特

我们只有首先学会对自己的行为负责，才能够开始对家庭、对他人、对集体、对社会负责。

阿尔弗雷德大帝是英国历史上最伟大的国王之一，他是一位伟大的国君，同时也是一个极具责任感的人。

阿尔弗雷德统治时期的英格兰形势复杂，国家受到凶猛的丹麦人的入侵。入侵者如潮涌来，他们个个剽悍勇猛，几乎百战百胜。

阿尔弗雷德大帝率领的英格兰军队战败了。每个人，包括阿尔弗雷德，都只能设法逃生。阿尔弗雷德乔装打扮成一个牧羊人，只身逃走，穿过森林和沼泽。

经过几天漫无目的的游荡，他来到一个木匠的小屋中避难。饥寒交迫的他敲开房门，乞求木匠的妻子给点儿吃的东西并借宿一晚。

女主人同情地看着这位衣衫褴褛的男人，她不知道他是谁。"请进，"她说，"你给我看着炉子上的蛋糕，我会提供你晚餐的。我现在出去挤牛奶，你好好看着，等我回来，可别让蛋糕煳了。"

阿尔弗雷德礼貌地道了谢，坐在火炉旁边。他努力把精力集中到蛋糕上，可是不一会儿他的烦心事就充满了脑子。怎样重整军队？重整旗鼓后又怎样去迎战丹麦人？他越想越觉得前途渺茫，开始认为继续战斗也将无济于事。他只顾想自己的问题，完全忘了自己是在木匠的屋子里，忘了饥饿，忘了炉子上的蛋糕。

过了一会儿，女主人回来了，她发现小屋里烟熏火燎，蛋糕已经烤成焦炭。阿尔弗雷德坐在炉边，目光盯着炉火，他根本就没注意到蛋糕已经烤焦。

"你这个懒鬼，窝囊废！"女主人叫道，"看看你干的好事。你想吃东西，可你袖手旁观！好了，现在谁也别想吃晚餐了！"阿尔弗雷德只是羞愧地低着头。

这时，木匠回来了。他一进家门就认出了坐在炉火旁边的阿尔弗雷德。"住嘴！"他告诉妻子，"你知道你在责骂谁吗？他就是我们伟大的国王阿尔弗雷德！"

女主人惊呆了，她跑到国王面前急忙跪下，请求国王原谅她如此粗鲁。

但是阿尔弗雷德却亲切地请女主人站了起来。"你责怪我是应该的，"他说，"我答应你看着蛋糕，可蛋糕还是烤煳了，我该受惩罚。任何人做事，无论大小都应该认真负责。这次我没做好，但此类事情不会再有了，我的职责是做好国王。"

这个故事没告诉我们那天晚上阿尔弗雷德是否吃了晚饭，但我所知道的是没过多久，他就重整自己的军队，把丹麦人赶出了英格兰。阿尔弗雷德之所以能成为英国历史上有名的国王，不仅是因为他卓越的品格和领导才能，而且还与他对自己行为负责的精神分不开。

有一次，一位外国太太带着自己7岁的小女儿到中国一户家庭做客。

女主人对外国友人的到来非常重视，特别学习了西餐的做法。她对客人说："今天我做西餐给你们吃，你们尝尝中国人做的西餐味道好不好。"

7岁的女孩听女主人说要给她们做西餐，心想：中国人做西餐肯定不好吃。于是，当女主人问她吃不吃的时候，小女孩坚定地回答："我不吃。"

等女主人把西餐端上来的时候，小女孩一眼就看到了漂亮的冰激凌。这么好看的冰激凌味道肯定很好！小女孩有点迫不及待地对母亲说："妈妈，我要吃冰激凌。"

女主人很高兴小女孩能够喜欢自己做的冰激凌，她把冰激凌端到小女孩面前，说："来，吃吧！"

谁知，小女孩的母亲严肃地对女主人说："不行，我女儿说过她不吃西餐，她得为自己说过的话负责，今天她不能吃冰激凌！"

小女孩着急地哭起来："妈妈，我就想吃冰激凌！"但是，母亲根本不为所动，只是对女儿淡淡地说："你得为自己负责。"

女主人看着，觉得小女孩的母亲也太认真了，就说："给她吃吧，孩子总是这样的。"

小女孩的母亲正色地对女主人说："亲爱的，我们要培养孩子的责任心。"

结果，无论小女孩怎么哭闹，母亲就是不同意让她吃冰激凌。

事实确实如此，只有让孩子懂得自己的行为将会产生什么后果，他才会对自己的行为负责任。在现实生活中，父母要试着把孩子生活中的每一项责任都放到他自己的身上，让他自己去承担。比如，当孩子遇到麻烦的时候，你应该说："这是你自己选择的，你想想为什么会这样？"而不要对孩子说："你已经努力了，是爸爸没有帮助你。"虽然只是一句话，却反映出了观念的不同。如果你无意中帮助孩子推卸了责任，孩子将会认为自己无须承担责任，这对他以后的人生道路是很不利的。

尝试着自己做决定

责任心常常会纠正人的狭隘性。当我们徘徊于迷途的时候，它会成为可靠的向导。

——普列姆昌德

有一位教育专家曾非常感慨于中日草原生存旅行夏令营中中国孩子不会野炊的问题。当他采访一位13岁的男孩，问他为什么有些中国孩子野炊不动手时，这位男孩干脆利索地回答："在家里，长辈对我们有'三不准'的要求：刀不准动，电不准动，火不准动。我们连家炊都不会，哪还会野炊呀？"父母再关心孩子，也不能代替孩子成长。一个凡事只会听从家长吩咐的孩子，又怎么能够成为一个对自己负责、对社会负责的有用之材呢？

下面是一个真实的故事。

一位名叫贝蒂的美国女孩通过自己的经历告诉大家，她的完美人生是如何开始的。

"我13岁生日那一天，是我人生的一个重大转折。妈妈把我叫进她的房间，'贝蒂，我想和你谈谈。'妈妈拍了拍身边的床铺说，'我用了12年的时间来培养你的价值观和道德观。你觉得自己具有分辨是非的能力了吗？今天是你的13岁生日。从今以后你就不再是小孩子了，现在是你开始自己拿主意的时候了。从现在起，你自己的规矩自己定。什么时候起床，什么时候睡觉，什么时候写作业，和哪些人交朋友，这些都由你自己决定。'

"'我不明白。你生我的气了吗？我做错了什么吗？'妈妈伸出手搂住我的肩膀：'每个人迟早都要自己做主。很多被父母严格管教的年轻人，往往在他们离开大学、没人给他们指导的时候犯下了可怕的错误，有些甚至毁了自己的一生。所以我要早一点给你自由。'我目瞪口呆地盯着她，各种念头一起闪过脑海：那么，我随便多晚回家都可以；能够自由参加各种聚会；没有人再催促我写作业……这简直棒极了！妈妈站起来：'记住，这是一种责任。家里人都在看着你。而只有你一个人为自己的过错负责。'她说着用力抱了抱我，'别忘了，我一直在你身边。任何时候，如果你需要，我会随时帮助你。'完美的谈话就这样结束了。同以往一样，这个生日是与家人一起度过的，有蛋糕，有冰激凌，还有礼物，而与母亲的这次谈话却是我收到的最有意义的生日礼物。

"从那一天起，我在享受自由的时候，始终忘不了母亲的那句话——只有你一个人为自己的过错负责。在这之后的数年间，我做过不少错事，但自己为自己的过错负责的态度，使我迅速成熟起来。"

学会自己作决定，而不是凡事向父母或者老师请教，我们才能真正成长和成熟起来。我们应当相信自己，尝试着自己去作决定。

要相信自己

美国的父母一般都很注意让孩子学会如何作决定。

任何一个人，要作出一个正确决定总是会有困难的，更何况是青少年。既没有经验，注意力短暂，又喜欢新鲜的事，作出的选择和决定，难免不恰当或者错误。让我们自己作决定，虽然父母总会有点害怕、担心，但是，美国的专家建议说："无论怎样困难，也应让孩子自己作些决定。"自己作决定，信心是很重要的，一次、两次，时间长了，慢慢地你就会建立起自信。

不要太多的选择

在培养我们自己做主的能力时，专家们强调说，还应注意，不能给我们提供太多的可选择的方式，这样会无意中增强我们的欲望，欲望的扩大不是好事，它容易使我们失去方向。

不能选择危险及对他人有害的事

我们要预先了解哪些是有害、不安全的，做到防患于未然。例如：冬天一定要穿棉衣，这没有选择的余地，必须执行。

作决定时，不要有太大的压力

如果我们的决定不太合理恰当，遇到挫折，产生了失败感，可以请别人给予帮助。我们作决定的机会不可太多，以免给我们太大压力。

根据自己的愿望，运用大人的经验和知识做出决定

站在大人的角度思考问题，是帮助我们作出决定的好方式。如："要下雨了，在图书馆里避雨比在操场上好些。""如果我们不去看姐姐而去看电影，姐姐会伤心的。"这是大人进入我们的选择中去的效果。

我们要知道，做决定就是要负责任。在判断正确与错误的选择时，我们可以说："我们已答应某某去展览馆了，不遵守诺言是错误的。"

勇于负责，不要推卸责任

凡是公民，谁都不能逃避责任。

——马克·吐温

要做一个负责的人，就应当做到无论什么时候都不推卸责任，不迁怒他人，这也是一个人成熟的标志。

美国的教育学家约翰逊有一个刚学会走路的小女儿，有一天她搬着她的小椅子到厨房里，想要爬到冰箱上去。约翰逊急忙冲过去，但已经来不及在她跌倒之前扶住她。当他把她抱起来时，她狠狠地踢了那把椅子一脚，喊道："坏椅子，害得我跌了一跤！"

你常常会从小孩子那里听见这样的话。小孩子只会任性而为，为自己的过错迁怒于没有生命的东西或是无辜的旁观者，对他来说这是正常的行为。但是，如果我们将这种小孩子的反应带到成年，麻烦就来了。自从有人类以来，因为自己的失败和过错而责怪他人的现象一直存在着。一个人如果不对自己过去的行为负责，就不可能对自己的未来负责。一个人只有学会对自己的行为负责，不把责任推给别人，才能够不断地进步和成长。

英国女教师莫妮卡的班上有一位学员叫凯蒂。有一天在其他的学员走了以后，莫妮卡来找凯蒂，她那天在课上训练学生记人名。凯蒂对莫妮卡说："尊敬的老师，我希望你不要指望能改进我对人名的记忆力，这是绝对办不到的事情。"

"为什么？"莫妮卡问她。

"这是遗传的，"她回答，"我们全家人记忆力都不好，我的记忆力是我父母遗传给我的。因此，你要知道，我在这方面不可能有什么进步。"

"凯蒂，"莫妮卡说，"你的问题不是遗传，是懒。你觉得责怪你的家人比用心改进自己的记忆力要来得容易。坐下来，我证明给你看。"

接下来的几分钟，莫妮卡让凯蒂做了几个简单的记忆练习，由于她专心练习，效果很好。莫妮卡花了相当长一段时间，才让凯蒂消除无法将脑筋训练得比前辈好的想法，不过她很高兴凯蒂做到了，终于学会了改进自己的记忆力而不是找借口。

承担责任，可以让一个人变得更优秀。如果一个人乐意对自己的行为负完全责任，即使蒙受损失也不改变做人风格，那么，为了避免损失，他会尽量预防失误，久之必然成为一个出类拔萃的人。所谓专家，不就是失误更少些的人吗？无论在任何领域都是如此。

第十章
自制
——管理好自己才能管理别人

哈佛告诉你

有自制力不仅仅是人的一种美德，而且，在一个人成就事业的过程中，自制力也是一项决定成败的关键因素。自制对于青少年的成长和进步来说，有着十分重要的意义和作用。只有自制的人才能拥有真正的美德。控制自己能够让一个人变得更强大。青少年要想成为能够主宰自己命运的强者，就必须学会克制自己，管理自己。

控制自己让你更强大

> 哪怕是对自己的一点小小的克制，也会使人变得强而有力。
>
> ——高尔基

一个人要成就大的事业，就不能随心所欲、感情用事，对自己的言行应有所克制，这样才能使自己的错误、缺点得到抑制，不致铸成大错。高尔基说："哪怕是对自己的一点小小的克制，也会使人变得强而有力。"德国诗人歌德说："谁若游戏人生，他就一事无成，不能主宰自己，永远是一个奴隶。"一个人要想成为能够主宰自己命运的强者，成就一番事业，就必须对自己有所约束、有所克制。

贝利从小就显现出非凡的足球天赋，他常常踢着父亲为他特制的"足球"——用一个大号袜子塞满破布和旧报纸，然后尽量捏成球形，外面再用绳子捆紧。

贝利经常光着黑瘦的脊梁，在家门前那条坑坑洼洼的小街，赤着脚练球。尽管他经常摔伤，但他始终不停地向着想象中的球门冲刺。

渐渐地，贝利有了些名气，许多认识不认识的人常常跟他打招呼，还向他递烟。像所有未成年人一样，贝利喜欢吸烟时的那种"长大了"的感觉。

有一次，当贝利在街上向别人要烟的时候，父亲刚好从他身边经过，父亲的脸色很难看，贝利低下头，不敢看父亲的眼睛。因为，他看到父亲的眼睛里有一种忧伤，有一种绝望，还有一种恨铁不成钢的怒火。

父亲说："我看见你抽烟了。"

贝利不敢回答父亲，一言不发。

父亲又说："是我看错了吗？"

贝利盯着父亲的脚尖，小声说："不，你没有。"

父亲又问："你抽烟多久了？"

181

贝利小声为自己辩解："我只吸过几次，几天前才……"

父亲打断了他的话，说："告诉我味道好吗？我没抽过烟，不知道烟是什么味道。"

贝利说："我也不知道，其实并不太好。"

说话的时候，贝利突然绷紧了浑身的肌肉，手不由自主地往脸上捂去，因为，他看到站在他跟前的父亲猛地抬起了手。但是，那并不是贝利预料中的耳光，父亲把他搂在了怀中。

父亲说："你踢球有点天分，也许会成为一名优秀的运动员，但如果你抽烟、喝酒，那就到此为止了。因为你将不能在90分钟内保持一个较高的水准。这事由你自己决定吧。"

父亲说着，打开他瘪瘪的钱包，里面只有几张皱巴巴的纸币。父亲说："你如果真想抽烟，还是自己买的好，总跟人家要，太丢人了，你买烟需要多少钱？"

贝利感到又羞又愧，眼睛里涩涩的，他抬起头来，看到父亲的脸上已是泪水纵横……

后来，贝利再也没有抽过烟。他凭着自己的勤学苦练，终于成了一代球王。

自制对于一个人的成长进步，有着十分重要的意义和作用。每个人都应当树立自我管理意识，在心中培养自我管理意识的紧迫感。这种紧迫感不能是别人强加的，必须是自己切身感受到的。

首先，这种紧迫感来自个人成长和发展的强烈渴望。有了这样的愿望，才能形成如何有效地管理自己的思想、言论和行动的意识，才能自觉地去管理自己。反之，一个人没有成长和发展自己的愿望，当然不会产生如何管理自己的意识。

其次，这种紧迫感来自对社会现实的深刻认识。当今的社会，管理正在作为一门科学迅速应用于人们生活的各个领域，整个社会的经济管理、政治管理、思想管理、法律管理、道德文化管理等正在走向科学化，越来越多的人已经开始把管理科学运用于人生过程之中。人们盲目对待人生的时代正在宣告结束，科学化的人生需要科学的自我管理。人们如果能清醒地看到这一点，就会产生一种觉悟，即自己不科学地管理自己，就会失去人生的主动权，就会被别人远远地抛在后边。有了这种觉悟，就会主动地发展自己。

人的自制能力和自我管理能力并不是天生的，它和人的其他能力一样，都是后天开发出来的，每个人的自我管理能力都是可以不断提高的。那么，青少年怎样才能不断提高自己的自我管理能力呢？

正确认识自己

正确认识自己是多方面的，包括生理机理、心理素质、智能特点、行为特点，等等。但从个人修养角度来看，则主要在于个体应客观地、全面地、正确地认识和评价自己，为做好自律打下良好的基础。这就是所谓的"自知者明"。不能自识、自知，就无从自律，就会因盲目行动而招致失败。只有首先自识，才能自觉按客观规律严于律己，从而获得成功。

多多反省自身

自省即自我反省、自我监督。它是在自识前提下进行的。通过自省，发现自己思想深处存在的种种问题，及时加以纠正和克服。

做好自我批评

自我批评是自我认识的进一步发展与深化，也是自省的结果付诸行动的过程。自我批评历来是成就大业者自我教育、自我改造、开诚布公承认错误，并改正错误的最好武器。凡是在修养上卓有成效者，都是严于自我解剖、勇于自我批评的人。

不要成为情绪的奴隶

易怒是一种卑贱的素质，受它摆布的往往是生活中的弱者。

——培根

自制力不仅仅是一种美德，在一个人成就事业的过程中，自制力也是一项决定成败的关键素质。

有人说：一个人要想在事业上取得成功，务必戒奢克俭，节制欲望，只有有所放弃，才能有所获得。自制不仅仅是在物质上克制欲望，对于一个想要取得成功的人来说，精神上的自制也是非常重要的。衣食住行毕竟是身外之物，不少人都能自制，甚至是尽善尽美地克制，但精神上的、意志力上的自制却非人人都能做到。

想要成功必须使消极的情绪得到有效的控制，否则，人的生活质量、工作成效和事业成就将无法保证。米开朗琪罗曾说："被约束的才是美的。"对于情绪来说也是如此，一个人的情绪如果不能得到有效的调控，那么，人就有可能成为情绪的奴隶和牺牲品。

芬妮是一个脾气暴躁、情绪容易波动的女孩，经常因为小事和别人吵架，她的人际关系因此愈来愈紧张，结果男友也难以忍受她的坏脾气，和她分手了。终于有一天，她觉得自己已经处于崩溃边缘。

她打电话向她的一个朋友詹森求救。詹森向她保证："芬妮，我知道现在对你来说是有点糟，可是只要经过适当的指引，一切就会好转。

"你现在要做的第一件事是让自己安静下来，好好地享受一下宁静的生活。"

听了詹森的话，芬妮开始试着放弃先前忙碌的生活，好好地放松自己，给自己休了一个长假。当她情绪已经稳定了一段时间之后，詹森又建议道："在你发脾气之前，不妨想想，究竟是哪一点触动了你？"

"你可以拥有两种思考，一种是让每件事情都在脑海里剧烈地翻搅，另一种则是顺其自然，让思想自己去决定。"说着，詹森拿出了两个透明的刻度瓶，然后分别装了一半刻度的清水，随后又拿出了两个塑料袋。芬妮打开来，发现分别是白色和蓝色的玻璃球。詹森说："当你生气的时候，就把一颗蓝色的玻璃球放到左边的刻度瓶里；当你克制住自己的时候，就把一颗白色的玻璃球放到右边的刻度瓶里。最关键的是，现在，你该学会控制自己的情绪，如果你不试着控制自己的情绪，你会继续把你的生活搞得一团糟。"

此后的一段时间内，芬妮一直照着詹森的建议去做。后来，在詹森的一次造访中，两个人把两个瓶中的玻璃球都捞了出来。芬妮发现，那个放蓝色玻璃球的水变成了蓝色。原来，这些蓝色玻璃球是詹森把水性蓝色涂料染到白色玻璃球上做成的，这些玻璃球放到水中后，蓝色染料溶解到水中，水就呈现了蓝色。詹森借机对芬妮说："你看，原来的清水投入'坏脾气'后，也被污染了。你的言语举止，是会感染别人的，就像玻璃球一样。当心情不好的时候，要控制自己。否则，坏脾气一旦投射到别人身上的时候，就会对别人造成伤害，再也不能回复到以前。所以一定要控制好自己的言行。"

芬妮后来发现，当按照詹森的建议去做时，自己真的不会那么混沌了，事情也容易理出头绪。

当詹森再次造访的时候，他惊喜地发现，那个放白色玻璃球的刻度瓶竟然溢出水来——

看来芬妮对自己的克制成效不小。慢慢地，芬妮已学会把自己当成一个思想的旁观者，并重新得到了一位优秀男士的爱，美好在她的生活中渐渐展现。

任凭坏情绪摆布的人往往是生活的弱者，当你要发脾气的时候，应该做的第一件事就是尽量让自己安静和放松下来，想一想目前出现了什么情况，而不是顺其自然让脾气发作，被情绪牵着走。

有一天，陆军部长斯坦顿怒气冲冲地来到林肯那里，抱怨一位少校公开指责他偏袒下属。林肯建议斯坦顿立即写一封信回敬那位少校。

"可以狠狠地骂他一顿。"林肯说。

斯坦顿立刻写了一封措辞激烈的信，然后拿给总统看。

"对了，对了。"林肯高声叫好，"要的就是这个！好好教训他一顿，真写绝了，斯坦顿。"但是当斯坦顿把信叠好装进信封里时，林肯却叫住他，问道："你要干什么？"

"寄出去呀。"斯坦顿有些摸不着头脑了。

"不要胡闹。"林肯大声说，"这封信不能发，快把它扔到炉子里去。凡是生气时写的信，我都是这么处理的。这封信写得好，写的时候你已经解了气，现在感觉好多了吧，那么就请你把它烧掉，再写第二封信吧。"

和别人生气的时候，要注意合理控制自己的情绪，既不要把自己的愤怒压抑在心底，也不要直接将愤怒发泄给别人，而要找出一个缓解愤怒情绪的合理步骤，让自己的情绪缓一缓，等自己的内心平静了再作决定。

除了愤怒情绪之外，忧郁、失望、苦闷等消极情绪也是阻碍我们走向成功的重要因素。一个人要取得成功，就要学会合理地控制自己的消极情绪。

一个人成功的最大障碍不是来自外界，而是自身。如果你能够恰当地掌握好情绪，那么将在别人心目中留下"沉稳、可信赖"的形象，你的人生也必定会因此而受益匪浅。

驾驭好自己的情绪，增强自控能力，是取得成功的一个重要因素，也是成功人生的重要法则之一。

冷静沉着，遇事应付自如

> 无论做什么事情都不要着急，不管发生什么事，都要冷静、沉着。
>
> ——狄更斯

一个人在关键的时候，在危难之中能够保持冷静，不仅是一种可贵的品质，而且也是战胜困难、减少损失的重要条件。

第二次世界大战期间，法国有一位普通的家庭主妇，她的丈夫雷诺在马其诺防线被德军攻陷后，当了德国人的俘虏，她的身边只有两个年幼的儿女——12岁的雅克和10岁的杰奎琳。为把德国强盗赶出自己的祖国，母子3人参加了当时的秘密情报工作。

一天晚上，屋里闯进了3个德国军官，其中一个是本地区情报部的官员。他们坐下后，一个少校军官对着一张揉皱的纸就着暗淡的灯光吃力地阅读起来。这时，那个情报部的中尉顺手拿过藏有情报的蜡烛点燃，放到长官面前。情况变得危急起来，雷诺夫人很清楚，当蜡烛燃到铁管处就会自动熄灭，同时也意味着他们一家三口的生命将告结束。她看着一双脸色苍白的儿女，急忙从厨房中取出一盏油灯放在桌上。"瞧，先生们，这盏灯亮些。"说着轻轻地把蜡烛吹熄，一场危机似乎过去了。但是，轻松没有持续多久，那个中尉又把冒着青烟的烛芯重新点燃，"晚上这么黑，多点支小蜡烛也好嘛。"他说。雷诺夫人的心提到了嗓子眼上，她似乎感到德军那双恶狼般的眼睛都盯在越来越短的蜡烛上。

这时候，小儿子雅克慢慢地站起："天真冷，我到柴房去搬些柴来生火吧。"说着伸手端起烛台朝门口走去，房子顿时暗下来。中尉快步赶上前，厉声喝道："你不用灯就不行吗？"一把把烛台夺回。

时间一分一秒地过去。突然，小女儿杰奎琳娇声对德国人说道："司令官先生，天晚了，楼上黑，我可以拿一盏灯上楼睡觉吗？"少校瞧了瞧这个可爱的小姑娘，一把拉她到身边，用亲切的声音说："当然可以。我也有一个像你这样年纪的小女儿。来，我给你讲讲我的路易莎好吗？"杰奎琳仰起小脸，高兴地说："那太好了。不过，司令官先生，今晚我的头很痛，我想睡觉了，下次您再给我讲好吗？""当然可以，小姑娘。"杰奎琳镇定地把烛台端起来，向几位军官道过晚安，上楼去了。正当她踏上最后一级楼梯时，蜡烛熄灭了。

冷静沉着，临危不乱，才能够化险为夷，力挽狂澜。面对生活中的压力和危险，青少年要从容不迫，沉着应对，保持冷静的头脑，控制好自己，才能控制意外的局面。

培养坚强的自制力

自制的人才能够拥有真正的美德。
　　——斯威夫特

一个人要想不断进步，就必须培养自己超人的自制力。
那么，青少年要怎样才能培养过人的自制力呢？

正确地看待事物

对事物认识越正确、越深刻，自制能力就越强。比如，有的人遇到不称心的事，动辄发脾气，训斥谩骂，而有的人却能冷静对待，循循善诱，以理服人。古希腊数学家毕达哥拉斯说："愤怒以愚蠢开始，以后悔告终。"所以对自己的感情和言行失去控制，最根本的就是对这种粗暴作风的危害性缺乏深刻的认识，从而造成了不良影响。

磨炼自己的意志力

自制需要强大的意志力。前苏联教育家马卡连柯说："坚强的意志，这不但是想什么就获得什么的本事，也是迫使自己在必要的时候放弃什么的本事……没有制动器就不可能有汽车，而没有克制也就不可能有任何意志。"因此，反过来也可以说，没有坚强的意志就没有自制能力，坚强的意志是自制能力的支柱。

用毅力控制爱好

毅力，可以帮助你控制自己，果断地决定取舍；毅力，是自制能力果断性和坚持性的表现。滑冰、下棋看起来都是小事，是个人的一些爱好，但要控制这种爱好，没有毅然决然的果断性就办不到。常常遇到这样一些人，嘴上说要戒烟，但戒了没几天，就又开始抽了，什么原因呢？主要就是缺乏毅力。

第十一章

宽容

——营造心灵的和谐

哈佛告诉你

宽容和忍让能够换来最甜蜜的结果。生活中，冲突和争执在所难免，青少年要学会用和平的方式处理冲突和争执。错误在所难免，宽恕就是神圣。一个人经历过一次忍让，就会多一份宽容。多一分宽容，就会多一个朋友，少一个敌人。

宽厚容人，不过于苛求别人

水至清则无鱼，人至察则无徒。

——《汉书》

古语有云："海纳百川，有容乃大。"做人应当宽厚容人，不过于苛求他人，要善于容人之过，这样你的周围才会充满知心的朋友和良师。

美国著名的人际关系学家卡耐基，和许多人都是朋友，其中包括若干被认为是孤僻、不好接近的人。有人很奇怪地问卡耐基，说："我真搞不懂，你怎么能忍受那些老怪物呢？他们的生活与我们一点都不一样。"卡耐基回答道："他们的本性和我们是一样的，只是生活细节上难以一致罢了。但是，我们为什么要戴着放大镜去看这些细枝末节呢？难道一个不喜欢笑的人，他的过错就比一个受人欢迎的夸夸其谈者更大吗？只要他们是好人，我们不必如此苛求小处。"

卡耐基不愧是人际关系学大师。其实，每个人一半是天使，一半是魔鬼，优点与缺点共存，美丽与丑陋俱在。与人相交，要看好的方面，至于一些小节，诸如生活习惯之类，尽可以睁一只眼闭一只眼。

服装界有名的商人史瓦兹是一个善于容人的经营者，他的成功就和自己善于包容不同个性人才的品格有很大关系。

史瓦兹刚入服装行业的时候，有一次他拿着样衣经过一家小店，却无缘无故地被店主讥讽嘲笑了一通，说他的衣服只能堆在仓库里，再过10年也卖不出去。

史瓦兹并未反唇相讥，而是诚恳地请教，这小店主说得头头是道。

史瓦兹大惊之下，愿意高薪聘用这位怪人。出乎意料的是，这人不仅不接受，还讽刺了史瓦兹一顿。

史瓦兹没有放弃，运用各种方法打听，方才知道这小店主居然是一位极其突出的服装设计师，只是因为他自诩天才、性情怪僻而与多位上司闹翻，一气之下发誓不再设计，改行做了小商人。

史瓦兹弄清原委后，三番五次登门拜访，并且诚心请教。这位设计师仍然是火冒三丈，劈头盖脸地骂他，坚决不肯答应。

史瓦兹毫不气馁，常去看望他，经常和他聊天并给予热情帮助。

最后，这位怪人自己也很不好意思，终于答应史瓦兹，但是条件非常苛刻，其中包括他一旦不满意可以随意更改设计图案，允许设计师自由自在地上班。

果然，这位设计师虽然常顶撞史瓦兹，让他下不了台，但其创造的效益实在巨大，帮助史瓦兹建立了一个庞大的服装帝国。

这位设计师的脾气不可谓不怪异，甚至有点恃才傲物，但是史瓦兹慧眼识金，懂得他的价值所在。史瓦兹对他的缺点和不足一一宽容，使他帮助自己走上了事业的另一个台阶。

善于容人不仅要容忍他人个性上的缺点，还应当容忍他人行为上的过失。

唐高宗时期有个吏部尚书叫裴行俭，家里有一匹皇帝赐的好马和很珍贵的马鞍。他有个部下私自将这匹马骑出去玩，结果马摔了一跤，摔坏了马鞍，这个部下非常害怕，连夜逃走了。裴行俭不但叫人把他招回来，并且没有因此而责怪他。

又有一次，裴行俭带兵去平都支援李遮匐，结果获得了许多有价值的珍宝，于是就宴请大家，并把这些有价值的珍宝拿出来给客人看。

其中有个部下在抱着一个直径约 0.7 米的很漂亮的玛瑙盘出来给大家看的时候，不小心摔了一跤，把盘子摔碎了，顿时害怕得不得了，伏在地上拼命叩头。裴行俭笑着说："你不是故意的。"脸上并无可惜的样子。

裴行俭这种善于容人之失的胸襟不仅化解了风波，而且还赢得了部下的敬重和忠诚。关于容人之过，历史上最有名的是楚庄王的故事。

春秋五霸之一的楚庄王，有一次宴请群臣，要大家不分君臣，尽兴饮酒作乐。

正当大家玩得高兴时，一阵风吹来，灯火熄灭，全场一片漆黑。有人乘机调戏楚庄王的爱姬，爱姬十分机智，扯下了这个人的冠缨，并告诉楚庄王："请大王把灯火点燃，只要看清谁的冠缨断了，就可以查证出谁是调戏我的人。"

群臣乱成一片，以为定会有人丧命。可是，楚庄王却宣布："请大家在点燃灯火之前都扯下自己的冠缨，谁不扯断冠缨，谁就要受罚。"

当灯火再燃起来的时候，群臣都已经拔去了冠缨，那个调戏爱姬的人自然无法查出。大家都舒了一口气，又高兴地娱乐起来。

两年以后，晋军进攻楚国。一名将军勇往直前，杀敌无数，立了大功。楚庄王召见他，赞扬他说："这次打仗，多亏了你奋勇杀敌，才能打败晋军。"这个将领泪流满面地说："臣就是两年前在酒宴中调戏大王爱姬的人，当时大王能够重视臣的名誉，宽容臣的过错，不处罚臣，还给臣解围，臣感激不尽。从那以后，臣就决心效忠大王，等待机会为大王效命。"

古语云："大度集群朋。"一个人若能有宽宏的度量，他的身边便会集结大群知心朋友。大度，表现为对人、对友能"求同存异"，不以自己的特殊个性或癖好律人。除此之外，大度还要能容忍朋友的过失，尤其是当朋友对自己犯有过失时，能不计前嫌，一如既往。

概括起来，大度容人主要可以分为以下几个方面。

用和平的方式处理冲突和愤怒

宽容和忍让能够换来甜蜜的结果。

——弗莱彻

生活中，冲突和争执在所难免，青少年要学会用和平的方式处理冲突与争执。冲突只能为双方带来伤害，而宽容忍让则能够为我们带来美好的结果。

古时候有个叫陈嚣的人，与一个叫纪伯的人做邻居。有一天夜里，纪伯偷偷地把陈嚣家的篱笆拔起来，往后挪了挪。这事被陈嚣发现后，心想，你不就是想扩大点地盘吗，我满足你。他等纪伯走后，又把篱笆往后挪了3米多。天亮后，纪伯发现自家的地盘又宽出了许多，知道是陈嚣在让他，他心中很惭愧，主动找上陈家，把多侵占的地统统还给了陈家。

《寓圃杂记》中记述了杨翥的两件小事。杨的邻人丢失了一只鸡，指骂被姓杨的偷去了。家人告知杨翥，杨说："又不止我一家姓杨，随他骂去。"又一邻居，每遇下雨天，便将自家院中的积水排放进杨翥家中，使杨家深受脏污潮湿之苦。家人告诉杨翥，他却劝解家人："总是晴天干燥的时日多，下雨的日子少。"

久而久之，邻居们被杨翥的忍让所感动。有一年，一伙贼人密谋欲抢杨家的财宝，邻人们得知后，主动组织起来帮杨家守夜防贼，使杨家免去了这场灾祸。

冲突和争执会破坏团结和友谊，如果以一种宽容的方式去化解冲突和矛盾，就会避免因冲突而为双方带来的伤害，进而重新赢得团结。

战国时期，楚、梁两国交界，两国在边境上各设界亭，亭卒们在各自的地里种了西瓜。梁亭的亭卒勤劳，锄草浇水，瓜秧长势极好；而楚亭的亭卒懒惰，不事瓜事，瓜秧又瘦又弱，与梁亭瓜田的长势简直不能相比。楚亭的人心生嫉妒，于是，在一天晚上乘着夜色偷跑过去把梁亭的瓜秧全给扯断了。

第二天，梁亭的人发现自己瓜地里的瓜秧全被人扯断了，他们气愤难平，报告边县的县令宋就，说我们也过去把他们的瓜秧扭断好了。宋就说："这样做当然能解气，可是，我们明明不愿他们扯断我们的瓜秧，为什么要反过去扯断别人的瓜秧？别人不对，我们再跟着学，那就太狭隘了。你们听我的话，从今天起，每天晚上去给他们的瓜秧浇水，让他们的瓜秧长得好。而且，你们这样做，一定不能让他们知道。"梁亭的人听了宋就的话后觉得很有道理，于是就照办了。

渐渐地，楚亭的人发现自己的瓜秧长势一天好过一天，仔细观察后发现每天早上地都被人浇过了，而且是梁亭的人在黑夜里悄悄为他们浇的。楚国的边县县令听到亭卒们的报告后，感到十分惭愧和敬佩，于是把这件事报告给了楚王。

楚王听说这件事后，感于梁国人修睦边邻的诚心，特备重礼送给梁王，以示自责，也用来表示酬谢。结果这一对敌国成了友好的邻邦。

生活中有很多事当忍则忍，能让则让。忍让和宽容不是懦弱和怕事，而是关怀和体谅。以己度人，推己及人，我们就能与别人和睦相处，甚至能够化敌为友。

琼斯是一名经营建筑材料的商人，由于另一位对手的竞争而陷入困境之中。对方在他的经销区域内定期走访建筑师与承包商，并告诉他们：琼斯的公司不可靠，他的产品质量不好，生意面临即将歇业的境地。

琼斯说他并不认为对手会严重伤害到他的生意，但是这件麻烦事使他心中生出无名之火，真想"用一块砖来敲碎那人肥胖的脑袋作为发泄"。

"有一个星期天早晨，"琼斯说，"牧师讲道的主题是：要施恩给那些故意跟你为难的人。我把每一个字都吸收下来。就在上个星期五，我的竞争者使我失去了一份 25 万块砖的订单。但是，牧师却教我们要以德报怨，化敌为友，而且他举了很多例子来证明他的理论。当天下午，我在安排下周日程表时，发现住在弗吉尼亚州的一位我的顾客，因为盖一间办公大楼需要一批砖，而所指定的砖的型号不是我们公司制造供应的，却与我竞争对手出售的产品很类似。同时，我也确定那位满嘴胡言的竞争者完全不知道有这笔生意机会。"

这使琼斯感到为难，是要遵从牧师的忠告，告诉给对手这项生意的机会，还是按自己的意思去做，让对方永远也得不到这笔生意？

到底该怎样做呢？琼斯的内心挣扎了一段时间，牧师的忠告一直盘踞在他心间。最后，也许是因为很想证实牧师是错的，他拿起电话拨到竞争对手家里。接电话的正是那个对手本人，当时他拿着电话，难堪得一句话也说不出来。琼斯礼貌地直接告诉他有关弗吉尼亚州的那笔生意。结果，那个对手很是感激琼斯。琼斯说："我得到了惊人的结果，他不但停止散布有关我的谎言，甚至还把他无法处理的一些生意转给我做。"琼斯感到心情比以前好多了，他与对手之间的阴霾都散去了。

以德报怨，化敌为友。用和平的方式去处理生活中的冲突与愤怒，这就是迎战那些终日想要给你使绊儿的人所能采用的最上策。

不为小事争执

> 生命太短暂了，不要为无谓的小事争执。
>
> ——卡耐基

一个心胸开阔的人不会把时间花在一些小事情上。小事情会使人偏离自己本来的主要目标和重要事项。如果一个人对一件无足轻重的小事情作出反应——小题大做的反应——这种偏离就产生了。

以下这些小事情的荒谬反应值得参考：大约 900 年前，一场蹂躏了整个欧洲的战争竟然是关于桶的争吵而爆发的。1654 年的瑞典与波兰之战仅仅是因为在一份官方文书中，瑞典国王的附加头衔比波兰国王少了一个。一个小男孩向格鲁伊斯公爵扔鹅卵石，于是导致瓦西大屠杀和30 年战争。有人不小心把一个玻璃杯里的水溅到托莱侯爵的头上，于是导致了英法大战。

作为普通人，我们不可能因为一件小事就引发一场战争，但我们可能会因小事而使周围的人不愉快。俗话说："宰相肚里能撑船。"如果我们每个人都能够长存宽容之心，不争无谓的小事情，那么我们的生活就会避免许多争执，我们周围的世界也会变得和谐、可爱。

卡耐基在第二次世界大战结束后不久参加了一个宴会。在宴会上，有一位坐在卡耐基旁边的先生讲了一个幽默故事，然后在结尾的时候引用了一句话，意思是：谋事在人，成事在天。那位先生还特意指出这是《圣经》上说的。

卡耐基一听就知道他错了。他看过这句话，然而不是在《圣经》上，而是在莎士比亚的书中，他前几天还翻阅过，他敢肯定这位先生一定搞错了。于是他纠正那位先生说，这句话是出自莎士比亚的书。

"什么？出自莎士比亚的书？不可能！绝对不可能！先生你一定弄错了，我前几天才特意翻了《圣经》的那一段，我敢打赌，我说的是正确的，一定是出自《圣经》！如果你不相信，我可以把那一段背出来让你听听，怎么样？"那位先生听了卡耐基的反驳，马上说了一大堆话。

卡耐基正想继续反驳，忽然想到自己的朋友里诺就坐在自己的身边，里诺是研究莎士比亚的专家，他一定会证明自己的话是对的。

于是卡耐基便对里诺说："里诺，你说说，是不是莎士比亚说的这句话？"

里诺盯着卡耐基说："戴尔，是你搞错了，这位先生是正确的，《圣经》上确实有这句话。"随即卡耐基感到里诺在桌下踢了自己一脚。他大惑不解，但出于礼貌，他向那位先生道了歉。

回家的路上，满腹疑问的卡耐基埋怨里诺："你明白那本来就是莎士比亚说的，你还帮着他说话，真不够朋友。还让我不得不向他道歉，真是颠倒黑白了。"里诺一听，笑了："《李尔王》第二幕第一场上，有这句话。但是我可爱的戴尔，我们只是参加宴会的客人，而你知道吗？那个人也是一位有名的学者，为什么要我去证明他是错的，你以为证明了你是对的，那些人和那位先生会喜欢你，认为你学识渊博吗？不，绝不会。为什么不保留一下他的颜面呢？为什么要让他下不了台呢？他并不需要你的意见，为什么要和他抬杠？"

宽容要求我们不要因为小事和别人争执，能不苛责的时候就不要苛责，多给人台阶下，多放人过关。这应该成为我们待人处世的原则。

我们不要抓住他人的错误或缺点不放，要学会给别人台阶下，得饶人处且饶人，这样不仅会减少矛盾，也会提升自己的善良品质，进而会形成一种良好的社会风气。这种与人为善、悲悯众生的品德，正是人类生存所需要的美德。谁没有需要别人帮助的时候呢？从根本上说，谁又有资格装出法官的样子来审判和惩罚他人呢？谁没有偶尔疏忽或急中出错，需要别人宽恕的时候呢？如果你拘泥于这种低层次的偏执，则不仅会使他人尴尬难堪，悲从中生，也会让自己无端生仇，从天上降下个大灾难。从某种意义上来说，向善大于任何对错是非和人间法律。记住，不为难人，得饶人处且饶人，这种态度不仅应对一般人，也包括那些与我们结有仇怨，甚至是怀有深仇大恨的人。

别人可能恨你，但别人恨你不管用，除非你也恨他们，否则没有谁能毁灭你。这个世界需要包容，当然有时需要包容的对象是仇深似海的仇家。包容这种人当然有很大的难度，但是只要你勇敢地战胜自我，还是可以实现的。包容他人，也是善待自己的一种方式。

用宽容化解仇恨

能宽恕别人是一件好事，但如果能将别人的错误忘得一干二净，那就更好。

——勃朗宁

一位哲人曾经说过："以恨对恨，恨永远存在；以爱对恨，恨自然就会消失。"面对别人的伤害，我们要以德报怨，时刻提醒自己，让伤害到自己这里为止。

小男孩哈根有一条非常可爱的狗，不幸的是，有一天下午他的狗被邻居家的狗咬死了。小男孩简直气疯了，发誓要打死凶手，为他的宝贝狗报仇。

哈根的父亲很理解儿子的情绪，他知道凭语言无法说服儿子，于是他把哈根领到了邻居家的院子后面。

"那条狗在这儿，"父亲对哈根说道，"如果你还想干掉它，这是最容易的办法。"父亲递给哈根一把短筒猎枪。哈根疑虑地瞥了父亲一眼，然后点了点头。

哈根拿起猎枪，举上肩，黑色枪筒向下瞄准。邻居家的大黑狗用一双棕色眼睛看着他，高兴地喘着粗气，张开长着獠牙的嘴，吐出粉红的舌头。就在哈根要扣动扳机的一刹那，千头万绪闪过脑海。父亲静静地站在一旁，可哈根的心情却无法平静。涌上心头的是平时父亲对他的教诲——我们对无助的生命的责任，做人要光明磊落，是非分明。他想起他打碎母亲最心爱的花瓶后，她还是一如既往地爱他；他还听到别的声音——教区的牧师领着他们做祷告时，祈求上帝宽恕他们，如同他们宽恕别人那样。

于是，猎枪变得沉甸甸的，眼前的目标模糊起来。哈根放下手中的枪，抬头无助地看着父亲。父亲脸上绽出一丝笑容，然后抓住他的肩膀，缓缓地说道："我理解你，儿子。"这时他才明白，父亲从未想过他会扣扳机，父亲是要用一种明智、深刻的方式让他自己作出决定。

此刻，哈根感到无比轻松，他跟父亲跪在地上，帮忙解开大黑狗，大黑狗欣喜地蹭着他俩，短尾巴使劲地晃动，仿佛在庆幸自己免遭枪杀。

宽容是消除报复的良方。对于心底宽容的人来说，没有什么不可以饶恕的。在你宽恕别人的同时，也会将自己内心的仇恨一并消除。

有一次，一位作家与两位朋友阿尔和马修一同出外旅行。

三人行经一处山崖时，马修失足滑落，眼看就要丧命，机灵的阿尔拼命拉住了他的衣襟，将他救起。

为了永远记住这一恩德，动情的马修在附近的大石头上，用力镌刻下这样一行字："某年某月某日，阿尔救了马修一命。"

三人继续前进，几日后来到一处河边。可能因为长途旅行疲劳的缘故，阿尔与马修为了一件小事吵起来了，阿尔一气之下打了马修一耳光。

马修被打得眼前直冒金星，然而他没有还手，却一口气跑到了沙滩上，在沙滩上写下一行字："某年某月某日，阿尔打了马修一记耳光。"

旅行很快结束了。回到家乡，作家怀着好奇心问马修："你为什么要把阿尔救你的事刻在石头上，而把他打你耳光的事写在沙滩上？"

马修平静地回答："我将永远感激并永远记住阿尔救过我的命，至于他打我的事，我想让它随着沙滩上字迹的消失而被忘记得一干二净。"

宽容就是记着别人对自己的恩典，忘掉别人对自己的伤害。用爱和感激来代替仇恨，化解积怨。

第十二章

尊重他人

——尊重他人就是尊重自己

哈佛告诉你

一个人只有懂得尊重别人，才能够赢得别人的尊重。在这个社会中，人与人之间是应当互相尊重的，每个人只有懂得相互尊重、相互关心，才能够愉快地生活在一起。作为未来社会的建设者，青少年应当恪守礼仪，养成尊重别人的习惯，只有这样才能构建一个和谐的社会氛围，为未来社会的发展贡献出更大的力量。

敬人者，人恒敬之

如果要让别人尊重你，首先要学会尊重别人。

——席勒

尊重他人，是一个人走向文明的起点。尊重他人是做人的基本美德。一切不文明的行为都是不尊重他人的表现。我们中国号称礼仪之邦，恪守着推己及人；己所不欲，勿施于人；敬人者人恒敬之，爱人者人恒爱之等一系列古训。

将心比心，凡事不仅要为自己想，也要为别人着想；你有自尊，人家也有；你尊重别人、爱护别人，别人才会尊重你、爱护你。

也许你曾遇见过或者听说过，有人问路时言语不礼貌，人家就会不理睬，甚至故意错指方向让他吃苦头；和人家一起办事情，如果傲慢无礼，人家就不会合作。我们每个人都有自尊心，都希望别人友好地对待自己，尊重自己，因此，尊重他人是人与人接近的必要且首要的态度。一个不懂得尊重别人的人当然也不会赢得别人的尊重。

有一天，一位中年妇女领着一个小男孩走进了一座豪华的写字楼下面的花园里，然后在一张长椅上坐下来。这座写字楼是一个知名国际集团的总部，而这位中年妇女就是这家公司的一名主管人员。她不停地在跟男孩说着什么，似乎很生气的样子。不远处有一位头发花白的老人正在修剪灌木。

忽然，中年妇女从随身挎包里揪出一团白花花的卫生纸，一甩手将它抛到老人刚剪过的灌木上。老人诧异地转过头朝中年妇女看了一眼，中年妇女也满不在乎地看着他。老人什么话也没有说，走过去捡起那团纸扔进一旁装垃圾的筐子里。

过了一会儿，中年妇女又揪出一团卫生纸扔了过来。老人再次走过去把那团纸拾起来扔到筐子里，然后回原处继续工作。可是，老人刚拿起剪刀，第三团卫生纸又落在了他眼前的灌木上……就这样，老人一连捡了那中年妇女扔的六七个纸团，但他始终没有露出不满和厌烦的神色。

"你看见了吧!"中年妇女指了指修剪灌木的老人对男孩说,"我希望你明白,你如果现在不好好上学,将来就跟他一样没出息,只能做这些卑微低贱的工作!"

老人放下剪刀走过来,对中年妇女说:"夫人,这里是集团的私家花园,按规定只有集团员工才能进来。"

"那当然,我是集团所属一家公司的部门经理,就在这座大厦里工作!"中年妇女高傲地说着,同时掏出一张证件朝老人晃了晃。

"我能借你的手机用一下吗?"老人沉思了一下说。

中年妇女极不情愿地把手机递给老人,同时又不失时机地开导儿子:"你看这些穷人,这么大年纪了连手机也买不起。你今后一定要努力啊!"

老人打完电话后把手机还给了妇人。很快一名男子匆匆走过来,恭恭敬敬地站在老人面前。老人对那个男子说:"我现在提议免去这位女士在集团的职务!"

"是,我立刻按您的指示去办!"那个男子连声应道。

老人吩咐完后径直朝小男孩走去,他用手抚了抚男孩的头,意味深长地说:"我希望你明白,在这世界上最重要的是,要学会尊重每一个人……"说完,老人撇下3人缓缓而去。

中年妇女被眼前骤然发生的事情惊呆了。她认识那个男子,他是集团主管任免各级员工的一个高级职员。"你……你怎么会对这个老园丁那么尊敬呢?"她大惑不解地问。

"你说什么?老园丁?他是集团总裁詹姆斯先生!"

"啊,他是总裁?!"

中年妇女一下子瘫坐在长椅上。

尊重他人,除了要平等待人之外,还要尊重他人的职业。这位中年妇女虽然身为一个国际集团的主管,却不懂得这个道理,结果吃亏的还是她自己。

有这么一则小故事,读来耐人寻味。有一个人经过热闹的火车站,看到一个双腿残障的人摆了个铅笔小摊,他漫不经心地丢下了100元,当作施舍。但是走了不久,这人又回来了,他抱歉地对这位残疾人说:"不好意思,你是一个生意人,我竟把你当成一个乞丐。"过了一段时间,他再次经过火车站,一个店家的老板在门口微笑地喊住他。"我一直期待你的出现,"那个残疾人说,"你是第一个把我当成生意人看待的人,你看,我现在算是一个真正的生意人了。"

由此可见,尊重他人能给人带来意想不到的惊喜。尊重他人的职业尊严,既是一种对他人劳动价值的肯定,促使他人更加热爱自己的职业,更好地为社会服务;也是一种对自己的约束和鞭策,促使自己把工作做好,以报答别人为自己付出的劳动。所以,对于别人从事的职业,我们都要投去理解的目光;对于别人为自己付出的劳动,都要深情地道一声"谢谢",这样才能使我们的生活更加和谐、更加温馨。

尊重他人是给自己的礼遇,尊重他人也就是尊重自己。一个不尊重别人的人,是绝不会得到别人尊重的。在人与人之间的交往中,自己待人的态度往往决定了别人对我们的态度,就像一个人站在镜子前笑得前俯后仰,镜子里的人也会如此大笑;你紧皱眉头,镜子里的人也眉心紧锁;你对着镜子大喊大叫,镜子里的人也冲你大喊大叫。所以,我们要获取他人的好感和尊重,必须首先尊重他人。

生活中时时刻刻都需要我们学会尊重。回到家时与父母长辈打声招呼是一种起码的尊重;上课专心听讲、按时完成作业是对老师辛勤劳动的尊重;在食堂就餐后,把椅子、餐具放好是对食堂师傅的尊重;在寝室按时睡觉是对其他同学的尊重;见到杂物捡起来,保持校园环境的干净，是对同学劳动成果的尊重；对职位高者不卑躬屈膝是对自己人格的尊重；对职位卑者不嗤之以鼻是对他人人格的尊重……

让别人感觉到自己重要

让他人感到自己重要——而且要真诚而为。

——卡耐基

卡耐基说过，与人交往有一个极为重要的法则，这一法则就是时时让别人感到自己重要。如果我们遵从这一法则，大概不会惹来什么麻烦，而且可以得到许多友谊和永恒的快乐。如果我们破坏了这个法则，就难免招致麻烦。著名哲学家约翰·杜威曾说过："人类本质里最深层的驱动力就是希望具有重要性。"哈佛著名心理学家威廉·詹姆士也说过："人类本质中最殷切的需求是：渴望得到他人的肯定。"

所有的话都说明了这样一个道理，渴望他人的尊重这种需求使得人类有别于其他动物，也正是这种需求成为推动人类文明和历史发展的重要动力。

被他人尊重可以唤起一个人心中的价值感和自豪感，可以成为他上进的动力。

杜弗伦是美国卡耐基成人教育班里的一名讲师，他曾经在一次课堂上提起过自己在初级手工艺班授课时的一位学生布雷德的故事。

布雷德是个安静、害羞、缺乏自信心的男孩，平常在课堂上很少引人注意。一天，我见他正在伏案用功，便走过去与他搭话。他的内心深处似乎有一股见不到的火焰，当我问他喜不喜欢所上的课时，这个年仅 14 岁的害羞的男孩，脸上的表情起了极大变化。我可以看出他的情绪波动很大，想极力忍住泪水。

"你是说，我表现得不够好吗，杜弗伦先生？"

"啊，不！布雷德，你表现得很好。"

那天，上完课走出教室的时候，布雷德用他那对明亮的蓝眼睛看着我，并且肯定、有力地说："谢谢你，杜弗伦先生！"

布雷德教了我永远难忘的一课——我们内心深处的自尊。为了使自己不致忘记，我在教室前方挂了一个标语："你是重要的。"这样不但每个学生可以看到，也随时提醒我：每一个我所面对的学生，都同等重要。

这是一个未加任何渲染的事实：差不多你所遇见的每一个人都在内心渴望别人的尊重。所以，尊重别人一个很重要的原则，就是巧妙地表现出你衷心地认为他们很重要。

尊重他人的人格

所有的人毫无例外都是为了美好的将来活着，所以一定要尊重每个人。

——高尔基

尊重别人，最重要的一点就是要尊重他人的人格。

每个人都有自己独立的人格。不论是小孩还是成年人，无论是残疾人还是正常人，都有被别人尊重的需要。

米莉·海格德恩是英国韦恩堡市一所小学的学生，因为她曾经患过小儿麻痹症，因此，经常受到同学的歧视和嘲笑。

有一次，当米莉绕过教室对面那个大厅拐角的时候，与迎面走过来的一个五年级男生撞了个正着。

"小心点，小家伙。"那男孩一边闪身躲避这个三年级的小学生，一边冲着她大声吼。当他看清眼前的女孩时，脸上露出了一丝讥笑的神色。然后，他用手抓住自己的右腿，模仿起米莉走路时的样子。

米莉闭上了眼睛，她告诉自己，不要理睬他。

可是直到放学以后，米莉仍然想着那个高个子男孩嘲笑她的样子。他并不是唯一取笑她的人，自从米莉进入三年级，似乎每天都有人嘲笑她，孩子们取笑她说话时的结结巴巴和走路时一瘸一拐的样子。米莉时常感到非常孤独，尽管教室里坐满了同学。

那天晚上，米莉坐在餐桌边吃饭的时候，仍然一言不发。母亲知道米莉肯定又在学校里遇到不如意的事情了，因此，她很高兴自己能有一些令人兴奋的消息告诉米莉。

"电台为迎接圣诞节举行了一个希望竞赛，"母亲宣布道，"写一封信给圣诞老人，也许会得奖。我想现在坐在这张餐桌旁边的某个长着金色鬈发的人应该去参加。"米莉咯咯地笑起来，这个竞赛听起来很有趣，她开始考虑自己最想要的圣诞礼物是什么。当一个好主意在头脑里浮现的时候，米莉的嘴角露出一丝微笑。她拿出铅笔和纸，开始写信：

亲爱的圣诞老人：

我的名字叫米莉，今年9岁。我在学校里遇到了一点儿麻烦，您能帮助我吗，圣诞老人？孩子们都嘲笑我走路、跑步和说话的样子，我患了小儿麻痹症。我只想要一个不被嘲笑或者取笑的日子……

当米莉的信到达电台的时候，经理利·托宾把它仔细地阅读了一遍。他认为，让韦恩堡的市民们听听这个特殊的三年级小女孩及她的不同寻常的希望是非常有益的。托宾先生给地方报社打了一个电话。

第二天，米莉的一幅照片和她写给圣诞老人的信登在了地方报纸的头版上。这个故事很快传播开来，全国各地的报纸、电台和电视台都对印第安纳州韦恩堡市的这个故事进行了报道。在那个难忘的圣诞期间，全世界有2000多人向米莉寄来了表示友谊和支持的信。

米莉看见了一个真正充满关爱的世界，她的希望也确实实现了。

那一年，韦恩堡市的市长正式向市民宣布12月21日为米莉·海格德恩日。市长解释说，因为敢于提出这样一个简单的希望，米莉给了全人类一个有益的教训。

每个人都有自己的人格和尊严，都需要他人的尊重，尤其是那些身体上有残疾或者缺陷的人，他们更需要身边的人的尊敬和关怀。青少年要明白尊严对于一个人的重要，要自觉地维护他人的人格和尊严。

尊重他人不仅仅是一种态度，也是一种能力和美德，它需要设身处地为他人着想，给他人面子，维护他人的尊严。

第十三章

乐于合作
——在合作中发展自己

哈佛告诉你

一个人无论多么优秀，如果离开了别人的配合，就无法把自己的事情做好，也无法在未来的社会中立足。我们的社会是由各怀特长的人共同组成的，每个人都有自己的优点，都是不可取代的，只有相互合作，取长补短，才能够共同取得成功。

合作才能共赢

每个人都应当遵守生存法则，把个人命运联系在民族的命运上，将个人生存放在群体的生存里。

——巴金

有个人想知道天堂和地狱究竟有什么区别，于是便向上帝求教。

上帝对他说："好吧，我们先看看什么是地狱。"于是，上帝把他带进一个房间，那里有一群人正围坐在一大锅肉汤前。但是，每个人看起来都面黄肌瘦，一副饥肠辘辘的样子。那人仔细一看，虽然他们都拿着一只可以够到锅里的汤匙，但汤匙的柄却比他们的手臂还要长，根本无法将食物送进嘴里，就这样，他们只能眼睁睁地看着一锅香喷喷的肉汤兴叹，在饥饿带来的死亡面前，他们神情十分悲苦。

"来吧！我们再来看看什么是天堂。"看过地狱之后，上帝对那个人说。

他们又走进另一间房屋，和第一个房间完全相同：一锅汤、一群人、一样的长柄汤匙。但是这里的每个人都显得很快乐，吃得饱，睡得香，一个个满面红光，精神抖擞。

那个人感觉很奇怪，但他仔细一看，就明白了其中的原因：原来他们都将自己汤匙里的汤送到对面人的嘴里，在相互帮助中，每个人都喝到了美味可口的肉汤。

合作才能双赢。能不能伸手去喂别人，能不能互相帮助，就造成了天堂和地狱之间的差别。

有一个果农，培植了一种皮薄、肉厚、汁甜而少虫害的新果子。到收获季节，引来不少果贩纷纷购买，使这位果农发了大财，增加了不少财富。

当地不少人羡慕他的成功，也想借用他的种子来种果子，这位果农认为物以稀为贵，其他人也种这种果子将会影响自己的生意，所以还是自己独享成功的喜悦为好，于是全部都拒绝了，其他人没有办法，只好到别处去买种子。可是到了第二年果熟季节时，这位果农的果子质量大大下降了，果贩们也都摇头不买他的果子了。这位果农伤透了脑筋，只好降价处理。

果农想弄清楚产生这种现象的原因，于是就来到城里找专家咨询。专家告诉他，由于附近都种了旧品种果子，而唯有你的是改良品种，所以，开花时经蜜蜂、蝴蝶和风的传媒，把你的品种和旧品种杂交了，当然你的果子就变质了。"那可怎么办？"果农急切地问。

"那还不好办？只要把你的好品种分给大家共同来种，不就行了。"

果农立即照专家的说法办了。这一年，大家都收到了好果子，个个都喜笑颜开。

这位果农自以为独享财富，岂料独享就那么短暂，而且还带有毁灭性的后果。后来，他把改良的品种分给大家来种，不仅自己获得了财富，也帮助别人获得了财富，取得了双赢。

互惠双赢已经成为现代人生存和发展的一种共识。市场经济发展到今天，人们为了获取利益、效益和价值，在强调竞争的同时，更重视彼此的合作，争取双赢的结果。双赢是什么？双赢代表合作，双方利用有效的资源，避免竞争带来的额外消耗；双赢同时又是竞争，它可以让我们获取多方资源。

世上所有的植物当中，最雄伟的当属美国加州的红杉。红杉的高度大约是 90 米，相当于 30 层楼的高度。科学家深入研究红杉后，发现了许多奇特的事实。一般来说，越高大的植物，它的根基应扎得越深。但红杉的根只是浅浅地埋在地下而已。理论上，根扎得不够深的高大植物，是非常脆弱的，只要一阵大风，就能将它连根拔起，红杉又如何能长得如此高大，且屹立不倒呢？

研究发现，红杉都是成片生长的。一大片红杉的根彼此紧密相连，一株连着一株。自然界中再大的飓风，也无法撼动几千株根部紧密联结、面积超过上千公顷的红杉林，除非飓风强到足以将整块地皮掀起。

追求成功也是一样，我们只有形成了双赢的思考模式，才能成为别人乐于合作的对象。生命的河流总有曲曲折折，人生的路也不免坎坎坷坷，困难就像一块巨大的拦路石挡在你必经的路途上。独木难成林，一人难为众，单凭自己的力量不能动它分毫。此时，唯有合作，才能产生更大的力量。

信任是合作的基石

期望得到赞许和尊重，它根深蒂固地存在于人的本性中，要是没有这种精神刺激，人类合作完全不可能。

——爱因斯坦

人人都厌恶虚伪和欺骗，向往人与人之间的真诚与信任。信任是人们交往与合作的前提，也是我们社会得以有秩序、和谐运转的前提。如果你仔细观察我们周围的人和事，并且把人们对他人的信任程度与他们在生活中的成功大小相比较，你就会发现那些老实人、涉世不深的人，那些认为别人都像自己一样诚实的人，比疑心重重的人生活得更加美满，更加充实。即使他们偶尔受骗，也同样比那些谁也不信的人幸福。

一位心理学教授曾和自己的学生做过这样一个实验。他让同学们前后站成两排，然后命令后一排的同学做好救助准备，待他喊了"开始"之后，前一排同学就往后一排相对位置的同学身上倒，他说："前面的同学别有顾虑，要尽力往后倒。好，开始！"

前排的同学们只是觉得有些好玩，他们按照心理学教授的指令，身子一点点向后倾斜，但是，大家明显地暗自掌握着身体的平衡，并不敢一下子倒向后排的人。

可是，这里面有个例外——一位男生在听到心理学教授的指令之后，紧紧地闭上了双眼，十分真实地向后面倒去。他的搭档是一位小巧玲珑的女生，当她感到他毫不掺假地倒过来时，先是微微一愣，接着就倾尽全力去抱住他。看得出，她有些力不自胜，但却倔强地抿紧了双唇，似乎誓死也要撑住他……

她成功了。

心理学教授笑着去握他俩的手，告诉大家说："他俩是这次实验中表现最为出色的人。这位男生为大家表演了'信赖'——信赖是什么呢？信赖就是去除心中的猜疑和顾忌，完全地相信别人。这名女生为大家表演的则是'值得信赖'——值得信赖，其实是信赖催开的一朵花，如果信赖的春风吝于吹送，那么，这朵花就有可能遗憾地夭折在花苞之中，永远也休想获取绽放的权利；当然，如果信赖的春风吹得温暖，吹得和畅，那么，被信赖的人就被注入了一种神奇的力量——就像你们看到的那样，一个弱不禁风的女生可以撑住一个虎背熊腰的男生，一只充满了爱意的手可以托举起一个美丽多彩的世界。同学们，值得信赖是幸福的，而信赖他人是高尚的。让我们先试着做高尚的人，然后再去做幸福的人吧。"

只有相信别人，才能与别人更好地合作。相信别人可以驱散我们心头的猜疑和顾忌，学会信赖别人，并且努力让自己变得值得信赖，我们与他人的交往和合作就会变得更顺利。

青年是走向心理成熟的时期，这种心理需求指向尤显迫切。那么，如何提高别人对你的信任度呢？

真实地表现自己

信任，不会在凭空的梦幻中产生，也难在乞求恩赐中获得，首先自己要有被人信得过的地方。就是说别人的信任之光只能从你自己的言行这个"光源"中产生。因此，坦诚、不加掩饰地再现自己本来面目，才是获得信任的基础。注意，与人交往，能把自己"推销"出去，是有胆有识之举。你得适度地暴露自己，让人们一定程度地注意你，这样你就有希望找到释放能量和获得信任的机会。若躲躲闪闪，明枪暗放，故作姿态，忸忸怩怩，给人以捉摸不透的感觉和模模糊糊的印象，那别人是很难确定信任的意向，向你投掷信任的砝码的。所以，如实地表现自己，是取信于人的基石。

注意第一印象

为别人办头一件事，对别人说第一句话，都会在对方心里留下潜印象，成为对你最终评价的参照。有的人，不注重第一次交往的"效应"，往往容易造成误会，事后又不懂如何弥补，就会给人"此人不太牢靠"的印象。而印象一旦固定，要改变它就得多花费好多精力。

慎许承诺

提高信任度，最关键的一点是把握好允诺与兑现的尺度。一旦与人敲定，就一定想方设法尽力去办，实在存在困难，出现了意外，应向对方解释清楚，寻找补救办法，但切忌变换过多，给人敷衍了事的感觉。办事要扎实，不要拍胸夸口或模棱两可，应具有时间观念和信用意识。确实难以成全的，应直接说明适当的理由，给人以讲究实际和礼貌的感觉。生活中最忌讳允诺随随便便，因为轻率的允诺既害苦自己，也使别人大失所望，直接影响别人对你的信任和尊重。兑现诺言，是应该孜孜以求的。

学会欣赏对方

一朵花打扮不出美的春天，众人先进才能够移山填海。

——雷锋

有一天，5根手指闲着没事做，就为谁最优秀这个话题争吵了起来。

大拇指说："在咱们5个当中我是最棒的，你们看，首先，我是最粗最壮的一个，无论赞美谁，夸奖谁，都把我竖起来，所以我是最棒的……"

这时，食指站了出来说："咱们5个我是最厉害的，谁要是出现错误，谁有不对的地方，我都会把他指出来……"

中指拍拍胸脯骄傲地说："看你们一个个矮的矮，小的小，哪有一个像样的，其实我才是真正顶天立地的英雄……"

到无名指了，他更是不服气："你们都别说了，人们最信任的就属我了，你们看，当一对情侣喜结良缘的时候，那个代表着真爱的钻戒不都戴在我的身上吗？"

到了小拇指，看他矮矮矬矬的，可最有精神，他说："你们都别说了，看我长的小，当每个人虔心拜佛、祈祷的时候不都把我放在最前面吗？"

我们的社会是由各怀特长的人共同组成的。每个人都有自己的优点，都是不可取代的，只有相互合作，取长补短，才能够共同取得成功。

在一次NBA决赛中，新秀皮蓬独得33分超过乔丹3分，而成为公牛队比赛得分首次超过乔丹的球员。赛后，乔丹与皮蓬紧紧拥抱着，两人泪光闪闪。

当年乔丹在公牛队时，皮蓬是公牛队最有希望超越乔丹的新秀，他时常流露出一种对乔丹不屑一顾的神情，还经常说乔丹某些方面不如自己，自己一定会超越乔丹一类的话。但乔丹没有把皮蓬当作潜在的威胁而排挤，反而对皮蓬处处加以鼓励。

有一次比赛结束后，乔丹问皮蓬："我们的3分球谁投得好？"皮蓬有点心不在焉地回答："你明知故问什么，当然是你。"因为那时乔丹的3分球成功率是28.6%，而皮蓬是26.4%。但乔丹微笑着纠正："不，是你！你投3分球的动作规范、自然，很有天赋，以后一定会投得更好，而我投3分球还有很多弱点。"并且还对皮蓬说："我扣篮多用右手，习惯地要用左手帮一下，而你，左右都行。"这一细节连皮蓬自己都不知道，他深深地被乔丹的无私所感动。

从此以后，皮蓬和乔丹成了最好的朋友，皮蓬也成了公牛队17场比赛得分首次超过乔丹的球员。而乔丹这种无私的品质则为公牛队注入了难以击破的凝聚力，从而使公牛队创造了一个又一个的神话。

对于一个集体而言，一个人的成功不是真正的成功，集体的成功才是最大的成功。因此，我们应当尊重并鼓励身边的人，团结好每一个人，这样大家才能够同心协力。

克雷洛夫说过，一燕不能成春。一个人无论多么优秀，如果离开了别人的配合，也无法把自己的事情做好。如果一个交响乐团的每一个人只是弹自己最擅长的乐曲，那么，整个交响乐团只会产生杂音。任何一个企业，如果每个人都只做自己想做的事情，没有一点配合他人的精神，那么，这个企业就无法达成任何目标。无论自己多么优秀，都不要轻视其他人，要学会欣赏别人的优点，取长补短，与他人互相配合，这样才能把事情做好。

第十四章

分享

——懂得分享才能创造共赢

哈佛告诉你

分享可以让快乐加倍，忧伤减半。一个人只有懂得分享，才能够从生活中获得更多。一个人只有懂得分享，才能够真正地拥有幸福和快乐。自私和狭隘只能让一个人步入生命的低谷，如果一味地让自私和狭隘封闭自己，而不主动去和别人交往和分享，那么永远也不会品尝到人生快乐的滋味。

开放的花园最美丽

一张笑脸可以引发无数张笑脸，但一张哭丧的脸却永远孤独。

——康德

米契尔是一个有名的大富翁。他有美丽的洋房和大片的花园。但他也有一个令自己头痛的难题：这么多的财富肯定有好多人在打自己的主意。怎么办呢？于是米契尔让仆人在房子四周筑起高高的围墙。

春天一到，花园里鲜花怒放，阵阵花香飘过围墙，令全镇的人都很神往。几个好奇的孩子想：院子肯定种着奇花异草，听说有一种长着大眼睛的花还会给孩子唱歌呢。于是孩子们打起主意，决心探个究竟。

朦胧的夜晚，孩子们搭起人梯跳到院子里，他们在花丛中寻找着，踏坏了许多鲜花和嫩草。后来，他们被仆人发现，赶出了院子。

米契尔大为恼火，把这事讲给朋友听。

朋友笑着说："为何不把围墙拆了呢？"

米契尔说："那我会丢失好多的财产！"

朋友笑了，说："有围墙又怎样？连一群孩子都拦不住，何况身手不凡的大盗呢！"

米契尔终于听从了朋友的劝告，彻底拆掉了围墙。于是，孩子们首先冲入花园。他们仔细寻找心中的神花，结果，根本没有什么奇花异草。米契尔的朋友把孩子们请到客厅，并让他们美餐了一顿，然后对孩子们说："在花园中种下你们心中的神花吧！"孩子们高兴得跳起来，然后跑到花园里去了。

因为米契尔拆掉了围墙，全镇的人都可以欣赏到花园的美丽。米契尔得到了全镇人的爱戴和尊敬。

一天，一伙大盗闯入米契尔的家，准备将他家洗劫一空，刚闯入花园不远就被守护神花的孩子们发现。小杰克跑到洋房报告情况；小詹森跑去镇上通知大人们。结果大盗们被及时赶到的米契尔和镇上的人们捆绑起来。

庆功宴上，米契尔对所有人说："我要感谢你们，你们使我懂得了一个伟大的道理——这个世界上只有敞开的花园最安全最美丽。"米契尔的话博得了所有人最热烈的掌声。

分享并不意味着失去，独占也不意味着拥有，懂得分享的人生，可以让我们收获更多。

有个年轻人搬进某处公寓二楼后，在阳台上种植了一大排迎春花，如藤蔓的细枝叶逐渐生长，慢慢地垂于一、二楼之间。

夏天来临时，迎春花形成了一片美丽的绿色布幔。

年轻人几度想将迎春花枝叶拉起用木架固定，如此可以帮他挡住西晒的太阳，略略降低屋内闷热的暑气，但转念又认为如此做未免太小气，从而作罢。

春天来临时，悬垂的绿色布幔开满了黄色的小花，吸引了许多不知从何而来的美丽蝴蝶，翩翩飞舞的蝴蝶与争妍的小黄花为单调而略显寂寞的公寓带来了活泼生气。

年轻人站在阳台上，眼光追逐着一只美丽的彩蝶，忽然惊奇地发现有几株葡萄藤即将攀上他的阳台。往下看，一个女孩对着他微笑。

楼下人家为了感谢年轻人种植的迎春花妆点出的美丽和挡住夏天的阳光，所以种植了葡萄以为回馈。

如此一来，两家熟稔了起来，就在第二年葡萄结果累累，迎春花又开满黄色小花时，年轻人与楼下美丽的女孩也收获了爱情的甜蜜果实，彼此携手走过红毯。

只有懂得分享才能真正拥有幸福和快乐，如果一味地封闭自己，不主动去与人交往和分享，那么永远也品尝不了人生快乐的滋味。

汤姆是一个工程师，在生活中屡屡受挫，虽然人过中年，但事业还是一无所成。因此他常常无端地发脾气，抱怨别人欺骗了他。终于有一天，他对妻子说："这个城市令我失望，我想离开这里，换个地方。"

无论朋友们如何相劝，都无法改变他的决定。他最终和妻子来到了另外一个城市，搬进了新居。这是一幢普通的公寓楼。汤姆忙于工作，早出晚归，对周围的邻居未曾在意。

一个周末的晚上，汤姆和妻子正在整理房间，突然，停电了，屋子里一片漆黑。汤姆很后悔来的时候没有把蜡烛带上，只好无奈地坐在地板上抱怨起来。

屋外突然传来轻轻的、略为迟疑的敲门声，打破了黑夜的寂静。

"谁呀？"汤姆在这个城市并没有熟人，也不愿意在周末被人打扰。他很不情愿地起身，费力地摸到门口，极不耐烦地开了门。

门口站着一个小女孩，她怯生生地对汤姆说："先生，我是您的邻居。请问你有蜡烛吗？"

"没有！"汤姆气不打一处来，"嘭"的一声把门关上了。

"真是麻烦！"汤姆对妻子抱怨道，"讨厌的邻居，我们刚刚搬来就来借东西，这么下去怎么得了！"

就在他满腹牢骚的时候，屋外又传来了敲门声。

打开门，门口站着的依然是那个小女孩，只是手里多了两根蜡烛，红彤彤的，就像小女孩涨红的脸，格外显眼。"奶奶说，楼下新来了邻居，可能没有带蜡烛来，要我拿两根给你们。"

汤姆顿时愣住了，他被眼前发生的一幕惊呆了，好不容易才缓过神来。"谢谢你和你奶奶，上帝保佑你们！"

在那一瞬间，汤姆猛然意识到了很多，他明白了自己失败的根源就在于对别人的冷漠与刻薄。

屋子亮了，心也亮了。

分享可以破除人与人之间的自私和冷漠，把自己的胸怀打开，主动地去与人分享和交流，你就能够体会到更多的快乐和温情。

给予是快乐的源泉

给，永远比拿愉快。
　　——高尔基

给予是快乐的源泉。给别人帮助，为别人带去快乐，一个快乐会变成更多的快乐，别人快乐了，你和他的友谊会更加牢固。这就是为什么要分享快乐的原因以及分享快乐的好处。

有这么一篇童话故事：有个吝啬的财主，从来不肯分给人一点东西。一天，他听说某座山上有着快乐的泉水，他很欣喜地带着一个用水晶做的瓶子去舀这种泉水。他到中途，迷了路，于是就问一位老大爷。老大爷见是吝啬的财主，就不愿意回答。可是财主再三要求，纠缠得他不耐烦。老大爷终于给财主指点了路，并说："你要记住，你打回水之后，一定要同乡亲们分享泉水。"财主答应了。他果然找到了快乐的泉水。在回家的路上，他虽然记得老大爷的话，却不想把水分给乡亲们喝。他回家了，认为自己找到了快乐泉水，但他的瓶子里面倒出来的不是水，而是一张纸条，上面写着："只顾自己快乐的人，永远得不到快乐！"

给予能够为别人带去快乐，也能够为自己带来快乐。一个贫困的地区发生了地震，某个青年得了需要花费很高医药费的疾病……发生这些事情后，有的人并不富裕，但是依然捐出一些钱来支援他们。这又没有人逼他们，他们为什么会这么做呢？原因之一，就是因为他们把别人的困难当作自己的困难，与受难者共同承担困难和痛苦。在这个过程中他们会感受到帮助他人的快乐。

一个男子坐在一堆金子上，伸出双手，向每一个过路人乞讨着什么。

这时，一个神仙走了过来，男子向他伸出双手。

"孩子，你已经拥有了这么多的金子，难道你还要乞求什么吗？"神仙问。

"唉！虽然我拥有如此多的金子，但是我仍然不满足，我要乞求更多的金子，我还要乞求爱情、荣誉、成功。"男子说。

神仙从口袋里掏出他需要的爱情、荣誉和成功，送给了他。

一个月之后，神仙又从这里经过，那男子仍然坐在一堆黄金上，向路人伸着双手。

"孩子，你所求的都已经有了，难道你还不满足吗？"

"唉！虽然我得到了那么多东西，但是我还是不满足，我还需要更多的刺激。"男子说。神仙把他想要的刺激也给了他。

一个月后，神仙又见那男子坐在那堆金子上，向路人伸着双手——尽管有爱情、荣誉、成功、快乐和刺激陪伴着他。

"孩子，你已经拥有了你想要的，难道你还乞求什么吗？"

"唉！尽管我已拥有了比别人多得多的东西，但是我仍然不能感到满足，老人家，请你把'满足'赐给我吧！"男子说。

神仙笑道："你需要满足吗？那么，请你从现在开始学着付出吧。"

神仙一个月后又从此地经过，只见这男子站在路边，他身边的金子已经所剩不多了，他正把它们施舍给路人。他把金子给了衣食无着的穷人，把"爱情"给了真正需要爱的人，把荣誉和成功给失败者，把快乐给了忧愁的人，把刺激送给了麻木冷漠的人。现在，他一无所有了。

看着人们接过他施舍的东西，满含感激而去，男子笑了。

"孩子，现在，你拥有满足了吗？"神仙问。

"拥有了！拥有了！"男子笑着说，"原来，满足藏在付出的怀抱里啊。当我一味乞求时，得到了这个，又想得到那个，永远不知什么叫满足。当我付出时，我为我自己人格的完美而自豪、满足；为我对别人有所帮助而感到由衷地高兴；为人们向我投来的感激的目光而快乐。"

我们应该怀着无私奉献的心来对待生活，对待身边的人。多想想拥有什么，付出哪些，少想想还要得到什么，这样才会觉得上帝是公平的，生活是幸福而快乐的。

给予是快乐的源泉。一个整天想着索取而不想着与人分享的人是体会不到真正的快乐的。青少年要学会分享，在给予中体会分享的快乐。

世界上一切美好的东西和一些痛苦的事情，都需要有人来分享。让我们记住高尔基给儿子的信中的一句话：给，永远比拿愉快！

分享促人成长

倘若你有一个苹果，我也有一个苹果，而我们彼此交换苹果，那么我们仍然各有一个苹果。但是，倘若你有一种思想，我也有一种思想，而我们彼此交流这些思想，那么我们每人将各有两种思想。

——萧伯纳

在20世纪30年代，英国送奶公司送到订户门口的牛奶，既不用盖子也不封口。这样做的后果，就是很多牛奶都成了麻雀和红襟鸟的美餐。因为麻雀和红襟鸟可以很容易地吃到凝固在奶瓶上层的奶油皮。

后来，牛奶公司把奶瓶口用锡箔纸封起来，以防止鸟儿偷食。这样的改进确实取得了一定的效果，可惜好景不长，20年后，英国的麻雀都学会了用喙把奶瓶的锡箔纸啄开，继续吃它们喜爱的奶油皮。

然而，红襟鸟却一直没学会这种方法。

科研人员就这个问题进行了一段时间的观察和研究，终于发现了其中的奥秘。原来，麻雀是群居的鸟类，常常一起行动，当某只麻雀发现了啄破锡箔纸的方法后，就可以教会别的麻雀。而红襟鸟则喜欢独居，它们圈地而居，沟通仅止于求偶和对于侵犯者的驱逐。因此，就算有某只红襟鸟发现锡箔纸可以啄破，其他的红襟鸟也无法知晓。

动物是这样，人亦如此。分享可以促进人与人之间的互相交流和学习，可以使我们更快地成长。

青少年正值学习知识的黄金时期，在独立钻研的同时，要学会与大家分享新发现、新成果，相互磋商，彼此分享，创造一种积极互助的关系。合作能够产生合力，分享能让人领先一步。

因为每一个人的才干、智慧和个性有其独特性，所以在一个合作团体内，如果能够交换、分享、包容不同的特点，就会产生整体大于单一要素的整合作用。

英国戏剧家萧伯纳说过："倘若你有一个苹果，我也有一个苹果，而我们彼此交换苹果，那么我们仍然各有一个苹果。但是，倘若你有一种思想，我也有一种思想，而我们彼此交流这些思想，那么我们每人将各有两种思想。"

把自己的东西主动拿给别人分享，这需要勇气，体现的是仁爱和宽容；而积极地分享别人的思想，则意味着尊重，体现的是民主和合作。

学会分享可以使我们学会关心他人，关心自己；欣赏他人，欣赏自己；有效地团结协作，交际磨合；注意权衡自己在群体中的地位和作用，处理好人际关系；及时地把自己的想法以适当的方式表达出来，走出封闭的自我，积极接纳别人的看法，能够与他人进行心灵的沟通。

许多国际性教育机构调查和研究认为，"学会分享"、"学会交往"、"学会合作"已经是新世纪学习的显著特征。

分享情绪的感受、内心的想法，分享学习和生活中的失败与成功的体验，把个人独立思考的成果转化为大家共有的成果。

分享中可以以群体智慧来解决个别的问题、以群体智慧来探讨学习上遇到的困难和问题，这样能够培养人与人之间相互协作的精神，促进大家共同的学习和进步。所以说，学会分享是人生一笔永远的财富。

国内著名成功学专家黑幼龙先生认为分享是一个挖掘个人潜力的好方法。知名的"周哈里窗户理论"指出，每个人的内在都像一扇窗，分成 4 个方块。

第一块是自己看得到、别人也看得到的部分；第二块是自己看得到、别人看不到的部分；第三块是别人看得到、自己却看不到的部分；第四块则是自己和别人都没有发现的部分。

和人分享的时候，第二块和第三块会愈来愈小，第一块则会愈来愈大，因为你会表达自己的想法，别人也会把他所看见的部分告诉你。

生活中那些进步较快的人有一个很重要的特点就是他们很喜欢跟别人分享，对自己有更多的了解，于是在面对困境时，也更容易找到解决办法。长时间下来，跟一个只会埋头苦干的人比起来，差别会愈来愈明显。

许多好点子、好的做事方法、好的观念，都是通过真诚分享才能获得，光靠一个人绞尽脑汁，不是那么容易突破。

一个懂得分享的人，生命就像加利利海的活水一样，丰沛而且充满活力。只有懂得与别人交流和分享，我们才能够在智慧和情感的分享中不断地提升与发展。

第三篇

百年哈佛教给学生的杰出本领

　　"先学会生存，才能学会生活。"对于哈佛大学来说，培养学生的生存本领远排在教授具体的知识之前。自我定位、终生学习、把握机遇、善待感情、团结合作、发掘潜能……只有拥有了这些杰出的本领，才能游刃有余地面对各种机遇和挑战，比别人更快地获得成功。

第一章
给自己一个准确定位
——认识你自己

哈佛告诉你

"无论别人的推心置腹显得多么明智、多么美好，从事物本身的性质来讲，人们应当是自己最好的知己。"给自己一个准确的定位，才能在生活和工作中做到扬长避短，成就完美的人生。

给自己做个"盘点"

世界上最重要的事就是认识自我。

——蒙泰涅

这个世界纷繁复杂，外界环境日新月异，社会万象丰富多彩。人们可以用一双明亮的眼睛和一颗明净的心灵去认识外面的世界，审视世间万事万物。然而，在审视世间万事万物的过程中，人们最难认清的不是那些看似复杂的事物，也不是身边的其他人，而恰恰是你自己。

你是否真正了解自己？你是否曾审视过自己的兴趣、爱好、专长、能力？你是否清楚自己的性格特点是怎样的？是否知道自己适合做哪种类型的工作？

泰戈尔曾说过："你看不到自己，你所见的仅是你的影子。"

你只有通过参与学校的各项活动，才能逐步清楚地了解自己的能力、兴趣、人格特点、价值观等，进而欣赏自己的特长，了解自己的不足，做到扬长而避短，充分发挥自身潜能。

在希腊帕尔纳索斯山南坡上的神殿门上，写着这样一句话："认识你自己。"人们认为这句格言就是阿波罗神的神谕。古希腊哲学家苏格拉底最爱引用这句格言教育别人。

两三千年前的这句格言直到今天还在教育着人类，因为人类还未曾真正地认识过自己。

"不识庐山真面目，只缘身在此山中。"人们不能充分地认识自己、为自己定位的一个很重要的原因，是不能客观地看待自己。那最好的解决办法就是将自己视为一个"他者"，即与外界的事物相类似的"其他人"。自己站在客观的角度用另外一种眼光全面地审视自己的兴趣、特长、能力、性格、素质等，得出一个较为客观的结论，为自己定好位。

青少年正处于身心发育的关键时刻，这个时刻为自己做一次"盘点"尤为重要。这个盘点可以让你明白自己擅长什么，从而了解自己的优点以继承发扬，知道自己的缺点以改正。

由于青少年期属于人的心智、性格等不断变化、发展、完善的时期，给自己做"盘点"的工作要随着时间的推移和环境的变化重新进行，随时掌握自身的全面信息，以便于对自己的奋斗目标和行动计划做出适当的调整。

怎样才能为自己做"盘点"呢？以下是几条自我"盘点"的有效途径：

第一，可以从班级和社团组织的各项活动中来了解自己的能力。

对于青少年朋友来说，班级和社团是展示自我的很不错的舞台。想知道自己有没有组织策划能力，可以找个机会组织一次活动试试看，比如组织一次班级春游、一次元旦晚会，看看自己能不能有效地组织协调各方面的人力、物力、财力。

第二，可以从别人对自己的反应中来了解自己的优缺点。

平时，你的身边有没有朋友呢？他们对你的态度是怎么样的？朋友是不是愿意将自己的心里话讲给你听呢？如果你有很多朋友，而且朋友与你相处会感到很轻松、很愉快，这说明你有令别人快乐的优点，你也可以问问你的朋友们为什么喜欢和你在一起，也许他们会告诉你因为你诚实、因为你正直、因为你幽默、因为你认真，等等。总之，这些都是你的优点，也是你能有好人缘的资本所在。这时，你就要继续保持自己的优点，让它给自己带来更多的好朋友。如果你身边的人看到你就马上躲开，他们的任何事情都不与你分享，这时，你就要问自己到底是哪里出了问题。不要害羞，也不要顾及什么"面子"，你应该去问那些对你不太友好的人："我错在哪里？"态度要诚恳，并且认真听取他们的意见。他们也许会对你说你太小气、你不守信用、你傲慢、你虚荣，这些可能会让你大吃一惊："原来我有这么多的毛病！"假如这些缺点真的存在，那你就要努力改正，学得大方一些、更守信用一点、谦虚一些、务实一点，并诚恳地请求这些给你提意见的人随时监督自己，争取早日改掉坏毛病，找回原来的好朋友。

第三，可以在自我反省中了解自己的内在自我。

古人说"吾日三省吾身"，青少年朋友不必做到一日三省，但这句话中包含的一定要定期进行自我反省的精神实质是你要准确理解的。每隔一段时间，给自己留出一份空闲时间，独自一个人，思考一下自己这段时间都做了什么事情，哪些事情产生了好的影响，哪些事情造成了不良后果，其间自己扮演了什么样的角色，起了什么作用，自己还有哪些方面做得不足，打算怎样改正，对后一阶段的学习、工作、生活有什么样的计划，等等。养成自我反省的好习惯，有助于更清楚地认清自己，也为更好地开展学习和工作打好了思想基础。

第四，可通过有关的心理测验了解自己各方面的特点。

科学的心理测验结果是一个人的潜意识的体现。心理测验大多为设计一个场景测试你的反应，根据不同的反应分析你具有哪些性格特性，进而分析你适合做哪一类型的工作。目前，广泛流行的还有根据血型、星座等对人的性格进行测试的题目，其科学性虽不很高，但也不是完全没有依据。因为心理测验对人的心理暗示性很强，所以要慎做，要依照科学的方法来做，不可随意相信所谓"权威"的心理测验，以免对自己造成不良暗示。

第五，可以从与心理辅导教师的谈话中了解自己。

心理辅导教师都是心理问题方面的专家，他们可以帮助你通过日常行为分析你的性格特征或出现的问题，之后"对症下药"，为你提供解决问题的有效办法。有的人不喜欢看心理医生，也不愿意去找心理辅导教师谈话，认为自己去找这些人会被人看成是心理有毛病、不正常。实际上，这是错误的看法。大家应该放下思想包袱，怀着放松的心情向心理辅导教师寻求帮助。

"知己知彼，百战不殆。"给自己做"盘点"正是知己的过程，也是为了进一步获取成功打下坚实的基础。

选自己能胜任的工作

一个人，即使驾着的是一只脆弱的小舟，但只要舵掌握在他的手中，他就不会任凭波涛的摆布，而会有选择方向的主见。

——歌德

如果说给自己做"盘点"是为了发现自己的强项，那么选自己能胜任的工作就是发挥强项的过程。

每个人的能力总是有限的。有些人精力旺盛，认为没有自己做不到的事。其实，精力再充沛，个人的能力还是有一个限度的，超过这个限度，就是人所不能及的，也就是你的短处了。每个人都有自己的长处，同时也有自己的不足，这就要选择一项适合自己的工作，充分发挥长处，既保证自己能够胜任，又不会"大材小用"。

人的性格和能力是有差别的，这些差别是长期养成的，不能说哪一种类型就一定好，哪一种类型就一定坏。正是这些不同，每个人所能从事的工作性质就不一样。要想有所作为，首先得明白自己的性格和能力，然后选定一个适合于你自己的工作目标。

每个人最好能从事与自己个性相切合的工作，这样就一定会全心全意做好这项工作。世界上最大的悲剧，也是最大的浪费就是大多数人都在从事不适合自己个性的工作。过去的社会体制限制着个人，使得他们没有选择的权利；现在的社会，选择余地越来越大，好多人却仍然只是选择或从事从金钱角度看来最为有利可图的工作，根本没有去考虑自己的个性和能力。现在，社会为人们提供了便利的条件和宽松的发展环境，可以自由择业，这样的机会一定要把握好，才不会在年老回首往事时感到遗憾。

选择自己能胜任的工作包含着3层含义：

第一，这是一份符合自己性格特点的工作，也就是说工作适合你。

找到这样一份工作的前提是你充分了解自己的性格等各方面特点，并明确地知道自己想做什么和怎样去做，即有个明确的目标并有达到目标的具体方案。若按人与目标的关系分类，则可将人分为：

（1）确切知道自己在生活中想做什么并且会去做的人。

（2）不知道也不想知道自己想做什么的人。他们害怕自己有目标，他们说："我实际想要的东西从来没得到过，所以我干脆也不去想了。"他们宁愿想别人也想的东西和不会给他们带来任何风险的东西。这些人实际上并不知道他们想要做什么，一个愿望还没出现在他们的意识中，就已被他们扼杀在摇篮里。"我能做到吗？我有资格做吗？别人将会怎么说呢？如果我不能胜任，结果会怎样呢？"如果说这些人也想做些什么的话，那也就只是做些别人想做的而不是他们自己想做的。

（3）看起来非常清楚自己想做什么，而实际上却对此一无所知的人。他们与上面提到的两类人的区别只在于：他们非常重视给别人留下一种印象，那就是他们知道自己想做什么。这使得他们比较自信，看起来也比别人略高一筹。

（4）还有一类人在现实生活中是常见的，就是什么都知道的人，至少他们对什么都了解得比较清楚。

青少年朋友要在平时的生活、学习中锻炼自己，知道自己该做什么，该怎样做，这对成长益处颇多。

第二，自己能做这份工作，也就是说你适合这份工作。

这需要你对自己的各方面能力有个正确的认识，既不过分低估自己的能力，也不过分高估自己的能力。

很多人过低估计自己，而且又不尝试做些事情去发挥自己被忽略的能力，这绝非偶然。他们的行为准则是中庸的，他们追求平稳，甚至不想全部发挥出自己的实际能力。

1981年，在美国西雅图的一所学校，教师对学生做了一项调查：50个学生中只有一个具有天赋。按照他们对"天赋"的理解，他们承认孩子们具有潜在的超常能力。但拥有这些超常的能力又能怎样呢？教师必须承认他们压制了孩子的天赋，在教学上一味地搞平均主义，一味地折中，以至于大多数具有天赋的学生也渐渐适应了中庸。学生们深信：只有我得了高分才会得到承认，而当我致力于我的兴趣爱好并继续发展时，就得不到承认。所以，他们从来不知道自己能做什么。

如果说这是教育体制的一个弊端，那么学生本身是否一点责任都没有呢？恐怕并不是这样的。人在安逸的生活中会变得懒惰，在自由的氛围中思想却像上了一把大锁，不能有独立的思维能力。在平时的学习训练中，你是否都全力以赴，做到最好了？你是否每天将自己的作业做得整洁、清晰？作业是否独立完成并保证正确率？师长交代的每一件事是否都出色地完成了？

第三，这份工作自己能够做好。

这是一个自身能力与目标和现实相互协调、相互统一的过程，也是"胜任工作"所能达到的最高境界和最终目标。"做"与"做好"是不同的，"做好"是"做"的延伸和结果，中间要加入你自己的主观努力和对客观事物的把握。"做"一件事不难，但"做好"一件事并不容易。这需要你既了解自己的能力范围，又了解工作对能力的要求程度，随后适时地调整自己，以达到最好。

天生我才必有用

你的命运藏在你自己的心里。

——席勒

实际上，成功往往离青少年朋友只有半步之遥。然而这半步，有时却要你为之付出几年、十几年甚至几十年的努力才能跨越。不是大家没有能力，而是不相信自己有这个能力。很多青少年朋友生活在自卑中，总拿自己的弱点与别人的强项相比，却不愿对自己大喊一声"我能行"！

造物主创造世界万物时，他相信每一件事物都具有其存在的价值。在这个世界上只要找对了自己的位置，哪怕你只是一块不起眼的石头，总有一天也会发光、发亮。你要有足够的信心和毅力，并且要坚信"天生我才必有用"。

李海龙生下来的时候没有双臂，5岁时的一场车祸又夺走了他的左腿。这样，他的四肢只有一条右腿幸存。但父母从不让他因为自己的残疾而感到不安，积极培养他各方面的兴趣。

在一次收看残奥会转播节目时，他看到美国有个游泳运动员没有了一个手臂，却以近乎完美的表现夺得了冠军。顿时，小海龙萌生了学游泳，为国争光的念头。那年，小海龙才

8 岁。

　　但是教练却尽量婉转地告诉他，说他"不具备做游泳运动员的条件"，因为他只有一条腿，完成复杂的游泳运动近乎天方夜谭。最后他申请加入地方残联游泳队，并且请求教练给他一次机会。教练虽然心存怀疑，但是看到这个男孩子这么自信，对他有了好感，因此就收他为徒。

　　两个星期之后，教练对他的好感加深了，因为他似乎已经克服了自身的身体缺陷，可以在游泳池中做一些常规的动作，并且做得很到位。小海龙一直坚持刻苦训练，别人练半小时，他就练 1 小时，因为他知道自己的先天条件太差，只能靠后天努力来弥补，而且他的目标是残奥会。

　　他一生最伟大的时刻到来了。那是残奥会的现场。在游泳比赛场馆里，各国选手一一就位，等待着发令哨响。海龙在工作人员的帮助下，站在起跳台上，面对着碧色的池水，他仿佛看到了五星红旗冉冉升起，《义勇军进行曲》在耳边回荡，他笑了。

　　出发了！只见海龙如一条梭鱼敏捷地跃入水中，奋力向前游。唯一的一条右腿掌握着平衡，由于没有手臂不能压水，他只能加快将头探出水面的频率，既为呼吸，也是用头与肩部代替了手臂，起到压水的作用。

　　海龙终于如愿以偿，他夺得了冠军。当他站在最高的领奖台上，残奥会主办方代表将金牌戴到他脖子上之前，他请求代表将奖牌放在自己唇边，他要吻一吻它。

　　"真令人难以相信！"有人感叹至深。李海龙只是微笑。他想起他的父母，他们一直告诉他的是他能做什么，而不是他不能做什么。他之所以创造这么了不起的纪录，正如他自己说的："天生我才必有用，我相信我能行。"

　　总是听到有人在耳边抱怨"生不逢时"，"千里马好找，伯乐难寻"，"现在的工作不能体现自己的价值"。而实际上，这些人总是忽略一些问题，他们是否将自己放在了正确的位置上，是否为自己创造了被伯乐相中的机会，还是仅仅安慰自己"天生我才必有用"而不去做出努力以改变现状？

　　如果你有"才"，就不要总是只把"天生我才必有用"挂在嘴边，而是要付诸行动，让别人看到你的闪光点，充分挖掘你的才能与潜质，相信你能做到最好。

🏛️ 第二章 🏛️

终身学习
——每天学习一点点

哈佛告诉你

知识是登上成功顶峰的垫脚石，学习在生活中的重要地位是不可替代的。在知识经济时代的今天，信息与社会在日新月异地变化。只有通过不间断地学习，为头脑"充电"，才能跟上时代的步伐，成为时代的领头人。

知识是登上成功顶峰的基石

一个人知道得越多，他就越有力量。

——高尔基

在这个世界经济形势日新月异的时代，知识越发显得重要，通过终身学习来获取知识成为人们越来越爱讨论的话题。

不管你承认与否，在知识经济时代，"知识分子"注定要扮演各行各业的"主角"。他们把握时代脉搏，领导时代潮流，站在时代前列，渊博的知识、丰富的经验和超凡的能力是他们获取成功的资本。

英国唯物主义哲学家弗兰西斯·培根在《新工具》一书中提出了"知识就是力量"的著名论断，他写道："任何人有了科学知识，才可能驾驭自然、改造自然，没有知识是不可能有所作为的。"

随着社会的发展，知识的作用愈加重要，特别是知识经济已经来临的今天，可以说，知识不仅是力量，而且是最核心的力量，是终极力量。

对此，李嘉诚先生曾深有体会地说过，在知识经济的时代里，如果你有资金，但是缺乏知识，没有新的信息，无论何种行业，你越拼搏，失败的可能性越大；但是你有知识，没有资金的话，小小的付出都能够有回报，并且很可能获得成功。

所以说，人没有钱财不算贫穷，没有学问才是真正的贫穷。因为钱财的价值有限，而知识的价值无限。

有了知识积累，命运便会为你开启一扇幸运之门，使你一步步走向成功。

当年，华罗庚虽然辍学，但凭借对数学的热爱，他一直没有放弃学习，积累了许多数学知识，为他以后的发展和成功打下了坚实的基础。

一次华罗庚在一本名叫《学艺》的杂志上读到一篇《代数的五次方程式之解法》的文章，惊讶得差点叫出声来："这篇文章写错了！"

于是，这个只有初中文化程度的19岁青年，居然写出了批评大学教授的文章《苏家驹之代数的五次方程式解法不能成立之理由》，并投寄给上海《科学》杂志。

华罗庚的论文发表后，引起了清华大学数学系主任熊庆来教授的注意。这位数学前辈以他敏锐的洞察力和准确的判断力认为：华罗庚将是中国数学领域的一颗希望之星！

当得知华罗庚竟是小镇上一名失学青年时，熊庆来教授大为震惊。熊庆来教授爱才心切，想方设法把华罗庚调到了清华大学当助理员。

进入这所蜚声海内外的高等学府，华罗庚如鱼得水。他一边工作，一边学习、旁听，熊庆来教授还亲自指导他学习数学。

命运再一次对这位努力不懈怠者展现了应有的青睐。到清华大学后的4年中，华罗庚接连发表了十几篇论文，自学了英文、德文、法文，最后被清华大学破格提升为讲师、教授。

华罗庚的事例说明，获取知识最直接、最有效的途径就是学习。

学习，是明天最富革命性、创造性的生产力。

新世纪的最大能量来自学习，最大竞争也在于学习。学习已经越来越具有主动创造、超前领导、生产财富和社会整合的功能。

面对信息的裂变、知识的浪潮，"终身学习"是每个现代人生存和发展的基础。

终身学习，即离开学校以后靠自己的努力继续学习。这对青少年朋友的自学能力提出了挑战。"未来的文盲将不是那些不会阅读的人，而是没有学会怎样学习的人。"这绝非危言耸听之语。"自行学习、自我教育、自己管理自己"，这是现代人汲取知识的重要渠道，也是终身教育的重要形式。

自学能力的核心是想象力和创造力。这是一种能改天换地、塑造全新的自我的伟力。培养和训练创新的能力，要从青少年时代起步，养成质疑多思的习惯。在接受教育（包括课堂教学）时，不能只是个带着耳朵的听众，而要开动大脑这台机器，打破常规地思考、讨论、比较、鉴别，要积极主动参与教学过程，开掘创新思路。平时，在独立治学时，也要经常问几个为什么，启发思考和探索问题的积极性。

学习知识也要有所甄选

任何一种容器都装得满，唯有知识的容器大无边。

——徐特立

青少年朋友每天接触的知识千千万万，既有有益的，也有有害的；有需要的，也有不需要的；有全新的知识，也有过时的知识。青少年朋友在学习过程中要懂得甄选，学习有益于自己身心发展的知识。

试想，一个经常在阅读沉思中与哲人文豪倾心对语的人，与一个只喜爱读凶杀言情故事和明星花边轶闻的人，他们的精神空间是多么不同，显然是生活在两个不同的世界中。

在茫茫知识海洋中，青少年朋友要力求寻觅上乘之作、经典之作，要多读名著，多读"大书"。所谓经典名著、"大书"，都是经过了时间的沉淀和筛选。

一些社会学家曾做过统计，其结论是：至少要横穿20年的阅读检验而未曾沉没，这样的著作方有资格称为经典、名著。

美国学者，《大英百科全书》董事会主席莫蒂然·J·阿德勒认为：所谓名著，必须具备6

条标准。

1. 读者众多。名著不是一两年的畅销书，而是经久不衰的畅销书。

2. 通俗易懂。名著面向大众，而不是面向专家教授。

3. 永远不会落后于时代。名著绝不会因政治风云的改变而失去其价值。

4. 隽永耐读。名著一页上的内容多于一般书籍的整个思想内容。

5. 最有影响力。名著最有启发教益，含有独特见解，言前人所未言，道古人所未道。

6. 探讨的是人生长期未解决的问题，在某个领域里有突破性意义的进展。

读书各有妙法，许多学有专攻的人士，能读出个中滋味，读出门道。

作家韩少功读书择优而读，择要而读，将自己有限的时间投于特定的求知方向，尽可能增加读书成效，给人以启示：他将书分为可读之书、可翻之书、可备之书、可扔之书4种。认为"勃发出思维和感觉的原创力，常常刷新着文化的纪录乃至标示出一个时代的高峰"，"作为人类心智的动力和光源"，对于每个人精神不可或缺的书，是可读的。这些书"透出实践的本质，不会用套话和废话来躲躲闪闪，不会对读者进行大言欺世的概念轰炸和术语倾销"，因而是值得读、值得细细品味的。大量的书则是不需细看，只需翻翻而已的，也有些书是备查的工具读物、参考资料。而对于那些被他看作是文化糟粕、一些丑陋心态和低智商的喋喋不休、信息污染的书，则均属可扔之列。

可读之书也要根据其对青少年朋友的价值大小分出层次，采用不同的方法来读。至于采用何种方法，则根据自己的需要自主选择。

读书大致分为4个层次。

第一，浏览。

浏览即以"一目十行"的速度翻阅大量书籍，了解概貌，是读书的初级层次。它能扩大阅读者的知识的横向接触面，可掌握新近的信息。通过浏览，可筛选知识，捕捉自己所需的资料信息，也可通过随便翻翻式的阅读，调节脑力、增益情趣。

第二，通读。

通读，是对全书的概览，以较少的时间，进行扫描式的阅读，以对全书的框架、主要观点、重点章节有个总体了解。一般读小说，是采取通读的方式。

第三，精读。

精读即是对自己需要加深了解的章节精研细读。对精读的部分有时要反复阅读，认真思考，并做笔记，力求将它变成自己的"血肉"。

第四，研读。

研读是读书最高层次。在这一阶段，将精读部分与以往获得的知识，或同类书籍进行比较研究，带着质疑的眼光品味书籍，进行评论，提出新的见解。这种阅读更具创造性。能达到这一层次，就算读出味道、取到真经了。

现在，青少年可以获取知识的途径不只读书一项，网络也包含了各种各样的信息与知识。但是，由于网络的管理比较薄弱，里面的内容鱼龙混杂，有可用的，有不可用的，还有对青少年身心健康产生不良影响的知识，而这些知识往往又披着科学的外衣，青少年只要一接触它，它就会像瘟疫一样对青少年的头脑进行侵蚀。所以，青少年朋友更应该加以注意，懂得保护自己。不浏览不健康的网站，不参与不健康的讨论，让网络成为获取有用资源的净土。

学习要选用适合自己的方法

读书使人充实，思考使人深邃，交谈使人清醒。
——本杰明·富兰克林

有许多青少年朋友常常抱怨："我读的书并不比××少，而且我回家还要继续学习到夜里11点才休息，可为什么我的收获没有他大呢？"实际上，如果你和他在其他方面的条件均相同或相近的话，那么只能说你没有找到适合自己的学习方法，以致浪费了很多时间，收益却不大。选择了科学的、适合自己的学习方法，方能立竿见影、事半功倍。

许多成功者创造的方法，青少年朋友或可直接"拿来"，或可结合自己的实际，加以改进和创造。如数学家华罗庚将书由厚变薄看作阅读能力提高标志的"厚薄法"；理学家朱熹读书的心到、眼到、口到的"三到法"；儒学家子思"博学之，审问之，慎思之，明辨之，笃行之"的"五步法"；学者陈善的"既能钻得进去，又能跳得出来"的"出入法"；孔子"学而不思则罔，思而不学则殆"的"学思结合法"；孟子"尽信书不如无书"的"独立思考法"；韩愈的"提要钩玄法"；俄国生理学家巴甫洛夫的"循序渐进法"；哲学家狄慈根的"重复法"等。

史学家陈垣谈读书时，提倡读几本烂熟于心的"拿手书"，好似建立了几块治学的"根据地"。他自己就有一些经常翻阅的"拿手书"，对这些书他都熟读，有的内容还能背下来。

作家秦牧提倡读书将牛嚼和鲸吞结合起来，即每天吞食几万字的文章、书籍，再像牛的"反刍"，反复多次、细嚼慢咽。王汶石创造了对代表作要3遍读的读书法。即第一遍通读，尽享作品之美，让自己沉醉其间；第二遍是"大拆卸"，仔细考查每一部分的特色、优劣及写作技巧；第三遍又是通读，获得对写作技巧的完整印象。

著名学者朱光潜实践的边读书边写作法，夏尊认为"由精读一篇向四面八方发展"的读书法，李平心的随时"聚宝"勤做研究的方法，都是一种创造。

大凡成功者读书的方式都与众不同，青少年朋友可以学习一些他们积累知识的方法。

第一种：善诵精通。

郑板桥不但是"康熙秀才、雍正举人、乾隆进士"，还是中国清代著名画派"扬州八怪"的领袖人物。

郑板桥有三绝、三真。三绝分别是画、诗、书，三真分别是真气、真意、真趣。

郑板桥在读书的学以致用之中总结出了"善诵精通"的读书方法，他认为读书必须有方法，必须要记诵。他曾这样描述过他读书时的情景："人咸谓板桥读书善记，不知非善记，乃善诵耳。板桥每读一书必千百遍，舟中、马上、被底，或当食忘匕箸，或对客不听其语，并非自忘其所语，皆记书默诵也。"

郑板桥不仅主张善诵，而且推崇"学贵专一"，即读书不能泛泛而读、毫无目的，而应该有选择、有针对性。

因此，青少年朋友可以从郑板桥的读书方法中得出这一宝贵经验：在记诵时讲究"善"与"精"两个字。

第二种：追本求源。

著名的作家、学者钱钟书先生也是一位爱书之人，他从小就酷爱读书，被世人称为"书痴"。

钱钟书的读书方法是"追本求源读书法"。"追本求源读书法"就是在读书时发现问题后，与多种读物相联系，经过详细的分析、比较、求证之后，求得一个能解决问题的读书方法。

第三种："四多"方案。

毛泽东十分喜爱读书。毛泽东经常对他身边工作的人说："饭可以少吃，觉可以少睡，书可不能少读啊。"

毛泽东读书有个"四多"的习惯，即多读、多写、多想、多问。

多读。所谓多读，一是指读的书数量多、内容广；二是指对有价值的文献书籍读的次数多，以至熟记于胸。毛泽东读过的一些散文和诗词，经常能读到脱口背诵的程度。

多写。毛泽东说过："不动笔墨不读书。"毛泽东认为做笔记、写随感等也是读书的重要方法。

多想。多想是指读书时不仅要准确把握作者的思想，同时也要将自己的观点以及对书的一些看法用笔"谈"出来，似乎与作者切磋一般。这种"笔谈"使读书变成了反复思考的过程。

多问。毛泽东青年时代就养成了勤学好问的习惯，他说："学问，讲的就是既学又问。"他经常请教很多学者，并亲自到人家里求教，发问不已。

也许你可以从上面所说的方法中找到一个最适合自己的，但更多的时候你会发现生搬硬套别人的学习方法到自己这里就行不通了。这时，你就要对这些方法做适当调整、修改，使之更适合自己，为自己服务。

尝试用各种方式为头脑"充电"

人所接受的知识是从周围事物中得来的，其中主要是从离他最近的前辈们的教导中得来的。

——欧文·华莱士

在瞬息万变的现代社会，各种知识更新极为迅速。如果青少年朋友只满足于已经掌握的那点知识而不能与时俱进地吸收新的信息、新的知识，不能利用各种手段为头脑"充电"，那么终究有一天会被社会淘汰。不想被淘汰，那就行动起来吧。

相信你最先想到的方法就是读书。古人说"读书破万卷，下笔如有神"，可见大量地读书，尤其是读好书对个人会有很大的益处。

世界上没有天才，非学就无以成才，读书无疑是知识积累的最好方法，书是人类的精神食粮，也是成大事者的必备之物。

"天下才子必读书"这似乎已是一条规律，不知你是否注意过下面这些情况，它们或许可以让你对这一规律理解得更深刻。

当我们研究成功人士的事业时，常常发现他们的成功一直可以追溯到他们拿起书籍的那一天。

在我们接触过的成功人士之中，大多数都酷爱读书——自小学开始，经由中学、大学，以至于成年之后。

书虽然是一种没有声音的东西，但是它对人类的影响却是非常深远的，如果你经常阅读各行业成功人士的传记或者是自传，进行了认真的思索，你就有可能从中找出适合自己的成功之路来。

俄国著名的学者赫尔岑说过："书是和人类一起成长起来的，一切震撼智慧的学说，一切打动心灵的热情都在书里结晶形成；书本中记述了人类生活宏大规模的自由，记述了叫作世界史的宏伟自传。"

书籍蕴含着千百年来人类的智慧与理性，正因为其中的人性之处，才使得一些书伟大，灿然有光。

书籍是一种工具，它能在黑暗的日子鼓励你，使你大胆地走入一个别开生面的境界，使你适应这种境界的需要。

阅读习惯是一种文化素质，是国民尤其是国家未来的建设者——青少年素质中的一个重要组成部分。

在日常生活中，常常可以听到一些人说"我爱好读书"。能把读书作为一种爱好，比起不喜欢读书来说是一大进步，但这还远远不够。我们不能把读书和看球赛、玩扑克、赏花草一样，当作一种纯粹的消遣去满足，或当作一种雅兴去炫耀，而应使之成为一项生活的内容，一种生命的需要。读书，就像给精神补充养分一样，是保持身心健康的需要，是改变命运的需要，是自我实现的需要。

著名作家蒋子龙先生说："书是可以随身携带的大学。"读书不但可以获取知识，而且可以懂得做人的道理。但是，读什么书，什么时间读书，怎么读书，怎么处理好读书与生活、学业的关系，这些问题要是解决不好，可能会给青少年朋友的学习、生活甚至整个人生带来不良影响。所以，大家不但要重视阅读，还要做一个聪明的阅读者。

你是不是一个聪明的阅读者呢？有没有养成读书的习惯呢？

在现实社会中，青少年朋友要养成读书的习惯，说难也难，说易也易。难者大多强调"学习繁忙"，"没有时间"，正如鲁迅讽刺过的一些人那样，"有病不求药，无聊才读书"，甚至无聊也不读书。这种人要想养成读书的习惯确实会很难。其实，如今我们都有较为充足的空闲时间：双休日、节日长假、课外时间……看几页书的时间每日都有，就看你用不用在读书上。只要经常有计划、下意识地拿起书来阅读学习，并且日复一日地坚持下去，久而久之，读书习惯也就自然而然地养成了。

如果认为获取知识只有读书一条途径，那么就大错特错了。其实在现代社会，人们获得知识的渠道十分广阔。比如电视，不管人们对传媒作品的质量如何评价，它们都是我们文化环境的组成部分。电视已成为人们生活中最主要的信息来源之一。电视可以作为一种娱乐消遣的手段，使人们在轻松愉悦的情绪状态下观察社会、扩展视野、获取知识。

另外，互联网也无疑为学习提供了巨大的资源。互联网是一种利用计算机从全球成千上万台计算机获取信息的工具，是一个能使每个人进入到浩瀚的信息海洋尽情畅游的天地。这些信息包括文字、图表、声像资料、软件等。这些信息实际上包容了所有可想象的客观对象，它们是由图书馆、博物馆、政府机构、公司、大学、研究机构和许多其他机构及个人提供的，里面有许多有价值的资料。

除去以上所说的有形的学习资源，其实在我们身边还有一个无形的、却无时无刻不在影响我们的、内容极为丰富的知识库——社会。

有人说，我们的社会、我们的生活是无时不在书写的一本"无字书"，比喻可谓贴切至极。

古人曰："读万卷书，行万里路。"意思是说人要有较多的知识和丰富的阅历，也是要人们能理论联系实际，善于利用知识处理各种事情。丰富的阅历也是成大事者不可缺少的资本，特别是青少年，阅历一般较少，这就要求我们不但要注意书本知识，也要注重生活、社会中的知识积累。

有诗云："纸上得来终觉浅，绝知此事要躬行。"读书学习获取知识诚然重要，但实践获真知也是必不可少的。

通过阅读"有字之书"，你可以学习前人积累的知识、前人的经验，并从中取得借鉴，避免走岔道、走弯路；通过读"无字之书"，你可以了解现实，认识世界，并从"创造历史"的人那里学到书本上没有的知识。

如果你想尽快、尽好地读通读透"有字之书"，并取其精华、去其糟粕，把"死书"读成活书，就要善于读"无字之书"。

"用自己的眼睛去读世间这一部活书"，"倘只看书，便变成书橱，即使自己觉得有趣，而那趣味其实是已在逐渐硬化、逐渐死去了"。

重视"读世间这一部活书"——读"无字之书"，也是大文豪鲁迅的主张。

鲁迅少年时代有很长一段时间在农村度过，而且也乐于与农村少年为友，喜欢到农村看社戏，所以他从农村少年、农村社戏中了解了很多农村生活，也因此增长了不少见识，他后来创作的《故乡》、《社戏》等短篇小说的生活素材都是在那时积累的。

鲁迅针对当时的社会弊病，写了许多杂文。如果鲁迅不注意读社会现实这部"无字之书"，只知闭门做学问，他又怎么会从中看出"世人的真面目"？

"无字之书"内容丰富、含义深刻，需要青少年朋友用较长时间甚至一生来阅读。

读"无字之书"，最好在缤纷的"社会大学"中读，唯有如此，才能读得通透。

凡是读过高尔基的《我的大学》的人都会知道，这位大文豪只上过5年学，但他把投身于"社会"认为是在上"大学"。

这个苦难的学徒工在"社会大学"里做过厨工，卖过苦力，饱尝了沙俄黑暗统治的辛酸。不过，他在流浪漂泊之中读了很多"无字"的"活书"，学到了很多知识。

高尔基在社会的底层对自己的人生有了深刻的认识，对自己的祖国有了深刻的认识，这也增强了他对社会的浓厚感情。他从伏尔加河码头的搬运工那儿学到了劳动的习惯，从流放的政治犯那儿学到了精神上的鼓舞，从面包师那儿学到可贵的人生哲学。

从"社会大学"中读"无字之书"所获得的一切，为他日后创作"有字之书"提供了无限的源泉。

这在高尔基的自传三部曲——《童年》、《在人间》、《我的大学》中已得到了充分体现。

获取知识的途径多种多样，也许你还有其他方法，那么就请你继续坚持，同时，你还可以将你的好方法讲出来与朋友分享，让大家共同进步。

学习切忌浅尝辄止

学习不仅是明智，它也是自由。知识比任何东西更能给人自由。

——屠格涅夫

学习贵在坚持，切忌浅尝辄止。在学习的过程中你应保持旺盛的精力，并且要有不畏困难、坚持不懈的毅力，才能够学习到真本领，才能够在成长的路途中学有所成，最终获得成功。

音乐系的陈明走进练习室。在钢琴上，摆着一份全新的乐谱。

已经3个月了！自从跟了这位新的指导教授之后，他不知道为什么教授要以这种方式整人。

陈明勉强打起精神，开始用十指奋战……琴声盖住了练习室外教授走来的脚步声。

指导教授是位很著名的钢琴大师。授课第一天，他给自己的新学生一份乐谱。"试试看吧！"他说。乐谱难度颇高，陈明弹得生涩僵滞、错误百出。"还不熟，回去好好练习！"教授在下课时，如此叮嘱学生。

陈明练习了一个星期，第二周上课时正准备让教授验收，没想到教授又给了他一份难度更高的乐谱，"试试看吧！"上星期的课，教授也没提。陈明再次挣扎，向更高难度的技巧挑战。

第三周，更难的乐谱又出现了。同样的情形持续着，陈明每次在课堂上都被一份新的乐谱所困扰，然后把它带回去练习，接着再回到课堂上，重新面临两倍难度的乐谱，却无论如何也追不上进度，一点也没有因为上周的练习而有驾轻就熟的感觉，因此，越弹越感到不安、沮丧和气馁。

教授走进练习室。陈明再也忍不住了。他必须向钢琴大师提出这3个月来何以不断折磨自己的质疑。

教授没有开口，他抽出了最早的那份乐谱，交给陈明。"弹奏吧！"他用坚定的目光望着陈明。

不可思议的结果出现了，连陈明自己都惊讶万分，他居然可以将这首曲子弹奏得如此美妙、精湛！教授又让他试弹第二堂课的乐谱，他依然发挥出超高水准的表现……演奏结束后，陈明怔怔地望着老师，说不出话来。

"如果我任由你表现自己最擅长的部分，可能你还在练习最早的那份乐谱，就不会达到如今这样的水平……"钢琴大师缓缓地说。

可以说，陈明的老师在训练他时是有良苦用心的。但是，如果陈明面对"难度超高"的乐谱知难而退、不再进一步学习，那么他的水平也只能停留在最初的那个水平，而不会有丝毫进步。然而，他达到了老师预想的效果，不能不归功于他坚持不懈的努力。虽然起初他不了解老师的用意而颇感疑惑，但他并没有停留在疑惑上，而是按照老师的要求"回去好好练习"，才取得了后来的成绩。

所以，青少年朋友，不要对学习中的困难轻易说放弃。相信自己，只要坚持，就能成功。

🛡 第三章 🛡

不错过任何一个机会
——捕捉稍纵即逝的机遇

哈佛告诉你

　　人生因机遇而熠熠生辉，正是抓住了一次次机遇，人生的梦想之花才能绚丽地盛开在现实的花园中。机遇的降临，宛如鲤鱼越过龙门，鸟儿飞上枝头变成凤凰。抓住了机遇，等于成功了一半。

机遇出现时你应一眼认出它

　　在任何人面前，多少总是有机会的，问题在于是你去抓住它，还是不去抓住它，这就是人生的十字路口。

——德田虎雄

　　机遇出现时的面貌各种各样。曾有人形象地比喻机遇的特点。

急遽的闪电

　　机遇的持续时间极短，犹如白驹过隙。稍纵即逝，这一时刻造就了机遇，但过几分钟、十几分钟，机遇又消失得无影无踪。有时机遇来临，你不去好好把握，转瞬间为别人获取，此时你后悔已迟。加之人人盼望机遇，它一出现，人们便蜂拥而上，很容易被快手抢去，你稍迟疑，机遇便与你无缘。

矜持的公主

　　机遇犹如美丽聪慧而又矜持的公主，羞答答地等待着心目中的白马王子到她门前求婚，而不会大大方方地自动送上门来。机遇是等不来的，而是需要你付出十分的热情和进取心去追求、去争取、去创造。对于那些不愿脚踏实地去努力的人来说，机遇永远是可望而不可即的；而那些勤奋努力，从不虚度年华的人，才会赢得机遇公主的芳心。

公正的法官

　　机遇犹如法官，对于任何人都是公正的，无论男人、女人、富人、穷人、美人、丑人、健康的人或是残疾的人，在它的眼里一律平等，谁都可以拥有它。但它只为那些做着积极准备的人服务。谁具备了掌握机遇的条件，机遇就会来到谁身旁，听候他的差遣。

自由的空气

机遇像空气那样，充满了社会大舞台的每一个角落，从学校到商场，从领导机关到基层工作岗位，从战舰甲板到卫兵岗哨，从三尺讲台到菜地猪圈，处处都有机遇的身影。你只要做个有心人，无论在什么岗位上都能获得机遇、走向成功。说机遇是自由的空气，还因为你得到的机遇，并非永远跟定你，你稍不留神，机遇就会像空气一样在你手中散失。大家知道，机遇与挑战并存。得到机遇的人不一定就能获取成功，还需要你付出更多的汗水和智慧，去迎接挑战，从而牢牢地把握机遇。

稀有的物资

虽然机遇俯拾即是，处处都有，但具体到个人，却是非常稀少的。面对林林总总的机遇，由于自身的种种限制，很多的机遇不适合你，你只能眼睁睁地看着机遇从身边溜走。或是由于性格、心理上的弱点，使你看不见机遇，即使看到，也不愿或不敢去争取，或者没有足够的条件去发掘机遇。

机遇出现的时候，你是否有慧眼认出它，这是很重要的。这往往决定了你能否成功。

机遇有时已经出现了，就在你的眼前，它向你递上橄榄枝。遗憾的是，你不知道这就是你找寻已久的机遇，你向它摆摆手，拒绝了它。机遇只能无奈地去找寻另外一个能够认出它的人。当你猛然觉醒，它已走得很远很远，或者已经为别人所有，那时的你，后悔莫及，欲哭无泪。

可惜的是，并不是所有的人都明白这个道理，并不是所有的人都相信机遇能改变自己的一生，能够让自己一夜成名。于是他们在机遇来临的时候，无法认识那就是机遇，更无法谈到利用机遇来改变自己命运了。

要想抓住机遇，首先要练就一双慧眼，以便在机遇来临时，能一眼认出它。这就需要青少年朋友在平时培养良好的洞察能力。当然，首先你要明白自己想做什么，有了明确的目标，才会自觉地去寻找机遇，对机遇的敏感度才会提高。这样，就不会担心机遇在自己面前溜走了。

牛顿不放过苹果落地、伽利略不忽视吊灯摆动、瓦特研究烧开水后的壶盖跳动……这些都是司空见惯的现象，但是过人的洞察力使他们看到了常人看不到的东西，从而有所发明或发现。在日常生活中，常常会发生各种各样的事，有些事使人感到惊奇，引起多数人的注意；有些事则平淡无奇，许多人漠然视之，但这并不排除它可能包含重要的意义。

一个有敏锐洞察力的人，能够从日常生活的细微之处发现不平凡之事。19世纪的英国物理学家瑞利从日常生活中观察到端茶时，茶杯会在碟子里滑动和倾斜，有时茶杯里的水也会洒出一些；但当茶水稍洒出一点弄湿了茶碟时，茶杯则不易在碟上滑动。他对此做了进一步研究，做了许多类似的实验，结果发现一种求算摩擦的方法——倾斜法。

富尔顿10岁时，和几个小朋友一起去划船钓鱼。富尔顿坐在船舷上，他的两只脚下意识地在水里来回踢着。不知什么时候，船缆松了扣，小船漂走了。富尔顿没有忽视这种生活中的小事，他发现自己的两只脚起了船桨的作用。富尔顿长大以后，经过刻苦的学习和研究，终于制造出世界上第一艘真正的轮船。

《致富时代》杂志上，曾刊登过这样一个故事：有一个自称"只要能赚钱的生意都做"的年轻人，在一次偶然的机会，听人说市民缺乏便宜的塑料袋盛垃圾，立即就进行了市场调查。

通过认真预测，他认为有利可图，马上着手行动，很快把价廉物美的塑料袋推向市场。结果，靠那条别人看来一文不值的"垃圾袋"的信息，两星期内，这位小伙子就赚了4万元。

被称为"东方犹太人"的温州人，经商本领全国有名。他们涉足社会各个行业，且都有所成就。人们一直想探究他们的"生财之道"，殊不知敏锐的洞察力就是他们制胜的法宝之一。当欧盟最后决定推行使用欧元时，全球更多的人是在旁观，有人还在讨论欧元的前途如何。而温州人却已经测量了欧元的尺寸、样式，在加紧赶制专门用来装欧元的钱夹子，而这正是推行欧元后欧盟民众都需要的。欧元被推行之时，温州人做的钱夹子立刻占领了欧盟市场。温州人的洞察力又一次赢得了一个广阔的市场空间。

英国有一个叫弗兰克的青年，从小立志创办杂志。一天，弗兰克看见一个人打开一包纸烟，从中抽出一张纸条，随即把它扔到地上。弗兰克弯下腰，拾起这张纸条，那上面印着一个著名女演员的照片。在这幅照片下面印有一句话：这是一套照片中的一幅。烟草公司敦促买烟者收集一套照片，以此作为香烟的促销手段。弗兰克把这个纸片翻过来，注意到它的背面竟然完全是空白。弗兰克感到这儿有一个机会，他推断：如果把附装在烟盒子里的印有照片的纸片充分利用起来，在它空白的那一面印上照片上的人物的小传，这种照片的价值就可大大提高。于是，他就找到印刷这种纸烟附件的平板画公司，向这个公司的经理推荐他的主意，最终被经理采纳。这就是弗兰克最早的写作任务。后来，他的小传的需要量与日俱增，以至他得请人帮忙。他于是要求他的弟弟帮忙，并付给他每篇5美元的报酬。不久，弗兰克还请了5名报社编辑帮忙写作小传，以供应平板画印刷厂。弗兰克竟然成了编者！最后他如愿以偿地做了一家著名杂志的主编。

弗兰克有自己的理想，也就不轻易放过任何一个实现理想的机会。当一个机遇出现时，哪怕它微不足道，令人不屑一顾，弗兰克也会认出这是上天赐给他的机遇，他认出了它、抓住了它，最后成功了。

类似的故事还有很多，但青少年看故事不能再像小孩子一样只是"听"故事，"看"热闹，而应该有自己的思想。能够从小的故事中看到大的道理，并将这一道理应用于自己的实践，才应该是看故事的最终目的。

你们有没有体会到，故事实际上也是一种机遇？从故事中得到启发，从而改变自己的思维方式和行为方式，使之终身有益，这就意味着你已经抓住了这个机遇；如果看过后随手丢弃一旁，脑中毫无印象，没有受到一点启发与影响，那么，只能很遗憾地告诉你：你错过了一次很好的改善自我的机会。希望青少年都能做善于识别机遇的聪明人。

机遇来临时你要一把抓住它

凡是认识到的便要赶快把握，就这样来把尘世的光阴消遣；即使妖魔现形，也不改其道。

——歌德

机不可失，时不再来，这是一个浅显而深刻的道理。抓住了机会，我们就可以乘风破浪，越上成功的巅峰。如果错失了机会，我们就可能让唾手可得的成功擦肩而过，因而懊悔不已。成功学大师卡耐基曾不无感慨地说："在某种意义上，时机就是一种巨大的财富。"英国人托·富勒也说："抓住机遇，就能成功。"世界著名的石油大王洛克菲勒在谈到他的创业史时，也只说了一句话："压倒一切的是时机。"

在实践活动中，如果你能在时机来临之前就识别它，在它溜走之前就采取行动，那么，成功之神就降临了。

每个人都是自己命运的设计师，每个人都是自己命运的建筑师。可以说，人一生的命运就是由一连串的机遇联结而成。自己的一生是否精彩，关键在于能否抓住这些机遇。

机遇是有情的，你抓住它，它就陪伴你一步步走向成功；机遇是无情的，你稍有疏忽，它便匆匆弃你而去。

也有人把机遇称为运气，不管称谓如何，有一点是肯定的，善于利用机遇比怨天尤人更为有益。

机遇与青少年的发展休戚相关。机遇是一个美丽而性情古怪的天使，倏尔降临在你身边；如果你稍有不慎，它又将翩然而去，不管你怎样扼腕叹息，都将杳无音讯，不再复返了。

在这方面，比尔·盖茨堪称青少年朋友学习的楷模。正是由于他和艾伦善于抓住难得的机遇，才使自己的事业获得巨大成功。

比尔·盖茨的父母要盖茨专心读书，以便毕业后找到理想的工作，不让他办公司。最初，盖茨顺从了父母的意愿，去哈佛大学刻苦攻读。但是他感兴趣的还是办公司，于是，他和艾伦开始收集资料。

盖茨和艾伦通过长时间的资料收集和认真思考，确信计算机工业的触角即将伸向市场核心力量——广大的民众。当这一点真正实现时，就会引发一场意义深远的技术革命。他们正处在历史即将发生巨变的关键时刻。正像汽车和飞机发展史上曾经历过的那种关键时刻，他们预见计算机必将走进千家万户。

"计算机的普及化势必到来。"艾伦不停地对盖茨重复这一点。他们如果不能顺应甚至领导这一场计算机革命，就只能被这一革命抛到后面去。由于清醒地意识到了这些，所以盖茨决定开办自己的计算机公司。

当时，艾伦不停地说："让我们开始创办计算机公司吧！让我们开始干吧！"盖茨回忆说："保罗看见技术条件已经成熟，正等着人们去加以利用。他老是说，再不干就迟了，我们就会失去历史赋予我们的机遇。我们将遗憾终生，甚至被后人责备。"

于是，他们考虑制造自己的计算机。艾伦对计算机硬件感兴趣，而盖茨则对计算机软件情有独钟，他认为软件才是计算机的生命。

很快，艾伦和盖茨放弃了自己动手试制新型计算机的念头。他们决定还是紧紧抓住他们最熟悉的东西——计算机软件。

"我们最终认为搞硬件容易亏损，不是我们可以去玩的艺术，"艾伦说，"我们两人的综合实力不在这上面。我们注定要搞的是软件——计算机的灵魂。"

盖茨和艾伦创办了微软公司，并取得了辉煌的成就。事实证明，这一切都是他们善于抓住身边的机遇的结果。

盖茨和艾伦看到了面前的机遇，并且牢牢地抓住了它，为此，他们甚至不惜停止了学业。

青少年朋友，时机的把握极有可能决定你是否有所建树，那么你们应该做的就是：抓住每一个可能带来成功的机会。

机遇之花需要汗水来浇灌

要把握时机确实要眼明手快地去"捕捉"，而不能坐在那里等待或拖延。

——罗兰

有人说过，机遇是一位神奇的、充满灵性的，但性格怪僻的天使。它对每一个人都是公平的，但绝不会无缘无故地降临。只有经过反复尝试，多方出击，才能寻觅到它。

在成功的道路上，有的人不喜欢尝试，不愿走崎岖的小道，遇到艰辛或绕道而行，或望而却步，他们也就与机遇无缘。而另一些人，总是很有耐性，尝试着解决难题，不怕艰难险阻，结果恰恰是他们能抓住不可复得的机遇。

机遇不会白白地降临，只有用汗水去不懈地辛勤浇灌，才能使机遇的花朵为你绽放。

"天下没有免费的午餐"，"有付出才能有回报"。这些至理名言都在告诉我们，想要抓住机遇，想要获得成功，就要勤奋地去努力、去付出。

勤奋进取不仅是一种精神，更是人们落在实处的行动。一生之计在于勤，这是中国人的祖先遗训。人生态度千差万别，但概括起来不外乎 3 种：勤快，及时努力；随便，随遇而安；懒散，及时快活。第一种自然是值得肯定的人生态度。伟大诗人李白少年贪玩，是老婆婆"只要功夫深，铁棒磨成针"的教诲，促使他发奋苦读，学问大进。西晋时的刘琨、祖逖"闻鸡起舞"，这也是一种勤奋。《出师表》中说的"鞠躬尽瘁，死而后已"更是概括了诸葛亮以勤自勉的人生。

勤奋是通往成功路上的助推剂，这是世界上的通用法则，没有古今中外之分。

很多人喜欢看 NBA 的夏洛特黄蜂队打球，但令人想不到的是，这个队的 1 号队员博格斯身高却仅有 160 厘米！

这样的身高，即使在东方人里面也算矮个子，更不要说是在身高 2 米都嫌矮的 NBA 球队了。

是博格斯机遇特别好吗？不是，小个子博格斯之所以能成为 NBA 的球员，完全归功于他自己的百倍努力。

据说博格斯不仅是现在 NBA 里最矮的球员，也是 NBA 有史以来创纪录的矮子。但这个矮子可不简单，他曾是 NBA 表现最杰出、失误最少的后卫之一，不仅控球一流，远投精准，甚至在巨人阵中带球上篮也毫无所惧。

博格斯是不是天生的篮球好手呢？当然不是，而是意志与苦练的结果。

博格斯从小就长得特别矮小，但却非常热爱篮球，几乎天天都和同伴在篮球场上打球，当时他就梦想有一天可以去打 NBA，因为 NBA 的球员不只待遇高，也享有风光的社会地位，是所有爱打篮球的美国少年最向往的梦。

每次博格斯告诉他的同伴："我长大后要去打 NBA。"

所有听到的人都忍不住哈哈大笑，甚至有人笑倒在地上，因为他们认定一个 160 厘米的矮子是绝没有可能打 NBA 的。

他们的嘲笑并没有阻断博格斯的志向。他用比一般人多几倍的时间练球，终于成为全能的篮球运动员，也成为最佳的控球后卫。他充分利用自己矮小的"优势"，行动灵活迅速，像一颗子弹一样，运球的重心最低，不会失误；个子小不引人注意，抢球常常得手。

现在博格斯成为有名的球星了，他说："从前听说我要进 NBA 而笑倒在地上的同伴，他们现在常炫耀地对人说：'我小时候是和黄蜂队的博格斯一起打球的。'"

博格斯虽然个子矮小，却凭着一股韧劲和勤奋的努力，实现了常人认为不可能实现的理想。青少年朋友，你的身边也存在着许许多多机遇，只是你现在存在这样或那样的不足，但你绝不能轻易对自己说"我不行"。为了实现愿望、达到目标，就一定要努力，要付出辛苦和汗水。只有这样，机遇才不会从你身边跑掉，你才有可能获得最后的成功，就像博格斯一样。

青少年朋友都读过很多伟人的故事，都深深地了解所罗门在几千年前所说的那句话的含义："你见过工作勤奋的人吗？他应该与国王平起平坐。"孜孜不倦的富兰克林用他的一生对这句话做了最好的诠释，他曾经与 5 位国王平起平坐，曾经与两位国王共进晚餐。

那些善于利用机会的人在发现机会与把握机会的时候如同撒下了种子，终有一天，这些种子会生根、发芽、结果，给他们自己或是别人带来更多的机会。每一位一步一个脚印、踏踏实实工作的人其实正在离知识与幸福越来越近，可供他们选择的道路也越来越宽、越来越平坦、越来越容易往前走。这些道路其实向所有的人都是敞开的，无论是对头脑冷静、生活节俭、年富力强的机械师，还是对刻苦认真的学生；无论是对谨慎细致的公务员，还是对兢兢业业的公司职员。

懒惰的人总是抱怨自己没有机会，抱怨自己没有时间；而勤劳的人永远在孜孜不倦地工作着、努力着。有头脑的人能够从琐碎的小事中找到机会，而粗心大意的人却让机会轻易地从眼前飞走了。

无数的成功经验告诉青少年朋友：每一个新的时刻都能给人们带来许多未知的机遇，一个聪明的人，只要把握住这些"未知的机遇"，就能够在实现人生目标进程中取得成功。

那些能拼能赢者不会等待机遇的到来，而是寻找并抓住机遇、把握机遇、征服机遇，让机遇成为服务于他的奴仆。换句话说，任何机遇都可以是他们手中的"金钥匙"。

机遇只偏爱有准备的头脑

一个明智的人总是抓住机遇，把它变成美好的未来。

——托·福勒

现代社会是一个充满竞争的社会，既向人们提出了挑战，同时也为人们提供了实现目标的良好机遇。生活在现代社会中的人是幸福的，切不可放过身边美好的机遇。

爱因斯坦曾说过："机遇只偏爱有准备的头脑。"这里的"准备"主要有两方面的内容：一是知识的积累。没有广博而渊深的知识，要发现和捕捉机遇是不可能的。二是思维方法的准备。只具备知识，而没有现代思维方式，就看不到机遇，只好任凭它默默地从你身边溜走。

有许多发现和发明看起来是纯属偶然，其实，仔细探究就会发现，这些发现和发明绝不是偶然得来的，也不是什么天才灵机一动或凭运气得来的。事实上，在大多数情形下，这些在常人看来纯属偶然的事件，不过是从事该项研究的人长期努力思考、实践的结果。人们常常引用苹果落在牛顿脚前，使他发现万有引力定律这一例子来说明偶然事件在发现中的巨大作用。但人们却忽视了一点：多年来，牛顿一直在为重力问题苦苦思索、研究。在这一漫长的过程中，牛顿思考了该领域内的许多问题及其相互之间的联系，可以说，关于重力问题的一些极为复杂深刻的问题他都反复思考推敲过。苹果落地这一常见的日常生活现象为常人所不在意，却激起牛顿对重力问题的理解，激起他灵感的火花，并进一步作出异常深刻的解释，很显然，这是因为牛顿对重力问题已有了深刻的理解。因此，成千上万个苹果从树上掉下来，却没有人能像牛顿那样引发出深刻的定律。同样，从普通烟斗里冒出来的五光十色像肥皂泡一样的小泡泡，这在常人眼里就跟空气一样普通，当然也很少有人去研究这一现象，但正是这一现象使杨格博士创立了著名的光干扰原理，并由此发现了光衍射现象。伦琴在实验时，从手骨图像中，发现了 X 射线。耐克鞋受人喜爱，一部分归功于采用了"华夫糕式"鞋底，使鞋子变得轻巧美观。这项设计上的革新是来自于鲍夫曼，他说："那天我看见妻子的蛋奶烘饼烤模，想到鞋底也可以做成华夫糕模样。"

以上这些人平时都既有知识的积累，又具备灵活的思维方式，否则，也会像李比希错过发现新元素溴一样，抱憾终生。人们总认为伟大的发明家总是探讨一些十分伟大的事件或伟大的奥秘，其实像牛顿和杨格以及其他许多科学家都是在研究一些极普通的现象，他们的过人之处在于能从这些人所共见的普遍现象中揭示其内在的、本质的联系。而这些过人之处正是源于他们曾经做过的努力。他们的头脑被自己做过的研究充满了，一个偶然的机遇才能立刻激起他们的灵感，从而有了伟大的发明或发现。

所罗门说过："智者的眼睛长在头上，而愚者的眼睛是长在脊背上的。"心灵比眼睛看到的东西更多。那些没头没脑的凝视者只能看到事物的表象。只有那些富有理解力的眼光才能穿透事物的现象，深入到事物的内在结构和本质之中去，他们才能看到差别，进行比较，抓住潜藏在表象后的机遇。

客观来讲，机遇的产生和利用需要有良好的社会环境，如自由的科研氛围，平等的择业、工作机会，良好的家庭环境和教育程度等。机遇的产生既有偶然性，也有必然性。比如，哥伦布发现新大陆是偶然的，但是，按照他所设计的航线，必然到达美洲，而不能到达印度和中国。只有捕捉住机遇，才能使机遇由可能性向现实性转化。

青少年朋友在客观条件既定的情况下，就要发挥主观能动性，牢固地掌握科学文化知识，以充实的头脑和饱满的精神状态去迎接机遇、迎接挑战。

◉ 第四章 ◉
善于排除障碍，解决问题
——方法总比困难多

哈佛告诉你

　　成大事者和平庸之辈的根本区别之一，就在于他们是否在遇到困难时理智对待，主动寻找解决问题的办法。一个人只有勇于去挑战，并在困局中突围而出，才能奏出激越雄浑的生命乐章，最大化地彰显人性的光辉。

尽量做到防患于未然

　　隐患险于明火，防范胜于救灾，责任重于泰山。

——江泽民

　　大家现在经常强调解决问题应该迅速，方法应该妥当，善后工作应该做好。实际上，我们常常忽略一点，也是很重要的一点——如何才能不产生问题或不让问题扩大化。一个很小的问题，在开始萌芽的时候如果不加以有效地解决，会像滚雪球一样不断加剧。如果能够将准备工作做足，做到未雨绸缪，摒除各种可能出现的问题，做到防患于未然，一些事情也就不会演化为悲剧。工作中出现的许多难以逾越的困境，也常常是因为疏忽大意，没有对出现的小问题进行有效的处理，才演化到不可收拾的地步。因此，一旦发现问题时，无论看起来是多么微不足道的问题，我们都不要掉以轻心，任其泛滥……

　　当巴西海顺远洋运输公司派出的救援船到达出事地点时，"环大西洋"号海轮已经消失，21名船员也不见了，海面上只有一个救生电台有节奏地发出求救的信号。有人发现电台下面绑着一个密封的瓶子，打开瓶子，里面有一张纸条，21种笔迹，上面这样写着：

　　一水理查德：3月21日，我在奥克兰港私自买了一个台灯，想在给妻子写信时用来照明。

　　二副瑟曼：我看见理查德拿着台灯回船，说了句这小台灯底座轻，船晃时别让它倒下来，但没有干涉。

　　三副帕蒂：3月21日下午船离港，我发现救生筏施放器有问题，就将救生筏绑在架子上。

　　二水戴维斯：离岗检查时，发现水手区的闭门器损坏，用铁丝将门绑牢。

　　二管轮安特尔：我检查消防设施时，发现水手区的消火栓锈蚀，心想还有几天就到码头了，到时候再换。

　　船长麦凯姆：起航时，工作繁忙，没有看甲板部和轮机部的安全检查报告。

机匠丹尼尔：3月23日上午理查德和苏勒的房间消防探头连续报警。我和瓦尔特进去后，未发现火苗，判定探头误报警，拆掉交给惠特曼，要求换新的。

机匠瓦尔特：我就是瓦尔特。

大管轮惠特曼：我说正忙着，等一会儿拿给你们。

服务生斯科尼：3月23日13点到理查德房间找他，他不在，坐了一会儿，随手开了他的台灯。

大副克姆普：3月23日13点半，带苏勒和罗伯特进行安全巡视，没有进理查德和苏勒的房间，说了句"你们的房间自己进去看看"。

一水苏勒：我笑了笑，也没有进房间，跟在克姆普后面。

一水罗伯特：我也没有进房间，跟在苏勒后面。

机电长科恩：3月23日14点，我发现跳闸了，因为这现象以前也出现过，便没多想，就将闸合上，没有查明原因。

三管轮马辛：感到空气不好，先打电话到厨房，证明没有问题后，又让机舱打开通风阀。

大厨史若：我接马辛电话时，开玩笑说，我们在这里有什么问题？你还不来帮我们做饭？然后问乌苏拉："我们这里都安全吗？"

二厨乌苏拉：我也感觉空气不好，但觉得我们这里很安全，就继续做饭。

机匠努波：我接到马辛电话后，打开通风阀。

管事戴思蒙：14点半，我召集所有不在岗位的人到厨房帮忙做饭，晚上会餐。

医生莫里斯：我没有巡诊。

电工荷尔因：晚上我值班时跑进了餐厅。

最后是船长麦凯姆写的话：19点半发现火灾时，理查德和苏勒房间已经烧穿，一切糟糕透了，我们没有办法控制火情，而且火越烧越大，直到整条船上都是火。我们每个人都犯了一点错误，便酿成了船毁人亡的大错。

看完这张绝笔纸条，救援人员谁也没说话，海面上死一样的寂静，大家仿佛清晰地看到了整个事故的过程。

看完这个故事，你是否也感觉到这件海难事故仿佛就发生在你的眼前？如果他们都尽到了自己的职责，将自己应该做的事情做到位，这个悲剧就不会发生。他们每个人都有了一点小疏忽，犯了一点小错误，但21个人的疏忽、错误积聚到一起，却足以引发船毁人亡的惨剧。

作为社会中的一员，每一个人都应该承担一部分责任，做父母的责任、做子女的责任、做师长的责任、做学生的责任、做领导的责任、做下属的责任。这些责任对你来说有大有小、轻重不一，但也许就是一点点的疏忽，一点小小的不负责任，就会带来难以预料的后果。

任何一个人，如果不负责任，就很难得到别人的信任；如果他没有责任意识，就很难避免出差错，很难避免给自己或他人造成损失。我们每一个人都是社会中的一员，学会对自己的行为负责是立身处世的前提。在美国中学开学的第一堂课里，老师们通常会讲这样的话："女士们，先生们，从今天起，你们就是美利坚合众国的公民了。"这话看起来是无用的话，却是在明确地告诉学生们：从今天起，你们就要对自己的行为负责。

每一个人都应该对自己的行为负责，对社会的期待负责。把问题扼杀在摇篮之中，不使隐患进一步蔓延是每一个人的责任。

"千里之堤，毁于蚁穴"。在学习、工作和生活中，也许有太多太多的蚁穴存在，如果不及时消除它，总有一天，青少年朋友的学业之堤、事业之堤、生活之堤也要毁于一旦了。

所以，在日常生活中，青少年朋友绝不能忽视任何一个小问题的滋生，更不能姑息它们从小变大。解决任何问题和困难的最佳时机，莫过于刚刚萌生之时。平时细心、谨慎，做到防患于未然，青少年朋友的生活之路就会越发平坦。

善于找出问题的症结所在

要解决问题，还需做系统的、周密的调查工作和研究工作，这就是分析的过程。

——毛泽东

大家都听说过"捕蛇善打七寸"这句话吧？为什么偏偏要打离头部七寸的地方呢？因为"七寸"处是蛇的致命弱点。

打蛇要打它的致命弱点，要狠、要准，要让它一下毙命，才没有被它"反咬一口"的危险。拳击赛中，我们常看到力量相当的两名选手，在台上对峙一段时间后，其中一个会突然出击，将对手打倒在地。也许你会震惊刚刚还疲惫不堪的他怎会在一瞬间反败为胜，原因就是他找到了对手的弱点，之后他将全身仅存的最后一点力量用来攻击对手的弱点，打败了对手，赢得了胜利。

这些都告诉青少年朋友，解决问题就要先找出问题的症结所在，仔细研究，找出对策，对症下药。

人们在谈到德国人做事严谨时，总会提到这样一件事。

中国沿海某城市的一家棉纺织工厂在改革开放初期从国外进口了几套较为先进的纺织机器。使用初期机器运转很正常，但一个月之后，工人发现机器发出的噪音越来越大，在启动时还伴随着"咔、咔"的杂音，而且织出的棉布的纹路较以前越发显得凌乱，并常常出现绞线、断线的情况。

花了那么高价钱买来的机器刚刚投产使用就出了问题，厂方人员十分焦急，四处寻找能够维修这台机器的技术人员。但在改革开放初期，我国的各方面技术水平还未达到世界级先进水平，这方面的技术人才更是少得可怜。无奈之下，厂家只能从机器的生产方——德国请来一位专家，帮助解决这一问题。

专家来到厂房，围着机器转了几圈，这敲敲、那打打，一副不紧不慢的样子。棉纺织厂的技术工人着急了。本来想从老外这里学习点真经，谁知他一味地敲敲打打，哪里像修机器的样子。该不会是骗人的吧？中方开始疑惑，但并未表态。

半天过去了，专家终于抬起头对翻译说了一句话："问题找到了。是组装机器时线圈的线多绕了一圈，把它去掉就好了。"说着，拿出笔，在机器上画了一道线，用手做了一个剪刀剪断的动作。中方技术人员通过翻译明白了问题的所在，上前动起手来。

不一会儿，多余的一层线圈去掉了，机器神奇地正常运转了，问题解决了。

当双方讨论报酬问题时，德国专家提出了 1000 元的薪酬要求，并申明：画一道线价值 1 元，知道这道线该画在哪儿价值 999 元。

这个故事告诉青少年朋友的是：德国专家之所以最终解决了问题，是因为他找到了问题的症结所在。

在问题出现时，能够找到解决问题的关键点，是现在的年轻人需要掌握的一项技能。与此同时，在纷繁复杂的问题中，找到主要问题，集中精力进行解决，也是青少年亟须把握的一个本领。

有的人在同时遇到许多事情时，总不知道如何是好，不知道该从何下手，这是因为他们分不清问题的主次。不能对问题进行正确把握，自然就会产生麻烦。

青少年朋友在遇到问题时，首先想到的应该是从主要问题入手，而不要被一些小事束缚住手脚。主次明确，分清轻重缓急，才能取得事半功倍的效果。

青少年朋友在处理问题时，如果能掌握各种事物之间的主次关系，能避开问题的细枝末节，那么就能均衡处理各种棘手的问题，而不会让慌乱干扰了正常的秩序。

当青少年朋友面对比较复杂的问题时，首先要理清头绪，把所要做的事情的轻重缓急搞清楚，不要乱了方寸。在众多复杂的问题中，如果不找出关键的问题，那么你的努力都是徒劳。

在生活中，我们会面对很多问题，你能分清主次和轻重缓急吗？面对一个问题，你能确定解决问题的关键点吗？如果你能做到，说明你离杰出青少年的行列又近了一点，真的应该拍手向你祝贺了呢。如果你还没有做到这一点，那么就从今天开始努力改变吧。

其实做到这一点并不难，只要你有耐心、有恒心。将你需要做的事列出来，分成 4 类：重要且紧急的事、重要但不紧急的事、紧急但不重要的事、既不重要又不紧急的事。重要且紧急的事是你要最先做且要十二分重视的，绝不可掉以轻心、马虎行事，因为这类事的成败往往关系重大；重要但不紧急的事需要你经过深思熟虑后得出成熟的方案，它不要求你立刻去做，但你一定要将它印在脑子里，不能怠慢；紧急但不重要的事多是一些杂事，看似不重要，但有时间限制，在做的时候可不投入过多的精力，但要保证在规定期限内完成；既不重要又不紧急的事你不妨放一放，但不要忘记了。一件事并不是一成不变地就应划分于哪一类，它往往随着时间的推移和环境的改变而有所不同，互相做着转换，这就要求我们根据形势的变化及时做出调整。对不同的事采取不同的方案，既不会浪费精力和时间，又能将事情做得漂亮，何乐而不为呢？

善于利用各种资源来解决问题

没有商品这样的东西，顾客真正购买的不是商品，而是解决问题的办法。

——特德·莱维特

大家有没有这样的体会，遇到问题时自己解决起来总感觉有些力不从心，依靠自己的力量往往难以达到预期的效果？这个时候，青少年朋友需要借助其他的资源来帮助我们解决问题、摆脱困境。

古人讲，做事讲求天时、地利、人和。实际上，这就是利用天、地、人的优势组合来解决问题的思想。

大家都听过"草船借箭"的故事，这就是诸葛亮善于利用资源来解决问题的经典案例。

诸葛亮在推动孙刘联盟的建立和运筹对曹军作战的方略中，所表现出的远见卓识和超人才智，使气量狭小的周瑜妒火中烧。为解除诸葛亮对他的威胁，周瑜设下了置诸葛亮于死地的圈套。

周瑜的如意算盘是：一方面以对曹军作战急需箭支为名，委托诸葛亮在10日之内督造10万支箭；一方面吩咐工匠故意怠工拖延，并在物料方面给诸葛亮出难题，设置障碍，使诸葛亮不能按期交差。然后周瑜再名正言顺地除掉诸葛亮。圈套布置好的第二天，周瑜就集众将于帐下，并请诸葛亮一起议事。当周瑜提出让诸葛亮在10日之内赶制10万支箭的要求时，诸葛亮却出人意料地说："操军即将至，若候10日，必误大事。"他表示：只需3天的时间，就可以办完复命。周瑜一听大喜，当即与诸葛亮立下了军令状。在周瑜看来，诸葛亮无论如何也不可能在3天之内造出10万支箭，因此，诸葛亮必死无疑。

诸葛亮告辞以后，周瑜就让鲁肃到诸葛亮处查看动静，打探虚实。诸葛亮一见鲁肃就说："3日之内如何能造出10万支箭？还望子敬救我！"忠厚善良的鲁肃回答说："你自取其祸，教我如何救你？"诸葛亮说："只望你借给我20只船，每船配置30名军卒，船只全用青布为幔，各束草把千余个，分布立在船的两舷。这一切，我自有妙用，到第三日包管会有10万支箭。但有一条，你千万不能让周瑜知道。如果他知道了，必定从中作梗，我的计划就很难实现了。"鲁肃虽然答应了诸葛亮的请求，但并不明白诸葛亮的意思。他见到周瑜后，不谈借船之事，只说诸葛亮并不准备造箭用的竹、翎毛、胶漆等物品。周瑜听罢也大惑不解。

诸葛亮向鲁肃借得船只、兵卒以后，按计划准备停当。可是一连两天诸葛亮却毫无动静，直到第三天夜里四更时分，他才秘密地将鲁肃请到船上，并告诉鲁肃要去取箭。鲁肃不解地问："到何处去取？"诸葛亮回答道："子敬不用问，前去便知。"鲁肃被弄得莫名其妙，只得陪伴着诸葛亮去看个究竟。

当夜，浩浩江面雾气霏霏，漆黑一片。诸葛亮遂命用长索将20只船连在一起，起锚向北岸曹军大营进发。时至五更，船队已接近曹操的水寨。这时，诸葛亮又教士卒将船只头西尾东一字摆开，横于曹军寨前。然后，他又命令士卒擂鼓呐喊，故意制造了一种击鼓进兵的声势。鲁肃见状，大惊失色，诸葛亮却坦然地告诉他："我料定，在这浓雾低垂的夜里，曹操绝不敢贸然出战。你我尽可放心地饮酒取乐，等到大雾散尽，我们便回。"

曹操闻报后，果然担心重雾迷江，遭到埋伏，不肯轻易出战。他急调旱寨的弓弩手6000人赶到江边，会同水军射手，共约1万余人，一齐向江中乱射，企图以此阻止击鼓叫阵的"孙刘联军"。一时间，箭如飞蝗，纷纷射在江心船上的草把和布幔之上。过了一段时间后，诸葛亮又从容地命令船队调转方向，头东尾西，靠近水寨受箭，并让士卒加劲地擂鼓呐喊。等到日出雾散之时，船上的全部草把密密麻麻地排满了箭支。此时，诸葛亮才下令船队调头返回。他还命令所有士卒一齐高声大喊："谢谢曹丞相赐箭！"当曹操得知实情时，诸葛亮的取箭船队已经离去20余里，曹军追之不及，为此懊悔不已。

船队返营后，共得箭10余万支，为时不过3天。鲁肃目睹其事，称诸葛亮为"神人"。

诸葛亮实际上并没有神通，他只是懂得天文、地理知识，懂得借助别人的资源来为自己服务。他自己没有军权，不能调度士兵，便向忠厚善良的鲁肃借船借人；3天拿出10万支箭，自己造是没有能力的，但这个问题能不能通过别人来解决呢？可以。曹军中有现成的箭，为何不借来一用？那么，万事俱备了，为何迟迟不出发呢？因为还要天公作美，必等浓雾天气才能出动。同时，诸葛亮还充分利用了曹操一向谨慎的心理。由此可见，诸葛亮利用的资源还真不少。他的目标是明确的——10万支箭。得到箭的方式，他采用了借——向鲁肃借船和士兵及布幔等，向自然借了浓雾，向曹操借谨慎的心思，向曹军借到了10万支箭。诸葛亮对世事的洞察与智慧由此可见一斑。

青少年朋友遇到问题时，也要学会拓展思路，积极寻找解决问题的方案，努力组合解决问题所需的资源，学会向别人借用资源。青少年朋友的目的不应只是解决问题，而且要更好地解决问题。

善于用曲线战术解决问题

开发人类智慧的矿藏是需要由患难来促成的。

——大仲马

当问题摆在面前需要解决；当你一筹莫展地不知该从哪里入手；当你想了许多方法都不能有效地解决问题，你有没有考虑过采用其他战术呢？比如采用曲线战术。

曲线战术，顾名思义，就是不采用直接的手段去解决问题，而是绕一个弯，或换一种思路，用另一种办法去解决。

在历史上和生活中，采用曲线战术达到目的的例子比比皆是。抗战时期，毛主席主张农村包围城市战略就是曲线战术运用的一个极佳案例。现在，这种方法仍被广泛运用，而且十分有效。

有一家效益相当好的大公司，决定进一步扩大经营规模，高薪招聘营销主管。广告一打出来，报名者云集。

面对众多应聘者，招聘经理说："相马不如赛马。为了能选拔出高素质的营销人员，我们出一道实践性的试题：就是想办法把木梳尽量多地卖给和尚。"

绝大多数应聘者感到困惑不解，甚至愤怒：出家人剃度为僧，要木梳有何用？岂不是神经错乱，拿人开涮？应聘者接连拂袖而去，几乎散尽。最后只剩下3个应聘者：A，B，C。

经理对剩下的这3个应聘者交代："以10日为限，届时请各位将销售成果向我汇报。"

10日期到。经理问A："卖出多少？"答："一把。""怎么卖的？"A讲述了历尽的辛苦，以及受到众和尚的责骂和追打的委屈。好在下山途中遇到一个小和尚一边晒着太阳，一边使劲挠着又脏又厚的头皮。A灵机一动，赶忙递上了木梳，小和尚用后满心欢喜，于是买下一把。

经理又问B："卖出多少把？"答："10把。""怎么卖的？"B说他去了一座名山古寺。由于山高风大，进香者的头发都被吹乱了。B找到了寺院的住持说："蓬头垢面是对佛的不敬。应在每座庙的香案前放把木梳，供善男信女梳理鬓发。"住持采纳了B的建议。那山共有10座庙，于是买下10把木梳。

经理又问C："卖出多少？"答："1000把。"经理惊问："怎么卖的？"C说他到一个颇具盛名、香火极旺的深山宝刹，朝圣者如云，施主络绎不绝。C对住持说："凡来进香朝拜者，多有一颗虔诚之心，宝刹应有所回赠，以做纪念，保佑其平安吉祥，鼓励其多做善事。我有一批木梳，你的书法超群，可先刻上'积善梳'3个字，然后便可做赠品。"住持大喜，立即买下1000把木梳，并请C小住几天，共同出席了首次赠送"积善梳"的仪式。得到"积善梳"的施主与香客，很是高兴，一传十，十传百，朝圣者更多，香火也更旺。这还不算完，好戏还在后头。C还向住持建议买一些不同档次的木梳，以便分层次地赠给各个社会阶层或类型的施主与香客。住持欣然答应了。

就这样，C不但成功地将梳子卖给了和尚，还趁机开拓了市场，向寺庙提供了更多品种的木梳。

将梳子卖给和尚，听起来荒诞不经。但仔细想想，是不是真的没有办法了呢？梳子除了梳头的实用功能，有没有附加功能呢？利用梳子的附加功能将其卖出，看似走了个弯路，却收到了不错的效果。

青少年朋友在生活中遇到的许多问题也会同上面的故事一样，令大家感到棘手。但当你摆脱固定的思维模式，采用一种全新的思考方式，从问题的另一方面入手，也许会给你"柳暗花明又一村"的感受。

釜底抽薪，不留后患

千万人的失败，都是失败在做事不彻底，往往做到离成功尚差一步就终止不做了。

——莎士比亚

解决问题的开端和结尾十分重要。这就是说开端要防患于未然，将隐患扼杀在摇篮里；结尾则要果断行事，釜底抽薪，不留后患。

我国古人对釜底抽薪的含义理解得较为深刻，并应用到作战中。曹操大烧袁绍乌巢粮囤便是对"釜底抽薪"最直接的诠释。

话说关羽斩了颜良、文丑，这两场仗打下来，袁军将士被打得垂头丧气。但是袁绍不肯罢休，一定要追击曹操。监军沮授说："我们的人尽管多，可没像曹军那么勇猛；曹军虽然勇猛，但是粮食没有我们多。所以我们还是坚守在这里，等曹军粮草用完了，他们自然就不战自败了。"

袁绍根本不听沮授劝告，命令将士继续进军，一直赶到官渡，才扎下营寨。曹操的人马也早已回到官渡，布置好阵势，坚守营垒。袁绍看到曹军守住营垒，就吩咐兵士在曹营外面堆起土山、筑起高台，让兵士们在高台上居高临下向曹营射箭；曹军只得用盾牌遮住身子，在军营里走动。

就这样，双方在官渡相持了一个多月。日子一久，曹军粮食越来越少。但是，袁绍的军粮却从邺城源源运来。

袁绍派大将淳于琼带领1万人马送运军粮，并把大批军粮囤积在离官渡四十里的乌巢。

袁绍的谋士许攸探听到曹操缺粮的情报，向袁绍献计，劝袁绍派出一小支兵马，绕过官渡，偷袭许都，袁绍很冷淡地说："不行，我要先打败曹操。"

许攸还想劝他，正好有人从邺城送给袁绍一封信，说许攸家里的人在那里犯了法，已经被当地官员逮了起来。袁绍看了信，把许攸狠狠地骂了一通。许攸又气又恨，想起曹操是他的老朋友，就连夜逃出袁营，投奔曹操。

曹操在大营里刚脱下靴子想睡，听说许攸来投降他，高兴得光着脚板跑出来。他拍手欢迎许攸，说："哎呀，您肯来，我的大事就有希望了。"

许攸坐下来说："袁绍来势很猛，您打算怎么对付他？现在您的粮食还有多少？"曹操说："还可以支持一年。"许攸冷冷一笑，说："没有那么多吧！"曹操改口说："对，只能支持半年了。"许攸装出生气的样子说："您难道不想打败袁绍吗？为什么在老朋友面前还说假话！"

曹操只好实说，军营里的粮食，只能维持一个月。许攸说："我知道您的情况很危险，特地来给您报个信。现在袁绍有1万多车粮食、军械，全都放在乌巢。淳于琼的防备很松，您只要带一支轻骑兵去袭击，把他的粮草全部烧光，不出3天，他就不战自败了。"

曹操得到了这个重要情报，立刻把曹洪等人找来，吩咐他们守好官渡大营，自己带领5000骑兵，连夜向乌巢进发。他们打着袁军的旗号，沿路遇到袁军的岗哨查问，就说是袁绍派去增援乌巢的。袁军的岗哨没有怀疑，就放他们过去了。曹军到了乌巢，就围住乌巢粮囤，放起大火，把1万车粮草，烧得一干二净。乌巢的守将淳于琼匆匆应战，也被曹军杀了。

正在官渡的袁军将士听说乌巢起火，都惊慌失措。袁绍手下的大将张、高览带兵投降。曹军乘势猛攻，袁军四下逃散。

釜底抽薪，是一种方法，也是一种策略。从根本上解决问题，不但指解决我们看到的问题，还指解决心理上的重重顾虑。这就需要将解决方案摆在明处，让大家都能看到、听到、理解。宋朝宰相文彦博就是采用"釜底抽薪"的攻心术打消了民众的猜疑，稳定了市场。

宋仁宗至和年间，国家财政紧张，几种钱币同时流通，国家难以控制市场。于是，便有大臣上疏仁宗，请求统一钱币，特别是要罢掉陕西铁钱，由国家统一铸币流通。仁宗接到奏疏，召大臣们讨论。大多数人觉得罢掉铁钱会造成市场混乱，所以并没有实行。但消息却传了出去，一时间，首先从京都汴梁（今河南开封）开始，刮起一股风："朝廷要罢掉陕西铁钱了，赶快脱手出去，晚了就一钱不值了！"

一传十，十传百，不长时间便传遍了各个城市乡村。那时，陕西铁钱不仅在陕西，连京都及周围一带都十分通行，存这种钱的大有人在。大家听说这辛辛苦苦挣来的血汗钱就要废了，那还了得，所以都纷纷拿铁钱到店铺中抢购货物，不管目前用不用，先抢到手再说。店铺老板也不是傻子，他们比别人更早得到了消息，因此纷纷挂出牌子：不收陕西铁钱。一时间，市场大乱，人心浮动，危及治安。

消息马上反馈到朝廷，仁宗大为恼火，一边追查是谁传出的消息，一边责令宰相文彦博迅速处理此事，平定市场，安定民心。

文彦博深深知道，市场上的事有时单靠强令是办不好的。法令出去，大家还会将信将疑。特别是平民百姓，看重的是实例，而不是一纸公文。想到这里，文彦博对大家说："这样吧，先让我来独自经办此事。若我财力不足时，再麻烦各位。"

他回到家中，询问管家："丝绢缣帛还有多少？"管家说："还有500匹。"于是文彦博让管家找来京城中最大的绸缎铺主，托他代卖这些丝绢，并特别叮嘱：不要其他的钱，只收陕西铁钱。

店主照办，第一天简直挤破了门。别的店主都来打听为何收陕西铁钱，当他们得知是文丞相让店主代卖代收的，都放下心来，连丞相都要铁钱，看来铁钱是绝不会废止了，于是各店也收起了铁钱。

消息传扬出去，老百姓都放下心来，再没人急于脱手陕西铁钱去抢购货物了。一场市场动乱就这样让文彦博平定了下来。

青少年朋友在生活中也要学会"釜底抽薪"化解问题的方法。将问题解决彻底，不能只将问题解决一部分就搁置一旁，妄想它会自动化解；而要大家亲自动脑去想办法、动手去实践，才能全方位地把握局势，设定最佳的行动方案，从根本上解决问题、摆脱困境。

第五章

正确把握感情

——花季雨季，坦然走过

哈佛告诉你

走过了花季，踏过了雨季，如果你付出了汗水与真诚，收获了知识与友情。回首凝视时，心中将一片坦然，因为你可以自豪地说："我拥有了一段美好的时光，我过得很充实、很快乐。"

认识"青春期"

初恋的芬芳在于它是热烈的友情。

——赫尔岑

青春期并不神秘。青春期是每个人都要经历的阶段。

在青春期阶段，青少年朋友的身体和心理会发生一系列的变化。骨骼、肌肉在这个阶段发育得最快，这也是青少年朋友长个子的主要阶段。此时的各种生理器官都发育得更为完善，包括性器官。青少年朋友的身体会发生较为明显的变化：男孩的个头迅速增高，开始长胡须，开始出现"遗精"现象；女孩开始来月经，且身体发育得越来越丰满。

因为性生理的成熟，第二性征的成熟促使个人越来越像成人，在心理上就感觉自己是一个大人，对自己的一切越来越注意，脸上的一颗青春痘虽然是微不足道，但却认为全世界的人都在看那颗青春痘；同时也开始喜欢异性，总觉得自己的心理都随着对方打转，如果没有看到对方就像失落了什么，不是无精打采，就是火暴十足，看什么都不顺眼，这就是心理需求的发展，需要和别人有亲密关系的亲和需求，如果没有满足就会感到孤立、寂寞、被疏离。由于自我的成长，也使得情感越来越丰富，但因为无法适当表现，就容易隐藏在内心里，而透过自我幻想来实现，引发了浪漫的情怀，具有理想色彩。一旦在实际中发现他人具有自己梦幻的某些特质时，就会将对方当成自己的喜欢对象，也就是所谓的一见钟情。有的人就把影星、歌星当成偶像，也有的人把周围所碰到具有自己梦中情人特质的人当作对象，例如你的老师、同学、邻居大哥、小妹，这就是喜欢的感情。但由于这个梦幻情人只是自己虚构的理想角色，因此一旦又碰上其他具有这些特质的对象时，就会很快地产生好感。偶像的生命不长，会常常更换也正是这个道理。

这种对他人会有好感，希望和他常在一起的心理，就是亲和的需求。就如同小动物出生下来就会寻求第一眼所看的对象为照顾者一样，每个人都需要满足被照顾的需求，或者避免害怕恐惧的心理，以及和别人接触会得到更舒适的感觉。所以在心里头有那种想和别人做伴的需求。有人曾做过这样一个实验：一个人在南极独处 6 个月，只有收音机与之做伴，以维持与别人单向沟通。在第 24 天时，这个人会感到寂寞无聊，心里很沮丧；第 63 天则开始怀疑人生的意义。由此可见人类与别人沟通、与他人为伴的需求有多么强烈。

还有一个类似的实验，以大学生为对象，每人独处在一室内，与外界没有任何接触，如能独处一天就可以得到 20 美元，结果最长的一个人只待了 8 天，由此可见人需要和别人发展亲密的关系，也就是有亲和的需求。

由于性生理的发展和逐渐成熟，性意识开始觉醒。在心理上强烈地意识到男女有别，意识到男女之间交往与同性之间的交往，无论在交往方式上还是在交往的内容上，都会有许多不同。因而，不可避免地产生了对异性的一种朦胧的好奇心，渴望了解异性，不自觉就产生了对异性的一种青涩的爱恋之情。这时的青少年，尤其是女孩开始有意识地修饰自己的仪表，注意自己的谈吐，希望自己能够引起异性的注意，同时也对异性产生好感。我们在异性面前或是表现为热情、兴奋，用种种方式表现自己；或是表现慌乱、羞怯和不知所措，面对这一切，许多青少年表现出极大的不安。科学研究告诉人们，青少年的这种变化都是青春期异性之间相互吸引的表现，是一种正常的心理变化。

但是，青少年也不能因为这是正常的心理变化，就任其自由发展，更不能把这种由于青春期变化产生出来的异性之间的吸引，当成爱情去盲目地追求。青少年面对这种心理变化，必须理智，要自觉地运用道德和法律规范自己的言行，克服头脑中的某些不正当的欲念，用理智战胜感情的冲动，并且不断用丰富多彩的文体活动充实自己，在与异性接触时，要自觉地将注意力放在学习、工作、兴趣、爱好等方面的交流上，同时要注意有意识地扩大交友范围，做到为相互学习、相互促进而交往，建立起纯真的友谊。

"早恋"不是罪

毫无经验的初恋是迷人的，但经受得起考验的爱情是无价的。

——马尔林斯基

青少年正处在一生中最重要的阶段。无论在生理方面，还是在心理方面，都在迅速发展和变化。身材越来越高大，内脏器官变得越来越成熟。与此同时，知识越来越丰富，认识活动由具体思维向抽象思维过渡，开始对外部世界形成总体的看法和认识。由于体内荷尔蒙的分泌发生了变化，性器官的发育开始萌动，对异性开始产生兴趣。并且开始有了自己是一个成人的感觉，再加上外界、媒体的影响，因此在这一期间青少年朋友出现早恋行为并不奇怪。有些人对"早恋"有恐惧心理，认为喜欢异性是不正常的，是件不光彩的事情，尤其是家里的好儿子、乖乖女，他们认为喜欢异性就不是好孩子了，会受到谴责。所以，一方面，对喜欢的人放不下；一方面，心理又十分矛盾，从而背上了沉重的心理负担。其实大可不必。当我们弄清早恋产生的原因后，就不会过度恐惧、担忧了。

早恋指青春期或青春期以前的少年出现的爱恋现象。早恋又称牛犊恋，多与环境因素引起早熟性兴奋和性萌发有关；一部分也与孤独、空虚、心理上缺乏支持有关。陷入早恋之中的少年男女因受到相互的吸引、互相爱慕、互相支持，情绪是欢愉的，情感是纯真的。由于情感处于主导地位，通常缺乏理性。多数人有肉体和性接触的意向，但不一定都付诸实践。相当多的早恋少年满足于温馨的即景般的情感交流和卿卿我我的言语交流。

　　早恋是由于受了外部"催化剂"的性早熟的结果，很难指向一个固定的性对象；对某一异性对象的爱慕或倾倒是非理性的。例如有的少年称他之所以喜欢班上那个女生，是因为她的一双手长得灵巧美丽；有的则认为对方的声音好听；有的认为他的异性伙伴有部带遥控的玩具汽车。

　　如果发现自己有喜欢某个异性的倾向，或身边的朋友、同学出现了早恋现象，不要感到震惊和恐惧。早恋并不是道德品质差的表现。早恋不是罪，但早恋却有可能会给青少年朋友带来不好的影响，它会影响学习。恋爱会分散精力，尤其是青少年还不能很好地控制自己，一旦早恋，很有可能将过多的注意力转移到异性身上，而放在学习上的精力和时间就会不自觉地减少。所以，我们并不提倡早恋。

　　到了一定的年龄，每个人都会产生与异性接近的欲望，这是人的一种情感需求，并不是病态，也并不可怕。早恋也是如此。

　　心理学家认为异性交往会有如下几点互补性。

个性互补

　　单一的同性交往，远不如多向的异性交往更能丰富人的个性。

　　心理学研究表明，社会中的个人，交往范围越广泛，和周围生活的联系越多样，他的各方面社会关系就越深入，精神世界就越丰富，个性发展就越全面。尽管同性间的个性也存在着差异，但如果只和同性人交往，人的个性发展往往很狭隘，因为这种差异远不如异性间的个性差异明显和有意义。

心理互励

　　心理学家发现，大多数人，尤甚是青少年，都有心理上的"异性效应"，往往表现为有异性参加的活动，较之只有同性参加的活动，参加者一般会感到更愉快，干得也更起劲、更出色。这是因为，当有异性参加活动时，异性间心理接近的需要得到了满足，从而使人获得程度不同的愉悦感，从而激发出潜在的积极性和巨大的创造性。

情感互慰

　　人际间的情感是极为丰富的，除了爱情之外，还有亲情、友情、同情、敬爱、恩情，等等。男女之间可以有不带爱情色彩的情感交流，它可以使人感受到温暖，达到心理上的平衡。在"异性效应"的作用下，这种情感的交流更为密切，能达到有效的情感互慰。

智力互偿

　　研究表明，虽然人类智力的高低总体上没有性别差异，但男女之间的智力特质却有区别。以思维能力为例，男性比较擅长离奇、大胆的抽象逻辑思维，善于抽象和概括，更喜欢用综合的方式对待现实；女性则擅长于具体形象思维，比较感性，更适合处理以实践应用和形象思维为支撑的事情。通过异性交往，双方均可从对方那里取长补短，以促进自己的智力水平和学习、工作效率。

　　但是，青少年毕竟处于一个较为特殊的人生阶段。一个人的价值观、世界观基本上是在这一阶段成熟起来的。在此阶段，人的身心发育还不够完善，情感认识还不够理性，情绪掌控还不够稳定。很容易因为一时冲动而酿下苦果。所以，青少年尽量不要发生早恋，要学会与异性朋友建立健康、互助型的友谊。

那么，青少年朋友应该怎样做呢？

互相尊重和理解

男女之间在气质、性格、身体、爱好等方面往往有着较大差异，只有彼此互相尊重和理解，异性友谊才能维持和发展。

不要过于随便

纯正的异性朋友，自然可以堂堂正正地来往和接触。但毕竟有性别差异摆在那里，一举一动都要大方得体，不能过于随便，否则可能会伤害彼此和身边的其他人，有损友谊的巩固。

注意交往场所

异性朋友单独相处时，要注意选择合适的场所，尽量不要在偏僻、昏暗处长谈。如果在房间里单独谈话，不要紧闭门窗。以免引起不必要的误会。

分清友谊与爱情的界限

友谊和爱情之间既有联系又有区别。人们之间的爱情关系和友谊关系都是以彼此之间相互欣赏为基础的。友谊和爱情两者之间有严格的区别：首先是内涵不同。友谊是同学或朋友间的一种平等的、诚挚的、亲密的、互相依赖的关系，而爱情则是男女之爱，并渴望对方成为自己终身伴侣。其次是对象不同。友谊是广泛的交往，可以通四海，朋友可以遍天下，人们可以和各种对象发展友谊，而在爱情世界里，却是男女之间的隐私之情，只能是真挚专一、忠贞不二，如果第三者加入，便产生嫉妒心理和排除异己的行为。再次是要求不同。友谊关系中，主要承担道德义务。而爱情关系在双方缔结婚姻关系后，不仅承担道德义务，还要承担法律责任。

异性朋友一定要注意，不要模糊两者的界限，否则不但失去友谊，还会失去爱情。

早恋不是罪，但不要轻易去尝试。把握好与异性交往的尺度，让自己的身边有更多的好朋友。

是爱还是懵懂

恋爱是对异性美所产生出来的一种心理上的燃烧的感情。

——萧伯纳

我们都会做梦。男孩子小时候也许都梦想自己是一个英俊的王子，历尽千辛万苦，终于找到了自己心目中的公主，她美丽大方、温柔体贴，你最喜欢的就是她那双会说话的大眼睛；女孩子小时候也许都梦想自己是一个美丽可爱的公主，等着白马王子来迎接自己，他英俊高大、机智幽默，你最喜欢的就是他深沉且略带忧郁的眼神。

之后，男孩和女孩都长大了，并在现实生活中寻找自己的"公主"和"王子"。当发现某个人的某种特质与自己梦中的理想对象相符时，就会对对方产生好感，也就是我们说的喜欢。

许多青少年认为这就是爱，而实际上，这两者是有本质区别的。

喜欢是尊重对方，认为对方有其优点值得自己去尊重，且有好评，或认为对方的态度与自己相似。这就是喜欢的情感。而爱情则包含亲密的感情、对对方的关怀和情绪上的依赖。由此可见许多人的爱情感觉，其实只是有浓烈的喜欢感觉而已。不只是异性同学，甚至是学校老师，荧幕媒体的明星偶像，都是爱慕的对象，这只是个人产生好感，认为对方某些部分与自己相似而喜欢对方而已。但有些人却将这种喜欢当作爱情，认为对方与自己的关系和别人不同，因此有时候会产生认知的偏差，不是认为自己已坠入爱河，就是自己在单恋，或者失恋。一见钟情也就是这种将对方的某些特质与自己梦中情人特质吻合配对的喜欢情感而已，只不过误以为是爱情。这是时下许多青少年的苦恼来源。因为这种感情欠缺相互亲密的成分。

心理学家认为爱情应该从情绪、动机和认知3种因素来探讨，真正的爱情不只是比喜欢更浓烈，它需要涵盖3种因素，才是真正的爱情。一是在情绪上有亲密的感受；二是在动机方面要有激情，包含生理需求及冲动；第三种是在认知上要有承诺。情绪的亲密感受会使个体产生喜欢接近对方、相互联系、彼此相互感到温暖的感觉，而不是只有单方面才有这种感觉，否则只是单恋或暗恋。在动机方面的热情，则表现在异性间的吸引力，这种因为生理冲动与需求会有激情的感觉，很喜欢接近对方，碰触、抚摸。但需要自尊自重、自我控制，有些人往往因为这种冲动而不能自制，造成进一步的性关系，而无法更进一步的沟通，也就容易造成日后的分手。

除了亲密与激情外，还要在认知上能理性地承诺，这种承诺是自己在理性选择下所作的决定，愿意为维持双方关系而作的决定。

有人提出爱是付出而非占有，意思指双方要相互尊重对方的决定和意愿，不能勉强。有些人往往自己认为我已经对你付出这么多，你相对的也要对我如何如何，否则的话，我就要对你采取什么动作，这就是一种强求手段，就是误解了感情的含义。

因此，从爱情的因素组成来看，亲密、激情和承诺都没有就是无爱，只有亲密时那只是喜欢，只有激情，称为迷恋，只有承诺就称为空爱；缺乏承诺的爱情是浪漫的爱；缺乏亲密的爱情是愚蠢的爱；缺乏激情的爱是友谊式的爱。只有亲密、激情与承诺都具备才是完全的爱情。

仔细想一想，你对他（她）的感情究竟是喜欢还是爱。不要把青春期自然萌动的对异性的喜欢或好感与爱混为一谈。这是两种绝对不一样的感觉，是很不同的心理状态。喜欢就像一条小溪，清澈见底；爱则是一片汪洋，浩瀚无边。你需要用心去聆听，才能将二者分辨出来。如果不经过理性的思考，只是跟着感觉走，就会混淆二者，导致判断失误，以致自作多情，甚至自寻烦恼，耽误了青春和学业。

青少年朋友现在还不成熟，考虑问题还不全面，随着日后知识的增长、视野的开阔、心智的成熟，很容易"见异思迁"。其实并不是你"变心"了，而是本来并没有去爱。爱一个人是要求感情专一的，而喜欢则不是，你可以在不同时间喜欢不同的人，甚至可以在同一时间喜欢着不同的人。

所以，不要轻易说你爱谁。只有弄懂了爱的深层含义，你才有资本说出这个字。爱一个人，是要负责任的，问一问自己，已经做好准备了吗？

了解必要的性知识

我们虽然逃不过恋爱的烦恼，但却可以事先预防，免于沦为恋爱的玩偶。

——罗曼·罗兰

现在，由于教育模式跟不上社会的发展变化，部分教师思想仍旧保守落后，使得性教育在校园还没正常开展。实际上，这是教育的一个失误。有些家长和教师认为让孩子了解太多关于性的知识，会使孩子"学坏"，这又是一个误区。任何人都会对貌似神秘的事情抱有浓厚的兴趣。性，本来并不神秘，只是我们不敢面对它，谈"性"色变，以为是卑鄙下流的事情，对它总是遮遮掩掩，才将它搞得似乎很神秘。青少年朋友要揭开"性"神秘的面纱，以正确的心态了解健康的性知识。

青少年朋友需要懂得的性知识包括以下3方面。

性生理、心理知识

性生理、心理知识包括男女生殖器官的解剖生理学知识；青春发育期的表现和卫生，第一性征和第二性征的发育；性器官和性生活的卫生，男女性意识、性心理卫生知识，手淫和遗精知识，初潮和月经知识，避孕和计划生育知识，优生知识；性病的防治知识等。

性道德知识

性道德知识包括在两性关系方面应该遵循的准则和规范，养成自尊自爱、自我克制、相互尊重、相互体贴、相互关怀的优良品质，为道德品质的发展和今后婚恋生活打下良好的基础。

性法律知识

性法律知识包括两性关系有关的法律知识，尤其是婚姻法和刑法中的有关内容，了解在两性关系中哪些行为是合法的，哪些是非法的，哪些行为是要受到刑事处罚的，怎样的行为要受到什么样的处罚，等等，以增强法制观念，减少和避免犯错。

现在课堂上通常不能将性知识较为全面地传授给青少年朋友，这就需要你自己去学习。可供选择的方式有许多：可以向父母等长辈咨询，可以查找书本知识，可以查找网络资料。

向父母等长辈咨询，要做到诚恳大方，没有什么值得害羞的。有时候，一些你认为很严重、难以解决的问题到了这些"过来人"那里可以给你提供很好的建议。

查找书本和网络资料时要多加小心，不可是书就读，是网站就进。由于各方面的原因，有些书的内容和质量是不保险的。网站更是如此，往往打着"普及性教育"的旗号肆无忌惮地宣扬不健康的性消息，其中的色情内容过多，如果长期接触，很容易沉迷其中，从而危害到青少年身心的健康成长。

那么，青少年朋友在选择图书和网站时就要学会鉴别，哪些是可读、可看的？哪些是可以看一点的？哪些是完全不能看的？在自己的心里应该有一个平衡杆。如果平衡杆倾斜了，就说明书或网站中的不安全因素超标了，自己就要避开它，去寻找那些内容安全、可靠的资料。

了解健康的性知识，可以使青少年朋友走出"性"的盲区，更客观、更科学地认识性，认识爱与性之间的关系，可以更深刻地理解爱。

了解健康的性知识，摒弃错误的、变态的性知识，可以使青少年朋友的身心得到更健康、更完善的发展，对青少年朋友的行为起到指导、衡量的作用。

了解健康的性知识，对青少年朋友正确价值观和人生观的形成有很大的促进作用。

不因情感而荒废学业

不要只是为了爱——盲目的爱，而将别的人生要义全盘疏忽了。

——鲁迅

如果说传道授业是教师的天职，保家卫国是军人的天职，救死扶伤是医生的天职，那么，青少年朋友的天职就是学习。

学业应是你心中的第一重要事项，没有任何事可以动摇学业在你心中的地位。包括情感。

对于谈恋爱会不会影响学习，众说纷纭。

学生常持的观点是：他们在交往中尽量不影响学习。也有许多恋爱的学生认为，恋爱不会影响他们的学习；更有少部分人认为，恋爱可以促进学习成绩，因为两个人在一起可以互相帮助、共同进步。

然而，家长和老师的观点则是：恋爱会对学习产生不良影响。

现实中，人们也会看到恋爱成为学习的动力的事例，但毕竟是少数，而且少得可怜。人们看到更多的是不愿看到的后果：因为谈恋爱，双方耗费了大量的时间和精力，不能集中注意力到学习上，从此学习成绩一落千丈，一蹶不振。

丽丽高三了，学习成绩一直是班级前10名，考名牌大学本来应该没有问题。但就在大家为了高考而拼命学习的时候，她喜欢上了班长张亮。

张亮为人热情、开朗，成绩与丽丽相仿，而且是个体育健将，篮球场上经常能看到他帅气的身影。

大家都很喜欢张亮，也有其他女生向张亮传递着"喜欢"的信息，但他一概不接受，唯独对文静娇小的丽丽怀有一种特殊感情。他愿意关心和帮助丽丽，丽丽也喜欢被他关心和帮助。

就这样，在黑色的6月来临前不久，张亮开始和丽丽交往了。

老师看在眼里，急在心里。这可是考大学的两棵好苗子，如果因为恋爱而影响成绩，就得不偿失了。

老师开始分别找两人谈话，对他们晓之以理，动之以情，好话赖话说了一箩筐，结果两个人都对老师表态："不会分开，但请老师放心，不会影响成绩。"

从此，篮球场上不见了张亮的影子，操场上多了两个遛操场的人；自习室、饭堂多了两个总坐在一起的人。丽丽开始更加关心张亮的生活，好吃的为他留一份，有时还为他洗衣服。

就这样，大家迎来了高考，又送走了高考。

高考成绩发榜时，老师吃了一惊：张亮的成绩未受影响，而丽丽却与本身水平相差一大截，险些名落孙山。

之后，很自然的，张亮和丽丽去了不同的大学。再后来，两个人就分开了。

看到这个故事，也许你并不陌生。很多学生恋情都会有这样的结果：恋爱对男生的影响要小于对女生的影响。这其中有几方面因素。

一是，由于性格和心理素质的男女差别，情感问题对女生情绪的影响要大于男生。实验表明，女生看待问题更为感性，而男生较为理性一些，所以，遇事时女生的情绪波动比男生大。也可以用此来解释女生在恋爱时会更加影响学习成绩。

二是，每个人的自控能力不同。面对同一件事，不同的人会有不同的反应，每个人平衡生活、学习与其他事物的能力也不尽相同。恋爱也是如此，如果把握好尺度，调配好学习的时间安排和精力投入，就不会对学习产生太大的不良影响；而如果心中没有这个尺度，或不能很有效地控制自己的行为来遵循这个尺度，因恋爱而影响学习的现象也就不奇怪了。

所以，无论是男生还是女生，如果你选择了在未完成学业时谈恋爱，都应该有足够的自制力，将恋爱对学业的影响降到最低。青少年朋友还有很长一段路要走，需要用更多的知识来充实头脑，所以，需要不断学习。学业对于青少年朋友的意义是其他事情所不能取代的，让情感影响学业，注定是最后的输家。

学会情感转移

含情欲说独无处，传于琵琶心自知。

——王安石

当你在不恰当的时候喜欢或爱上了一个人，或因各种原因失恋了，而感到十分痛苦时，你会怎么做？是将自己封闭起来，还是寻找其他发泄的方式？下面这个母亲也许会教你一种排解的方法。

一位母亲发现自己的孩子在早恋，不仅没有斥责儿子，反而比过去更关心儿子，知道儿子喜欢语文，便鼓励儿子参加年级朗诵组，还启发儿子写日记，儿子的写作水平得到了迅速地提高。于是，儿子的习作频频出现在班级的墙报上。儿子渐渐有了成就感，就开始由一对一的交往转向了集体，常为班级做好事，被选入班委。1 年后，期末考试排全年级第 5 名，被评为"三好学生"。学习、集体活动成了儿子的主要活动，当初对异性的爱慕心理渐渐平息、淡化。

这就是情感转移的方法。所谓情感转移，是指通过从认知上和行为上的调整，将那些强烈而持久的消极情绪转移开去的一种心理疗法。情感转移疗法适用于神经症、心身疾病和健康人的情感调整。

人们对任何事物都会做出情感的反应，问题是要将这种反应控制在一定的程度之内，而超过了一定的程度就会产生负面的情绪，如果强行将感情压抑在心中，就会造成心理和生理上的伤害。

因此，必须把这种不良的情绪转移开去。例如选择一个非常有利于互相交流的场合，向亲朋好友倾诉自己心中的不平情绪，直到被人理解，而在宣泄不良情绪的过程中，还要以理性的观念调整自己的认识，正视自己，消除非理性的观念，这样才可以使不良的情绪得到转移、调整。

情感转移疗法除了上述的从认识上转移不良情绪，还应该从行为上实施。通过言语发泄以外，更重要的是做一些力所能及的工作，哪怕成功率是极微小的，但必须体现出自我价值，因为在提倡情绪转移的同时，并不排斥积极健康的情绪的发泄，更不是消极地要求心理平衡，而是在广泛地参加社会活动的过程中，体现出自我价值，从而达到不良情绪的转移。

失恋时最好暂时离开你所面临的情境，转移一下注意力，将情感转移到其他活动上去。暂时回避不好的心态，以便恢复心理上的平静，将心灵上的创伤抚平。比如说，去干你喜欢干的事，如写字、打球等，从而将你心中的苦闷、烦恼、愤怒、忧愁、焦虑等情感转移或替换掉。失恋的青少年可以把学习或工作的日程排得满一些，紧凑一些，使自己沉浸在繁忙的学习和工作之中，这也是情感转移的一个方法。

青少年朋友可以通过改变生活环境来进行情感转移。到一个新的环境或到大自然中去排解自己的情绪。恩格斯失恋后，选择到阿尔卑斯山旅行，向美丽的大自然倾诉爱情的痛苦。大自然是博大、宁静、慈爱的，经历了无数个世纪的风吹雨打、沧海桑田，它却变得越来越美丽，越来越坚强。让清风、流水、山川、花草树木来抚慰你受伤的心灵，在大自然中，你会发现自己的痛苦是那么渺小，生活中还有那么多美好的事物值得你眷恋、追求，你会感到自己的渺小和脆弱，你会变得心胸开阔，你会找到重新开始的力量。

失恋同样可以"化悲痛为力量"。爱情并非人生的全部内容。人不仅有爱与被爱的需要，还有更高层次的需要，那就是自我实现的需要！

令你感兴趣的事情或工作也是治疗失恋的良药。"天生我材必有用"，是教师，你就应该继续站在讲台上传道、授业、解惑；是医生，你就应该继续救死扶伤；是学生，就应该以更高的热情投入学习。歌德正是根据失恋的亲身体会，把失恋的痛苦升华为创造的动力，写出了轰动一时的《少年维特之烦恼》。

任何时代都有人饱尝失恋的痛苦，无论是伟人，还是凡人。但是，他们中的大多数常常勇敢地承受这巨大的痛苦。他们往往是些坚强的、有毅力的人，有高度的自尊心和稳定的心理状态。经过失恋的洗礼，他们变得更加坚强，更加成熟，更加懂得怎样去追求真正的爱情。

第六章

合理安排时间，努力提高效率

—— 时间记录了勤奋者的进步，也记录了懒散者的遗憾

哈佛告诉你

一寸光阴一寸金，寸金难买寸光阴。时间如流水，不会等待迟到的懒惰者。时间就是生命，勤奋则是迈向成功彼岸的唯一途径，只有珍惜时间的人才会勤奋耕耘，才会懂得生命的珍贵。把握了时间你就把握了成功的金钥匙，丢失了它，碌碌无为的一生将会让你感到恼怒与悔恨。

时间在你眨眼时偷偷溜走了

时间的无声的脚步，往往不等我完成最紧急的事务就溜过去了。

——莎士比亚

时间是人们的生命存在的形式之一。生命与时间紧紧相依连，失去了时间，生命便成了虚幻；没有了生命，时间也就丧失了意义。

时间是最长的，它无始无终。新星爆发形成了星云，地球出现了江河，大地萌发了生命，原始森林里走出了人类，时间依然年轻。就时间的过去而言，不知流逝了多少；就时间的将来而论，它永无止境。

时间又是最短的，此时此刻你看了几行字，1分钟便消失了；深吸一口气，又花了半分钟。当你坐在课堂里发呆时，当你和朋友海阔天空地谈论无聊话题时，当你伸懒腰时，当你眨眼睛时，你可知道时间已经从你身边偷偷溜走了吗？看看下面这个小故事会对你有怎样的启发。

在皮尔森先生的书店里，一位犹豫了将近1个小时的男人终于开口问店员了："这本书多少钱？"

"1美元。"店员回答。

"1美元？"这人又问，"你能不能少要点？"

"它的价格就是1美元。"没有别的回答。这位顾客又看了一会儿，然后问："皮尔森先生在吗？"

"在，"店员回答，"但是，他正忙着一本书的出版工作呢。"

"可我还是要见见他。"这个人坚持一定要见皮尔森。

于是，皮尔森就被找了出来。

这个人问："皮尔森先生，这本书你能出的最低价格是多少？"

"1 美元 25 分。"皮尔森不假思索地回答。

"1 美元 25 分？你的店员刚才还说 1 美元 1 本呢！"

"这没错，"皮尔森说，"但是，在你犹豫不决和与我讨价还价时，我的时间流走了，你要为占用我的工作时间付费，你不认为 25 分已经很便宜了吗？其他的话，我不多说了。"这位顾客惊异了。他心想，算了，结束这场自己引起的谈判吧，他说："好，这样，你说这本书最少要多少钱吧。"

"1 美元 50 分。"

"又变成 1 美元 50 分？你刚才不还说 1 美元 25 分吗？"

"对。"皮尔森冷冷地说，"我现在能出的最低价钱就是 1 美元 50 分。"这人默默地把钱放到柜台上，拿起书出去了。

皮尔森用实际行为给这个男人上了令其终身难忘的一课：时间会在你做无意义的事情时流走，而流走的时间是无价的。

从此，这个男人争分夺秒地学习，最后终于成为一位有名的作家。

时间对人们来说就好比一笔财富。如果你不懂得珍惜，将钱用来买对你毫无价值的东西，起初你不会有所察觉，因为你的财产还有很多。但是，等到有一天，当你发现这笔财产已经被耗费得所剩无几时，想要再珍惜它就已经太晚了！财富的消耗还能引起我们的警觉，因为它是一种有形的东西，但是，时间却看不见、摸不着，是一种无影无踪的东西，如果你不时时提醒自己，它就消逝了，而且根本不会引起你的警觉。

时间总在不经意间溜走，许多青少年对于光阴的流逝却很少在意，但是随着年龄的增长，时间就会越来越引起青少年朋友的警惕，因为自己已经成为"时间强盗"的俘虏。

生活中有很多人甚至包括正在阅读的你，或多或少都有丢三落四的习惯，这种坏习惯所带来的时间浪费值得引起我们的注意。比如，将当天用的课本落在宿舍，取书往返需要 10 分钟，这 10 分钟至少可以记忆 3 个单词。日积月累，丢掉的不只是几个单词、某件事物，而是时间，是知识，是金钱，是生命！

充分利用闲暇时间

> 珍惜一切的时间，用于有益之事，不搞无谓之举。
>
> ——本杰明·富兰克林

如果你总感觉学习或工作的时间不够用，不妨试试将闲暇时间充分利用起来。

闲暇时间也称做零碎时间，是指不构成连续的时间或一个阶段与另一个阶段衔接的空余时间。由于这样的时间不起眼，往往被人们毫不在乎地忽略过去。零星时间虽短，但若一日、一月、一年地积累起来，其总量也是相当可观的。充分利用闲暇时间，短期内也许没有什么明显的效果，但日子久了，一定会有惊人的成效。

我国宋代文学家欧阳修说："余平生所做文章，多在三上——马上、枕上、厕上。"

三国时董遇读书的方法是"三余"：冬者岁之余；夜者日之余；阴雨者晴之余。也就是说充分利用寒冬、深夜和阴雨天，别人休息的时间发奋苦学，他还认为"三余广学，百战雄才"。

看来，闲暇时间里确实蕴藏着伟大的力量，它足以使你成为不同寻常的人。

著名美国作家杰克·伦敦的房间，有一种独一无二的装饰品，那就是窗帘上、衣架上、柜橱上、床头上、镜子上、墙上……到处贴满了各色各样的小纸条。杰克·伦敦非常偏爱这些纸条，几乎和它们形影不离。这些小纸条上面写满各种各样的文字：有美妙的词汇，有生动的比喻，有五花八门的资料。

杰克·伦敦从来都不愿让时间白白地从他眼皮底下溜过去。睡觉前，他默念着贴在床头的小纸条；第二天早晨一觉醒来，他一边穿衣，一边读着墙上的小纸条；刮脸时，镜子上的小纸条为他提供了方便；在踱步、休息时，他可以到处找到启发创作灵感的语汇和资料。不仅在家里是这样，外出的时候，杰克·伦敦也不轻易放过闲暇的一分一秒。出门时，他早已把小纸条装在衣袋里，随时都可以掏出来看一看，想一想。

鲁迅先生说过："我把别人喝咖啡的时间都用到读书和学习上。"他几十年如一日，从不浪费一分一秒，为我们留下了 700 多万字的著作。就在他重病缠身的日子里，还在抓紧时间工作和学习，在逝世的前 1 天，还写了他最后的一篇作品《因太炎先生而想起的二三事》，真是惜时到了生命的最后一息。

有人算过这样一笔账：如果每天临睡前挤出 15 分钟看书，假如一个中等水平的读者读一本一般性的书，每分钟能读 300 字，15 分钟就能读 4500 字。一个月是 135000 字，一年的阅读量可以达到 1620000 字。而书籍的篇幅从 6 万到 10 万字平均起来大约 8 万字。每天读 15 分钟，一年就可以读 20 本书，这个数目是可观的，远远超过了世界上人均年阅读量。然而这却并不易实现。

青少年朋友也可以效仿这些成功的伟人，充分利用自己的闲暇时间。已经有青少年朋友开始这样做了，他们将外语单词和语法记在小本子上，将本子随身携带，等公交车时拿出来读一读，排队买饭时掏出来背一背，日积月累，成绩自然会有显著的提高。

你一定不想落后，那就开始行动吧！让自己在闲暇时间里活动起来，相信你可以做到。

时间是"挤"出来的

完成工作的方法是爱惜每一分钟。
　　　　　　　　——达尔文

有人说过这样一句话："时间像海绵里的水，需要时，挤一挤，它就会出来。"是的，利用时间的一个很好的办法就是去"挤"。

任何事物都有其与众不同之处，时间也不例外，时间从某种程度上说是有弹性的。它"有时过得慢一些，有时过得快一些。又有时，特别敏锐地感到时间的步伐，这时，时间飞驰而去，快得只来得及让人惊呼一声，连回顾一下都来不及；而有时，时间却踯躅不前，慢得像粘住了一样，简直叫人难受，它突然拉长了，几分钟的时间拉成一条望不到头的线"。如果你抓住了它的特点，并善于利用它，那你就把握了运用时间的要领。你想成就事业，不但要养成惜时的习惯，同时也要抓住时间的特点，为自己赢得更多的时间、更多的机会。古今中外的成功者，正是利用时间的这种特征，不断充实时间的容量，充实自己生命的容量。

例如，著名电影艺术家夏衍在看一部片子之前，总会挤出一部分时间，先把影片说明书拿来，了解一下故事情节，然后自己设想：假使这个本子叫我来编，我该怎样介绍人物，怎样介绍时代背景，怎样展开情节，怎样表现人物性格，在心里打下了一个腹稿。而在电影开映之后，一边进行艺术欣赏，一边进行学习。

沈从文曾精辟地说："挤，工作要挤才紧张，时间要挤才充裕。"他还说："不挤才是不正常的，挤才是正常的，应该欢迎挤，要知道，挤是使人进步的一个重要因素。一个人一生多少是要对人民有点贡献的，都是靠挤时间创造出来的。一个人如果常年不挤，而是松松垮垮，他将一事无成，虚度年华，浪费了生命。可见，挤对人没有坏处。"

国外也有许多值得青少年朋友学习的"挤"时间的高手。

有一个人从 26 岁开始，每天都要核算自己所用的时间，每个月底做小结，年终做总结。难能可贵的是，他 56 年如一日，直到 1972 年去世的那一天都没有间断过。

他靠的是记日记。没有什么能打乱他的这一习惯——休息、看报、散步、剃胡须……甚至女儿找他问问题，他都要在纸上做记号，一丝不苟地记下用了多少分钟。

他想方设法充分利用每一分钟的"时间下脚料"：乘电车时复习需要牢记的知识；排队时思考问题；散步时兼捕昆虫；在那些废话连篇的会议上演习题……读书时间盘算得更细，"清晨，头脑清醒，我看严肃的书籍（哲学、数学方面的）；钻研一个半小时或两个小时以后，看比较轻松的读物——历史或生物学方面的著作；脑子累了，就看文艺作品。"他算自己一个小时的看书进度是：数学书 4～5 页，其他的书 20～30 页。最令他满意的是 1937 年 7 月，"这个月我工作了 316 小时，平均每天 10.53 小时。如果把纯时间折算成毛时间，应该增加 25％～30％。我逐渐改进我的统计。"

他统计自己 1966 年所用的基本科研时间为 1906 小时，超出原计划 6 小时，平均每天工作 5 小时 13 分；与 1965 年相比，则超出了 27 小时。1967 年他 77 岁，他对这一年时间的统计是：读俄文书 50 本，用去 48 小时；法文书 3 本，用去 24 小时；德文书 2 本，用去 20 小时；同朋友、学生往来用去 151 小时……

多么单调、枯燥的记录，像发电报一样乏味，像会计记账一样干巴，除了醒目的加减数字，没有一点人情世故。然而，这些都是这位学者"挤"时间的明证，我们从中可以看到他对待生活、对待事业严肃认真的态度，看到他对时间的无比珍视。这个创造出"时间统计法"的人，就是当代杰出的昆虫学家亚历山大·亚历山德罗维奇·柳比歇夫。

你是否已经掌握了自己挤时间的方法？清晨漫步在校园时，边走边听外语广播，既锻炼了身体又训练了听力；休闲时，选择看外语原声电影，在放松娱乐的同时学习外语，是不是很不错的方式呢？

不要让明天为今天"买单"

我以为世间最可宝贵的就是"今"，最容易丧失的也是"今"，因为它最容易丧失，所以更觉得它宝贵。

——李大钊

明日复明日，明日何其多！
我生待明日，万事成蹉跎。
世人皆被明日累，春去秋来老将至。
朝看水东流，暮看日西坠。

百年明日能几何？请君听我《明日歌》。

这是清代钱泳写的一则《明日歌》，相信大家并不陌生。这首歌旨在告诫人们珍惜今日。珍惜当下，不要将事情拖到明日去做，明日复明日，长此以往，万事皆成蹉跎。

明代文嘉又写了一则《今日歌》，内容为：

今日复今日，今日何其少！

今日又不为，此事何时了？

人生百年几今日，今日不为真可惜。

若言姑待明朝至，明朝又有明朝事。

为君聊赋《今日诗》，努力请从今日始。

可以看出，这两位作者所要表达的主旨是相通的。

一日有一日的理想和决断。昨日有昨日的事，今日有今日的事，明日有明日的事。今日的理想、今日的决断，今日就要去做，一定不要拖延到明日，因为明日还有新的理想与新的决断。

拖延在人们的生活中经常会遇到，如果哪天你把一天的时间记录一下，会惊讶地发现，"拖延"耗掉了自己很多的时间。杰出人士能在瞬间果断地战胜惰性，积极主动地面对挑战。而庸人却深陷于"激战"的泥潭，自己被主动性和惰性拉来拉去，不知所措，无法定夺……时间就这样被一分一秒地浪费了。其实拖延就是纵容惰性，如果形成习惯，它会很容易消磨人的意志，使你对自己越来越失去信心，怀疑自己的毅力，怀疑自己的目标，甚至会使自己的性格变得犹豫不决，养成一种办事拖拉的作风。

杰出人士为了打败"拖延"这个敌人，往往会给自己制定一张严密而又紧凑的工作计划表，然后像尊重生命一样坚决地去执行它。

人们问富兰克林："你怎么能做那么多的事呢？""您看看我的时间表就知道了。"他的作息时间表是什么样子呢？5点起床，规划一天事务，并自问："我这一天要做些什么事？"上午8点至11点、下午2点至5点，工作。中午12点至1点，阅读、吃午饭。晚6点至9点，晚饭、谈话、娱乐、检查一天的工作，并自问："我今天做了什么事？"

朋友劝富兰克林说："天天如此，是不是过于……""你想爱生命吗？"富兰克林摆摆手，打断朋友的话，"那么别浪费时间，因为时间是组成生命的材料。"

富兰克林说："把握今日等于拥有两倍的明日。"今天该做的事拖延到明天，然而明天也无法做好的人，占了大约一半以上。不能做好今天的事，就可能无法做大事，也可能永远无法成功。所以，应该经常抱着"必须把握今日去做完它，一点也不可懒惰"的想法去努力才行。歌德说："把握住现在的瞬间，你想要完成的事物或理想，从现在开始做起。只有勇敢的人身上才会赋有天才的能力和魅力。因此，只要做下去就好，在做的过程当中，你的心态就会越来越成熟。那么，不久之后你的工作就可以顺利完成了。"

当你对一件事情充满兴趣、热诚浓厚的时候去做，与你在兴趣、热诚消失之后去做，其难易、苦乐是不能同日而语的。因为当你充满兴趣、热诚浓厚时，做事是一种喜悦；而当兴趣、热诚消失时，做事是一种痛苦。

"要做，立刻就去做！""今日事，今日毕。"这是成功人士的格言。也应成为指导你行动的格言。今天有一篇文章要写是吗？那么，离开电视遥控器，到书房去完成它；今天接到一封朋友的来信是吗？那么，立刻打开它，认真阅读，然后回复，不要等到明天。有时，今天事务的重量，明天承受不起。

做个做事不拖延的人，做个对时间负责的人，记住：不要让明天为今天"买单"。

学会时间统筹

最拙于运用时间的人，总是为时间的快如闪电而大发牢骚。

——布律耶尔

想一想，人的一生除掉幼年顽童期与老弱暮年期，能够用来学习和工作的时间只有短短的不足50年。而其中除却休息、吃饭、休闲娱乐、无聊发呆、交际的时间，所剩的可以有效利用的时间少之又少。而且，时间是一辆不会掉头的列车，错过了，就不会再追赶上。那么，要充分、合理地利用这有限的时间，学会时间统筹是必需的。

那么，我们如何统筹安排自己的时间呢？

首先，我们头脑里面要对自己所做的事情有一个大致的轮廓。比如，今天都有哪些工作需要自己去完成？完成这些工作大概又需要多长的时间？我们还会有多少由个人支配的时间？假如你是老师，要上好一节课，在备每一节课的时候，除了备所要讲的内容以外，还要安排所讲内容的时间：复习的时间需要多长？新课讲授的时间又该留多长的时间？学生自己练习需要多长时间？这些每个老师在课前都要有一定的估计和判断，否则，就会当一个"拖堂"的老师，这是学生们最讨厌的事情。

接下来，我们就可以放手做需要做的事了。但是在做某件事情的时候，就要把其他额外的想法都放下，把自己的精力全部集中在这件事上面，专心致志地做你现在的这份工作，这个时候，心里只有工作，这样我们就能够提高工作效率了。

当完成某件事情之后，我们就可以把自己从紧张的状态中解脱出来，彻底地放松一下，比如，到了星期天，我们就可以睡个懒觉，或者去郊外呼吸一下新鲜的空气，或者听听音乐，听听自己喜爱的流行歌曲，也可以上上网，和朋友们聊聊天，以各种方式放松自己。只有休息好了，我们才可以让自己在工作中保持充沛的精力。

关于时间统筹，下面有几条准则，你不妨试试看。

明确目标，制订计划

时间统筹的第一项法则是设定目标、制订计划。目标能最大限度地聚集你的时间。因此，只有目标明确，才能最大限度地节省和控制时间。

人生的道路，时间和价值是存在对应关系的。有目标，一分一秒都是成功的记录；没有目标，一分一秒都是生命的流逝。爱默生说："用于事业上的时间，绝不是损失。"

每天都应把目标记录下来，并且把行动与目标相对照。相信笔记，不要太看重记忆，养成凡事预先计划的习惯；不要定"进度表"，要列"工作表"；事务要明确具体，比较大或长期的工作要拆散开来，分成几个小事项。

确定每天的目标，养成把每天要做的工作排列出来的习惯，把明天要做的事，按其重要性大小编成号码，第二天上午头一件事是考虑第一项，马上去做，直至完毕；接着做第二项，如此下去。

可以将事情按计划有序地完成，并且可以提高办事效率。

合理运用时间，可以让你生命中的每个日子都值得"计算"，而不要只是"计算"着过日子。青少年要学会制定可行性目标的尺度，并将每天的目标做出详细的实现计划。天天有目标，时时有计划，这样就能珍惜自己的时间，永不浪费。

轻重缓急，主次分明

学习生活中，你也许会对那些成绩优异的学生的精力感到惊奇，他们每天有那么多的活动安排，却还能将自己的时间分配得有条不紊，不仅能轻松完成作业、阅读自己喜欢的书籍，并且还有时间休闲娱乐，难道他们一天不是 24 个小时吗？其实，答案是他们比别人更懂得"要干最重要的事情"。

列出你今天、这一周和这个月要处理的事情，在一张纸上画出 4 栏，并在左上角贴上"重要而且紧急"的标签，你应在这一栏内填入必须立即处理的工作，并依次写下每项工作的处理日期和时间。

在右上角贴上"重要但不紧急"的标签，并填入必须做，但不必立即处理的工作。同样依次写下每项工作的处理日期和时间，你应每天审查一下这一栏的工作，看会不会有工作变成"重要而且紧急"的项目。

左下角贴上"不重要但却紧急"的标签，在这一栏中所填写的，都是一些必须立即处理的琐事，诸如某人需要你的建议，有人要你马上去买一些小东西，等等。

最后，在右下角贴上"不重要也不紧急"的标签，你当然可以让这一栏一直空着，反正写在这一栏的工作，都是你可以不必在意的，但本栏的目的在于告诉你事实上有许多事情是属于"不重要也不紧急"的项目。

分配时间，提高效率

如果把最重要的任务安排在一天里你做事最有效率的时间去做，就能花较少的力气，做完较多的工作。何时做事最有效率、最对自己的胃口，因各人的生物钟不同而有差异，我们要根据自己最佳的学习状况，最充分地利用最有效率的时间。

每个人的生物时钟不同，但大体上是有相通性的。一般来说，人体在早晨 9 点到 11 点，下午 2 点到 5 点的注意力是比较集中的，这时也是工作效率最高的。当然，也有人在晚上甚至深夜时头脑最清醒，思路最敏捷，往往一些很有创意的设想就是在这个时间段迸发出来的。那么，仔细考察一下自己的状况，拿出最有效率的时间做最重要的事吧！

大家都知道华罗庚的时间统筹实验。浇水、择菜、学唐诗，很简单的事情，采用时间统筹的方法便可以节省很多时间，并且将事情做得有条不紊。他的实验告诉了青少年朋友一个道理，时间统筹可以让你在最短的时间做最多的事，而且每件事都可以做得很出色。

第七章

快速处理各种有效信息

——面对信息冲击，保持敏锐头脑

哈佛告诉你

现代社会是一个靠信息生存的时代，在人们的交往过程中，所拥有信息量的多少成为机会的象征。面对信息大爆炸，你要具备敏锐的头脑，善于在信息风暴中搜寻有利信息，进行加工处理，为你所用。

对信息要保持高度的敏感性

科学是使人的精神变得勇敢的最好途径。

——布鲁诺

古语云：月晕而风，础润而雨。其意思就是月亮周围出现光环，那就预示将有大风刮来，柱子下面的石墩子（础）返潮了，则预示着天要下雨。这是古代人们利用天象这一信息来预知刮风下雨，并由此做好防风防雨的准备。

把这句话用在对机遇的把握上，就是告诫青少年朋友要善于利用各种信息，从中捕捉机会，从而为成功做好准备。

见"础润"而准备雨伞，把握和充分利用机遇，就能有效地改变人生，把潜在的效益变成现实的效益。

1995年，只身到美国留学的王颖，踏入异乡时身上只有200美元，举目无亲。她曾在美国人家里做过保姆，在中国餐馆里端过盘子。在不到4年时间里，她已创立了自己的公司，经营上千万美元的进出口贸易。她的成功，也是得益于信息效应。一次偶然的机遇，她在美国的一个商店里发现一种新的商品——韩国产的手工缝制提包。这种提包，在美国要30美元1个。而在中国，在王颖的记忆中，原料几乎不需要多少钱！于是她决定做手工缝制提包生意，当即通过传真同中国工艺品进出口公司联系，向美国D&C进口公司卖出了50个货柜的款式全新、质量优美的手工提包。短短几年，韩国的手工提包几乎不见踪影。

王颖正是凭借着对信息的敏感性，把握了这次商机。类似的情况在美国好莱坞也出现过。好几位著名电影导演在看了《雨人》的剧本后，都认为这只是一个关于一位行为怪异的中年人和他弟弟的故事，不会引起大多数观众的兴趣。可巴里·莱文森却看到其惊人的潜力：如果在这部反映兄弟关系的剧本中，改编和表演时能用上幽默及戏剧化效果，那将引起很大的轰动。莱文森对达斯汀·霍夫曼说，在表现雷蒙·巴比特的病症时，"不要担心过分"。他的直觉果然正确。霍夫曼出色的演技征服了全世界的观众，影片所带来的票房收入也超过 5 亿美元。无疑，好莱坞肯定有人要称莱文森为幸运儿了。而这个幸运儿也是靠敏锐地嗅到了《雨人》剧本的价值才获得成功的。

实际上，获取信息并不像我们想象的那般复杂。用你的眼睛、耳朵和一张嘴巴就能够得到重要信息。

你的朋友、你的竞争对手，报纸、杂志、广播电视……都会有大量信息随时随地供你参考；食堂、教室、商场、咖啡屋……都能成为信息的源泉。实际生活中处处充满着信息，善于观察生活的人，总能找到成功的机遇。也就是说，只要对信息的敏感性强，就能捕捉到有用的信息。

对信息的敏感性来源于善思考、善联系、善挖掘，透过信息的面纱来感知隐含着的对自己有用的内容。好比在荒原上寻宝，宝不可能明摆在你的面前，要通过它表面的异常表现传达出的信息，判断宝可能就在下面，然后把宝挖出来。如果非要等到眼睛直接看到宝才弯腰去捡，那么大量的信息就会从你身边溜过，而机遇也将与你无缘。

广泛收集信息

天才跟科学结合，才能产生最大的效果。

——斯宾塞

有时，你会发现某一条信息对你来说用处不大或毫无用处，但你千万不要将它丢掉。也许将这条信息与其他信息匹配起来，会给你一种豁然开朗的感觉。你会意识到自己得到的信息量还不够多，这就需要你去广泛地收集信息，不要认为收集信息是一项枯燥的工作，其实你是在积累一个个机会。这就像一个人学习知识一样，不可能刚开始就是一个非常优秀的学者，只能靠逐步地积累。即使那种非常有天赋的人，也要从积累开始。当一个人的知识积累到一定程度之后，他就会有不同寻常的理解力，于是就可以透过现象抓住本质性的东西。信息其实就是平时积累的材料。

通过不断的积累，再与生活两相对照，你就会发现哪些材料是有价值的，哪些是毫无用处的。这样你就可以去伪存真，信息就成了你的资源。信息的收集就是生产资料的组织，所以收集好信息，就成了成功路上关键的一步。

第一步，必须认准你的奋斗方向，以明了自己究竟需要哪方面的信息。一般来讲，你的人生目标和你努力的方向，将帮助你决定自己所需的知识和信息。第二步的要求就是，你知道能从哪些途径获取可靠的信息，其中比较重要的有以下几点：一是本人的经验和所受的教育；二是与别人合作，与他人交往时可能得到的经验和教训；三是向社会开放的大专院校；四是公共图书馆；五是各类新闻报刊；六是专业培训；七是网络……

各行各业中的成功人士，从不停止获取与他们的主要目标、事业或职业有关的专门知识和相关信息。而人们通常对具有开发价值的信息熟视无睹的原因，就在于缺少捕捉信息的意识和紧迫感，而且缺乏整理自己每天所看到的东西的意识。所以，青少年朋友必须树立多方收集信息的意识，使自己成为捕捉信息和机遇的有心人。正如俗话所说："说者无心，听者有意。"只要你每天都有意识去收集信息，好比树起了全天候的"雷达天线"，就能在大量的新闻报道、广告聊天中发现闪光的金子和难得的机遇。

澳大利亚富仁达酿酒集团的头号人物纳克尔先生，把中国的对外开放当作自己发展事业的机遇，于是他决定到中国来发展。首先，他对中国的啤酒市场做了大量的调查，从各个角度去了解信息。除了对市场潜力进行分析，同时也对中国政府的政策以及投资环境、城市选择都做了详细的考察，并且把在上海和广东投资 2 个大啤酒厂视为自己的一项战略行动。他在调查中发现，随着中国经济的发展，啤酒的消费量在过去 6 年平均每年增长 18%，4 年之内中国将成为世界上仅次于美国的第二大啤酒市场。这是一个非常诱人的机会。同时中国当前有大约 800 家酿酒厂，用西方标准来衡量的话，大都属于小型的。而富仕达计划在上海、广东建造的酿酒厂比目前任何一家都要大。即使这项计划实现了，它在这个潜力巨大的市场上仍占一小部分的份额。

调查得出了激动人心的结论，富仕达的前途在亚洲，而最具发展潜力的市场在中国。中国的市场为富仕达提供的是"黄金般的机会"。

在信息收集方面做得比较优秀的，还有我国的海尔集团。海尔在打入世界市场之后，不但迅速进行了战略调整，还对自己的产品进行了优化。当进入印度市场时，海尔了解到，印度的生活用电电压不稳定，经常突然断电。海尔根据收集到的这一信息，对海尔电冰箱的电路进行了改良，换成了能够耐受较大范围电压变化的设计模式，即方便了印度消费者，又延长了冰箱的使用寿命，同时为海尔赢得了美誉。与此类似，海尔还开发了供留学生用的可做写字桌用的轻便式小冰箱，适合洗夏季服装的节能型洗衣机，等等。这些都是在海尔广泛收集市场信息之后综合处理得出的结果。

青少年要养成收集信息的习惯，只有掌握更多的信息，才能够从信息中找到机遇，才能够有更长远的发展。

加工信息，使之更适用

学会在信息中加入你的创意，这个信息对你就是真实有用的了。

——张瑞敏

一条信息的价值如何，关键看对自己有多大的作用。如果你对纷繁复杂的信息进行有效地整理和加工，自己的感知系统就有了选择性、方向性，就可以在众多的一般性信息中敏锐地发现别人看不到的机遇。这样你就能在有限时间内掌握更多有价值的信息，找到更多的发展机遇。

但在工作开始之前，你还没有具体的设想，而面对纷繁复杂的信息世界，你又不能放弃，那怎么办呢？这就需要整理了，可以用简单、方便折封袋档案整理法，将你收集到的信息按照关键字的音序排列起来，将记事便条、报告用纸、小册子、稿纸、收据、报纸剪条等放入档案袋，即建立你自己的信息管理系统。

在你有空闲的时候，把这些信息拿出来看看，它们分别是关于什么样的主题，然后把相关主题的信息摆在一起，并串成一"小札"，完成许多"小札"之后，再进一步思考这些小札之间的关系，将逻辑相联者集在一起。

一旦根据逻辑关系归纳出许多小札后，即把它们固定在一起，并附上标题纸片。这样你就可以对这些信息进行驾轻就熟的使用了。下面这个小故事中的主人公就是一个加工信息、为自己所用的高手。

　　同一个城市有两家竞争激烈的制鞋厂，他们为了抢占市场，都使出了浑身解数。这一次，他们同时看中了一块市场，太平洋上的一个岛屿。究竟这块市场有没有发展前景呢？他们不清楚，也不敢贸然行事，各自派出了业务员到岛屿上进行考察。

　　一个月过去了。

　　甲厂的业务员回来后，沮丧地对经理说："这块市场没有开发前景。因为岛上没有人穿鞋子，我们的鞋子不会卖出去的。"

　　乙厂的业务员回来后，却带来了截然相反的结论，他告诉经理这个市场前景广阔，而且已经拿来了一批订单。

　　也许大家都疑惑了，甲、乙厂的业务员调查的是同一个市场，这个岛屿上的人都不穿鞋，乙厂的业务员是怎样得出"市场前景广阔"的结论，并拿到了订单呢？

　　原来事情是这样的：乙厂的业务员到了岛屿上以后，发现岛上的人都不穿鞋子，而且这个岛的气候比较潮湿闷热，岛上许多居民都患了程度不同的脚病。他掌握了这些信息之后，认为这些信息之间一定存在某些联系。

　　经过调查，他发现这个岛上的居民一直都没有穿鞋子的习惯，环境潮湿闷热，再加之卫生条件不是特别好，使得打赤脚的岛民容易生脚病。将这些信息进行综合加工之后，他认为当务之急是让岛民接受鞋子。

　　他没有选择住在旅馆，而是住在了岛民家里，与他们同吃同住。期间，他把自己带来的鞋子分发给岛民，让他们试穿，告诉他们穿鞋子的好处，并且向他们灌输穿鞋子更加文明的理念，传授给他们保养脚的方法。

　　岛民将他当作朋友，很高兴地接受他送的鞋子，并且真实地感觉到穿鞋子很舒服。慢慢地，也就有了乙厂的订单和市场。

　　不容否认的是，乙厂的业务员很聪明，而且头脑很敏锐。他抓住了各种信息之间的联系，并对这些信息进行深加工，发现了这个潜在的巨大市场。

　　加工可以使信息更全面、更系统，加工可以使你更熟练地驾驭信息，加工可以使信息的实用性更高，加工可以揭示出隐含的深层信息。信息加工是发现机遇、把握机遇的方法，是当代青少年应具备的重要本领。

☗ 第八章 ☗

熟练掌握至少一门专业技能
——至少有一样拿得出手

哈佛告诉你

要在社会上安身立命，必须有一样拿得出手的专长。不学无术、得过且过，没有掌握半点拿得出手的本事行不通；虽好学肯干，但用心不专，本事虽多，却水平一般，没有一样拿得出手的本事仍是行不通。你必须掌握一门精练的专业技能。

百门通不如一门精

如果你没有演讲才能，你要具备经商的头脑；如果你没有经商的头脑，你要具备运动员的强健体魄；如果这些你都没有，你要能够向上帝祈祷。

——泰勒

做通才还是做专才？这恐怕是在成长过程中一直困扰青少年朋友的一个问题。青少年朋友都想学习更多的本领，但人一生的精力是有限的，要懂得合理分配才能有所成就。如果你将精力分摊到几件事情上，就会发现每件事都可以做但不会做到最好。而现代社会是一个专业化的社会，并不缺少什么都会一点的人才，而是缺少业化的技能人才。在这里，你只有业有所精、技有所长，使自己在某一领域中有过人之处，你才能获得更多成功的机会。否则，自认为是多才多艺，实则是样样不精。

多年前，当电脑自动化的新技术还未面世时，在工商管理方面极负盛名的哈巴德曾经这样说："一台机器可以取代50个普通人的工作，但是任何机器都无法取代专家的工作。"

果然，现代数以万计的普通工作都已经由机器取代了，但专门人才的地位还是稳如泰山。因为没有这些专家来操纵机器，机器就会像废物一样毫无用处。

人生在世，安身立命，你必须有一样拿得出手的专长。不学无术、得过且过，没有掌握半点拿得出手的本事肯定不行；虽好学肯干，但目标散，用心不专，这样本事虽多，却大都水平一般，没有一样拿得出手也不行；浅尝辄止，"半罐"既安，不能学精学透，这样虽有一样本事，仍然拿不出手，还是不行。俗话说，不怕千招会，就怕一招熟。如杲学东西学得不够精，比上不足，比下有余，在外行面前还能要一下威风，但遇到了真正的行家里手，就会露出破绽。

很多人往往就是靠着一首歌、一部影片或是一个引人注目的成就而一炮走红、一夜成名的。美籍华人歌手费翔在1987年的春节联欢晚会上以一首《冬天里的一把火》一炮打响，此后尽管他再未露面，从公众视野中消失了将近20年，但是2005年他再度登台，唱的仍是那首《冬天里的一把火》，依然受到中国歌迷狂热的欢迎。尽管他也唱过不少别的歌，但人们一提到他，人们想起的依然还是那首《冬天里的一把火》。

古代天津有位小名叫"狗子"的生意人，只是对蒸包子有所专长，他成功地创下了一个名扬中外的狗不理包子；北京的王麻子只是剪刀做得好，他却凭它成功地开创了自己的事业。相反，许多知识涉猎广博的人，对各个领域都是浅尝辄止，结果一生平庸，默默无闻。

当代社会是一个竞争的社会，要在这个环境中立足、发展，你至少要有一样技能拿得出手。

一技在手，事半功倍

人有一技在身，胜过家财万贯。
　　　　　　——富兰克林

掌握一门技能，对学习和工作的影响是积极的、显而易见的，同时也是巨大的。将技能熟练掌握在手里，往往能够起到事半功倍的效果。

一技之长是生存之根本，不论你想在哪一方面有所成就，也不论你想从事什么职业，都需要有自己的专长。

一技之长可以帮助你完成一番事业。只要有一技之长，就能够在这个竞争的社会生存；只要有一技之长，就能够做出不一样的成就；只要有一技之长，你就不会怕。

1946 年的秋天，26 岁的汪曾祺从西南联大肄业后，只身来到上海，打算单枪匹马闯天下。在一间简陋的旅馆住下后，他就开始四处找工作。工作显然不好找，他便每天在胳肢窝里夹本外国小说上街。走累了，他就找条石凳，点燃一支烟，有滋有味地吸着，同时，打开夹了一路的书，细心阅读起来。有时书读得上瘾了，干脆把找工作的事抛到一边，一颗心彻底跳入文字里。

日子越拖越久，兜里的钱越来越少；能找的熟人都找了，能尝试的路子都尝试过了，却始终不见成效。他为此郁郁寡欢。终于，有一天下午，他一反往日的温文尔雅，像一头暴怒不已的狮子，拼命地吼叫。他摔碎了旅馆里的茶壶、茶杯，烧毁了写了一半的手稿和书，然后给远在北京的沈从文先生写了一封诀别信。信邮走后，他拎着一瓶老酒来到大街上。他边迷迷糊糊地喝酒，边思考一种最佳的自杀方式。他一口口猛灌烧酒，内心里涌动着生不逢时的苍凉……晚上，几个相熟的朋友找到他，他已趴到街侧一隅醉昏了。还没有从自杀情结中解脱出来的汪曾祺很快就接到了沈先生的回信。沈先生在信中把他臭骂了一顿，沈先生说："为了一时的困难，就这样哭哭啼啼的，甚至想到要自杀，真是没出息！你手里有一支笔，怕什么？"

沈先生在信中谈了他初来北京的遭遇。那时沈先生才刚刚 20 岁，在北京举目无亲，连标点符号都不会用，就梦想着用一支笔闯天下。但只读过小学的沈先生最终成功了，成为国内外享有盛誉的大作家。读着沈先生的信，回味着沈先生的往事和话语，汪曾祺先是如遭棒喝，后来一个人偷偷地乐了。他终于想通了：我有一支笔，写得一手好文章，我还怕什么呢？

不久，在沈先生的推荐下，《文艺复兴》杂志发表了汪曾祺的两篇小说。后来，汪曾祺进了上海一家民办学校，当上了一名中学教师，再后来，他也和沈先生一样，成了国内外享有盛誉的作家。

生活就是这样的，它不会轻易让某一个人没落，只要你掌握一种技能，实际上就是持有一张通行证；如果你弹得一手好琴，这也许就是你进入音乐领域的通行证；如果你画得一手好画、写得一手好字，这也许就是你进入美术行业的通行证；如果你讲得一口流利的外语，这也许就是你进入对外行业的通行证；如果你做得一手好菜，这也许就是你成为酒店名厨的通行证；如果你有超人的口才，这也许就是你进入律师行业的通行证……

就像看电影需要一张影票做通行证，青少年朋友生活的路上处处有关口，处处都需要你出示通行证。如果你拿不出一张足以通过关口的证明，只能像流浪者一样在街道上徜徉，而没有归宿。

结合兴趣学习技能不会觉得累

学问必须合乎自己的兴趣，方才可以得益。

——莎士比亚

兴趣，是一个人充满活力的表现。生活本身应该是赤橙黄绿青蓝紫多色调的。有兴趣爱好的人，生活才有七色阳光，才能感受到生命的珍贵可爱。

技能，是一个人立足社会之本。专业技能的掌握可以使青少年朋友更轻松地融入生活、适应生活、改善生活。掌握了过硬的专业技能，也就相当于获得了通往优质生活的通行证。

将兴趣与技能结合在一起，结合兴趣学习技能可以保持持久的动力，不会觉得劳累。

人的兴趣千差万别。准确地了解和分析自己，作出正确的评估，然后，根据自己的兴趣，发挥优势，建立独具一格的技能架构，使自己的长处得到有效的发挥，这才是最根本的。因此，最佳技能架构必须是因人而异的，绝不能生搬硬套，削足适履。如果不了解自己的兴趣和特点，避其所长，扬其所短，就有可能事倍功半，白白地消磨掉许多年华岁月。

另外，对自己的学习工作要有一种出奇的迷劲。入迷能使人调动起全部的能量，全神贯注地研究和解决所遇到的问题，从而迸发出最大的智慧和才干，发掘出以前曾蕴藏在体内的全部潜能。日本著名教育家木村一说："所谓天才人物，指的就是强烈的兴趣和顽强的入迷。"人在从事自己所迷恋的事业时，往往会全力以赴，其需要、情感、动机、注意力、意志和智能等项品质专注于一个目标，容易产生"聚焦"作用，常常再苦再累也心甘情愿，对成果的取得、专业素质的造就起着极大的推动作用。正如蒲松龄所说："性痴，则其志凝；故书痴者文必正，艺痴者技必良。世之落拓而无成者，皆自谓不痴也。"

有益健康的兴趣，能使人在潜移默化中享受生活的馈赠，接受文明的陶冶，培养良好的性格、毅力、意志等优秀心理气质。

在整个人类文明史上，不少文坛俊杰、科学巨擘、商界行家、政坛精英，都有自己独特的、丰富的兴趣爱好。

他们既是执著创造的事业中人，又是富于生活情趣的性情中人。事业是他们的不朽生命，生活则是他们纵横捭阖的广阔天地。他们在享受立业之欢愉的同时，又以自己斑斓多彩、瑰美奇绝的闲情雅趣，装点着生活的艺术，拓展着独特的才华。

许多文人、学者、画师钟情于大自然，他们或是拨动山水之韵，或是追寻绿的踪迹，或是醉赏风花雪月，或是独享月色的清幽。他们栉风沐雨，散怀山水，江海踏浪，遨游天下，贪婪地阅读着浩浩宇宙之书。大自然的神韵带给他们创造的灵感，助他们在事业的海洋中自由地游弋。不少名家在休闲时刻都有自己丰富的爱好，他们或情系花香，或醉恋草木，或宠爱生灵，或迷于音乐，或欣赏艺术，或闲读诗书，或博藏珍玩，或强身养性……在五彩缤纷的生活中，享受人生之趣，使自己的事业和身心都得到和谐、均衡、健康的发展。

有了兴趣，一个人就会全身心地投入到所学的专业技能或正在从事的工作中。我们都知道阿基米德对数学和物理学的兴趣已经达到了痴迷的程度，因此他的研究才取得了辉煌的成就。

国王让人做了一项纯金的王冠，但是他又怀疑工匠在自己的王冠中掺了银子。他想治工匠的罪，可是又拿不出证据，因为这项王冠与当初交给工匠的纯金一样重，谁也不知道工匠到底有没有捣鬼。

这个问题到底应该怎么解决呢？国王考虑了很久，也没有找到解决的办法，只好把这个棘手的难题交给了阿基米德，还要求他不能破坏王冠。怎么办呢？阿基米德辗转难眠，冥思苦想。他起初想到了很多方法，但都失败了。

有一天，他去澡堂洗澡，就在他坐进澡盆的时候，一件很普通的事情发生了。因为水盆里的水很满，所以阿基米德坐进去的时候，里面的水就开始往外溢，同时他还感到身体被轻轻托起。突然，阿基米德恍然大悟，跳出澡盆，连衣服也忘了穿，就向王宫直奔而去，一路大声喊着"尤里卡，尤里卡（这是希腊语，就是"我知道了"的意思）！"原来，就在跨进澡盆的一瞬，他想到，如果王冠放入水中后，排出的水量大于同等重量的金子排出的水量，那这项王冠肯定是被工匠掺了银子。最后的试验结果验证了阿基米德的设想。

那个工匠最终有没有被国王治罪已经并不重要了，重要的是我们从这个故事中看到了阿基米德的投入。正是这种投入，使他成为一名伟大的学者，而这份投入，完全源于他对科学的浓厚兴趣。

有了兴趣，做什么事情都会感到身心愉悦、轻松愉快，哪怕是像阿基米德一样攻克科学上的一个个难题，也会觉得浑身是使不完的力气，学习工作都会有持久的动力。

青少年朋友在学习专业技能的过程中往往会感觉到枯燥、疲惫，那是因为你对所学知识和技能没有足够的兴趣。如果能够发现所学知识的诱人闪光点，激发出你的兴趣，还怎么会感觉到累呢？

成功来自对自己强项的极致发挥

不去利用优势等于没有优势。

——约翰·米勒

一个人没有独特的强项，想要在人生的平台上立住脚，恐怕是天方夜谭。换句话，你要想让自己成为一个别人无法替代的人物，你应当独有所长，即想尽办法，培养自己的强项。

你的强项就是你的与众不同之处。这种强项可以是一种手艺、一种技能、一门学问、一种特殊的能力，或者只是直觉。你可以是厨师、木匠、裁缝、鞋匠、修理工，等等，也可以是机械工程师、软件工程师、服装设计师、律师、广告设计人员、建筑师、作家、商务谈判高手、"企业家"或"领导者"，等等，但如果你想成功的话，你不能什么都是。成功者的普遍特征之一就是，由于具有出色的强项，从而在一定范围内成为不可缺少的人物。

有了强项，并把它发挥到极致，就是成功。

这方面的例子实在是太多了：达尔文学数学、医学呆头呆脑，一摸到动植物却容光焕发，他将这方面强项发挥到了极致，终成生物界的泰斗。阿西莫夫是一个科普作家的同时也是一个自然科学家。一天上午，他坐在打字机前打字的时候，突然意识到："我不能成为一个第一流的科学家，却能够成为一个第一流的科普作家。"于是，他几乎把全部的精力都放在科普创作上，终于成了当代世界最著名的科普作家。伦琴原来学的是工程科学，他在老师孔特的影响下，做了一些物理实验，逐渐体会到那才是最适合自己干的行业，经过努力后来果然成了一个有成就的物理学家。

汤姆逊由于"那双笨拙的手"，在处理实验工具方面感到很烦恼，因此他的早年研究工作偏重于理论物理，较少涉及实验物理，并且他找了一位在做实验及处理实验故障方面有惊人能力的年轻助手，这样他就避免了自己的缺陷，努力发挥自己的特长，奠定了自己在物理界的研究地位。珍妮·古多尔清楚地知道，她并没有过人的才智，但在研究野生动物方面，她有超人的毅力、浓厚的兴趣，而这正是干这一行所需要的。所以她没有去攻数学、物理学，而是进到非洲森林里考察黑猩猩，终于成了一个有成就的科学家。

如果你关注中央电视台一套节目每天12点半的《今日说法》栏目，应该对主持人撒贝宁并不陌生。可以这样讲，撒贝宁能走到中央电视台，是"说"这一突出的强项帮了他一个大忙。

撒贝宁出生在军人家庭，他的父母都在部队从事艺术工作。撒贝宁从小就非常喜欢唱歌、跳舞和演讲。小学五年级时，撒贝宁就获得了武汉市五年级口头作文竞赛第一名的优异成绩。

升入中学后，撒贝宁对演讲、唱歌产生了浓厚的兴趣，为了提高演讲水平和舞台形象，他常常一个人在家里对着镜子一遍遍地训练，并把自己的演讲录下来，反复听、反复练。功夫不负有心人。从初二到高一短短的两年多时间里，他参加10余次市、区级演讲比赛，每次都取得了第一名的好成绩。

1994年9月，撒贝宁进入北京大学后，积极参与各种活动，很快便成为北京大学里有名的"活动家"。凭着标准的普通话和良好的综合素质，他入校不久便被推荐担任了北大广播电台副台长兼播音员。他还担任北大戏剧社社长、北大合唱团男高音领唱。1996年7月1日，中央电视台"心连心"艺术团到北大演出，他又作为特邀嘉宾主持人与王刚、刘路和桑燕一起主持了这场晚会。

1998年，经过测试，撒贝宁顺利通过考核，被《今日说法》栏目录取，实现了他当一名法制宣传者的愿望，开始了边读书边做主持人的生活。如今《今日说法》出的节目中，有近1/3是由撒贝宁主持的。撒贝宁曾说："我喜欢演讲，演讲给我自信，演讲锻炼了我的心理素质和应变能力，演讲这一项突出的能力对我的发展进步能起到巨大的推动作用。"

撒贝宁并非学播音主持专业，但他凭借自己的刻苦训练，凭借自己的聪明才智及虚心好学的精神，使自己拥有演讲这一突出的强项，这一强项不但改变了他的人生之路，还屡屡给他带来荣誉：

——全国电视法制栏目主持人大赛，撒贝宁获得了一等奖。

——中央电视台"荣事达杯"电视节目主持人大赛，他一路过关斩将，终于笑到最后，夺得了金奖。

撒贝宁将他"演讲"的专长发挥到了极致，从中学到大学，从大学到工作，他一直在努力锻炼自己的口才，不断地演讲，最终，正是演讲帮助他成就了事业。

每一个人都有自己的梦想，每一个人都能够成功，只要你有拿得出手的专长，并且将这个专长发挥到极致。

🏛 第九章 🏛
懂得创造性合作
——掌握统合综效法则

哈佛告诉你

这不是一个崇拜个人英雄的时代，合作是今天的主题。要想工作有所成就、生活更加美好，就要学会与别人合作，利用他人的优势来弥补自己的不足，让自己站在巨人的肩膀上眺望远方。

学会与别人合作

唯有具备强烈的合作精神的人，才能生存，创造文明。

——泰戈尔

中国有句俗语："一根筷子易折断，十双筷子牢牢抱成团；一个巴掌拍不响，万人鼓掌声震天。"善于协商与合作能够克服个人力量的不足，壮大集体的力量，从而使每个人都从中获得进步。因此，加强团结合作是每个人成功的基石，也是一个集体成功的基石。

世界是由形形色色的人组成的，一个人只有学会与不同的人相处，才能适应未来的社会。"孤芳自赏"的才子常常会有"怀才不遇"的郁闷。观察社会上的成功人士可以发现，真正取得竞争优势的人首先是一个善于合作的人，完全靠单枪匹马走向成功的少之又少，因为我们处在一个专业分工精细而又合作共处的时代。因而我们需要培养自己与他人协商与合作的能力，为将来拓展自己的人生舞台打基础。

今天的时代是市场经济时代，市场经济是广泛的交往经济，离不开与各种类型人的合作；今天的时代是竞争时代，只有选择合作，才能成为最具竞争力的一族。

为了成功，你必须联合别人。

如果你能将个人与其他人做适当的搭配组合，相辅相成，便可收到良好的"相乘功效"。

当你选择与一些人合作之时，实际上，你已经将你的命运交在他们的手中了。你也可能遇到各种人：厚脸皮、黑心肝、野心家、政客、变色龙、小爬虫、极端自私自利、过分自负、懒惰成性者等。对此，你要有足够的心理准备。这既是你想取得一项事业所必须付出的代价，也是你应付的教育经费。如果能学到识别他人的本领，也将是一个不小的收获。

下面为你介绍5条与别人合作的原则，无论在什么位置它都能帮助你成为"令人赞叹佩服、乐于追随"的成功人物。

第一条原则，做每一件事情，都要符合人性的要求。

为此，至少要做到两点：一是抱着"真情、友爱"的处世态度；二是把这种态度随时随地付诸行动，同时还要戒除对人苛刻冷漠、与人斤斤计较、与人争得头破血流的陋习。

把真情和友爱渗透到每一件事情当中去，就能产生成功所需要的一切。

第二条原则，多贡献，多施予。

一个人的成就，大致上是与他的施予成正比的。成功的人都是慷慨施予的人物。那些肯大力布施、肯慷慨奉献的人往往受益匪浅，而苛刻、自私、吝啬的人却无法办到这一点。

第三条原则，要使你周围的人觉得自己很重要。

如何使别人觉得他很重要？请你记住这项基本原则：人们都渴望感到"他们是你生活的一部分，在你心目中占有一定分量"。如果能满足这项要求，你就能轻易获得他们的赞美、尊敬，以及通力合作的回报；而当人们感觉到被其他人置身事外时，往往会显得漫不经心，转而采取对立的态度与行动。行之有效的办法就是，你可请求别人帮你一些忙，使他们觉得自己很重要。

第四条原则，要以平易近人的方式说话。

平易近人是最好的沟通技巧，以这种方式说话是影响人的最有力武器。

说话者有两项基本职责。一是要说出必要的知识；二是吸引对方的注意力。

第五条原则，要能替人保守秘密。

替人保守秘密，正是你赢得"对其他人的影响力"的重要方法之一。

一是朋友一旦深知"他们所告诉你的事情，都会就此停住，不再流传出去"以后，就会对你更亲切殷切、格外关照。

二是他们认为你是很可靠、很值得信任的人，一旦获得什么消息，就会主动告诉你一些重要的事。

别人对你的忠诚，通常与你的保密能力成正比。能够合理地掌握以上5项原则，你就能寻找到值得信赖的合作伙伴，这样一来，对你的人生将有很大的帮助。

相互包容是合作的前提

宽容产生的道德上的震动比责罚产生的要强烈得多。

——苏霍姆林斯基

每个人的性格、习惯都不尽相同，合作团队中的成员更是如此。大家有着共同的目标，却有着不同的行事习惯和风格，彼此之间往往会有诸多或大或小的摩擦，要想与合作对象顺利地达到目标，对于合作尺度的把握应该是比较巧妙的。相互包容是合作的前提。

一个宽容的人，能够对那些在意见、习惯和信仰方面与自己不同的人表示友好与接受。宽容最能够表现出一个人的耐心、谦恭、明智与深谋远虑，通过敞开心胸接受新观念和新资讯，往往可以使自己的知识更丰富，个性更完善，更具想象力。如果一个人只会封闭自己，那就无法接触到更多的信息，以及思想的不同层面。如果我们反过来，乐于接受新的观念，乐于对不同的声音表现出容忍、谅解与友善，那么我们就能不断地提升思维能力。

一天，刘邦在洛阳南宫边走边观望，只见一群人在宫内不远的水池边或坐或立，一个个都是武将打扮。他们互相交头接耳，像是在议论着什么。刘邦好生奇怪，便把张良找来问道："你知道他们在干什么吗？"

张良毫不迟疑地答道："这是要聚众谋反呢！"

刘邦一惊："为何要谋反？"

张良却很平静："陛下从一个布衣百姓起兵，与众将共取天下，现在所封的都是以前的老朋友和自家的亲族，所诛杀的都是自己平生最恨的人，这怎么不令人望而生畏呢？今日不得受封，以后难免被杀，朝不保夕，患得患失，当然要头脑发热，聚众谋反了。"

刘邦紧张起来："那怎么办呢？"

张良想了半晌，才提出一个问题："陛下平日在众将中有没有最恨的人呢？"

刘邦说："我最恨的就是雍齿。我起兵时，他无故降魏，以后又自魏降赵，再自赵降张耳。张耳投我时，才收容了他。现在灭楚不久，我又不便无故杀他，想来实在可恨。"

张良一听，立即说："好！立即把他封为侯，才可解除眼下的人心浮动。"

刘邦对张良是极端信任的，他对张良的话没有提出任何疑义，立即封雍齿为什邡侯。见雍齿也被封侯，那些未被封侯的将吏一个个都喜出望外："雍齿都能封侯，我们还有什么可顾虑的呢？"

事情真被张良言中了，因此就这么轻易地化解了。

刘邦的这次论功封赏，体现了战争中以地位作用高低论功，在发现由此出现的一些矛盾后，又能以宽容为怀，化解矛盾，这种思考既保证了自己队伍中骨干积极性的发挥，又能做到队伍的基本稳定，的确是高明之举。

人与人之间有时候会因为某些利益问题发生矛盾，在矛盾面前，若能够有较大的气量，以宽容的态度去对待别人，将心比心，就会在时间的推移过程中，逐渐改变对方的态度，使得矛盾得到缓和。一旦与他人发生矛盾，受到他人错误对待，应该有"单恋"的精神——不因对方对待自己态度上有错而改变自己初时的热情和真诚，始终不渝地以友好的感情对待对方。有了这种"单恋"的态度，便能唤起对方的醒悟与行动反馈。

要与他人合作得好，就必须做到不苛求合作者（当然，这并不是说对合作者一味地无原则地迁就），不吹毛求疵，多一点宽容忍让，做到勿以小恶弃人大美，勿以小恶忘人大恩，让合作者感到他工作的环境和谐、融洽，这样的合作能更加牢固、长久。

相互包容可以使人去除芥蒂与隔阂，以更坦荡和明朗的心怀面对彼此。相互包容可以促进大家的合作，使合作的效益达到最大化。

步入社会，青少年朋友要与各种各样的人接触、交往、合作。合作就要相互包容，在合作中发现他人的优点和长处，将之吸收过来，转变为自己的优势，并将这一优势发挥得淋漓尽致。这才是合作的真谛。

学会借鉴他人经验

要像蜂房里的蜜蜂和土窝里的黄蜂那样，聪明的人应当团结在一起。

——高尔基

有不少的青少年都可称得上是"追星族"。从影星周润发、成龙、梅格·瑞恩……到歌星麦当娜、杰克逊，再到球星迈克尔·乔丹、罗纳尔多……这些明星，男的大多英俊潇洒、风流倜傥，扮演的多是些义胆冲天、侠骨柔肠的铮铮铁汉；女的则羞花闭月、沉鱼落雁，扮演的也多是些娇媚可人、善良温柔的亭亭玉女；球星也都英姿勃勃、气质逼人，在赛场上更有翻云覆雨、左右全局之势。

"星"在追星族的心目中光芒闪耀，魅力无穷。

对于自己所崇拜的偶像，青少年们会看他主演的每一部影片，听他唱的每一首歌曲，对他的比赛更是一场不缺。

不仅如此，有的青少年朋友还疯狂地购买偶像的画册、唱片，收集有关偶像的一切资料；从生辰星座、身高体重、兴趣爱好、服装品牌到恋爱情史……各个方面都如数家珍。

除了时髦的各类明星外，其实在我们生活中，有一种永不陨落的巨星常常为我们所忽略——历史上的伟人。

如果我们能从伟人身上汲取力量，将汲取比"明星"更积极更健康的人生经验，使我们能更加良好地掌控自己的前进方向，发扬内在的精神力量与智慧。

青少年朋友，所谓的伟人并非只限于些叱咤风云的著名人物，那些从社会底层起步，克服自身缺陷而成功的人物身上，有更值得我们学习的伟大品格。

享誉澳洲的约翰·库斯天生严重残疾，脊椎下部没有发育，两条腿没有成形，根本无法行走，也无法安装假肢。但是他并没有向命运屈服，相反他通过自己的努力和奋斗成为世界著名的残疾人演讲者。

约翰的演讲雄伟壮丽，思维清晰，富有幽默感。约翰有轮椅却从来不坐，而用双手行走。他有残障，却非常热爱体育运动。他曾是澳大利亚残疾网球赛的冠军，全国健康举重比赛的第二名。

约翰尽自己所能去做自己想做的事情，开车出游、健身、游泳、到世界各地演讲，过着和健全人差不多的生活。他告诉我们："坦然面对现实，然后努力进取，不要轻易对自己说不可能。"他曾经在澳洲对超过 25 万人和世界上超过 10 万人的企业及社团演讲过。在 1997 年世界著名演讲大师商务研讨会上，他和斯蒂芬·康威、布莱恩·茜希等国际著名演讲大师同台竞技，得到全场 12 000 名热情听众经久不息的掌声。

普通人大都喜欢谈自己的成功经验和成功实例，而忘了面对或分析失败的关键。但伟人不同，他们现在的成功都是奠基于过去的失败，所以对自己的失败分析得更透彻。与伟人对话，你就会知道用何种方法来克服失败，从而促进我们的人生进步，使我们能够顺利实现梦想。

向伟人借鉴经验，可以避免走太多的弯路。伟人的经历已经告诉人们：哪条路布满荆棘，费力不讨好；哪条路较少险阻，可以顺利到达彼岸。向伟人借鉴经验，还可以学习到伟人的处世智慧和坚忍不拔的性格，使青少年朋友锻炼出坚强的个性，面对生活的困苦不退缩。

生活中，除了向伟人借鉴经验。青少年朋友还可以向身边的普通人借鉴经验。他们可以是你的长辈，可以是你的同学、朋友、合作者，甚至是竞争对手。

孔子说："三人行，必有我师焉。"老师随处可找，但一颗向他人虚心学习的心却难寻。每个人都有自己的优点长处与处世智慧，将这些借鉴过来，有利于青少年朋友更顺利地取得成功。

与人合作的过程，就是向他人借鉴经验的过程。

你往往会发现，你的合作伙伴有着另类的智慧，他或许推断能力高强，或许很有先见之明，或许逆向思维超群，而这些都是你所欠缺的。那么，合作正为你提供了一个向别人借鉴经验的机会。现在你需要做的就是，拿出你的热情与诚心，保持平和的心态，虚心地向别人学习。

第十章
用口才影响他人
——你的世界由你的嘴巴建造

哈佛告诉你

语言是用来应付这个社会的一种利器，优秀的口才能够为你赢得他人的信任与支持，能够简洁明了地表达你的思想，能够在潜移默化中影响他人，能够让你获得更多的成果，赢得更好的未来。

不畏听众的目光，放松些

信心可以使一个人得以征服他相信可以征服的一切东西。

——德莱顿

青少年朋友，当你看到那些能言善辩、口若悬河的演说家的精彩表演，你是否很羡慕他们，是否也想拥有他们那样高超的语言技巧呢？那么，首先你要做的就是不畏惧听众的目光，放松些。

"我总是不敢在人面前讲话、发言，总不敢正视听众的目光，当大家的目光注视着我时，我会感到如芒在背，心跳加快，脑中一片空白……"有人坦然地承认自己说话的胆怯，而且对此颇为苦恼。

实际上，这种"胆怯"的反应并非只有你才会感到，而是每个人都会有的，只是程度不同，个人心理状态不同，感受到的也不同罢了。心理学家通过研究发现，人在说话方面或多或少都有些紧张和恐惧心理，这是影响人们进行正常说话和语言交流的明显障碍。

可以毫不夸张地说，人人都可能在说话前后或说话过程中出现紧张、恐惧心理：性格内向、沉默寡言者如此；天性活泼、思想活跃者如此；即便演说专家、能言善辩者也不例外。

每当我们打开电视机时，往往会被一些潇洒大方、表达自如的节目主持人所折服；每当我们拧开收音机时，也往往会被一些口若悬河、音色优美的播音员所倾倒。其实，他们也并非我们所想象的那样说话从容自若，应付自如。他们也一样会怯场。据说，日本某演员临近自己拍片的时候就想上厕所，甚至一去就是5分钟；美国某播音员，起初每临播音，都要先到浴池去洗一次澡，不这样，播音时就不能镇定自若。如果碰到外出进行现场直播，他便不得不提前到达目的地，并在直播现场寻找浴室。

日本有位专家认为，人类用以视觉为首的五官来感知外界的动态，随即采取相应的行动。所谓"怯场"一事，乃人体器官正常动作的一种先兆，这种动作是当见到大庭广众，或见到意想不到的陌生面孔，尤其是感觉到有别人的目光注视自己时，五官感受到了，并对之作出反应，明显症状是脸红、心扑通扑通地跳、语无伦次、词不达意等。如果此刻说话者想到：

"怯场啦！怎么办呀？"他就会因慌张而说不出话来。但是，如果他当时想到的是："换了任何一个人遇此情景，都有可能怯场！"那他心里就会踏实多了，并随之镇静下来，很快恢复正常。所以，正确地对待怯场非常重要。

美国某年轻议员在向一位年老有经验的议员请教时说："我在演说之前，老是心里扑通扑通地跳，这是不是异常？"年老的议员则回答道："那是因为你对于你要说的话进行着认真的考虑，这是必然的。即使你到了我这个年龄，也难免会出现如此情况。"

也就是说，你之所以会感觉到胆怯、恐惧，是因为你很重视自己即将要说的话，你进行了深入的斟酌和思考。

曾在日本讲话艺术界居于首位的德川梦声先生，被誉为"演说名人"。以下有一段话，是他根据自己多年的临场经验，所发表的关于演讲的看法。读完他的这段话，也许大家会更明白为什么人人都会有说话时的紧张、恐惧心理。德川梦声先生说："要上台发表演说之前，无论是任何人，都会感到紧张，都无法镇静下来。你也许会问：'像你这样身经百战，见过了大大小小各种场面的职业演说家，还会紧张吗？'像这种问题，我不知被问过多少次了，但是，我可以告诉你们，无论是怎样熟练的老手，也无法完全不紧张。因为，不管演讲或座谈，总是得开口'说话'，这就必须认真地去做才行。当然，如果是对我所熟悉的一群听众，说些很平常的内容，有时也会毫无感觉的。就好像教师对他班上的学生讲课一样，没什么好紧张。但如果要在陌生的场所，又不知道听众的身份，而对大家发表演讲的话，就算是天下一流的名演说家，也会感到紧张的。"

由此可见，每个人都会出现紧张、怯场的情况，青少年朋友会如此，经验丰富的演讲者也会如此。这并不可怕，只要弄情胆怯的原因，便可"对症下药"，慢慢扭转这种状况。

造成胆怯的原因如下。

不想献丑

有些人因为本身的学识较浅而存在一种自卑心理。他们不想让别人知道自己的缺点，怕在众人前讲话会暴露自己的短处。

不过，持有这种想法的人应该想一想，一个人尽量不暴露自己的短处，那么其长处又能充分发挥无遗吗？如果发挥自己的长处受到影响，无疑也会影响到别人对你的看法——别人有时会给你较低水平的评价。其实，只要你认真地发挥全力，诚诚恳恳地把话说出来，不必踮高足尖来充内行，相信必会有不错的表现。

外界环境的压力

试想，一个不善言辞的人和一个一流的演说家，同样在人前发表意见时，谁的压力比较大呢？对于一个不善言辞的人，社会上的人士或听众并不会对他有多大的期待，想想这点，就不应该紧张了，就可以安心了。然而，对于知识广博、谈吐自如的演说家，大家却都寄厚望于他，会对他的演说做录音、记笔记，这样高度的关心和注意，理所当然会造成台上的人心中无比的压力。因此，那些被视为大人物者，在上台演讲或致词前，自己的心情经常是非常紧张的，只不过别人很难看得出而已。

你在讲话时害怕接触别人的目光吗？那么不妨挑战一下自己，下次讲话时看着听话者的眼睛，你会感受到他的目光中充满了友善、鼓励与浓厚的兴趣。在谈话中，目光的交流是很重要的，它能够巧妙地传达许多有声语言所无法表达的含义，是你与他人进行沟通的重要渠道。

所以，不要再让你的目光游离，不要再盯着天花板，看着你的听众，与他们的目光对接，放松些。

丢掉你的羞怯感，勇敢点

自信是走向成功之路的第一步，缺乏自信是失败的主要原因。

——莎士比亚

在生活中有许多青少年不爱讲话，一说话就脸红，尤其是在陌生人面前，这是非常大的一个阻碍，人要生存，怎么怕与别人交谈呢？分析其原因，多是因为心有怯意，所以不敢讲话。

经常会有人自我解嘲地说："我口才不好，不会说话。"这是因为羞怯与恐惧的缘故。其实，只要能克服障碍，每个人都能打开话匣子，侃侃而谈。

玛莎是一位很胆小、害羞的女孩，每次教授发问时，她总是迅速地低下头去。有一次，教授突然要求玛莎发表个人意见，玛莎很紧张地看了教授一眼，她知道自己躲不了，于是她告诉自己："现在不是害怕的时候，我必须把握机会，我知道自己可以的。"于是她强迫自己忘记胆怯，专心地回答教授所提出的问题。玛莎果然做到了，而且她的表现获得教授的肯定。自此之后，玛莎对自己更有信心，再也不是昔日那个唯唯诺诺的胆小女孩了。

羞怯的心理是成功表现自己的强敌。只要克服这种心理，勇敢地向众人展示你自己，你就已经抬起了迈向成功的脚。

所以消除心中的羞怯感是训练语言能力的第一步。

那么，怎样才能消除羞怯感呢？

把精力全都放在事件发生时的情景上，而不是放在你的个性或者所有的行为上

如果你因为受到责备过于害羞，或回忆曾经有过的任何不适当的害羞行为，只能使你变得更加迷惑不解，甚至使你感觉更加无助和绝望。

只有在害羞能和我们的记忆中十分鲜明的事件联系起来的时候，才能处理害羞这个问题。比如，如果在晚会上，你因害羞无法参与晚会的游戏而感到痛苦，那么就应该首先去了解游戏，去接近正在做游戏的人——虽然表面上显得令人害怕，但却可以让你真正感受到这个游戏实际上没有一点危险，甚至还很有趣。你甚至可以在合适的时候玩相同的游戏，这样就能从中获得更多的乐趣。

适时表达自己的情感或需要

在经历了一段和害羞有关的小插曲之后，青少年朋友就能从中了解到自己有着什么样的感情状态和需求。同时了解到有这种感情和需求是完全正常的，你与别人的交往正是要建立在这个基础之上。

如果你没有这些问题，你要懂得你有这方面的权利；或者可以通过身边现有的某件事直接提到这些权利；或者也可以画画；或者做某种特殊的游戏，总之要使你自己从被压抑的情感中解脱出来。

借助周围的人激励自己

来自父亲或母亲的夸奖，对于青少年朋友而言是种激励，但有时候，兄弟姐妹、叔叔、

阿姨等给予的赞美，对你的影响效果更大，往往会成为促使自己进步的最好动力。

青少年之间彼此的赞美与欣赏，不仅能加深手足之情，增添亲切感，而且能使你更有自信。

当听到别人的赞美和鼓励时，青少年朋友首先要相信是自己的表现打动了他们，因此要相信他们的赞美是真诚的和发自内心的，这样在一种良好的心态下接受赞美，进而增长自信。

预先熟悉可能会出现的困境

青少年朋友可能羞于和他人交往或者参与某些事情，要事先做准备一定要尽力扫除障碍。同时注意行为要巧妙一些，这样就能使自己对困境的恐惧感少一些。

在事情发生之前，你要知道可能发生什么，并激励自己保持积极的态度。

要精心安排真正参与事件的时间，这样它的发生对你来说就可以恰到好处，不会显得过于突然。

要充满自信

一般说来，青少年朋友注意到的事物比父母想象中的要多得多。在困境中或者新的环境中，你要感觉到，父母和亲友一直就在自己的身旁关注和支持自己。

大凡历史上的领袖人物都非常自信，所以在表述时，他们神态自若、思维敏捷、记忆精确，兴奋与抑制过程始终处于最佳状态，应对自如、毫无做作、真切动人，从而产生极强的感染力和说服力，使表述目的得到最佳实现。

如果你只是普通的害羞病患者，有一个简单有效的克服方法。为什么会怕人笑呢？一定有人笑过你，因此你才会怕人笑。如果你相信这一点，那么就好好回忆一下，在什么时候，在什么人面前，为了什么遭人取笑。

常常是因为某些事情刺激了你的心灵，最初怕某些人或某件事，后来就笼统地全怕起来，即使那个人或那件事早已不存在了，而你的"怕"却从此附在你身上，现在只要把以前笑你的人，或是导致你蒙受取笑的那句话找出来，仔细分析一下，就可拔除"怕"的"根"。

不就是有某个人笑过你吗？这就是说，并不是所有的人都会笑你；不就是因为某句话，别人才笑你吗？这就是说，并不是你说所有话别人都会笑你。可笑的只是那句话，别人说了那句话，你也会笑的。自然，你必须明白，为什么那句话可笑，如果笑你的人喜欢取笑别人，那么，多半错不在你自己，只要避免在这种人面前说话就可以了。所以，你要学会丢掉你的羞怯感，勇敢一点。

学习优秀演说家，勤锻炼

> 勤能补拙是良训，一分辛苦一分才。
>
> ——老舍

口才不会与生俱来，也不会从天而降，就像庄稼需要施肥、道路需要整修，口才也需要培养。

狄里斯在西欧被称为"历史性的雄辩家"。

据说，他天生声音低沉，且呼吸短促，口齿不清，旁人经常听不到他在说些什么。当时，在狄里斯的祖国雅典，政治纠纷严重，因此，能言善辩的人格外引人注目，备受重视。尽管狄里斯知识渊博、思想深邃，十分擅长分析事理，能预见时代潮流和历史发展趋势，但是，他认为，自己缺乏说话技巧，容易被时代淘汰。

于是，他做了一番周密细致的思考，准备好了精彩的演讲内容，第一次走上了演讲台。不幸的是，他遭到了惨重的失败，原因就在于他声音低沉、肺活量不足、口齿不清，以至于听众无法听清楚他所言何事、何物。但是，狄里斯并不灰心，他反而比过去更努力地训练自己的说话能力。他每天跑到海边去，对着浪花拍击的岩石放声呐喊；回到家中，又对着镜子观察自己说话的口型，做发音练习，坚持不懈。狄里斯如此努力了好几年，终于功夫不负有心人，再度上台演说时，博得了众人的喝彩与热烈的掌声，并一举成名。

由此可见，只有刻苦勤奋、坚持不懈地努力练习，才会获得令人惊奇和瞩目的成功。因此，我们不应该放过任何一次当众练习讲话的机会。

当我们参加某一个团体、组织，或出席聚会时，不要只袖手旁观，而要施展浑身解数，勤奋地进行口才练习。比如，主动协助他人处理一些工作，尤其是一些需要到处求人的工作。设法做各类活动的主持人，这样，就有机会接触那些口才好的人，可以向他们学习说话的技巧，自然而然，你也就可以担负一些发表言论的任务。

青少年朋友可以在各种场合练习口才。

家庭是练习口才的第一个场所。当你在家里的时候，你能否给自己的父母讲清楚一个校园趣事。如果不能，就先将事情的逻辑顺序理清楚，然后再耐心地讲给父母听。平时家里的经济收支问题、卫生保健问题、饮食起居问题等，你都可以加入到家庭讨论中，发表自己的意见。如果你的意见能够被父母采纳，那说明你的口才练习有了明显进步。家庭的气氛是温馨平等的，与父母、兄弟姐妹之间的交谈是练习口才极好的途径。

广结良友，与朋友频繁往来，是练习口才的又一途径。无疑，我们每个人都会有一些朋友，这些朋友可能来自不同的地方，处于不同的年龄，属于不同的阶层，从事不同的工作，因而与他们相处时会遇到各种不同的问题。比如，小张近日要结婚；小李的爸爸退休了；阿王的小商店近几个月没什么起色；某某家中昨晚被盗……每个人都有各自的快乐和苦恼、失败与成功。如果我们为了练习好自己的口才，训练自己的说话胆量，就最好去了解他们的各种情况，好好找他们谈谈，尽量想出如何帮助、开导、启发他们的谈话内容。这样，无形之中，你拥有的朋友，你了解的谈话内容，都会渐渐地增多起来，你说话的胆量也会渐渐大起来。

毋庸置疑，每个人都希望自己有很好的口才，这就需要说话者把握住一切可能抓住的机会，坚持不懈地刻苦练习。练习口才的过程，实际上就是青少年朋友增添自己的信心与魅力的大好时机。可以肯定，如果一个人通过努力练就出色的口才，那么他的胆量也一定得到很好的训练。

将激情注入演讲，燃烧吧

热情一开口，就必然成为使人屈服的第一流的演说家。

——拉罗什富科

每个人都有激情，只是在现实生活中，很少有机会能表现出来。加之一般人都不愿将自己的感情当众流露，因此，人们总是通过交流或者参与某种活动，在一个大家都非常投入、十分忘我的氛围中，以满足这种感情流露的需要。

其实，日常生活中每个人当众说话时，都会依自己倾注谈话的热心程度而表现出热情与兴趣。这时，我们的真情实感常会从内心里流露出来，这是一种自然的流露，也是一种易感染他人的流露。

在说话和演讲时，如果青少年朋友能够调动自身的激情，以情感人，那么，听者的注意力便在你的掌控之下，你就掌握了开启听众心灵之门的钥匙。正如唐代大诗人白居易所说："动人心者莫先乎情。"唯有炽热的情感才会使"快者掀髯，愤者扼腕，悲者掩泣，羡者色飞"。

不管世界上哪一个民族的语言，只要饱含真诚的情感，就能产生巨大的影响，就能唤起群众的热忱，就有震撼人心的力量。美国小说家马克·吐温说得好："热情是每个艺术家的秘诀。这如同英雄有本领一样，是不能拿假武器去冒充的。"任何语言，情不深，则无以动人。

林肯做律师时，曾在一次诉讼中以充沛的情感赢得了胜利。

一天，一位老态龙钟的女人来找林肯，哭诉自己被欺侮的事。这位老妇是独立战争时一位烈士的遗孀，每月靠抚恤金维持生活。不久前，出纳员竟要她交付一笔手续费才准领钱，而这笔手续费等于抚恤金的一半，这分明是勒索。

开庭了，被告矢口否认，因为这个狡猾的出纳员是口头进行勒索的。没有凭据，情况显然对林肯不利。轮到林肯发言了，上百双眼睛紧盯着他，看他有没有办法扭转形势。

林肯用抑扬顿挫的嗓音，把听众引入美国独立战争的回忆中。林肯两眼闪着泪光，述说爱国志士是怎样忍饥挨饿在冰天雪地里战斗，为浇灌"自由之树"洒尽最后一滴鲜血。最后，他做出感动人心的结论：

"现在事实已成了陈迹。1776年的英雄，早已长眠地下，可是他那衰老而可怜的遗孀还在我们面前，哀求我们代她申诉。不消说，这位老妇人从前也是位美丽的少女，曾经有过幸福愉快的家庭生活，不过，她已牺牲了一切，变得贫穷无依。她不得不依靠革命先烈，用革命先烈争取来的自由，向我们请求援助和保护。试问，我们能熟视无睹吗？"

发言至此戛然而止。听众的心早被感动了，有的捶胸顿足，扑过去要撕扯被告；有的眼圈泛红，为老妇人流下同情之泪；还有的当场解囊捐款。在听众的一致要求下，法庭通过了保护烈士遗孀不受勒索的判决。

一位著名演说家曾这样说过："在演说和一切艺术活动中，唯真情，才能够使人怒；唯真情，才能使人怜；唯真情，才能使人笑；唯真情，才能使听众信服。"

演说者具有真情实感并且能够平等待人，虚怀若谷，他的话语方能如滋润万物的甘露，点点滴入听众的心田。而盛气凌人、眼睛向上，把自己打扮成上帝，以教育者姿态自居的人，是无法和听众交心，也无法赢得听众的爱戴的。

真诚的态度是成功交际的妙诀，也是使演说者和听众融为一体，在情感上达到高度一致，在情绪上引起强烈共鸣的妙诀。那种把自己看作是凌驾于他人之上的布道者，或自视为高人一等的儒士、学者，开口就是"我要求你们"、"大家必须"、"我们应该"这类的命令式词句；或用满口堂而皇之的言辞掩饰自己的真情，听众是绝对反感的。所以，当你说话时，不要忘记真情实感。

演讲是要感染人的，其重要手段之一就是通过语调流露真情。坚定的、犹豫的、高兴的、哀痛的、期待的、失望的、昂扬的、颓废的等各种感情，都可以通过语音语调的高低快慢、抑扬顿挫表现出来。

演讲中的情感抒发固然十分重要，但感情是受理智支配的，这个理智，就是要表达演讲的主题。演讲时要时刻牢记演讲的主题，时刻把握感情的阀门，注意控制感情的流量。有的演讲者不懂得控制自己的感情，一到伤心处就涕泪交流，泣不成声；一到愤慨时就语不成句；一到高兴时又笑得前俯后仰，手舞足蹈。结果，听众只知你在台上喜怒无常，根本听不清弄不懂你在哭什么、气什么、笑什么。这样，又怎么能与听众产生感情上的共鸣呢？

所以演讲需要尽情倾诉时，可以打开阀门，让感情如潮水般一泻而出。但高潮过后，又要立即调节，绝对不可以放纵情感，信马由缰。

形体语言配合你，更精彩

仪态是你在别人面前的标签。

——卡耐基

形体是一种无声的语言。它能够弥补有声语言的不足，它通过有形可视的、具有丰富表现力的各种动作和表情，协助有声语言将内容准确无误地表达出来。

有时形体语言在交际中比有声语言更具感染力，二者若能相辅相成，把出众的口才和不凡的举动结合起来，更会给人留下深刻的印象。也许只是一个眼神、一次握手、一个微笑，都能起到"此时无声胜有声"的效果，使双方的情感得到真正的沟通。

形体语言的分类是多种多样的，例如，头、臂、手、腿、眼、鼻、耳等，都可以表示某一类体态语言艺术，都可以成为语言的载体；时间、空间、服装，甚至桌椅等，也可以表示某一类体态语言艺术，也都可以成为语言的载体。

手势语言是通过手和手指活动来传递信息。它包括握手、招手、摇手和手指动作等。

手势语言可以表达友好、祝贺、欢迎、惜别、过来、去吧、不同意、为难等多种语义。比如，双手紧绞在一起，它显示的意思是精神紧张；摊开双手，表示真诚坦直；用手支头，表示不耐烦；用手托摸下巴，表示老练、机智；双手指尖相合，形成塔尖型，表示充满自信；不自觉地用手摸脸、摸鼻子、擦眼睛，是说谎的反映；用手指敲打桌面，表示不耐烦、无兴趣。

在人际交往中握手是一种重要的常用礼节。然而，握手所起的传情达意却比一般礼节要求的内容更丰富、细腻。如果手势与标准姿势有异，则要研究其握手礼节之外的附加含义。握手既轻且时短，被认为是冷淡、不热情的表示；紧紧相握、用力较重，是热情诚恳的表示，或有所期待的反映；力度均匀适中，说明情绪稳定；握手时拇指向下弯，又不把另四指伸直，表明不愿让对方完全握住自己的手，是对对方的一种藐视；握手时手指微向内曲，掌心稍呈凹陷，是诚恳、虚心、亲切的象征；用两只手握住对方的一只手，并左右轻轻摇动，是热情、欢迎、感激的体现；一触到对方的手立即放开，是冷淡和不愿合作的反映。

正确地掌握手势语言的内容和运用，对我们的语言能力是个必要的强化和补充，对我们的交际能力也有积极重要的作用。

青少年朋友也可以利用表情来传达信息、进行交流。在表情语言中，以下2种最为常见。

笑容语

笑容也是一种很重要的体态语言。笑是口语交际活动中很好的润滑剂，它可以迅速缩短交际双方的心理距离，体现人与人之间融洽的关系。在谈话时我们不但要注意笑的作用，还应当力求善于笑。

首先笑的时机要恰当。要注意选择笑的时机、场合、话题，该笑的时候笑，不该笑的时候就不能笑。在欢庆的场合，在轻松的气氛中，在诚恳坦率的交谈中，应该笑；但在谈起不见好转的病情，同去世的同志的家属谈话，说起工作中的重大失误和损失时就不能面带笑容。

其次要掌握笑的分寸。在日常生活谈话中，笑容主要是根据交谈者的关系、谈话的内容以及谈话者的性格、习惯等自然体现出来的。

目光语

目光是一种更含蓄、更微妙、更有力的语言。

确实，眼睛是人体发出信息最主要的器官。目光持续的时间、眼睛的开闭、瞬间的眯眼以及其他许多细小变化和动作都能发出信息。眼睛传递的信息最丰富、最复杂、最微妙。

在运用眼神时，要增强自觉的控制能力，要使眼神的变化有一定的目的，表现一定的内容。热情诚恳的目光使人感到亲切，平静坦诚的目光使人感到稳重，闪耀俏皮的目光使人感到幽默，冷淡虚伪的目光使人不悦，咄咄逼人的目光则使人不寒而栗。

面部表情除了包括起主要作用的眼神和笑容外，还包括眉部的紧皱和舒放、嘴部的变化等。这些因素在表达感情时是相辅相成的。总的来说，谈话时面部表情应该是诚恳坦率，轻松友好，而不应该摆出一副盛气凌人的嘴脸，也不应显出自负自矜的面孔，那样就会从心理上把听话人拒于千里之外。此外，表情还应该是落落大方，自然得体的，是由衷而发的，而不应该是矫揉造作，生硬僵滞的。这需要在平时不断提高文化水准，加强内在修养。

姿态语言是指通过坐、立等姿态变化表达语言信息的身体语言。一般而言，人们在各种场合的身姿都是一种无意识的心理表现。

人们在社交谈话中所采取的姿势通常有两种：站立和坐着。

站立交谈，首先必须有比较好的站相，既不要古板，又不能太过随便。

其次，据说人们在别人接近他的重要部位时，会产生本能的压迫感。而人的心脏是在左侧的，所以在站立的交谈中，你应该尽可能地站在对方的左边，这样就容易掌握主动权、控制形势。

此外，若是与比较熟悉、关系亲近的人站着交谈时，可适当地用手轻轻拍打对方的肩或背部，这样容易产生亲近感，同时，也会为对方消除压迫感。

站着说话一般不会太久，所以站立交谈时要有站相，站要站正，切忌摇来晃去，斜肩弓背，破坏自己的形象。

坐姿也是有讲究的，坐椅子的正确姿势应该是：身体上半身稍微向前倾；背部勿靠住椅背；手要端正地放在腿上；臀部要坐满椅面；坐着时鞋跟要靠拢。如果面对面谈话时，身体稍倾斜而坐；双膝间的距离约为一个拳头。

坐着慢慢谈话时，还要坐稳，别挪来移去，好像不耐烦的样子。

口才是内在修养、有声语言和体态语言的综合。

演讲是一种听觉艺术，也是一种视觉艺术。在演讲过程中，一方面，听众用耳朵听话，也用眼睛"听话"；另一方面，演讲者为了更好地表达自己的思想感情，在诉诸听众听觉的同时，也要诉诸听众视觉，因为言有不尽意之时，一些微妙的思想感情，有时难用语言所尽传。这时，用一颦一笑，一个眼色，一个手势来表示，方便而活泼得多，甚至可能收到"此时无声胜有声"的理想效果。有经验的演讲者，总是把诉诸听觉和诉诸视觉的手段巧妙地结合起来，让听众于耳闻目睹中很好地接受自己的观点。青少年朋友不妨学学这种方法。

🏛 第十一章 🏛

良好形象，完美塑造

——你的形象价值百万

哈佛告诉你

有许多优秀的人才长年得不到发展，并非他们不努力、缺乏才智，而是他们的形象就让人误解：他无法做到更好。能力固然重要，但良好的形象是开启他人心灵的第一把钥匙，形象能够为你的成功增加筹码。任何时候都不要丢掉自己的形象，要知道：你的形象价值百万！

健康使外表靓丽

> 健康胜过力量和外貌。
>
> ——亚里士多德

健康是一个人亮丽的基础，白皙滋润、富有弹性的肌肤，黑亮柔软的头发，闪闪发光的眼睛，白里透红泛着光彩的面容，周身发出一种能把周围照亮的光芒，这种由内而生发出的亮丽是任何装扮都不可能企及的。这是只能由健康带来的亮丽，是健康赋予人的光彩。

青少年朋友要保持一份自然美，那么就应保持健康的体魄。一个健康的人在别人眼里总是美丽的。

在克林顿和老布什的竞选角逐中，克林顿不停地以长跑、滑雪、打高尔夫的镜头在电视上出现。还有一次，他与群众一起游泳。这一切都是经过精心设计的，其目的不是为了证明克林顿有多么高的运动天赋和技能，而是为了展现给人们一个健康的、精神焕发的、能够担当重任的形象。

后来，在一次娱乐活动中，克林顿还熟练地吹起了萨克斯管。满面红光、体魄健康的克林顿与头发花白、年老体衰的老布什相比之下，显得充满了朝气、生机勃勃。选民的天平自然而然地倾斜了。

1992 年，克林顿乘坐大轿车纵横全国，每天停车达 15 次之多，不是记者招待会就是接见选民。他活跃得像个永动机，以健康、充满活力的形象，冲开了选民的心扉。

1996 年，克林顿还是用这样的代表着生命力和健康的活跃，击败了共和党的领袖鲍勃·多尔。

不仅仅是克林顿，在西方的自由竞选中，政治代表们都竭力展现出自己的活力，他们的策划班子都会让他们通过个人运动来展示健壮的体魄。政治家们懂得，体育锻炼为的是展现活力，大腹便便的形象是不受选民喜爱和信任的。

所以要想外表亮丽引人关注，就要爱惜你的身体，善待它、营养它，使之健康、愉悦，它定会很好地回报你。

科学研究证明，人体的内脏器官，如心脏、胃、肾等都与面部的不同部位有特定联系。内脏功能的好坏会在人的面部反映出来，因而通过观察人的面部情况，就可以判断健康状况。

额头皱纹增加，表明肝脏负担过重。因此，必须戒酒，少吃动物脂肪，而且每天饮水至少3升，如果能做到适度地节食，例如，放弃一顿午餐更佳。

眼圈发黑、眼神无光则是肾负担太重。请少吃盐、糖、咖啡，多吃小红萝卜、白萝卜或饮蒲公英茶。

脸颊发灰说明身体低氧，肺部功能不佳，应多去户外散步、慢跑并补充绿色蔬菜，增加蛋白质、矿物质和粗纤维的摄入。

过多的巧克力和甜食会在鼻尖上形成红色血管，可用果仁、水果或酸奶来代替巧克力当零食。但如果整个鼻子通红，那就是心脏负担过重了，应立即放松、休息并戒烟，少吃脂肪。

上嘴唇肿胀常常由于胃痉挛引起，而土豆有暖胃的功能，可以多吃。

要保持青春富有活力的身体，每天保证糖、脂肪、蛋白蛋、矿物质、维生素、纤维素等基本营养物质的合理供给是十分重要的。

日本学者认为合理的饮食应是每餐八分饱，每餐主副食各半。主食宜糙米黑面，副食宜采取1：1：3比例，即动物蛋白为1，植物蛋白为1，蔬菜水果为3。动物蛋白有鸡、鸭、鱼、肉；植物蛋白为黄豆及各种豆制品。

适度的运动锻炼能增强心肺功能，加强肌肉力量，增大骨质密度，提高机体的灵敏度和适应力，增强人体的免疫功能和抗病能力，从而使人保持青春的活力，蓄存一种由内而外的长久不衰的美。

对一个人来说，游泳、体操、登山、滑冰、滑雪、武术、划船、骑自行车，以及各种球类活动，都是极好的运动锻炼项目。可根据各自的兴趣及体质状况加以选择。锻炼时要掌握2个要点：一是适度，二是坚持不懈。

良好的习惯会使人受益终身，其中良好的生活习惯对健康的价值更是不可低估。

可是，在现实生活中，许多人对此却很不以为然，无论是生活、娱乐、休息、学习，都缺乏一种规律性，常常是心血来潮，忘乎所以，凡事都好走极端。例如，有的人喜欢通宵达旦地下棋、玩牌、跳舞或者看电影，平时吃饭、睡眠都缺乏规律性等。

这对身体健康都是十分有害的。须知，人体的生命活动是在生物钟的严格控制下有节律地进行运转的。为此，要在饮食、睡眠、学习、工作以及各种生活制度方面养成一种定时、定量的规律性，并保持始终。这样才能形成良好的条件反射，保证身体各种生理功能发挥最佳效应。

众所周知，压力是现代人健康的第一个敌人。一个成功的人懂得自己不是一个超常运转的机器，需要调节自己的生活节奏。

如果你在业余时间还考虑着学习中的难题，在该学习的时候又由于疲惫而不能产生高效率，整个生活由于没有一个良性的、有弹性的节奏，以至于未老先衰，十几岁的年纪却像有一颗60岁的心。整天萎靡不振，没有青少年该有的那份天真与活力，有的却是一份苍老和病态，以致学习和生活都失去了乐趣和动力。

如果想获得成功，就要有一个健康的身体，健康的身体为青少年朋友带来饱满的精神和充足的动力，它不但能够亮丽你的外表，还为你铺就了成功的阶梯。

社交着装有讲究

无论如何，一个人应永远保持有礼貌和穿着整齐。

——海登斯坦

现代社会中，杰出人士坚持这样一个人际吸引的原则：一个人风度翩翩，俊逸潇洒，能产生使人乐于与之交往的魅力。对于青少年朋友来说，在不同的场合穿着适当合体的衣服不仅能给别人留下深刻的印象，而且会给人一种有素质、有品位的感觉。

英国哲人约翰·洛克说："礼仪的目的与作用使得本来的顽梗变柔顺，使人们的气质变温和，使他敬重别人，和别人合得来。"服饰能反映杰出青少年的审美情趣和修养，他们的服饰总与自己的气质、身份一致，与自己的形体、个性协调，与当时的气氛和场合相符，随时都让自己显得更潇洒、更精神、更讨人喜欢。

着装代表着一个人的身份、文化素养、家庭背景，甚至也代表着一国、一族的文化。综观东西方国家各个民族，在社交活动中的着装礼仪都有着约定俗成的原则，大致如下。

整洁

无论在何种场合，穿何种衣服，都要保证着装整齐洁净。只有如此，才能保证服饰的美感。否则，无论你穿何种品牌、质地、式样、颜色的衣服，都会给他人留下不洁、不好的形象，也就无所谓服饰美了。

协调

一个人着什么装，怎样打扮，都必须与个人的性格、气质、身份、年龄，以及穿戴的环境、季节相协调，才能与审美要求相符，才能符合社交礼仪规范，才能给他人以美的享受。

下面介绍一下使服饰协调的几种方法。

体现个性，与交际环境协调。

人置身于不同的社交场合、不同的群体环境，就应该有不同的服饰打扮。在交际活动中，要考虑环境因素，除上学时需要穿统一的校服外，服饰穿戴要具有个性特点。在选择服装的款式、颜色、材料上要根据主观爱好、气质、修养、审美特点等，选择充分体现自身个性的服饰，使服饰与个性"相映生辉"，给他人以强烈的美感，从而穿出你独特的一面，在交际过程中产生积极、良好的影响。

体现个性风格，并非随心所欲，这里还有着装的交际环境、气氛的限制。服饰要与整体的交际环境、气氛相协调，只有这样，才有个性着装可言。比如说，在学校要穿统一的校服或运动服，目的是要整齐划一且便于活动，如果穿着庄重的西装或出席礼宴的礼服就显得不伦不类了。出席婚礼，服饰的色彩可略微鲜艳明亮一些，但不可过度，否则有压倒新娘之势，这是不礼貌的。而参加葬礼吊唁活动，则应着深色凝重的衣服。在家休息时，可穿舒适的休闲服装。在运动场上，则要穿着适合运动的服装。

除与交际环境相协调外，还要注意与交际对象协调，以缩短彼此之间的距离，创造和谐融洽的交际气氛，使整个场合的气氛更加舒适、自然，这样，服饰美的目的也就达到了。

服饰选择与自身的社会角色相协调。

在社会生活中，每个人都扮演着不同的社会角色，因此也就有着不同的社会规范，在服饰穿戴上也就有区别了。青少年朋友应尽量做到服饰与角色相吻合。如果你现在是学生，要按学校的相关规定着装或穿校服；如果你现在的角色是办公室职员，需要与同事或上司交往，你的着装则需要符合办公室礼仪，男士着西服，女士着套裙；假如你现在的身份是路上行人或公共场所的一员，则你的着装需要符合社会道德规范，要不伤风化和大雅。服饰美的创造必须与个人的角色特征密切吻合，这才能显示出服饰美的魅力。

服饰穿戴与自身的先天条件相协调。

青少年朋友在社交场合，都希望自身的美丽服饰给他人以美的享受。为了达到美化的目的，服饰的穿戴要注意扬长避短。青少年朋友在选择服饰的时候，不仅要考虑服饰的颜色、质地、款式，还要充分结合个人的脸形、身材、肤色等来着装。现针对不同肤色、身材，为青少年朋友提供以下一些着装参考。

肤色与服饰匹配适当。中国人多为黄种人，一般说来，不宜选择与肤色相近或颜色较深暗的衣服，例如，土黄、棕黄、深黄、蓝紫等，因为它们使得"黄"人更"黄"。通常适宜穿暖色调的衣服，例如，红、粉红、米色等。但如果你的皮肤比较白净，则深色或浅色的服装都合适。如果你的肤色稍暗，适合穿亮色衣服，例如，天蓝色、水粉色等，最忌穿纯白色衣服。因为纯白色衣服会让你显得更黑，那时恐怕就没有美感可言了。

体型与服饰合理搭配。如果身材高大修长，则各种服饰皆可；若稍胖，宜穿竖条形、不太肥的衣服。

如果你的身材比较矮小，适宜穿造型简洁、色彩简单明快、小碎花型图案的服饰。

肩过宽者，适宜穿大翻领、带垫肩的衣服，脖系丝巾或围巾，穿横条纹上衣。肩过窄者，适合穿柔软、贴身的深色上衣。

腿粗者，适宜穿有下摆的长裤或拖地长裙，直线条纹的裙、裤，下身选择深色系列。

腿细者，适宜穿横条纹的裙、裤，或不太紧的长裤，注意裙长及膝或膝下 3 厘米左右，不可选择高于膝盖以上的短裙或超短裙；穿浅色服装和丝袜，脚穿式样简单的低跟或平跟凉鞋。

腿长者，如穿裙子，最好过膝，系宽皮带，外衣长度要过腰部；长裤要与臀部紧贴，长度适中，裤脚反折。

腿短者，适宜穿直线条纹的裤、裙，或高腰长裤，如穿裙子，则下摆必须合身。

服饰穿戴要与季节相协调。

除了以上几点着装时需要注意外，青少年朋友的服饰穿戴还要与四季气候条件相协调，除非有特殊情况，否则，违背自然规律着装，不是热着了，就是冷着了，影响个人健康不说，与他人、与社会格格不入的着装不仅毫无美感可言，还有损个人形象。一般说来，春、秋季气候不冷不热，适宜穿着浅色调的薄厚适中的衣服；而冬、夏季就偏冷或偏热了，与之相适应，我们的着装则应该相应地偏厚或偏薄。如同样是裙装，夏天应着薄型面料的，而冬天则应该穿厚面料的；且夏季服装的颜色以浅色、淡雅为主，冬季以偏深色的为主，如深蓝、藏青、咖啡等色。

在现代社会，服饰已经远远超越了传统的实用、保护身体的基本功能，而是上升为一种服饰文化，它体现了一个人的社交形象与身份地位。掌握服饰的巧妙搭配与应用，对于提升个人形象至关重要。

良好礼仪少不了

一个人的礼貌，就是一面照出他的肖像的镜子。

——歌德

人的衣服可以由裁缝做得很合适，人的动作可以由教师教得很有派头，这些事情固然可以使他显得很体面，却没有一样能够使他变成一个受过良好教养的绅士。即使他还具有学问也是不够的，因为弄得不好，学问反而可以使他在与别人交往的时候更加无理，更加令人难受。由此，礼仪是在人的一切美德之上加上的一层藻饰，使它们对他具有效用，去为他获得一切和他接近的人的尊重与好感。没有良好的礼仪，其余一切成就就会被人看成骄傲、自负、无用或愚蠢。

没有教养的人有了胆量，胆量就会带有野蛮的色彩，而别人也必以野蛮相看待；学问就变成了迂气；才智就变成了滑稽；率直就变成了粗俗；温和就变成了谄媚。没有礼仪，无论什么美德就都会变样。美德是精神上的一种宝藏，但是使它们生出光彩的则是良好的礼仪。

按照英国著名政治思想家、哲学家、教育思想家洛克所说，所谓"教养"，它是以美德为根基，而以礼仪为藻饰的。如同钻石，经过琢磨和镶嵌之后，它就放出光彩来了。

美国成功学家马尔登也说过："文明的举止，还有这背后所蕴藏的对人的体谅、关心，是我们人生的一笔巨大财富。"不同的举止，可以使我们或者恼怒，或者平静；或者兴高采烈，或者羞愧难当；或者与禽兽为伍，或者与圣贤同列。这种东西好像是日常呼吸的空气一般，平时你感觉不到它的存在，但润物细无声，天长日久，一点一滴地对你产生作用。它是我们日常社交生活的润滑剂，是整个社会减少损耗、高效运转的助推剂。

有人常以"大家都这么做，我有什么办法"为自己"不拘小节"做挡箭牌。但恰如《格言联璧》里所说：多少良心就在"不为过"这3个字下抹掉了，多少体面也就在"没奈何"3字前被抹去。但是，你所"不拘"的"小节"，恰是做人的"大节"！古希腊哲学家赫拉克利特说："礼仪是有礼仪人的第二个太阳。"德国大诗人歌德说："行为是一面镜子，在它面前，每一个人都显露出各自真实的面貌。"没有礼貌，缺乏教养，正从一个侧面反映出了这个人或自私，或懒惰，或吝啬，或贪婪，或傲慢等不良的人品。

糟糕的举止会搞糟一切；相反，良好的举止会弥补一切。它使我们说出的"不"字带上了金色，使真理变得甜蜜，使我们自身增加了三分美丽。

马尔登非常看重良好的礼仪对于一个人成功的作用，他认为良好的礼仪可以代替财富。对于有良好礼仪的人，所有的大门都向他们敞开。他们即使身无分文，也随时随地会受到人们热情的接待。他说，不妨假设有这样两个人，他们在其他方面都一样，只是在待人处世方面不同：一个谦和友善、助人为乐，举手投足无不具有绅士风范；而另一个举止粗鲁轻慢，对人总是吹毛求疵，没有一点合作精神。很显然，前者的事业会蒸蒸日上，后者只会江河日下。

德国有一句谚语："脱帽在手，世界任你走。"还有一位哲人说："礼貌的作用有点像船上的气垫，虽然里面空无一物，却可以大大减轻我们的颠簸。"

良好的礼仪能使我们在勤勉的同时，更容易获得成功。老话讲，"和气生财"，文明的举止习惯可以为你打开一切财富之门。它也能使我们减少人际的摩擦，使人生变得快乐轻松。

礼仪分为多种，如公务礼仪、商业礼仪、外事礼仪、学校礼仪、宴宾礼仪、宾馆饭店礼仪、婚姻礼仪、丧葬礼仪、诞辰和祝寿礼仪、节日与节庆礼仪、家庭交际礼仪、衣食住行礼仪等。下面以交谈中的礼仪原则，向大家介绍一些人际交往中的礼仪规范。

运用语言交际包括两个方面：一是听，二是说。

有人说，听别人说话是一门学问。青少年朋友在交际中应该学会听别人说话，在听别人说话时，应注意以下几个方面。

第一，思想集中。一般人说话的速度每分钟一般是120～180个字，而思维的速度要比这快4～5倍。因此，听别人说话时，注意力分散，就容易漏掉讲话人所说的重要内容。

第二，听别人说话时，应协助对方把话说下去。可用目光与说话人交流，也可适当点头，做一些手势，或通过一些简短的插语和提问（如"结果呢？"等），来暗示对方你确实在注意倾听，并对他的话很感兴趣。

第三，不要急于下结论。过早表态，易使谈话夭折。此外，听话应学会听出弦外之音、言外之意。据心理学调查，世界上的商人成功的原因之一就在于他们不仅能细心倾听顾客所讲出的话，而且能听出没讲出的话。亲友之间不能像商人经商，可还是应该充分理解对方。

一个人说话的好坏，与其知识储备和应变能力等有密切关系。但就一般的谈话来说，掌握一些基本的技巧还是有助于交谈顺利进行的。

青少年朋友在与人交谈时，选择适当的开始话题是重要的一环。在学习一种外国语言，进行情景对话时，谈论天气的话题是最为常见的。但若不论时间、地点一味地谈天气，则不免会有些滑稽。谈话中，依当时、当地的环境情况，选择出一两项可谈的事，引出话题这是可取的。例如，到亲友家做客，不妨赞美一下室内的陈设，谈谈墙上的书画作品，摆在突出位置的工艺品等。这样的开场话，其目的主要是使气氛融洽。在评论某件物品时，不应用挑剔的口吻，而应用赞美的语言。

青少年朋友在与别人交谈时还要重视因交谈对象的不同而采取不同的态度。不同年龄、职业、地位的人们，其情趣、语言和习惯也就不同。因此，采用与谈话对象相同的语言和口吻，才容易使对方感到你是"自己人"，从而产生亲近感。当然，如果一个人的知识不够广博，也缺乏控制谈话的能力，那就不妨试着从对方的话题中发现他的兴趣所在，让他对自己感兴趣的东西发表看法。一般来说，某人感兴趣的东西，在他的知识储备中也多是精华部分。因此，可能通过与对方的交谈，扩大自己的知识面，也许会对对方感兴趣的东西也发生了兴趣，从而加深相互间的交往。

优雅谈吐印象好

美只愉悦眼睛，而气质的优雅使心灵入迷。

——伏尔泰

谈吐能直接反映出一个人是博学多识还是孤陋寡闻，是接受过良好教育还是浅薄无知。而杰出人士往往能够在社交中侃侃而谈，用词高雅恰当，言之有物，对问题见解深刻，反应敏捷，应答自如，能够简洁、准确、鲜明、生动地表达自己的思想与情感，表现出其不同凡响的气质和风度。

作家于伶回忆与鲁迅先生谈话时说："鲁迅先生谈吐深刻、严密、有力而又生动活泼，句句吸住我们。渐渐谈下去，愈来愈强烈地发射出真挚的热情，又有一种严峻的强大的威力，从瘦削的脸上透射出来。"使人听得入迷，产生"听君一席话，胜读十年书"之感。

有人不善言谈是因为怕说错话。说话不当固然会伤人，但是否保持"沉默是金"的信条，永远信奉"闭口深藏舌，安身处处牢"，你就可以高枕无忧了呢？答案是否定的。要做一个成功者，要获得他人和上级的重视和赏识，沉默寡言绝非是成功之道。

成功者要想脱颖而出超越他人，就必须具备高超的说话技巧。苏秦游六国，说服各国国君联合；诸葛亮先是在隆中茅屋里侃侃而谈天下三分之势，说得刘备大为心折，后又舌战群儒，说服吴国国君孙权主战；至于当今的推销员，更是凭着说话的技巧，说动千万个顾客。国外有研究者调查了数千名事业获得成功的人，试图找出他们的共同之处，结果发现，这些人都懂得巧妙地使用言语。

在语言方面，交谈的总要求是：文明、礼貌、准确。语言是组织交谈的载体，交谈者对它应当高度重视，精心斟酌，这是不言而喻的。

青少年朋友作为有文化、有知识、有教养的现代人，在交谈中，一定要使用文明优雅的语言。下述几种语言，绝对不宜在交谈之中采用。

粗话

有人为了显示自己为人粗犷，出言必粗。把爹妈叫"老头儿"、"老太太"，把女孩子叫"小妞"，把名人叫"大腕"，把吃饭叫"撮一顿"。讲这种粗话，是很失身份的。

脏话

讲脏话，即口带脏字，讲起话来骂骂咧咧，出口成"脏"。讲脏话的人，非但不文明，而且自我贬低，十分低级无聊。

黑话

黑话，即流行于黑社会的行话。讲黑话的人，往往自以为见过世面，可以吓唬人，实际上却显得匪气十足，令人反感厌恶，难以与他人进行真正的沟通和交流。

荤话

荤话，即说话者时刻把艳事、绯闻、色情、男女关系之事挂在口头，说话"带色"、"贩黄"。爱说荤话者，只不过是在证明自己品位不高，而且对交谈对象不尊重。

怪话

有些人说起话来，怪里怪气，或讥讽嘲弄，或怨天尤人，或黑白颠倒，或耸人听闻，成心要以自己的谈吐之"怪"而令人刮目相看，一鸣惊人。这就是所谓说怪话。爱讲怪话的人，难以令人产生好感。

气话

气话，即说话时闹意气，泄私愤，图报复，大发牢骚，指桑骂槐。在交谈中说气话，不仅无助于沟通，而且还容易伤害人、得罪人。

青少年朋友在交谈中多使用礼貌用语，是博得他人好感与体谅的最为简单易行的做法。

所谓礼貌用语，简称礼貌语，是指约定俗成的表示谦虚恭敬的专门用语。在社交中，尤其有必要对"您好"、"请"、"谢谢"、"对不起"、"再见"5句10字礼貌语经常加以运用，并且多多益善。优雅的谈吐可以在生活中培养，而且有以下几点技巧：

有效的说话态度

说话时应该态度从容，双目注视对方，表示出诚挚的神情。随时注意对方的反应，这是说话"有效"的关键所在。发现对方很感兴趣的样子，你就继续深入；发现对方怀疑的样子，你就要对你刚才说的话稍加解释，不要只顾往下说；发现对方神情不悦的样子，你就该设法结束或者换一个话题；发现对方要插话或问话的样子，就要停顿让对方发表意见，这才称得上"交流"。谈话时不管对方反应，只是自己一味滔滔不绝，这样你就是在说给自己听了，是谈话之大忌。

说对方关心的话

人最关心的是与自己有关的事，所以不能只谈自己的主张。一再说"我"，会让对方觉得自己的存在和主张被忽略了，因而在心中形成一道鸿沟，即使你说得再天花乱坠，他也只是漫不经心。对方既然是和你同样的人，当然也有谈论自己的欲望。

如果希望表示你的出色，就不要只专注于谈论自己，而要把会话的方向转向对方和对方关心的问题，对方将给予你更高的评价。

不要故作高深

说话不需要矫揉造作，卖弄辞藻。动辄引经据典做高深状，其实言之无物，结果对方早已听得心烦，还是等于白说。

说话应以打动对方为最高目标。用质朴自然的话把自己最熟悉的事讲出来，最能打动人心。

人生并不是在做戏，"无聊的谈话"正是为了在双方心灵之间先拉好吊桥的钢缆。有一句话说得很正确："不要执意于深奥或好听的话，相反，要用普通的句子和身边的事物作话题，来建立你的人际关系！"

使人赞同的说话方法

在谈话中提出自己的观点，又使这种事情与对方有连带关系，对方将会欣然赞同你的观点。比如说，"我也是这么想的"、"我也有这样的感觉"、"看来我在这点上与你相同"、"你可能也知道这件事"等。如果你叙述的感觉和经验，使对方觉得与他的感觉经验有相似之处，他当然会赞同你。正如对好恶感的心理分析所得出的类似性原理：有类似观点的人容易亲近。

如果必须讲出与对方观点相反的话，也应找出一些同意的地方，有了这些双方一致的共同点，你的相反观点也较容易被对方接受。

为了在交往中成为受欢迎的人，优雅的谈吐是必不可少的。那么，青少年朋友们从现在就开始培养吧。

第十二章

充分展示最棒的自己
——像演员一样具有旺盛的表现欲

哈佛告诉你

在"酒香也怕巷子深"的今天，如果你仍静待伯乐的光临，必将错失许许多多美好的机遇。这个时代要求你有特长就发挥出来，有本领就展示出来，是千里马就去奔跑，用自己的才能征服众人，随时准备展示最棒的自己。

做演员，不做看客

我存在，乃是所谓生命的一个永久的奇迹。

——泰戈尔

受传统观念影响，许多青少年朋友习惯于将自己的优点深深地埋起来，甘心只做个看客，认为这样才是稳重，才是矜持，才是谦虚。反之，则是爱出风头，爱炫耀的表现。稳重的确是优点，但如果长期深藏自己，可能就会导致这样一种坏处：时间久了，连我们自己也忘了自己的优点在哪里。

在给学生做心理辅导时，济南某中学的一位老师曾出过这样一道题：让同学们在纸的正反面分别写下自己的优缺点。

令老师吃惊的是，大部分同学在写自己缺点时洋洋洒洒，颇有一番"如数家珍"的气势；而写自己的优点时，却抓耳挠腮，不知所措，困惑的目光似乎在反问老师："我怎么会有优点？"

一位在美国讲学多年的老师，讲了中国学生和美国学生在课堂上截然不同的表现："我在国内讲学时，发现中国的学生先把后面的座位坐满了，实在没办法了才坐到前排去，原因是大家都不想太'显眼'；而在美国恰恰相反，大家都希望自己被注意到，能够有更多展现自我的机会，他们甚至主动将硬纸片对折立在桌面，将自己的名字写在上面，希望老师能够叫到自己。当老师提问时，中国学生明明能回答，也不肯积极地举手发表自己的看法；而美国学生，则会积极地抓住机会……"

或许青少年朋友觉得"是金子总会发光"，但你需要明白，没有一种成功的过程和结果是不"显眼"的，你拒绝让自己"显眼"，在某种程度上就是在拒绝成功。拒绝"显眼"的实质，其实是你害怕被人否定，被人嘲笑。放弃"显眼"的结果，则会让你更加不自信。

因此，青少年朋友有必要像鸟儿展现自己最美丽的羽毛一样，将自己的优点展现出来，这绝不是出风头、炫耀的表现，而是在与别人分享内心中对自己的认同，是为自己赢取更多发展空间的明智之举，也是走向成功的不变定律。

2005年春节，某省电视台举行"青春女生"的比赛，有一个相貌平平的女孩子去参加考试，顺利通过了初试和复试的选拔。在决定能否参加决赛的考察中，电视台的工作人员当面告诉她不能被选上，理由是她的形象不适合电视台的节目。

这位女孩觉得很伤自尊，很憋气。本来那扇门已经关闭了，她却头脑一热突然转回身又打开了门，对主持面试的电视台工作人员说道："尊敬的先生，我们这次比赛的主动权掌握在您的手里，我没有讨价还价的资格。其实，您不需要任何理由就可以否定我，但您给了恰恰是一个不能被我接受的理由。当然，我可以像成人一样，通过美容等手段把自己打扮得漂漂亮亮，但我个人坚持认为：学识、内涵和个性才是真正可贵的。我觉得我活泼开朗，热情大方，能够随机应变，积极进取，敢于对拒绝说'不'，这正是我们这个时代的青春少女所拥有的特色，而这是我多年磨炼的结果，是无法用服装发型等外在形象所能改变的。"

本来她这样做只是想出一口恶气，不料这种方式恰恰展现了她的过人之处。第二天，电视台的节目组与女孩联系，告诉她被录用了。

后来，这位女孩在一篇文章里总结这次成功经历时说："头脑简单的鸟儿可以把自己生命中最可贵的东西——美丽的羽毛，在最短的时间内展示出来，引起别人的注意，但人却不能。这个时代已经很难给人一种机会，能像泡功夫茶一样让一个人的优秀品质慢慢地显露出来。为了更好地生存，人应该学习鸟儿，学会在最短时间内展示自己最优秀的一面。"

另一个女孩子也是由于勇于展示自己而得到了一份不错的工作。

她是一个毛遂自荐者，英文不错，想到出版社当编辑。由于出版社当时没有英文书的出版计划，所以没有聘用她，但把她推荐给另一家出版社，这个女孩就有了一份很好的工作。

负责人后来谈及此事，说这个女孩的英文能力并不如她自己描述的那么好，可她敢于展示自己，在这一点上表现了她主动积极和勇于向陌生人、陌生事挑战的一面，这样的人才谁都会喜欢。

青少年朋友会发现，生活中的每一个环节都需要发挥自我展示的能力。例如，向朋友展示自己的感情，向老师展示自己活动的提案，向父母推销自己课余活动的安排……你必须练习做自我展示，才能够得到身边人们的支持，使你的生活更顺畅。

现代社会，在展示我们自己的时候，已经不需要谦虚了。因为每个人都把自己武装到了牙齿，你的特点也就没那么突出了。因此青少年朋友还必须学会以最快的速度、最简捷的方法展示自己最优秀的部分，这样才能在芸芸众生中脱颖而出。

良好的语言表达能力是精彩人生的基石

勇敢地走你自己认为正确合理的道路。

——罗曼·罗兰

与别人沟通交流最直接的方式就是语言，良好的语言表达能力对人取得社会交际的成功非常重要。可以说，良好的语言表达能力是人生精彩的基石。

交际中的人应该明白，良好的语言表达能力首先可以准确地表达自己的愿望与思想，可以在沟通交往中收到良好的效果。如果不能清楚地表达自己的思想，收不到预期的效果，事情就会变得很糟糕。日常交际活动中常有这样的事。

有个人做东请 4 位朋友到家中喝酒，乙、丙、丁 3 人早到了，甲却没来，主人随口说道："唉，该来的不来。"乙听了这话心想："该来的没来，莫非我是不该来的吗？"他拔腿就走了。主人不知道自己说错了话，又说："不该走的又走了。"丙听了很不高兴："不该走的人走了，那就是说该走的人是我喽。"他也一言不发、气呼呼地走了。主人不明白怎么回事，还挺委屈地对丁说："我又不是在说他。"不料丁也受到了刺激："莫非是在说我。"于是，丁勃然大怒，拂袖而去，独留下主人空对一桌酒席发呆。

如果一个人具备良好的语言表达能力和优雅的谈吐，那么他人就能为你倾倒，乐于跟你亲近，你也就能广结朋友，受人欢迎。现在的社会，是一个越来越注重人际交往的社会，所以对于说话的艺术，青少年朋友也就更加不能小觑，而要让它成为一种真正能打动人心的艺术。

那么，如何才能让说话成为一种艺术？青少年朋友可以通过以下这些方法培养自己能说会道的能力。

精心选择话题

谈话时要选择那些容易引起别人兴趣的话题，这样有利于营造一个轻松融洽的谈话氛围，使交谈得以继续深入下去。

满足对方的心理需要

在日常生活中，无论是生理上还是心理上，都有各种各样的可以交流的话题，谈话时应尽可能地从某一方面去满足对方的需要。

从关怀对方入手

关怀和帮助是每个人都需要的，因此关心对方也是个永远受欢迎的话题。有些人无论在鸡尾酒会上还是在日常生活中，他们都能自如地同病人谈治病强身的方法，同家长谈培养子女的方法，同青年人谈今后的发展目标，同家庭主妇谈安排生活的诀窍，同学生谈提高学习效率的方法……这些话题无一例外都是对方乐于接受的。

以理服人

这个"理"必须是站得住脚的，不会被人驳倒的。如果被人驳倒，那么这个理就不能服人，就没有了说服力。

借题发挥法

借题发挥出来的看法，必须是别有新意，如果没有新意，那么就没有了说服力。借题发挥出来的意思必须尖锐有力，这样才能更有力地击中对方。

词语巧解法

著名国画大师张大千先生，有一次大家为他举行饯别宴会。大家入席坐定，不免都有点感到拘谨。

宴会开始后，张大千举杯向戏剧大师梅兰芳敬酒："梅先生，你是君子，我是小人，我先敬你一杯。"听了这句祝酒词，众宾客都愣住了，梅兰芳也不解其意。接着，张大千笑着说："你是君子——动口，我是小人——动手!"这话正好和着"唱戏动口，绘画动手"——"君子动口不动手"，于是逗得满堂宾客大笑不止，梅兰芳也乐不可支，举杯一饮而尽。气氛顿时变得十分融洽。

小人本来是贬义词，但经张大千一解释，却成了褒义词，像这样巧妙地解释词语的说话方法就叫作词语巧解法。

悬念吸引法

如果我们在说话时也能制造悬念、卖关子，那么我们的讲话一定可以吸引人。

悬念只有在精心策划以后才能出现。如果不动脑，而想悬念出现，那是不可能的。悬念在讲述过程中，必须能吸引人，叫人相信。如果不能吸引人，不能叫人相信，那么效果就不会太好。

自然流露法

要讲的话，必须是内心的自然流露，言为心声，心里怎样想就怎么说，讲究自然得体。

循循善诱法

循循善诱就是正面引导，使对方逐步提高认识、分清是非，从而解决思想问题的一种方法。

旁敲侧击法

从侧面，从另一个角度来说这个问题，结果往往会取得更好的效果。通常，在正面说明自己的意见不容易被人接受时，才使用这种方法。旁敲侧击的语句，必须使人一听就懂，而且富有启发性。如果别人连意思都听不懂，或者不能给人以启发，那就不能使用这一方法。

先发制人法

先发制人法是在对方尚未讲话之前，先发动进攻的一种说话方法。这是抢在别人前面，给他人心理上制造压力，从而使对方被制服的一种说服方法。在这里，我们千万不要将这种做法和那种"恶人先告状"的做法混淆，我们可以在必要的场合下，合理地使用这一方法。

冰冻三尺，非一日之寒。只有在日常的言行中注意自己表达能力的培养，才能得到充足的锻炼机会，在关键的时候方能一显身手。

在辩论中挥洒激情

凡人唯能悔，然后能进德。
　　　　——陶觉

如果你还在为自己的口齿笨拙而苦恼，那么不妨多参加一些学校、班级组织的辩论赛。辩论赛是提高语言表达能力的最有效的途径。

要想在辩论赛中获得成功，做到以下几点非常重要。

丰富知识

知识丰富的人，才能有话可说，才不容易被人驳倒，才能做到能说会道，才能滔滔不绝、口若悬河。辩论赛是智力和学识的比赛，只有敏捷的反应、丰富的学识才有可能辩论过对方。而且敏捷的反应还要以学识为基础。

涛涛的父母只上过初中，父亲在低压电器厂工作，母亲在技术科工作。

涛涛的性格好静不好动，喜欢看书和玩积木，有时也和父亲一起下象棋、玩扑克游戏等。他的克制能力很强，每天晚上的电视节目只看新闻类、时事类节目，其他节目很少看。

有人问涛涛为什么喜欢读书时，他说："我读的书还不算多，但我明白一个道理，那就是——聪明全靠学习，知识来自积累，书是知识的源泉，我百读不厌！"

这也是涛涛为什么能在全国性的大赛中，从众多的优秀选手中脱颖而出的原因。在比赛中，面对各种问题，涛涛都能做到不慌不忙，对答如流。如果他不具备这些知识，那么，他就会卡壳，就会答不出问题，也就不可能成为比赛的佼佼者了。

由此可见，知识对培养能说会道的能力作用很大。但是，这里所说的丰富知识，积累知识，不仅仅是指书本知识，而且也指实践中的知识。如果仅有书本知识，而缺乏实践的知识，也不可能真正做到能说会道。

讲话时要勤于思考

人之所以说话，主要是为了交流、沟通思想，或者是要把对方说服、辩服。在什么场合怎样说话，在什么对象面前怎样说话，这必须要认真对待，勤于思考，也就是说必须认真动脑，好好想一想才能说。在辩论中不动脑筋地信口开河，不负责任地乱说，既影响自己论点的说服力，还有可能输掉比赛。特别是在碰到难题的时候，更应勤于动脑。

摆观点要旗帜鲜明

辩论必须做到观点正确，旗帜鲜明。在辩论中，对原则问题，要语言明确，毫不含糊。自己爱什么、恨什么、拥护什么、反对什么，都必须鲜明地体现在自己的言辞之中。逻辑的力量在辩论中是不可低估的，要取得辩论的胜利，必须有正确的论点、充足的论据和有力的论证。当然，也应注意用词艺术，考虑不同对象可能接受的程度。

讲话要快人快语

论辩口才形态与对话、答问一样，都具有临场性的特点，面对来势猛烈的攻击，论辩者不允许有过多的思考时间，因此必须要反应敏捷，在瞬间选用简洁、凝练的话语回击对方，出口成章，应对自如。在针锋相对的激烈舌战中，论辩者必须"兵来将挡，水来土掩"，使用锋利、明快、夹枪带棒的语言，迫使对方频频后退，难以招架。

逻辑思维要严密

论辩中要善用逻辑利器，或攻其命题，或驳其论据，或揭其论证的荒谬，充分体现论辩语言的思辨特征，使对手无暇思索。

讲话时要言之有序，不要语无伦次。"言之有序"就是指说话要有条有理，有先后与轻重。

说话的目的是让人听清楚,听明白,如果语无伦次,不但听不明白,还有可能越听越糊涂。

怎样才能有顺序呢?一般而言可以按一件事发展的先后顺序说,譬如说发生了一件事,可以先说发生的时间、地点和事件,再按事件的开始、发展、结局的顺序说。

如果说自己做的一件事,可以按先做什么,接着做什么,然后又做什么,最后做成了什么的顺序说。还可以按方位、空间位置转换的顺序说,也可以按先总后分的顺序说。

语言要幽默风趣

幽默在论辩中有着神奇的力量。试着剥去对方的伪装,或者找出对方的漏洞时,寓刀枪锋芒于说笑之中,以辛辣的讽刺,痛快的驳斥,使对手不得不在哄堂大笑中败下阵来。

1959年,美国副总统尼克松访问前苏联,在此之前,美国国会通过了一项关于被奴役国家的决议,对前苏联及东欧社会主义国家进行攻击。在尼克松与赫鲁晓夫会晤时,赫鲁晓夫对尼克松说:"这个决议臭极了,臭得像刚拉下的马粪,没有比马粪更臭的东西了!"

赫鲁晓夫出言粗俗,欲使尼克松难堪。谁知尼克松回敬道:"我想您大概搞错了,比马粪臭的东西有的是,猪粪就是!"

因为赫鲁晓夫年轻时当过猪倌,所以,尼克松借题发挥,歪打正着,赫鲁晓夫的脸腾地就红了。

辩论贵在随机应变

辩论中常会遇到对手的"围追堵截",围绕一个主题要旁征博引、引经据典,要求思路有足够的跳跃性和应变能力。

清乾隆年间,宁波天童寺的圆智和尚就是凭借一张巧嘴和随机应变的能力和乾隆皇帝来了番斗智斗勇。

有一次,乾隆皇帝只身微服南下,来到宁波后,便独往天童寺。

圆智闻知此事,马上下到山脚,笑迎乾隆皇帝,并合十躬身轻声道:"小僧天童寺住持圆智接驾来迟,万岁恕罪。"

乾隆听说此人就是有名的善言和尚圆智,想先给他一个"下马威",便把面孔一板,厉声问道:"你既知朕躬到此,为何不率众僧,大开山门,跪接圣驾?你这轻轻一揖,莫非有意亵渎圣躬?该当何罪?"

圆智不慌不忙地说:"小僧岂敢亵渎圣躬,只因这次圣上南巡,乃是微服私访。小僧若劳师动众,唯恐引起游人瞩目,有碍圣上安康,故独自一人在此恭候。"

乾隆听他说得合情合理,只好说:"恕你无罪,前面带路便是。"一路上,乾隆又道:"大和尚,今日朕躬上山,你能不能拿我作个比方?"

圆智闻言,暗自思忖:"这可不好比。要是比得不好,全部都得遭殃。"但他忽然脑子一转,笑着说:"万岁爷上山,可有一比:好比佛爷带你登天,一步还比一步高。"

乾隆一听,心里不大是滋味:圆智自比佛爷,占了自己的上风,但又无可指责,只好暂时作罢。

两人来到天王殿,只见弥勒佛喜眉笑眼地迎面而坐,乾隆的点子来了,便指着弥勒佛问圆智:"请问大和尚,他为何而笑?"

圆智答道："启禀圣上：他是在笑贫僧命运乖蹇，身入空门，终日青灯木鱼，碌碌无为。"

乾隆一听，心中暗喜：这下子给我抓住把柄了。又问道："他也在对我笑，照你所言，他也在笑我碌碌无为了。"

圆智面对乾隆咄咄逼人的发问，不慌不忙地应答道："哪里哪里，佛爷对不同的人的笑有不同的意义。他对万岁爷迎面而笑，是笑你为万民操心，以国事为重，不像凡夫俗子，气量狭窄，笑里藏刀！"

这一番话所指，乾隆心中自然明白，但却又无懈可击，不好发作。

乾隆离寺时，圆智送他下山。

走到半山腰，乾隆想起上山之比，想再难一下圆智，便说："我上山时，你说我一步还比一步高，现在我正在下山，你又该怎么说呢？"说完，得意地看着圆智，谁知圆智稍思片刻，即从容答道："如今好比如来佛带万岁下山，后头更比前头高啊！"

圆智和尚靠自己的智慧和灵活的应变能力辩赢了乾隆，同时也使自己一次一次摆脱乾隆的话语陷阱，既占了上风，又让乾隆无法挑剔。

青少年朋友不必具备如此高强的应变能力以应对乾隆式的人物，但在辩论赛中这项技能对最后的结局将有至关重要的作用。

辩论赛是一场知识的比拼，是一场勇气的较量，是一场衡量智谋与技巧的没有硝烟的战争，也是一次表现自我才华的绝佳机会。投入到积极的辩论中挥洒激情，大声对自己说：我能行！

展示自己并不是炫耀

你庆幸自己是世上独一无二的，应该将自己的禀赋发挥出来。

——卡耐基

有些青少年朋友不愿展示最棒的自己，认为展示才华是一种炫耀，是虚荣的表现。实际上，这种想法是大可不必有的。

人生是一个大舞台，每个人都是舞者，将最精彩最优美的舞姿奉献给观众，一定会博得热烈的掌声和美丽的鲜花。

在一届春节联欢晚会上，全国亿万观众同时被一个节目深深地感动了。

这是个群舞，叫作《千手观音》。表演者动作分配有序，节奏感很强。全场演出，观众只看到了一张生动美丽的面孔，而其他演员只扮作"千手"，让观众看到了他们的手臂。

这场演出是精彩的，是成功的，而更加令人感到震惊和感动的是：这个舞蹈的所有演员全部是聋哑人。他们听不到一点声音，也无法利用有声语言进行交流，他们在表演时对音乐节奏的把握完全取决于舞台旁几位聋哑老师手语的指导和平时的训练。

舞台上，这些舞者是光彩照人的，他们的每一个动作都精确到位，优美异常，让观众切切实实地感受到了"千手观音"的神圣。

舞者们在舞台上将自己最美的一面展示给了观众，他们赢得的不只是鲜花和掌声，还有观众们的喜爱和尊敬。

展示并不等同于炫耀，同样，炫耀也不是完美的展示。每个人都有表现自己才华的权利，而且应该鼓励这种展示。但是，如果拿自己的才华作为炫耀的资本，那么这种行为就是非常不可取的了。

　　某位影视明星上大学时的一段经历，会对青少年朋友有所启示：

　　他在北京电影学院学习表演专业，学习认真，成绩优异。刚刚大三就已经参演了几部电影，并在其中一部担当主演。导演很看好他，老师很欣赏他，同学也很羡慕他。

　　他渐渐地感觉飘飘然了。逢人便谈自己演的电影，自己塑造的角色，连课堂发言也如此。老师让分析角色，他说着说着便又扯到了自己的电影上。

　　一来二去，同学觉得没有新意，颇有不满之词。

　　"是老师的一番话让我开了窍，"他说，"那天我又不自觉地谈到了我原来参与的电影，这时，我们的教授抬手示意我先停一下，老师在讲台上踱着步子，向左走5步回来，再向右走5步，再回来，反复几次之后，停在了他原来站的那个位置上，对大家（可我感觉到目光是直视我的）说：'你们都是优秀的。也许今天你们为能在北影读书感到骄傲，可北影总有一天会为你们感到自豪。这，需要你们经历过无数次的锻炼与打磨。如果你们只满足于自己目前的状态，为现有的一点点小成绩而沾沾自喜，那么只能像我刚才在讲台上踱步一样，最终回到原点，没有突破。'老师的话只有几句，只讲了不足1分钟，却在我耳边回荡了近30年，直到现在。"

　　他说老师的这段话造就了他今天的成绩。

　　他从此明白了，作为演员，就要大胆地去展示，尝试塑造各种不同的人物造型，但这只是局限在银屏上，退下银屏之后，就要有所收敛，昨日再辉煌的成就也不足以成为今日炫耀的资本。

　　在生活中，要谦和，才能搞好家庭内部和邻里之间的关系。

　　在工作中要谦逊，才能取得工作上的顺利和同事的尊重。

　　在学习中要谦虚，才能学到真才实学并能够博采众长。

　　在需要展示你的才华时，就充分地去展示，做到热情洋溢、落落大方；在不宜展示自己时，就要做到韬光养晦，含而不露。如此收放自如，既展示了自己的风采，又有效地保护了自己，是广大青少年朋友都应该学会的。

第十三章

深谙人际交往的技巧
——让自己成为最受欢迎的人

哈佛告诉你

人与人之间的交流与沟通在当代社会中发挥着越来越重要的作用。巧妙地与他人交往，努力使自己成为深受别人喜欢的人，是当代青少年面临的重要一课，也是一生需要遵循的行为准则。

诚信是人际交往的第一准则

说谎话的人所得到的，就是即使说了真话也没有人相信。

——伊索

"狼来了，狼来了……"就算小孩喊破喉咙，也不会有人来救他了，因为山下的农夫已经被他欺骗了两次，不会再上第三次当了。最后，小孩后悔自己当初说了谎，可已经于事无补了。

在我国的传统教育中，一向把青少年撒谎视为生活中的大忌。不说真话，没人相信，也就失去了与人交往的基础。在现实生活中，青少年说谎是家长和教师最不能容忍的坏习惯。但事实上，世界上几乎没有从不撒谎的人。

"真理、正直、公平和高贵是永远分不开的，"一个美国著名的政治家在给儿子的信中说，"谎言来自卑鄙、虚荣、懦弱和道德的败坏。谎言最终会被揭穿，说谎者令人鄙视。没有正直、公平和高尚，就没有人能够取得真正的成功，能赢得他人的尊敬。说谎的人迟早都会被发现，甚至比他自己想象得还要快。你真正的品格一定会为人所知晓，一定会受到公正的评价。"

传说古时候有位靠打柴为生的樵夫，过着贫苦的生活。一天，他砍柴的时候不小心将斧头掉进了河里。河水很深，他无法取回自己的斧头，而这把斧头是他唯一的家当。于是他站在河边大声呼救，但是周围连个人影也没有。他的呼救声惊动了上帝，上帝派主管交通联络的神墨丘利下界相助。墨丘利先是从水中捞出一把银斧头交给樵夫，樵夫摇摇头说，这不是他的斧头。墨丘利第二次潜入水中，捞出一把金斧头，樵夫还是摇头。他说自己的斧头既不是金的也不是银的而是铁的。于是，墨丘利第三次潜入水中，捞出了樵夫那把破旧的铁斧头。墨丘利感慨地说："我看你是一个诚实的人，这些斧头我留着也没有什么用，就都送给你吧。"

这个寓言故事告诉青少年朋友：做人要诚实守信，说话应该说真话，这是安身立命之本。

一个人在火车上坐下后，把自己的包裹和行李放在了旁边的座位上。后来，车上人越来越多，车厢越来越拥挤。这时，有一位先生问他旁边的座位是否有人。他说："有人。那人刚刚去了吸烟车厢，他一会儿就回来。你看，这些东西就是他的。"但这位先生怀疑他所说的话，就说："好吧，我坐在这儿等他回来。"于是，这位先生把行李和包裹拿下来，放在了地板上和行李架上。这个人怒目而视，却什么话也说不出来。因为那位在吸烟车厢的人是他编造出来的。不久，这个人到站了，他开始收拾自己的东西。但那位先生说："对不起，你说过这些行李是一个在吸烟车厢的人的。我有义务保护这些行李不被你拿走。"这个人发怒了，他开始骂人，却不敢去碰那些行李。乘务员被叫来了，他听了这两个人的话后说："那好吧。我来掌管这些行李，我会把它放到这一站。如果没有人认领，那就是你的。"乘务员对着那个为了占座位而否认自己行李的人说。在乘客们的哄笑声和鼓掌声中，这个人没带行李就灰溜溜地下了车。他刚下车，火车就开动了。第二天，他拿到了自己的行李。为了霸占一个不属于他的座位，他撒了谎，也为此受到了惩罚。

撒谎是一个人从小养成的坏毛病，对青少年朋友的成长存在诸多不利影响，所以每一个青少年朋友都应当认真对待这一棘手的问题，顺利地解决它并非易如反掌，需要你的自制力和耐心。

第一，了解撒谎的原因。

有时撒谎是因为做了错事，怕受责备和惩罚；有时撒谎是为了逞能，或者满足自己的虚荣心。正确的做法是，应在自己的脑海中逐渐形成一个一览表，它可以包括：你在自己活动时喜欢到什么地方玩；你在看电视方面有何习惯等。随着你的日渐成长可以对这个一览表做些修改。要多与家长交流，与老师交流，全面了解自己自身各方面情况。想想自己撒谎是为了什么，然后再对症下药。

第二，了解自己的朋友。

"近朱者赤，近墨者黑"，撒谎的青少年必定有爱撒谎的朋友。

青少年朋友有权利赞成或反对同某位朋友来往，但需要注意的是，只有掌握了能证明这位朋友劣迹的确凿证据后才能这样。

第三，制定一个应对自己说谎的策略。

不要企图为自己的谎言辩护，而应当把精力放在如何避免自己日后再次说谎。倘若你就回家很晚一事说了谎，你应该清楚为什么晚上尽早回家非常重要，而父母为什么又必须知道事情的真相。你可以请父母帮助对自己进行监督，如再次撒谎就采取一些惩罚措施。

每个人都喜欢与诚实、守信的人交往，这样双方都会感到安全、快乐；诚信是社会秩序得以存在的一个先决条件，也是人际交往的第一准则。在现代企业中，诚信已成为自身品牌、形象的衡量标准之一。请相信：诚信对待他人，必会获得他人传递给你的诚信。

说话要注意场合与分寸

不尊重别人感情的人，最终只会引起别人的讨厌和憎恨。

——卡耐基

幽默、风趣、得体的语言可以调动谈话者的热情，使周围的气氛热烈起来。但需要注意的是，当你要用语言来表达自己的意图，让别人接受你的观点时，应该根据谈话对象的身份、地位、心境以及你们所处的场合选择合适的措辞。

说话要讲究场合

不同时间、不同地点，也许人们的社会地位等因素都发生了改变，所以语言也要适当地随之变动。

明代开国皇帝朱元璋，出身贫寒，少年时候就放牛，给有钱人家打工，甚至还为了果腹而出家为僧。但朱元璋胸有大志，风云际会，终于成就一番霸业。

朱元璋当了皇帝以后，有一天，一位儿时的穷伙伴进京来求见他。朱元璋很想见见旧日的老朋友，可又怕他讲出什么不中听的话来。犹豫再三，总不能让人说自己富贵了不念旧情吧，还是让传了进来。

那人一进大殿，即大礼下拜，高呼万岁，说："我主万岁！当年微臣随驾扫荡芦州府，打破罐州城。汤元帅在逃，拿住豆将军，红孩子当兵，多亏菜将军。"

朱元璋听他说得动听含蓄，心里非常欢喜，回想起当年大家饥寒交迫时有福同享、有难同当的情形，心情很激动，立即重重封赏了这个老朋友。

消息传出，另一个当年一块放牛的伙伴也找上门来，见到朱元璋，他高兴得忘乎所以，生怕皇帝忘了自己，指手画脚地在金殿上说道：

"我主万岁！你不记得了吗？那时候咱俩都给人家放牛，有一次我们在芦苇荡里，把偷来的豆子放在瓦罐里煮着吃，还没等煮熟，大家就抢着吃，把罐子都打破了，撒下一地的豆子，汤都泼在泥地里，你只顾从地下抓豆子吃，结果把红草根卡在喉咙里，还是我出的主意，叫你用一把青菜吞下，才把那红草根带下肚子里。"

当着文武百官的面，朱元璋又气又恼，哭笑不得，喝令左右："哪里来的疯子，来人，把他轰出去。"

同样的内容不同人用不同方式说出来，情况就会有所不同。第二个人不但没有得到封赏，反而被轰了出去的原因就是他没有掌握好说话的场合。今日的朱元璋已不是昔日一起游戏、讨饭的小叫花子，而是堂堂一国之君，当着众多大臣的面直接揭皇帝的短，不是冒险还能是什么呢？

说话要看对象

这里并没有阿谀奉承之意，而是说要根据对方的年龄、性别、文化程度、身份、职务、心情等来选用语言。

说话时要看对方的文化程度

人口普查员填写人口登记表，问一个没有文化的老太太："你有配偶吗？"老太太说："你是问我有没有买藕吗？"结果闹了个笑话。

一位大学生毕业分配到一家工厂，起初很得领导赏识，但好景不长，不到 1 个月，车间主任就对他越来越冷淡了。大学生讲话爱用术语。什么"程序化"、"控制论"、"结构定向"等。而车间主任是中专毕业生，最讨厌别人在他面前咬文嚼字、卖弄学识。这位大学生无形之中触到了领导的"自卑神经"，使自己处于不利位置。

说话要看对方的身份职务

对不同身份职务的人交流有不同的方式。下对上、晚对长、生对师、普通人对有名气、地位的人等，不应当也不必要表现得屈从、奉承。但在言谈举止上则不要过于随便，有必要也应当表现得更加尊重一些。如学生与老师之间发生了矛盾，可以像同学之间发生矛盾一样平等地交流、沟通，但在说话时应当注意方式和讲究措辞。

一般来说，在不是十分严肃庄重的场合，身份较高的人对身份较低的人说话越随和、越风趣越好，而身份较低的人对身份较高的人说话则不宜太过随便。

说话时要看对方的性格和心境

性格外向的人善于言谈，乐于交往；性格内向的人多半"沉默寡言"。同性格开朗的人谈话，你可以侃侃而谈；同性格内向的人谈话，就应注意分寸，小心用词。一次，孔子的学生仲由问："听到了，就去干吗？"孔子说："不能。"又一次，另一个学生冉求又问："听到了，就去干吗？"孔子说："干吧！"公西华在旁听了疑惑，就问孔子："两个人的问题相同，而你的回答却相反。我有点儿糊涂，所以来请教。"孔子说："求也退，故进之；由也兼人，故退之。"意思是说，冉求平时做事好退缩，所以我给他壮胆；仲由好胜，胆大勇为，所以我劝阻他。所以，谈话也要看对方的性格和心理状态。

不同的人在不同的情况下有不同的心态，有时候不会从外部表现上明显地表露出来，这时作为表达者就应当洞察对方的心理。

有一次，某大学几个即将毕业的研究生到某机关去联系毕业分配。接待他们的老局长解释说，机关的许多部门编制有限，个别的可以考虑接收，几个人都来就不好安排，因为名额很少。听了这番话，一位女研究生感叹："有些老家伙早该退休了，老是赖着不走……"这么一说，老局长的脸色变得很难看。老局长年近60，应归属于女研究生说的"老家伙"之列，他也在为离休的事情发愁，听到此话，心情会如何想必不用猜就知道了。

这就是没有注意到对方心理状态而导致说错话的典型例子。

所以，在与别人谈话时，一定要注意场合与分寸，切不可在错误的时间、错误的地点说了错误的话，如果那样往往会事与愿违。

学会待人接物

交际越是广泛，越是感到幸福，这就是人类社会的成功。

——福泽渝吉

在青少年朋友的成长过程中，自主能力和社交能力是相辅相成的。在生活中你会发现，凡是自主能力强的孩子，其社交能力都比较强。

生活在现代社会的人，必须学会待人接物的方法，善于与人礼貌往来。因为和谐的人际关系无疑已成为当今世界人才的重要素质之一。有些青少年因缺乏待人接物的经验，往往在交际中很难有令人满意的表现。

主动参加接待客人的活动，有利于培养青少年朋友的主人翁精神。在参与接待客人的过程中，体会到主人和客人地位的不同，自然会产生一种自豪感和责任感，会比平时更小心，殷勤百倍。也有利于培养青少年朋友礼貌待人的好习惯。要接待好客人，让客人满意，就必须在语言、行为上都讲究礼貌，实际上是给自己提供了礼貌待人的练习机会。而且，能学到一些待人接物的方法。最初，青少年朋友是不会接待客人的，这就需要学习和锻炼。

怎样培养接待客人的能力呢？

做好心理准备

在客人尚未到来之前，青少年朋友应该向父母了解，客人什么时间来，谁要来，客人与父母、与自己的关系以及该如何称呼，使自己在心理上做好接待客人的准备。

与父母共同做准备工作

青少年朋友可以和父母一起做接待客人的准备工作。如打扫房间，采购糖果等，共同创造一个欢迎客人的气氛。

在父母的帮助下接待客人

例如，客人来了，青少年朋友可以在父母的帮助下招呼每一个人，请客人坐，请客人吃糖果。还可以把自己的玩具拿出来给小朋友玩，把自己的相册拿给大家看。

学着与客人交谈

青少年朋友应大方地回答客人的问话，在别人讲话时不随便插嘴。如果自己在某一方面有特长，可以主动为客人表演。制造出一种轻松、愉快、热烈的气氛。

待人接物不只体现在招待客人上，而且渗透于青少年朋友生活的方方面面。

每个人都有自己生存的空间，然而在这个空间中家有家规，校有校规。没有规矩，难以成方圆。青少年朋友要从小就懂得规矩，并遵守规矩。

青少年朋友要明白一些规矩和事理，校规不是束缚我们，而是为了让我们更好地适应有规则和秩序的世界。

当青少年朋友迈入学校时，会有学校的学生守则、考试纪律等。比如说没有考试纪律，学生都作假舞弊，那么，会出现什么样的局面？你应知道遵守规则是每个人都必须去做的。

公园、电影院是公共活动的场所。规则和秩序是社会公共生活中的基本准则。

看电影是人们最普遍的休闲娱乐，虽然看电影的心情可以绝对休闲，但进电影院的公德心却绝对不能缺：入座位时，若座位狭窄，借过时必须面朝座位上的人，并随时轻声地说："对不起！请借过！"通过后记得说："谢谢！"

电影放映中，必须肃静，不可交谈、讨论剧情，妨碍他人观赏；不过，如果你背后的人老是讲话，回头怒视也是很不礼貌的行为，此时最好静静观赏，也可在尽量不影响别人观赏的情况下，再换个适宜的位置。如果不得已，可请电影院经理来解决。

患感冒、咳嗽等疾病，应避免进入电影院，不仅咳嗽声影响他人，也可能把感冒细菌传染给他人。

影片放映过程中，不可鼓掌或吹口哨。

温特说："彬彬有礼是高贵的品格中最美丽的花朵。"

培养讲文明、有礼貌的美德是一个循序渐进的过程，不可能在一夜之间就变得彬彬有礼。当发现自己不习惯用敬语时，便应立即加以矫正，直到养成了说敬语的好习惯为止。切不要把许多问题都集中起来，试图突击解决。正确的做法应该是发现一个问题就立即解决。

我们都希望能成为一个有教养的青少年。所以，就要知道我们哪些言行是文明礼貌的，哪些言行是粗鲁无礼的。

法国前总统德斯坦是事事处处讲究礼貌的楷模。接待外宾，不论是来自大国小国，也不论其职位高低，他都以礼相待。

一天夜里，他亲自去机场为一位外宾送行，同行的还有一些常驻法国的外交使节。在返回途中，司机为了让德斯坦早一点休息，而加速行驶。但是，前面的一辆外国使节的车，偏偏由于该使节晕车，而行驶缓慢。

司机暗暗憋气，并烦躁地打算超过那辆外国使节的汽车。德斯坦察觉后立刻制止，说："我们怎么能那样做呢？要有礼貌嘛！我晚回去一点没有什么关系，可不能在别的国家使节面前丢我们法国的脸啊，法国是世界上最讲礼貌的国家。"司机听了十分感动，马上减速行驶。

一个人的修养决定着他的生存方式。有修养的人，不但能受人尊重，而且还能成大器；没修养的人，不但害人害己，还会不得人心。对于青少年来说，尤其在公共场合，更应重视自己的行为举止，学会待人接物。

学会倾听

知识使人变得文雅，而交际能使人变得完美。

——福勒

知道人为什么只长了一张嘴巴却有两只耳朵吗？那是在告诉人们：要多听听别人在说什么。可青少年朋友常常会忽略这一点，习惯了说，而没有学会倾听。

每个人都有一种渴望别人尊重或重视自己的愿望，而受到重视的最基本条件是愿意认真地倾听，所以当你自认为是理解朋友的时候，先得问问自己："我能专心地倾听朋友的话吗？"即使是一些平淡无奇的庸人之语，对说的人来讲，可能也是重要的。

愿意倾听别人，就等于表示自己愿意接纳别人，承认和重视别人。如果你能面带微笑，用一种专注而又迫切的眼光看着他，会让人感觉你是欣赏他的。在这种氛围里，对方会充分地展现自己。如果你能善于让别人在你面前有一种强烈的表现欲，那你定能主动、积极地做个好朋友，做个好领导。如果一个职员向你这个经理提建议，即使开始还有点紧张，但你的倾听会使他马上感到放松和自信。倾听是一种无言的信任。

善于倾听的人总是善于理解和沟通的。当一个为成功而喜悦的人面对一个微笑着倾听的朋友时，他会感到这位朋友是理解他的，也是为他而高兴的。当一个因失恋而愁眉苦脸的人面对一个表情凝重而专注，耐心倾听的朋友时，他会感到朋友能理解自己的痛苦，虽然朋友没能提出如何重获爱情的好建议，但他已感到自己得到了一点心理依靠。

东京电话公司在几年前碰上了一个对电话接线生口吐恶言的用户。那个不讲理的用户拒绝缴付任何费用，说那些费用是无中生有。他写信给报社，到公共服务委员会做了无数次的申诉，告了电话公司好几状。最后，电话公司派一个最干练的调解员去会见他。调解员静静地听着他说，让那位暴怒的用户痛痛快快地把他的不满一股脑地吐了出来，还不断地说："是的。"以表示对他的同情，如此长达6小时之久。经过三四次的接触，那位用户变得友善起来了。调查员说："在第一次见面的时候，我甚至没有提出我去找他的原因，第二次、第三次也没有，但是第四次，我把这件事完全解决了。他把所有的账单都付了，而且撤销了那份申诉。"

无疑，那位用户实际上所要的是作为一个重要人物的感觉。他先前口出恶言和发牢骚，但当他从电话公司的代表那儿得到了重要人物的感觉后，满腹的牢骚就化为乌有了。

善于倾听的人肯定是其他人成功或失败时首先寻找的对象，他们有话会对你说，有苦会向你诉，他们毫无顾忌地向你敞开心扉。日本丰田公司的全体员工平均每人一年要提出 10 条左右的建议——可以肯定丰田公司的经理们个个都是善于倾听的。

每个人要做到善于倾听还得注意一些技巧。

必须主动积极

意思是说对对方的感觉和意见感兴趣，并且积极努力去听，去了解对方，若有不明白的就问清楚。我们经常碰到某一种人，当别人说话时他在想着自己下面要说什么。还有的人则是答非所问，他根本不在听你说。你的话对他只是耳边风，或者甚至是干扰你说话，这样的人当然不会给你留下什么好印象。

谈话时反应要冷静

一个善于倾听的人，总能控制自己的感情，过于激动，无论对讲话还是对听话的人来说，都会影响效果。

要让人家把话说完，尽量控制自己，不要打断对方

有时，谈话并不是一下子就能抓住要领的，应该让对方有时间不慌不忙地把话说完，即使对方为了理清思路，做短暂的停顿，也不要打断他的话，以免影响他的思维。

要去体察对方的感觉

一个人感觉到的往往比他的思想更能引导他的行为，愈不注重人感觉的真实面，就愈不会彼此沟通。体察感觉，意思是指将对方的话背后的情感复述出来，表示接受及了解他的感觉，有时会产生相当好的效果。

不要匆忙做结论，不要急于评价对方的观点

一个良好的交谈者，应该努力弄懂对方谈话，完全把握他的意思。而如果匆忙下结论，未免过于武断。

要关怀、了解和接受对方，鼓励他或帮助他寻求解决问题的途径

这种态度若是真诚不带虚假，定能奏效。

要全神贯注地听，不要做小动作，不要走神

别人说话时，如果你不时朝窗外观看来回行驶的汽车，或低头只顾自己修剪指甲，或面露不耐烦的表情，这些都是不礼貌的，都会使对方对你产生反感。

不必介意别人讲话的特点

有些人说话时爱眨眼睛，有些人说话时爱带口头禅，有些人说话时爱手舞足蹈。对此，你不必介意，更不要分散自己的注意力。你应该将注意力放在对方谈话的内容上，尽可能从

对方的谈话中吸取信息，丰富自己的知识和经验。

要注意反馈

倾听别人的谈话要注意信息反馈，及时查证自己是否了解对方。你不妨这样说："不知我是否已经了解了你的话，你的意思是不是……"一旦确定了你对他的了解，就要进入积极实际的帮助和建议。

要抓住主要意思，不要被个别枝节所吸引

善于倾听的人总是注意分析哪些内容是主要的，哪些是次要的，以便抓住事实背后的主要意思，避免造成误解。

要使思考的速度与谈话相适应

思考的速度通常比讲话的速度快两三倍，因此我们在倾听时大脑要抓紧工作，勤于思考分析。如果别人在谈话时，你心不在焉，不动脑筋，别人说话的内容又记不住，不得不重复再谈，那显然是事倍功半。

不要总想占主导地位，好像自己无所不晓，只有自己才能给别人以启发

自以为是的人，往往最不会倾听别人谈话，也不会受到别人的欢迎和喜爱。

倾听是一般人最容易忽略的一项美德，也是善待他人的一种方式。在青少年朋友接受学校教育的整个过程中，被教导怎样阅读、写作和表达，唯独没有人教导自己应该怎样去倾听。那么，赶快在日常的生活中补上这一课吧。

学会赞美别人

> 赞扬，像黄金钻石，只因稀少而有价值。
>
> ——塞缪尔·约翰逊

每个人都需要赞美，赞美有着令人意想不到的神奇力量。

英国首相丘吉尔曾说过一句话："要人家有怎么样的优点，就怎么赞美他！"这说明赞美具有展现潜能的效果。因你的一句赞美，他（她）坚持到底；因你的一句赞美，他（她）走出低谷；因你的一句赞美，他（她）肯定自我；因你的一句赞美，他（她）终于能披荆斩棘，迈向成功……

这些，都是赞美的力量。

赞美是一小笔投资，只需片刻的思索就能得到意想不到的报酬。这话有些道理，但似乎又有太多的实用主义的味道。赞美不应该仅仅为了报酬，它应该是沟通情感，表示理解的方式，如同微笑一样，也是照在人们心灵上的阳光。

莎士比亚说过："我们得到的赞扬就是我们的工薪。"从这个意义上说，每个人都是别人"工薪"的支付者。杰出人士总是慷慨地把这笔"工薪"支付给应得的人。

赞美之所以对人的行为能产生深刻影响，是因为它满足了人的较高层次的需要。一般说来，高层次的需求是不易满足的，而赞美的话语，部分地给予了满足。这是一种有效的内在

性激励，可以激发和保持行动的主动性和积极性。

每一个懂得赞美艺术的人都会意识到赞美对于给予者和接受者而言会有同样的快乐，就如同一个画家或者是一个音乐家以为别人创造美感作为自己的快乐一样。赞美也给人以温暖，让这个缤纷多彩的世界充满了另一种美妙的音乐。青少年朋友在赞美别人时如不审时度势，即使你是真诚的，也会将好事变成坏事，所以，开口前青少年朋友一定要掌握一些技巧。

把握时机，适时赞美

对于自己周围人身上值得被赞美的特点，尽可能随时随地去发现，然后抓住，及时反馈。将自己所关注的某个人的某个动作、某句话或者所做的某件事情，记在心中，然后寻找最合适的机会和场合进行赞美。

这需要深入了解对方的兴趣爱好、优点、人品、成就等，这样在赞美他人时才不会无话可说，或者只能泛泛而言，达不到理想的赞美效果。

1971 年，周恩来在接见对华访问团中的美国代表时，他的一番很有针对性的赞赏便很经典。

周恩来微笑着握住基辛格的手，友好地说："这是中美两国高级官员二十几年来第一次握手。"当基辛格把自己的随员一一介绍给周恩来时，他的赞美更是出乎他们意料之外。他握住霍尔德里奇的手说："我知道，你会讲北京话，还会讲广东话。广东话连我都讲不好。你在香港学的吧！"握着斯迈泽的手说："我读过你在《外交季刊》上发表的关于日本的论文，希望你也写一篇关于中国的。"周恩来握着洛德的手摇晃："小伙子，好年轻，我们该是半个亲戚，我知道你的妻子是中国人，在写小说。我愿意读到她的书，欢迎她回来访问。"

这样技巧高超的赞美，难怪会征服了美国人的心。

用词考究，适度赞美

赞美的误区是夸张与肉麻，赞美目的的误区是阿谀奉承。效果良好的赞美往往来得含蓄而让人觉得有分量，这样的赞誉之词更加让人迷醉。

马克思说："真理向前跨一步就是谬误。"赞美也是这样。真诚的赞美是应该有所保留的。几何学中，线段有一个黄金分割点。赞美也一样，也有这样的一个界限。

尼采临死之前自称是永不落的太阳，他过高地赞美了自己。结果，他疯了。赞美如果往前跨一步，也可能会变成溜须拍马的伎俩。适度的赞美，会让人觉得心情舒畅，而超过了限度的赞美则会使人感到尴尬，甚至是厌恶。所以，青少年朋友在赞美别人时，一定要较为合理地把握好尺度。

唯有真诚最动人。青少年朋友，在赞美他人时请不要为赞美而赞美。要情真意切、合乎时宜、适可而止。不仅要"锦上添花"，更应力求做到"雪中送炭"，让别人实实在在地感受到你的关爱与欣赏，你的赞美才会产生人际魔力。

❀ 第十四章 ❀
控制自己的行为和情绪
——管住自己，才能驾驭世界

哈佛告诉你

当情绪出现波动时，最有力的支持来自于你自己。自制力是日常行为的一把保险锁，它要求你以理智来平衡自己的情绪，接受理性的指引，先"谋定而后动"，管住自己的情绪和言谈举止。

自制力是日常行为的一把保险锁

反省是一面莹澈的镜子，它可以照见心灵上的污垢。

——高尔基

自制是对社会规范有明确认识，并自觉地调节和控制自己行为的品质。

自制力强的人，能够理智地对待周围发生的事件，有意识地控制自己的思想感情，约束自己的行为，成为驾驭现实的主人。

自制是日常行为的一把保险锁，它要求青少年朋友以理性来平衡自己的情绪，接受理性的指引，先"谋定而后动"，管住自己的言行和举止，而后引导所有积蓄的力量流入成功的海洋。

相反，如果一个人缺乏自制力，总是让自己的情绪主导着一切，口无遮拦，行无规矩，随心所欲，没有规划，也不会有目标。那样的话，要么他所有的努力如同脱缰野马，根本控制不了，也达不到既定的目标；要么他的行为与环境格格不入，最终也达不到成功的彼岸。

东汉末年，杨修以才思敏捷、颖悟过人而闻名于世，他在曹操的丞相府担任主簿，为曹操掌管文书事务。曹操为人诡谲，自视甚高，因而常常爱卖弄些小聪明，以刁难部下为乐。不过，杨修的机灵、颖悟又高过曹操，致使曹操常常生出许多自愧不如的感慨和酸溜溜的妒意。

建安十九年春，曹操亲率大军进驻陕西阳平，与刘备争夺汉中之地。刘军防守严密，无懈可击，又逢连绵春雨，曹军出战不利。曹操见军事上毫无进展，颇有退兵的意思。

这天，曹操独自一人吃着饭，同时也在思考下一步的行动。一个军令官前来请示曹操，当晚军中用什么口令。军中规定每晚都要变换口令，以备哨兵盘查来人。此时，曹操正用筷子夹着一块鸡肋骨，于是脱口而出："鸡肋。"军令官听了也觉没有什么奇怪。

消息传到杨修耳里，他便整理笔札、行装，做离开的准备。一个年轻的文书见状后问道："杨主簿，这天天要用的东西，有什么好收拾的？明天还不是要打开？"

"不用了，小兄弟，我们马上就可以回家了。"杨修诡秘地一笑说。

"什么？要回家了？丞相要撤退，连点蛛丝马迹也没有啊。"小文书不解地看着杨修。

杨修淡然一笑说："有啊，只是你没有察觉到罢了。你看，丞相用'鸡肋'做军中口令，'鸡肋'的含义不就是'食之无肉，弃之可惜'吗？丞相正是用它来比喻我军现在的处境。凭我的直觉，丞相已考虑好撤军的事了。"

消息又传到夏侯那里，夏侯听了也觉得有理，便下令三军整理行装。当晚，曹操出来巡营时一见，大吃一惊，急急令夏侯来查问，夏侯哪敢隐瞒，照实把杨修的猜度告诉了曹操。对杨修的过分机灵早已不快的曹操，这下子抓到了把柄，立即以惑乱军心的罪名，把杨修杀了。

后来的事实证明，曹操虽杀了杨修，终于还是下令退兵。然而，就杨修而言，他早晚必死无疑。因为他几次三番地恃才傲物，逞口舌之快，不能在曹操面前收敛自己。他总是把小聪明用在一些无用的小事上面，不顾忌上下尊卑，随心所欲地言行。

正是因为他不能够控制自己的言行，才招来了杀身之祸。

自制力薄弱的人遇事不冷静，不能控制激情和冲动；处理问题不顾后果，任性、冒失。这种人易被诱因干扰而动摇，或惊慌失措。而这些人在青少年群体中比较集中。

当全国上下的"减负"运动开展之后，青少年有了充裕的课外活动时间。但同时面临这样一个问题：放学回家以后，家长不在身边，也没有老师和同学监督，如何才能合理安排这一段"自由"时间呢？青少年的自制力在外界强大的诱惑面前往往变得不堪一击。

自制力是一种克制或节制，自我约束是一种美德，是文明战胜野蛮、理智战胜情感、智慧战胜愚昧的表现。

自制力能使生活之路变得平坦，还能开辟出许多新道路，如果没有这种自制力，就不能有所创新。在政治上，春风得意的人并非因为天赋非凡，而是因为性情的非凡才使他获得成功。如果我们没有自我控制的能力，就会缺乏忍耐精神，既不能管理自己，也不能驾驭别人。

自我控制的能力是高贵品格的主要特征之一。能镇定且平静地注视一个人的眼睛，甚至在被别人极端挑衅的情况下也不会有一丁点的脾气，这会让人产生一种其他东西所无法给予的力量。人们会感觉到，你总是自己的主人，你随时随地都能控制自己的思想和行动，这会给你品格的全面塑造带来一种尊严感和力量感，这种东西有助于品格的全面完善，而这是其他任何事物所做不到的。

在某国的特种部队，流传着这样一个故事。

一个间谍被敌军捉住以后，他立刻装聋作哑。任凭对方用怎样的方法诱问他，他都绝不为威胁、诱骗的话语所动。最后，审问的人也许故意和气地对他说："好吧，看起来我从你这里问不出任何东西，你可以走了。"这个间谍会怎样做呢？他会立刻带着微笑，转身走开吗？不会的！没有经验的间谍才会那样做。要是他真是这样做，他的自制力是不够的，因为只要他一跨步，意味着已经暴露他的身份，死亡的危险马上就会降临。有经验的间谍会依旧毫无知觉似的呆立着不动，仿佛他对于那个审问者的命令，完全不曾听懂似的，这样他就胜利了。审问者原是想以释放他，给他自由的方式，来观察他的聋哑是否是真实的。一个人在获得自由的时候，常常会制止不住心灵上的动静。但那个间谍听了依然毫无动静，仿佛审问还在进行，审问者的确相信他确是个残疾人，说："这个人如果不是聋哑的残疾者，那一定是个疯子了！放他出去吧！"就这样，这名有经验的间谍，以他特有的自制力，使自己免遭一劫。

由此可见，自制力是多么重要。如果青少年朋友想为人生的画卷描绘美丽的图案，则有必要学会在大小事上进行自我控制。你必须学会容忍和控制，感情必须服从于理性判断。你必须尽量避免坏的心情、坏的毛病、骄傲狂妄的心态等。这样，成功的钥匙才有可能掌握在你自己手中。

学会忍耐，不骄不躁

> 以人为鉴，明白非常，是使人能够反省的妙法。
> ——鲁迅

随着时间的推移，青少年朋友会经历越来越多的事情，有许多事会让你感到兴奋、喜悦，也会有许多事令你感到沮丧，甚至愤怒。这时你需要表达自己的情绪。但是千万要记住表达情绪一定要分清场合。在参加一个朋友的葬礼前，你得到一个关于自己的好消息，但是你就不能在参加葬礼的时候表现出来，否则就会招来死者亲友的反感，认为你对死者不恭；同样你在参加一个朋友婚礼的时候，即使再有悲痛的事情，你也不能在婚礼上号啕大哭。"乐而不淫，哀而不伤"历来被看作是自我情绪控制的至高境界。控制情绪的能力有几种不同的层次，通过一位禅师启发妇人的故事，就可以了解这些不同的层次。

古时候有一个妇人，特别喜欢为一些琐碎的小事生气。她也知道自己这样不好，便去求一位高僧为自己谈禅说道，开阔心胸。高僧听了她的讲述，一言不发地把她领到一座禅房中，落锁而去。

妇人气得跳脚大骂。骂了许久，高僧也不理会。妇人又开始哀求，高僧仍置若罔闻。妇人终于沉默了。高僧来到门外，问她："你还生气吗？"

妇人说："我只为我自己生气，我怎么会到这地方来受这份罪。"

"连自己都不原谅的人怎么能心如止水？"高僧拂袖而去。

过了一会儿，高僧又问她："还生气吗？"

"不生气了。"妇人说。

"为什么？"

"气也没有办法呀！"

"你的气并未消逝，还压在心里，爆发后将会更加剧烈。"高僧又离开了。

高僧第三次来到门前，妇人告诉他："我不生气了，因为不值得气。"

"还知道值不值得，可见心中还有衡量，还是有气根。"高僧笑道。

当高僧的身影迎着夕阳立在门外时，妇人问高僧："大师，什么是气？"

高僧将手中的茶水倾洒于地。妇人视之良久，顿悟。叩谢而去。

高僧用禅理告诉人们什么是"气"，为何要"怒"。"气"便是不加控制的情绪，是那种别人吐出而自己却接到口里的东西。吞下便会反胃，不看它时，它便会消散了。"气"是用别人的过错来惩罚自己的蠢行。愤怒也是如此。

愤怒是一种很难控制的情绪，正因为难以控制，所以很容易酿成大祸，甚至丢掉性命。正如培根所说："愤怒，就像地雷，碰到任何东西都会一同毁灭。"莎士比亚说："不要因为你的敌人燃起一把火，你就把自己烧死。"还是让我们以平和的心境来对待生活中繁杂的事情吧！小心别伤害了自己，只有平静才是生活的真谛。当你的感情控制了理智时，你将成为感情的奴隶；当你战胜自己的感情时，才证明你是主宰命运的人。唯此，你才能真正获得自由。

如果你不注意培养自己忍耐、心平气和的性情，不注意培养交往中必需的情商，遇到一丝火星就暴跳如雷，情绪失控，就会把你最好的人缘全都炸掉。

在所有不愉快的情绪中，愤怒是最难摆脱、最不容易控制的，也是最具诱惑性的负面情绪。因为人在发怒时，易于失去理智，让人觉得不可理喻，从而容易破坏良好的人际关系。对于领导者而言，盛怒之下容易造成决策的失误。三国时期，蜀国大将关羽被东吴杀害，刘备悲愤交加，不听诸葛亮的劝阻，怒而兴兵伐吴，为关羽报仇，结果被吴将陆逊以火攻之，火烧连营四十里，惨遭失败。

《圣经》中的箴言告诉人们：不轻易发怒的人，大有聪明；性情暴躁的，大显愚妄。

研究表明，最后失去控制、大发雷霆的人，通常都经历了连续的累积情绪过程。每一个拒绝、侮辱或无礼的举止，都会给人遗留下激发愤怒的残留物。

这些残留物不断地积淀，急躁状态会不断上升，直到失去"最后一根稻草"，个人对情绪的控制完全丧失，出现勃然大怒为止。在这个过程中，除非内心控制的大门能快速地关上，否则，这种狂怒极易造成暴力和伤害。

人的愤怒情绪，从轻微的烦躁不安，到严重的咆哮发怒，乱摔东西，甚至丧失理智。久而久之，成为一种习惯反应，变成侵袭人际关系的"癌症"。

心理学认为，生气是一种不良情绪，是消极的心境，它会使人闷闷不乐，低沉阴郁，从而阻碍情感交流，导致内疚与沮丧。

有关医学资料认为，愤怒会导致高血压、胃溃疡、失眠等。据统计，情绪低落、容易生气的人，患癌症和神经衰弱的可能性要比正常人大。可见愤怒对人的身心有百害而无一利。

愤怒对人的身心发展都没有好处。愤怒行为会伤害他人，也会伤害自己。青少年朋友必须学会用理智来思考问题，用理性来控制愤怒的情绪，这要求你学会忍耐。

没有人会为你的坏脾气"买单"

有了自制力，就不会向人翻脸，或暴露出足以引起不幸的弱点来。

——莱特

有一个爱发脾气的男孩，他父亲给了他一袋钉子，并且告诉他，每当他发怒的时候，就钉一颗钉子在后院的围栏上。男孩很快就钉下了 37 根钉子。后来，男孩每天钉的钉子减少了，他发现控制自己的脾气要比钉钉子容易。

终于有一天，这个男孩觉得自己再也不会失去耐性，乱发脾气了。

父亲又告诉他说，从现在开始，每当他能控制自己的脾气的时候，就拔出一根钉子。一天天过去，最后男孩告诉他的父亲，他终于把所有钉子给拔出来了。

父亲握着他的手，来到后院说："你做得很好，我的好孩子！但是看看那些围栏上的洞，这些围栏将永远不能恢复到从前的样子。你生气的时候说的话，就像这些钉子一样会给别人留下疤痕。如果你捅了别人一刀，不管你说了多少次对不起，那个伤口将永远存在。"

这个故事告诉青少年朋友，你的坏脾气会伤害到你身边的人，尽管有一天你不再发脾气了，但可怕的记忆仍然存在于人们的脑海中，留下了抹不去的伤痛。而你，可能因为自己的坏脾气而失去亲人和朋友。他们将离你而去，因为没有人愿意为你的坏脾气"买单"。

据报载，某天上班的高峰期，某男子开车去上班，由于车流量较大，眼看就要迟到。车龙好不容易向前移动了一点，可前面的司机偏偏像睡着了一样，丝毫不动弹。男子开始冒火了，拼命地按喇叭，可前面的司机依然不为所动。男子看起来气极了，他握住方向盘的手开始发白，仿佛紧紧地卡住前面司机的脖子，额头开始冒汗，心跳加快，满脸怒容。真想冲上去把那个司机从车里扔出来！

他简直无法控制自己了，车还是停滞不前，他冲上前去，猛敲车门，结果前车司机也不甘示弱，打开车门，冲了出来。就这样，一场恶斗在大街上开始了，结果男子打碎了那个人的鼻梁骨，犯了故意伤人罪。等待他的将是法律的严惩。这都是坏脾气惹的祸。

发脾气并不能使现有的问题得到解决，反而会使事情变得更糟。

事实上，愤怒的情绪是可以进行输导的。

研究表明，对刺激物的控制能力在很大程度上影响一个人。愤怒对于人的情绪具有巨大的刺激性，但是，愤怒可以被有效地控制。

一般来说，愤怒基于责备。一旦陷入责备的对抗中，愤怒就会接踵而至，就像黑夜紧随白天那样自然。为了避免陷入这一困境中，唯一可能的是为它找到一条建设性的出路，而这出路只有运用情绪智力才能实现。

发怒是由内心的愤怒所产生，一个心智健全的人，绝不会无缘无故地发怒，发怒总有原因和针对性。这个原因在别人眼里可能只是无关痛痒的小事情，但是在易怒者眼中却是不可忍受的导火索。富兰克林曾说过："任何人生气都是有理由的，但很少有令人信服的理由。"所以要控制愤怒，必须提高自己对外界刺激的耐受力。

首先，对自己以往的行为进行一番回忆评价，看看自己过去的发怒是否有道理。

一个老板对下属发火，原因是下属工作失误。这位下属不敢对老板生气，回来对妻子乱发脾气。妻子没法，只好对儿子发脾气，儿子对猫发脾气。这一连串的行动中，只有老板对下属发脾气是有些缘由的，其他则都是无中生有。所以，在发怒之前，你最好分析一下，发怒的对象和理由是否合适，方法是否适当，你发怒的次数就会减少90％。

其次，要低估外因的伤害性。生活中你可以观察到，易上火的人对鸡毛蒜皮的小事都很在意，别人不经意的一句话，他会耿耿于怀。过后，他又会把事情尽量往坏处想，结果，越想越气，终至怒发冲冠。

制怒的技巧是，当怒火中烧时，立即放松自己，命令自己把激怒的情境"看淡看轻"，避免正面冲突。当怒气稍降时，对先前的激怒情境进行客观评价，看看自己到底有没有责任，恼怒有没有必要。

莎士比亚笔下的奥赛罗听信小人谗言，怒发冲冠，回到家中不问青红皂白，把爱妻一剑送上黄泉。及至觉悟，已为时晚矣。痛不欲生的奥赛罗也自尽身亡。如果当时奥赛罗冷静下来，做一个理智的评估，就不会做出那样的傻事了。

怒气似乎是一种能量，如果不加控制，它会泛滥成灾；如果稍加控制，它的破坏性就会大减；如果合理控制，甚至可能有所创益。

日本老板想出奇招，专辟房间，摆上几具以公司老板形象制作的橡皮人，有怒气的职工可随时进去对"橡皮老板"大打一通，揍过以后，职工的怒气也就消减了大半。如果你平时生气了，出去参加一次剧烈的运动，看一场电影娱乐一下，出去散散步，这些与痛揍"橡皮老板"有异曲同工之妙。

每个人的情绪都是在时刻变化的，今天的心情与昨日的不同，明天的又与今日相异。如果将自己的情绪按照高低绘成曲线图，会发现情绪也有波峰波谷，如果时间长了，就会看到每隔一段时间情绪波的变化会重复一次，这就是总的情绪状态。情绪出现波动是正常的，但频繁的、强烈的波动却相对较少，青少年朋友要尽量把自己的情绪控制在一个相对稳定的状态。

人们时刻都要管理好自己的情绪，尤其是在人生的一些关键时刻。每次要发脾气前，先冷静地问问自己：别人不会为我的坏脾气买单，我自己可以吗？如果你自己也不想这么做，还是收起你的怒气吧。

控制自己的情绪

难以控制自己，就难以控制他人。

——拿破仑·波拿巴

研究表明，情绪的低落和混乱有两方面的原因，一方面是自身的失控，另一方面是来自外界的刺激和影响。许多人因缺少自我控制，不冷静沉着，情绪因为毫无节制而骚动不安，因不加控制而浮沉波动，因为焦虑和怀疑而饱受摧残。只有冷静的人，才能够控制自己的情绪。

青少年朋友对于自身的失控，可以用下列方法来进行缓解。

1. 可以与别人聊聊。在日常生活或工作中，经常会产生一些矛盾或意见，这很容易使人发怒。如果你把心中的不满或意见坦率地讲出来，既可泄怒，又可以通过批评与自我批评增强同学或同事间的团结。或者向自己信得过的朋友诉说，你也会得到安慰。这种倾诉宣泄法是很可取的。

2. 科学的生理方法也能够处理怒火。坐下来，身子往后靠。如果站着跟人吵，会使人更加紧张。

3. 用冷水洗脸，可让人冷静下来，降低皮肤的温度，消除一部分怒气，有利于平静下来。

4. 话尽量讲得平缓一些，自己就会变得轻松起来，怒气随之也会减少。

5. 怒气会使你的颈部和肩部的肌肉紧张引起头痛，自我按摩头部或太阳穴 10 秒钟左右，有助于减少怒气，缓解肌肉紧张。

6. 闭目深呼吸。把眼睛闭上几秒钟，再用力伸展身体，使心神慢慢安定下来。

7. 喝一杯热茶或热咖啡也可以稳定紧张的情绪。

8. 大声呼喊。必须是从腹部深处发出声音或高声唱歌，或大声朗诵。

对于外界的刺激，可以用下面的方法来应对。

躲避刺激

在日常生活中有很多事可使人产生愤怒，如遇到这种情况要尽量躲开，或暂时回避一下，以免使矛盾激化，这是一种消极的制怒方法。

转移刺激

人在愤怒时，往往大脑皮质中出现强烈的兴奋点，并且会向四周蔓延。为此，要在"怒发"尚未"冲冠"之际，善于运用理智有意识地去转移兴奋中心。比如，有意躲开一触即发的"地雷",即争吵的对象、发怒的现场,去到其他的地方干点别的事情。这时我们转移了一下目标,在大脑皮质建立另一个兴奋中心,便减弱和抵消了原来的兴奋中心。这种办法相对积极一点。赶快转变一下思路,或闭眼几秒钟,从矛盾中逐渐解脱,使你激动的情绪慢慢平静下来,怒气自然就会烟消云散了。

寻找适当的宣泄方式

把怒气发泄出来比积郁在心里要好。摔打一些无关紧要的物品能够有效地宣泄愤怒,或是对空大喊缓解一下自己的情绪。如果你愿意,可以跑到楼下,再爬上楼,每步登两个台阶,跑步上楼更好。强烈的体育运动会消耗掉你多余的能量,使你没有"力气"再发怒。

此外,青少年朋友的不良情绪还有紧张、沮丧、抑郁等。你可以通过以下努力来调控自己的情绪。

预先了解可能会引起紧张或沮丧的情况

有些会使青少年朋友感到紧张,甚至可能导致沮丧的事件是相当容易预测的。这些事件包括住院、开学、上学的最后一年、预先已经安排好的某位亲戚的来访、有计划的家庭搬迁、主要的节日等。为了做好准备,你应事先和家长进行良好的沟通,这样你就了解可能会发生什么。

走出抑郁的心境

青少年朋友要学会解决碰到的难题,能度过困惑时期,从中恢复过来并汲取教训。这些问题在自己心中淤积越久,越有可能导致问题以暴力或意外的方式解决。青少年遭受精神创伤的原因是多种多样的,很难固定在某一个具体原因上。有时你会因为某一件事受到伤害,如目睹暴力、飓风、洪水、火灾、地震等自然因素夺走家园;家庭成员去世,或者是住院等。

在这种情况下,你应和父母经常沟通,向父母倾诉他们所不知道的事情。在父母面前表露时,不要惊恐,也不要局促不安,要完整地诉说,相信父母会和你一起应付处理。

如果你经历过某件可能对你造成伤害的事,那么就应该估计出可能的伤害程度,只要某一个症状持续一个月以上,就应该接受专业治疗。

换个环境

环境对人的情绪、情感同样起着重要的影响和制约作用。素雅整洁的房间,光线明亮、颜色柔和的环境,使你产生恬静、舒畅的心情。相反,昏暗、狭窄、肮脏的环境,则会给你带来憋闷和不快的情绪。安谧、宁静的环境,使你心情松弛、平静;而杂乱、尖利的噪音,使你烦躁焦急。因此,改变环境,也能起到调节情绪的作用。青少年朋友在受到不良情绪的压抑时,可以到外面走走,看看美景,散散心。大自然的美景,能够豁达胸怀,欢娱身心,对于调节人的心理活动有着很好的效果。长期生活在优美环境中的人,往往能够精神矍铄,心情舒畅。

青少年朋友在受到不良情绪压抑和折磨时,更应该改变独居陋室的习惯,常到风景秀丽、景色宜人的公园去游玩,或到绿树成荫的大道上散散步。绿色的世界,勃勃的生机,会使人心旷神怡、精神振奋、忘却烦恼,消除精神上的紧张和压抑之感。

选择适合自己的方式,调节好自己的情绪,排除紧张与抑郁,控制愤怒和不满,做自己情绪的主人,这样才能使你的人生越来越美好。

第十五章
充分挖掘自己的潜能
——引爆你无穷的潜能

哈佛告诉你

"每个人都有一种伟大的内在力量，如果你能发现并利用它，你就会明白，你完全能够实现自己的梦想和憧憬。"这种神圣的、永恒的、不朽的潜能，犹如一个无言的使者，时时鞭策着你、保护着你、激励着你。引爆你无穷的潜能，将你的能量最大限度发挥出来，自由遨游于天际。

人的潜能无限

> 人总是有希望的。没有希望的心田，是寸草不生的荒地。
>
> ——惠特曼

人的潜能到底可以开发到何种程度？这是人们一直关注的问题。相信你能从下面的故事中找到答案。

一个铁块的最佳用途是什么呢？第一个人是个技艺不纯熟的铁匠，而且没有要提高技艺的雄心壮志。在他的眼中，这个铁块的最佳用途莫过于把它制成马掌，他为此竟还自鸣得意。他认为这个粗铁块每千克只值四五分钱，所以不值得花太多的时间和精力去加工它。他强健的肌肉和三脚猫的技术已经把这块铁的价值从 1 美元提高到 10 美元了。对此他已经很满意。

此时，来了一个磨刀匠，他受过一点更好的训练，有一点雄心和一点更高的眼光，他对这块粗铁看得更深些，他研究过很多煅冶的工序，他有工具，有压磨抛光的轮子，有烧制的炉子。于是，铁被熔化掉，碳化成钢，然后取出来，经过煅冶，被加热到白热状态，然后投入到冷水或石油中以增强韧度，最后细致耐心地进行压磨抛光。当所有这些都完成之后，奇迹出现了，他竟然制成了价值 2000 美元的刀片。铁匠惊讶万分，因为自己只能做出价值仅10 美元的粗制马掌。经过提炼加工，这块铁的价值已被大大提高了。

另一个工匠看了磨刀匠的出色成果后说："如果依你的技术做不出更好的产品，那么能做成刀片也已经相当不错了。但是你应该明白这块铁的价值你连一半都还没挖掘出来，它还有更好的用途。我研究过铁，知道它里面藏着什么，知道能用它做出什么来。"

与前两个工匠相比，这个匠人的技艺更精湛，眼光也更犀利，他受过更好的训练，有更高的理想和更坚韧的意志力，他能更深入地看到这块铁的分子——不再囿于马掌和刀片——他用显微镜般精确的双眼把生铁变成了最精致的绣花针。他已使磨刀匠的产品的价值翻了数倍，他认为他已经榨尽了这块铁的价值。当然，制作肉眼看不见的针头需要有比制造刀片更精细的工序和更高超的技艺。

但是，这时又来了一个技艺更高超的工匠，他的头脑更灵活，手艺更精湛，更有耐心，而且受过顶级训练。他对马掌、刀片、绣花针不屑一顾，他用这块铁做成了精细的钟表发条。别的工匠只能看到价值仅几千美元的刀片或绣花针，他那双犀利的眼睛却看到了价值 10 万美元的产品。

也许你会认为故事应该结束了，然而，故事还没有结束，又一个更出色的工匠出现了。他告诉我们，这块生铁还没有物尽其用，他可以让这块铁造出更有价值的东西。在他的眼里，即使钟表发条也算不上上乘之作。他知道用这种生铁可以制成一种弹性物质，而一般粗通冶金学的人是无能为力的。他知道，如果煅铁时再细心些，它就不会再坚硬锋利，而会变成一种特殊的金属，富含许多新的品质。

这个工匠用一种犀利的、几近明察秋毫的眼光看出，钟表发条的每一道制作工序还可以改进；每一个加工步骤还能更完善；金属质地还可以精益求精，它的每一条纤维、每一个纹理都能做得更完善。

于是，他采用了许多精加工和细致煅冶的工序，成功地把他的产品变成了几乎看不见的精细的游丝线圈。

一番艰苦劳作之后，他梦想成真，把仅值 1 美元的铁块变成了价值 100 万美元的产品，同样重量的黄金都比不上它。

但是，铁块的价值还没有完全被发掘出来，还有一个工人，他的工艺水平已是登峰造极。他拿来一块钢，精雕细刻之下所呈现出的东西使钟表发条和游丝线圈都黯然失色。待他的工作完成之后，你见到了几个牙医常用来勾出最细微牙神经的精致钩状物。1 千克这种柔细的带钩钢丝，如果能收集到的话，要比黄金贵几百倍。

铁块尚有如此挖掘不尽的财富，何况人呢？每个人的体内都隐藏着无限丰富的生命能量，只要我们不断去开发，它就可以是无限大。

工匠们都在生铁里看到了经过加工后的成品，青少年朋友也应该在自己的生活中看到灿烂的前途，并去把它化为现实。

如果你只目光短浅地看到马掌或刀片，你所有的努力与辛劳都不可能产生钟表发条与游丝线圈。

你必须目光远大、必须勇于拼搏、经受考验并付出必要的代价，这样你就能把自己的生命能量发挥到极致。而且还要坚信，你所经受的痛苦和所做的努力最终会得到回报。

著名的前苏联学者兼作家伊凡·业夫里莫夫指出："一旦科学的发展能够更深入了解脑的构造和功能，人类将会为储存在脑内的巨大能力所震惊。人类平常只发挥了极小部分的大脑功能，如果人类能够发挥一半大脑功能，将轻易地学会 40 种语言，背诵整本百科全书，拿 12 个博士学位。"

这种描述并不夸张，而是一般人所接受的观点。

人的潜能不仅仅表现在大脑上，人的体力也存在着惊人的潜能。

在英国一个位于野外的军用飞机场上，一位名叫霍克的飞行员正在专心致志地用自来水枪清洗战斗机。突然，他感到有人用手拍了一下他的后背。回头一看，他吓得大叫一声，拍他的哪里是人，而是一只硕大的狗熊！它正举着两只前爪站在他的背后。霍克急中生智，迅速把自来水枪转向狗熊。也许是用力太猛，在这万分紧急的时刻，自来水枪竟从手上滑了下来，而狗熊已朝他扑了过去……他闭上双眼，用尽吃奶的力气纵身一跃，跳上了机翼，然后大声呼救。警戒哨里的哨兵听见了呼救声，急忙端着冲锋枪跑了出来。两分钟后，狗熊被击毙了。

事后，许多人都大惑不解：机翼离地面最起码有 2.5 米的高度，霍克在没有助跑的情况下居然跳了上去，这可能吗？如果真是这样，霍克不必再当飞行员了，而应该当一名跳高运动员，去创造世界纪录。

然而，事实确实如此。

后来霍克做了无数次试验，再也没能跳上机翼。

人们越来越怀疑此事的真实性。一位研究人体潜能的专家说："此事完全有可能发生。人在遇到危急情况时，体内会分泌一种奇异的激素，此激素能激发出人体所潜藏的超常能力。情况越危急，潜能越易发挥，而在平常情况下，潜能皆处于沉寂状态。"

你的潜能就像海洋，宽阔得一眼望不到边际，它需要你不断去挖掘。了解了自己的潜能后，就要有信心，并且全力以赴，努力将潜能发挥出来。

积极的暗示能够激发潜能

人生存于欲望之中，而为欲望牵线的是希望。

——王统照

古时候，有一位将军率兵要与实力比他强 10 倍的敌人打仗。行进的途中，他下马向路边小庙朝拜祷告并拿出一枚硬币向士兵说："现在我掷钱问卜。正面朝上表示我们会赢，朝下表示我们输。我们的命运操纵在神的手里。"

随后他将钱币抛向空中，结果钱掉在地上正面朝上。士兵们看后十分高兴，士气高昂，认为有神的保佑一定会赢。果然，士兵们把强大的敌军打败了。

战后一名副官向将军说："神的决定谁也不能改变，我们果然胜利了。"而将军笑了笑拿出了问卜的硬币，原来硬币的两面都是正面。

这就是积极暗示的力量。占卜时出现正面的硬币，给士兵一种神会帮助他们的积极暗示，这使得士兵斗志昂扬、奋勇杀敌，最终大获全胜。

同样的道理，积极的暗示能够激发出你的潜能。

鲁西南有一个小村子叫姜村，这个小村子因为这些年几乎每一年都有几个人考上大学、硕士甚至博士而闻名遐迩。方圆几十公里以内的人们没有不知道姜村的，人们会说，就是那个出大学生的村子。久而久之，人们不叫姜村了，大学村成了姜村的新村名。

姜村只有一所小学校，每一个年级一个班。以前的时候，一个班只有十几个孩子。现在不同了，方圆十几个村，只要在村里有亲戚的，都千方百计把孩子送到这里来，人们说，把孩子送到姜村，就等于把孩子送进大学了。

在惊叹姜村奇迹的同时，人们也都在问，都在思索。是姜村的水土好吗？是姜村的父母掌握了教孩子秘诀吗？还是别的什么？

假如你去问姜村的人，他们不会告诉你什么，因为他们对于秘密似乎也一无所知。

在 20 多年前，姜村小学调来了一个 50 多岁的老教师，听人说这个教师是一位大学教授，不知什么原因被贬到了这个偏远的小村子。这个老师教了不长时间以后，就有一个传说在村里流传——这个老师能掐会算，他能预测孩子的前程。原因是，有的孩子回家说，老师说他将来能成数学家；有的孩子说，老师说他将来能成作家；有的孩子说，老师说他将来能成音乐家；有的说，老师说他将来能成钱学森那样的人……

不久，家长们又发现，他们的孩子与以前不大一样了，他们变得懂事而好学，好像他们真的是数学家、作家、音乐家的材料了。老师说会成为数学家的孩子，对数学的学习更加刻苦，老师说会成为作家的孩子，语文成绩更加出类拔萃。孩子们不再贪玩，变得十分自觉，不用像以前那样严加管教。

家长们很纳闷，也将信将疑，莫非孩子真的是大材料，被老师说破了天机？

就这样过去了几年，奇迹发生了。这些孩子到了参加高考的时候，大部分都以优异的成绩考上了大学。

现在看来，也许大家都能看破"天机"了。正是老师给了学生积极的暗示，使他们在数学、语文等特定方面刻苦努力，发掘出了孩子的潜能，将他们在那些方面的优势充分发挥出来。

心理学中还有一个著名的实验。一个女孩长相很丑，因此对自己缺乏自信心，不爱打扮自己，整天邋邋遢遢的，做事也不求上进。心理学家为了改变她的心理状态，让大家每天都对丑女孩说"你真漂亮"、"你真能干"、"你真可爱"、"今天表现不错"等赞扬性的话语。经过一段时间的努力，人们惊奇地发现，女孩真的变漂亮了。其实，她的长相并没有变，而是精神状态发生了变化。她不再邋遢了，变得爱打扮、爱与人相处、做事积极、爱表现自己了。怎么会发生这么大的变化？其根源正在于大家对她的积极暗示给了她信心。因为女孩对自己有了自信，所以使大家觉得她比以前漂亮了许多。

如果你对自己说："我很自信，对未来充满信心。"那么在说此话时，你的脑海里一定会浮现出自己成为自信者的清晰图画。如果你通过适当的行为、具体的行动不断督促自己，加强心目中这一形象图画的话，那么最终这幅图画会变成活生生的现实，并创造出一个积极进取、乐观向上的你。

如果人们持之以恒地向自己"灌输"某些积极的形象和建议，那么它们就逐渐成为人的行为、经历，以及性格中不可分割的部分。只要你调动精神，集中心思和精力，放松自己，给自己提出建议和要求，并充分运用自己的想象力，就能成功。

当你陷入各种沮丧和抑郁的情绪时，你可以把自己想象成是一片巨大的枫叶，正从高高的树顶落下，落向那柔软的、绿草如茵的大地。通过这样的想象来加深自己的放松状态。随着每一次的呼吸，你会进入更深层次的放松状态。因为你是一片枫叶，所以你没有忧虑，没有烦恼，什么都不用考虑。你唯一在做的，是轻轻地、慢慢地飘荡下去，渐渐地接近那软软的、绿油油的芳草地……飘飘忽忽地更深入一层放松。最后，你终于降落在那柔软的绿草地上。当你接触到那绿油油的小草时，你将变得完完全全平静安详，身外的一切都好像不复存在了。这就是心理潜力的力量。

第四篇

百年哈佛教学生克服的人性弱点

"与我们应取得的成就相比，我们只不过半醒着。"哈佛大学成功的经验和智慧告诉我们，人生成功的关键在于能够克服自身的弱点。嫉妒、盲从、懒惰、贪婪、虚荣……这些人性的弱点影响着我们的品德，决定着我们的思维和行为方式，左右着我们的成败。

哈佛大学用 300 年的人生智慧指出了学生应清楚认识的人性弱点，并提供了有效克服这些弱点的方法和途径，帮助广大青少年去除人性中的弱点，战胜自我，从而创造幸福美好的人生。

第一章
不自知
——世界上最大的无知

哈佛告诉你

聪明的人很清楚自己的短处，愚蠢的人却没有自知之明。一个人是因为愚蠢而没有自知之明，还是因为没有自知之明而变得越来越愚蠢呢？

如此"自知"

聪明的人只要能认识自己，便什么也不会失去。

——尼采

正确认识自己，才能使自己充满自信，才能使人生的航船不迷失方向。正确认识自己，才能确定人生的奋斗目标。只有有了正确的人生目标，并充满自信，为之奋斗终生，才能此生无憾。即使不成功，自己也会无怨无悔。

有一位老师常常教导他的学生说：人贵有自知之明，做人就要做一个自知的人。唯有自知，方能知人。

有个学生在课堂上提问道："老师，您是否知道您自己呢？"

"是呀，我究竟是否知道我自己呢？"老师想，"嗯，我回去后一定要好好观察、思考、了解一下自己的个性和自己的心灵。"

回到家里，老师拿来一面镜子，仔细观察自己的容貌、表情，然后再来分析自己的个性。

首先，他看到了自己亮闪闪的秃顶。"嗯，不错，莎士比亚就有个亮闪闪的秃顶。"他想。

他看到了自己的鹰钩鼻。"嗯，英国大侦探福尔摩斯——世界级的聪明大师就有一副漂亮的鹰钩鼻。"他想。

他看到自己具有一张大长脸。"嗨！大文豪苏轼就有一张大长脸。"他想。

他发现自己个子矮小。"哈哈！鲁迅个子矮小，我也同样矮小。"他想。

他发现自己具有一双大八字脚。"呀，卓别林就有一双八字脚！"他想。

于是，他终于有了"自知"之明。

"古今中外名人伟人聪明人的特点集于我一身，我是一个不同一般的人，我将前途无量。"第二天，他这样对他的学生说。但是这个老师的身体组合简直是世界最丑阵容了。

纪伯伦在其作品里讲了一只狐狸觅食的故事：狐狸欣赏着自己在晨曦中的身影说："今天我要用一只骆驼做午餐！"整个上午，它奔波着，寻找骆驼。但当正午的太阳照在它的头顶时，它再次看了一眼自己的身影，于是说："一只老鼠也就够了。"狐狸之所以做了两次截然不同的决定，与它选择"晨曦"和"正午的阳光"作为镜子有关。晨曦不负责任地拉长了它的身影，使它错误地认为自己就是万兽之王，并且力大无穷无所不能，而正午的阳光又让它忍不住对着自己已缩小了的身影妄自菲薄。

大师笔下的这只狐狸为上述故事中的老师那样的人做出了最好的比喻。不能很好地认识自己的人，千万别忘记了上帝为我们准备了另外一块镜子，这块镜子就是"反躬自省"4个字。它可以照见落在心灵上的尘埃，提醒我们"时时勤拂拭"，使我们认识真实的自己，避免在面子的左右下扭曲了原本的外在和内在"镜像"。

没有金刚钻，还揽瓷器活

知人者智，自知者明；胜人者有力，自胜者强。

——老子

不自知还包括不能正确评估自己的能力，觉得自己有把握，或者总觉得自己肯定能做好某件事。

不自知也导致某些人总以为自己是因为没有好运降临才不走运的。一个人在走运的生涯中，有一个最基本的要求，那就是我们只能去做自己能力范围之内的事。如果一个人没有自知之明，贸然去做一些超过自己能力范围的事，不论心理上、体力上、经济上，都会遭受挫折。即使好的机遇降临到他的身上，但因能力不够，也无法留住它！有个人在某个大型的零售公司当经理。他嫌薪资太少，结果跑到比原来工资高的某电讯公司里去担任经理。但由于他本人对电讯事业一窍不通，又没有经过基础的训练，结果不但做得吃力而且还不见成绩。到公司裁员缩编时，他当然成了第一个牺牲者。

有一个轻量级的拳击手，自不量力，挑战一个比自己高一级的对手，不到一回合，就被打得鼻青脸肿，倒地不起。

在我们周围的朋友，或者社会新闻的档案中，这些自不量力的失败案例，实在多得如过江之鲫，令人慨叹不已！

例如某人不懂得炒菜，无意间看到一个正在出让的餐馆地点很好，以为这是绝佳的生财机会，贸然去投资。但是，由于找不到合适的厨师，自己又不能下厨炒菜，结果赔得倾家荡产！

上海有一个年轻的外科医生，在上海外科界，人们给了他一个"上海一把刀"的美誉。他像许多考生一样，死啃托福考试，想到海外去留学。结果英语测验拿到高分，申请到了美国最知名的医科大学，也拿到了全额奖学金。可是到了美国之后，他上课时英语完全听不懂，每门课都不及格。不久，他得到通知：第二个学期所有的奖学金将被取消。他的生活立即陷入困境，进也不是，退也不是，只好先办退学念英文，打工沉沦海外了！

对自己能力的错误评估，做高于自己能力的事，事情的结果可想而知了。毕竟"四两拨千斤"不是每个人都能做到的。因此做自己能力范围内的事永远是个明智的选择。

宽以待己，严于律人

不患人之不能，而患己之不勉。

——王安石

有一个学生问老师："您在我的作文簿上所批的字，实在看不出写的是什么，请老师指教。"

老师说："我只是告诉你，你的字写得太潦草了，以后要写清楚点。"

老师只看见学生的"潦草"，没想到自己也犯了"潦草"的毛病。为什么用和别人一样的错误来指出别人的错误呢？

李纵最大的嗜好就是和朋友在一起侃大山、喝酒、打麻将，下班后，他总是喜欢跑到单位的单身宿舍与同事们搓上几圈或豪饮几盅。久而久之，已成婚的他竟成了单位里那些没家没业年轻光棍们的灵魂人物。喝酒少了他不热闹，打牌少了他没劲，侃大山少了他更是无聊。而他又乐此不疲，很少回家，更别说陪陪妻子了。

刚结婚的妻子十分温顺和善解人意，他们并没因此发生过口角，而且妻子认为这样也好，有利于巩固李纵与同事间的关系。渐渐地，他越发不像话了，不但很少回家，即使回来也是像旅店里的客人一样，仅是借宿而已。大年三十，妻子为了能让他在家里安静地过个年，很早就准备好了一桌丰盛的大餐，刚要上酒的时候，同事又来电话了，说他们几个快乐的单身汉已弄好了一桌酒菜，但他不在，总觉得少了点什么，希望他能体恤兄弟疾苦去一趟。在这样的时候，按理说李纵应该多替妻子考虑考虑，但他挂了电话对妻子说声对不起就走了，弄得妻子一肚子委屈。

万般无聊的妻子喜欢上了跳舞，并一发不可收拾。据说她的舞伴是个温柔体贴的单身贵族，对她颇有好感，她也同样。迫于家庭和道德的约束，他们并没有做出越轨的事情来。在某种程度上，妻子还是爱着李纵爱着这个家的，只不过妻子对他那种对家庭不负责任的做法感到不满，想给李纵一个警告。一天李纵刚刚从外面喝酒回来，妻子指责了他，并佯装提出离婚。此时，李纵若要好好地反思一下自己，然后道个歉也就过去了。但他没有，反而以听到的风言风语来嘲笑妻子，指责妻子的放浪，还一口咬定妻子对他不忠。结果使本已对他不满的妻子大为恼火，最终二人真的离了婚。

对李纵这种人来说，裁判别人比吃家常便饭容易，反省自己却比登天还难。

有位太太，多年来不断嘲笑对面邻居的太太很懒惰："那个女人的衣服，永远洗不干净，看，她晾在院子里的衣服，总是有斑点，我真的不知道，她怎么把衣服洗成那个样子？"甚至有些忍受不了，几乎想冲到别人家里责问人家为什么不认真做家务。

直到有一天，有位明察秋毫的朋友到她家，才发现并不是对面的太太衣服没洗干净。朋友拿了一块抹布，把这个太太家窗户上的污渍抹掉，说："看，别人家的衣服是不是变干净了？"

"严以责人，宽以待己"是人性的通病，我们在批评别人之时，往往只看见别人的过失，却看不见自己犯的错误。看不见自己错误的原因就是没有自知之明。

人贵有自知之明

败莫败于不自知。

——吕不韦

曾经有过一项调查，调查的结果显示了一个很有趣的现象：聪明的人很清楚自己的短处，愚蠢的人却没有自知之明。

一个人是因为愚蠢而没有自知之明，还是因为他没有自知之明而变得越来越愚蠢呢？

一家唱片公司旗下有很多歌星，其中一个女孩子，样子虽然不漂亮，但是她的歌唱得很好。那个女孩子在圈中浮沉了许多年，最后还是黯然退出了。那个时候，有人问公司老板："她为什么不见了？她的成绩应该可以比现在好一点的。"

老板说："我叫她用心唱歌，不要穿得古灵精怪，她反而跟我说：'我是一半偶像，一半实力。'"

原来她觉得自己很漂亮。她完全不知道自己最大的长处是唱歌。

没有自知之明的人，最终是会毁了自己的。

"人贵自知"这4个字，是金玉良言。这话不是叫你自卑，而是要你清醒。成为别人的笑柄事小，毁了自己事大。然而，没有自知之明的人，也许永远都不会知道自己是没有自知之明的。

还有一种人，认为自己一无是处，看谁都比自己好，自己没有任何优点，自卑自哀，自惭形秽，不敢抬头见人，以至于忧郁、苦闷、不能自拔，他们低瞧了自己。自己能干的事也不去干，看不到自己潜在的能力，本来能有所为，也不敢为，前怕虎、后怕狼，缺乏坚定的信念与必胜的信心，结果丧失了机遇，与辉煌失之交臂。这是缺乏自知的另一种表现。

不管是由愚蠢导致无自知之明，还是由于无自知之明导致愚蠢。无论如何，没有自知之明的人，也许永远都不知道自己是没有自知之明的，因为他们从未想过用聪明智慧，去了解自己！

"自知"，是做人的基石。只有切实做到"自知"，才能把握自己，把握人生。既不好高骛远，妄自尊大，目空一切，又不自卑、自馁，妄自菲薄，丧失自我。只有切实做到"自知"，才能诚诚实实做人，脚踏实地做事。只有客观地认识自己，清楚自己的优点与缺点，明白自己的能与不能，才能发掘自我潜力，进而超越自己。

很明显，自知之明需要从了解自我开始。首先要有自知之明的心灵愿望。能经常反思自我、审视自我、把握自我。"吾日三省吾身"，反思自己的所作所为，所思所想，明了自身的长短优劣，不断矫正自己。同时，要有自知之明的内在主动。人活一世，见不到自己的脊背。这就需要借助别人这面"镜子"来观察自己，通过别人的评价来了解自己，认识自己。当然必须是自己诚心诚实，别人才会真心真意，别人这面"镜子"才会是平面镜，而不是"哈哈镜"，别人对你的评价，才真实、可靠，才有利于你全方位认识自己。

认识自我，具备自知之明是人一生的课题。世界上最难的事，不是别的，就是认识自己。有时，在人生的某个阶段，能比较好地了解自己，到了人生的另一个阶段，它反而会变得模糊，成为自我发展中的一个障碍。所以，对一般人来说，要做到真正认识自己，是很不容易的，需要一生的聪明智慧，需要一生的努力。也因为如此，自知之明才显得更加可贵。

🏛第二章🏛

嫉妒
—— 箭欲长而折他人之箭

哈佛告诉你

　　嫉妒表示你对自己不满而羡慕别人，对自己不满就是羡慕他人的开始。你希望像别人一样有知识，希望比别人更漂亮，或是希望和别人一样有栋大房子、有显赫的权势和比现在更高的地位。你希望比现在更有德性，你希望知道的更多……由于你希望成为一个和现在不一样的人，所以你羡慕别人，嫉妒别人。

宁可变成独眼龙，也要别人失明

　　有妒忌心的人自己不能完成伟大事业，乃尽量吴低估他人的伟大，贬低他人的伟大使之与他本人相齐。

—— 黑格尔

　　有一种人，如果别人有一处比他好的地方，但是凭借自己的力量又没有办法阻止或者破坏掉的时候，他就会铤而走险，不惜任何代价来清除令他眼红之处。甚至不惜失去自己身体的某个部位，来换取别人的双倍损伤。下面例子中的主人公就是这样的人。

　　两家人看上去相处得很好，但是其中一家的男主人，表面上对另一家新购置的房产欢欣鼓舞，或者为对方的儿子考上大学而击掌庆贺，一到了自己家里，就变得恶狠狠起来：凭什么他这么有钱，凭什么他的儿子就能上大学，而我什么都没有呢？他在心里诅咒，每天都盼望他的邻居倒霉：或盼望邻居家着火，或盼望邻居得什么不治之症，或盼望邻居的儿子出意外……然而，每当他看到邻居时，邻居总是活得好好的，并且微笑着和他打招呼。这时他的心里就更加不痛快了。就这样，他每天折磨自己，身体日渐消瘦，胸中就像堵了一块石头，吃不下也睡不着。

　　有一天，他决定给他的邻居制造点晦气。这天晚上，他在花圈店里买了一个花圈，偷偷地给邻居家送去。当他走到邻居家门口时，听到里面有人在哭，此时邻居正好从屋里走出来，看到他送来一个花圈，忙说："这么快就过来了，谢谢！谢谢！"原来邻居的父亲刚刚去世。这人顿觉无趣，"嗯"了两声，便走了出来。这使他觉得很窝火，不但没有达到目的，反而把自己陷进去了，让别人捞了"好处"。终于，他又等来了一个机会。上帝说：现在我可以满足你任何一个愿望，但前提就是你的邻居会得到双份的报酬。那个人高兴不已。但他细心一想：如果我得到一份田产，邻居就会得到两份田产；如果我要一箱金子，那邻居就会得到两箱金子……他想来想去，不知道提出什么要求才好，他实在不甘心被邻居白占便宜。最后，他一咬牙：“哎，你挖我一只眼珠吧。”

这一招是不是很毒呢？这可不是一般人都能做出的决定。嫉妒犹如毒素，其毒让人走火入魔。培根说：嫉妒会使人得到短暂的快感，也能使不幸更辛酸，因而，每个人都应控制住自己的嫉妒心理，合理转移嫉妒情绪，才能与别人一起分享喜悦，使自己超脱不幸和灾难。

巴鲁克说：“不要祈求别人遭遇灾难。最好的办法就是不断自我超越。记住，一旦你将目光只放在别人的身上，祈求别人遭遇灾难，也就是承认自己不如别人，害怕别人超越了自己。”

你要想不被别人超越，就要不断自我超越。别人的优秀并不妨碍自己的前进，相反，它可能给你带来前所未有的动力。事实上，一个真正埋头于自己事业的人，是没有工夫去嫉妒别人的。

忘掉嫉妒，你的胸襟会渐渐宽广起来。

嫉妒别人是承认自己不如人

卑劣的人比不上别人的品德，便会对那人竭力诽谤。忌妒的小人背后诽谤别人的优点，来到那人面前，又会哑口无言。

——萨迪

嫉妒表示你对自己不满而羡慕别人，对自己不满就是羡慕他人的开始。你希望像别人一样有知识，更漂亮，或是希望和别人一样有栋大房子、有显赫的权势和比现在更高的地位。你希望比现在更有德性，你希望更接近上帝。由于你希望成为一个和现在不一样的人，所以你羡慕别人，嫉妒别人。

刚刚步入中年的英子每每看见办公室的女秘书小江和单位领导在一起，心中就有一种酸酸的感觉。办公室里的姐妹们也议论，小江现在神气了，跟主任跟得那么紧，把我们姐妹们都忘了。她听着同事们的议论，回忆起最近的一件事，感到的确有些可疑。

有一次，单位出了一点小差错，大家都在加班，干得都很辛苦。可是主任在总结会上，谁也没有表扬，唯独表扬了小江，说小江心细，工作责任心强，为单位挽回了重大损失。同事们心里很不服气，都觉得主任有些偏心眼儿。英子也气愤不过，回家后心情仍不能平静。于是，连夜编造了一封关于主任和小江的“桃色”举报信，第二天邮寄了出去。

过了几天，上级来人把主任叫到会议室谈话。两个小时后，主任走出会议室，满头大汗，眉头紧锁，表情严肃，唉声叹气。英子明白了谈话的原因，躲到卫生间，开心地大笑起来。接着，英子又看到上级单位的人把小江也叫到会议室谈话。一个小时后，英子看到小江出来时好像心事重重的样子，脚步也显得沉重了，内心一阵狂喜。

嫉妒往往来源于和他人的比较，一旦认为他人在某方面比自己强，便会时刻想着如何打击、诋毁他人。这样的人不可能专注于自己的事业，而是把所有的精力都放在关注他人的一举一动上。那个被他所嫉妒的对象就像一个长在他心头的刺，这个刺成了他生活的中心，使他无法掌控自己的人生方向。

嫉妒往往有强烈的排他性，嫉妒心理出现以后，很快就会导致嫉妒行为的产生，例如中伤别人、怨恨别人。而更强烈的嫉妒心理还有报复性，它把嫉妒对象作为发泄的目标，使其蒙受巨大的精神或肉体的损伤。嫉妒心理出现以后，如果不能直接通过某种嫉妒行为达到目的时，就可能会转而等着看嫉妒对象的"好事"，稍有一点挫折或失败出现在嫉妒对象身上时，他们便幸灾乐祸，鼓倒掌、喝倒彩，以此挖苦对方，满足日益膨胀的嫉妒心理需要。如果嫉妒对象遭受到比较大的挫折，他们更是乐不可支，不给予半点同情和安慰。实际上，嫉妒心理及相应的嫉妒行为除了暂时地平衡他们的心理之外，毫无可取之处。一方面，深受其害的嫉妒对象会远离这个"作恶多端"的嫉妒者，旁观者也会对嫉妒者的小人行径不满，嫉妒者以前建立的一些人际关系也可能由此变得紧张起来。另一方面，嫉妒者并不是一个胜利者，他们自己也承受着巨大的心理痛苦，在以后的交往活动中也会裹足不前，不敢与那些条件比自己优越的人交往。

法国作家拉罗什富科曾说："具有某些伟大品质的人最可靠的标志是生来就没有嫉妒。"每一个专注事业的人，是没有工夫去嫉妒别人的，而凡是好嫉妒的人，常常不能把精力集中到自己的生活中，而是投入到一些与自己的生活及工作无关紧要的小事中：比如某个人的生活作风啦，比如某个人的学识啦，比如某个人的穿衣戴帽啦，甚至某个人脸上的几颗雀斑、头上的一根白发，一旦被这些人发现了，他们也会为此而兴奋不已，并且会大惊小怪地议论纷纷：哈哈，原来他也不过如此呀！原来他……嫉妒的人在不断地对别人的打击中寻找乐趣，以求内心平衡，而他们自己的生活却因此而搞得一团糟。

正如古希腊哲学家德谟克利特所说："嫉妒的人常自寻烦恼，这是他自己的敌人。"与其说是别人的成功妨碍了他，倒不如说是他自己的关注点发生了偏离，自愿从生活轨道上滑落而自毁前程。

从本质上说，嫉妒是看到与自己有相同目标和志向的人取得成就而产生的一种非正当的不适感。它是由于羡慕一种较高水平的生活，或者是想得到一种较高的地位，或者是想获得一种较贵重的东西却未能得到，而身边的人（或站在同等位置的人）先得到了而产生的一种缺陷心理。

既然已知自己的弱处，既然已看到自己与别人的差距，自强的人就该知耻而后勇，更应注意点滴的积累，而不是看着别人的优势眼红。"箭欲长而不在于折他人之箭"，"天外有天，人上有人"，茫茫人海总有人会在某一面长于自己。自己比别人差，却不甘心，想要比别人强，就不要诋毁、扼杀别人，而是要提高自身的价值与素养。"别人能做到，我为什么不能做到？"只有具备这样的想法，才能迎头赶上，进而后来居上。

对待别人长处的正确方法是，不让别人发觉自己在羡慕他，因为这样显得自己不如别人，应暗暗下定决心，迎头赶上，甚至超越。

在嫉妒中奋起直追

憎恨是积极地不快，妒忌是消极的不快。所以妒忌很容易转化为憎恨，就不足为怪了。

——歌德

嫉妒往往是个人才能与意志缺乏的体现，伏尔泰说："凡缺乏才能和意志的人，最易产生嫉妒。"因为自己技不如人，就只能用嫉妒的心理去排解心中的不平。一旦任由嫉妒心理自由发展，你就会疏远那些各方面比自己强的人，到头来不仅孤立了自己，而且也会阻碍自己的前进。

　　我们可以适度地利用嫉妒心理的正面作用，激励自己不断地向上奋进，但切不可被嫉妒操控，产生一种畸形的竞争心态。

　　嫉妒是对别人的行为感到不满的一种思维方式。它产生于自信的缺乏，因为它是由别人引导的活动。嫉妒会导致任何情绪上的低落，约翰·德赖登称之为"灵魂的黄疸"。真正自信自爱的人，并不会嫉妒，更不会允许嫉妒让自己心烦意乱。

　　有一位名叫卡莱尔的书店经理，在无意中发现了一封店员对他极尽辱骂讽刺的信，说他是个差劲的经理，希望副经理能马上接替他的职务。卡莱尔读了这封信以后，就带着信跑到老板的办公室里。

　　他对老板说："我虽然是一个没有才能的经理，但我居然能用到这样的一位副经理，连我雇佣的店员们都认为是胜过我了，我对此感到非常自豪。"卡莱尔一点也没有嫉妒，而是为自己用了那样能干的副经理而感到自豪。

　　后来，他的老板不但没有撤换他，反而重用了他。

　　卡莱尔是一个心胸宽广的人，他对比自己能干的人非但毫不嫉妒，反而大加肯定，为别人感到高兴，这种人的精神着实可嘉。最终他还是得到了老板的信任。

　　发明家马克西姆曾说："人们想从别人那儿获得的，不外是两种意见：一是'颂扬'，一是'亲爱'。然而立身处世，总要把颂扬抛开，只让别人对你亲爱。因为一经颂扬，就有人嫉妒，嫉妒便造成仇恨了。"为了避免这种可怕的嫉妒扰乱人们的正常生活，就要对它加以消除。事实证明，如果人们除去嫉妒心理，就会更容易获得成功。

　　嫉妒是一种很正常的情感。看见自己很想做的事别人可以轻易完成，因而出现嫉妒的情绪，这纯属正常且不至于造成别人的困扰。但是，如果你只是一味地嫉妒，让人生充斥着不满的情绪，就无法享有快乐的生活。如果将嫉妒的负面情绪转换成正面，那就成了快乐生活的出发点。

⊛ 第三章 ⊛

盲从

——风向就是方向

哈佛告诉你

盲从是一种被动地寻求平衡的适应，是在攀比之风裹挟下的随大流。它源于从众，出于无奈，又有不得已而为之的意味。

为迎合别人而存在

虚心不是一般所谓谦虚，只是表面上接受人们的意见，也不是与人们无争论无批评，把是非和真理的界线模糊起来，而必须保持自己的政治立场，当自己还未了解他人意见时不盲从。

——徐特立

活着应该是为充实自己，而不是为了迎合别人。每个人都应该坚持走自己的道路，不受他人的观点所牵制。我们无法改变别人的看法，能改变的仅仅是我们自己。

有个人一心一意想升官发财，可是从年轻熬到斑斑白发，却还只是个小公务员。这个人为此极不快乐，每次想起来就掉泪，有一天竟然号啕大哭起来。

一位新同事刚来办公室工作，觉得很奇怪，便问他到底因为什么难过。他说："我怎么不难过？年轻的时候，我的上司爱好文学，我便学着做诗、写文章，想不到刚觉得有点小成绩了，却又换了一位爱好科学的上司。我赶紧又改学数学、研究物理，不料上司嫌我学历太浅，不够老成，还是不重用我。后来换了现在这位上司，我自认文武兼备，人也老成了，谁知上司喜欢青年才俊，眼看我就要退休了，却一事无成，怎么不难过？"

可见，没有自我的生活是苦不堪言的，没有自我的人生是索然无味的，是悲哀的。要想拥有美好的生活，我们必须自强自立，拥有良好的生存能力。一个人若失去自我，也就失去了做人的尊严，就不能获得别人的尊重。

从前，有一个士兵当上了军官，心里甚是欢喜。每当行军时，他总是喜欢走在队伍的后面。

一次在行军过程中，有人取笑他说："你们看，他哪儿像一个军官，倒像一个放牧的。"

军官听后，便走在了队伍的中间，这时又有人讥讽他说："你们看，他哪儿像个军官，简直是一个十足的胆小鬼，躲到队伍中间去了。"

军官听后，又走到了队伍的最前面，又有人又挖苦说："你瞧，他带兵打仗还没打过一次胜仗，就高傲地走在队伍的最前边，真不害臊！"军官听后，心想：如果什么事都得听别人的话，自己连走路都不会了。从那以后，他想怎么走就怎么走了。

人要是没了自己的主见，经不起别人的议论，那么就会一事无成，最后都不知该怎么办。我们若想活得不累，活得痛快、潇洒，只有一个切实可行的办法，就是改变自己，主宰自己，不再相信"人言可畏"。

我们每个人都不能孤立地生活在这个世界上，很多的知识和信息来自别人的教育和环境的影响，但你怎样接受、理解、加工组合，是属于你个人的事情，这一切都要独立自主地去看待，去选择。谁是最高仲裁者？不是别人，而是你自己！歌德说："每个人都应该坚持走为自己开辟的道路，不被流言所吓倒，不受他人的观点所牵制。"让周围每个人都对自己满意，这是不切实际、应当放弃的期望。

我们周围的世界是错综复杂的，我们所面对的人和事总是多方面、多角度、多层次的。我们每个人都生活在自己所感知的经验现实中，别人对你的看法大多有其一定的原因和道理，但不可能完全反映你的本来面目和完整形象。别人对你的态度或许是多棱镜，甚至有可能是让你扭曲变形的哈哈镜，你怎么能期望人人都满意呢？

如果你期望人人都对你看着顺眼，感到满意，你必然会要求自己面面俱到。只要你认真努力地去尽量适应他人就能做得完美无缺，让人人都满意吗？显然不可能！这种不切合实际的期望，只会让你背上一个沉重的包袱，顾虑重重，活得太累。

跟风之前，先做理性分析

要是没有自信心，那实在糟糕！要是你不相信自己，或者怀疑自己，那就更糟了。

——契诃夫

跟风、随大流是人类的"通病"和习惯，是思维懒汉的"专利"，是我们内心中难以觉察到的消极幽灵，只有痛下决心才能够有所改变。

在一个酷热的夏季，一家水果店前排着长队，人们还相互约束：不许加塞，不许超量抢购。这家店之所以生意如此红火，是因为这里卖的是适时对路的新鲜货。但街对面的服装店却冷冷清清的，因为店里积压了大量的防寒服。因此，老板既羡慕水果店，又为自己着急。于是，想出一个办法：他找来几个熟人，认真向他们介绍商品的特点与优点，并说明价格的合理性，临时雇佣他们当促销员，同时先让他们"争相购买"，造成热销景象。还让几位推销员提来许多水，拼命地往防寒服上泼水，老板不失时机地在店门口醒目处贴上一张广告："房屋漏雨，急促卖出，跳楼甩卖。"

几分钟后，一位顾客看到这里商品俏销，就进店了。他看了看防寒服，随即买下一件，又怯生生地问："只能买一件吗？""很抱歉，为了照顾面广一些，每人只能买一件。"老板慢悠悠地答。看到这位顾客磨磨蹭蹭不肯离开的样子，老板额外照顾了两件。过往客人纷纷进来了，这个一件那个两件，争着抢着，好不热闹。有的与售货员套近乎，抱走一大包；有的批评老板的规定，要求多买几件；有的维持秩序，让大家排好队。对面水果店老板也来电话：脱不开身，请留下两件。就这样，滞销品反而成了抢手货。

可见，人的思维就有这种习惯和弱点：总认为多数人做就一定有道理，自己何必多加考虑，随大流就是了。在上面的例子中，老板正是利用了人们的这种"从众"的心理来促进销售的。虽然，有时从众的习惯明显存在严重缺陷，可人们仍不愿批评它，依然盲目跟随，从而导致无谓的失败。

盲从是可悲的，但这种可悲后面有着一种更可悲的无形因素，那就是人的内心不坚定。

每年高考报志愿时，大家都会看到这样的场面：莘莘学子拿着报考志愿表，在选择填报哪个学校与专业时却表现得犹豫不决。大家纷纷想寻找"热门"专业，同时对自己能否考上也心存怀疑，所以难免会发出询问："老师，他们都填报了计算机系，你看我是不是这块料？"

在犹豫和怀疑之后，许多优秀学生最终都选择了大家趋之若鹜的"热门专业"。然而，到大学临近毕业时，他们才发现这些"热门行业"其实并不好就业。

这种现象，是在职业选择上典型的从众心理，此类错误普遍存在，说明很多人并没有意识到社会需要的一条客观规律：物以稀为贵。

一旦千军万马都去挤一条独木桥时，那么就会使桥坍塌的可能性大大增加。相反，如果你能独具慧眼，另辟蹊径，见人之所未见，则往往更能适合社会的需要，也就更容易在社会上生存并取得成功。

盲目跟风、从众，必然增加人生的风险。一位老板，几年前听说外地招商引资，就"顺应潮流"到该地投资了上千万元。两年之后，他把所有的钱都亏掉了，最后空手而归。

有人问他："你当初为什么要到那里去投资？"他说："那时候，很多同行都争先恐后地去了，群众的眼睛是雪亮的，大家都认为那里的投资条件优越，大有发展前途。如果我不去的话，担心会丧失了发展的机会。"

很多人都有跟风、从众的心理特点和行为取向，这在心理学上被称为"同类互比"。"人们为了达到其理想的生活目标，随时都需要了解自己的现状，尤其需要了解自己在社会上的位置。当缺乏判断信息的标准和有效方法时，就常常通过与他自认为同类的人进行比较，以此来确定自己的现状、社会位置以及应采取的行动。"

同类互比，是社会给个人设置的一个陷阱和圈套。成功者之所以永远是少数，就是因为大多数人掉进了这个陷阱和圈套。人一旦选择了跟风、从众，往往就意味着选择了失败。

其实，在日常生活中"随大流"可能没什么，但在其他许多重要事情上这样做，往往会葬送了自己。所以，请你千万记住一句话：真理常常掌握在少数人的手里，大家都认为是正确的未必正确。在跟风之前，保持清醒，加以理性判断，才能确保你的人生不受损。

用自己的大脑支配自己的行动

先相信你自己，然后别人才会相信你。

——屠格涅夫

一次，一场多边国际贸易洽谈会在一艘游船上进行。在会议进行到一半的时候，突然发生了意外，游船开始下沉。

船长当机立断，命令大副紧急安排各国谈判代表穿上救生衣，准备离船。大副照做了，可是他的劝说却失败了。

情况十分紧急，船长决定亲自出马。经过船长的劝说，各国的商人很快都弃船而去。这让大副惊诧不已。

船长解释说："劝说其实很简单。我对英国人说，跳水是有益健康的运动；对意大利人说，不那样做是被禁止的；对德国人说，那是命令；对法国人说，那样做很时髦；对俄罗斯人说，那是革命；对美国人说，我已经给他上了保险；对中国人说，你看大家都跳水了。"

这则笑话令我们捧腹之余，不难引发我们对各国文化差异的思索。从中可以看出中国人虽然灵活，但是比较喜欢盲从，不能坚持自己的原则。这个笑话可能有些夸张，但中国人喜欢盲从的特点在现代生活中也不乏实例。

前几年流行事物中最令人惊讶的，是人们对于山地自行车的青睐，该车型适宜爬坡和崎岖不平的路面，对于平坦的都市马路毫无用处。

山地车骨架异常坚实沉重，车把僵硬别扭，转向笨拙迟缓，根本无法对都市复杂的交通做出灵巧的应变；一天折腾下来，腰酸背痛；加上尖锐刺耳的刹车声，真是一个中看不中用的东西。

放着好端端的轻便车不骑，却要弄上一辆如此的蠢拙之物，好像一个人丢下良马，偏要骑那笨牛一样。

时髦先生们头戴耳机，腰挎"随身听"，脚踩山地车，一身牛仔服，表面上自我感觉良好得一塌糊涂，然而，这份潇洒的背后，却有许多无奈。

把时髦比喻成一座令人心摇旌荡的山峰，山地车的功能便昭然若揭了。

追赶时尚，大约就像骑那山地车一样，即便累你半死，也是心甘情愿的。

究其根源："为什么这样？"

必答曰："别人都这样！"

盲从的人会说："看我多机灵，不落后于他人，别人刚这么做，我就也这么做了。"盲从的人失去了原则，往往会给自己带来损失或伤害。

要想在生活中、事业上有所成就，就必须摆脱盲从众人的不良习惯，善于用自己的头脑思索问题，做出正确的人生抉择。

⊕ 第四章 ⊕

懒惰
——等着天上掉馅饼

哈佛告诉你

懒惰是索价极高的奢侈品，一旦到期清付，必定偿还不起。懒惰走得如此之慢，以至于贫穷很快就会赶上它。

摆脱懒惰的纠缠

懒惰像生锈一样，比操劳更能消耗身体；经常用的钥匙，总是亮闪闪的。

——富兰克林

我们每个人都喜欢舒适：能站着拿到东西绝对不会跳起来，能坐着拿到东西绝对不会站起来，能躺着拿到东西绝对不会坐起来。有这样一个传说：母亲出远门，给慵懒的儿子的脖子上套上一张极大的饼。10天之后，她回到家却发现儿子已经死了。原来儿子只吃了嘴边的那块，而懒得动一下手将脖颈后的饼转过来。

懒惰是人的一种劣根性，为了做成某件事，必须与它抗争，超越这种劣根性的钳制。这种抗争和超越，一开始总要由一些外力来强制，进而才逐渐内化为恒定的精神和行为习惯。

一旦养成勤劳的习惯，往往会拥有一份稳定的愉快心情。因为它专注，意念与行为协调归一，所以恶劣的情绪便没有潜入的机会，更没有盘踞的空间。一个进入勤劳状态的人，心中就不会有长久驻足的懒惰。所以，克服懒惰最直接、最有效的方法就是使自己忙碌起来。

业精于勤荒于嬉

懒惰受到的惩罚不仅仅是自己的失败，还有别人的成功。

——米尔·勒纳尔

《颜氏家训》说："天下事以难而废者十之一，以惰而废者十之九。"惰性往往是许多人虚度时光、碌碌无为的性格因素。惰性集中表现为拖拉，就是说可以完成的事不立即完成，今天推明天，明天推后天。"今天不为待明朝，车到山前必有路"，结果，事情没做多少，美好年华却在这无休止的拖拉中流逝殆尽了。

一个人如果想战胜懒惰，勤劳是唯一的方法。对个人来说，勤劳不仅是创造财富的根本手段，而且是防止被舒适软化、消磨精神活力的"防护堤"。

美国某知名公司董事长雅克妮，原本是一位极为懒惰的妇人，后来由于她丈夫的意外去世，家庭的全部负担都落在她一个人身上，而且还要抚养两个子女。在这样贫困的环境下，她被迫去工作赚钱。她每天把孩子们送去上学后，便利用余下的时间替别人料理家务，晚上，孩子们做功课时，她还要做一些杂务。这样，她懒惰的习性就被克服了。后来，她发现很多现代妇女都因外出工作无暇整理家务。于是她灵机一动，花了7美元买来清洁用品，为有需要的家庭整理琐碎家务。这一工作需要付出很大的勤奋与辛苦。渐渐地，她把料理家务的工作变为了一种技能，并成立了专门的公司。后来，甚至大名鼎鼎的麦当劳快餐店也找她代劳。雅克妮就这样夜以继日地工作，终于使订单滚滚而来。

俄国文学家列夫·托尔斯泰年轻时为了克服惰性，采取了两条措施，一是天天做体操，二是每晚睡前写日记。这两条措施，他一直坚持到八旬高龄，日记坚持写到他逝世前四天。正是因为他克服了惰性，养成了毕生勤奋的习惯，才有了《复活》、《安娜·卡列尼娜》等伟大著作，并使他成为文坛巨匠。

"业精于勤荒于嬉"。产生惰性的原因就是试图逃避困难的事，图安逸，怕艰苦，积习成性。人一旦长期躲避艰辛的工作，就会形成习惯，而习惯就会发展成不良的性格倾向。

比尔·盖茨说："懒惰、好逸恶劳乃是万恶之源，懒惰会吞噬一个人的心灵，就像灰尘可以使铁生锈一样，懒惰可以轻而易举地毁掉一个人，乃至一个民族。"这给我们敲响了警钟。

懒惰，从某种意义上讲就是一种堕落，它就像一种精神腐蚀剂一样，慢慢地侵蚀着你。一旦背上了懒惰的包袱，生活将是为你掘下的坟墓。马歇尔·霍尔博士认为："没有什么比无所事事、懒惰、空虚无聊更加有害的了。"

懒惰者是不能成大事的，因为懒惰的人总是贪图安逸，遇到一点儿风险就吓破了胆，另外，这些人还缺乏吃苦实干的精神，总存有侥幸心理。而成大事之人，他们更相信"勤奋是金"。所以在被懒惰摧毁之前，你要先学会摧毁懒惰。现在开始，摆脱懒惰的纠缠，不能有片刻的松懈。

懒惰是学习的大敌，是工作的大敌，是生活的大敌。一个人的懒惰只是个人的不幸，一个民族的懒惰，则是整个民族的悲哀！我们肩负着振兴中华民族的伟大使命，全面建设小康社会，需要我们每个人打起十二分的精神，艰苦创业，勤奋工作。

"永不动摇的时间表"

天才就是无止境刻苦勤奋的能力。

——卡莱尔

被媒体誉为"清华神厨"的张立勇，曾经因贫困而高中辍学，开始了漫漫打工路。他先到广州打工，数年后，到清华大学第十五食堂做厨师。为了学习英语，他给自己制定了一张"残酷"的时间表，他的生活就以这张表为准则，一切都服从于它。

他的时间表是这样的：6点必须起床，6点15分到6点30分出去跑步，6点30分到7点背英语，7点到7点10分或者7点15分刷牙、洗脸，然后出发到食堂，7点30分上班；午饭时间控制在8分钟之内，剩下的7分钟背英语；中午1点钟听英语广播；晚上8点下班，学习英语到12点，深夜12点45分到1点15分收听英语广播。

他称这个时间表是"永不动摇的时间表"，为了学习，他往往夜里两三点钟才休息，实在太累的时候，定好的闹铃声听不到，上班就会迟到并挨领导的批评。为了能早起床，他就多买了一个闹钟，再加上朋友送的一个，一共有3个闹钟，上班就不会迟到了。闹钟保证了他的时间表不发生变化，保证了他的学习计划。

就是这张"永不动摇的时间表"，让惰性没有了可乘之机。

张立勇白天上班的时候很辛苦，几乎没有自由时间。但他认为时间就像是海绵里的水，一挤就有了。食堂的工作很紧张，中间休息的时间很短，按规定，在给学生卖饭之前，内部有15分钟时间先吃饭。然而，张立勇却只用8分钟吃饭，在节约下来的7分钟里，就躲在食堂碗柜后面背英语。常常是同事在碗柜这一边吃饭，他在另一边背英语。

为了学习，张立勇饱受着很大的精神压力，有时候是他的父母生病了，有时候是遭到同事的讥讽。每个人都有惰性和依赖性，太累的时候，也会想到偷懒，但是他有很强的理智和自控能力，他在床头写上"克己"、"行胜于言"、"挑战自我"等警句，时时提醒自己："你不能偷懒，至少你目前不能偷懒，你不能喝酒，你不能谈女朋友，你没有时间打牌，你还没有资格享受。"

这张"永不动摇的时间表"更是对一个人毅力和耐心的考验。

张立勇一边工作一边学习，休息时间很少，经常犯困，晚上8点下班后赶到教室，坐下来就想睡觉。但是，无论身体和精神有多累，他都要求自己必须实现自己制定的学习目标。假定一天该看完10页，结果难以控制，趴在桌上睡着了，一页也没看完，面对这种状况，他就打满一杯热气腾腾的开水。别人的水一般是凉了再喝，而他是趁热喝，开水烫得全身打个机灵，舌头痛得不行，然而睡意却马上消失了。这种执行方式几近于"残酷"，却是超强毅力的体现。

张立勇每天的学习任务很明确，有的时候他必须要战胜自己的身体。人都是有惰性的，也特别容易自我放松，如果稍微松懈一下，就会浪费很多时间，学习的连贯性和学习计划都会遭到破坏。古人云："明日复明日，明日何其多。我生待明日，万事成蹉跎。"这大概是最好的警示诗了。他告诫自己，越是在困难的时候越要想办法坚持下来。否则，所有的努力都会化成泡影。

张立勇就是这样"永不动摇"地学习，十年磨炼，终于学有所成。这张"永不动摇的时间表"改变了他的命运。张立勇在清华大学食堂工作了8年，坚持自学英语，通过了国家英语四、六级考试，托福考了630分，被清华大学学生尊称为"馒头神"，被媒体誉为"清华神厨"。

综观古今，惰性是与成功失之交臂的原因。惰性，使人的才华被埋没，使人的潜能被扼杀，使人的希望变得虚无缥缈。如果一个人一生为惰性所控制，那他只有忍受"南柯一梦"的失落，很难有大的作为。只有克服惰性，才能取得更大的成功。

第五章

贪婪

——欲海无边

哈佛告诉你

你看见一部车子，一所房子，然后你想拥有它，或是你想达到有钱人的地位，成为被人注目的大人物，这就是欲望。面对欲望，过分放纵固然不可取，但彻底否定自己的欲望也是不对的。也许我们真正想要的不是远离欲望，而是摆脱贪婪所引起的担忧、焦灼和痛苦。

贪婪到极致是虚无

贪婪是一种会给人带来无限痛苦的地狱，它耗尽了人力图满足其需求的精力，可并没有给人带来满足。

——弗洛姆

物质是生活的基础，对物质的追求是理所当然的。但是，人一旦掉进贪婪的陷阱，就如坠入万丈深渊，万劫不复。

以前，有一个国王，王妃为他生了一群白胖的王子。好不容易他最宠爱的一个妃子为他生了一位漂亮的公主。国王对小公主疼爱有加，视如掌上明珠，凡是公主要求的东西，国王从来都不会拒绝。就是她要天上的星星，国王也恨不得攀登天空，为公主摘下来。

公主在国王的呵护纵容下，慢慢成长为豆蔻年华的少女，渐渐懂得了装扮自己。有一天，春雨初霁的午后，公主带着婢女徜徉于宫中花园。只见树枝上的花朵，经过雨水的润泽，花苞上挂着几滴雨珠，显得愈发娇艳；翁郁的树木，翠绿得逼人眼睛。公主正在欣赏雨后的景致，忽然目光被荷花池中的奇观吸引住了。原来池水正冒出一颗颗状如珍珠的水泡，浑圆晶莹，闪耀夺目。公主看得入神忘我，突发奇想："如果把这些水泡串成花环，戴在头发上，一定美极了！"

她打定主意，于是叫婢女把水泡捞上来，但是婢女的手刚一触及水泡，水泡便破灭无影。折腾了半天，公主在池边等得愤愤不悦，婢女在池里捞得心急如焚。公主终于气愤难忍，一怒之下，便跑回宫中，把国王拉到了池畔，对着一池闪闪发光的水泡说：

"父王！您一向是最疼爱我的，我要什么东西，您都依着我。现在女儿想要把池里的水泡串成花环，戴在头上。"

"傻孩子！水泡虽然好看，终究是虚幻不实的东西，怎么可能做成花环呢？父王另外给你找些珍珠水晶，一定比水泡还要美丽！"国王无限怜爱地看着女儿。

"不要！不要！我只要水泡花环，我不要什么珍珠水晶。如果您不给我，我就不想活了。"

公主哭闹着。束手无策的国王只好把朝中的大臣们集合于花园，忧心忡忡地说道："各位大臣，你们号称是本国的奇工巧匠，你们之中如果有人能够用池中的水泡，为公主编织美丽的花环，我便重重奖赏。"

"陛下！水泡刹那生灭，触摸即破，怎么能够拿来做花环呢？"大臣们面面相觑，不知如何是好。

"哼！这么简单的事，你们都无法办到，我平日如何善待你们？如果无法满足我女儿的心愿，你们统统提头来见。"国王盛怒了。

"国王请息怒，我有办法替公主做成花环。只是老臣我老眼昏花，实在分不清楚水池中的水泡，哪一颗比较均匀圆满，能否请公主亲自挑选，交给我来编串。"一位须发斑白的大臣神情笃定地打圆场。

公主听了，兴高采烈地拿起瓢子，弯下腰身，认真地舀取自己中意的水泡。本来光彩闪烁的水泡，经公主轻轻一触摸，霎时破灭，变为泡影。捞了半天，公主连一颗水泡也没有拿起来。

显然，公主的水泡花环梦想难以实现。我们暂且不说公主失望的表情，先来研究分析一下公主有此梦想的根源：正因为公主生活无忧，物质富足，她才贪婪那些虚无的东西。可以说，这是贪婪的极致。极致的贪婪蒙蔽了公主的眼睛，使她是非难辨，幻想与现实不分，闹出如此笑话。现代生活中的某些人是不是也有着公主的影子呢？过度的追逐，只能陷于痛苦的深渊。然而，世人大都面对金钱爱不释手，面对名利心难清静。更有甚者，为虚无的目标而苦命追逐。然而由于目标不当，有时不仅不会带来快乐，反而会成为烦恼的根源，且白费精力。

贪欲不止，祸流滔天

人为财死，鸟为食亡。
　　　　　　——《昔时贤文》

欲望，永不满足的欲望，一方面是人们不懈追求的原动力，成就了人往高处走，水往低处流的箴言；另一方面也诠释了"有了千田想万田，当了皇帝想成仙""人心不足蛇吞象"的人性弱点。

其实欲望并非万恶之源，它既能使人堕落，又是人类进步的阶梯。尼采认为，意志创造了世界却对人的自身无补，人们永远无法满足自己的欲望，永远受到欲望的煎熬，而这则是人生悲剧的根源。假如每个人都进入无知无欲的状态，那社会以及整个人类都会倒退，甚至再度回到小国寡民的社会之中去。

但是这里所说的人不能没有欲望，并不代表人只有欲望，最关键的是要做到欲与望的平衡。

有一个男人，经过了自己的艰苦努力，终于拥有了自己的事业和家庭，房子、车子在他的生活中样样齐全。而投身商海这么多年，没日没夜地奔波、操劳的他，有一天终于感觉累了，疲倦了，看着渐渐发福的太太，不由得感叹道："太太，在这个社会上，我们也算小富有余了，我想好好休整一年，然后去找个简单的工作。"

太太不满："作为男人，要有远大志向，不能稍富即安，我们离真正的富翁还差得太远。"

太太的话像针一般又深深地扎进男人的心中，男人的尊严在那一刻受到了撞击，人活着究竟为什么，就为那些花花绿绿的钞票吗？他迷茫了。

然而未等再展宏图，他却轰然倒下了，莫名其妙的消瘦，胸部长时间的憋闷，让他不得不走进医院。检查的结果让他目瞪口呆，诊断书清晰地写着两个字：肺癌。他跌坐在椅子上，医生握着他的手，安慰他："慢慢调养，保持快乐的心情。"

回到家中，他感觉房子突然变小了，太太也变得好像不认识了，整天一句话也不说，常常面对着窗外的小鸟发呆，自己再也飞不高了，什么创业，什么人生，什么追求，此刻都失去了意义。于是他扔下一张纸条：我走了，是贪婪毁了我，毁了这个家。

正如宋朝理学大家程颐所讲："一念之欲不能制，而祸流于滔天。"古往今来，贪婪成性的大有人在，因贪婪而身败名裂，甚至招致杀身之祸的人就更是不胜枚举了，而驱使他们做出种种抉择的唯一动力便是贪婪的心态。恩格斯曾鲜明地指出：卑劣的贪欲是文明时代从它存在的第一日起直至今日的动力；财富，财富，第三还是财富——不是社会的财富，而是这个微不足道的单个的个人的财富。这就是文明时代唯一的、具有决定意义的目的。

欲望越小，人生越幸福

人最终喜爱的是自己的欲望，不是自己想要的东西！
——尼采

我们所拥有的并不少，而仅仅是因为欲望太多，才使得自己不满足，甚至憎恨别人所拥有的或期望比别人拥有得更多，以致心里产生失落、愤怒和不平衡。欲望太多，就会导致心理贫穷！

1856 年，俄亥俄州的亚历山大商场发生了一起盗窃案，共失窃 8 只金表，价值 16 万美元，在当时，这是相当庞大的数目。

就在案子尚在侦破中，纽约商人罗森到此地批货，随身携带了 4 万美元现金。当他到达下榻的酒店后，先办理了贵重物品的保存手续，接着将钱存进了酒店的保险柜中，随即出门去吃早餐。

在咖啡厅里，他听见邻桌的人在谈论前阵子的金表盗窃案，因为是当时的新闻，这个商人并没有太在意。

中午吃饭时，他又听见邻桌的人谈及此事，他们还说有人用 1 万美元买了两只金表，转手后净赚 3 万美元，其他人纷纷投以美慕的眼光说："如果让我遇上，不知道该有多好！"

罗森听到后，却怀疑地想："哪有这么好的事？"

到了晚餐时间，金表的话题居然再次在他耳边响起，等到他吃完饭，回到房间后，忽然接到一个神秘的电话："你对金表有兴趣吗？老实跟你说，我知道你是做大买卖的商人，这些金表在本地并不好脱手，如果你有兴趣，我们可以商量商量。品质方面，你可以到附近的珠宝店鉴定，如何？"

罗森听到后，不禁怦然心动，他想这笔生意可获取的利润比一般生意优厚许多，于是便答应与对方会面详谈，结果以 4 万美元买下了传说中被盗的 8 只金表中的 3 只。

但是第二天，他拿起金表仔细观看后，却觉得有些不对劲，罗森将金表带到熟人那里鉴定，没想到经鉴定，这些金表居然都是假货，全部只值 2000 美元而已。直到这帮骗子落网后，商人才明白，从他一进酒店存钱，这伙骗子就盯上了他，而他一整天听到的金表话题，也是他们故意安排设计的。

歹徒的计划是，如果第一天罗森没有上当，接下来，他们还会有许多花招准备继续诱骗他，直到他掏出钱为止。

因为贪欲而迷失方向的人比比皆是；因为贪婪而丧失天良的人也随处可见。贪欲不仅可怕，也是导致许多人失败的原因。

有一对即将结婚的未婚夫妻，兴奋地憧憬着未来的美好日子，因为他们中了一张高额彩券，奖金是 7.5 万美元。

可是，这对马上要结婚的新人，却在中奖后隔天，就为了"谁该拥有这笔意外之财"而闹翻了。两人大吵一架，并不惜撕破脸，闹上法庭。为什么呢？因为这张彩券当时是握在未婚妻的手中，但是未婚夫则气愤地告诉法官："那张彩券是我买的，后来她把彩券放入她的皮包内，但我也没说什么，因为她是我的未婚妻嘛！可是，她竟然这么无耻、不要脸，居然敢说彩券是她的，是她买的！"

这对未婚夫妻在法庭上大声吵闹，各说各话，丝毫不妥协、不让步，让法官也伤透脑筋。最后，法官下令，在尚未确定谁是谁非之时，彩券发行单位暂时不发出这笔奖金！而两位原本马上要结婚的佳偶因争夺奖券的归属而变成怨偶，双方也决定取消婚约。

有人说："结婚，经常不是为了钱；离婚，却是经常为了钱！"

的确，人的私心、贪婪，常使人跌倒，重重地跌在自己恶念的祸害里。

托尔斯泰说："欲望越小，人生就越幸福。"同理，我们也可以说欲望越大，就越容易致祸。的确，古往今来，多少人欲壑难填，多少人被贪婪打败。所以，生活中，我们一定要减轻欲望，懂得舍弃，只有这样才能从贪婪中解脱，从而获得内心的安宁。

诱惑面前，保持自制

不要试图同诱惑争辩，躲开它，躲得远远的。面对诱惑不动心并不重要，重要的是为了诱惑而动摇自己的良心。

——孟德斯鸠

人的一生当中，会遇到很多陷阱，而这些陷阱之中，最为可怕的一种是自掘的陷阱——贪婪。因为贪心，人们会忽略自己的弱点，不顾一切去满足欲望。这时，即使危险摆在面前，人们也无法去理会、去避让。贪心遮住了你的眼睛，使你无法看到危险所在。

据说东南亚一带，有一种捕捉猴子的方法很是别致，它的奥妙所在，就是利用了一个"贪"字。当地人用一个木箱子，将一些美味的水果放在里面，箱子上开了一个小洞，大小刚好够猴子的手伸进去。

如果猴子抓了水果，手就抽不出来，除非它把手中的水果丢掉，但大多数猴子不愿把手中的东西放下，以致猎人不需要费什么力，就可以很轻易地捉住它们。

人们可能会笑，猴子真傻。但是人们又何曾想到，自己有时的行为正和这些猴子一样。为了一些蝇头小利，人们可能不惜牺牲自己的健康、时间、道德原则，而自己却不自知。

有一个人，偶然在地上捡到一张百元大钞。因为这笔意外之财，他以后总是低着头走路，希望还能有这样的运气。

久而久之，低头走路成了他的一种习惯。若干年后，据他自己的统计，总共拾到纽扣3.9万多颗，针4万多根，钱则只有几百块，可是他却成了一个严重驼背的人。可想而知的是，在低头走路的岁月里，他没能好好地去欣赏落日的绮丽、幼童的欢颜、大地的鸟语花香。

贪婪的可怕之处，不仅在于摧毁有形的东西，而且能搅乱一个人的内心世界。某些本该恪守的原则，都可能在贪心面前垮掉。

有一个走私客特鲁西，由于警方追捕得很紧，一时无处藏身。于是，他灵机一动，带着所有的走私货，躲到一家破旧的教堂中，并且请求教堂里的老牧师答应他把这些走私品藏到教堂的阁楼里。他想警方一定想不到这些东西藏在教堂中，所以万无一失。这位虔诚的牧师当然立即拒绝了特鲁西的要求，并且要此人马上离开，否则他就要报警了。

"我给你一笔钱，以报答你的善行，你看20万元怎么样？"特鲁西不死心。

老牧师坚定地说："不！"

"那么50万呢？"

老牧师依旧拒绝。

"100万元？"特鲁西仍不死心。

老牧师突然大发雷霆，用力把那人推到外面去，说道："快给我滚出去，你开的价钱，已经快接近我心里的数目了。"

老牧师还算得上一个有自制力的人。他知道自己的心理底线，也知道自己在重金面前有可能挡不住诱惑。但生活中的你呢，在形形色色的诱惑面前，能保持一颗知足的心吗？

其实，我们每一个人所拥有的财物，无论是房子，还是车子；无论是有形的，还是无形的，没有一样是属于你自己的。那些东西不过是暂时寄存于你，有的让你暂时使用，到了最后，物归何主，尚未可知。所以智者把这些财富统统视为身外之物。

"身外物，不奢恋"是思悟后的清醒。因为即使我们拥有整个世界，一天也只能吃三餐，一次也只能睡一张床，即便是一个挖水沟的工人也可如此享受。许多事实证明，生活中鱼和熊掌难以兼得。

第六章

吝啬

——一毛不拔的铁公鸡

哈佛告诉你

凡吝啬的人大多都是自私的、贪婪的。这类人总是嫌自己发财速度太慢，总嫌发财"效率"太低，总想不劳而获或者少劳多获，因而挖空心思、不择手段地算计他人、算计集体、算计社会。一般的情况是：在吝啬者口袋里的金钱，或多或少地带有不洁的成分，廉耻、天良、真理，都会沉沦在吝啬者的吝啬之中。

"铁公鸡"的下场

如果你把金钱当成上帝，它便会像魔鬼一样折磨你。

——菲尔丁

齐国有一名叫夷射的大臣，经常为齐王出谋划策"整治"别人，被齐王视为近臣。一次齐王宴请他，由于不胜酒力，有些过量，他便到宫门后吹风。

守门人曾受过刖刑，是个无聊之人，欲向夷射讨杯酒吃。

夷射天生吝啬，再加上对他很是鄙弃，便大声斥责道："什么？滚到一边去！像你这样的囚犯，竟然向我讨酒喝?!"

守门人非常愤恨。这时因下雨，宫门前刚好积一摊水，状如便溺之物，守门人便萌生报复心理。

次日清晨，齐王出门，见门前一摊其状不雅的水迹，心中不悦，急唤守门人道："是谁如此放肆，在此便溺?"

守门人见机会来了，故作惶恐支吾道："我不是很清楚，但我昨晚看到大臣夷射来过这里。"

齐王果然以欺君之罪，赐夷射死。

为一杯酒而丧命的确可悲，但如果没有因他平日为齐王出谋划策，"整治"别人所种下的"祸根"，也不会遭此劫难。一杯酒本不足以挂齿，但正是由于夷射的吝啬，才导致杀身之祸。

吝啬的代价是巨大的。有时，别人所求于你的，往往对你是微不足道的，但对他而言，却意义重大。你给了，虽然有点儿细小的损失，但却得到了一颗感恩的心；你不给，虽然看似毫发无损，却在别人的心里种下了嫉恨的种子。

俗话说："滴水之恩，当涌泉相报。"古人之所以看重滴水之恩，是因为里面透露了一种人性的善意。不管这滴水之恩是来自于陌生人还是熟人，给予这种恩惠，是人家的好意；不给，也是无可厚非的。因此，滴水之恩，往往是更为值得珍视的恩情。

生活中有人称吝啬的人为"一毛不拔""铁公鸡"，这只说明了吝啬行为的一个表象，实质上，吝啬者的吝啬来自于他们内心的冷漠。他们过分看重自己的财物，甚至可以为了蝇头小利而六亲不认。然而，当他们抱着自己辛苦守下来的"财富"时就会发现，自己才是真正的贫穷。

形形色色的吝啬鬼

财富造成的贪婪人，比贪婪造成的富人要多。

——英国谚语

庄子由于家贫，所以不得不经常靠借粮为生。这天，庄子来到了监河侯（官名）的住处，希望能从他那借点粮食，好让自己渡过难关。

监河侯一听说庄子是来借钱的，马上摆出一副笑脸，说道："好说，好说！我非常愿意借给你，可是现在我手上实在没有钱啊！要不你再忍耐两天，等我收了租子之后一定借给你300金，好不好？"

庄子听后气愤地说："昨天我经过这里的时候，听见有个声音在叫我。我回头一看，原来在车轮碾过的沟中有一条鲋鱼。我觉得很奇怪，就问那条鲋鱼：'你为什么会在这呢？'那条鲋鱼可怜巴巴地说：'我是从东海来的，如今被困在这里了，你有一升水救我吗？'我一听是东海来的，就对它说：'你等着，我这就去游说吴越之王，让他开凿运河，引长江之水来救你。'鲋鱼听后生气地说：'你不愿意救我就算了，如果照你说的，你还不如干脆把我卖到鱼店里去算了。'"

监河侯听后满脸通红，半天没有说话。

这则寓言讽刺的是那些形式主义、言过其实的人，但它从另一个方面也狠狠地讽刺了"监河侯"这个表面大方，实质吝啬的小气鬼。

古今中外，吝啬鬼的形象在文学作品中比比皆是。在世界文学史上，有四大最典型的吝啬鬼形象，他们分别是：莎士比亚戏剧《威尼斯商人》中的夏洛克，一个典型的吝啬商人的形象，最终落得个人财两空；莫里哀喜剧《悭吝人》中的阿巴贡，富甲一方，但却没有亲情，最后死无葬身之地；果戈理长篇小说《死魂灵》中的泼留希金，家财万贯，拥有上千农奴，但却吝啬至极，经常去捡破烂，最后连他的女儿都离他而去；巴尔扎克长篇小说《欧也妮·葛朗台》中的老葛朗台，嗜财如命，连他的女儿都不能碰他的财产，直到临死前每天还都要看一眼他的金子，最后带着"遗憾"死去。

中国的文学家也没有放过这些吝啬鬼，最典型的恐怕要数《儒林外史》中的严监生了。严监生临死之前还伸着两个手指头不肯断气，直到妻子道出"天机"，子侄们熄灭了那两根灯草，他才满意地闭上了眼睛。

这就是吝啬，一个会使人失去亲情、友情、爱情的人性弱点。

用小钱儿创造和谐生活

如果您失去了金钱，失之甚少；如果您失去了朋友，失之甚多；如果您失去了勇气，失去一切。

——歌德

慷慨大方，不仅能让你制造出好运的潜在机会，还能制造出和谐的家庭气氛、良好的婆媳关系。

以下是一个真实的故事，讲的是一对夫妻在面临家庭生活压力的时候，凭着慷慨大方，化解了生活中的种种问题，同时也巩固了他们的婚姻。

在北京有一对年轻夫妻，带着一个刚出生不久的孩子，住在一间狭小的公寓里。一天，他们突然接到一个噩耗，丈夫的父亲因心脏病突发过世。夫妻俩只能让无依无靠、身无分文的母亲加入自己的狭小地带。

但这位婆婆比较固执，常常倚老卖老、指指点点，儿媳妇颇为头痛，只得尽量忍耐。于是全家心神不宁，生活度日如年。当然婆媳之间相处得非常紧张，妻子天天向丈夫抱怨，生活有如被他人践踏一般痛苦，婚姻生活也亮起了红灯。妻子经常想一走了之，但是又舍不得心爱的丈夫，最后，她想到要采取一些行动。

她决定让她自己从这个老太太的身边消失。唯一的办法，就是自己找份工作，那么两个人就可以尽量避不见面。婚前，她曾经上过班，现在她决定再找份工作，将家里的清洁卫生以及做饭的任务交给婆婆。另外，她也不愿婆婆带她的孩子，她只能用挣得的工资，请一个保姆来看护她的孩子。几天之后，她找到了在一家百货商店当售货员的工作。于是，公寓交由她婆婆来打理。这样，状况就有所改善了。

一段时间以后她又与丈夫商量，买了一台电脑，装在婆婆的房间里。她的婆婆很快迷上了上网。电脑转移了她的注意力，从此很少发号施令了。同时，她在卧室内上网，也减少了进进出出碰面的机会，避免了不必要的摩擦。这时候，他们夫妻之间的慷慨，也获得了一些心理上的满足。对丈夫而言，他尽了照料母亲的孝心；对夫妻而言，相互尊重，也增加了双方的感情生活。自从买了电脑之后，老人家常常邀请一些邻居朋友们，到她的房间去尝试新科技。突然有一天晚上，她宣布要与一位邻居朋友结婚。这位单身的老先生，收入相当不错，偶尔在下午会到她的房间里上网、聊天。他刚刚丧妻，也要寻找一个老伴。两人谈得十分投机，双方背景都差不多，于是一拍即合。一个礼拜之后，就完成婚礼，所有问题迎刃而解。更为重要的是，夫妻俩对待母亲的这种孝顺在邻里传为美谈，恰巧被一家公司老总听说，于是推荐丈夫去公司工作，一家人的日子越过越红火了。

这是一个非常圆满的结局。夫妻两人慷慨的个性，互相体谅，精诚合作地将一个复杂的家庭问题，做了一个非常合理完美的解决。

第七章

自卑

——事事不如别人好

哈佛告诉你

一个自卑的人很难感受到快乐和幸福，自卑感十分"会"折磨人，它是对兴奋、乐观、开朗的最大抑制。

别抓住自己的劣势不放

最大的骄傲与最大的自卑都表示心灵的最软弱无力。

——斯宾诺莎

世上大部分不能走出生存困境的人，都是因为对自己信心不足，他们就像一棵脆弱的小草一样，毫无信心去经历风雨，这就是一种可怕的自卑心理。所谓自卑，就是轻视自己，自己看不起自己。自卑心理严重的人，并不一定是自身具有某些缺陷，而是不能悦纳自己。自惭形秽，常把自己放在一个低人一等，不被自我喜欢，进而演绎成别人也看不起自己的位置，并由此陷入不能自拔的痛苦境地，心灵笼罩着永不消散的愁云。

王璇就是这样，她本来是一个活泼开朗的女孩，竟然被自卑折磨得一塌糊涂。

王璇毕业于某著名语言大学，在一家大型的日本企业上班。大学期间的王璇是一个十分自信、从容的女孩。她的学习成绩在班级里名列前茅，是男孩追逐的焦点。后来，王璇变了，原先活泼可爱、整天嘻嘻哈哈的她，像换了一个人似的，不但变得羞羞答答，甚至其行为也变得畏首畏尾，而且说起话来、干起事情都显得特别不自信，和大学时判若两人。每天上班前，她会为了穿衣打扮花上整整两个小时的时间。为此她不惜早起，少睡两个小时。她之所以这么做，是怕自己打扮不好，而遭到同事或上司的取笑。在工作中，她更是战战兢兢、小心翼翼，甚至到了谨小慎微的地步。

原来到日本公司后，王璇发现日本人的服饰及举止显得十分高贵及严肃，让她觉得自己土气十足，上不了台面。于是她对自己的服装及饰物产生了深深的厌恶。第二天，她就跑到服饰精品商场去了，可是，由于还没有发工资，她买不起那些名牌服装，只能悻悻地回来了。

在公司的第一个月，王璇是低着头度过的。她不敢抬头看别人穿的正宗名牌西服、名牌裙子，因为一看，她就会觉得自己穷酸。那些日本女人或早于她进入这家公司的中国女人，大多穿着一流的品牌服饰，而自己呢，竟然还是一副穷学生样。每当这样比较时，她便感到无地自容，她觉得自己就是混入天鹅群的丑小鸭，心里充满了自卑。

服饰还是小事，令王璇更觉得抬不起头来的，是她的同事们平时用的香水都是洋货。她们所到之处，处处清香飘逸，而王璇自己用的却是一种廉价的香水。

女人与女人之间，聊起来无非是生活上的琐碎小事，主要的当然是衣服、化妆品、首饰、等等。而关于这些，王璇几乎什么话题都没有。这样，她在同事们中间就显得十分孤立，也十分羞惭。

在工作中，王璇也觉得很不如意。由于刚踏入工作岗位，工作效率不是很高，不能及时完成上司交给的任务，有时难免受到批评，这让王璇更加拘束和不安，甚至怀疑自己的能力。

此外，王璇刚进公司的时候，她还要负责做清洁工作。看着同事们悠然自得地享用着她打的开水，她就觉得自己与清洁工无异，这更加深了她的自卑感……

像王璇这样的自卑者，总是一味轻视自己，总感到自己这也不行，那也不行，什么也比不上别人。怕正面接触别人的优点，回避自己的弱项，这种情绪一旦占据心头，结果是对什么都提不起精神，犹豫、忧郁、烦恼、焦虑便纷至沓来。倘若遇到一点困难或者挫折，便长吁短叹，消沉绝望，那些光明、美丽的希望似乎真的会与自己断绝关系了。这与现代人应该具备的自信气质和宽广胸怀是格格不入的，必须引起人们的警觉和注意。

每一个事物、每一个人都有其优势，都有其存在的价值。一个人如果陷入了自卑的泥潭，他能找到一万个理由说自己为何不如别人。比如：我个矮、我长得黑、我眼睛小、我不苗条、我嘴大、我有口音、我汗毛太多、我父母没地位、我学历太低、我职务不高、我受过处分、我有病，乃至我不会吃西餐等等。由于自卑而焦虑，于是注意力分散了，从而破坏了自己的成功，导致失败，这就是自卑者自己制造的恶性循环。一个人如果陷入了自卑，在人际交往中除了封闭自己以外，就有可能会奴颜婢膝，低三下四。

一个人如果自卑，他不仅不敢有远大的目标，同时他将永远不会出类拔萃；一个民族和国家，如果自卑，只能当别国的殖民地，站不起来，也不敢站起来，只能跟在别国后边当附庸。

自卑是麻痹药，自卑是落后丹，自卑是自杀的剧毒品！

只看你有的，不看你所没有的

要有自信，然后全力以赴——假如具有这种观念，任何事情十之八九都能成功。

——威尔逊

她站在台上，偶尔不规律地挥舞着她的双手；仰着头，脖子伸得好长好长，与她尖尖的下巴扯成一条直线；她的嘴张着，眼睛眯成一条线，诡谲地看着台下的学生；偶然她口中也会咿咿唔唔的，不知在说些什么。基本上她是一个不会说话的人，但是，她的听力很好，只要对方猜中，或说出她的意见，她就会乐得大叫一声，伸出右手，用两个指头指着你，或者拍着手，歪歪斜斜地向你走来，送给你一张用她的画制作的明信片。

她就是黄美廉，一位自小就患脑瘫的病人。脑瘫夺去了她肢体的平衡感，也夺走了她发声讲话的能力。从小她就活在诸多肢体不便及众多异样的眼光中，她的成长充满了血泪。然而她没有让这些外在的痛苦击败她内在奋斗的精神，她昂然面对，迎向一切的不可能，终于获得了加州大学艺术博士学位。她把她的手当画笔，以色彩告诉人们"寰宇之力与美"，并且灿烂地"活出生命的色彩"。全场的学生都被她不能控制自如的肢体动作震慑住了，这是一场倾倒生命、与生命相遇的演讲会。

"请问黄博士，"一个学生小声地问，"你从小就长成这个样子，你怎么看你自己？你没有怨恨过吗？"大家的心一紧，这孩子真是太不成熟了，怎么可以在大庭广众之下问这个问题，太伤人了，很担心黄美廉会受不了。

"我怎么看自己？"美廉用粉笔在黑板上重重地写下这几个字。她写字时用力极猛，有力透纸背的气势。写完这个问题，她停下笔来，回头看着发问的同学嫣然一笑，回过头来，在黑板上龙飞凤舞地写了起来。

1. 我好可爱！
2. 我的腿很长很美！
3. 爸爸妈妈这么爱我！
4. 上帝这么爱我！
5. 我会画画！我会写稿！
6. 我有只可爱的猫！

…… ……

忽然，教室内鸦雀无声，没有人讲话。她回过头来看着大家，再回过头去，在黑板上写下了她的结论："我只看我所有的，不看我所没有的。"

掌声由学生群中响起，看看美廉倾斜着身子站在台上，满足的笑容从她的嘴角荡漾开来，她的眼睛眯得更小了，有一种永远也不被击败的傲然写在她的脸上。

大家不觉两眼湿润起来，看着美廉写在黑板上的结论："我只看我所有的，不看我所没有的。"每个人都想，这句话将永远鲜活地印在自己的心上。

我们生活在一个美丽的童话王国里，可是我们却看不见生活的美丽，怨天尤人，时常感到失落。要得到快乐，请记住这条规则："只看我所有的，不看我所没有的。"

自卑给失败创造机会

自卑虽是与骄傲反对，但实际却与骄傲最为接近。

——斯宾诺莎

古希腊人曾把"认识你自己"看作是人类的最高智慧；在雅典的阿波罗神殿的大门上也有着同样的一句箴言："认识你自己！"这应该不是偶然的巧合。现实中的人们，对于自己各方面的认识，总是存在着一定的差异。有些人容易看到自己的优点和长处，却看不到自身所存在的问题；有些人则习惯发现自己的弱点和不足，却从来看不到自己的一点儿长处。这两种人比较起来，前者容易导致自大，后者则容易导致自卑。这两者都不是正确的认识。

但现实环境可能更是产生自卑的温床，比如无所不在的竞争，它所产生的巨大压力，足以使每一个身在其中的人的神经受到严重考验。脆弱者和最终被淘汰的人，如果没有好的外来心理援助和自我调节能力，就很容易在落败的境地里陷入自卑的泥潭。

另外，一些常常被我们忽略的因素，比如人在成长过程中，肉体和精神上所受到的有意或无意的伤害；一些导向不正确的理论和舆论的影响；因某些非故意错失而受到的不公正的责难；来自外力的强势操控，它使人身心皆受挤压，没有太多的自由度和发展空间，因此也就使人无力构建自己强有力的自信心；先天有性格缺陷，如内向羞怯、胆小懦弱等，但没有得到正确的引导和理疗，发展下去，也极易导致自卑。

当自卑感在一个人的内心产生之后，它往往会使人产生一些很不好的消极行为表现，如不愿与人沟通、缺乏团队精神的孤僻行为；害怕竞争、逆来顺受的屈从行为；暴躁易怒、缺乏友善的粗鲁行为；回避现实、自感消沉的逃避行为，等等。所有这些结果，对"内"，只能是徒然的自我伤害和折磨；对"外"，则会让人感到你的懦弱、无能甚至卑贱。

因此，自卑的存在，无论是对于人们的生活还是事业，都是有百害而无一利的。著名的文化学者邹韬奋在《自觉与自贱》一文中这样说道："若自觉有所短而存在着自贱心理，便是自己甘居卑劣的地位，所得的结果只能是颓废。"这就很明确地指出了自卑的危害性。而实践也证明，在那些能够取得巨大成就的人身上，我们是丝毫看不到自卑的影子的。

拿破仑曾说过这样一句话："默认自己无能，无疑是在给失败创造机会。"从这个意义上来讲，防止自卑在自己身上出现，以及有效地消除已经存在的自卑心理，是每个人都应当用心用力的。

喊出自信

自信是向成功迈出的第一步。

——爱因斯坦

德国精神学专家林德曼以生命为代价，进行了自信对于生命的重要性的实验。1900 年 7 月，林德曼独自驾着一叶小舟驶进了波涛汹涌的大西洋。他在进行一项历史上从未有过的心理学实验，预备付出的代价是自己的生命。林德曼认为，一个人要对自己抱有信心，就能保持精神和肌体的健康。当时，德国举国上下都关注着独舟横渡大西洋的悲壮冒险，已有一些勇士相继驾舟，均遭失败，无人生还。林德曼推断，这些遇难者首先不是从肉体上败下来的，而主要是死于精神崩溃、恐慌与绝望。为了验证自己的观点，他不顾亲友的反对，亲自进行了实验。在航行中，林德曼遇到了难以想象的困难，多次濒临死亡，他眼前甚至出现了幻觉，运动感觉也处于麻痹状态，有时真有绝望之感。但是只要这个念头一出现，他马上就大声自责：懦夫！你想重蹈覆辙、葬身此地吗？不，我一定能成功！终于，他胜利渡过了大西洋。

只有敢想、敢干、敢于面对现实而不怕挫折的人，才能事业有成，才是真正的强者。司马迁继承父志当太史令。不料正在他着手编写《史记》时，祸从天降，由于"李陵之祸"的株连，被迫辍笔。但他矢志不渝，忍辱负重，身受腐刑，幽而发愤，经过十多年的艰苦奋斗，终于写成鸿篇巨著——《史记》。

著名的意大利男高音歌唱家卡鲁索有一次在歌剧院的厢房等着上场演唱时，突然旁若无人地大声叫嚷起来："别挡住我的路！走开！走开！"身边的工作人员听了，都手足无措，不知发生了什么事情，因为当时并没有任何人挡住他的路。

这位大歌唱家后来解释说："我觉得我内心里有个大我，他要我唱，而且知道我能唱好。但另外还有一个小我，他觉得胆怯，而且说我不能唱好。我只得命令那个小我离开我。"

把自己的自信大声呼喊出来，像卡鲁索一样，自信地走向前，把"小我"驱逐出去，用力叩响你想进的门。

🛡 第八章 🛡

依赖
——抛开拐杖才能跑起来

哈佛告诉你

许多人都陷入这样一个谬论中——以为自己永远会从别人不断的帮助中获益，却不知一味地依赖他人只会导致懦弱。如果一个人依靠他人，将永远也坚强不起来，永远也不会有独创力。要么独立自主，要么只能埋葬雄心壮志，一辈子老老实实做个普通人。

让别人替你健身，无法增强你的肌肉

人多不足以依赖，要生存只有靠自己。

——拿破仑

对于成大事者而言，拒绝依赖他人是对自己能力的一大考验。这就是说，依附于别人是肯定不行的，因为这是把命运交给别人，而失去做大事的主动权。

有些人遇到什么事、什么人，首先想到的是别人怎么看、怎么想，做什么事都追随别人、求助别人，这就是对别人的依赖。

别人说什么就是什么，别人做了以后自己才敢去做，凡事不相信自己，不能自作主张，不能自己决断，这也是对别人的依赖。

这样的人，在家中依赖父母、兄弟、爱人，在外面依赖上司、同事，一天不依赖，他就一天也做不了事。

要是没有人在他的身边，他会不知所措，变得紧张、慌乱，失去方向。这样的人，是人格没有成熟、没有健全的人，是身体懒惰和心理懒惰的人。

人们经常持有的一个最大谬论，就是以为自己永远会从别人不断的帮助中获益，却不知一味地依赖他人只会导致懦弱。如果一个人依靠他人，将永远也坚强不起来，永远也不会有独创力。

要么独立自主，要么只能埋葬雄心壮志，一辈子老老实实做个普通人。

健身房里让别人替我们锻炼，是永远无法增强我们自己的肌肉力量的；越俎代庖地给孩子们创造一个优越的环境，好让他们不必艰苦奋斗，也永远无法让他们独立自主，成为一个真正的成功者。

依赖他人，觉得总是会有人为我们做任何事，所以不必努力，这种想法对发挥自助自立和艰苦奋斗精神是致命的障碍！

有些人是在等着从父亲、富有的叔叔或是某个远亲那里弄到钱。有些人是在等那个被称为"运气"、"发迹"的神秘东西来帮他们一把。

从来没有某个等候帮助，等着别人拉扯一把，等着别人的钱财，或是等着运气降临的人能够真正成就大事。只有自强、自立、自尊的人才能打开成功之门。

一家大公司的老板说，他准备让自己的儿子先到另一家企业里工作，让他在那里锻炼锻炼，吃吃苦头。他不想让儿子一开始就和自己在一起，因为他担心儿子会总是依赖他，指望他的帮助。

在父亲的溺爱和庇护下，想什么时候来就什么时候来、想什么时候走就什么时候走的孩子很少会有出息。只有自立精神能给人以力量与自信，只有依靠自己才能培养成就感和做事能力。

美国石油家族的老洛克菲勒，有一次带他的小孙子爬梯子玩。当小孙子爬到不高不矮（不至于摔伤的高度）时，他原本扶着孙子的双手立即松开了，于是小孙子就滚了下来。这不是洛克菲勒的失手，更不是他在恶作剧，而是要小孙子的幼小心灵感受到：做什么事都要靠自己，就是连亲爷爷的帮助有时也是靠不住的。

人，要靠自己活着，而且必须靠自己活着。

在人生的不同阶段，尽力达到理应达到的自立水平，拥有与之相适应的自立精神。这是当代人立足社会的根本基础，也是形成自身"生存支援系统"的基石。

缺乏独立自主个性和自立能力的人，连自己都管不了，还能谈发展与成功吗？即使你的家庭环境所提供的"先赋地位"是处于天堂云乡，你也必得先降到凡尘大地，从头开始，以平生之力练就自立自行的能力。因为不管怎样，你终将独自步入社会，参与竞争，你会遭遇到远比家庭生活要复杂得多的生存环境，随时都可能出现你无法预料的难题与处境。你不可能随时动用你的"生存支援系统"，而必须靠顽强的自立精神克服困难，坚持前进！

有这样一个青年，出来闯世界，在别人眼中，似乎是很独立、很有主见的人，可实际上，他之所以出来，是因为别人叫他出来。出来之后，当然得找工作，可他根本不会自己去找，而总希望由别人带着去。别人带着去当然可以，可是别人总不能一直带着他，一旦没有人管他，他就会不知所措，一筹莫展。

后来他总算找到了工作，是给一个摆服装摊的老板做跟班。

带他出来的人很奇怪，怎么做起了人家的跟班，不是有很多合适的工作可以挑选吗？

他说，什么工作都得他去动脑筋，他去主动地做，他最怕这个。他宁愿做人家的跟班，人家叫他做什么，他就做什么。

试想，要是那个摆服装摊的老板不要他了呢？他肯定会找到另一个可以追随的人。今天他是服装摊老板的随从，明天他可能是某个小官僚的秘书；今天他可能是人家的秘书，明天他可能是人家的佣人。

有着这样的依赖心理，他怎么能够独立成事呢？他怎么能够成为一个事业成功的人呢？说到底，他出来闯荡世界，又有什么意义呢？

他出来闯荡世界之前，是想跟着别人的。他以为别人成功了，他这个跟在后面的人，也会跟着成功。这个青年，一直带着依赖心理闯荡，结果呢？可想而知，他不可能混出什么名堂来。

对于依赖心理如此严重的人，我们要奉劝他们一句：及早掉头，要相信自己，要自力更生。只有这样，才能找到自己的人生坐标。

依赖是内心缺乏安全感

　　我们虽可以靠父母和亲戚的庇护而成长，倚赖兄弟和好友，借交游的扶助，因爱人而得到幸福，但是无论怎样，归根结底人类还是依赖自己。

——歌德

　　感情依赖是内因和外因共同作用的结果。内因包括人的性格、心理状态、情绪状态以及思想认识等；外因包括所有的外部因素，如社会、单位等。在一个陌生的环境中很容易出现感情依赖。由于自身的无助，更需要外界的支持，如果这时候有一个异性出现，对自己关怀照顾，就很容易进入到心灵，产生强烈的依赖。女孩子的感情依赖更为明显，不少人甚至认为这就是爱。

　　有一位女性，半年来她一直很烦恼，因为她发现自己喜欢上了公司的一个领导。可能因为经常在一起打球吃饭，在较为频繁的接触中，那位男士对她也有好感，可是他已经结婚了。她是个很传统的人，一次次告诫自己放弃，可是她却办不到。她尽量控制自己不与他见面，可是见到他却又很开心。这种烦乱的情绪直接影响到她的工作和考试，她越来越不明白自己究竟应该怎么办才对……

　　这种现象称为"感情依赖"，感情依赖是正常的，人都会有不同程度的感情依赖。人往往忍受不了朋友的背叛，难以承受恋人的离去，就是因为他需要情感上的满足。

　　爱情在很大程度上也是一种感情依赖。爱情除了感情依赖之外，还要考虑到双方是否适合，是否存在维护长期感情的基础，是否能够对双方负责。

　　感情依赖很多时候很容易迷惑人，特别是异性之间。很多人将情感依赖误认为爱情，一夜情、艳遇等等，都是这种误解的折射。如果仅仅是在这个层面上寻找爱情、感受爱情，就很容易迷失，不知道真爱，只有将情感体验深化，才能够丰富人生。

　　可以分析一下，她对他的感情来自哪里。首先，她在和他待在一起的时候，会觉得特别自在，也喜欢和他在一起，但这并不意味着更深的感情。好友没有性别障碍。她的同事是喜欢她的。很多时候，这种喜欢是文化、个性和行为方式的综合。他和她在一起，接触多，并且体贴、照顾她，也都出自这种喜欢。这样的吸引力对于双方都存在。由于他对她的帮助，也许更多是精神的、心灵的帮助，她渐渐对他产生了感情依赖，和他在一起就感觉很好，离开他会若有所失，这是产生了感情，但是仍然不是爱情。他们没有理由也没有机会相爱。他已经结婚，如果他对家庭负责，她就不会有发展空间，如果他对家庭不负责，怎么保证她不是第二个受害者？适合不适合从来都是借口，人都在变化的过程中，负责的做法就是在做出选择以后"弱水三千，只取一瓢饮"，不负责的做法才是见异思迁，甚至玩弄感情。

　　人在脆弱的时候容易产生感情依赖，比如生活中遇到重大变故，或者感情出现危机的时候，是最容易导致感情依赖的。雪中送炭是最有效的强化友情的方式，特别是精神上的雪中送炭。内向的人也倾向于更多的感情依赖。他们的社交圈子小，对朋友就特别重视，特别是谈得来的异性知心朋友，难以放开，其实只要圈子扩大，就会发现这样的朋友并不少。感情依赖不难产生，而且在一定的条件下也会激化。

　　感情依赖对于人的社会生存是有帮助的。无情无义无欲的人，才可能与感情依赖绝缘。

但是，我们必须认真面对感情依赖，强化自身的优势，培养自信和广泛的兴趣，培养内心的强势，化解它可能带来的危害和风险。

用大脑指挥自己

当命运递给你一个酸柠檬时，设法把它制造成甜的柠檬汁。

——雨果

美国总统约翰·肯尼迪的父亲从小就注意对儿子独立性格和精神状态的培养。有一次他赶着马车带儿子出去游玩。在一个拐弯处，因为马车速度很快，猛地把小肯尼迪甩了出去。当马车停住时，儿子以为父亲会下来把他扶起来，但父亲却坐在车上，悠闲地吸起了烟。

儿子叫道："爸爸，快来扶我。"

"你摔疼了吗？"

"是的，我自己感觉已站不起来了。"儿子带着哭腔说。

"那也要坚持站起来，重新爬上马车。"

儿子挣扎着自己站了起来，摇摇晃晃地走近马车，艰难地爬了上来。

父亲摇动着鞭子问："你知道为什么让你这么做吗？"

儿子摇了摇头。

父亲接着说："人生就是这样，跌倒、爬起来、奔跑，再跌倒、再爬起来、再奔跑。在任何时候都要全靠自己，没人会去扶你的。"

从那时起，父亲就更加注重对儿子的培养，经常带着他参加一些大型的社交活动，教他如何向客人打招呼、道别，与不同身份的客人应该怎样交谈，如何展示自己的精神风貌、气质和风度，如何坚定自己的信仰，等等。有人问他："你每天要做的事情那么多，怎么有耐心教孩子做这些鸡毛蒜皮的小事？"

谁料约翰·肯尼迪的父亲一语惊人："我是在训练他做总统。"

生活中最大的危险，就是依赖他人来保障自己。依赖的魔鬼总在你准备赤膊努力一番时引诱你。它会对你说："不用了，你根本不需要。看看，这么多的金钱，这么多好玩、好吃的东西，你享受都来不及呢……"这些话，足以抹杀一个人意欲前进的雄心和勇气，阻止一个人利用自身的资本去换取成功的快乐，让你日复一日原地踏步，停滞不前，以至于你到了垂暮之年，终日为一生无为悔恨不已。

而且，这种错误的心理，还会剥夺一个人本身具有的独立权利，使其依赖成性，靠拐杖而不想自己一个人走。有依赖，就不会想独立，其结果是给自己的未来挖下失败的陷阱。

为了训练小狮子的自强自立，母狮子故意将它推到深谷，使其在困境中挣扎求生。在残酷的现实面前，小狮子挣扎着一步一步从深谷之中走了出来。它体会到了"不依靠别人，只能凭借自己的力量前进"，它逐渐成熟了。

真实人生的风风雨雨，只有靠自己去体会、去感受，任何人都不能为你提供永远的荫庇。你应该掌握前进的方向，把握住目标，让目标似灯塔般在高远处闪光；你应该独立思考，有自己的主见，懂得自己解决问题。你不应相信有什么救世主，不该信奉什么神仙或皇帝，你的品格、你的作为，你所有的一切都是你自己行为的产物，并不能靠其他东西来改变。

第九章

虚荣

——为面子，哪怕债台高筑

哈佛告诉你

虚荣促使人们装扮得完全不同于本来的面目，以赢得别人的赞许或认可。

何谓打肿脸充胖子

小小的一点虚荣，正和大量的爱一样，足够使人变得矫饰。

——纪德

关于虚荣，《辞海》有云：表面上的荣耀、虚假的荣誉。心理学认为，虚荣心是自尊心的过分表现，是为了取得荣誉和引起普遍注意而表现出来的一种不正常的社会情感。虚荣心是一种常见的心态，因为虚荣与自尊有关。人人都有自尊心，当自尊心受到损害，或过分自尊时，就可能产生虚荣心。

虚荣心是一种递增发展的事物，好像一只被吹起来的气球一样，总是希望越吹越大。生命的虚荣心是无限的，俗话说做了皇帝还想成仙，满足了一个愿望，随之又产生了两三个愿望。满足了这个细小的愿望，很快又新生了那些庞大的愿望。由此可见，虚荣心具有一种强烈的渴求力量。求而得之，则满足快乐；求而不得，便苦恼愁闷，便寻求新的获得途径。

虚荣心不同于功名心。功名心是一种竞争意识与行为，是通过扎实的工作与劳动取得功名的心向，是现代社会提倡的健康的意识与行为。而虚荣心则是通过炫耀、显示、卖弄等不正当的手段来获取荣誉与地位。虚荣心很强的人往往是华而不实的浮躁之人。这种人在物质上讲排场、搞攀比；在社交上好出风头；在人格上很自负、嫉妒心重；在学习上不刻苦。

虚荣心最大的后遗症之一是使一个人失去免于恐惧、免于匮乏的自由。因为害怕羞辱，所以时时活在恐惧中，经常没有安全感，不满足。虚荣心强的人，与其说是为了脱颖而出，鹤立鸡群，不如说是自以为出类拔萃，所以不惜玩弄欺骗、诡诈的手段，使虚荣心得到最大的满足。

从近处看，虚荣仿佛是一种聪明；从长远看，虚荣实际上是一种愚蠢。虚荣者常有小狡黠，却缺乏大智慧。虚荣的人不一定少机敏，却一定缺远见。虚荣的女人是金钱的俘虏，虚荣的男人是权力的俘虏。太强的虚荣心，使男人变得虚伪，使女人变得堕落。

虚荣的心理与戏剧化人格倾向有关。爱虚荣的人多半为外向型、冲动型、反复善变、做作，具有浓厚、强烈的情感反应，装腔作势、缺乏真实的情感，待人处世突出自我、浮躁不安。虚荣心的背后掩盖着的是自卑与心虚等深层心理缺陷。具有虚荣心理的人，多存在自卑与心虚等深层心理的缺陷，虚荣只是一种补偿作用，竭力追慕浮华以掩饰心理上的缺陷。

几十年前，林语堂先生在《吾国吾民》中认为，统治中国人的三女神是"面子、命运和恩典"。"讲面子"是中国社会普遍存在的一种民族心理，面子观念的驱动，反映了中国人尊重与自尊的情感和需要，丢面子就意味着否定自己的才能，这是万万不能接受的，于是有些人为了不丢面子，就通过"打肿脸充胖子"的方式来显示自我。

林语堂先生的"打肿脸充胖子"和叔本华的哲学大有相似之处，叔本华说："虚荣的人被智者所轻视，愚者所倾服，阿谀者所崇拜，而为自己的虚荣所奴役。"

他还说："虚荣心使人多嘴多舌；自尊心使人沉默。"

由此可见，无数名人早已经为我们敲响了警钟，让我们知道了虚荣心要不得，"打肿脸充胖子"更是要不得。

虚荣之害

哪怕你身居高官显位，享尽荣华富贵，只要有虚饰，就体味不到真正的幸福。

——池田大作

虚荣是人性中一个很大的缺陷，也是一种葬送人生的缺点，它会使人为了表面光鲜，挖空心思地让自己"好看"。

从前，有一只老鼠生下了一个漂亮的女儿，老鼠总想把女儿嫁给一个有权势的人。

它看到太阳很非凡，就巴结太阳说："太阳啊！你多么伟大、能干，万物没有你简直就无法生存，你娶我的漂亮女儿做妻子吧！"

太阳客气地回答："我不行，因为乌云能遮住我，把你的女儿嫁给乌云吧。"

老鼠又去找乌云，老鼠对它说："你娶了我的女儿吧，你有这样神通广大的本领，我真敬慕你。"

乌云说："不行，我没什么本领，我比不上风，风一吹，我就被吹跑了。"

老鼠一听，原来风比乌云更有本领，就找到风，对它说："风啊！我可找到你了，听说你很有本领、有权威，我愿将我美丽的女儿嫁给你。"

风一听这无头无尾的话，紧锁双眉说："谁稀罕你的女儿，你去找墙吧，他比我行！"

老鼠一听，又决定去找墙。

墙偷偷地说："我倒是怕你们这些老鼠，你们一打洞，我可就危险了。我不配做你的女婿。"

老鼠一想：墙怕老鼠，老鼠又怕谁呢？它忽然想起了祖宗的古训，老鼠生来是怕猫的。它就赶紧去找猫，点头哈腰地说："猫大哥，我总算找到你了，你聪明、能干，有本事、有权威，做我的女婿吧！"

猫一听，倒是爽快地答应了："太好了，就把你女儿嫁给我吧！最好今晚就成亲。"

老鼠一听，猫大哥真不愧是有魄力、有作为的男子汉，这下总算给女儿找到如意郎君了。

于是喜滋滋地跑回家去，大声对女儿说道："我终于给你找到好靠山了，猫大哥最显赫、最有权势，你能享一辈子福了！"当晚就把女儿打扮起来，请来了一群老鼠仪仗队，打着灯笼、凉伞、旗子，敲着锣鼓，一路上吹吹打打，把女儿用花轿送到了新郎的住地。

猫一看，老鼠新娘来了，等轿子刚进门，还未等新娘下轿就扑了上去，一口将可爱的新娘吞进肚里去了。

事实上，生活中许多人因追求华而不实的东西而变得虚荣，也因此为日后埋下了隐患和祸根。我们的社会似乎不太谴责虚荣，仿佛人人爱慕虚荣，无须谴责，事实上，许多悲剧和社会问题皆源于此。

现在的年轻人追求漂亮外表的居多，但这是"爱美之心，人皆有之"，无可厚非。然而，当前却流行一种"整容"的时尚。鼻子塌可以变得挺直，眼睛小可以整成大眼睛，脸庞方的可以整成小圆脸。

据说有一位女青年为了见面时让男友大吃一惊，便跑到整容院做了腮红。可是，她原本想要的是"白里透红，与众不同"的效果，谁知手术做完后，她发现这些腮红的面积很大，跟羞红了脸没多少区别，想去除却已不可能了。于是，她就把这家美容院告上法庭，整天忙着考虑用何种证据压倒对方，男友也不想见了。试问，这难道不是虚荣造成的悲剧吗？

更可悲的是，一些无知的孩子十分注重衣服首饰以及哥们儿间的吃喝玩乐，但家里又不给钱任其挥霍。于是他们便开始了小偷小摸，偷父母的、同学的、老师的，有的甚至走上抢劫的邪恶之路。

我们之所以在此讨论这个话题，乃是因为虚荣心一旦形成后，它所结合的诸多不良的心态、习惯和行为，会让人们只看到眼前的微小好处，而离成功越来越远。

当你虚荣时，你会变得自负，会错误地以为自己的能力很强。可是你应该明白，你比你装扮的要低劣、差劲得多。你私下常常窘迫不已，但你还是拼命想出尽风头，当然最终将什么也得不到。一旦真相大白，你只能无地自容，厌恶自己，失去信心，放弃使自己变得更有价值的机会。到头来，虚荣带给你的只是失败。

你应该了解：你是在玩一种令人沮丧的游戏，进行一场注定要失败的竞争，你将变成一个固执己见的小小独裁者，你将处处碰壁，神经紧张，夜不成寝。

戒除虚荣心是有方法可循的，只要你平心静气地观察一下自己，不要贪婪地盯着成功，先成为自己的良友，然后成为别人的良友。对任何人都坦诚相待，这样，你便于无形之中远离了虚荣。

虚荣心与愚蠢等高

虚荣的人为智者所轻蔑，愚者所叹服，阿谀者所崇拜，而为自己的虚荣所奴役。

——培根

从心理学角度来讲，虚荣虽然是发源于自尊心的，但它已经被严重地扭曲，完全变了味道，与所谓的"自尊"已不再有实质性的联系。比如，一些人为了虚荣，总要摆出一副见多识广的架势，即使他们对某一门知识或某一件事情茫然无知；为了虚荣，总要讲排场，竭尽奢侈铺张之能事，尽管自己的家境贫寒、生活窘迫；甚至为了虚荣，还常常要丧失理智，不顾后果。古希腊一位名叫赫洛斯特拉特的牧人，为了扬名四方，竟然放火烧毁了建筑学上非常有名的古迹埃及司阿泰密斯神庙。这就是虚荣与自尊的最大区别。

乍一看来，虚荣无非就是对某种虚幻的东西的过分希冀和追求，虽然有时会用上撒谎、投机等不正当的手段，也好像是无伤大雅的事，所以，有人说有虚荣心也是无可厚非的事情。其实不然，贪慕虚荣的人，绝不仅仅是为了满足荣誉上的需求，而是通过争名而夺利，是对某种既得利益或预期利益的强烈占有和攫取，虚荣的本质就在于此。虚荣的危害性之大之深，是难以估量的。因为它不仅能驱使人去不计后果地做一些不明智乃至违法之事，而且对于人的心灵腐蚀也是十分严重的。而这种看不见的危害，其影响可能是更为深远的。所以，法国著名的哲学家柏格森在他的《笑》中曾指出："虚荣心很难说是一种恶行，然而一切恶行都围绕虚荣心而生，都不过是满足虚荣心的手段。"这也是虚荣的最可怕之处。

这话说得颇有道理。事实上，虚荣心对于人生是有百害而无一利的，它只能给人们带上一副色彩斑斓同时却又异常沉重的枷锁，使人生的步伐走得更为艰难和缓慢。比如，一些人为了贪图一时的风光和荣耀，将整个生活本末倒置。正如曹操所言："慕虚荣而处实祸。"追逐虚荣永远不会给人带来真正的荣誉，而多是得不偿失乃至身败名裂的下场。因为假的终究是假的，终有一天会露出麒麟皮下的马脚来。俄国著名的生理学家巴甫洛夫在《给青年们的一封信》里曾针对虚荣的人这样说："不论这种肥皂泡的色彩是多么让人炫目，它都必然是要破裂的，于是你们除了后悔外，会一无所获。"

从另一个角度说，有强烈虚荣心的人也不会有什么幸福。因为这类人总是想在各方面胜过他人，就要以假象昭示于人，以提高自己的价值，得到别人的赞许。他们惯用的手段就是欺瞒、撒谎。其实他们的内心是很空虚、惆怅和矛盾的：没有达到目的之前，他们要受不如意的现状折磨，达到目的后，又唯恐真相败露而恐惧；达到目的时，表面虽很光彩，很强大，但独自一人时，又会感到自卑。试想，一个人如果常被这来自几方面的矛盾心理所折磨，他们的心灵能不痛苦吗？他们还会有幸福吗？

虚荣心之所以会在一个人身上产生，有着深刻而复杂的各种原因。认清这些，将有助我们从最大限度上看清"虚荣"的真面目，并把它从自己身边驱逐开，或从自己身上彻底克服掉。

🛡 第十章 🛡

自负
——唯我独尊

哈佛告诉你

没有一个人能够有骄傲的资本，因为任何一个人，即使在某一方面的造诣很深，也不能说他已经彻底精通。生命有限，知识无穷，任何一门学问都似无穷无尽的海洋，谁也没有资本认为自己已经达到了最高境界而停步不前，趾高气扬。

自负就是自以为了不起

自负、嫉妒、贪婪是三个火星，它们使人心爆炸。

——但丁

纵观历史，一些成功人士的失败，无不源于在成就面前的忘乎所以、我行我素、目空一切。被人称为"美国之父"的富兰克林，少年得志、豪情满怀、意气风发，他的表现、风度自然也是十分也不起。

一位爱护他的老前辈意识到，一个有成就的普通人如此表现无可厚非，但作为国家领导人，这样很危险。于是他将富兰克林约出来，地点选在一所低矮的茅屋。富兰克林习惯于昂首阔步地大步流星，于是一进门只听"嘭"的一声，他的额头顿时起了一个大包，痛得连声叫喊。

迎出来的老前辈连忙说："很疼吧！对于习惯仰头走路的人来说，这是难免的。"于是富兰克林终于有所领悟。

"谦"不是自我压抑，"满"也不是自我张扬，最关键的是站在成功面前，以一颗平和的心面对未来，只有这样，才能把自己的成就保持长久。爱迪生晚年的经历也许能给我们一些启发。

当初那个锐意进取的爱迪生，到了晚年曾说过一句令我们目瞪口呆的话："你们以后不要再向我提出任何建议。因为你们的想法，我早就想过了！"于是悲剧开始了。

1882 年，在白炽灯彻底获得市场认可后，爱迪生的电气公司开始建立电力网，由此开始了"电力时代"。当时，爱迪生的公司是靠直流电输电的。不久，交流电技术开始崭露头角，但受限于数学知识（交流电需要较多数学知识）的不足，更受限于孤芳自赏的心态，爱迪生始终不承认交流电的价值。凭借自己的威望，爱迪生到处演讲，不遗余力地攻击交流电，甚至公开嘲笑交流电唯一的用途就是做电椅杀人！发展交流电技术的威斯汀豪斯公司，一度被爱迪生压得抬不起头。

一朝不等于一世。后来，那些崇拜、迷信爱迪生的人在铁的事实面前惊讶地发现：交流电其实比直流电要强得多!

爱迪生辉煌的人生,却在接近尾声时栽了一个致命的大跟头,而且再也没能爬起来,成了他一生挥之不去的败笔。在逆境中,爱迪生保持了惊人的毅力与良好的心态;在顺境中,他却像历史上很多伟人一样,沉湎在自己的成就中,变得狂妄、轻率而固执。

不要相信能人会永远英明,即便是伟大的牛顿、爱迪生,到晚年都保不住自己的"品牌"。古今中外的很多伟人都难逃"成功—自信—自负—狂妄—轻率—惨败"的怪圈。真正聪明的人,总是在为事业奠定一个物质和制度基础后,平视自己的成就,平视周围的人,而不是仰视成就,俯视周围的人和事,这样的人才可能事业常青。

20世纪30年代,科学家得出了发出遗传信息的正是细胞核里的DNA的结论后,DNA成了世界各地各著名试验室的研究课题。其中最具代表性的是美国一直致力于蛋白质研究的化学界"权威"莱纳斯·鲍林和剑桥大学的卡文迪许实验室。他们几乎是同时着手对奇异的DNA结构进行探索的。

在卡文迪许实验室从事DNA结构研究的是英国人弗朗西斯·克里克和美国人詹姆斯·沃森。沃森虽然一直在研究DNA,但是克里克原来却是从事武器方面研究的,所以他二人的组合相对于鲍林的地位可以说是"一个在地,一个在天"。二人对DNA的研究实在不能引起鲍林的重视,在鲍林眼里沃森是一个好学生,但因成绩还不够突出,连到加州理工学院当研究生的申请都未被批准;克里克已经三十五六岁了,还在读研究生。况且卡迪文斯实验室的科学家们至今尚未在任何竞赛中打败过鲍林。所以,鲍林颇为自信,他认为只有自己有能力解开DNA之谜,因为没有谁有足够的化学基础能对自己构成威胁。他还认为与蛋白质相比,弄清DNA的结构不会很难,"这算不上一个最为紧迫的问题"。

也就是说,鲍林是自负的,他不相信有人能够在他之前发现DNA的结构,尤其是在顺利解决阿尔法螺旋问题后,他更认为自己才是世界上解决巨分子结构的最佳人选。

可事实却给了鲍林重重的一击,在探索DNA结构这一课题上,他输了,他输在了浮躁和自负上。他不但过于自信,藐视对手,而且急于求成。针对解析DNA这样一个大的课题,他没有把研究的准备工作做好就想碰碰自己的运气了。甚至当奥地利生物化学家切加夫得出碱基对应关系的结论后,仍然没有得到鲍林的重视,而沃森和克里克恰恰是在这一点上获得启发,最终他俩找到了DNA的正确结构。

鲍林因为自负输掉了这场大比拼。鲍林的自负,虽并未抹煞他已取得的巨大成就,却也在很大程度上削减了他作为一个科学巨人的"砝码"。这一教训,当为人们记取。

纵身一跳的身影

> 人们把自己想得太伟大时,正是在显示本身的渺小。
>
> ——王尔德

有人说,自负是我们自掘的一个陷阱,当我们自负过头的时候,常常堕入其中。自负害人,它甚至能夺走人的生命。

当许明自杀的消息传遍整个大学校园的时候,人们不禁为之震惊,尤其是熟悉许明的同学、老师和老乡,更为他的轻率而倍感痛心。

许明 4 年前以省第一名的成绩考入这所重点大学。进校后，学校领导、老师对他倍加重视，他们说："终于有机会发放 5000 元的状元奖金了。"仅他个人的宣传就搞了半学期，许明成为全校闻名的人物，无人不知、无人不晓。

老师的宠爱、同学的羡慕以及一些人的吹捧，让许明有了飘飘然的感觉。他想当然地认为自己是最棒的，从此，他变得极其自负、高傲。老师的话他有时还能听进去一些，同学的话他从来就不听完，还总是借机嘲笑、贬低别的同学，对什么事都嗤之以鼻。由于过分自负，他没有一个朋友，孑然一身更让他谁也瞧不上眼。每天他都想着头顶上省状元的桂冠自鸣得意。他经常因为觉得老师讲课讲得不好而不去上课，他从不参加集体活动。他时常沉浸于武侠小说、言情小说的世界里混沌度日。老师为他的滑坡而担忧，经常劝导他要戒骄戒躁，可是他总是把老师的话当作耳边风，他自负地认为，自己这么聪明，对付那些考试是小菜一碟。就这样，虽然他从未在期末考试中亮"红灯"，但成绩不容乐观。自己得不到奖学金，他就说别人只会读死书；自己评不上优秀称号，他就说别人只会溜须拍马、笼络人心。

到了大四，保研名单上自然没有他。他只有两条路可以走，考研或找工作。然而他仍自负地认为，自己是省状元，肯定能考上研究生。于是，他自负地向全班同学宣称，他要考上全国某著名大学的计算机硕士研究生。从此，他开始起早贪黑地学习了，无奈，由于大学期间专业功底太差，他学习起来总是力不从心。3 月份公布成绩时，他的专业课均没有上线，这无疑是当头一棒。他拿到成绩通知单时如霜打的茄子一般。第二天早上，人们在 14 层高的办公楼前发现了许明的尸体，他的口袋里装着一份浸透了鲜血的成绩通知单和一封遗书。他说："因为我知道自己再也骄傲不起来了，对我而言，没有了骄傲就如同剥夺了自己的生命。"

我们在深深惋惜许明年轻生命的同时，更察觉了人性深处的悲哀。也许许明到最后也不知道，是自负让他失去了生存的勇气，是自负剥夺了他生存的欲望。

"人外有人，天外有天"，谁也不是常胜将军。自负者习惯沉浸于虚无的胜利幻想中，他们常常因为一次的成功就自我满足，眼前显现的永远是早已逝去的鲜花与掌声。他们把别人给予自己的荣誉看作是理所当然的，他们不能静下心来想一想如今自己都做了些什么，都收获了什么。自负者总认为曾经的成功能长久，总认为别人一直会甘拜下风。所以，他们自视清高、目中无人，更有甚者非但自己不思进取，还伺机嘲讽别人的努力，最终导致了心理的扭曲。

自负只会错失机会

人应该谦虚，不要让自己的名字像水塘上的气泡那样一闪就过去了。

——契诃夫

许多人总是把自负当成是激励自己继续努力和赖以为生的精神动力，事实上，自负是一种精神与心灵上的盲目。

如果你认为自己拥有广博的知识、高超的技能、卓越的智慧，却没有谦虚镶边的话，你就不可能取得灿烂夺目的成就。你要永远记住："伟人多谦逊，小人多骄傲。太阳穿一件朴素的光衣，云彩却披了灿烂的裙裾。"

比尔·盖茨曾说："如果我们有了一点成功便觉得了不起，这是不可取的行为。然而，如果我们为自己的成功自鸣得意时，有一个人来教训我们一番，那么，我们就可以称之为幸运了。"

肖恩是一个刚刚毕业的大学生，不但相貌英俊，而且热情开朗。他决定找一份与人交往的工作，以发挥自己的长处。很快，他就得到一个好机会——一家五星级宾馆正在招聘前台工作人员。

肖恩决定去试试，于是第二天清早就去了那家宾馆。主持面试的经理接待了他。看得出来，经理对肖恩俊朗的外表和富有感染力的热情相当满意。他拿定主意，只要肖恩符合这项工作的几个关键指标的要求，他就留下这个小伙子。

他让肖恩坐在自己对面，并且开门见山地说："我们宾馆经常接待外宾，所有前台人员必须会说四国语言，这一指标你能达到吗？"

"我大学学的是外语，精通法语、德语、日语和阿拉伯语。我的外语成绩是相当优秀的，有时我提出的问题，教授们都支支吾吾答不上来。"肖恩回答说。事实上，肖恩的外语成绩并不突出，他是为了获取经理的信赖，自己标榜自己。但显然，他低估了经理的智商。事实上，在肖恩提交自己的求职简历时，公司已经收集了有关的详细信息，其中包括肖恩的大学成绩单。

听了肖恩的回答，经理笑了一下，但显然不是赏识的笑容。接着他又问道："做一名合格的前台人员，需要多方面的知识和能力，你……"经理的话还没说完，肖恩就抢先说："我想我是不成问题的。我的接受能力和反应能力在我所认识的人中是最快的，做前台绝对会很出色的。"

听完他的回答，经理站了起来，严肃地对他说："对于你今天的表现，我感到很遗憾，因为你没能实事求是地说明自己的能力。你的外语成绩并不优秀，平均成绩只有70分，而且法语还连续两个学期不及格；你的反应能力也很平庸，几次班上的活动你都险些出丑。年轻人，在你夸夸其谈时，最好给自己一个警告。因为每夸夸其谈一次，诚实和谦逊都要被减去10分。"

在我们的生活中，像肖恩这样的人并不少见。很多人只知吹嘘自己曾经取得的辉煌，夸耀自己的能力学识，以为这样可以博得别人的好感和赞扬，赢得别人的信任，但事实上，他们越吹嘘自己，越会被人讨厌；越夸耀自己的能力，越受人怀疑。

谦逊基于力量，自负基于无能。夸耀自己和自我表扬并不会为我们赢得好的机会，只会断送我们的前程。因为一个喜欢标榜自己的人，往往会失去朋友——没有人喜欢和一个自我表扬的人在一起；失去别人的信任——别人不但会对你的能力产生怀疑，更严重的是你的品德和灵魂也会遭人批评。无疑，一个没有好人缘、不可信的人是永远都不会与成功邂逅的。

第十一章

崇拜

——把自己掏空交给别人

哈佛告诉你

生活中有很多变相的权威和偶像，比如学历、权贵、名流等，它们会禁锢你的头脑，束缚你的手脚。如果盲目地附和众议，就会丧失独立思考的习性；如果无原则地屈从他人，就会被剥夺自主行动的能力。

傻瓜崇拜信条，聪明人崇拜超越

学我者生，似我者死。

——齐白石

法国科学家法伯曾做过一个著名的毛毛虫试验。

他把若干毛毛虫放在一个花盆的边缘上，首尾相连，围成一圈，并在花盆周围不到 6 英寸（约 15 厘米）的地方撒了一些毛毛虫最爱吃的松针。毛毛虫开始一个跟着一个，绕着花盆一圈又一圈地走，一小时过去了，一天过去了，又一天过去了，毛毛虫们还是不停地围绕花盆在转圈，一连走了七天七夜，终于因为饥饿和精疲力竭而死去。

毛毛虫的悲剧在于盲从。其实，只要有一只毛毛虫能越雷池一步，打破固有的习惯及跟随的习性，就会逃脱死亡的陷阱。人，又何尝不是如此。

将一杯冷水和一杯热水同时放入冰箱的冷冻室里，哪一杯水先结冰？很多人都会毫不犹豫地回答："当然是冷水先结冰了！"非常遗憾，错了。发现这一错误的是一个非洲中学生姆佩姆巴。

1963 年的一天，坦桑尼亚的马干马中学初三学生姆佩姆巴发现，自己放在电冰箱冷冻室的热牛奶比其他同学的冷牛奶先结冰。这令他大惑不解，并立刻跑去请教老师。老师则认为，肯定是姆佩姆巴搞错了。姆佩姆巴只好再做一次试验，结果与上次完全相同。

不久，达累斯萨拉姆大学物理系主任奥斯玻恩博士来到马干马中学。姆佩姆巴向奥斯玻恩博士提出了自己的疑问，后来奥斯玻恩博士把姆佩姆巴的发现列为大学二年级物理课外研究课题。随后，许多新闻媒体把这个非洲中学生发现的物理现象称为"姆佩姆巴效应"。

很多人认为是正确的，并不一定就真的正确。像姆佩姆巴碰到的这个似乎是常识性的问题，我们稍不小心，便会像那位老师一样，做出自以为是的错误结论。

你是否有过这种经历？靠前辈、老师的经验生活着，把他们的话奉为圣旨，而且认为他们是为了不让自己走弯路，于是深信不疑，甚至有时候，依照先辈的经验去做事情的时候碰壁了，却不会从经验中怀疑，而是觉得自己做得不够好。

借鉴别人的经验没错，但绝不至于到"说一是一"的地步。其实，盲从不仅仅在人类中存在。

一只麻雀，总想学孔雀的样子。孔雀的步法是多么骄傲啊！孔雀高高地仰起头，抖开尾巴上美丽的羽毛，那开屏的样子是多么漂亮啊！"我也要像孔雀一样，"麻雀想，"那时候，所有的鸟赞美的一定会是我。"

麻雀伸长脖子，抬起头，深吸一口气让小胸脯鼓起来，伸开尾巴上的羽毛，也想来个"麻雀开屏"。麻雀学着孔雀的步法前前后后地踱着方步。可这些做法，使麻雀感到十分吃力，脖子和脚都很疼。最糟的是，其他的鸟——趾高气扬的黑乌鸦、时髦的金丝雀，还有蠢鸭子，全都嘲笑这只学孔雀的麻雀。不一会儿，麻雀就觉得受不了了。

"我不玩这个游戏了，"麻雀想，"我当孔雀也当够了，我还是当个麻雀吧！"但是，当麻雀还想象原来那个样子走路时，已经不行了，除了一步一步地跳，再没别的办法了。这就是为什么现在麻雀只会跳不会走的原因。

著名的心理学家威廉·詹姆斯曾经谈过那些从来没有发现自己潜质的人。他说一般人只发展了10%的潜在能力。"他具有各种各样的能力，却习惯性地不懂得怎么去利用。"

我们有这样的能力，所以不应再浪费任何一秒钟去忧虑我们为什么不是其他人。

告诉自己：你是独一无二的，你是最棒的，做最独特、最棒的自己才是我们的选择。

洛威尔说："茫茫尘世，芸芸众生，每个人必然都会有一份适合他的工作。"

在个人成功的经验之中，保持自我的本色及以自身的创造性去赢得一个新天地，是最有意义的。

有什么样的目标，就有什么样的人生

在一个崇高的目标支持下不停地工作，即使慢，也一定会获得成功。

——爱因斯坦

拉尔夫·瓦多·爱默生曾经说过：要想成为一个真正的"人"，必须先是个不盲从因袭的人。卡耐基在《人性的弱点》一书中也提到过：年轻人或是涉世未深的人，常常会害怕自己与众不同，无论是穿着、行动、言谈或思考模式，都尽量与自己所属的圈子相同。

的确，这就是"从众的盲目"。人们生活在一定的范围内，会觉得在这个圈子里，大多数人的做法都是正确的，都是不可挑剔的，都是不能改变的，如果有谁做出了"另类"的表现，那么他就是"怪物"，就是"非正常人"。

当高考来临时，所有考生几乎都将炙热的眼光投向那些所谓的"热门"专业。当为数不多的几个人根据自己的兴趣、爱好选择专业时，其他人都会以异样的眼光看待他，因为他的做法和其他人不一样，他没有"盲目"跟随。结果，那些冷静的考生在毕业后找到了各自理想的工作，而那些盲目的考生则在毕业后一起挤上了一座独木桥。

当证券交易市场打开大门时，所有股民都将自己的血汗钱换成了那些被大家称为"热门"

的股份。当少数人以冷静的眼光分析判断，然后选择了"冷门"时，其他人都会以异样的眼光看待他，因为他的做法与众不同，没有"盲目"跟随。结果，那些冷静的投资者获得了丰厚的利润，得到了应有的回报，而那些盲目的投资者则输得一塌糊涂，血本无归。

因此，我们可以得出结论：这种从众性的盲目会使人丧失理智、做事不经过大脑，当他在做一件事的时候，首先想到的不是冷静分析，客观判断，而是去观察别人是怎么做的，在别人做法左右下决定自己怎样做，这样一来他就会犯"大多数人"所犯的愚蠢错误。

我们再来看看什么叫"自我盲目"。所谓自我盲目就是指做起事来毫无目的性可言，没有计划，没有准备，一切都是为了做事而做事，到头来落得个空欢喜。造成这种"自我盲目"的根本性原因就在于个人对自我的能力、自己所处的环境以及整个社会的环境没有正确的认识。

世界顶尖潜能大师曾经这样说：有什么样的目标，就有什么样的人生。有人工作起来非常卖力，也很认真，可是几年下来，依然是一事无成。当他回过头来反思时才发现，原来自己当初设计的通往成功的阶梯搭错了方向。为什么会出现这种情况呢？其实主要是因为他没有为自己制定一个目标，一个切实可行的目标。他在漫无目的地走着，盲目地干着各种各样的事情，到最后却没有一件事能够干好。

因此，我们可以得出结论：这种自我性的盲目会使人迷失方向、丧失理想，当他在做一件事的时候，首先想到的不是"我为什么要做这件事？做这件事有什么意义"，他们想到的是"我必须做这件事，我应该做这件事"，至于为什么？没有原因，只因为应该。

从以上两点我们可以看出，盲目会使人丧失机会，盲目会毁掉人的事业，盲目更可能毁掉一个人的一生，所以，克服人性中的盲目弱点就是迫在眉睫的事情了。

创造出一条属于自己的成功之路

走自己的路，让别人说去吧。

——但丁

有一名酷爱文学的学生，苦心撰写了一篇小说，请一位著名的作家指导。可是这位作家当时正好眼睛不适，于是学生便将作品读给作家听。

读到最后一个字，学生停顿下来。作家问："结束了吗？"听语气似乎意犹未尽，渴望下文。学生心中暗喜，马上回答说："没有啊，下部分更精彩。"他以自己都难以置信的构思叙述下去。

又"念"了一会儿，作家又似乎难以割舍地问："结束了吗？"

小说看来写得真不错，学生心中暗想着，于是他更兴奋，更激昂，更富于创作激情。他不可遏止地一而再、再而三地接续、接续……最后，电话铃声骤然响起，打断了学生的思绪。

电话找作家有急事。作家匆匆准备出门。

"那么，没读完的小说呢？"学生问。

作家回答："其实你的小说早该收笔，在我第一次询问你是否结束的时候，就应该结束。没必要画蛇添足，看来，你仍然还没能把握情节脉络，尤其是缺少决断。"

决断是当作家的根本，拖泥带水，如何打动读者？学生追悔莫及，自认性格过于受外界左右，作品难以把握，放弃了当作家的梦想。

多年以后，这名年轻人遇到另一位非常有名的作家，羞愧地谈及那段往事。谁知这位作家惊呼："你的反应如此迅捷，思维如此敏锐，编造故事的能力如此出众，这些正是成为作家的天赋呀！假如能正确运用，你的作品一定能脱颖而出。"

权威的意见固然可以参考，但参考毕竟是参考，做决定的还是自己。这是因为，权威可能今天是权威，不代表永远是权威，而且权威有很多，你该听信哪种呢？今天正确的权威不代表真理！如果你多问几句，这是真的吗？如果你改变一下，这次不这样做，结果会是怎样？如果你说不，会是怎样？不要害怕自己的决定会错误，因为权威们也不知道真正的事实到底是什么，他们也是以自己的经验做判断。相信自己的决断是正确的，你也实现了自我突破。走出自己的一条路，是面对权威做出的正确选择，也是实现自我价值的出路所在。

1899年，爱因斯坦在瑞士苏黎世联邦工业大学就读时，他的导师是数学家明可夫斯基。由于爱因斯坦肯动脑筋、爱思考，深得明可夫斯基的赏识。但是爱因斯坦很苦恼，苦于没办法实现突破前人做出的成就，而且每个领域的顶尖科学家看上去都无法超越。于是他请教老师："一个人，比如我，究竟怎样才能在科学领域、在人生道路上，留下自己的闪光足迹，做出自己的杰出贡献呢？"

一向才思敏捷的明可夫斯基一时竟想不出好主意，直到三天后，他才找到爱因斯坦，非常兴奋地说："你那天提的问题，我终于有了答案！"

爱因斯坦迫不及待地想知道。

明可夫斯基手脚并用地比划了一阵，怎么也说不明白，于是，他拉起爱因斯坦就朝一处建筑工地走去，而且径直踏上了建筑工人刚刚铺平的水泥地面。在建筑工人的呵斥声中，爱因斯坦一头雾水，非常不解地问明可夫斯基："老师，您这不是领我误入歧途吗？""对、对、歧途！"明可夫斯基顾不得别人的指责，非常专注地说，"看到了吧？只有这样的'歧途'，才能留下足迹！"然后，他又解释说："只有新的领域、只有尚未凝固的地方，才能留下深深的脚印。那些凝固很久的老地面，那些被无数人、无数脚步涉足的地方，别想再踩出脚印来……"听到这里，爱因斯坦沉思良久，非常感激地对明可夫斯基说："恩师，我明白您的意思了！"

从此，一种非常强烈的创新和开拓意识，开始主导着爱因斯坦的思维和行动。他曾经说过这样的话："我从来不记忆和思考词典、手册里的东西，我的脑袋只用来记忆和思考那些还没载入书本的东西。"于是，就在爱因斯坦走出校园、初涉世事的几年里，作为伯尔尼专利局里默默无闻的小职员，他利用业余时间进行科学研究，在物理学的未知领域里，大胆而果断地挑战并突破了牛顿力学。

崇拜权威，会禁锢你的头脑，束缚你的手脚。不要照搬权威的意见，坚持自己的独立思考，坚持并创造出一条权威之外的属于自己的成功之路。

🜲 第十二章 🜲

自欺

—— 掩耳盗铃

哈佛告诉你

自欺是谋求他人尊重的自我心理平衡的一种"诀窍"，但是自欺不能使自己的品格更加高尚，也无助于在生活中谋求成功。相反，它往往会导致在生活中发生过激行为，或者企图用相反的事实掩盖自己的弱点。

自欺欺人，归根结底是欺骗自己

聪明的人总是用别人的智慧填补自己的大脑，愚蠢的人总是用别人的智慧干扰自己的情绪。

——威廉·詹姆斯

自我欺骗，起源于人们普遍具有的性格特点——虚荣心，尤其是缺乏他人的尊重时，这种自我欺骗就成了寻求自我心理平衡的一种"诀窍"。偶尔为之，可以说是一种无害的行为，甚至能够对自己产生激励，成为驱使自己奋发向上的内在动力。但是，一个人如果终日沉溺于白日梦和自我欺骗中不能自拔，则无疑会导致人格的畸形发展。喜欢自欺的人，既不能使自己的品格更完美高尚，也无助于在生活中谋取成功。相反，它往往会导致在现实中发生过激行为，或者企图用相反的事实来掩盖自己的弱点。

一个好莱坞的著名演员，因妻子闹离婚而心烦意乱、脾气粗暴，这种恶劣心境影响了他的日常工作。当他观看了自己拍摄的电影后，发现自己在影片中的表演极其混乱和不真实，于是，他沮丧绝望，认为自己不再会受到观众喜爱了，甚至一度打算退出影坛，另谋生路。最后，他接受了心理分析医生的忠告，举办了一次记者招待会，向人们解释了为什么他心情一直抑郁不快，从而不能成功地演好电影的原因。他把自己因生活琐事而影响了工作的愚蠢行径公之于众，暴露出自己的缺点。记者们为他这种直率和坦诚所感动，怀着极大的同情对他进行了报道。他也因此一举摆脱了忧郁烦闷，声望也随之大振。可以想象，一个习惯于自我蒙蔽的人，是不会公开承认自己有缺点的，因而也很难体味到被社会承认的快慰。

"唯大丈夫能显英雄本色"。所谓本色，就是真实自然地表现你的人格，而不是极力遮掩，伪装高尚，故作多情。

弱点人皆有之，即使是你崇拜的人物也不是完人，而是活生生的、有血有肉、有弱点的人。

诚实待人方是做人之本，欺骗他人的人也就是在欺骗自己。因为你欺骗了一个朋友，你就少了一个朋友；你欺骗了一个亲人，你就少了一份亲情；你欺骗了许多人，你就会一无所有。一切的欺骗，归根结底是在欺骗自己，这样的人，不要说成功，根本就不值得尊敬。

大人物尚且如此，我们又何必回避自己的弱点，自我欺骗呢？林肯的竞争对手有一次指责林肯是个两面派。林肯回答说："如果我还有另一幅面孔的话，我就不会长得像现在这个样子了。"林肯相貌不佳是众所周知的，如果他成天忌讳别人指责他长相有缺陷的话，那么流传下来的就不是一段佳话，而是尴尬狼狈的场面了。

一个惯于欺骗自己的人是不会诚实地和其他人合作的，欺骗自己的人一定也会欺骗他人。

不要自欺欺人地想象一切

人只有献身社会，才能找出那实际上是短暂而有风险的生命的意义。

——爱因斯坦

这里有一个蚂蚁和犀牛的故事。

"报告大王，洞外来了一只犀牛。"小蚂蚁向蚁王报告说。

"就一头？"

"一头，陛下。"

"那好，让我派一只蚁将去把它捉了来！"

"这怎么行呢……"报告的小蚁吃惊地说道。

"不行？嘿！莫非得我蚁王亲自上阵不成？"

蚁王刚说完，犀牛在远远的地方喘了一口气，一阵风把蚁穴吹得堵死了。

过了一会儿，只听见蚁王在洞里放心地说道："也好，不用我再亲自上阵了，那犀牛肯定被大风吹到九霄云外了。"

目光短浅的人就常常像蚁王这样，自欺欺人地去想象一切。它简直愚蠢得要命，竟然不知道那阵所谓的大风就是犀牛的喘气，还愚昧地认为犀牛也被大风吹走了。

自欺欺人的人只会害了自己。想一想，如果某件事明明是自己做错了，却硬要说自己没错，还欺骗自己说自己做得非常好，会有什么后果？这只会让你觉得自己很了不起，继续欺骗自己罢了。这样下去，你就再也不会想要进步了。而且，你处处自以为是，别人也不会喜欢你。因此，为了不断地进步，为了不被人讨厌，我们要实事求是，不要自己欺骗自己。

适应不可避免的事实

只有面对现实，你才能超越现实。

——佚名

每天上午11时许，一辆耀眼的汽车都会穿过纽约市的中心公园，车里除了司机，还有一个人——无人不晓的百万富翁。

百万富翁注意到：每天上午都有位衣着破烂的人坐在公园的凳子上死死地盯着他住的旅馆。

一天，百万富翁对此发生了极大的兴趣，他要求司机停下车并径直走到那人的面前说："请原谅，我真不明白你为什么每天上午都盯着我住的旅馆看。"

"先生，"这人答道，"我没钱，没家，没住宅，我只得睡在这长凳上。不过，每天晚上我都梦到自己住进了那所旅馆。"

百万富翁灵机一动，洋洋自得地说："今晚你一定如梦以偿。我将为你在旅馆租一间最好的房间并付一个月房费。"

几天后，百万富翁路过这人的房间，想打听一下他是否对此感到满意。

然而，他出人意料地发现这人已搬出了旅馆，重新回到了公园的凳子上。

当百万富翁问这人为什么要这样做时，他答道："一旦我睡在凳子上，我就梦见我睡在那所豪华的旅馆，真是妙不可言；一旦我睡在旅馆里，我就梦见我又回到了冷梆梆的凳子上，这梦真是可怕极了，以致完全影响了我的睡眠！"

显然，环境并不能决定我们是否快乐，我们对事情的反应反而决定了我们的心情。耶稣曾说："天堂在你心中，当然地狱也在。"

也许我们察觉不到，但是我们内心却有更强的力量帮助我们渡过难关，我们都比自己想的更坚强。

一切都是最好的安排，决定你的生活航向的是你自己的心灵，而不是环境。在漫长的人生旅途中，有时要苦苦撑持暗无天日的境遇；有时却风光绝顶，无人能比，但能掌控我们的命运的，绝不是我们所处的境遇，而是我们的心灵。踏入一条错误的河流并不可怕，可怕的是把心灵开错窗。不管上天有没有给你一个华美的舞台，你的心有多大，你的舞台就有多大。

尼布尔有一句有名的祈祷词说："上帝，请赐给我们胸襟和雅量，让我们平心静气地去接受不可改变的事情；请赐给我们力量去改变可以改变的事情；请赐给我们智能，去区分什么是可以改变的，什么是不可以改变的。"

在我们的一生中，总有一些事情，虽非心甘情愿，却也无可奈何。有生之年，我们势必会有许多不愉快的经历，它们是无法逃避的，我们也是无法选择的。我们只能接受不可避免的现实做自我调整。

松树无法阻止大雪压在它的身上，但它可以弯曲自己，蚌无法阻止沙粒磨蚀它的身体，但它可以包裹沙子来适应这悲惨的遭遇。学会和环境化敌为友，这是一种适应性，也是一种生存的技巧，人类作为万物的灵长又怎能屈居于这些小生物之下，正如席慕蓉所说："请让我们相信，每一条走过来的路径都有它不得不这样跋涉的理由，每一条要走下去的前途都有它不得不那样选择的方向。"我们也许没有选择的权利，但我们有改变自己的能力。

第十三章
完美
——眼里不揉沙子

哈佛告诉你

这个世界上没有一件事物是十全十美的，它们或多或少都有瑕疵，人类亦是。凡事只能尽最大的努力使它更完美一些，切勿过分苛求。如果采取一种务实的态度，就会活得更快乐！

完美爱人如完美本身一样不存在

既然太阳上也有黑点，人世间的事情就更不可能没有缺陷。

——车尔尼雪夫斯基

几乎每一个人在内心都有一种追求完美的冲动，当一个人对于现实世界的残缺体会越深时，他对完美的追求就会越强烈。这种强烈的追求会使人充满理想，但这种强烈的追求一旦破灭，也会使人绝望。

你追求完美吗？当然，尽管你可能不承认，但你要知道，这个世界上没有一件事物是十全十美的，它们或多或少都有瑕疵，人类亦是。凡事只能尽最大的努力使它更完美一些，切勿过分苛求。如果采取一种务实的态度，就会活得更快乐！

生活中，有很多人忙忙碌碌一辈子，可是到最后却一事无成，究其原因就在于他们做事非要等到所有情况都完美时，才肯动手去做，然而所有的事情都不是绝对完美的。所以，这些人也只有在等待完美中耗尽他永远无法完美的一生。

城市里来了一位老人。

这老人一看便知是来自远方的旅人，他背着一个破旧不堪的包袱，他脸上布满了风霜，鞋子因为长期行走，破了好几个洞。

老人的外表虽然狼狈，却有着一双炯炯有神的眼睛，不论是行走或躺卧，他总是仔细而专注地观察着来来往往的人。

老人的外貌与双眼组合成了一个极不协调的画面，吸引了所有人的目光，人们窃窃私语：这不是普通的旅人，他一定是一个特殊的寻找者。

但是，老人到底在寻找什么呢？

一些好奇的年轻人忍不住问他："您究竟在寻找什么呢？"

老人说："我像你们这个年纪的时候，就发誓要寻找到一个完美的女人，娶她为妻。于是我从自己的家乡开始寻找，一个城市又一个城市，一个村落又一个村落，但一直到现在都没有找到一个完美的女人。"

"您找了多长时间呢?"一个年轻人问道。

"找了60多年了。"老人说。

"难道60多年来都没有找到过完美的女人吗? 会不会这个世界上根本就没有完美的女人呢?

"有的! 这个世界上真的有完美的女人,我在30年前曾经找到过。"老人斩钉截铁地说。

"那么,您为什么不娶她为妻呢?"

"在30年前的一个清晨,我真的遇到了一个最完美的女人,她的身上散发出非凡的光彩,就好像仙女下凡一般,她温柔而善解人意,她细腻而体贴,她善良而纯净,她天真而庄严,她……"

老人边说边陷进深深的回忆里。

年轻人更着急了:"那么,您为何不娶她为妻呢?"

老人忧伤地流下眼泪:"我立刻就向她求婚了,但是她不肯嫁给我。"

"为什么? 为什么?"

"因为她也在寻找这个世界上最完美的男人呀!"

在这个世界里,完美也是一件可怕的事物,如果你每做一件事都要求完美无缺,便会因心理负担的增加而不快乐,要知道,人生的各种不幸皆由追求完美而导致。当一个人要求别人善待他时,缺点便显现无遗。完美是一座心中的宝塔,你可以在内心中向往它、塑造它、赞美它,但你切切不可把它当作一种现实存在,因为这样只会使你陷入无法自拔的矛盾之中。

生活中许多人就像这位老人一样,终身都在寻找一位最完美的伴侣,寻找一份完美的工作,寻找一种完美的生活,然后日子就在这种寻找中如白驹过隙般流走了。

事事追求完美,万事皆要拼命做好,表面上这确是一件好事,但它却会使你自己陷入一种生活的瘫痪。从某种程度上来讲,等待尽善尽美实际上是一种惰性,一个人在为自己制定一些尽善尽美的标准时,本身就已经意味着不会去尝试任何事情,因为只有尽善尽美的时候才能执行,没有尽善尽美,当然就不去执行。人不可能完美,但需要不断追求,不断追求完美。但是在追求过程中,人们需要走出完美的误区,去善待他人,善待自己,认识到自己的长处与短处,不走极端,从而获得轻松快乐的每一天。

苛求完美、过分计较细节,最大的危险就是反而会让我们忘了最重要的目的。

有人因为苛求自己在职位上尽忠职守,而忘了继续追求成长,奠定升迁的根基;有人因为苛求自己做全天下最体贴的父母,而忘了让孩子独立;有人因为苛求自己做一个完美的配偶,而对伴侣的出轨百般包容;有人因为苛求自己符合完美的媳妇形象,而忽略了她这辈子最重要的责任是活出自我。

完美不是讨好、不是低声下气、不是满足所有人的要求,更不是作践自己。

将力求完美的目标扩大,脚步放缓,心境放宽。与其强迫自己忘我地牺牲来满足别人的要求,不如反过来在满足自己的需求中兼顾他人。

当被迫在自己与他人之间作选择时,应当以长远的眼光来判断两者孰重孰轻。也许会为自己坚持一点立场惹来极大的风波,但从长远来看,舍弃自己绝对弊多于利,反而会让自己沦为予取予求的对象。因此,要勇于面对现实,为自己抗争到底。

更重要的是在这所有的努力之前,先确定自己的目标在哪里,别一味追求那张完美的面具。

没有不遗憾的人生

永远不要企图掩饰自己知识上的缺陷，即便用最大胆的推测和假设去掩饰，这也是要不得的。不论这种肥皂泡的色彩多么使你们炫目，但肥皂泡必然是要破裂的，于是你们除了惭愧以外，是毫无所得的。

——巴甫洛夫

对于每个人来讲，不完美是客观存在的，无须怨天尤人，无须不敢面对。上帝对谁都是公平的，它赐给了音乐家才华，就不再赐给他好的容貌，可是其貌不扬又如何呢？重要的是你能发现自己的价值，绽放出自己的光芒。

著名的音乐家托马斯·杰斐逊其貌不扬，他在向妻子玛莎求婚时，还有两位情敌也在追求玛莎。

一个星期天，杰斐逊的两个情敌在玛莎的家门口碰上了。

于是，他们准备联合起来羞辱杰斐逊。可是，这时门里传来优美的小提琴声，还有一个甜美的声音在伴唱。

如水的乐曲在房屋周遭流淌着，两个情敌此时竟然没有勇气去推玛莎家的门，他们心照不宣地走了，再也没有回来过。

曾经有这样一个故事给了我们很多启示。

一个被劈去了一小片的圆想要找回一个完整的自己，到处寻找自己的碎片。由于它是不完整的，滚动得非常慢，从而看见了沿途美丽的鲜花，它和虫子们聊天，它充分地感受到阳光的温暖。它找到许多不同的碎片，但它们都不是它原来的那一块，于是它坚持着找寻……直到有一天，它实现了自己的心愿。然而，作为一个完美无缺的圆，它滚动得太快，错过了花开的时节，忽略了虫子。当它意识到这一切时，毅然舍弃了历尽千辛万苦才找到的碎片。

这个故事告诉我们，也许正是失去，才令我们完整。也许正是缺陷，才体现我们的真实。

智者再优秀也有缺点，愚者再愚蠢也有优点。对人多做正面评估，不用放大镜去看缺点，生活中对己宽、对人严的做法，必遭别人唾弃。避免以完美主义的眼光去观察每一个人，以宽容之心包容其缺点。责难之心少有，宽容之心多些。

缺陷和不足是人人都有的，但是作为独立的个体，你要相信，你有许多与众不同甚至优于别人的地方，你要用自己特有的形象装点这个丰富多彩的世界。

很多人因为自己的缺陷和不足自怨自艾，从而丧失了自信，变得自卑。

人无完人，金无足赤。没有一个人是完美无瑕的，难道有缺点和不足就注定要悲哀，要默默无闻，无法成就大事吗？

其实，只要你把"缺陷、不足"这块堵在心口上的石头放下来，别过分地去关注它，它也就不会成为你的障碍。

不要因为不完美而恨自己。你有很多的朋友，他们没有一个是十全十美的。那些伪装完美、追求完美的人，其实正在拿自己一生的幸福开玩笑。

世界上根本没有完美，正是因为有了缺憾，才使我们整个生命有了追求前进的动力。珍惜缺憾，它就是下一个完美。

没有完全准备好的旅途

如果你很有天赋，勤勉会使天赋更加完善；如果你的才能平平，勤勉会补足缺陷。

——雷诺兹

一位胆小如鼠的骑士将要进行一次远途旅行。

他竭尽所能准备好应付旅途中可能遇到的各种问题。

他带了一把宝剑和一副盔甲，为的是对付他遇到的敌手；一大瓶药膏，为防止太阳晒伤皮肤或被藤条剐伤皮肤；一把斧子，用来砍木柴；一顶帐篷、一条毯子、锅和盘子以及喂马的草料等。

他终于上路了——叮叮，当当，咕咕，咚咚，好像一座难以移动的废物堆。

当他走到一座破木桥的中间时，桥板突然塌陷，他和他的马都掉入河中淹死了。临死前那一刻，他很懊悔，报怨忘了带一个救生筏。

故事中的骑士到死也没有醒悟，他所想到的方法只会让他更深一步陷入死亡的深潭。无论多么完美的想法都无法让他实现对完美的追求，因为，生活中每一件事都想做得完完美美的人，结局注定悲哀。

世界上根本没有一次完全准备好的旅途。等你全部准备好了，恐怕事情本身已经没有任何意义。

一个人要想永远立于不败之地，光有细致周全的计划是不够的，还必须敢于在一次又一次的挑战中战胜自己，这种挑战就包含战胜自己对完美的追求心。

韦伯快 40 岁了，他最大的心愿就是早点结婚，过上充满爱情的甜蜜生活。

不久，他终于找到了一个梦寐以求的好女孩，她端庄大方、聪明漂亮又体贴。但是，韦伯还要证明这件事是否十全十美，有一天晚上，当他们讨论婚姻大事时，新娘无意中说了几句坦白的话，韦伯听了有点懊恼。

为了确定他是否已经找到理想的对象，韦伯绞尽脑汁写了一份长达 4 页的婚约，要女友签字同意以后才结婚。

这份文件整齐而又漂亮，看起来冠冕堂皇，内容包括他能想象到的每一个生活细节。其中一部分是关于宗教方面的，里面提到了每周去教堂的时间和次数，每一次奉献金的多少；另一部分与孩子有关，其中包括了他们将来一共会生几个小孩，在什么时候生，孩子的名字，孩子将来的教育方式等。

他把他们未来的朋友、他太太的职业、将来住在哪里等，都不厌其烦地事先计划好了。在文中末尾又用了半页篇幅，详列女方必须戒除或必须养成的习惯，例如戒烟、戒酒等。

准新娘看完这份文件，勃然大怒。她不但把它退回，又附了一张便条，上面写道："普通婚约上有'有福同享，有难同当'这一条，对任何人都适用，当然对我也适用。我们从此一刀两断！"

于是，韦伯重又开始了他等待新娘的人生。

心理学研究证明，试图达到完美境界的人与他们可能获得成功的机会恰恰成反比。追求完美给人带来莫大的焦虑、沮丧和压抑。事情刚开始，他们就担心着失败，生怕干得不够漂亮而辗转不安，这就妨碍了他们全力以赴去取得成功。而一旦遭到失败，他们就会异常灰心，想尽快从失败的境遇中逃避开去。他们没有从失败中获取任何教训，而只是想方设法让自己避免尴尬的场面。

很显然，背负着如此沉重的精神包袱，不用说在事业上谋求成功，就是在自尊心、家庭问题、人际关系等方面，也不可能取得满意的效果。

他们抱着一种不正确和不合逻辑的态度对待生活和工作，他们永远无法让自己感到满足，每天都是焦灼不安的。

如何从追求尽善尽美的诱惑中摆脱出来，心理学家认为应做到以下几点。

第一，要正确评估自己的潜能。

既不要估得太高，也不必过于自卑。有一分热，发一分光。如果事事要求完美，这种心理本身就成为你做事的障碍。不要在自己的短处上去与人竞争，而是要在自己长处上培养起自尊、自豪和工作的兴趣。

第二，重新认识"失败"和"瑕疵"。

一次乃至多次的失败并不能说明一个人价值的大小。

仔细想一下，如果从不经历失败，我们能真正认识生活的真谛吗？我们也许一无所知，沾沾自喜于愚蠢的无知中。因为成功仅仅只能坚定期望的信念，而失败则给了我们独一无二的宝贵经验。

人只有经受住失败的悲哀才能到达成功的巅峰，亡羊补牢，犹为未晚。更不必为了一件事未做到尽善尽美的程度而自怨自艾。

没有"瑕疵"的事物是不存在的，盲目地追求一个虚幻的境界只能是劳而无功。

我们不妨问一问："我们真的能做到尽善尽美吗？"既然不行，我们就应该尽快放弃这种想法。

第三，为自己确定一个短期的目标。

找一件自己完全有能力做好的事，然后去把它做好。

这样你的心情就会轻松自然，办事也会较有信心，感到自己更有创造力和更有成效。

实际上，你不追求出类拔萃，而只是希望表现良好时，你会出乎意料地取得最佳的成绩。

目标切合实际的好处不仅于此，它还为你提供了一个新的起点，能使你循序渐进地摘取事业上的桂冠。同时你的生活也会因此而丰富起来，变得富有色彩，充满人情味，并不像你原来所想的那样暗淡。

第十四章

虚伪
——说和做是两回事

哈佛告诉你

虚伪鼓励人们把自己的罪恶用美德的外表掩盖起来，从而避免别人的责备。

刘可的"伪装"

虚伪喜欢躲藏在最高尚的思考之中。它从来企图脱离思考，因为思考能使它不费吹灰之力就获得高尚的美名。

——埃德蒙·伯克

李坤和刘可是大学时的同学，毕业后在同一家国有企业工作，由于父亲在后面"活动"了一下，刘可混了个一官半职。这样，刘可便成了李坤的上司。刘可总爱在人前人后以李坤的"老朋友"自居。但无论在学业或才能上，李坤都比刘可稍胜一筹，刘可不知是心虚，对自己的能力不自信，还是怕李坤厚积薄发，超越自己，时常在员工面前说："我这老朋友有能力。"

工作中，李坤经常获得各式各样的先进奖状，刘可总会对他说："你脑瓜这么好使，叫咱这样的老脸往哪儿搁呀？"在背后，刘可开玩笑似的对其他员工说："李坤拍马屁的功夫肯定是家传的，否则怎么会弄得领导们那样服服帖帖，双手将奖状奉承给他！"

刘可除了到处宣扬李坤是"拍马屁世家"的嫡传弟子外，还不失时机地挫伤李坤的锐气。例如，李坤在开业务会议时提出新的推销方案，刘可便会打着哈欠，眯着眼说："看看我们的天才这次又有什么发人深省的创意了！"

刘可一方面以李坤的"老朋友"自居，一方面又不断地暗中诽谤、中伤李坤。

由于刘可时常强调自己与李坤是老朋友，加上他是李坤的顶头上司，旁观的人便以为刘可对李坤的揶揄及诽谤只不过是同事善意的捉弄，因此刘可愈来愈起劲。

李坤被刘可的老友身份弄糊涂了。他一直容忍刘可对自己造成的伤害，因为他也不知道这是伤害还是玩笑，如果是伤害，他们是老朋友，而且平时也挺和气的，再说是上下级，犯不着这样啊；如果是玩笑，也不至于这么频繁地开玩笑啊。

像刘可这样的人声称是别人的好朋友，暗中打自己的小算盘，善于察言观色，脸皮很厚，谋求在交际中留个好名声。一方面在下属面前留下好口碑，在工作上也好讨价还价，以使公司的领导给他们以晋升或增加工资的机会。或者他们在工作上不安分，但却热衷于往上司那儿跑，为的是和上司套近乎，不是凭工作成绩得到上司的重用和提拔，而是想通过和上司的私人关系去得到好处。

这样的人最大的特点就是嘴甜、心细、脸皮厚，即使是做错了事，他也往往会把责任转嫁和推卸到其他人身上去，而一旦有了功劳，他又会极力地吹嘘自己的贡献和成绩，生怕上司不知道。上司在场和不在场，他们的表现完全不一样，上司在的时候，他肯定是最勤劳的一个，连脸上的汗水他也不会去擦，就是想给上司一个好印象；上司一旦离开，他肯定要去一旁休息了。

虚伪是人性中最丑恶的弱点

蚜虫吃青草，锈吃铁，虚伪吃灵魂。
——俄罗斯谚语

虚伪就是不真实、不实在，弄虚作假。虚伪就是口是心非、表里不一、口蜜腹剑。朋友想要请客，心中明明高兴得要死，嘴上却说："多不好意思，老让你破费"；学校号召为灾区捐款，心中明明一百个不乐意，嘴上却说："灾区人民太苦了，这钱我早就想捐"；领导提出了一项决策，明明心里持不同意见，嘴上却说："这是多么英明的决定啊！"；挨了领导批评，被罚了款，明明心里很不舒服，嘴上却说："多亏领导的帮助，要不我不会对错误认识这么深"；一个领导或是同事能力不强，心中明明瞧不起他，嘴上却说："你能力很强，水平真高"；朋友找你去帮忙，明明心中不想去，嘴上却说："就这点小事，我一定帮你办到"……

细心的人可以发现，每个例子中都运用了"……明明……却……"的句式。的确，这就是虚伪的实质。也就是说，当你的言行举止与你自身的主观意愿相违背时，就是虚伪。

自古以来，很多哲学家都在讨论人性究竟是不是虚伪的这个问题。我们在这里不需要讨论这个问题，那是哲学家的事。但我们必须承认，在我们身边确实有很多虚伪的人。那么人为什么会虚伪？虚荣心理、功利心理和对别人极度不信任的心理是导致虚伪产生的最主要的原因。

虚荣是什么？虚荣是虚无缥缈的荣耀、荣誉。在残酷的现实中，找不到能够满足虚荣心的东西，也就是说，真的东西永远是残酷的，会伤害到那颗虚荣的心。这时，虚荣的人就想到了一条妙计，那就是用一些假的东西来满足自己的虚荣心，这些假东西就是虚伪；做一个真君子往往是会让人生厌的，因为真话往往会刺到人的痛处。这时，人们又想到了一条妙计，那就是用阿谀奉承、溜须拍马、天花乱坠的谎话来欺骗别人，这就是虚伪；人一生不可能不犯错，只要有错就有小辫子。为了不让别人抓住自己的小辫子，为了能够保住自己的利益，这时，人们又想到了一条妙计，那就是用美丽的谎言来给自己编织一个动人的故事，这就是虚伪。

从众心理、攀比心理等也都是造成人性虚伪的原因。

虚伪好像是无可厚非的，因为从现实生活中我们似乎并不能找出因为虚伪而产生的危害。并且，现在虚伪的人太多了，我们就生活在一个虚伪的社会，就连那些大商人、大企业家都虚伪，更何况是一般的平民百姓？大多数人认为虚伪只不过从道德上说不过去，实际并没什么大的危害。可是，这种想法是错的。因为，一个人不管他虚伪不虚伪，他都永远不愿意和一个很虚伪的人做朋友；虚伪会让你活得很累，因为你每天都要为自己编织各种各样的谎言；虚伪会让你心灵疲惫，因为你每天都要面对那些不如意的事情强颜欢笑；虚伪会让你很迷茫，因为你不知道别人是不是也很虚伪，你不知道他们说的那些东西有哪些可以相信。总之，虚伪是人性中最丑恶的弱点，它像黑暗里的一只虫子，一点点地、慢慢地吞噬着人的灵魂，夺走人的快乐和幸福。

真诚是朋友交往的基础

在这个世界上的众多事务中，人们所以得到拯救，并非由于忠诚，而是由于缺乏忠诚。

——富兰克林

做人不可失去威信，交友不可失去信任，这是朋友之间的交往准则。

诚实是做人的基本品质，是人们相互信赖和友好交往的基石。每个人都喜欢同诚实正派的人打交道，因为这样的人可以给人安全感，不必心存疑虑。

为人诚实表现在与朋友交往中，就是以诚相待，说实话、办实事、做老实人，对朋友不可虚情假意，也不可口是心非，切忌对朋友施小心眼，耍小聪明。

为人诚实，就是要诚实地对待朋友，当朋友真诚地与你交往，关心你，爱护你的时候，要以同样的真诚，甚至更多真诚的言行去回报朋友。滴水之恩，当以涌泉相报，这样以心换心，朋友之间的友情必然是根深叶茂。

汉代有一位名叫朱晖的人，在其读书的时候，结识了一位大官名叫张堪，恰好两人是同乡，张堪很器重他。但朱晖认为自己只是一名太学生，不敢与人交往过密。有一次，张堪对朱晖说，你真是一个自持的人，值得信赖，我愿把身家和妻儿托付给你。因为张堪是一位德高望重的前辈，朱晖对此重言不知如何反应，只是恭敬地拱手相应。后来，张堪死了，因为为官清廉，死后没留下什么丰厚的遗产。朱晖其时早已与张堪不通音讯，但知道张堪去世的消息后，感于张堪的知遇之恩，便千方百计地对其家人济以钱粮，并经常去问寒问暖。朱晖的儿子不解地问："父亲，我们以前没有听说过你与张堪有什么厚交，你为什么如此厚待他的家人？"朱晖说："张堪生前曾对我有知己相托之言，我当时已答应了，做人不能欺骗别人，更不能欺骗自己。"朱晖还有一个朋友叫陈揖，两人也十分投机，陈揖过早谢世，留下了一个遗腹子陈友。朱晖在陈揖去世后，尽一切力量帮陈揖尽父责。有一次，南阳太守召朱晖的儿子去当僚属，朱晖却换下了自己的儿子而举荐陈揖的儿子陈友。

诚信不是写在脸上的，也不是挂在嘴边的，而是要求你学会用一种对人、对己负责的态度去面对一切，这是一个追求成功的人必须具备的品质。当你失去了这种宝贵的品质和优势时，到头来只会自己抽自己的嘴巴。

真诚是人与人相处的润滑剂

虚伪永远不能凭借它生长在权力中而变成真实。

——泰戈尔

20 世纪 30 年代，在德国的一个小镇上，有一个犹太传教士，每天早晨总是按时在一条幽静的小路上散步。不论见到谁，他总会热情地打一声招呼：早安！

小镇上一个叫米勒的年轻人，对传教士每天早晨的问候反应很冷淡，甚至连头都不点一下。然而，面对米勒的冷漠，传教士未曾改变他的热情，每天早晨依然给这个年轻人道早安。几年以后，德国纳粹党上台执政。传教士和镇上的犹太人，都被纳粹党集中起来，送往集中营。下了火车，列队前行的时候，有一个手拿指挥棒的军官，在队列前挥舞着指挥棒，叫道："左、右。"指向左边的将被处死，指向右边的则有生还的希望。轮到点传教士的名字了。当他无望地抬起头来，眼睛一下子与军官的眼睛相遇了。传教士不由自主地脱口而出：早安，米勒先生。

米勒虽然板着一副冷酷的面孔，但仍禁不住说了一声：早安。声音低得只有他们两人才能听到。然后，米勒果断地将指挥棒往右边一指。

人与人之间相处的润滑剂就是真诚，对待每一个人都一样，以真诚为标准严格要求自己。生活是一面镜子，你真正付出了，才会有收获，真诚对待每一个人，每一个人也都会真诚地对待你。

完善的人格魅力，其基本点就是真诚。待人心诚一点，守信一点，能更多地获得他人的信赖与理解，能得到更多的支持与合作，由此可以获得更多的成功机会。

真诚不仅可以解除对方的敌意，还可以激起对方的同情心，使他不再固执地坚持自己的立场。因为如果拒绝，自己多少也会自责，认为自己太无情了。这就是真诚的力量和价值。

如果每个人多一点真诚，这个世界就会少一点误会；如果每个人多一点真诚，这个世界就会少一点摩擦；如果每个人多一点真诚，这个世界就会多一点和谐；如果每个人多一点真诚，这个世界就会多一点关怀与爱心。

虚伪之事无大小

虚伪不可能创造任何东西，因为虚伪本身什么也不是。

——格拉宁

有一名教授深受学生喜爱，因为他平日里治学严谨，为人谦和，不媚不俗。

这个教授在一次讲课时，讲了一个十分精彩的观点，这个观点是他从别处看到的，没等他说明下课铃就响了。在这个学校，要求学校的每个老师和学生不能以任何形式剽窃别人的成果，即使是老师在上课时所讲的内容，如果引用了别人的话，都必须明确指出，如不指出，便作为一种剽窃行为。所以，当这个教授下课后，有一个学生便向校长反映，说那个教授在上课时用了某个著名学者的观点，但没有交代出处。校长便找到这个教授核对，那个教授承认了自己的失误，便立即提出辞职。由于其他教授的极力挽留，最后学校决定撤销他的主任职务。第二天，这个教授上课时，第一件事就是向学生道歉。

在这件事情中，无论是那个学生，还是校长，抑或那个失误的教授，都表现出了一种对虚伪的摒弃。那个学生并不因为教授有名气便原谅他的不诚实，哪怕他并不是故意的；校长也并不因为这个教授有名气，便原谅他的失误；教授也不因为失误，便找种种借口开脱自己。其实，学生、校长和教授，所不能容忍的不是这件小事，而是不能容忍哪怕是半点的虚伪，无论这种虚伪来自有意还是无意。因为他们认为，如果容忍了无意的虚伪，便是对真诚的一种亵渎。

无论在怎样的情况下，做人都应该真诚，不应当虚伪，这是每个人都明白的道理。可是我们生活中却有很多不尽如人意的现象存在。当我们读了那个教授的故事后就会发现，只有不断地清理自己的心灵，让自己的内心深处多一些真诚，少一些虚伪，才能成为一个真正大度的人。我们应该向那个指出教授不诚实的学生报以敬意，我们应该对那个校长给予赞扬，当然，我们更应该向那个不因为失误而宽容虚伪的教授致以深深的敬意。

第十五章

虚幻
——缺少现实根据的幻想

哈佛告诉你

  人们对虚幻总是持一种鄙夷的、不屑的看法，但实际上，每个人都无法摆脱虚幻的纠缠。只因为虚幻是人类的天性，而且能带来暂时的心理满足。

虚幻是人类的天性

  真正忙碌的人没有时间去胡思乱想。

——塞涅卡

  电影中我们常可看到这样的场景：主人公凄凉无助地躺在一间破旧的房子里，衣衫褴褛，双眼紧闭，脸上却流露出无限幸福的表情。他在干吗？观众们对这一切早已见怪不怪：此君正在空想！

  果然，银幕上接着就出现了一幕幕似真似幻的场景：主人公身披锦衣，口享玉食，神采飞扬，像个家财万贯的富贵公子，又像个英俊年少的英雄侠客，潇洒自如地漫步在花园般的丛林里，身边自然少不了他日思夜想的意中人——一位娇媚可人的大美女紧紧依偎着，脉脉含情的美目中满是仰慕与爱恋……

  仔细想想，这样的场景何止仅出现在电影里，生活中也大抵如此：想入非非、胡思乱想、想当然……

  人们对虚幻总是持一种鄙夷的、不屑的看法，但实际上，每个人都无法摆脱虚幻的纠缠。只因为虚幻是人类的天性，而且能带来暂时的心理满足。

  人在社会上生存，衣食住行都需要去努力争取，人要与天斗，与地斗，更要与人斗，其压力之大可以想见！

  但如果人活着仅仅是为了衣食住行，那么人跟动物的区别也就不大了，人也就不成其为人了。

  可以说，人的欲望是无限的，功与名，爱与恨，得与失……从好处说，人的各种各样的欲望推动了人类文明的进步，促使人类永不停步地发展；从坏处说，过度的欲望却会毁灭一个人，因为个人的力量是有限的。

  个人总是要受到社会的制约，不可能什么欲望都可以实现。

  由此，失意、失落、挫折、失败便开始困扰人类了。欲望得不到满足，便郁结于胸，久而久之，就有可能导致一个人精神和心理上的病变。

怎么办？

人是地球上万物的灵长，是充满智慧的动物，他必须寻求一个发泄的渠道，将种种因欲望得不到满足而造成的失落和郁闷发泄出去，于是，虚幻便产生了。

弗洛伊德将虚幻命名为"白日梦"。

他认为，白日梦就是人在现实生活中由于欲望得不到满足，通过一系列的遐想，幻想在心理上实现欲望，从而为自己在虚无中寻求到某种心理上的平衡。

现实生活中，永远都不缺少这种白日做梦者，我们每个人都会遇到这样的人，也许我们自己就是。

虚幻从童年起就开始伴随着人类的成长。

一个小孩子如果得不到父母的疼爱，就会产生感情上的失落，就会通过虚幻来寻求平衡和满足。

全世界的小孩子都会玩一种游戏：扮家家。在这个游戏里，每个小孩子都在扮演着一个成年人的角色。

心理学家分析，小孩子在游戏中所扮演的角色恰恰是他在现实生活中最渴望成为却无法得到的角色。

比如说，某个小孩在家庭里缺少温暖和疼爱，在游戏中他就会扮演一个备受疼爱的孩子，尽情地从他的长辈——另两个扮演父母的孩子身上获取感情上的补偿。他因此会得到极大的快乐和幸福。这一切，他在现实生活中是无法得到的。

这正是游戏的魅力。

游戏给虚幻提供了一个暂时获得实现的场景，即便这种实现是不存在的。

我们知道，虚幻是人类的天性。人性是复杂的，可以说是奥妙无穷的。古往今来，有多少充满智慧的人都为人性的不可捉摸而伤透了脑筋。

人性的微妙在于它总是具有两面性。换句话说，虚幻有好的一面，也有糟糕的一面。生活中，人们总是轻而易举地走向糟糕的一面，而要走向好的一面却难如登天。这是人类的惰性使然。

你追求的虚幻只是空中楼阁

只会幻想而不行动的人，永远也体会不到收获果实时的喜悦。

——佚名

从前，在某一个角落里，住着一群非常"聪明"的老鼠。这天，老鼠们聚在一起开会，商量如何对付他们的死敌——可恶的猫。这次会议成了一场声讨大会，所有参会的老鼠都义愤填膺，列举出了猫的种种罪行。

这时，一只老鼠站了起来，大声说："现在我们必须要想一个好办法，确保我们当中不再有谁被猫吃掉。现在我提议，我们不如做一个铃铛，然后把铃铛拴在猫的脖子上。这样一来，每次猫在接近的时候，我们都会有所察觉。"

话刚说完，所有的老鼠都表示同意，一个个摩拳擦掌，跃跃欲试。突然，不知是谁小声说了一句："那……这个铃铛由谁来挂呢？"全场顿时鸦雀无声，老鼠们一个个都变成了哑巴。

最后，这场会议不欢而散，老鼠们最终还是没能摆脱被猫吃的命运。

虚幻很可怕，可以让人产生臆想甚至狂想，最终把人带向毁灭。从心理学角度来讲，虚幻属于"幻想"的一种。它是一种消极的幻想，是那种使人脱离实际、完全用愿望来代替行动的幻想。

产生"虚幻"的原因大致可分为两种：一种是人的自我意识发育不成熟，导致思维上产生障碍；另一种则是因为人对现实生活状况不满，从而产生出各种满足自己需要的幻想。

其实，属于第一种的人毕竟是少数，大多数人都是属于那种麻痹自己、满足自己，从而逃避现实的"虚幻主义者"。

人在社会上生存，和其他动物一样，都需要努力去争取属于自己的生存权利。在现实生活中，人要和自然抗争，也要和同类抗争，所以人类承受的压力是相当大的。可是，人类和其他动物还有一个根本的区别，那就是人类具有欲望，对功名的欲望，对权利的欲望，对金钱的欲望，对爱情的欲望……这些欲望一方面促进了人类文明的发展，而另一方面也摧毁了某些人的一生。

人的欲望是无止境的，但人的力量却是有限的，所以当人类遇到困难、失意、失败和失落的时候，就有可能导致一个人在精神和心理上产生病变，而"虚幻"就属于这种病态的心理。

因此，我们不妨下这样一个结论：凡是虚幻主义者，都不愿意生活在现实的生活中。他们会被虚幻蒙住眼睛，会被虚幻捆住手脚，会成为一个"只想出头，不愿埋头"的人。他们的一生都将生活在遗憾、叹惜、哀怨和愤怒之中。

其实，虚幻本身并没有错，但是如果他和人的其他性格联系在一起，那势必会影响和支配个人的行为和思想，因为凡是喜好虚幻的人的其他性格必然也表现得比较懦弱。

不停留在幻想上

不要让追求之舟停泊在幻想的港湾，而应扬起奋斗的风帆，驶向现实生活的大海。

——佚名

任何时候，只具备完美的计划与决策是远远不够的，成功的关键是积极的行动。人生事业的建立，不只是能知，更在于能行。即使拥有再伟大的目标，如果不付诸行动，也只是画饼充饥。伟大的艺术家米开朗基罗曾看着一块雕坏了的石头说："这块石头里有一个天使，我必须把她释放出来。"于是，就有了著名的维纳斯雕像。

许多人往往只是看见梦想，却从来不考虑采取行动。所以，英国著名的成功学家布莱克说："只想不做的人只能生产思想垃圾，成功是一把梯子，双手插在口袋里的人是爬不上去的。"

一旦有了梦想，就必须用行动去实现梦想。如果有梦想而没有努力，有愿望而不能拿出力量来实现愿望，这是不足以成事的。只有下定决心，历经学习、奋斗、成长这些不断的行动，才有资格摘下成功的甜美果实。

而大多数的人，在开始时都拥有很远大的梦想，只是他们从未采取行动去实现这些梦想，缺乏决心与实际行动的梦想于是开始萎缩，种种消极与不可能的思想衍生，甚至于就此不敢再存任何梦想，过着随遇而安、乐天知命的平庸生活。

这也是为何成功者总是占少数的原因。

第十六章

苛求回报

——为回报做事

哈佛告诉你

一些人不想表现得比别人觉悟低，于是开始主动或被动地做好事。但是，这些人心底是有目的的，那就是要求被帮助的对象常怀感恩之心。如果没有得到预期的回报，这些人就会表现出失落，甚至怀疑帮助行为的正当性。希望回报，这没有错。但是，当获得回报成了苛求、成了目的的时候，就有点变味了，而更过分的是博取众人的同情。

博取同情也是苛求回报

受惠的人，必须把那恩惠常藏心底，但是施恩的人则不可记住它。

——佚名

有一些人总觉得自己很不幸，经常想通过博取大家的同情来显得自己受重视。想拉住任何人谈论自己的困扰；以自我为中心批评其他的人、事；不想听到有关别人比你好的表现，而非常投入地谈论令你愉快的事情。

这种强烈获取别人同情的人也许与儿时的某些经历有关。通常，孩童时期是造成苛求同情的主要时期。

有一个女孩，她在 7 岁的时候得了小儿麻痹症，并留下明显的后遗症，走路异于常人。每个人都为她难过，包括她的父母、老师和姊妹。

她听到他们在说："这个可怜的女孩长大以后会怎么样呀？"心里颇感安慰，并觉得他人应该凡事让着她。

学校里的小朋友可不像他们这样富有同情心。因为不能跑或走得快一点，所以他们可能没法让她一起玩游戏。她的父母为了补偿这一点，只好买昂贵的玩具给她，或为她举办一个隆重的生日宴会，使别的小孩都非常羡慕。

虽然她自己也不知道，但她的潜意识已经作了两项结论：第一，只要她提起自己的缺陷，一定可以从家人身上得到足够的爱；第二，只有别人为她难过，或她有什么别人想要得到的东西的时候，别人才会爱她。

这个女孩得了小儿麻痹症，对她而言这是一个创伤，而她的生活发生了变化，则完全是由她家人促成的。他们认为一个跛足的女孩子根本不可能过正常人的生活，这种信念通过他们的行为而得到增强，最后终于变成了事实。她一直到 30 岁还抱着这种想法，认为自己根本完全无望。

刚开始的时候，一件不幸的事情发生在女孩身上确实让人同情，但就是别人毫无原则毫无保留的同情导致了她的自怜并且以苛求同情为生。也有与小女孩不同的情形，有些人苛求同情完全是自己培养出来的。

有一个学生在运动方面并不擅长，他觉得别人一定会因此笑他，所以他决定跟别人一起笑自己。他变成了班上的小丑，但他每一次戏谑自己的时候，都增强了同一个意念，就是认为自己一文不值——如果不好好表演的话，可能就没有人喜欢他了。

有的孩子每次生病的时候，父母总是会小题大做，显得非常担忧，其实他得的并不是什么严重的大病。为了得到饼干和同情，他开始夸大自己的症状，最后变成了一个自怜者，时常担心和怀疑自己有生理上的疾病。他做什么事情的时候，都觉得"不太舒服"——赢得别人的同情，对他而言是莫大的满足。

不过这个孩子觉得这样还不够，因为别人还"不够"关心他，别人对他的痛苦留下的印象"不够"深刻。他每次做出想赢得别人同情的行为，就愈需要别人的同情，这种需要变成了无底洞，再也不可能填满了。同时，他把所有时间都浪费在争取别人的同情上，再也没有余暇顾及其他的事情了。

每个苛求同情的人都觉得自己有一项无可弥补的缺陷，并且会因这项缺陷而失去获得幸福和成功的资格，同时也是别人应该去同情他的资本。

有些苛求同情的理由或现状是真的，有些则多少有想象的成分。

不管是真的还是想象的，它们的作用都完全相同——它限制了你的自立与自强。

如果你真的有什么缺陷，譬如失明、少了一条胳臂或生了重病的话，你会得到很多人的同情。但是，你绝不能让别人的同情来为你的生活调色。因为那并不是唯一可能的结果，而且也不是最好的结果。

不要总指望别人感恩

所谓爱，其实就是一般坦白的人对赐予他们快乐的人表示的热烈的感激。

——巴尔扎克

生活中总有人得到了别人的慷慨帮助，却很少能对别人真诚地感恩，他们视别人的帮助为理所当然，想当然地认为别人就该无偿地帮助他。老姜就是这样一个人。

老姜是个小肚鸡肠的人，至少邻居们都这么说。

他帮人做一点事，就很得意，人前总要提几次，人家要是忘了说谢谢，他就得生气几天。可是如果是人家帮助了他，他就会患上一种健忘症，事情一办成，立刻就把办事的人忘了个一干二净。

有一次田先生就被他给气坏了。老姜的一个亲戚来找他，说想要去农村收购出口大葱，但是得找一个进出口公司接收，亲戚问老姜有没有这方面的门路。老姜一想，三楼 B 门的田先生不就在进出口公司上班吗？于是他就让亲戚回家等着，自己买了两瓶酒就去找田先生，田先生见是街坊来求自己，就尽心尽力地把这事办成了。

事一办成，老姜立刻就变了一个人一样，见到田先生就趾高气扬地喊一声"小田"！对大葱合同的事竟提也不提，并且还对街坊吹嘘自己有多神通广大，田先生被气得几天吃不下饭，一提老姜就一肚子火。

其实生活中像老姜这样的人并不少见，他们有时会因有人庇护而威风一时。不过由于此类人多半专横、自私，只知从别人身上得到好处，却不知回馈，而不受欢迎、短视近利的后果，往往令帮助他的人感到失望，不再给予帮助。

世界上最大的悲剧就是一个人大言不惭地说："没有人给过我任何东西！"这种人不论是穷人或富人，他的灵魂一定是贫乏的。人们总是这样，对怨恨十分敏感，对恩义却感觉迟钝，所以下一次当你要怨恨别人的忘恩负义时，先想想自己是否做得很好。

张女士认为自己太倒霉，总是遇上忘恩负义的白眼狼。

她的先生是搞科研的，为了工作常常废寝忘食，家务活、照顾老人孩子的事半点儿也指望不上。为了支持先生的工作，张女士一狠心，就把工作辞了，回到家里当了个全职主妇。

这个牺牲够伟大了吧，但先生却似乎一点也没有被感动，还反过来指责张女士越来越俗气了。

二号楼那对小夫妻，他们之所以能在一起，那全是张女士的功劳，红线是她牵的，矛盾是她调解的，两家父母闹意见还是她劝解开的。结果呢，这对小夫妻有了矛盾才来找她，没事的时候就把张女士丢一边。

张女士一想起这事儿，就气不打一处来，但更可气的还在后头呢！

丈夫的一个远亲的孩子要跨学区转学，因为知道张女士有点门路，所以就千求万请的，碍于情面，张女士只好披挂上阵。

没想到接收学校的管理太严格，张女士费尽千辛万苦，事情也没办妥，而那位亲戚一听事没办成，脸立刻拉了下来，对张女士的苦心没有半句感谢。

不仅如此，那位亲戚还到处说张女士虚情假意、不地道。

张女士不但没得到感激，还落了一身不是，她这一气就病了一场，病好后，她逢人就说："现在的人都是狼心狗肺，以后啊，就自己管自己，别人的事我再也不跟着瞎忙了！"

张女士的委屈确实可以理解，她热心地帮助别人，但她的努力似乎都白费了，没有得到任何一个人的感恩。但是从另外一个角度再想一下，我们每个人每天的生活都在仰赖着他人的奉献，那么，在抱怨别人不知感恩的时候，我们向帮助自己的人表达感激之情了吗？张女士如果仔细想一下就会知道了，生活中也有许多人曾经给过她无私的帮助，只是她忘记了这一点。

大多数人都是这样：只注意到自己需要什么，却忽略了这些东西是从哪里来的。所以与其抱怨别人的不知感恩，还不如先培养自己的感恩之心。

不以自己的标准要求别人

我们应该用我们希望朋友对待我们的方式对待朋友。

——亚里士多德

作为个体，每个人都是不同的，这就注定每个人的人生也是千差万别的。可是总是有人习惯拿自己的标准来衡量别人，要求别人，总希望别人能用自己的方法去看待问题、解决问题；希望别人认同自己的观点。

这种做法在人际交往中是最要不得的。

朋友之间互相帮助是应该的，你送了朋友一个人情，有机会他肯定会回报你。但如果你立即索取回报，不但是没有给朋友面子，还会伤害你们之间的友谊。

有一次，克洛夫在打猎的过程中没有打到一只猎物。他饥肠辘辘，这时，邻近的农夫索斯基宰了自己家的鸡与他一起进餐，克洛夫感激不已。

然而到了第二天，一群自称是索斯基的好朋友的人来到克洛夫家，要他请吃饭，克洛夫面子上过不去，就只好热情招待。

谁知第三天又来了一群人，说是索斯基好朋友的好朋友，同样要克洛夫请他们吃饭，克洛夫十分不满，但还是答应了。

许久以后，上了一大碗无滋无味的汤给他们喝。这些人觉得滋味不对，忙问克洛夫这是什么汤，克洛夫回答说，这是索斯基宰的那只鸡炖的汤。这些人最终悻悻而去。

我们知道，在日常交往中，人情总是有的，但是像索斯基那样的朋友，刚有了一点交情就要拼命用完的人确实是目光太短浅了。因为做人情就好像你在银行里存款，存得越多，存的时间越久，红利才会越多。

要学会不对别人期望过高，这样，你仍能从那些对你不坦白的朋友或说闲话的朋友处得到快乐。因为你已培养出一种幽默感，已经坚强到刀枪不入了。你一点都不应该为自己没有得到回报而遗憾。

不对别人期望过高，不以自己的标准要求别人，你就会少很多因得不到回报而产生的失落。

第十七章

成见

——小偷都是因为穷

哈佛告诉你

很多人都不了解自己，原因就在于人们总把目光放在别人身上，而没有看到自身存在的问题。

首因效应的微妙作用

成见就是人们脑子里的先前就已经存在的对人、对事物，或是对于某从思想表示赞同或反对的看法。这种原有的看法，成为人们思想上的一种牵制力，由于它的存在，使人除一种单纯的观点外，不能看到或注意到其他事物。

——丁·莫尔斯

首因效应是交际心理中的重要名词。它指的是人与人第一次交往中给人留下的印象，在对方的头脑中形成并占据着主导地位。

一个新闻系的毕业生在外急于寻找工作。一天，他到一家报社对总编说："你们需要一个编辑吗？"

"不需要！"

"那么记者呢？"

"不需要！"

"那么排字工人、校对呢？"

"也不，我们现在什么空缺也没有。"

"那么，你们一定需要这个东西。"这位毕业生边说边从包中拿出一块精致的小牌子，上面写着"额满，暂不雇用"。总编看了看牌子，微笑着点了点头，说："如果你愿意，可以到我们广告部工作。"

这个大学生通过自己制作的牌子表达了自己的机智和乐观，给总编留下了美好的"第一印象"，引起了总编极大的兴趣，从而为自己赢得了一份满意的工作。

我们每个人都有这样的经验：第一印象在人们心目中难以改变。在现实生活中，首因效应所形成的第一印象常常影响着人们对他人以后的认知。对某人第一印象好，就乐意与之接近，并能较快地相互沟通，甚至"一见钟情"。反之，第一印象差，便会产生反感，即使以后由于各种原因难以避免与之接触，但也会很冷淡，甚至"告吹"。第一印象一旦形成，对后来观察和感知到的内容则往往不大注意或被忽视，即使后来的印象与最初的印象有差距，也会服从最初印象。毫无疑问，良好的第一印象会为以后的人际交往和工作条件带来诸多便利。所以，与人接触时一定要策划好第一印象。要做到这一点，除了注重仪表风度外，更要注意言谈举止，言辞幽默、不卑不亢、举止优雅的人定会给人留下难以忘怀的好印象。如果第一印象不好，往往会在对方心中形成"刻板印象"。刻板印象会导致偏见。刻板印象一旦形成，对人的判断十有八九要出偏差。所以当与对方交际的时候，一定要注意善用首因效应，让自己取得主动，而不是形成难以改变的刻板印象。

子羽曾是孔子的学生，第一次拜见孔子时，孔子见他其貌不扬，印象不好。长相这么丑的人怎么会有才气呢？所以对子羽态度很冷淡，不愿尽心教他。子羽感到没趣，只好退而自学。以后他刻苦自励，终有所成。孔子知道后深为后悔地发出了"以貌取人，失之子羽"的感叹。应该说，作为卓越的教育家，孔子对于怎样知人是有一套较为深刻见解的，可遇到具体问题，有时也会忘了知人应取的客观标准。这说明，知人、识人应当力戒"以貌取人"。

当然，"首因效应"在社交活动中只是一种暂时的行为，更深层次的交往还需要个人的硬件完备。这就需要加强自身在谈吐、举止、修养、礼节等各方面的素质，不然则会导致另外一种效应的负面影响，那就是近因效应。

别用有色眼光看人

误解和怠惰，恐怕要比作恶和欺诈还要误事。

——前苏联谚语

智者的眼睛是雪亮的，看人很准确，很恰当。然而，生活中有一群人，虽然并没有带太阳镜或茶色眼镜，看人却带有"颜色"，常常加入自己的主观情感成分。这种"用有色眼光看人"，相当于门缝里看人，一洞窥天，全是偏见。

用有色眼光看人，也就是带着固有的感情色彩，带着成见去识别人。虽然这是识人中的大忌，但用有色眼光去看人，在古今中外的历史上都是屡见不鲜的。

用有色眼光看人，首先体现在对没有出名的"小人物"的轻视上。法国数学家伽罗华17岁时把关于高次方程代数解法的文章，送到法兰西科学院，却没有受到重视。20岁时，他第三次将论文寄出，审稿人波松院士看过之后的结论是："完全不可理解！"苏格兰科学家贝尔想发明电话，他将自己的想法说给一位有名的电报技师，那技师认为贝尔的想法是天大的笑话，还讥讽地说道："正常人的胆囊是附在肝脏上的，而你的身体却在胆囊里，少见！少见！"好在贝尔并没有相信这家伙的一派胡言，凭着高度的自信将实验坚持了下去，并最终取得了成功。

学术上的门户之见，也是用有色眼光看人。1968年，英国皇家学会为研究碰撞问题而悬赏征文。荷兰人惠更斯文章最好，可是，因为他不是英国人而被扣发文章。后来，他的论文在法国出版，他本人当上了法国科学院院长，为法国在科学上赶超英国发挥了重要作用。

用老眼光看人是另一种表现形式。辩证唯物主义告诉我们，世界上任何事物都是在不断发展变化的，没有绝对的静止。一个人最初的工作可能简单、平凡，但这并不妨碍他将来工作的重要性。没有人能够预知自己的未来，所以，看人时也不要以对方现在的状态而自作聪明地评价他的将来。同样的道理，故友相见，也不要凭借原来的印象来评价对方，说不定对方已由当年的环卫工人成长为显赫一方的企业家呢！

小张幼年家贫，读书不多，16岁后靠着在城里工作的小叔介绍，才得以在一家公园里当上环卫工人。小张是个勤奋好学、上进的孩子，利用业余时间自学文化知识。经过几年的努力，20岁时他已取得国家自学考试中心颁发的大学文凭。后来，一次偶然的机会，他发现文化礼品市场巨大，就集资做起了文化礼品生意。5年之后，他的公司成为当地最大的文化礼品公司。于是他决定衣锦回乡，他在回家的路上碰见了一位10年未见的村里长辈。村里长辈关心地问他："在公园当环卫工人，受人欺负吗？"他一时无语。

用有色眼光看人，会让我们犯下许多错误，从而影响我们正常的人际关系。摘下"有色眼镜"，看一论一，以眼前论眼前，凭事实说话，对别人做出客观评价，这样才能避免"偏见"。

放弃自我偏见

真正的虚心，是自己毫无成见，思想完全解放，不受任何束缚，对一切采取实事求是的态度，具体分析情况对于任何方面反映的意见，都要加以考虑，不要听不进去。

——邓拓

在日常的生活中，我们或多或少都会对一些人和事存有偏见。有很多人都曾经碰到下列情形。

你和朋友碰面谈事情一向都很准时，但最近由于塞车曾迟到两次，今天当你再度晚了10分钟才出现时，你的朋友马上不耐烦地说："你怎么总是迟到啊？"朋友忘记了一向都是你等他的。

你17岁的女儿很反常地晚归了，你焦心地等着，她一进门，立刻气急败坏地质问："你和什么狐群狗党混到这个时候？还知道要回来啊？"你完全不理会女儿很委屈的申辩，她其实是在和同学练习下周的拉拉队比赛。

你在8岁儿子的书包中，搜出一款不属于他的卡通手表（儿子曾经要求你买给他，你却斥之以盲目追求流行）。你如同五雷轰顶，捶胸顿足地哀嚎："你这么小就会拿人家手表，长大后岂不要去抢银行？"根本没去思索那块表的来历，更没打算听儿子解释。

在面对自己不愿看到的情况时，人们往往以自己有的主观意识混着不满的情绪说出有失公允的话。这个时候，人们应该放松自己的心态，有了问题直接与对方交流，真诚坦率地交换意见，互相信任和理解，而不要先入为主地使自己的思维偏见不分场合地发挥作用。同时，要胸怀宽广，有意识地训练自己的心理承受能力，养成良好的意志品质。

俗话说："金无足赤，人无完人。"我们每一个人都不可避免地存在一些令别人无法忍受的缺点。如果你总是对别人的缺点十分苛刻，就会引起别人的反感，甚至"以恶为仇，以厌为敌"。一个能够容忍别人缺点的人，必定是胸怀宽广、受人尊敬的人，而且也是能够拥有辉煌人生与成就的人。看到别人缺点时，先反省自己是不是立场不对，然后以换位思考来接受别人的缺点，那样，你也将赢得别人的尊重。相反，一个不能容忍别人缺点的人，不可能拥有真正的朋友，而他的人生也难以成功。要改变人生，就要赢得朋友的支持。所以，在面对别人的缺点时，要尽量多一分容忍与理解。

我们都有缺点。想一想，假如自己的缺点不能被别人容忍会有什么样的结果，对自己的影响有多大；倘若别人只看到自己的缺点，而看不到自己的优点，自己会怎么想。这样，我们就能找到容忍别人缺点的理由。曾经有一位非常出色的外交家说："以前社交圈比较狭窄，只知道别人有很多缺点。现在随着社交圈的扩大，接触了形形色色的人后，才有知心朋友告诉我，其实我自己也有类似的缺点。我希望别人能够容忍我的缺点，所以我也常常容忍别人的缺点。"

如何克服成见

成功的第一个条件是真正的虚心，对自己的一切敝帚自珍的成见，只要看出同真理冲突，都愿意放弃。

——斯宾塞

第一，注意"投射倾向"。

把自己的某些心理特点附加给对方的现象，即"投射倾向"。人际知觉的投射倾向表明，人对他人的知觉包含着自己的东西，人在反映别人的时候常常也在反映着自己，而这种反映又往往是不自觉的。如果你对自己的"投射倾向"不加注意，没有清醒地、理智地经常进行自我反思，就很可能制造出晕轮效应，出现各种偏见。

第二，注意"第一印象"。

由于第一印象有先入为主的特点，因而往往比较深刻。如果第一印象好，就会给以后的交往打下良好的基础。从这个意义上说，注意给人留下良好的第一印象是必要的。第一印象一旦形成，以后的信息常常只扮演补充和解释的角色，这就是产生成见的"温床"了。因此，冷静、客观地对待第一印象，思想上具有改造甚至否定第一印象的准备非常重要。

第三，注意"刻板印象"。

刻板印象就是所谓类化作用，按照预想的类型将人分为不同种类，然后贴上标签，按图索骥。刻板印象与成见可以说是有不解之缘的，是导致失真的一个"误区"。我们要对他人产生确切、深刻的认识，千万别忘了人的丰富多样性，并不断地修正头脑中由于刻板印象所造成的假象。

第四，避免"以貌取人"。

一项心理实验中显示，当人们被要求在一堆他们不认识的照片中分别找出"好人"与"罪犯"时，总会表现出按外貌分类的倾向。为此，我们在认识他人的问题上，要确立不满足于表象，注重了解对方心理、行为等深层结构，才能有效地摆脱成见的影响。

第五，避免"循环证实"。

当你看不惯某个人，对某个人怀有成见的时候，应当首先理智地检讨一下自己的态度和行为是否受到成见的影响，自觉走出成见的迷宫。

第十八章

逞能

——外强中干的表现

哈佛告诉你

如果一个人过于逞强，就会变得对什么都想插一脚，什么都想大包大揽。而事实上，一个人的能力是很有限的，如果揽过来办不成事，反而会大大地降低自身的人格魅力。

逞一时之能

> 勇士在战场上立功，懦夫在家里逞能。
>
> ——英国谚语

青年人由于血气方刚，遇事容易冲动，不能很好地控制自己的情绪，因在乎面子而逞强显能，往往给自己带来重大损失，给走向成功设下陷阱。

蓝蓝的天空，高大的树木，平静的小湖，加上可爱的小动物，组成了一个充满欢乐的森林。但是，这里有一只非常爱逞能的小鸡，大家叫它"逞能"。

"逞能"经常说自己很了不起，而且还经常取笑其他小动物，因此，小动物们都不喜欢它。这一天天气晴朗，万里无云，"逞能"觉得在家里非常闷，于是，决定出去走走。

"逞能"走到小河的对面，看到一只非常可爱的小兔子正在吃青菜，"逞能"便从桥上走过去，取笑小兔子，说："哈哈！你还吃这种低下的食物，你还不知道吗？青菜已经落后了，你看，我多可爱，因为我每天都吃小鱼小虫。"

小兔子听了低下头，哭着回家了。

"逞能"非常高兴，因为它把小兔子给弄哭了。

它又往前走，当走到一棵大树旁的时候，看到树上有一只画眉正在唱歌。

"逞能"心想：虽然好听，但如果我称赞它，那我不就没有面子了吗？不行。我不能这样说。

于是，"逞能"便对画眉说："你快给我闭嘴！你知道你唱得有多难听吗？森林里只有我的声音是最美的。"

然后，"逞能"就发出"唧唧唧唧"的难听叫声，画眉听后，皱了皱眉头，生气地飞走了。

"逞能"的朋友越来越少了，但它一点也不在乎。

就在这个时候，它看见了小猫正在捉老鼠，当小猫捉到老鼠后，它的主人就会给小猫一条小鱼吃。

"逞能"看到这些情景后，便走过去对小猫说："你会捉老鼠有什么了不起，其实，我也会捉老鼠，只不过，你们不知道而已。"

小猫听后，半信半疑地说："你会捉老鼠，我怎么没听说过呢？"

"逞能"昂起头说："不信？我现在就捉给你看！"

说完，"逞能"便去捉那只正在田里偷吃谷粒的大老鼠。

当它来到那只大老鼠面前的时候，大老鼠对着"逞能"露出了锋利的牙齿，"逞能"一下就被那锋利的牙齿吓晕了。

这时，小猫扑过去一下就把老鼠抓住了。

当"逞能"醒后，小猫便劝告它："'逞能'，你以后不要再这样逞能了，要想逞能，自己得练就一身真本事。"

"逞能"听后，点了点头，感激地对小猫说："小猫，谢谢你，是你让我清醒过来的。"

那天晚上，"逞能"把以前那样对待小动物们的事一件又一件地想了很久，竟然哭了起来，因为它觉得自己太对不起那些小动物了。

第二天，"逞能"当着所有小动物的面前说："今天我在这里，要向大家道歉，因为先前我太对不起大家了。"

森林里顿时响起了热烈的掌声，小动物们原谅了"逞能"。

一个人不管出于什么动机，如果不顾一切地逞能，那么最后的结果必然是脱离群众，成为孤家寡人。

那么，怎样才能做到不逞能呢？

第一，工作热情旺盛，但不是为了一己之私利。

第二，对任何事情采取冷静的态度，三思而行，不靠冲动，不靠激情，不为情绪所支配。

第三，不是单枪匹马，学会尊重人。

不仅尊重领导，也要尊重群众，尤其是尊重那些经验丰富的老人。重要的事、事关全局的事，要与周围的人商量，认真地请教周围的人。

第四，要谦虚，不要傲视一切。

切莫在自己说话、办事时流露出看不起他人，只有自己才行的情绪。

第五，切忌只干那些"有利可图的事"，而对那些无名无利的事采取"不闻、不问"的态度。

第六，不要做了一点好事就感到了不起，就四处张扬，唯恐他人不知道，要记住：一个人做一件好事容易，难的是做一辈子好事。

"能"不能瞎逞

公鸡只能站在它自己的粪堆上逞能。

——塞内加

有一个猢狲逞能身先死的故事：吴王在长江上泛舟之后，又登上了猢狲山。猢狲们见有人来了，都纷纷逃避，躲到了草丛之中。有一只老猴却与众不同，不但不逃，反而在那里上下跳跃，抓耳挠腮，炫耀自己的敏捷。吴王拉弓搭箭要射它，它一点也不害怕，等那飞箭来到身边，轻轻地伸出前爪，灵巧地捉住了箭杆。吴王一看大怒，下令让众人一齐射它，把它射死了。吴王对他的好友颜不疑说："这个猴子，在我面前卖弄它的技巧，以至于遭到这样的下场，而那些没有技巧的猴子却得以活命，可见是技巧害得它丧了命。这真是值得人们借鉴啊！一定要记住，千万不要在人前逞能持傲呀！"

但是，在我们现实生活中有两种人：有的人也很能干，但是，总是要求自己不要过分出头露面，不要逞能，什么事情都悠着点干。

另一种就是瞎逞能，往往过高地估计自己，喜欢逞能，认为自己什么都能干，甚至去做自己力所不及的事，加之经历少，受挫折少，很少考虑后果。

前一种人那样做自有他的道理，当一个能人单枪匹马往前闯而不顾及左右邻舍的情绪时，肯定会给自己带来一大堆的麻烦。

的确，一个人活在世上，总想干一番事业，总想将自己的抱负付之现实，因而有时卖弄一点自己的知识，炫耀一点自己的才能，偶尔逞能，偶尔露一点"峥嵘"，这是可以理解的。但是，如果一个人恣意地放任自我，恣意地逞能，恣意地逞强，那就万万不可了。

这是因为如果一个人过于逞能，就会使人产生一种只有自己才行，其他人统统不行的感觉。他就可能成为一个目中无人、藐视一切权威、藐视一切规则的人，而这样做的结果只能是孤立自我，脱离群众。

另外，如果一个人无论是在大事小事、公事私事，还是国事家事等方面都过于逞能，处处表现自我、突出自我的话，这就意味着他在无形之中从许多方面都"剥夺"了其他人施展才华、能力的机会，也就增加了他与其他人之间产生矛盾、冲突的可能性。这样做的最后结果是：自己会处处碰壁，成为众矢之的。

如果一个人过于逞能，就会变得对什么都想插一脚，什么都想大包大揽。而事实上，一个人的能力是很有限的，如果办不成事，反而会大大地降低自身的人格魅力。

如果一个人过于逞能，那么，他就会对自己提出一些不切实际的、过高的期望，好高骛远、不自量力，经常口出狂言，小事不肯做，大事做不来，变得虚荣心极强。要知道，世界上没有绝对的顺风船，一旦在船的航行过程中发生搁浅、触礁甚至翻船的情况，他就会比一般人更难于接受现实对自己的惩罚，从而由一个极端走向另一个极端：失望、灰心、沮丧、意志衰退，甚至失去继续生活的勇气。

所以，一个人不能瞎逞能。

永远不要证明给人看

谁要是手里老拿着一杆秤，他会忘了自身的重量。

——《一个政治家的肖像》

永远不要这样开场："好，我证明给你看。"这句话大错特错，等于是说："我比你更聪明。我要告诉你一些事，使你改变看法。"

那是一种挑战，那样会挑起争端。在你尚未开始之前，对方已经准备迎战了。

即使在最温和的情况下，要改变别人的主意都不容易。那为什么要使它更不容易呢？

为什么要使你自己的困难更加一层呢？如果你要证明什么，不要让任何人看出来。技巧要到家，使对方察觉不出来。

"必须用若无其事的方式教导别人。提醒他不知道的好像是他忘记的。"300 多年以前意大利天文学家伽利略说。

"你不可能教会一个人任何事情；你只能帮助他自己学会这件事情。"正如英国 19 世纪政治家查士德·斐尔爵士对他的儿子所说的："如果可能的话，要比别人聪明，却不要告诉人家你比他聪明。"

如果有人说了一句你认为错误的话——是的，即使你知道是错的——你若这么说不更好吗？"啊，是这样的！我倒另有一种想法，但也许不对。我常常会弄错，如果我弄错了，我很愿意被纠正过来。我们来看看问题的所在吧。"

用这种句子"我也许不对，我常常会弄错，我们来看看问题的所在。"确实会得到神奇的效果。

无论什么场合，没有人会反对你说："我也许不对。我们来看看问题的所在。"

有个学员就曾用这种方式处理顾客纠纷，他是"道奇汽车"在蒙大拿州的代理商哈洛·雷恩克。雷恩克在报告时指出，由于汽车市场的竞争压力，在处理顾客投诉案件时，他们常常显得冷漠不带感情。这很容易引起愤怒，甚至做不成生意或造成许多不快。

他告诉班上的其他学员："后来我想清楚这样于事无补，便改变方法。我转而向顾客这么说，我们公司犯下了不少错误，我实在深以为憾。请把你碰到的情形告诉我。"

"这种方法显然消除了顾客的敌意。情绪一放松，顾客在处理事情的过程中就容易讲道理了。许多顾客对我的谅解态度表示感谢，其中有两个人甚至后来还带了朋友来买车。在竞争激烈的市场上，我们很需要这样的顾客。而我相信尊重顾客意见，对待顾客周到有理，都是赢得竞争的本钱。"

你永远不会因认错而导致麻烦。只有如此才能平息争论，促使对方也能同你一样公正宽大，甚至也承认他或许错了。

❀ 第十九章 ❀

逃避

——逃避责罚是一种本能

哈佛告诉你

逃避责罚是人类的一种本能。多数人在"有利"与"不利"两种形势的抉择中都会选择趋利避害。通过各种"免罪"行为，人们可以暂时脱离责罚，但逃避只是暂时的，最终总是要面对。

为过错买单

逃避是意志的沉沦和对信念的背叛。

——佚名

那年李小姐刚从大学毕业，被分配在一个离家较远的公司上班。每天清晨 7 时，公司的专车会准时等候在一个地方接送她和她的同事们。

一个寒冷的清晨，她关闭了闹钟尖锐的铃声后，又稍微赖了一会儿暖被窝——像在学校的时候一样。她尽可能最大限度地拖延一些时光，用来怀念以往不必为生活奔波的日子。那一个清晨，她比平时迟了 5 分钟起床，可就是这区区 5 分钟却让她付出了代价。

当她匆忙中奔到专车等候的地点时，已经 7 点过 5 分，班车开走了。站在空荡荡的马路边，她茫然若失，一种无助和受挫的感觉第一次向她袭来。

就在她懊悔沮丧的时候，突然看到了公司的那辆蓝色轿车停在不远处的一幢大楼前。她想起了曾有同事告诉她那是老板的车——真是天无绝人之路。她向那车走去，在稍稍犹豫后打开车门悄悄地坐了进去，并为自己的聪明而得意。

为老板开车的是一位慈祥温和的老司机，他从反光镜里已看她多时了，这时，他转过头来对她说："你不应该坐这车。"

"可是我的运气真好。"她如释重负地说。

这时，她的老板拿着公文包飞快地走来。等老板在前面习惯的位置上坐定后，她才告诉他说："班车开走了，我想搭您的车子。"她以为这一切合情合理，因此说话的语气充满了轻松随意。

老板愣了一下，但很快坚决地说："不行，你没有资格坐这车。"然后用无可辩驳的语气命令："请你下去！"她一下子愣住了——这不仅是因为从小到大还没有谁对她这样严厉过，还因为在这之前，她没有想过坐这车是需要一种身份的。当时就凭这两条，以她过去的个性，是定会重重地关上车门以显示她对这不屑一顾，然后拂袖而去。可是那一刻，她想到了迟到对她意味着什么，而且她那时非常看重这份工作。于是，一向聪明伶俐但缺乏生活经验的她，变得从来没有过的软弱，她用近乎乞求的语气对老板说："我会迟到的。"

"迟到是你自己的事。"老板冷淡的语气没有一丝一毫的回旋余地。

她把求助的目光投向司机，可是老司机看着前方一言不发。委屈的泪水在她的眼眶里打转，然后，她在绝望之余，而固执地与他们陷入了沉默的对抗。

他们在车上僵持了一会儿。最后，让她没有想到的是，她的老板打开车门走了出去。坐在车后座的她，目瞪口呆地看着有些年迈的上司拿着公文包向前走去。他在凛冽的寒风中拦下了一辆出租车，飞驰而去。泪水终于顺着她的脸颊流淌下来。

老司机轻轻地叹了一口气："他就是这样一个严格的人。时间长了，你就会了解他了。他其实也是为你好。"

老司机给她说了自己的故事。他说他也迟到过，那还是在公司创业阶段，"那天他一分钟也没有等我，也不要听我的解释。从那以后，我再也没有迟到过。"他说。

她默默地记下了老司机的话，悄悄地拭去泪水，下了车。那天她走出出租车踏进公司大门的时候，上班的钟点正好敲响。她用力地将自己的双手紧握在一起，心里第一次为自己充满了无法言语的感动，还有骄傲。

从这一天开始，她长大了许多。

喜欢听赞美是每个人的天性。忠言逆耳，当有人（尤其是和自己平起平坐的同事）对着自己狠狠数落一番时，不管那些批评如何正确，大多数人都会感到不舒服，有些人更会拂袖而去，连表面的礼貌也不会做，常常令提意见的人尴尬万分。下一次就算你犯更大的错误，相信也没有人敢劝告你了，其实这也是做人的一大损失。

当我们错了——若是我们对自己诚实，这种情形十分普遍——就要迅速而热诚地承认。这种技巧不但能产生惊人的效果，而且比为自己争辩还有趣得多。

如果你总是害怕承认自己曾经犯错，那么，请接受以下这些建议。

假若你必须向别人交代，与其替自己找借口逃避责难，不如勇于认错，在别人没有机会把你的过错到处宣扬之前，对自己的行为负起一切的责任。

如果你在工作上出过错，要立即向上司汇报自己的失误，这样当然有可能会被大骂一顿，可是上司会认为你是一个诚实的人，将来也许对你更加器重，你所得到的就会比你失去的多得多。

如果你所犯的错误可能会影响到其他同事的工作成绩或进度时，无论同事是否已发现这些不利影响，都要赶在同事找你"兴师问罪"之前主动向他道歉、解释。千万不要企图自我辩护、推卸责任，否则只会火上浇油，令对方更加愤怒。

每个人都会犯错误，尤其是当你精神不佳、工作过重、承受太沉重的生活压力时。偶尔不小心犯错是很普通的事情，关键是犯错后要用正确的态度对待它。犯错误不算什么大不了的事，"有则改之，无则加勉"，只有放下了心灵枷锁，不再固守所谓的自尊，人才能坦诚地面对自己、面对别人。

事实上，一个有勇气承认自己错误的人，他也可以获得某种程度的满足感，这不仅可以消除罪恶感，而且有助于解决这项错误所造成的问题。卡耐基告诉我们，即使傻瓜也会为自己的错误辩护，但能承认自己错误的人，就会获得他人的尊重，而且给人一种高贵诚信的感觉。

有时候，逃避是因为怯懦

生命和崇高的责任联系在一起。

——车尔尼雪夫斯基

避免惩罚是人类的一种本能，人都有趋吉避凶的本性。通过各种逃避，人们可以暂时逃脱责罚，保持良好的自身形象。

逃避是人性中最普遍、最典型、最隐蔽的弱点。其实，我们每个人都习惯逃避，但是逃避是一种消极的做法，它本身就代表一种懦弱。在成功的道路上，懦弱心理是一块绊脚石。有时，一个人表面装出不屑一顾的样子，实则是因为骨子里的懦弱，没有面对挑战的勇气，没有承担责任的真诚。

懦弱对社会、对事业都相当不利。一个人的成功，需要具备的要素中有一条很重要，就是勇敢无畏。

作为普通人，不要指望因祸得福、一举成名，如果是生活在担忧惊恐中，一天到晚愁眉不展，看见这个心虚，看见那个害怕，那他的生活就会很累，也可能导致一辈子不成功。

法国思想家拉罗什富科说："软弱甚至比恶行更有害于德性。"一个人如果发现自己身上有这种人性缺陷，就要设法克服它，或者合理地利用它，使自己变成一个勇敢的人。

事实上，一个人如果患上了懦弱这种心理疾病，首先要做的，是不要由此而自怨自艾。即使明知这种懦弱是使自己在生活、工作中失败的"罪魁祸首"，也不要因此自卑。

在驱除了自怨自艾这种不良心理之后，接下来你要做的，是找出生活、工作中能适合自己去进攻的突破口。

一个懦弱的人，务必要记住你的突破口就是：清楚自己的心理状态和气质偏向，合理地利用自己的懦弱。

做到这一点，你身上的缺点就有可能转化为优点。

下面我们一起来看一下中年男子郝毅是怎样利用他的懦弱心理走向成功的。

郝毅唯唯诺诺地走到中年，在经过一个又一个的挫折后，他终于认识到：自己的懦弱是无法改变的，也没有必要再改变。自己所要做的，是合理地利用这种懦弱心理。

有了这种认识，他开始采取主动了。

郝毅首先从自己家里做起。

他老婆骂他时，他不再惧怕，也不再反抗，只是淡淡一笑，说："我虽然无能，但我也能找到自己的位置。"

老婆被他这种自信的微笑惊呆了。

之后他又说："我会很快找到工作的。"

他老婆跟他一起生活了这么多年，很清楚他懦弱的性格。所以，他这么说的时候，她很高兴。于是，他们的家庭，很快地恢复了平静。

然后，郝毅开始找工作了。

在一个个老板面前，他显得很镇定。

郝毅仍是懦弱的，但他的懦弱中，已没有了胆怯，只有谨慎。

在谨慎心理的支配下，他不莽撞，也不畏缩，而是不急不躁、不卑不亢。他不会盲目去找一个不适合自己的工作，也不会在遇到一个自己合适的工作以后仍畏缩不前。

经过充分的准备，郝毅到一家私营公司应聘出纳一职。他仔细地准备了自己的简历，准备了面试的答辩词。然后，他鼓起勇气走向那个公司。

他迎着老板的目光，流畅地说出自己的准备辞。在老板不客气的盘问中，他很小心、很得体，一点儿也不浮躁。

老板被他的从容打动了。

不久，郝毅有了新工作。

如果你习惯逃避，那么你就会乐于生活在这种可以避免一切责任的圈子里。你将不会面对困难，你会找理由绕过它；你将没有责任，你会找借口免于承担。试想一下，一个惧怕困难的人，一个拒绝承担责任的人，怎么能获得成功的机会呢？

为此，我们要告诫所有具有懦弱心理的人，一定要珍视自己所拥有的一切，不要轻看自己的生活、自己的爱情和自己的事业，而最重要的是不要轻视自己的潜能。只有这样，你才能达到改善这种懦弱心理的目的。

尽管改善懦弱心理之后，懦弱仍是懦弱，但却去掉了其中的惧怕，增加了其中的谨慎。像这样改善自己的形象之后，虽然外貌仍是这副外貌，但谈吐、举止却不一样了。改善之后，你仍然是你，但此刻的你，已非以前的你所能比的了。记住：你比以前强了。

承担责任是不会褪色的光荣

> 我所享有的任何成就，完全归因于对客户与工作的高度责任感。
> ——李奥贝纳

无论生活中还是工作中，敢于承担责任是一种永远不会褪色的光荣，而同时，不敢承担责任的人，是没有立足于社会和发展自我的机会的。一个懦弱的人，必须培养、树立责任心，才有可能勇敢地承担责任，才有可能去做自己想做的事，否则只会畏首畏尾，永远走不出黑暗。不论遇到什么问题，哪怕是面临失败，也不要灰心丧气，要勇敢地正视它，以积极的态度寻找应变的方法。一旦问题解决了，自信心也会随之增加。

任何一个人，朋友也好，爱人也好，老板也好，他们无一不喜欢与敢于承担责任的人相处、共事和生活。然而生活中却常常有推卸责任的事情发生。

刘洁和王浩是同事，他俩工作一直都很认真，也很努力。老板也对他俩很满意，可是一件事却改变了这两个人的命运。

一次，刘洁和王浩一同把一件很贵重的古董送到码头。没想到送货车开到半路却坏了。公司有规定，如果不按规定时间送到，他们要被扣掉一部分奖金。于是，力气大的刘洁，背起古董，一路小跑，他们终于在规定的时间赶到了码头。这时，心存小算盘的王浩想，如果客户看到我背着邮件，把这件事告诉老板，说不定会给我加薪呢，于是他对刘洁说："先把古董交给我，你去叫货主吧。"

当刘洁把邮件递给他的时候，他一下没接住，古董掉在了地上，成为碎片。他们都知道古董打碎了意味着什么，没了工作不说，可能还要背负沉重的债务。果然，老板对他俩进行了十分严厉的批评。

　　在他们等待处罚的过程中，王浩避开刘洁，一个人走到老板的办公室，对老板说："老板，不是我的错，是刘洁一个人不小心把东西弄坏了。"

　　老板把刘洁叫到了办公室，刘洁把事情的原委告诉了老板。最后他说："这件事是我们的失职，我愿意承担责任。另外，王浩的家境不好，请求老板酌情考虑对他的惩罚。我会尽全力弥补我们所造成的损失。"

　　接下来的几天，他们一直等待处理的结果。终于有一天，老板把他们叫到了办公室，对他们说："公司一直对你们俩很器重，也一直在考察你们俩，想从你们两个当中选择一个人担任客户部经理。没想到出了这样一件事。不过也好，这会让我们更清楚哪一个人是合适的人选。经过公司开会研究，我们决定请刘洁担任公司的客户部经理。因为，无论在哪儿，无论什么时候，一个勇于承担责任的人才是值得信任的。相反，一个不愿意承担任何责任的人，是不会成功的。王浩，从明天开始你就不用来上班了。"

　　"其实，古董的主人已经看见了你们俩在递接古董时的动作，他跟我说了他看见的事实。还有，我更看重的是问题出现后你们两个人的反应。"老板最后说。

　　王浩推卸责任最终落得个失业的下场。你也会像他一样不敢承担责任，害怕灾难降临吗？也许你的不负责任决定了你被淘汰的结果。灾难就是喜欢不敢承担责任的人，老板则是喜欢敢于承担责任的人。

　　现实生活中，有人为了躲避痛苦，而选择逃避问题、逃避责任。其实，成长就是要经历无数挫折与失败，能够忍受痛苦、承担责任的人，他的生活才能平平安安、顺顺利利。

　　有时候，你在心里可能会有非常好的想法，在老板出现问题的时候，你也想去帮助。可是你就是没有勇气主动站出来，主动为老板解决问题，主动为公司的利益和荣誉着想，主动把责任承担过来。

　　这样一而再、再而三地犹豫，使你不再敢于主动承担责任。更严重的后果是你和老板的问题都得不到解决，最终你也将受这个问题的负面影响，很难获得好的机会。

　　"我之所以上船，是因为我想逃离自我。"一位站在轮船甲板上的妇女这样说道。可是，问题是我们在逃跑的时候，也把自我一起带在身边。

　　她想逃离跟随自己的一些不祥的东西，一些自己害怕面对的东西。她不快乐，并且试图麻醉自己，以减轻痛苦。

　　但是任务没有完成、问题没有解决、挑战没有应对，就好像旧账没有还一样。我们最终还是要回来还债，并且要本息全部偿还，同时还要品尝懦弱种下的苦果。

　　如果一个人不能在重大的事情上接受挑战，他就不可能有平和，不可能有快乐的感觉，同样，也不可能摆脱这些困扰。

　　你的内心深处有一种别人听不到的声音，而你自己却无法将这个声音平息下来："你缺少勇气，你没有勇气，你逃跑了，你是逃兵。"

　　与其受这种声音的困扰，还不如以普通的方式忍受不快。或者接受，或者不接受，我们每个人都必须做出选择。

　　一个人可以用以下4种方法中的一种来对待生命：可以逃跑；可以游移不定；可以接受，而后随波逐流；还可以为信仰和目标而真诚面对。

🛡 第二十章 🛡

侥幸
——投机心理在作祟

哈佛告诉你

　　一次投机是侥幸，两次可以是巧合，三次就变为一种趋势。侥幸只不过是落到手中的一件暂时的礼物，迟早要把它交还，人生是占有不了的。

侥幸心理普遍存在

　　没有侥幸这回事，最偶然的意外，似乎也都是有必然性的。

——爱因斯坦

　　侥幸心理是指人不遵守事物发展的客观规律，用主观的态度把成功的希望寄托于外力作用和机遇降临的一种心理。这种心理状态，往往是以己度人，以己测事，认为凭借自己的幸运可以获得巧合的成功，抑或是避免突然的灾难；或以为彼时彼地成功了，在此时此地也会照样成功。

　　侥幸心理阻碍个人成长进步。一个人如果心存侥幸，就会放松对自己的要求，就不会有高度的敬业精神，也不会实实在在地积累知识和才能，而只是琢磨如何投机取巧。侥幸心理助长违法违纪行为。有的人初次做错事，多有惧怕心理，但由于侥幸心理的强化作用，惧怕心理受到抑制，这时思想上就有了缝隙，就易受到外界不良东西的侵蚀和诱导，人就容易铤而走险。侥幸心理使人思想麻痹。侥幸常使人放松警惕，过度自信，违反规定和要求，导致工作中的疏忽大意和责任事故，造成严重的后果。

　　侥幸心理的本质是投资者不甘心亏本的心理在作怪。由于不甘心亏损，不甘心认错，于是就找理由、找借口，自己欺骗自己，自己安慰自己，自己麻醉自己，结果酿成大错。

　　抛弃不切实际的幻想。我们知道，侥幸心理是基于幻想基础之上的。它单凭主观愿望，而不顾客观实际；企盼偶然机遇，而不创造必要的条件。因而，侥幸是一种投机取巧的行为，迟早是要落空的。

　　抛弃这种不切实际的幻想，关键在于靠真本事吃饭，保持积极进取的精神。要培养高度的事业心、责任感，爱岗敬业，尽职尽责，避免疏忽大意；要保质保量完成本职工作，要坚持高标准。工作上满足于过得去，有明显的薄弱环节，就容易产生侥幸心理。要培养脚踏实地、求真务实的工作作风。唯有踏踏实实地干工作，才能真正获得事业的成功，实现自己的人生追求。

心怀侥幸，悲过赌徒

投机取巧最终只能走进死胡同。

——佚名

苏联曾经发生过一次震惊世界的科学事故。1960 年 10 月 22 日，苏联进行航天发射准备，著名航天专家科罗廖夫在发射前发现运载火箭出现异常，建议推迟发射，但亲临发射现场指挥的涅杰林元帅却命令道："莫斯科正在等着我们，无论如何也要保证明天按时发射！"军令如山，不容变更，科学家们只好三缄其口，把希望寄托在"万一没事"上。次日上午，火箭发射时，发生了剧烈的爆炸，现场包括涅杰林元帅在内的百余名军人和科学家不幸罹难。同样的情况也曾经摆在我国航天科学家面前。

2001 年 9 月，在酒泉卫星发射中心，我国"神舟三号"宇宙飞船即将发射，工作人员突然发现一个电路触点不通。当时，发射场万事俱备，500 多位科学家翘首以待飞船的升空。当听到有一个触点不通的消息后，有人认为问题不大，没必要耽误发射。但是，指挥部的决策者们考虑的并不是这一个点，他们认为，虽然是一个导点不通，但飞船上这批插头可能还存在批次性质量问题。于是，他们一锤定音：立即更换所有这种型号的插头，绝不能让飞船带着疑点上天，这个决策虽然使飞船发射推迟了 3 个月，但确保了万无一失。

侥幸就是教训，它们离得极近，如影相随，甚至如胶似漆。有侥幸就会有教训，有的是前人的侥幸变成后人的教训，有的是昨天的侥幸变成今日的教训，更有甚者刚才的侥幸就是眼前的教训。

2005 年 7 月 28 日，河北省辛集市郭西村烟花爆竹厂，违规生产，在晾晒场外大面积晾晒药球和花弹，还将大量成品爆竹放在杂品仓库里，发生特大爆炸事故，造成 32 人死亡、91 人受伤。事后该厂副厂长耿建伟说："每次我从堆放烟花爆竹的场边走过时，心里也特别害怕，自己也知道这样很危险，但侥幸心理和经济利益驱使我明知故犯。"

据有关部门分析，所有的安全事故中，70%～80% 是由于人们的"侥幸心理"造成的。如果我们能够克服这种"侥幸心理"，不仅对经济利益（据统计，每年的安全事故造成经济损失达几千亿元）和人们的生命安全具有十分重要的意义，而且也是人类的福祉！

不能怀有丝毫的侥幸心理

机会主义总是让人变得懒惰。

——佚名

著名的记者、作家梁厚甫 20 多年来一直住在美国，这期间，他有过一次奇遇。

一次他去见大通银行的总裁，总裁在开会，他就坐等。不久，当地的工务局长来了，先到负责约见的银行女秘书面前说了几句话，显得急不可待。女秘书低声说了几句，那局长就走到梁厚甫的身边，说今天是他们发工资的日子，而政府的拨款没有到，他得赶快和银行总裁商量，因此请梁厚甫通融通融，让他先见总裁。梁厚甫同意了，对方十分感谢，后来两人还成了朋友。

梁厚甫因此感言：人性的光辉在那一刻得到了体现。他还说："在国内，插队已经是一种习惯，已经见怪不怪，反倒是如果有人来这样征求我的意见，会显得不正常。若女秘书抱有侥幸心理，唯官为上，不经过梁先生同意，私自安排局长和银行总裁先于梁厚甫见面，也属于人的正常举动之列。"但我们可以换个角度想一想，如果女秘书那样，不仅使梁厚甫与局长无结交之机，日后梁厚甫得知局长先行安排，定会对女秘书、局长，甚至那个总裁，都会有负面的评价。

这件事带给了我们许多启示。

我们不能抱有侥幸心理，这样的人生既没有发展也没有希望。即使是运气好，大发横财，人生也不会有光彩。抱着侥幸心理的行为本身就是不光彩、不光明磊落的，因此得到的东西不论是什么，都不能展现在世上，只能摆放在阴暗的地方。

J. P. 摩根说："不能参与赌博，如果你丢了本钱，你就会想找回它；如果你赢了点钱，你还会想再赚点。最终，你将会成为一个身无分文的人。"

以侥幸心理来赌人生是贸然的行为，它比把人生寄托在一个冒险的行为上更虚幻。依靠侥幸心理是无法实现美好人生的，依靠侥幸心理来获得财富也是不可能的事情。即使遇上了好运气，侥幸变成了现实，这样的人也只会沉浸在虚幻的生活里。

不要想不受苦就实现美好人生。正因为不想受苦又想过上好日子，你才会期盼哪一天会大发横财，沉浸在虚幻的梦想里虚度人生。即使是再小的事情，也要通过正当的努力获得成功。如果具有这种意识，即使你得不到意外的财富，你也会实现精神上的富裕和自由，而这种富裕和自由足以让你实现一个有价值的人生。

贪婪是怎样形成的

> 人心不足蛇吞象。
> ——《山海经》

我们都读过伟大诗人普希金所写的《渔夫和金鱼的故事》。故事中那位老太婆，本来已经得到了金鱼为报恩而给予的诸多好处，但由于她让自己的欲望一再膨胀，有了高大明亮的木房子，还要做世袭的贵妇人，之后又要当至尊无上的女皇，但这些竟然都不能使她满足，等到她贪心不足地要求做要金鱼侍候的"海上女霸王"时，终于遭到了惩罚：恢复到只有破房子和破木盆的原状。这无疑是一个颇具深意的暗示：贪婪者的结局就是竹篮打水一场空。

"贪"的本义指爱财，"婪"的本义指爱食，"贪婪"指贪得无厌，意即对与自己的实际情况不相称的某一目标的过分欲求。

贪婪心理的成因，说简单也简单，说复杂也复杂。客观方面来讲，社会上太多的诱惑和不健康的思想，有时会让人心走向歪门邪道。但更重要的原因，显然在于人们自己的主观因素。人在成长和生活的过程中，很可能会接受或产生一些错误的价值观念，比如认为社会是为自己而存在的，天下之事物应为自己拥有。这种严重的个人主义，就很容易导致人滑向贪婪，使人得陇望蜀，欲壑难填。有了票子，想房子，有了房子，想位子；有了位子，想女人……这样成了习惯，也就被贪婪之心给控制住了。

行为的强化作用也会使贪欲增强。有贪婪之心的人，在初次伸出黑手时，一般也多有惧怕心理，然而一旦得手，在尝到甜头之后，胆子就会越来越大。每一次的攫取成功，都会刺激那颗贪婪之心。

有时，我们可能也会很奇怪，那些所谓的"贪婪者"，其实也是很本分的人，为什么就会陷入贪婪的泥潭而不能自拔呢？这恐怕就是攀比的心理在作怪。有的人在看到原来与自己境况差不多的邻居、朋友、同事或者下属，甚至原来远远不如自己的人，都能比自己过得好得多，心理就会严重失衡，觉得自己活得太败兴，于是一股贪婪之念油然生发出来，慢慢地也就学会了伸出贪婪之手，并且越来越频繁、越来越利索。

除此之外，扭曲的补偿心理也是形成贪婪习性的一种重要因素。有些人原来家境贫寒不堪，或者曾经受过很大的苦难，觉得命运对自己很不公平。一旦地位、身份升级，便利用手中的资源向社会或他人疯狂地索取，蜕变成一个不折不扣的贪婪者。

通过贪婪心理的成因，我们可以看出贪婪是一种病态心理，与正常的愿望相比，贪婪不但没有能够满足的时候，反而是越满足胃口越大，而这往往就导致人的心理失衡，最终无可救药。从这个意义上来讲，贪婪确实可以称得上是一个魔鬼。它会让人失去理智，明明知道是火坑也不由自主地往里跳，还让人自以为既能得到自己想要的东西，又能进退自如。岂不知在伸手的瞬间，贪婪就使他注定落入他人设好的圈套，注定了被设圈套的人牵着走，从此身不由己，说着言不由衷的话，做着违背自己意愿的事，轻则弄得狼狈不堪，重则身败名裂，身陷囹圄。

贪婪的可怕之处还表现在，很多时候有些人为了得到自己想要的东西，殚精竭虑，费尽心机，甚至不择手段地去攫取，到最后也许他真的如愿以偿了，但在整个的追逐过程中，他也已经失去了比所得的更为宝贵的东西，或者留下了永远都无法弥补的人生遗憾。也就是说，贪婪不仅摧毁有形的东西，更能搅乱一个人的内心世界。一个人的理智、自尊乃至未来的所有的希望，都有可能被贪婪这个魔鬼吞噬。

作为人性的原恶之一，贪婪是人的生命中不能承受与回避的重中之重。社会中，一切的丑恶、野蛮、杀戮、欺骗等不堪入目的罪恶，都是以贪婪为发源地的。人一旦显现出了自己灵魂深处的贪婪本性，就等于走上了一条不归路。这不仅仅表现在贪婪是以生命为代价的，而且还是以灵魂为代价的。贪婪就像吸毒，是一项自毁的工程。据巴西科学家研究显示，任何贪官的一生都是在惊恐、惶惑之中度过的，他们的生命不仅比一般人短，而且其心理无时无刻不在受着无可名状的煎熬。

由于贪婪的成因既是隐藏性的，又具有历史和现实双重的复杂性，使得它确实能像一个魔鬼那样无孔不入，几乎在每一个人身上都有停留、生长和爆发的可能。所以说，人活着，就要学会用理智驾驭自己的欲望，明辨是非，认清欲望背后潜在的危险，不可放纵自己的贪婪之心。必要的时候，完全可以使用强制的手段来和自己的贪欲作斗争，用法律的清洗剂彻底清洗自己的灵魂，使其得以再生。

当然，贪婪并非遗传所致，而是个人在后天环境中因各种因素叠加而致，所以，它绝不是不治之症，是每一个人都能够通过正确的方法加以克服和避免的。

第五篇

哈佛家训金典

"对于哈佛大学来说，重要的不是出了 7 位总统和 30 多位诺贝尔奖获得者，而是让进哈佛的每一颗金子都发光。"哈佛靠什么打造了这些巨人？他们的教育中有什么深藏未露的秘密？

哈佛取得如此巨大的成就，并不完全是学校教育的结果，这其中也有学生家长的功劳。他们成功的教育方法和理念、他们培养孩子成才的坚定信心和严谨态度，以及他们将教育孩子作为人生重要目标的信念，都是哈佛精英教育的重要组成部分。

第一章

真爱

——开启生命的源泉

哈佛告诉你

　　上帝创造了人类，同时将爱赋予了这个万物精灵。爱是生命的源泉，拥有了爱也就拥有了一切。很多人千方百计地想要得到财富和成功，却把爱远远地扔在一边，到最后两手空空，什么也没得到。要知道，连爱都不曾拥有的人，注定是要错过一切的。

如果爱

　　真正有爱的人没有什么爱得多爱得少的，他是把自己整个人都给他所爱的人的。

——罗曼·罗兰

　　20世纪20年代，印度的某个地区发现了两个狼童，一个2岁，一个8岁。因为从小与狼生活在一起，她们的生活习性完全异化了，两只狼一样的耳朵经常会动，双手已经不能像人一样抓东西，只会爬行。到了晚上的时候，总是会发出狼一样的嚎叫声。

　　9年后，经过人类文明的教导，2岁的狼童已慢慢适应了人类的生活。而8岁的狼童因为在狼群中待太久了，已无法成为真正的"人"，17岁时死去了。

　　由此不难看出，周围的环境对人的成长影响是很大的。心理学家曾经这样生动形象地描述环境与成长行为的关系：

　　如果人生活在批评的环境中，他就学会指责埋怨；

　　如果人生活在敌意的环境中，他就学会打架斗殴；

　　如果人生活在嘲笑的环境中，他就学会害羞内向；

　　如果人生活在羞辱的环境中，他就学会自轻自贱；

　　如果人生活在鼓励的环境中，他就学会勇敢向上；

　　如果人生活在赞扬的环境中，他就学会自信自强；

　　如果人生活在公平的环境中，他就学会拼搏竞争；

　　如果人生活在安全的环境中，他就学会相互信任；

　　如果人生活在赞许的环境中，他就学会自尊自爱；

　　如果人生活在互相信任和友好团结的环境中，他就学会在这个世界上去寻找爱，发现爱，奉献爱。

　　蒙台梭利说："环境就像人类的头部，影响着一个人一生的成长与发展。"一个人在成长过程中会遇到很多的人，经历很多的事，也要面对不同的环境。当然，很多时候，周围的环境也不是由自己所决定的，这时就需要你用爱去影响周围的环境。让我们大家一起用爱来营造一个温馨的花园。有了爱，世界才有了阳光般的活力！

小狗的主人

真正的爱世上只有一种，而模仿出来的爱却又千种万种。

——拉罗什富科

　　宠物市场上，一个30多岁的男人手里举着一块牌子："出售小狗"。身旁有6只毛茸茸的小狗，其中一只小狗紧紧地贴在他的脚边，呜呜低声叫着。

　　一会儿，一个小男孩慢慢地走到了男人的面前。

　　"先生，你的小狗卖多少钱？"小男孩问道。

　　"20美元。"

　　"能让我先看看它们吗？"

　　小男孩蹲下身来逗这些活泼可爱的小狗。他看到了那只呜呜叫着的小狗。

　　"这只小狗怎么了？"小男孩好奇地问道。

　　"它的一条腿瘸了，生了一场病就变成这样了。"

　　"我想买这只小狗。"

　　"这条小狗不卖。"男人想了一下，说，"如果你很想要，我可以把它送给你！"

　　"不！"小男孩认真地看着对方，一字一句地说："我不需要你的赠予。这只小狗应该和别的小狗一样值20美元！"

　　"它的腿不好，不可能像别的小狗那样蹦蹦跳跳地陪你玩。"

　　小男孩低着头，轻声说道："我自己也不能蹦蹦跳跳了。这只小狗需要一个理解它的人，给它一份关爱。"说完，他卷起裤脚，露出一条严重畸形的小腿。

　　作为一个生命，每一个人的地位都是平等的，每一个人的价值都是一样的。不要用这样那样的标准把你我分隔开，因为人生没有高低贵贱之分，尊重对方也就是尊重自己。当然，也不需要把自己和他人区别地对待，因为这样会让快乐和幸福从自己的身边溜走，留给自己的只有烦恼和不幸。

把爱请进来

真正的爱，应该超越生命的长度、心灵的宽度、灵魂的深度。

——佚名

　　郊区的一间小茅屋里，一家三口正坐在一起准备吃晚餐。他们的粮食已经不多了，干净的旧木桌上只放着几个馒头，这就是他们全部的晚餐。

　　"咚！咚！咚！"有人在敲门。女主人打开门一看，只见三个陌生的年轻人站在门口，一副风尘仆仆的样子。她礼貌地打招呼："请问你们找谁啊？"

　　"你家男主人在吗？"三个年轻人问。

"在呀!"

"事情是这样的。"一个年轻人开口说道,"上帝知道你们是一个幸福的家庭,听说你们的生活遇到了困难,特地派我们来帮助你们的。"

年轻人接着说:"我叫成功,另外两个叫爱和财富。在我们三个之间,你们只能选择一个,而且只有一次机会!"

屋里的男主人听见了他们的谈话,惊喜地叫了起来:"快,我们就把财富请进来吧!"

女主人反对这样做:"亲爱的,为什么我们不选择成功呢?有了成功,就有鲜花和掌声,就有了一切!"

这时,坐在桌子旁边的小男孩开口了:"爸爸妈妈,我们还是把爱请进来吧!有了爱,我们不就更加幸福吗?"

夫妻俩相互看了一眼,觉得儿子的话很有道理:"对!我们还是把爱请进来吧!"

奇怪的是:等爱走进门的时候,财富和成功也跟了进来。

女主人疑惑地看着他们问:"我们只是说把爱请进来,你们怎么全都进来了?"

三个年轻人异口同声地回答道:"哪里有爱,哪里就有财富和成功。这就是上帝的旨意!"

记住这一个真理:爱是生命的源泉,拥有了爱也就拥有了一切!

很多人总是想着千方百计地得到财富和成功,把爱远远地扔在一边,最后他们什么也得不到。要知道连爱都不存在的地方,连爱都不拥有的人,财富和成功还会理睬他吗?选错了一次,所有的一切都会错过。而上帝给每一个人选择的机会也就只有一次!

你是上帝的妻子吗

爱,信任一切,绝不欺骗。爱,盼望一切,绝不沦亡。爱,无求于一己之利,奋勇之前。

——祁克果

寒冷的街头,一个衣衫破烂的丹麦小女孩站在一家蛋糕店的门前,看着橱窗里的大蛋糕眼睛都直了。她已经在寒风里站了很久,还是没有离去。

这时,蛋糕店的门被推开了,走出了一个漂亮的女店员。她问门前的小女孩:"小妹妹,你是在这里等人吗?天快黑了,还是赶紧回家吧!"

"不,我是在向上帝祷告,请他赐给我一块又漂亮又美味的大蛋糕。"小女孩认真地抬起头问,"姐姐,你说上帝能够听见我的请求吗?"

"会的!"女职员认真地点点头,接着,她把小女孩带进了蛋糕店。小女孩看着五颜六色的蛋糕和光亮的蜡烛,一脸的美慕与陶醉。

一会儿,女职员端来了一盆热水,拿了一条毛巾。她把小女孩带到一边,开始给小女孩洗手洗脸。小女孩的脸已经在外面被寒风冻得通红了,她睁着一双大眼睛看着这位女职员在她身边忙着,一脸的疑惑。

到了最后,女职员用碟子端来了一块大蛋糕,上面放着许多亮晶晶的果仁。小女孩迟疑地接过了大蛋糕,看了看女职员,眼眶里蓄满了泪水。

女职员对着小女孩笑了笑,说:"小妹妹,还有什么需要吗?"

"我可以吻你一下吗?"小女孩亲了一下女职员,然后俯在她的耳边轻轻地问了一句:"姐姐,你是上帝的妻子吗?"

上帝无处不在。可是我们的肉眼无法看见上帝的肉身，更别说时刻陪伴在上帝的身边了。可是，只要我们每一个人都拥有博爱之心，用自己的行动去关爱周围的人，你就会发现自己离上帝的距离不再远了。

最高奖赏

爱是一种心情，是要把所爱的对象置于自己的跟前、身边，希望自己与对方协同一体。

——今道友信

1963 年，一个小女孩写信给一家报纸的总编，因为她遇上了一件麻烦的事情：她帮妈妈摘回了一篮子草莓，妈妈只是夸了她一句"好孩子"，却给调皮贪玩的弟弟一个大苹果。她想问一下热心的总编先生：这个世界是公平的吗？难道她和她周围的好孩子都被上帝遗忘了吗？

总编收到小女孩的来信，看了以后心里十分难过。可是他也不知道该如何回答这一个问题。

就在第二天，一位朋友邀请他参加了一场婚礼。就在这场婚礼上，总编找到了问题的答案。

事情的经过是这样的：牧师主持订婚仪式，新娘和新郎开始互赠戒指，或许是他们太激动了，两人都阴差阳错地把戒指戴在了对方的右手上。旁边的牧师看见了，幽默地插了一句："右手已经够完美了，我想你们还是用它来装饰左手吧。"

牧师的话让总编觉得眼前一亮，他想："右手本来已经非常完美了，没有必要再用饰物装点右手了。同样，那些有美德的人，之所以常常被大家忽略，不就是因为他们已经非常完美了吗？"

总编终于找到了小女孩要的答案："上帝让右手成为右手，这就是对右手的最高奖赏；同样，上帝让好孩子成为好孩子，也就是对好孩子的最高奖赏。"

总编发现这一真理后，兴奋不已，当天晚上立即给小女孩回了一封信。他在信中安慰小女孩说："……你不要烦恼，不要忧愁，上帝让你成为一个好孩子，就是对你的最高奖赏！"

好人有好报。其实有很多时候并不是这样，常常是自己付出了，却得不到一点回报，哪怕一句赞美的话。这也许是你弄错了，做好人并不是要求回报的，只要你对这个世界付出了爱，用爱去关心身边的人就行了。

10 美元的肖像画

在父母的眼中，孩子常是自我的一部分，子女是他理想自我再来一次的机会。

——费孝通

大收藏家拥有大量珍贵的艺术品和一个年轻、充满活力的儿子，过着幸福美满的生活。后来，儿子应征入伍参加了保家卫国的战争，不幸战死在沙场上。而父亲还不知道这一点。

圣诞节的早晨，日夜思念儿子的老人打开房门，看见一位陌生的年轻士兵站在面前，手里还提着一个大包裹。士兵向老人敬礼："您好，我是您儿子的战友。他已经为国英勇捐躯了，这是他留给你的一幅肖像画。"

老人用颤抖的双手打开了儿子的肖像画，把它挂在客厅的正中央，每天早上起来之后都要默默地对着它看上半天。老人再也没有心思去打理自己那些珍贵的收藏品，儿子的这幅肖像画已经成了老人心中最为珍贵的财产了。

第二年秋天，可怜的老人得了一场大病，不久就去世了。老人留下遗愿：所有的收藏品，都拿出来拍卖。消息传出以后引起了轰动，世界各地的收藏家们聚集到了拍卖现场，都想从这位老人的收藏中得到一些稀世珍品。

出人意料的是，拍卖会是从一件非常普通的作品开始的，那就是老人挂在客厅正中央的儿子的肖像画。拍卖师介绍了这幅画的来历后，然后问道："有人愿意出价200美元买下这幅画吗？"没有人回答。

"100美元呢？"拍卖师又问。

这时，人群中有人开始抗议了："谁会对那幅粗劣的画像感兴趣？快点，我们需要的是他的珍品！"

"对！对！"大家十分赞同。

"不，必须先拍卖这一幅，这是老人临终前的要求。"拍卖师坚决地摇头。

"谁愿意买下这幅肖像？"拍卖师再一次问道。

"10美元可以吗？因为我身上只有这么多钱……"在旁边站了很久的老仆人难为情地举起了自己的右手说，"这是老主人最喜爱的肖像画，如果行的话我愿意买下它。"

"还有没有人高出10美元？"拍卖师大声问道。

没有人回应。"10美元一次！10美元二次！10美元三次！好，成交！"拍槌重重落了下来。

接着，拍卖师扫视了一眼拍卖厅，郑重地宣布："今天的拍卖到此结束！"

"为什么？为什么？难道今天的拍卖会只拍卖这一幅普通的肖像画吗？还害得我们不远千里赶过来，这不是在愚弄人吗？"拍卖厅里的人群顿时像炸开了锅一样，群情激愤。

"不！不止这些！按照收藏家的遗嘱，谁买下了他儿子的肖像画，"拍卖师顿了一下，盯着众人说，"谁就可以同时得到他收藏的所有珍品！"

你能正确估量出爱的价值吗？愿意为爱买单吗？

爱是无价的。用心去爱别人永远都不要期望得到一次意外的回报，如果有了这样的想法，那么我们所付出的就不是爱了，而是一种赤裸裸的贪婪。这个时候，你已经亵渎了自己那一份朴素真挚的感情了。

每个孩子都是天才

互相信赖、尊重、真诚相待——这些是真爱赖以建立的基础。

——菲·纳谢德金

爱因斯坦是一个伟大的科学家，一生取得了举世瞩目的成就。可是他小时候的表现却不被人看好，4岁的时候才会说一些含糊不清的话语，周围的邻居都说："这孩子呆头呆脑的，长大了可怎么办啊？"

上学的第一天，小爱因斯坦来到教室里，可是没有一个同学愿意和他坐在一起，因为他看上去就像一个小可怜虫。上课的钟声敲响了，在课堂上老师提了一个简单的问题，点名让爱因斯坦站起来回答。

"我，我……"爱因斯坦说了半天还是没有说出一个字来，他的脸已经涨得通红了。

同学们看见他的模样反而觉得更加可笑，哄堂大笑："笨蛋！笨蛋！"

放学回到家里以后，小爱因斯坦背着书包坐在家里的门槛上发呆。细心的父亲注意到孩子的沉默，拉着他的手问："亲爱的，你怎么啦？"

小爱因斯坦哭着扑到了父亲的怀抱里："同学们都说我是一个小笨蛋！"

"不！"父亲擦掉了小爱因斯坦脸上的泪水，严肃地说："亲爱的，你弄错了。上帝曾经在睡梦中偷偷地告诉过我：每一个孩子都是天才！"

"真的吗？上帝真的是这样对您说的吗？"小爱因斯坦满脸期待地问父亲。

父亲坚定地点了点头，小爱因斯坦的脸上露出幸福自豪的笑容。

后来，每当爱因斯坦取得一点点的进步，父亲都会给他送上一阵热烈而真诚的掌声鼓励他。慢慢地，爱因斯坦相信了父亲的那一句话，"每个孩子都是天才"，他的内心充满了希望，并通过努力最终成为了科学巨匠。

英国心理学家托尼·布赞门说过："婴儿出世的那一刻，就真的已经是才华横溢了。仅仅两年时间，他就学会了语言，比任何一位哲学博士都要好，并且在 3 到 4 岁时，他在语言方面就是一个高手了。"

每一个孩子都是天才，要么是一个期待发展的天才，要么就是一个正在成长的天才。用爱浇灌他们心中的希望之花，细心地呵护他，就一定能结出丰硕的果实。

看重坏孩子

世界上的一切光荣和骄傲，都来自母亲。

——高尔基

自从母亲死了以后，他变成了一个调皮的孩子。只要谁家的牛走失了，或者是后院的树莫名其妙被砍倒了，大家都认为是他做的坏事。甚至父亲和哥哥都是这么想的。渐渐地，他也变得无所谓了。

有一天，父亲打算第二次结婚了，家里的孩子们都担心新妈妈会是什么样子。他也打定主意，不把新妈妈放在眼里。最后，新妈妈终于走进家门，来到每个房间，愉快地向孩子们打招呼。当新妈妈走到他面前时，他像枪杆一样站得笔直，双手交叉在胸前，偏开头看着一边，一点欢迎的意思也没有。

新妈妈回头看了父亲一眼，眼里有些疑惑。

"这就是我跟你说的那个孩子，"父亲懒洋洋地说，"全家最坏的孩子。"

仿佛是为了印证父亲的这一番话，他冷冷地瞪着新妈妈，满脸的倔强。

然而，令他猝不及防的是，新妈妈说出了一番让家里所有的人都吃惊的话，包括他自己。她把手放在他的肩上，看着他，眼里闪烁着光芒。"最坏的孩子？"新妈妈说，"一点也不，他是全家最聪明的孩子，我愿意拿出我所有的积蓄跟你赌一赌。"

20 年以后，他成了一位著名的企业家。当有人问到他成功的力量来自何处时，他自豪地回答："是妈妈赐给了我无穷无尽的爱！"

爱是一切力量的源泉。有了真爱，可以让干涸的心灵长出嫩绿的新叶，开出鲜艳的花朵，在阳光下怒放着生命的芬芳。在母亲的眼里，只有一种孩子：一个好孩子，或者是一个正在准备做好孩子的孩子，就这么简单。

最不可思议的称赞

世界上一切其他都是假的，空的，唯有爱才是真的，永恒的，不灭的。

——印度谚语

心理学家来到一所学校给孩子们上课。

每次提问的时候，其他的孩子都高高地举起自己的小手，只有一个孩子总是低着头不吭声。心理学家发现了这一点，他决定帮帮这个孩子。

"我遇到了一个难题，想请一个小朋友帮帮我。"心理学家的话刚一落，大家就举手响应了。他故意扫视了一下全班同学，然后走到那孩子的身边说："孩子，你能帮我吗？"孩子刚要摇头拒绝时，心理学家及时地拉他站起来，轻声地对他说："孩子，老师相信你是天下最棒的孩子！不要紧张，你仔细看一看，仔细数一数老师这只手到底有几个手指？"

孩子缓缓地抬起头，涨红了脸，盯着他的五个手指，认真地数了半天，终于鼓起勇气说："四个。"

没想到的是，心理学家竟然高声地大叫了起来："哎呀，太好了，你简直太了不起了！一共才少数了一个。"

他的这一句话就像天上洒下的甘霖，孩子的眼睛一下子放出了异样的光彩。

积极的心志对一个人的成长影响很大。一个自以为自己不如别人的人，总是倾向于别人说他不行，而当周围的人也这样看待他的时候，他的自卑心态就会被强化，从而走向自我失败。

人在成长的过程中总免不了犯错，一句善意的赞美，其力量远远大于一万句严肃的批评。

地上的孩子怎么了

世界上有一种最美丽的声音，那便是母亲的呼唤。

——但丁

夫妻俩开着小汽车去学校接女儿回家。半路上，坐在前排的两个大人为了一点小事吵了起来，谁也不肯罢休。"你不要太过分了！""我早就受够了你，每次都是这样。"声音越吵越大，最后他们干脆把车停在路边，讨论起离婚以后财产的分割问题。4岁的女儿坐在后排一直没有说话。

这时候，妻子想起了坐在车上的孩子。她回头一看，发现女儿居然在后排坐着画画：画面上有两个大人在打架，在他们的脚下还躺着一个小女孩。

"地上的小孩怎么了？"妈妈奇怪地问她。

"死了！"她说。

"两个大人是谁？"

"是她的爸爸和她的妈妈。"

"她怎么会死的？"

"因为她的爸爸和她的妈妈离婚了，不要她了……"女儿趴在后座的靠背上哭了起来。

夫妻俩沉默了，他们没有想到自己的行为会在无意中给孩子造成这么大的伤害：一次亲情的分离，对孩子来说竟然是一场死亡！

周围的环境对孩子的成长影响很大。单亲家庭中长大的孩子总是落落寡合，因为父母的分离，对于他们来说，就好像是被抛弃在一个荒原上，没有阳光，没有温暖，没有完整的生命。给孩子完整的爱，别让他们头上苍翠的大树枯萎。

秘密职业

使你的父亲感到荣耀的莫过于你以最大的热诚继续你的学业，并努力奋发以期成为一个诚实而杰出的男子汉。

——贝多芬

大富翁与儿子共进晚餐。他高兴地问儿子："你长大以后希望自己当什么呢？"

6岁的儿子看着餐桌上香喷喷的甜点，眨巴着眼睛对父亲说："我想当一个世界上最棒的糕点师！"大富翁被逗乐了，却没有把儿子的话放在心里。

时光过得飞快，当年的儿子变成了一个英俊少年。高中毕业的时候，他收到了许多名牌大学的报考材料。

身为大富翁的父亲以为儿子一定很高兴，没想到儿子却坚定地摇摇头说："我想考烹饪学院，以后当一名很棒很棒的糕点师。"

这时，父亲想起了当年儿子在餐桌上说的那一句话，原来这个愿望早在儿子的心里生根发芽了。说真的，他希望自己优秀的儿子能够继承他的事业，或者再退一步来说，也可以成为其他领域里的佼佼者，比如说政治家、艺术家等，可他就是不希望看到自己的孩子去做一个糕点师。

看着孩子一脸的认真，父亲只是平静地拍了拍他的肩头说："那就好好地努力吧！"

于是，儿子满怀信心地报考了几所优秀的烹饪学校。可是从所有的学校传来的都是坏消息，他的成绩考得不理想，简直就是糟糕极了。他不肯相信自己真的如专业老师所说的那样"没有一点烹饪的资质"。

这对一直一帆风顺的他来说实在是一个不小的打击，他把自己关在屋子里。几天以后，他沮丧地打开房门，看见父亲就站在门外，脸上满是怜惜："我的好孩子，一切都会过去的。"他扑进父亲温暖的怀抱里，伤心地哭了起来……

几天以后，儿子重新报考父亲推荐给他的名牌大学，并顺利地通过了。

几年以后，儿子以优异的成绩从大学毕业，然后进了父亲的公司工作。他不仅很快熟悉了业务，而且干得比父亲更加出色。

看着儿子一天一天地成熟起来，父亲欣慰地笑了。他退休在家，开始安度他的晚年。可是，他又觉得在儿子坚强的脸庞下总是隐藏着一丝忧郁，他一直想不透，难道儿子还在寻找什么吗？

一个周末的晚上，家里的佣人都回家了。父亲想到厨房里弄一点热咖啡，可是他却发现厨房里亮着灯，还传出轻微的响声。他有些紧张地走过去，却意外地见到了儿子正在厨房里摆弄着什么。

儿子动作熟练地将奶油、巧克力、香草精、新鲜鸡蛋分类化开、混合，又将雪白的面料和苏打粉一起均匀搅拌，然后倒入模具放进电烤箱。他的神情专注，仿佛在创作一件艺术品。

"嗨，你在干什么？"父亲好奇地问，他从不知道儿子还会这么一手。儿子回头看了一眼父亲，说："爸爸，明天是您的生日，我在给您做一块大的生日蛋糕。"

过了一会儿，儿子从烤箱里拿出烘焙好的蛋糕。棕色的糕体散发着巧克力香味，看上去松软可爱。儿子捧着蛋糕，恭恭敬敬地来到父亲的面前鞠了一躬，脸上满是期待的神情。

那种期待的神情是父亲很久不曾见过的。小时候，每当儿子想要得到自己的东西时，总是抬起头用这种眼神看着父亲。可后来……

父亲的眼睛湿润了，他接过蛋糕，认真地问儿子："这些年以来，你一直过得不快乐，是不是？"儿子呆了一下，低着头不敢看父亲的眼睛："可我一直干得很出色。"

父亲没有说话，咬了一口蛋糕，细细地咀嚼着，很久才说："我一直为自己拥有一个出色的儿子自豪，但是吃了你亲手做的蛋糕，我才发现，原来拥有一个快乐的儿子更重要。"

接着，父亲带着儿子到书房，他从保险柜里拿出当年儿子考烹饪学院的成绩单，上面全部是"优"——当年是父亲用金钱买了一份假成绩单，隐瞒了这件事情的真相。

大人总喜欢把自己的想法强加在孩子的身上，给他设计出一堆关于未来的宏伟蓝图，可从来没有想过这是不是孩子所需要的，是不是孩子的兴趣所在？

其实，只有大人用一种平等相处的眼光来看待孩子，给他一个自由选择的空间，使他顺其自然地发展，才是最深切的爱。

母亲眼中的儿子

母爱是世间最伟大的力量。

——米尔

三个邻居正站在水井边提水，她们都在议论自己可爱的孩子。

一个母亲自豪地说："我的孩子会翻斤斗，长大以后一定是一个成功的杂技家，他也一定能给这个家庭带来许多的财富和幸福。"

"我的儿子天生就是当歌唱家的料，他有美妙动听的歌声！"另一个母亲接着说。

第三个母亲没有说话。

"你为什么不谈谈自己的儿子呢？"两个母亲问她。

"有什么好说的呢？"她平淡地说了一句，"我只有一个普通的儿子，他没有什么特别的本领！"

接着，她们装满水桶开始回家了。一路上走走停停，她们已经觉得累了，手里提着的水桶也变得更沉了。

这时，迎面跑来了三个男孩。其中一个男孩翻着斤斗过去了，她母亲的脸上露出得意的神色；另一个男孩边走边唱，像一只夜莺一样欢快地唱着，也没有在自己的母亲旁边停下来；第三个男孩跑到自己的母亲跟前，从她手里接过两只沉重的水桶，提着就走了。

两个母亲问第三个母亲说："怎么样？我们的儿子怎么样？"

"呵，他们在哪儿？"第三个母亲认真地看了四周一眼说，"我只看到我的儿子！"

父母为了孩子们的成长付出了很多，但他们对孩子所要求的并不多，他们不要求自己的孩子带给他们多大的财富，或者是铺天盖地的荣誉和掌声，或者是吃好的穿好的。他们所要求的只是自己的孩子能够在心里想着父母，念着父母，给他们爱，哪怕仅仅是帮助他们做一点儿小事。

我有两个愿望

慈母的胳膊是慈爱构成的，孩子睡在里面怎能不甜？

——雨果

他是一个 6 岁的孩子。

上学的第一堂作文课，语文老师出了一道题：《愿望》。他趴在桌子上想了半天，然后写下了两句话，高兴地交给了语文老师：我有两个愿望，第一个愿望是妈妈每天笑眯眯地看着我，说："你真聪明。"第二个愿望是老师每天笑眯眯地看着我，说："你一点也不笨。"

语文老师被他的作文打动了，给了他班上最高的分数，还在他的作文本上写下了两句话："你很聪明，你写的作文非常棒。老师很喜欢你，你的妈妈一定也很喜欢你，大家一定都很喜欢你。"

他拿着作文本，高高兴兴地回家了。然而他并没有马上把作文交给妈妈看，他在等待一个美好时刻的到来。那个美好的时刻终于来到了。一个阳光灿烂的早晨，他早早地起床，把自己的作文本装在一个精美的大信封里，并在信封上画了一个咧着嘴笑的男孩。然后，他来到妈妈的房间。等妈妈睁开眼睛的时候，他笑眯眯地走到妈妈跟前说："妈妈，今天是您的生日，我要送给您一份珍贵的礼物。"

妈妈笑了："什么礼物？快让妈妈看一看！"

他笑了一笑："我的作文。"说着双手恭恭敬敬地递上那个大信封。

孩子的感情最容易打动大人的心。因为他们的感情是最真的，也是最热烈的。不爱就是不爱，可过不了多久他们又会爱上你，认认真真地，稀里糊涂地，到了最后你在心里不得不老老实实地接受他们的爱：哦，原来爱人也可以这样去爱的。

我仍然爱着你

人的嘴唇所能发出的最甜美的字眼，就是母亲，最美好的呼唤，就是"妈妈"。

——纪伯伦

女儿与母亲大吵一顿之后离家出走了，期间再也没有回来过一次。母亲为此伤心极了，她不分白天黑夜地在城里的每一条街道寻找自己的女儿，每次都要拉住过路的行人问一问。一年过去了，她还是没有发现女儿的踪影。

一天，一个失神落魄的女孩走进了一家救助站，正在排队领取一份免费午餐。突然，她的眼睛牢牢地盯住了告示栏上的一张奇怪的寻人启事，上面贴着一张面带微笑、满头白发的母亲的相片，下面还有一行手写的字："女儿，快回来吧！妈妈仍然爱着你……"

"哦，我亲爱的妈妈……"女孩看了之后掩面痛哭。原来这是她母亲贴的寻人启事，她正是上面那位母亲要找的女儿。

女儿开始不顾一切地往家里赶，等她走到家门口时，已经是半夜时分。就快要见到自己的母亲了，她会原谅我吗？女儿有些犹豫不决。最后，她还是上前敲门，奇怪的是门却自己开了。

"不好！一定是有小偷进来了！"女儿想到了正在家里的母亲，一下就冲到了妈妈的卧室，却呆住了：房间里亮着灯，妈妈正坐在床头抱着女儿的相框掉眼泪。女儿的响声惊动了正在发呆的母亲，她回头看见了女儿，简直不敢相信自己的眼睛。母女俩紧紧地抱在了一起。

女儿擦干眼泪问妈妈："门怎么没有关上？妈，您不怕小偷进来吗？"

"不，我不怕小偷进来，就怕我的女儿半夜回家进不了门。"母亲慈祥地笑了，"自从你离开家以后，家里的门就一直是虚掩着。"

孩子总是免不了要犯错，这时大人需要宽容他们，用一颗爱心去呵护他们受伤的心灵，这样才能让他们感受到温暖。如果只是一味地批评指责，那么你的孩子就会离你越来越远，最后连家都不敢回了。

女儿的算命袋

在孩子的嘴上和心中，母亲就是上帝。

——英国谚语

刚吃过晚饭，母亲正在厨房里忙着。她女儿不时推开哥哥的房门进进出出，样子还挺神秘的。不一会儿，儿子就有些显得不耐烦了。

"你今天真讨厌，人家还要做功课呢，难道你不知道自己去问妈妈吗？"

女儿有些低声下气地央求着哥哥："不行啊，这件事情绝对不可以让妈妈知道。"

过了没多久，女儿两手背在身后，笑眯眯地来到母亲的面前说："妈妈，明天就是您的生日了，我做了一个算命袋送给您。它很灵的，可以预测您以后的命运哦！"

接着，女儿递给母亲一个厚纸板做成的袋子。袋子上有3个用红色彩笔写成的字"算命袋"，字的旁边还画了几朵小花儿。在袋子里放着5支折叠得严严实实的纸签。

"妈妈您抽抽看嘛，试一试运气好不好？"女儿有些急不可待地对母亲说。

母亲看着女儿认真的表情，不忍拒绝她，顺手抽了一支，折开来一看："你以后会有一个非常体贴你的丈夫。"

"哇！"母亲故作惊喜地叫了起来，"这可是我一生中最期待的事情，没想到真的变成了现实。果然十分灵！"

女儿听了母亲的话，满脸的兴奋，她拉着妈妈的手又说："妈妈加油哦，说不定还有更好的运气在后面等着您的。"

于是，母亲亲手一张一张地打了女儿算命袋里的纸签：

"你将来会有一幢漂亮的房子。"

"你会年轻美丽，并且永远永远永远都不会变老。"

"你会活到 100 岁。"

当母亲拆开最后一张纸签时，她的眼睛开始湿润了："你的女儿一定非常非常孝顺你。等你很老很老的时候，牙齿全部掉光了，她会用小火慢慢地 ao 稀饭给你吃。"

这时，女儿的脸更红了，头低得看不见："我不会写那个字，哥哥也不告诉我，所以只好用拼音代替了。"

当你老了，满头白发地坐在炉火边打盹的时候，有人给你端来一碗热气腾腾的稀粥，此时的你无疑是世界上最幸福的人了。因为即使到了天荒地老的时候，还有你深爱的人、深爱着你的人陪伴在你身边，为你熬稀粥。从这一点来说，故事中的母亲无疑是天底下最幸福的母亲了。

父亲留给女儿的遗书

心灵不在它生活的地方，但在它所爱的地方。

——英国谚语

亲爱的女儿：

再来和爸爸玩一次捉迷藏的游戏，好吗？我知道你比爸爸厉害，爸爸和你玩了好几次捉迷藏，每次都一下子就被你找了出来。

不过这一次，爸爸要躲很久很久才会让你发现。你先不要急，等你 18 岁（再吃完 14 次生日蛋糕）的时候再问妈妈，爸爸到底躲在哪里，好不好？

爸爸要躲这么久，你一定会想念爸爸，对不对？不过，既然我们事先说好了，爸爸自然不能随便跑出来，不然就输了。如果还是很想爸爸，爸爸会念咒语变魔法出现在你面前。因为是魔法，不犯规，所以爸爸还没有输。

好的，让爸爸告诉你，我的魔法就是：等你睡觉的时候，跑到你的梦里和你一起玩游戏；在你画爸爸的时候，不管画得好不好，你只要觉得是爸爸，那就是爸爸；当你看着爸爸的照片时，爸爸也在偷偷地看你……要记得，爸爸一直都陪伴在你的身边。还有，我的咒语是："宝宝宝宝，我爱你！"

不过我不能经常用，那样就会不灵了。

你已经是 4 岁的大姑娘了。爸爸要拜托你一件事，要你照顾和孝顺爷爷、奶奶和妈妈，看你能不能比爸爸做得更好？

我们这一次捉迷藏要玩这么久，爷爷、奶奶、妈妈有时候看不到爸爸，他们一定会偷哭。他们偷哭，你就要逗他们笑，如果你忘记逗他们了，他们一定会哭得更厉害。

这次比赛爸爸一定要想办法赢你，想让你看一看到底是你厉害，还是爸爸厉害。

准备好了吗？亲爱的女儿，游戏马上就要开始了……

这位父亲可谓用心良苦，即使是到了生命的最后一刻，也要把痛苦隐藏，把快乐和希望留给自己的孩子。他希望用一种游戏的方式来让孩子接受和父亲永久的分离。在这个游戏当中，女儿是最无知游戏规则的，而她又是最幸福的人，因为父亲把最后的爱都留给了她一个人。读来辛酸，掩卷深思，谁解其中味？

一位母亲的来信

全世界的母亲多么地相像！她们的心始终一样。每一个母亲都有一颗极为纯真的赤子之心。

——惠特曼

从今天开始，我的儿子就要投入到您的怀抱中开始新的生活了。可能在很长一段时间里，他会觉得陌生，对一切都那么好奇，我只请求您对他多一点关爱。你知道，他是我最疼爱的孩子，一直都没有离开我的身边。

可是到现在，一切都变了。

今天早晨，他走下门前的台阶，向我挥挥手，然后开始他伟大的人生征途。在前面，等待他的也许是失败、泪水和痛苦。我曾经叮嘱他，必须勇敢面对，要想在这个世界里生活，他需要信念、爱心和勇气。

所以，亲爱的世界，我请求您轻轻地握住他的小手，让他知道一些事情——让他知道，世界上有一个敌人就必定会有一个朋友，有一个坏蛋就必定会有一个英雄，有黑暗就必定会有阳光。让他感受知识的力量，给他一点时间去感受自然界中神秘的一切：天上的小鸟，草原上的白羊，花朵中的蜜蜂。

让他知道，诚实比欺骗要光荣得多；让他坚定自己的信念，哪怕大家都放弃了；让他明白可以用智慧得到自己想要的东西，但绝对不能出卖自己的灵魂；让他学会勇敢，学会坚强……

亲爱的世界，请您用一种循循善诱的方式来教导他，但是不能过分地放纵他，因为只有逆境才能把他培养成一个勇敢正直的人。我知道我的要求或许是太高了，但是请您尽力地帮助他成长。亲爱的世界，你知道吗？我的孩子是一个充满朝气与活力的年轻人啊！

如果上天开设一个信箱，人们会在第一时间把这封母亲的来信送到上天；如果上天想要回信给这位母亲，面对母亲这些朴素的语言，他只会感到语言的苍白，文字的无力，因为母亲的爱已经给了天下所有的孩子，她的爱让全世界感到温暖。这就是母亲的胸怀，这就是伟大的母爱。

贝多芬的吻

受了伤的孩子，长大了会伤人，所以，请不要轻易地伤害一个人，因为，你可能会改变一个人的一辈子！

——佚名

在英格兰有一个14岁的男孩，从小就显示了钢琴演奏的天分。可惜，因为家境贫穷不得不到酒店里卖艺维持生计。他为了自尊经常与老板争吵，但到最后又不得不妥协。

一天晚上，男孩又与老板争了几句，他愤怒了："干完最后一天，我就要离开这个鬼地方了。"男孩准备放弃自己对艺术的追求，改行做生意赚大钱。

这天酒店里来了一位特殊的客人，一名英格兰大名鼎鼎的钢琴家。

可男孩并不知道这一点，他像往常一样为酒店演奏了贝多芬的钢琴奏鸣曲《悲怆》和舒曼的《蝴蝶》。

当孩子演奏完毕后，钢琴家来到他的身边，在小男孩的前额上深情地吻了一下。

他激动地说："我又发现了一个天才！当我像你这样大时就成了李斯特先生的学生。第一堂课结束后，李斯特先生吻了一下我的前额，然后对我说：'好好记住这个吻，这是贝多芬先生听完我的演奏之后给我的。'为了把这份珍贵的遗产传给后人，我已经等了许多年，现在我决定把它送给你了。"

10年以后，这个男孩成了一位著名的钢琴家。他回忆那天晚上，总是忍不住动情地说："在我的一生中，再也没有比那天晚上更让我难忘了。是贝多芬的吻让我从困境中解脱出来，它简直就是上帝的福音。"

在困境中的人最需要帮助的时候，为他带去一份祝福，这比上帝的福音更能激动人心，鼓励人的斗志。不要以为帮助人就是给对方更多的财物就行了，这些并不是他们最需要的东西，只要你能多一份理解，多一份爱心，这就比什么都珍贵了。

借我 20 美元

父亲，应该是一个气度宽大的朋友。

——狄更斯

父亲加班到很晚才回来，还没有到家，他就远远地看见 4 岁的儿子站在路边等着他。

"爸爸，我可以问你一个问题吗？""什么问题？"父亲显得有些不耐烦。

"你 1 小时可以赚多少钱？""这与你无关，你想干什么？"父亲生气了。

"我只想知道你 1 小时到底可以赚多少钱？"儿子低声说。

"我 1 小时赚 25 美元。"

"哦，"儿子低下了头，又问，"爸，可以借我 20 美元吗？"

父亲气得跳了起来："如果你只是要借钱去买玩具的话，那就给我乖乖地回去睡觉！好好想想你为什么这样过分，我每天辛辛苦苦地工作，你却只想向我不断地要钱，钱，钱！真受不了你！"

儿子被父亲的神情吓住了，看了他一眼，低头往回走了。

父亲看着儿子有些落寞的背影，觉得自己刚才有些过分，都还没问孩子想要买什么东西，就这样来对待他，真是不应该。于是，他又追上了儿子。

"爸爸刚才做得不对，"父亲拍着儿子的肩膀说，"爸爸不对，这是你要的 20 美元。"

"爸爸，你真是太好了。"儿子高兴地接过 20 美元，接着又从自己的口袋里掏出几张皱巴巴的钞票，慢慢地数了起来。

"你要这么多钱干嘛？"父亲又感到自己被欺骗了，他担心儿子拿着这么多的钱很容易学坏。

"我想买你一个小时的时间。"儿子拿出 25 美元递向爸爸，"爸爸，明天你能早一小时回来和我共进晚餐吗？"

男孩一个小小的想法不经意间就感动了自己的父亲。他用自己的一份小小的爱让父亲知道，在他下班回家的路上，有一个深爱着他的儿子在等他回家共进晚餐，享受父子在一起的幸福时光。

10 万英镑的爱

没有太阳，花朵不会开放；没有爱便没有幸福。

——高尔基

一套豪华别墅里住着一个单身的老人，他年老多病，自从老伴去世之后，身边再也没有一个亲人来照顾。几经考虑之后，他决定拍卖自己的豪宅，搬到养老院去安度晚年。

消息传出去之后，一下就来了许多人，拍卖会上，豪宅底价从 20 万英镑一路飙升到了 60 万，仍然继续攀升。可坐在旁边听着的老人脸上却没有一点笑容，人们都想知道他到底还想要得到什么。

这时，一个打扮朴素的小伙子来到老人眼前弯下腰，低声说："先生，我也想买这栋住宅，可我身上只有 10 万英镑。我很想把这幢房子买下来，接自己的父母来安度晚年。如果您能把住宅以 10 万价格卖给我，我也欢迎您生活在这里，我会像对待自己的亲生父母一样对待您，照顾您的生活。我保证让你们在一起生活得很好，每一天都是快快乐乐的。"小伙子刚一说完，就引来了大家的嘲笑。这简直是天方夜谭！

没想到老人却笑着点了点头："好的，我同意 10 万英镑成交！"

一份无私的爱心价值千金，特别是对于一个孤苦无依的人来说，最需要关爱的时候，爱的价值更是无可估量。老人愿意低价把豪宅卖给年轻人，主要是因为他有一份难得的爱心，不仅孝敬自己的父母，还恩泽他人。这才是真正无私的爱。

父亲的奇迹

父爱同母爱一样的无私，他不求回报；父爱是一种默默无闻，寓于无形之中的一种感情，只有用心的人才能体会。

——高尔基

航行在大西洋的一艘客轮上，有一对普通的旅客：父亲正带着他的女儿去看望远在美国的妻子，一家人准备团聚了。

一个风平浪静的早上，父亲正一边欣赏海面上的风景，一边用腰刀给女儿削苹果。船突然剧烈地摇晃，他摔倒了，刀子扎进了胸口，人全身都在颤，嘴唇变得乌青。

女儿被这意外的变故吓坏了，尖叫着扑过来想要扶住父亲，他却微笑着推开女儿的手："没事，只是摔了一跤。"然后轻轻地抬起刀子，慢慢地爬了起来。

轮船还有两天就要到达美国了，父亲照常每晚为女儿唱摇篮曲，清晨替她系好美丽的蝴蝶结，带她去看大海上飞翔的海鸥，仿佛一切如常。而小女儿并没有细心地注意到父亲的脸色在渐渐地变得苍白，他看向海平线的眼光是那样得忧伤。

轮船靠岸的头天晚上，父亲来到女儿的房间里，轻轻地握着女儿的手说："明天见到妈妈了，请告诉妈妈，我比任何时候都爱她。"

女儿眨着眼睛好奇地问："可是我们明天就可以见到妈妈了，你为什么不自己亲口告诉她呢？"

他无声地笑了，俯身在女儿的额前深深地吻了一下。轮船终于靠岸了，女儿一眼就看见了正在岸边人群里站着等待的母亲，她快乐地大喊大叫："妈妈！妈妈！我们在这儿呢！"

女儿正准备回头招呼自己的父亲，却突然听见身后一片惊叫，她回头看见父亲已经仰面倒在地上，胸口喷出一股股鲜血……

后来，法医递交的尸检报告让所有的人都惊呆了：那把刀无比精准地洞穿了父亲的心脏，而他却又多活了两天，这不能不说是一个奇迹。唯一的解释就是父亲不忍心让女儿一个人孤零零地度过余下的旅程，用爱的信念支撑着走过了生命中的最后两天！

父爱如山。他付出的爱不是狂风暴雨，不是撕心裂肺，而是流淌在胸中的涓涓细流，即使在生命中的最后两天里，仍然不放心留下女儿一个人去见她的妈妈，直到轮船抵岸的那一刻为止。

父爱如山，他的爱如山一般沉重，如山一般伟大。

大作家与小作家

我是幸福的，因为我爱，因为我有爱。

——白朗宁

幼儿园开学的第一天，孩子们坐在教室里听新来的老师给他们上第一堂课。

老师微笑着问他们："孩子们，我来给你们讲一个故事，大家说好不好？"

"好！"孩子们高兴地答道。

老师拿出一本书，讲了一个优美的童话。接着，她告诉孩子们说："这是一个大作家写的故事，你们长大后，也一样能写出这样的故事。现在哪一位小作家愿意给大家讲一个故事？"

一位小朋友站了起来："我来给大家讲一个故事吧！我有一个爸爸，还有一个妈妈，还有……"这时，小朋友们看到老师在桌子上摊开一张非常漂亮的纸，很认真地记下了他的故事。

"下面，"老师又问，"哪位小画家愿意给这个故事配图呢？"

又有一位小朋友站起来，他仔细地画了一个"爸爸"，又画了一个"妈妈"，再画了一个"我"。虽然画得歪歪斜斜，老师同样认真地把它附在那一页故事的后面，并把它们一起装进一个精美的信封里，在上面写下了作者的姓名、插图者的姓名和年月日。

最后，老师把它举在手里，大声地说："孩子们，瞧，这就是小作家写的第一个故事，我相信，等你们长大后成为大作家，就能写出更精彩的故事了。"

老师之所以成为老师，并不是因为他的学识有多高，而是因为他有一颗关爱之心，把他的学生当成自己的孩子去细心地呵护，引导孩子们一步步走向成功，并从来不忘给他们鼓励、安慰和赞美。

三个人的平安夜

爱是火热的友情，沉静的了解，相互信任，共同享受和彼此原谅。爱是不受时间、空间、条件、环境影响的忠实。爱是人们之间取长补短和承认对方的弱点。

——安恩·拉德斯

平安夜，哥哥送了一辆崭新的汽车给彼特作为圣诞节的礼物。彼特高兴极了，现在正细心地给自己的爱车擦车窗玻璃呢！这时，一个小男孩走过来站在他的身边看了半天都没有走开。

"先生，您的车是新买的吧！"小男孩突然开口了，眼神里满是羡慕，"真漂亮！"

"是，这是哥哥送给我的圣诞礼物。"彼特有些自豪。

"啊，您是多么幸福！"小男孩喃喃自语道，"要是我有钱的话，我也愿意像您的哥哥那样……"

彼特十分震惊。他专注地问小男孩："你愿意坐我的车去兜一圈吗？"

"哎呀，那真是太好了！"

小男孩坐在新车上这儿看看，那儿看看，十分得兴奋。彼特也被他的心情感染了。半路上，小男孩突然指着路边的一家房屋说："先生，您的车子能在那个门前停一下吗？"

彼特想，这小家伙是想回家把自己的父亲带出来看一看，他带回一个多么好的朋友，他的朋友又拥有一辆多么棒的小汽车。彼特微微一笑，点头答应了他的请求。

车停了，小男孩下了车，飞快地跑上台阶，进了自家的房门。

一会儿，彼特听见屋里传来一阵沉重的脚步。他正觉得奇怪，门口的台阶上出现了小男孩的身影，右手还拉着一个年龄比他还小的男孩。

小男孩有些不好意思地朝彼特笑了笑，说："这是我的弟弟，他一直想看一看漂亮的小车是什么样子的。"

小男孩扶他的弟弟在门前的台阶上坐下，彼特不经意地看到了他的弟弟少了一条腿。小男孩指着小汽车认真地说："弟弟，你看见了吗？这就是我朋友的圣诞礼物，他的哥哥送给他一辆多么漂亮的小汽车啊！总有那么一天，我也会送给你一辆崭新的小汽车，跟他的这辆汽车一样地棒。那个时候，你就可以开着自己的小汽车去看路边的彩灯，看橱窗里的蛋糕……"

小男孩紧紧地握住弟弟的手，一脸的向往。

彼特不知何时已经泪流满面，他朝台阶上的兄弟俩热情地张开双臂，大声说："来，欢迎我们的新朋友上车，现在开始我们愉快的平安夜之旅吧！"

付出远比得到要快乐。只要拥有博爱之心，把自己一份微不足道的关爱送到别人的身边，你会比自己当初得到更多，你的快乐将会加倍地增长。

第二章

梦想

——天才飞翔的翅膀

哈佛告诉你

　　人要有梦想，没有梦想的人生，是没有希望的人生。人活在这个世界上，扮演着各自不同的角色，有着各自不同的身份地位，但无论你是谁，扮演着什么样的角色，有着怎样的社会地位，都一定在心中存有各式各样的梦想。

　　人类因梦想而存在，而不断进步、不断发展。世界也因人类的梦想而变得美好起来。

穷人的野心

　　梦想绝不是梦，两者之间的差别通常都有一段非常值得人们深思的距离。

——古龙

　　法国的一位亿万富翁去世后，他的律师在报纸上刊登了他的遗嘱："我由一个身无分文的穷人变成了亿万富翁，去世之前，我不想把我成为富人的秘诀带走，现已委托我的代理人把它保存在银行的保险箱里。现在，如果谁能回答——穷人最缺少什么，我就把我的秘诀和200万法郎无偿赠送给他。"

　　遗嘱刊出之后，他的律师收到大量的信件，里面说了各种各样的答案。

　　大家都十分肯定，穷人最缺少的是金钱，除此之外还能缺少什么？有一部分人认为，穷人最缺少的是机会，一些人之所以穷，就是因为没遇到发财的机会。另一部分人则认为，穷人最缺少的是技术，一些人之所以成为穷人，就是因为学无所长。还有的人认为，穷人最缺少的是关爱，因为有钱人都不愿意在关键的时刻拉他们一把。还有一些其他的答案，比如：穷人最缺少的是一份安定的工作，是家族丰富的遗产……总之，答案千奇百怪。

　　后来，律师按亿万富翁生前的交代，打开了那只保险箱，发现在所有的信件中，只有一位小女孩的答案跟亿万富翁的秘诀是一样的：穷人最缺少的是野心。

　　有人好奇地问年仅6岁的小女孩，为什么想到是野心，而不是其他的答案？

　　小女孩说："每次，我和姐姐分享母亲的礼物时，她总是警告我说：'不要有野心！不要有野心！'我想，也许野心可以让人得到自己想得到的东西。"

　　人有野心，这是一件再正常不过的事情。

　　因为人一旦有了野心就会不满足于现状，才会产生改变现状的想法，激发内在向上的动力和热情，并且开始有条不紊地按照自己的计划去做每一件事情。这样对于一个人的生命来说才是最有意义的。

当然，有了野心还需要通过自己的辛勤努力去实现自己的梦想，不能为了达到目的而不择手段。

一块石头的梦想

梦想一旦被付诸行动，就会变得神圣。
——阿·安·普罗克特

在法国的乡村，有一位尽职尽责的邮递员每天奔走于各个村庄，为人们传送邮件。有一天，他走在一条山路上不小心摔倒了，不经意发现脚下有一块奇特的石头，看着看着，他有些得意，最后他把那块石头放进了邮包里。

村子里的人们看到他的邮包里还有一块沉重的石头，都感到很奇怪："把它扔了吧，你还要走那么多路，这可是一个不小的负担。"

他取出那块石头晃了晃，得意地说："你们有谁见过这样美丽的石头？"

人们摇了摇头："这里到处都是这样的石头，你一辈子都捡不完的。"

他并没有因大家的不理解而放弃自己的想法，反而想用这些奇特的石头来建一座奇特的城堡。

此后，他开始了另外一种全新的生活。白天，他一边送信一边捡这些奇形怪状的石头；到了晚上，他就琢磨用这些石头来建城堡的问题。

所有的人都觉得他是疯了，这根本就是不可能的事。

20多年以后，在他住处出现了一座错落有致的城堡，可在当地人的眼里，他是在干一些如同小孩建筑沙堡一样的游戏。

20世纪初，一位著名的旅行家路过这里发现了这座城堡，这里的风景和城堡的建造格局令他慨叹不已，为此写了一篇文章。文章刊出后，邮差和他的城堡就成为人们关注的焦点。现在，这个城堡已成为法国最著名的风景旅游点。

在城堡入口处的一块石头上还刻着邮差的一句话："我想知道一块有了梦想的石头能走多远。"而这块石头就是邮差当年捡起的第一块石头。

奇迹总是在不经意间诞生的。就如一座神奇的城堡，邮差最初的想法是想知道一块石头拥有了梦想之后，在它的前面等待着它的是什么。正是梦想的力量才把成千上万块石头改造成了邮递员心目中神圣的理想殿堂。

给非洲孩子挖一口井

一切活动家都是梦想家。
——詹·哈尼克

电视上正在播放非洲孩子因为没有水喝而渴死的报道，主持人在节目结束的时候呼吁大家："只要捐上70美元就能给这些非洲孩子挖出一口水井，请大家热心地帮助这些可怜的人吧！"电视机前的小男孩看到这里伤心地哭了。他拉着妈妈的手央求道："妈妈，我要捐70美元给非洲的孩子挖一口井。"面对他的请求，妈妈根本就没当回事，小男孩只好沮丧地走开了。可是一整天，他脑子里都在想着这一件事。

晚饭时，小男孩又向爸爸妈妈提起了这件事。"不，"妈妈说，"光是70美元并不能解决问题。况且你也是个孩子，你没有这个能力！"小男孩把求助的目光投向了爸爸。

"这是个可笑的想法，我的孩子……"爸爸还想说下去，小男孩哭着叫道："你们根本就不明白！那里的人们没有干净的水喝，孩子们正在死去，他们需要这笔钱！"

小男孩每天都要向父母请求，小男孩的爸爸妈妈不得不认真地讨论这件事，然后，他们告诉小男孩："如果你真的想要，你可以通过自己的劳动凑齐这一笔钱，比如打扫房间、清理垃圾，我们会给你报酬。"

小男孩的第一份"工作"就是帮助妈妈打扫客厅的卫生，最后，他从妈妈那里得到了2美元。

小男孩的爷爷知道了这件事情之后，有些心疼自己的孙子，就对孩子的爸爸说："你们为什么不直接给他这一笔钱呢？还要这样来对待自己的孩子？"小男孩的爸爸说："这样做主要是锻炼他的劳动能力。他很快就会厌烦的。"妈妈也附和道："一个6岁小孩的想法太可笑了，简直不可思议……谁会认真对待这种胡思乱想呢？"

可一年过去了，小男孩非但没有放弃，反而干得更加卖力。每当爸爸妈妈劝他放弃时，小男孩就说："我一定要赚到足够的钱，为非洲的孩子挖一口水井！"

附近居住的人知道了小男孩的梦想，他们被小男孩的执著感动了，纷纷帮助他。不久，小男孩的故事上了报纸和电视台，他的名字也传遍了整个国家。

一个月后，在小男孩家的邮筒里出现了一封陌生的来信，里面有一张30万美元的支票，还有一张便条："但愿我可以为你和非洲的孩子们做得更多。"

在不到两月的时间里，就有上千万元的汇款汇来支持小男孩实现梦想。四年过去，这个梦想竟成为有上万人参加的一项事业。如今，他的梦想已基本实现，在缺水最严重的非洲乌干达地区，有56%的人能够喝上纯净的井水。

有人问他："你为什么要这样做呢？"小男孩说："这是我的梦想，我坚信这个世界上没有什么事情是不可能的，只要你想做，你就能成功！"

人活着，首先应该给自己一个梦想。有些人不能成功就是因为他们过分地夸大了自己与成功的距离，自己给自己的前进之路设置了障碍，连一个想法都不曾拥有过，最后就把自己隔离在成功的大门外。其实，只要你敢想，至少就离成功又近了一步。

寻找戴维

人的一生就是这样，先把人生变成一个科学的梦，然后再把梦变成现实。

——法国谚语

老教师就要退休了，他开始整理自己办公室里的文件。他拉开一个抽屉，被里面的一叠小学生作文吸引住了，作文的题目是《我的梦想》，孩子们都在作文本上写下了自己的梦想。

一个学生写道：我以后一定要当一艘超级巨轮的船长，因为有一次在海里游泳时，我喝了3升海水都没被淹死。一个学生说：我将来必定是法国的总统，因为我能背出29个法国城市的名字，而同班的其他同学最多只能背出9个……最让老师觉得不可思议的是一个叫戴维的学生，他说他一定要成为英国的一位内阁大臣，因为在英国还没有一个盲人进入过内阁。

总之，孩子们都在作文中认真地描绘着自己的未来，五花八门，各种各样的想法都有。

老师读着这些作文，突然有一种冲动：他想写信给这些孩子们，看25年后的现在他们是否都实现了自己最初的梦想。

很快，他就收到了学生们的回信，他们都向老师致谢，感谢老师仍然保存着他们年幼时的梦想，并且他们希望得到那本作文簿，重温儿时的梦想。这中间有商人、学者及政府官员，更多的是普普通通的人。

老师满足了他们的愿望。但他觉得奇怪的是：只有那个叫戴维的盲学生没有来信。

一年过去了，老师仍然没有收到戴维的来信，老师想，或许那个叫戴维的人已经不在人世。毕竟25年了，25年间是什么事都会发生的。

就在老师准备把这个本子送给一家私人收藏馆时，内阁教育大臣寄来了一封信："我是您当年的学生戴维，感谢您还为我们保存着儿时的梦想。不过我已经不需要那个本子了，因为从那时起，我的梦想就一直在我的脑子里。我现在已经实现了那个梦想。我一直相信只要不让年轻时的梦想随岁月飘逝，成功总有一天会出现在你的面前。"

作为英国第一位盲人大臣，戴维用自己的行动证明了一个真理：假如谁能把儿时想当总统的愿望保持30年，那么他现在一定已经是总统了。

有一位名人曾经说过这样的一句话：终生去做一件事，便可成功。

梦想也是一样，只要你咬定青山不放松，坚持自己当初的梦想不放弃，不因为面临各种压力而放弃，坚持到最后你就可拥有一个精彩的人生了。成功的定义就是这么简单：坚持，坚持，再坚持！

让我飞给你看

青春的梦想，是未来的真实的投影。

——英国谚语

山坡上，父亲正带着两个儿子放羊。这时，天上飞过一只老鹰。

小儿子问父亲："老鹰为什么会飞得那么高呢？"

"因为它有一双强健的翅膀。"父亲回答。

"要是我们也能像老鹰一样飞起来就好了，那我就要比老鹰飞得还要高。"大儿子看着在天上翱翔的老鹰，一脸的羡慕。

"做只会飞的老鹰多好啊！可以飞到自己想去的地方，那样就不用放羊了。"小儿子眨着眼睛，满脸的陶醉。

父亲想了一下，然后对儿子们说："如果你们想，你们也会飞起来的。"两个儿子兴奋地试了试，但并没有飞起来。

"让我飞给你看吧。"父亲一边说一边展开双臂做飞翔的动作，但也没有飞起来。"可能是因为我的年纪大了才飞不起来，你们还小，只要不断努力，就一定能飞起来，"父亲这样对他的两个孩子说。

后来，孩子们怀着飞翔的梦想长大了，通过努力他们终于飞上了天——他们就是造出飞机的莱特兄弟。

梦想就像是一颗种子，只要在从小的时候把它种入土里，细心地呵护它，用辛勤的汗水浇灌它，就能在阳光春风中发芽、开花并茁壮成长，最后结出丰硕的果实。所以，在年少的时候别忘了播种你的梦想。

乞丐的三个愿望

梦想家的缺点是害怕命运。

——斯·菲利普斯

贫民窟里住着一个老乞丐，他每天站在街口乞讨，到了晚上总免不了向上帝祈祷：希望他的诚心能够感动上帝，创造奇迹让他发财。

一天，当他祈祷完毕，抬头一看，竟然有一位天使站在眼前。天使对他说："上帝被你的虔诚打动了，他可以帮助你实现三个愿望。"

老乞丐心中大喜，立刻许下了第一个愿望：要变成一个有钱人。刹那间，他就置身于一座豪华的大宅院中，身边有无数的金银财宝。接着老乞丐马上又向天使许下第二个愿望：希望自己能年轻50岁。果然，一阵轻烟过后，老乞丐变成了20岁的年轻小伙子。这时，他兴奋到了极点，说出了第三个愿望：一辈子不需要工作。

天使点了点头，他立刻又变回了那位老乞丐。

乞丐奇怪地叫道："这是为什么？天使，你是不是弄错了？"

天使的声音从天边遥遥地传了过来："工作是上帝给你最大的祝福。想一想，如果你整天无所事事，那是多么可怕的一件事！只有投入工作，你才有生命的活力。现在你把上帝给你的最大的恩赐放弃了，当然就一无所有了！"

愿望不是空想，关键在于行动。如果只是一味地想着去得到什么东西，却没有实际行动，不愿努力与勤奋，那就什么都不会得到。成功是需要付出的，只有付出才会有收获。付出多少，就会得到多少，这是一种最公平的劳动。

抓住凶手

一个崇高的目标，只要不渝地追求，就会成为壮举。

——华兹华斯

他是一个年轻有为的警察，精明强干，美好的人生正在前面等待着他。可惜，在一次追捕行动中，他被凶手用枪射中了左眼和右腿膝盖。3个月后，从医院里出来时，他完全变了个样：英俊小伙现已成了一个又跛又瞎的残疾人，他曾经深深爱着的姑娘也离开了他。

这时，电视台记者采访了他，问他以后将如何面对现在遭受到的厄运。

面对镜头，他一板一眼地说："我只知道凶手直到现在仍然逍遥法外，我一定要亲手抓住他！"

记者看到，他那只完好的右眼上透射出一种令人震撼的坚定。

从那以后，他不顾任何人的劝阻，参与了抓捕那个凶手的无数次行动。他几乎跑遍了整个美国，甚至有一次为了一条微不足道的线索独自一人乘飞机去了非洲。

10年后，那个凶手终于被抓获了。

他立下了头功。在庆功会上，他再次成了人们议论的焦点，许多媒体称赞他是全美最坚强、最勇敢的英雄。

但是不久，他在卧室里开枪自杀了。

在他的遗书中，他对人们这样说："这些年来，支撑我活下去的信念就是抓住凶手……现在，凶手被判刑了，任务也完成了，我前面的目标也消失了。面对自己的伤残，我从来没有这样绝望过，因为我再也不知道自己该为什么而活了……"

追求是无止境的，成功的乐趣就在于超越人生中一个又一个的目标，只有这样才能不断地产生前进的动力和激情，只有这样你才能真正享受到人生的乐趣。要想成为一个成功的人，你不能满足于眼前的一切，如果沉醉于目前的成就，那么你又会迷失了自己的方向，再也没有目标来为你指引前途了。这时的你也就无异于慢性自杀。

工人的梦想

赢得好射手美名并非由于他的弓箭，而是由于他的目标。

——莉莱

炎热的夏天，一群铁路工人冒着烈日正在铁路线上挥汗如雨地作业。

这时，旁边的一条铁轨上缓缓地停下了一辆豪华列车，有人打开了其中一扇窗户朝对面的一个工人喊道："嗨，杰克！"

于是，一个工人走近了这辆豪华列车旁边，靠着窗户和对方热情地聊了起来。他们不时还发出一阵爽朗的笑声，直到列车启程时才握手道别。

其他同伴问杰克那是谁，杰克笑了笑，有些不好意思地说："那是我的朋友，20年以前我和他一起在铁路上干过，现在他是铁路公司的总裁了。"

"难道他是交了什么好运吗？"有人不解地问。

"不！"杰克望着远去的列车低下了头，"当初我是为了每天的薪水而工作，他却是为这一条铁路而工作。"

同样的人生就是因为各自不同的想法才有了不同的结局。

三个工人正在工地上忙着。有人问其中一个工人说："你在做什么？"第一个工人没好气地说："没看见吗，我在砌墙！"

这个人转身问第二个人："你在做什么呢？"第二个人说："我在建一幢大楼！"

他又问第三个人，第三个人擦去额头上的汗珠，高兴地说："我在建一座美丽的城市。"

当一个人觉得自己的目标并不重要时，他为达到目标所付出的努力就没有什么价值。如果他觉得自己的目标很重要，情况就会截然相反。人们必须把目标建立在自己的理想上。

当你处在正确的道路上的时候，就会有很强的目标感。

你有很坚定的信念，知道你正在前进的方向是通往你理想的正确方向。你向着一个积极的方向前进，你就会感觉到每一天都是崭新的。

命运是公平的。在成功面前，每一个人都站在同一起跑线上，只是因为每一个人的目标不同才会产生不同的结果。有的人想着远处的风景，不停地跋涉，不断地努力，得到了自己应该得到而别人却得不到的东西。而有的人只满足于现状，在原地踏步走，日复一日，碌碌无为，到头来仍然在为生存而作无谓的挣扎。

第三章

细节

——成就完美的魅力

哈佛告诉你

"泰山不拒细壤，故能成其高；江海不择细流，故能就其深。"大礼不辞小让，细节决定成败。小事因其小而常常被人忽略，然而它却很可能造成大问题，给人们的生活带来意想不到的大麻烦。所以，我们提倡善于从小事做起，从而使自己的命运得到彻底的改观。

被马掌钉打败的国家

小事成就大事，细节成就完美。

——戴维·帕卡德

国王的马夫牵着一匹战马来到铁匠铺。

"快点给它钉掌。"马夫对铁匠说，"国王要急着出征呢。"

"你得等等。"铁匠回答。

"我等不及了。"马夫不耐烦地叫道，"敌人正在向我们的国土推进，我们必须早日出发。"

铁匠开始埋头干活，钉了三个掌后，他发现没有钉子来钉第四个掌了。

"我这需要一个钉子，"他说，"得需要点时间。"

"我告诉过你我等不及了，"马夫急切地说，"我听见军号了，你能不能凑合？"

"我能把马掌钉上，但是不能像其他几个那么结实。"

"能不能挂住？"

"应该能，"铁匠回答，"但我没把握。"

"就这样吧，"马夫叫道，"快点，要不然国王会怪罪到我头上的。"

于是，国王骑上他的战马出发了。两军交上了锋，国王率领部队冲向敌阵。

可是国王还没走到一半，一只马掌掉了，战马跌翻在地，国王也被抛在地上。

国王还没有来得及抓住缰绳，惊恐的战马就跳起来逃走了。士兵们突然看不见国王在前面骑马指挥了，顿时乱了阵脚，纷纷转身撤退，敌人的军队迅速包围了上来。

国王无力地哀叹道："一匹马，我的国家倾覆就因为这一匹马。"

成大业若烹小鲜，做大事必重细节。这个故事告诉大家，无论做什么事情，千万不可忽视细节的存在，否则就有可能付出极其惨重的代价。其实，细节是一种创造，也是一种征兆，从中可以看出一个人的命运走向和事情的成败。

一个没有注意到的细节可能引起矛盾，一个被忽视的小问题就有可能导致危机，每一个大问题都是由一系列的小问题构成的。

在这个因细节制胜的时代，任何一件事情都是做出来而不是喊出来的，特别是青少年们，在学习和生活中更要把小事做精做细。

漂亮的女秘书

天下难事，必做于易；天下大事，必做于细。

——老子

总统办公室新来了一位漂亮的女秘书，人虽长得不错，但工作中却常粗心出错。

一天早晨，总统看见秘书走进办公室，便夸她说："今天你穿的这身衣服真漂亮，正适合你这样年轻漂亮的小姐。"

这句话出自总统口中，简直让默默无闻的秘书受宠若惊。总统接着说："我希望你的公文处理也能和你的人一样漂亮。"果然从那天起，女秘书在公文上很少出错了。

总统夫人知道了这件事，就问总统："这个好方法你是怎么想出来的?"

总统得意扬扬地说："这很简单，你看见过理发师给人刮胡子吗? 他要先给人涂肥皂水，为什么呀，就是为了刮起来使人不痛。"

善于从细节上抓住闪光点的人往往就能抓住主要矛盾，这样的人往往具有伟大的品格，既能从大处着手，又能在细小的方面狠下工夫。

形象的价值

大礼不辞小让，细节决定成败。

——汪中求

形象是一个人仪表、气质、性格、内心世界的综合反映。更多的时候，人们没有机会去了解你的内在，只好凭借外在的形象做一定的判断。所以，聪明的人，都会在乎仪表、衣着等起到的作用。

戴尔一向很注重形象。他清楚地认识到，商业社会中，一般人是根据一个人的衣着来判断对方实力的，因此，他首先订做了三套昂贵的西服，然后他又买了一整套最好的衬衫、衣领、领带、吊带等，而这时他的债务已经达到了 700 美元。

于是，戴尔就开始自己的第一次创业。

每天早上，戴尔都会身穿一套全新的衣服，在同一个时间、同一个街道同某位富裕的出版商"邂逅"。戴尔每天都和他打招呼，偶尔还聊上一两分钟。

这种例行性会面大约进行了一星期之后，出版商开始主动与戴尔搭话："你看来混得相当不错。"

接着出版商便想知道戴尔从事哪种行业。因为戴尔身上所表现出来的这种极有成就的气质，再加上每天一套不同的新衣服，已引起了出版商极大的好奇。这正是戴尔盼望发生的情况。

戴尔于是很轻松地告诉出版商："我正在筹备一份新杂志，打算在近期内争取出版。"

出版商说："我是从事杂志印刷及发行的。也许，我也可以帮你的忙。"

这正是戴尔所期待的。

出版商邀请戴尔到他的俱乐部，和他共进午餐，在咖啡和香烟尚未送上桌前，已"说服"了戴尔答应和他签合约，由他负责印刷及发行戴尔的杂志。戴尔甚至"答应"允许他提供资金并不收取任何利息。

杂志所需要的 3 万美元资金和购买衣物的 700 美元都是通过戴尔的形象换来的。

成功的人善于捕捉机遇，他会独具慧眼，处处留心。在生活中，每一个人都需要仔细留心身边的每一件小事，这每一件小事当中都可能蕴藏着相当的机会，成功的人绝不会放过每一件小事。他们对什么事情都极其敏感，能够从许多平凡的生活事件中发现很多获得成功的机遇。

两张车票

泰山不拒细壤，故能成其高；江海不择细流，故能就其深。

——李斯

日本东京贸易公司的董事长吩咐办公室助理给德国一家公司的商务经理购买往来于东京、大阪之间的火车票。

在这次旅途中，德国公司的经理注意到了一个小小的巧合：去大阪时，他的座位在列车右边的窗口，返回东京时又是靠左边的窗口。

经理问助理其中缘故，助理笑答："车去大阪时，富士山在你右边，返回东京时，山又出现在你的左边。我想，外国人都喜欢日本富士山的景色，所以我替你买了不同位置的车票。"

德国经理深受感动，后来成了这家东京贸易公司的长期客户。

有些人总认为要成大事就不能拘小节，否则就会被小节拖累，其实这种想法是不妥的。注重细节对事情的周密安排，是一种负责的表现，体现了一种人文关怀。

致命的冰柜

在艺术的境界里，细节就是上帝。

——米开朗基罗

福克斯是一个恪守职责的铁路公司调车员。不过他有一个缺点，就是对人生过于悲观。

一天下午，福克斯不小心把自己关在了一辆冰柜车里。他在冰柜里拼命地敲打着、叫喊着，可全公司的职员早已下班回去了，根本没有人在。福克斯的手掌敲得红肿，喉咙叫得沙哑，也没人理睬，最后只得绝望地坐在车上喘息。

他愈想愈可怕，冰柜里的温度在－20℃以下，如果再出不去，一定会被冻死。他摸索出身上的纸和笔绝望地写下遗书。

第二天早上，公司里的职员陆续来上班。他们打开冰柜，发现福克斯倒在里面。他们将福克斯送去医院，医生说他早就已经死了。

大家都很惊讶，因为冰柜里的冷冻开关并没有启动，这巨大的冰柜里也有足够的氧气，而福克斯竟然莫名其妙地被"冻"死了！

从福克斯的身上可以得知，人们在生活中，绝望时也不要放弃一丝的希望，或许一个小小的细节就可以改变事实的本身。所以，不要忽视细节的存在，有时候发现细节就能抓住希望。

教授遛狗

成功是细节之子。

——哈维·费尔斯通

一位教授带着自己喜爱的小狗到公园散步，没想到迎面碰到了巡逻的警察，他心中一怔：这次要出麻烦了。

教授不等警察开口就先说："警察先生，你已当场抓住了我，我犯了法没有借口了，上个星期你曾警告过我，再带小狗出来而不戴口罩就要被罚。"

谁料，警察的反应竟非常温和："哦，我知道，在没有人的时候，谁都忍不住带这么一条小狗出来。"

警察想了一下，又接着说："你已经承认了错误，这很好。这样吧，把小狗带过那小山到我看不见的地方，这事就算了。"

人与人之间的交往，往往就体现在一些细小的方面，正是因为这些小的方面，决定了同一件事有不同的反应。故事中的教授看重了这一点，主动地承认自己的错误，以一个细心的举动博得了警察的谅解。

邮局职员的发型

勿以恶小而为之，勿以善小而不为。

——刘备

有一次，心理学家正在街口一家邮局排队寄一封挂号信。心理学家发现那个邮局的职员，对自己的工作感到很不耐烦——称信件、卖邮票、找零钱、发收据，年复一年重复工作。心理学家对自己说："我要使他喜欢我。显然，要使他喜欢我，我必须说一些好听的话，不是关于我自己，而是关于他。"心理学家在思考一个问题："他真有什么值得我欣赏的吗？"有时候这是个不容易回答的问题，尤其是当对方是陌生人的时候。

当邮局职员在称心理学家的信件的时候，心理学家却热情地说："我真希望能有你这种头发。"

邮局职员抬起头，有点惊讶，面孔露出微笑。

"嗯，不像以前那么好看了！"邮局职员谦虚地说。心理学家对他说："虽然你的头发失去了一点原有的光泽，但仍然很好看。"邮局职员高兴极了，他们愉快地谈了起来，而他对心理学家谈的最后一句话是："相当多的人称赞过我的头发。"

对一个人的关注程度不能只停留在嘴上，要从一些细小的方面注意对方身上的闪光点，发现对方不一般的地方。这样才是一种真心关注人的表现，才能迅速得到别人的友情并成为他的朋友。

让我们换位思考一下，关注别人的优点的目标在于取长补短，相互学习，其根本就是提高自己，使自己多一个闪光点。

你关注别人多一些，你得到的支持也会多一些。关注别人的优点实际上就是积累财富！

小图书管理员

祸患常积于忽微，智勇多困于所溺。

——欧阳修

一个四年级的小男孩利用自己的业余时间自愿到学校图书馆帮忙。

第一天，小男孩早早地来到图书馆。管理员先给他讲了图书分类法，然后让他把已归还的却放错了位的图书放回原处。

小男孩问："整理放错的图书，感觉不就像是当侦探吗？"管理员回答："那当然。"接着，男孩兴奋地在书架的迷宫中蹿来蹿去，下班时，他已找出了三本放错地方的图书。

第二天他来得更早，而且更加努力。干完一天的活后，小男孩正式请求管理员让他担任小图书管理员。又过了两个星期，小男孩突然邀请管理员上他家做客。吃晚餐时，孩子母亲告诉管理员他们要搬家了，到附近一个住宅区。临走前，小男孩一脸担心地对管理员说："我走了，谁来整理那些站错队的书呢？"

没过多久，小男孩又在学校的图书馆门口出现了，并欣喜地告诉管理员，那边的图书馆不让学生干，妈妈把他转回这边来上学，由他爸爸用车接送。

小男孩认真地说："如果爸爸不带我，我就走路来。"

管理员没想到这个小家伙这么有责任感，他相信小男孩长大后会很有出息。果不其然，小男孩长大以后，成了信息时代的天才——微软公司的开拓者。他就是世界首富比尔·盖茨。

事无巨细，再小的事也能反映出一个人的全部素质，比尔·盖茨之所以能够有今天这么大的成就，主要是他在每一件小事上比别人肯下工夫。生活中，能够关注细节的人肯定是很细心的人，注重细节作为一种素质，能通过一件普通的事情反映出来。

尽职的信差

魔鬼存在于细节之中。

——密斯·凡·德罗

布莱曼是小区里一名出色的信差，颇受大家的欢迎。

一天，小区内刚搬来一位旅行家。布莱曼上门找到旅行家索要一份全年行程表。

旅行家很奇怪："您有什么用？"

布莱曼认真地说："以便您不在家时，我暂时代为保管您的信件，等您回来再送过来。"这让旅行家很吃惊，因为他从未碰到过这样的邮差。

"没必要这么麻烦，把信放进信箱就好了，我回来再取也是一样的。"

布莱曼解释说："这样可不安全，窃贼经常会窥探住户的邮箱，如果发现是满了，就表明主人不在家，那住户就可能要深受其害了。"

布莱曼想了想，接着说："这样吧，只要邮箱的盖子还能盖上，我就把信放到里面。塞不进邮箱的邮件，则搁在房门和屏栅门之间。如果那里也放满了，我把其他的信留着，等您回来。"布莱曼的建议无可挑剔，旅行家欣然同意了。

两周后，旅行家回来，发现门口的擦鞋垫跑到门廊的角落里，下面还遮着个什么东西。

原来事情是这样的：在旅行家出差期间，一家速递公司把他的包裹投到别人家了。布莱曼看到旅行家的包裹送错了地方，就把它捡起来，送回旅行家的住处藏好，还在上面留了张纸条，解释事情的来龙去脉，并费心地用擦鞋垫把它遮住，以避人耳目。

能够把一件简单的小事做好的人往往不简单，他能够从眼前的小事做起，培养自己良好的习惯，这说明他能认识到细节的重要性，懂得以细节取胜，赢得别人无形中的敬重，这种行为为他积累了良好的社会人际交往的资本。

紧急降落

一个不经意的细节，往往能体现一个人的修养。
——佚名

1981年春，当时身为副总统的乔治·布什正在飞机"空军2号"上飞往外地。突然他接到国务卿黑格从华盛顿打来的电话："出事了，请你尽快返回华盛顿。"几分钟后的一封密电中告知他里根总统已中弹，正在华盛顿大学医院的手术室里接受紧急抢救，于是飞机调头飞向首都华盛顿。

飞机在安德鲁斯着陆前45分钟，布什的空军副官来到前舱为结束整个行程做准备。飞机缓缓下滑时，副官突然想出了主意，他说："如果按常规在安德鲁斯降落后，再换乘海军陆战队一架直升机，飞抵副总统住所附近的停机坪着陆，再驾车驶往白宫，要浪费许多宝贵时间。不如直接飞往白宫。"

布什考虑了一下，决定放弃这个紧急到达的计划，仍然照常规行事。

"我们到达时，市区交通正处高峰时期，"副官提醒道，"街道上的交通很拥挤，坐车到白宫得多花10～15分钟的时间。"

"但是我们必须这样做。"布什解释道，"只有总统才能在南草坪上着陆。"布什坚持着这条原则：美国只能有一个总统，副总统不是总统。

从一个细节可以看出一个人的内心，看出一个人的人格魅力。假如布什总统在当时的紧急状况下急降白宫也无可厚非，但他却提醒自己注意一点：这样做是放弃了自己的原则，也是不尊重总统的表现。

列宁眼中的纽扣

细节体现艺术，也只有细节的表现力最强。

——佚名

有一次，列宁发现办公室一个工作人员的上衣口袋上掉了一颗纽扣。列宁看到了，没有出声，走了过去。碰巧第二天列宁又遇见了他。一看，他上衣口袋上还是没有纽扣。到第三天也还是没有。只是到了第四天列宁才看到纽扣缝上了。

"总算缝上了。"列宁很高兴，甚至连情绪都不知道为什么提高了。

当时俄国粮食特别困难，城市和工人区都缺少粮食。农村有粮食，但是农村里的富农把粮食藏起来了。

为了保证城市的粮食供应，列宁往国内各地派出了粮食征集队。列宁办公室那位工作人员也被推举担任一个粮食征集队的队长。列宁犹豫不决。人们对列宁说："他是个能干的人。"

列宁想要提纽扣的事，但没有出声。那位工作人员带了粮食征集队出发了。

过了一段时间，列宁接到报告：那位工作人员不胜任工作，不但如此，富农还把粮食征集队收集的粮食给烧了。

有人为他开脱："列宁同志，这是偶然事故。"

列宁只是听着，手里还拿着一支笔在一张纸上画着什么东西。等列宁走后，大家往纸上一看，只见上面画着一颗纽扣。

从一个人身上的一个小缺点可以看出这个人性格中的缺陷，这话并不假。因为一个人的行为总是受他的思想、性格指导，无意之中的一个举动就能暴露一个人性格中最真实的一面，所以了解一个人最好从他生活中的小事开始。

美味的泡面

细节是一种创造，细节表现修养，细节隐藏机会。

——佚名

他与妻子离婚了，独自抚养一个6岁的小男孩。每当孩子和朋友玩耍受伤回来，他心里总不免非常难过。

一天，他出差到外地要赶火车，没时间陪孩子吃早餐，便匆匆离开了家。一路上他担心孩子有没有吃饭，会不会哭，心老是放不下。即使抵达了出差地点，也不时打电话回家。可孩子总是很懂事地要他不要担心。

等他匆匆赶回这座城市自己的家里时，孩子已经熟睡了，他这才松了一口气。旅途上的疲惫让他全身无力，他仰身倒在了床上。突然发现棉被下面，竟然有一碗打翻了的泡面！

"这孩子！"他在盛怒之下朝熟睡的儿子的屁股一阵狠打。

"为什么这样调皮，把棉被弄湿要给谁洗？"这是他第一次体罚孩子。

"我没有……"孩子抽泣着，"我没有调皮，这……这是给爸爸吃的晚餐。"

原来孩子知道爸爸晚上要回来，特地泡了两碗泡面，一碗自己吃，另一碗给爸爸。可是怕爸爸那碗泡面凉掉，所以放到了棉被底下保温。

爸爸听了，不发一语地紧紧抱住孩子，泪流满面："谢谢，谢谢你，儿子！谢谢你给爸爸的美味的泡面。"

孩子因为担心爸爸的泡面凉掉，就放在了棉被底下藏着保温，虽然他这个举动略显可笑，可就是这样一个小小的细节感动了爸爸，它比任何语言，任何行动更加来得真实。发自内心的举动更加具有征服一切人的力量。

细节构成内涵

1％的错误会带来100％的失败。
　　　　　　——佚名

在众多面试者中，大酒店的经理选中了一个年轻人负责这家酒店的管理工作。

"我想知道，"一位朋友问他，"你为什么喜欢那个年轻人，他既没带一封介绍信，也没任何人推荐。"

"你错了，"老板说，"我早就注意到了他。他在门口蹭掉脚上的土，进门时随手关上了门，说明他做事小心仔细；当看到那位残疾老人时，他立即起身让座，表明他心地善良、体贴别人；进了办公室，他先脱去帽子，回答我提出的问题干脆果断，证明他既懂礼貌又有教养。"

"其他所有的人都从我故意放在地板上的那本书上迈过去，而这个青年却俯身拾起那本书，并放在桌上。当我和他交谈时，我发现他衣着整洁，头发梳得整整齐齐，指甲修得干干净净。难道你不认为这些足以说服我让他做酒店的管理者吗？"

生活的大海往往都是由一些小小的溪流组成的，一些小小的细节累积构成了生命的内涵。生命中，那些看来微不足道的事情中都蕴藏着巨大的机遇，而成功者与一般人的最大区别往往体现在对待这些微不足道的小事的态度上。

幸运的小偷

做事不贪大，做人不计小。
　　　　　　——佚名

列车乘警经常接到旅客报警，说是他们晚上熟睡以后经常被小偷扒走财物，防不胜防。乘警决定要抓住这个小偷。有一天深夜巡逻时，乘警发现一个年轻人正将手伸进一位熟睡乘客的口袋，乘警大喊一声，立即追了过去。小偷向餐车方向逃跑。乘警知道，火车正在飞奔，小偷是不敢跳车的，除非他是疯子。乘警渐渐放慢了脚步，开始用对讲机和餐车那头的乘警联络。

正在这时，火车突然停了。小偷迅速地跃上一个敞开的窗口。当时乘警心想，完了，这家伙要逃掉了。

就在他准备跳下去的时候，听到一个男孩的尖叫声。回头一看，原来是刚才急刹车时他一头撞在了车厢上，鲜血直流。小偷犹豫了一下，从窗口上跳了下来，一把抱起小男孩奔往列车医务室。

小偷被乘警抓到了，可乘警说这个小偷真是太幸运了。乘客们都有些不理解。

接着，乘警说了一句让大家心惊肉跳的话："因为火车所在的地方，两边是万丈深渊。"

如果小偷没有那一个回头的举动，那么他的生命也就永远从这个世界消失了。是小孩的惊叫声触动了他心底的良知，他在救助别人的同时也拯救了自己的生命。细节往往就产生在一刹那间，就看你去不去把握了。

简单的世界

简单的事情考虑得很复杂，可以发现新领域，把复杂的现象看得很简单，可以发现新规律。

——佚名

周末早上，父亲正在为自己的琐事烦闷。

妻子出去购物了，外面下着小雨，儿子无所事事。父亲为了不让儿子给自己带来麻烦，随手抓起一本旧杂志，翻了翻，看见一张色彩鲜丽的世界地图。于是他把这一页撕下来，然后把它撕成小片，丢在客厅的地板上说：

"孩子，你把它拼起来，我就给你一块巧克力。"

父亲心想，他至少会忙上半天，自己也能安静地思考自己的事情。谁知不到十分钟，儿子就告诉他已经拼好了。

父亲十分惊讶，儿子居然这么快就拼好了。每一片纸头都拼在了它应在的位置上，整张地图又恢复了原状。

"孩子，你怎么这么快就拼好啦？"父亲问。

"噢，"儿子得意地说，"很简单呀！这张地图的背面有一个人的图画。我先把人的图画拼起来，然后翻过来地图自然就拼好。我想，假使人拼得对，地图一定拼得不错。"

父亲非常高兴，给了儿子一块巧克力："你不但拼好了地图，而且也让父亲明白了一点：假使一个人是对的，那么他的世界也是对的。"

大事是由许许多多不起眼的小事组成的，只有把一件小事做好，才有可能做成大事业。更何况，许多生活中的小事都会给你带来很多的机会。

⚜ 第四章 ⚜

快乐

——无悔人生的音符

哈佛告诉你

快乐存在于我们的心中，存在于周围的环境中，它可以是一滴栖息于枝头的露珠，可以使浩瀚的夜空中一颗寂寞的星星，可以是一片随波逐流的落叶，也可以是一只负着食物匆匆而行的蚂蚁。只要你是一个快乐的人，总能在这个世界上找到快乐，就算是孤独寂寞的荒原上也能构筑一座宏伟的快乐城堡。

拖鞋的力量

做好事是人生中唯一确实快乐的行动。

——西德尼

"我一定要断然拒绝他们的要求。"出门之前，老富婆这么想。

这一天下着很大的雨，她在这样的天气却不顾一切地跑出来，目的是想赶快让这件烦心事尽早结束。

老富婆平时以慈善家闻名。到目前为止，她帮助了很多需要帮助的人。可是，大家希望她捐出祖传的土地来建造孤儿院，她无法同意。她对祖宗传下来的那一片土地有无限的感情，何况此后的主要收入来源，就靠那块土地。说得严重一点，她若失去这一块土地，她的生活马上就要受到影响。

"不管对方如何恳求，也不能起一丁点同情心，否则……"老富婆更加坚定了自己心里的想法。

雨越来越大，风也吹得更起劲了。不多久，她到了一家慈善机构。她推开大门，想在门口寻找一双干拖鞋换掉脚上的湿鞋。

"请进！"这时候，一位女办事员出现在她眼前。女办事员看到她没有找到拖鞋，立刻毫不犹豫地脱下自己的拖鞋给老富婆。

"真抱歉，所有的拖鞋都给别人穿了。"那位小姐还向她恳切地道歉。

老富婆看到对方脱下鞋之后踩在地板上，刹那间袜子就给沾湿了。

老富婆感动莫名。就在那一瞬间，她才感悟到"施与"的真正意义。

她想："平时，我被大家称为慈善家，可是我捐出来的，全是自己不再使用的旧东西，再就是挪用多余的零用钱。真正的施与，应该是拿出对自己来说是最重要的东西，那才有莫大的价值呀！"

老富婆突然决定捐出那块祖传的土地给这个慈善机构，为可怜的孩子们建立一个设备完善的孤儿院。

老富婆微笑着对那位女办事员说："好温暖的拖鞋。"

女办事员红了脸："对不起，实在是没有干净的拖鞋让您换上。"

老富婆连忙打断她的话："不，不，我不是这个意思，我是说你的善心令人感到温暖……"

快乐的人总是以自己能够给别人带来多少快乐作为快乐的标准。他看重的不是占有，而是对别人的奉献，在奉献的同时去感受别人的快乐，并从别人的快乐中找到自己的快乐。与人为善，助人为乐，这才能活出人生的境界。

穷人与富人

我们曾经为欢乐而斗争，我们将要为欢乐而死。因此，悲哀永远不要同我们的名字连在一起。

——伏契克

一天，富翁带着儿子去乡下旅行，想让他见识一下穷人是怎么生活的。他们在一个农户家里呆了一天一夜。回来的路上，富翁问儿子："旅行怎么样？"

"好极了！"

"这回你知道穷人是怎么过日子的了？"

"是的！"

"有何感想？"

儿子回答："我发现咱家里只有一条狗，可是他们家里却有四条狗；咱家仅有一个水池通向花坛的中央，可他们竟有一条望不到边的小河；我们的花园里只有几盏灯，可他们却有满天的星星；还有，我们的院子只有前院那么一点儿，可他们的院子却有一大片！"

儿子说完，富翁哑口无言。

最后，儿子感叹了一句："感谢父亲让我明白了我们是多么贫穷！"

快乐是一种心态，它不要求物质上占有什么，以及物质的丰富程度如何，关键在于你如何看待眼前的世界。有钱的人并不一定快乐，但快乐的人一定是幸福的。

第三局的胜利

一个人如能让自己经常维持像孩子一般纯洁的心灵，用乐观的心情做事，用善良的心肠待人，光明坦白，他的人生一定比别人快乐得多。

——罗曼·罗兰

辛普森的公司一下垮了，债主纷纷找他要钱。为了躲避，他只有早早地回到家里。5 岁的儿子放学回来，高兴地向父亲大声宣布："爸爸，我有个好消息告诉您！"

"是吗？我的孩子。"辛普森漫不经心地回答。

聪明的儿子看出了父亲的不快，问道："哦，爸爸，您为什么不高兴？是打球输了吗？"

儿子刚刚加入学校网球业余培训班，对网球非常感兴趣。

"差不多，我输给了对手。"辛普森苦笑着说。

"那有什么关系！"儿子说，"我刚进业余班那阵，连球拍都不会握，可我盯住了班上的冠军，非要跟他拼拼不可。每天训练一完，我就找他挑战，当然我从来没赢过，心情非常沮丧，所以我非常同情您，爸爸，您的对手是冠军吗？"

"那不见得！"辛普森不想在儿子面前失掉自信。

"哇！"儿子叫了起来，"连冠军都不是，那就更不应该输给他。您知道我是如何战胜冠军的吗？"

"如何？"

"我给自己打气，经过一段时间准备后，我又去向骄傲的冠军挑战。当然，第一局我输了。"

"第二局呢？"

"也输了。"

"那你真的又输了。"

"可是，爸爸您知道吗？我在第三局赢了他。"

"可你最终还是输给了他。"

"不，爸爸。"儿子自豪地说，"记住这一点：第三局我赢了他，我终于打败了他一回。爸爸，您失败了几次？"

"一次！"

"爸，您真笨，才一局您就认输了，您应该来五盘三胜制，彻底打败对手。"

"五盘三胜制？这主意真好！"父亲觉得孩子的话可真有道理，这时，他像是记起了什么，便问儿子："你刚进门时说有好消息告诉我，是什么好消息？"

儿子认真地答道："就是我在第三局终于战胜了对手呀！"

"这也算好消息吗？"辛普森奇怪了。

"当然啦！"儿子一脸的自豪，"在五盘三胜制里，我还有两次战胜对手的机会啊！"

快乐不是凭空产生的，也不是上天的施舍，而是靠你自己用一双智慧的眼睛去发现。从一件平凡的小事中，从一个不为人注意的角落里，从匆匆擦肩而过的人身上找到它，用心地去感受快乐的真谛，那么，你的人生就是快乐的，你的未来也是幸福的。

耶稣的安排

快乐没有本来就是坏的，但是有些快乐的产生者却带来了比快乐大许多倍的烦扰。

——伊壁鸠鲁

一个小镇的教堂里有一尊耶稣被钉在十字架上的塑像，每天来教堂里祈祷的人络绎不绝。

教堂里的看门人看十字架上的耶稣每天要应付这么多人的要求，觉得他一定很累，他希望能分担耶稣的辛苦。有一天他祈祷时，向耶稣表达了这份心愿。这时，他突然听到一个声音："好啊！我下来为你看门，你上来钉在十字架上。但是，不论你看到什么、听到什么，都不可以说一句话。"

看门人觉得这个要求很简单。于是耶稣走了下来，看门人上去像耶稣被钉在十字架般地伸张双臂，本来塑像就雕刻得和真人差不多，所以来膜拜的群众并不怀疑，看门人也依照先前的约定，聆听信众的心声。大家的祈求有合理的，有不合理的，千奇百怪不一而足。但无论如何，看门人都强忍着不说话，因为他必须信守先前的承诺。

有一天来了一位富商，他祈祷完后，竟然忘记手边的钱袋便离去了。看门人看在眼里，真想叫这位富商回来。接着又来了一个穷人，他祈祷耶稣能帮助他渡过生活的难关。当他要离去时，发现了先前那位富商留下的袋子，穷人高兴得不得了，认为耶稣有求必应，万分感谢地离去。

十字架上伪装的看门人看在眼里，想告诉他，这不是你的。但是，约定在先，他仍然憋在心里没有开口。接下来，一位要出海远行的年轻人来祈求耶稣降福保佑他平安。正要离去时，富商冲了进来，抓住年轻人的衣襟，要年轻人还钱，年轻人不明白是怎么回事，两人吵了起来。

这时，十字架上伪装的看门人终于忍不住开口说话了。既然事情清楚了，富商便去找那个穷人，而年轻人则匆匆去搭船。

最后，耶稣出现了，指着十字架上的看门人说："你下来吧！你已经没有资格站在上面指引众生了。"看门人说："我把真相说出来，主持公道，难道不对吗？"

耶稣痛心地说："你懂什么？那位富商并不缺钱，可是对穷人来说，却可以挽回一家老小的生计；最可怜的是那位无辜年轻人，如果富商一直缠下去，延误了他出海的时间，他还能保住一条命。而现在，他所搭乘的船正沉入海中……"

不要去刻意追求什么，不要去改变什么，在平平淡淡的生活中，保持一种平和宁静的心态，无论何时何地你总是快乐的。

三条规则

牙齿痛的人，想世界上有一种人最快乐，那就是牙齿不痛的人。

——萧伯纳

曾经有一段时间，在宾夕法尼亚州，大家最痛恨的就是洛克菲勒，充满火药味的信件如雪花般涌进他的办公室，威胁要取他的性命。为此，他雇用了许多保镖，防止遭人杀害。他自傲地说："你尽管踢我骂我，但我还是按照我自己的方式行事。"可生活在这样的环境中，他的意志开始慢慢地崩溃了。身体开始不行了，疾病从内部向他发动攻击。失眠、消化不良、掉头发、烦恼等病症让他措手不及。最后，他的医生把实情坦白地告诉他，他只有两种选择：必须在财富和死亡之间做一抉择。

洛克菲勒选择了退休。医生们开始挽救洛克菲勒的生命，并为他立下三条规则——这是他以后奉行不渝的三条规则：避免烦恼，在任何情况下绝不为任何事烦恼；放松心情，多在户外做适当运动；注意节食，随时保持半饥饿状态。

洛克菲勒遵守这三条规则，因此而挽救了自己的性命。退休后，他学习打高尔夫球、整理庭院、和邻居聊天、打牌、唱歌等。但他同时也做别的事。他开始反省，曾经一度停止去想他能赚多少钱，开始思索那笔钱能换取多少人类的幸福。

后来，洛克菲勒开始考虑把数百万的金钱捐出去。可是，当他向一座教堂捐献时，全国各地的传教士齐声发出抗议："腐败的金钱！"但他继续捐献。在获知密歇根湖岸的一家学院因为抵押权而被迫关闭时，立刻展开援助行动，捐出数百万美元去援助那家学院，将它建设成为目前举世闻名的芝加哥大学。

当著名的十二指肠虫专家史太尔博士说："只要价值五角钱的药品就可以为一个人治愈这

种病——但谁会捐出这五角钱呢？"洛克菲勒得知此事后，马上就捐出数百万美元消除十二指肠虫，消除了这种疾病。然后，他又采取更进一步的行动，成立了一个庞大的国际性基金会——洛克菲勒基金会，致力于消灭世界各地的疾病，扫除文盲等工作。

洛克菲勒的善举在拯救别人的同时，也拯救了自己，他开始了自己崭新的生活。

拒绝烦恼就是不要去斤斤计较眼前的利益，不要太计较自己的得失，要更多地爱护和关心身边的人，给一切需要帮助的人送去你的温暖和祝福。用自己的心去追寻生命中的博爱、宁静、空灵，这个时候你就会发现快乐已经长驻心底。

养生之道

人生最大的快乐不在于占有什么，而在于追求什么的过程。

——本生

英国皇家园林有一个行为古怪的园丁，每次他一生气就绕着自己的花园跑三圈。后来，他的花园越来越大，而一生气，他仍要绕着花园跑三圈，哪怕累得满头大汗，疲惫不堪。当园丁很老了，走路已经要拄拐杖了，他生气时还要坚持绕着花园跑三圈。

一次，他为了一件小事生气了，拄着拐杖走到太阳已经下山了还要坚持，邻居问："老先生！您一生气就绕着花园跑，难道这里面有什么秘密？"

园丁对邻居说："年轻时，我一和人吵架、生气，我就绕着自己的花园跑三圈，我边跑边想——自己的花园这么小，哪有时间和精力去跟人生气呢？一想到这里，我气就消了，我就有了更多的时间和精力来开垦自己的花园了。"

邻居又问："老先生！您年老了，不愁吃不愁穿，为什么还要绕着花园跑呢？"

园丁笑着说："老了生气时我绕着花园跑三圈，边跑我就边想——我的花园这么大了，又何必为了一点小事去和别人斤斤计较呢？我应该学会珍惜眼前的一切，包括我的快乐心情。一想到这里，我的气就消了。"

快乐是一种胸怀。快乐的人不会为眼前的小事所烦恼，他会找到各种各样的办法把眼前的烦恼转化成快乐的契机。他能用一种平常的眼光看待事物的发展，所以快乐不曾从他身边溜走。

35 张贺卡

快乐不在于事情，而在于我们自己。

——理查德·瓦格纳

"六一"儿童节快到了，儿子放学回到家，告诉妈妈他想为班里的每一个同学做一份礼物。

妈妈的心有些难过，她发现每次放学回家，儿子总是一个人孤零零地走在最后面，他的同学们说着笑着一起回家，可从来没有一个人注意到儿子的孤单。尽管如此，她还是决定满足孩子的心愿。她买回了做卡片的硬纸、胶水和彩色蜡笔。一连三个星期，儿子费尽心思做好了 35 张精美的卡片。

"六一"终于来了，儿子别提有多高兴了，早上起床他小心翼翼地把卡片叠好，放进一个袋子里，飞快地跑出了家门。妈妈决定为他烤他最爱吃的甜饼，准备在他放学回家的时候，把这些美味可口、热气腾腾的甜饼连同一杯牛奶一起端放在餐桌上。妈妈想到儿子可能在节日来临时什么礼物都得不到，不禁感到心痛。

下午，妈妈把甜饼和牛奶端到桌上。一听到孩子们的声音，她就向窗外望去。是的，孩子们放学回家了。而儿子依旧走在后面，妈妈注意到孩子的手里空空的，一件礼物也没有。儿子推门进来了，她赶紧擦掉脸上的泪水。

"妈妈给你准备了甜饼和牛奶。"她说，可孩子却好像没有听见，只是继续大步走过她的身旁，脸上放着光，嘴里不停地说着："一个也没有，一个也没有。"

最后，儿子拉住妈妈的手说："妈妈，我把自己的卡片全部送给了同学，一个也没有忘记，一个也没有落下！"

快乐是不要求回报的，它并不是指一个人在带给别人快乐的同时，要求对方给自己带来同样的快乐。快乐的人是以自己能给别人带来快乐为乐，以能给人送去快乐为荣，他能够从对方的快乐中感受到自己的存在，能够给这么多的人带来快乐而高兴、满足。

选 择

欢乐来自你潜能的发挥。

——威尔·舒尔兹

美国某个小镇的郊外有一间奇特的房子：房屋的构筑材料完全由自然物质组成，并且需要随时向房间里人工灌注氧气来维持房主的生存。

住在这间房子里的主人叫妮娜。1985 年，妮娜在医科大学就读，有一次到山上散步，带回一些蚜虫。她拿起一种试剂为蚜虫去除化学污染，却感觉到一阵痉挛，原以为那只是暂时性症状，谁料到自己的后半生就毁于一旦：试剂内含的化学物质使妮娜的免疫系统遭到破坏，她对香水、洗发水及日常生活接触的化学物质一律过敏，连空气也可能使她支气管发炎。这种"多重化学物质过敏症"是一种慢性病，目前尚无药可医。

患病头几年，妮娜睡觉时口水流淌，尿液变成了绿色，汗水与其他排泄物还会刺激背部，形成疤痕。她不能睡经过防火处理的垫子，否则会引发心悸。她周围的生活环境开始让她觉得难以忍受了。

后来，她的丈夫用钢与玻璃为她盖了一个无毒的空间，妮娜所有吃的、喝的都经过特殊选择与处理，她平时只能喝蒸馏水，食物中不能有任何化学成分。

8 年来，妮娜没有见到一棵花草，听不见悠扬的歌声，感觉不到阳光、流水。她躲在小屋里，饱尝孤独之余，还不能放声大哭。因为她的眼泪跟汗一样，可能成为威胁自己的毒素。

而坚强的妮娜并不在痛苦中自暴自弃，她不仅为自己，也为所有化学污染物牺牲者争取权益而奋战。1986 年，妮娜创立"环境接触研究网"，致力于此类病变的研究。1994 年另创"化学伤害资讯网"，保障人们免受威胁。目前这一"资讯网"已有来自 32 个国家的 5000 多名会员，不仅发行刊物，还得到美国、欧盟及联合国支持。

虽然一直生活在这寂寞孤独的无毒世界里，妮娜却感到自己的生活过得很踏实。因为在痛苦与欢乐之间，流泪与微笑之间，她选择的都是后者。

人如果不快乐，注定是要与痛苦为伍。在快乐与痛苦之间，人只有一种选择。与其选择痛苦，度过凄惨不幸的人生，不如选择快乐，给自己生命带来阳光的同时，也能给周围的世界带去对幸福的祝福。这样的人生才是积极的人生，才是强者的人生。

两种态度

真正的快乐是内在的，它只有在人类的心灵里才能发现。

——布雷默

有位哲学家喜欢坐在村口的河边晒太阳，并不时和过路的人们拉拉家常。

一天，他刚坐下来，一个风尘仆仆的中年男人过来打听情况。

中年男人问："这个小镇还行吧！"

哲学家慢慢抬起头来问："你来自怎样的城镇？"

中年男人说："在我原来住的地方，人人都很喜欢批评别人。邻居之间常说别人的闲话，总之那地方很不好住。我真高兴能够离开，那不是一个令人愉快的地方。"

哲学家对中年男人说："那我得告诉你，其实这里也差不多。"

过了没多久，一对旅行的父女俩又过来问路。父亲问："住在这小镇不错吧！"

哲学家又问："你原来住的地方怎样？"

父亲说："我原来住的城镇每个人都很亲切，人人都愿帮助邻居。无论去哪里，总会有人跟你打招呼，说谢谢。我真舍不得离开。"哲学家转过来脸看着父亲，脸上露出和蔼的微笑："其实这里也差不多。"

等到那家人离开后，旁边一个人奇怪地问哲学家："老先生，为什么您告诉第一个人这里很可怕，却告诉第二个人这里很好呢？"

哲学家平淡地说："不管你搬到哪里，你都会带着自己的心情，那地方可怕或可爱，全在于你自己！"

快乐是一种互相帮助，互相满足的精神状态，它所要求的永远都是你能够给予别人多少，只有这样你才能得到别人给予的快乐。有快乐存在的地方，就永远有微笑，有阳光，有最好的朋友。

幸福的黑面包

快乐，是人生中最伟大的事！

——高尔基

他是一个典型的犹太人，通过自己的风雨拼搏后拥有了亿万财产。有记者问他："在你的一生当中，你经历的最幸福的一件事是什么？请你谈谈对幸福的认识。"他的回答是："幸福是一块黑面包。"

这个答案出乎记者的意料，犹太人讲了自己亲身经历的一件事——小时候家里穷，他从小学到初中一直生活在封闭落后的村庄，从未出过远门，也没见过城市是什么样子。有一天，父亲带他进城，看见许多城里的孩子吃着刚烤制好散发着香味的面包，他馋得直流口水，央求父亲给自己买一块面包。父亲用身上仅有的 2 角钱给他买了一块放了几天的又黑又干的面包。

吃完那块面包，犹太人懂得了奋斗的意义，顿时感觉自己是世界上最幸福的人，从此暗下决心：一定要努力拼搏，为自己的父亲能天天吃上黑面包而奋斗。

有追求的人永远是快乐的。

他能把匆匆而过的时间紧紧地握在手心里，认认真真、踏踏实实地过好生命中的每一天。在前进的路上，他不会为挫折而烦恼，始终如一地朝着自己的目标前进。在不断的拼搏进取中，他感受到的始终是对希望的拥有和对成功的期待。这样的人无疑活得精彩，也活得快乐。

与蜗牛散步

保持快乐，你就会干得好，就更成功、更健康，对别人也就更仁慈。

——马克斯威尔·马尔兹

上帝交给天使一个任务，让他牵一只蜗牛去散步。可是蜗牛爬得实在太慢了。天使又是催促又是吓唬又是责备，可蜗牛拼命地爬也跟不上天使的脚步。

天使又气又急，真想丢下蜗牛不管，但又担心没法向上帝交代。他只好耐着性子，让蜗牛慢慢爬，自己则以一种接受蜗牛的速度跟在后面。

这时，天使突然闻到了花香，他烦躁的内心突然平静下来了，原来他们经过了一座花园。接着，他听见了鸟叫虫鸣，感到微风拂面的舒适。后来，天使还看到了美丽的夕阳、灿烂的晚霞以及满天的星斗。

这一刻，天使终于领悟到了上帝的良苦用心："他不是让我牵蜗牛去散步，而是让蜗牛牵我去散步呀！"

面对这个世界，我们一开始总想着要按照自己的想法去改造世界，让世界按照自己的意愿而存在、发展。其实这是不可能的，远非人力所能达到的事情，结果只会让自己伤心不已、心力交瘁。可我们还可以适应这个世界，顺其自然，不也照样能让自己感受到生存的快乐吗？

不幸的人生

快乐应该是美德的伴侣。

——巴尔德斯

他 20 岁时被人陷害，坐了 18 年的牢。后来冤案告破，他终于走出了监狱。

出狱后，他开始了年复一年的诅咒："我真不幸，在最年轻有为的时候竟遭受冤屈。那样的监狱简直不是人居住的地方，狭窄得连转身都困难。唯一的细小窗口里几乎看不到阳光，冬天寒冷难忍；夏天蚊虫叮咬……真不明白，上帝为什么不惩罚那个陷害我的家伙，即使将他千刀万剐，也难以解我心头之恨啊！"

10年后，他因病终于卧床不起。这时，牧师来到他的床边祷告："可怜的孩子，去天堂之前，忏悔你在人世间的一切罪恶吧……"

牧师的话音刚落，病床上的他马上大声抗议："我没有什么需要忏悔，我需要的是诅咒，诅咒那些施予我不幸命运的人……"

牧师长叹了一口气："可怜的人，您真是世上最不幸的人，对您的不幸，我真的感到万分同情和悲痛！当你走出监牢本应获取永久自由的时候，您却用心底里的仇恨囚禁了自己的后半生。"

一个人遇到了不幸的困境，这本身就是一种不幸。可是不幸过后，如果一味地沉浸在对不幸的诅咒与责难中，那么就再也看不到生命中的阳光了，这才是最大的不幸。人世间最大的快乐就会让自己给葬送了。

快乐的种子

对于那些内心充溢快乐的人们而言，所有的过程都是美妙的。

——罗莎琳·德卡斯奥

上帝把一包快乐的种子交给命运之神，并问她："你准备把它们撒在什么地方呢？"

命运之神胸有成竹地回答说："我准备把这些种子放在最深的海底，让那些寻找快乐的人经过大海惊涛骇浪的考验后，才能找到它。"

上帝却微笑着摇了摇头。

命运之神想了一会儿，继续说："那我就把它们藏在高山上吧，让寻找快乐的人通过艰难跋涉才能发现它的存在。"

上帝听了还是摇头。

命运之神没有办法了。

这时，上帝意味深长地说："你选择的这两个地方都不难找到。你应该把快乐的种子撒在每个人的心底。因为人类最难到达的地方，就是他们自己的心灵。"

在生活中，很多人感受不到生命中的快乐，于是就会想尽办法去寻找快乐，可是走遍天涯海角，心力交瘁之后依然没有发现快乐的影子。要想快乐很简单，只要自己的内心充满快乐，那么再去看这大千世界的一切，会觉得都是快乐的。快乐是一颗种子，种在心田里需要细心地呵护才能开花结果。